"十二五"普通高等教育本科国家级规划教材

U0794787

经济管理类课程教材

——金融系列

商业银行业务与经营

第六版

庄毓敏　主编

SHANGYE YINHANG YEWU YU JINGYING

FINANCE

中国人民大学出版社
·北京·

出版说明

自改革开放以来，中国金融走上了高速发展的快车道，获得了前所未有的发展，有关院校都开设了金融课程，以便培养我国急需的人才。

一套高质量的教材是提高教学质量的前提之一。教材规定了教学内容，是教师授课取材之源，是学生求知和复习之本，没有优秀的教材，无法提高教学质量。中国人民大学出版社推出“经济管理类课程教材·金融系列”，旨在推动国内金融人才培养工作的发展。

在组织编写这套教材时，我们遵照以下原则：

1. 教材实行本土化。为了更快地与国际接轨，许多人主张采用“拿来主义”原则，直接引进国外的教材。实践证明，我国与发达国家相比，国情不同，文化背景不同，思维方式不同，语言表述方式不同，广大的专家、教授一致认为：我们培养的是中国金融人才，是为中国金融服务的，教材还是以本土化为宜。在了解我国的现状之后，再学习国外的知识，把中国的实践与国际接轨才是我们最需要的。这套教材均为本土原创作品。

2. 精选作者，保证教材质量。金融与国家的政策联系紧密，应用性强，培养的学生既要懂理论又要会应用，既要与国际接轨又要考虑中国的国情。这套教材涵纳全国“政、产、学、研”方面的作者，从源头上保证了这套书的质量。

3. 要始终保持教材的“精”与“新”。现代金融日新月异，课程设置不断变化。这套教材根据形势的发展，不断推出新课程教材，并不断修订、完善。

总之，这套教材紧密结合当前国内外金融研究的最新成果与金融政策发展的实际情况，全面讲述金融基本理论和基本知识。我们相信“经济管理类课程教材·金融系列”的推出，能够为读者掌握现代金融知识以及培养人才起到应有的作用。

中国人民大学出版社

第六版前言

自20世纪以来，人类的生活方式被许多领域的重大变革所影响，银行业就是其中之一。它已由过去人们熟悉的传统借贷业务发展到几乎无所不为的“金融百货公司”，成为现代金融体系的重要支柱。了解现代商业银行的组织结构、传统业务和新兴业务、经营管理方式和监管法则，是从金融机构的角度去洞悉整个金融体系的关键一环，特别是对于人们认识中国银行主导型金融体系乃至宏观经济的运行具有重要意义。当前，在业务创新和技术革新的双重推动下，全球银行业还在以飞快的速度变化。在改革开放后，中国的银行业开启了历史性的巨大变革过程。特别是自党的十八大以来，在习近平新时代中国特色社会主义思想的指导下，中国银行业在关键领域持续深化改革，不仅其服务经济社会发展的能力稳步提升，而且大力发展了绿色金融、数字金融，使金融开放向纵深推进。随着金融监管体系的不断健全，我国防范化解金融风险获得了明显成效，取得了举世瞩目的成就。

党的二十大提出，我国要全面建成社会主义现代化强国、实现第二个百年奋斗目标，以中国式现代化全面推进中华民族伟大复兴。金融是国民经济的血脉，金融要为经济社会发展提供高质量服务。作为我国金融体系的支柱，在推进中国式现代化的征程中，银行业要以习近平新时代中国特色社会主义思想为指导，全面贯彻党的二十大精神，以加快建设金融强国为目标，推进自身的高质量发展，坚定不移走中国特色金融发展之路。这不仅对商业银行的实践发展提出了更高的要求，而且为理论研究与教学带来了新的内容。

中国人民大学财政金融学院是我国最早创设银行学类课程的高校，伴随共和国的成长，历经几代财金学人的努力，相关的教材和课程建设都在践行将国际实践与中国特色相结合的初心，既注重归纳总结全球银行业经营管理的基本原理，又注重从中国特色社会主义经济建设的历史及规律出发，归纳中国经验，讲述中国故事。

在20世纪90年代中期，我国开启了商业银行市场化改革征程。在此背景下，《商业银行业务与经营》（第一版）教材于1999年11月由中国人民大学出版社出版。本教材的历次修订记录了全球银行业的变迁过程和中国银行业令人瞩目的发展脉络。二十多年来，全球银行业经历了若干次重大变革，中国银行业也经历了快速的市场化、现代化、国际化的转型过程。对于本教材的每一次修订，我们都试图做到：

1. 扎根中国，放眼世界

纵观世界银行业的发展史，我们可以清晰地看到：任何一个国家的银行体系都根植于本国的政治、经济和文化土壤。自改革开放以来，中国银行业取得的巨大成就说明，吸收国际银行业发展的有益经验，坚定走中国特色的市场经济道路，同时以创新服务实体经济发展，这种中国特色的银行业发展模式已初步形成，目前需要学界进行总结、提炼和传播。

2. 以教材建设支撑学科发展

自20世纪50年代以来，银行学教研团队以教材建设的巨大优势引领了中国金融学科的发展。在改革开放后，中国金融学科的内涵正在不断丰富，但银行学仍是学科发展的支撑力量，教材建设仍是学科建设的核心。为此，我们构建了一支老、中、青相结合的高水平教研团队，将教材建设与学科发展深度融合。

3. 凝练银行业实践

本教材的初版源自中国银行业的变革，因而它的历次修订也是在适应银行业的变化，我们希望借此较全面地展示全球及中国银行业的创新与实践。通过这门课、这本教材，我们不仅能让学生看到世界银行业的过去、现在和未来，而且能加深他们对中国银行业改革和发展前景的深刻理解。

4. 培育创新能力

本教材构建了以商业银行资产负债表为主线的逻辑分析框架，帮助学生建立起商业银行学的知识体系，培养学生的核心素养。与此同时，本教材的教学难度采用阶梯化设置，既包含核心知识、核心素养等基础难度的内容，又为学生提供有一定挑战性、探索性、开放性的高阶难度训练，以期提升学生用理论知识解决复杂问题的创新能力及综合能力。

作为主编，我很欣慰地看到：本教材自出版以来受到全国广大师生的高度认可，被300余所高校选用，先后入选国家“十一五”和“十二五”规划教材，以此教材为基础开设的“商业银行业务与经营”课程入选国家一流本科课程。

自2019年本教材第五版出版后，全球银行业一直面临着风险增大、监管从严的环境，各国监管部门不断反思金融危机的根源，寻找行业监管的漏洞，逐步对银行业施以更严格的监管。为了适应监管从严和控制风险，国际银行业告别了此前的粗放增长模式，逐步回归服务实体经济的本源。自此，银行业内部出现重大分化，一些曾经的“明星银行”陨落，甚至有个别银行暴发风险，而一些扎根实体经济的银行持续交出优良的经营成果，实现了客户、股东、员工、政府的共赢，成为新的行业标杆。这些变化留给我们很多值得研究的课题。

本教材正是在这样的背景下进行了第六次修订，本次修订对第五版的结构和内容进行了大幅的调整与完善，力求反映当今国内外商业银行的最新变化，主要体现在以下几个方面：

第一，继续坚持本土化与国际化融合、理论性与实践性互补的理念。用一般原理讲述中国故事，用全球视野看中国的发展奇迹。

第二，新增了“商业银行全面风险管理”和“政府对银行业的监管”两章内容，对商业银行的全面风险管理体系和商业银行的监管规则进行更系统的介绍。

第三，对部分章节进行了大幅修订。将上一版的第13章“电子银行与互联网金融业务”修改为“商业银行的金融科技业务”，并且全面更新了内容，更加贴近时代发展；在“商业银行资本管理”一章中新增了对经济资本的介绍，在“商业银行资产负债管理”一章中新增了对商业银行内部资金转移定价的介绍，把商业银行的前沿理论和实践纳入了本教材。

第四，在教材编写形式上进行了优化，各章都增加了导言、学习目标和核心概念，同时增加了小专栏的数量，并采用二维码方式为学生提供参考性资料的延伸阅读。

修订后的本教材共有 16 章，从七个方面概括了当今商业银行的业务与发展：

第 1 章是对商业银行的起源和发展、性质与作用、组织结构以及中国银行业体系等内容进行介绍，可以帮助学生了解银行业的概况，也反映了近年来银行业的最新变化。

第 2 章和第 3 章是对商业银行有关资金来源的业务与管理（包括资本管理和负债管理）进行介绍，主要涵盖商业银行资本的构成及筹集、如何获得资金来源、商业银行资金的成本和收益如何进行比较、中国银行业如何获取资金以及巴塞尔银行监管委员会和中国政府对商业银行资本的最新监管规定等。

第 4 章至第 12 章涵盖了商业银行业务和管理的主要内容，涉及现金资产管理与商业银行流动性需求的满足，商业银行如何管理和发放企业贷款以及个人贷款，商业银行的证券投资管理和资产负债管理，商业银行的中间业务、国际业务以及金融科技业务的发展。

第 13 章是商业银行的业绩评价，可以帮助学生学会如何分析商业银行的经营成果，这对商业银行的管理者和投资者很重要。

第 14 章对银行业并购的核心问题（如估值等问题）进行讨论，特别关注当今国际银行业和我国银行业的并购事件，以及银行业并购市场的发展情况。

第 15 章对商业银行的全面风险管理理念、主要的风险管理手段等进行系统梳理，以帮助学生掌握基本的全面风险管理工具，建立起全面风险管理的意识。

第 16 章帮助学生理解各国政府对银行业实施监管的原因，了解世界银行业监管的发展历程和趋势，各国对银行业监管的主要内容，以及中国如何对银行业实施监管。

本次修订还进行了统计数据的更新。

本次修订工作的分工如下：

第 1 章　商业银行导论　庄毓敏

第 2 章　商业银行资本管理　庄毓敏　陆利平

第 3 章　商业银行负债管理　庄毓敏　朱文宇

第 4 章　商业银行现金资产管理　宋玮　宋科

第 5 章　贷款政策与管理　庄毓敏　高昊宇

第 6 章　企业贷款　庄毓敏 罗煜

第 7 章　个人贷款　涂永红

第 8 章　商业银行证券投资管理　高昊宇

第 9 章　商业银行资产负债管理　宋玮

第 10 章　商业银行中间业务与管理　罗煜

第 11 章　商业银行的国际业务　涂永红

第 12 章　商业银行的金融科技业务　宋科

第 13 章　商业银行的业绩评价　庄毓敏　王剑

第 14 章　商业银行的并购管理　庄毓敏　王剑

第 15 章　商业银行全面风险管理　朱文宇

第 16 章　政府对银行业的监管　陆利平

庄毓敏、罗煜对全书进行了统稿。本教材的修订参考了国内外同行有价值的研究成果，以及金融机构的实践成果。中国人民大学出版社的编辑同志在书稿的审阅和校对中做了大量细致的工作，保证了本教材能够按时与学生见面，在此一并表示感谢！

庄毓敏

2023 年 11 月于中国人民大学

第一版前言

自 20 世纪以来，人类的生活方式被许多领域的重大变革所影响，银行业就是其中之一。目前，银行业还在以飞快的速度变化着。20 世纪 80 年代中国的改革开放使得中国银行业开始了巨大的变革过程。

《商业银行业务与经营》一书就是试图向那些有志于从事银行业经营和管理的人们展示当今银行业的主要经营业务和它未来的发展趋势。更重要的一点是，学生不仅可以从这本教科书中看到世界银行业的过去、现在和未来，而且对中国银行业的经营现状和发展前景也会有更深刻的了解。为此，我们在全书的每一章都对中国银行业的实际状况进行了详细、透彻的分析，使这本教材能够做到融汇中西，对中国的学生具有较高的实用价值。

本教材共包括 14 章内容，从五个方面概括了当今商业银行的业务与发展。第 1 章对商业银行的起源和发展、组织结构和经营原则、政府对银行业的监管等进行介绍，可以帮助学生了解银行业的基本概况；第 2 章和第 3 章是关于商业银行资金来源的业务和管理，介绍了商业银行如何获得资金来源，它们的成本和收益如何进行比较，中国银行业如何获取资金来源等；第 4 章至第 11 章是关于商业银行资产业务和管理的内容，涉及现金资产管理与商业银行流动性需求的满足，商业银行如何管理和发放企业贷款以及个人贷款，证券投资对商业银行的重要意义，资产负债管理怎样进行，商业银行中间业务的开展及创新，表外业务的开展及其风险管理，商业银行国际业务的最新内容；第 12 章是让学生学会看懂商业银行的财务报表并学会分析商业银行的经营业绩，它对商业银行的管理者和投资者都非常重要；第 13 章和第 14 章介绍了当今银行业的并购及银行业未来的发展趋势，展示了一个充满风险，也充满机会，更充满挑战的未来银行业的广阔前景。

本教材的作者均为中国人民大学财政金融学院金融系的教师。写作分工如下：第 1 章、第 2 章、第 3 章、第 5 章、第 7 章、第 12 章和第 13 章，庄毓敏；第 6 章、第 10 章、第 11 章第 2 节至第 5 节和第 14 章，涂永红；第 4 章和第 8 章，宋玮；第 9 章和第 11 章第 1 节，庞红。朱毅峰对全书进行了审定和指导，最后由庄毓敏负责通读定稿。

本教材在写作过程中参考了国内外同行的研究成果，在此一并表示感谢！

虽然参加本教材编写的作者都做出了自己的努力，但难免会有一些疏漏和错误之处，恳请各位老师和学生批评指正。

庄毓敏

1999 年于中国人民大学

目　录

第1章

商业银行导论

【导言】

本章对商业银行进行概览式介绍。现代商业银行起源于近代西方，并经过一系列演变和发展，成为现代市场经济中最重要的金融机构之一。商业银行为广大企业和居民提供存款、贷款、中间业务等一系列金融服务，同时也为国民经济运行提供信用和支付功能，成为经济活动的重要基础。我国第一家现代商业银行由外资建立，而后才有自己的中资银行。在中华人民共和国成立后，经过长期不断地改革与探索，最终建成了由不同类型银行构成的多层次银行体系，可以满足不同类型客户群体的金融服务需求。

【学习目标】

1. 掌握商业银行的性质、功能，了解其基本演进过程和国内外发展简史。

2. 了解国内外商业银行的主要类型、外部组织形式和内部组织架构，了解不同部门在其运营中的不同职能。

【核心概念】

商业银行　　信用中介　　金融控股公司

1.1　商业银行的起源和发展

银行是经济中最重要的金融机构之一。关于银行业务的起源，可谓源远流长。西方银行业的原始状态可溯及公元前的古巴比伦以及其他文明古国时期。据《大英百科全书》的记载，早在公元前6世纪，在古巴比伦已有一家“里吉比”银行。此外，据考古学家在阿拉伯大沙漠发现的石碑证明，在公元前2000年以前，古巴比伦的寺院已在对外放款，而且“放款是采用由债务人开具类似本票的文书，交由寺院收执，且此项文书可以转让”。

公元前4世纪，希腊的寺院、公共团体、私人商号已开始从事各种金融活动，但只限于货币兑换业务，还没有办理放款业务。罗马在公元前200年也出现了类似希腊的银行业，但较希腊银行业又有所进步，它不仅经营货币兑换业务，而且经营贷放、信托等业务；与此同时，罗马对银行的管理与监督也有明确的法律条文，虽然罗马银行业所经营的业务不属于信用贷放，但已具有近代银行业务的雏形。人们公认的早期银行的萌芽，起源于文艺复兴时期的意大利。英文中的银行一词为“bank”，是由意大利文“banca”演变而来的。在意大利文中，banca是“长凳”的意思。最初的银行家均为祖居在意大利北部伦巴第的犹太人，他们为躲避战乱，迁移到英伦三岛，以兑换、保管贵重物品及汇兑等为业，在市场上人各一凳，据以经营货币兑换业务。倘若有人遇到周转不灵、无力支付债务，就会招致债主们群起捣碎其长凳，该兑换商的信用就此宣告破碎，所以英文“破产”为“bankruptcy”也源于此。

早期银行业的产生与国际贸易的发展有着密切的联系。中世纪的欧洲地中海沿岸各国，特别是意大利的威尼斯、热那亚等城市是著名的国际贸易中心，商贾云集、市场繁荣，但由于当时社会的封建割据、货币制度混乱，各国商人所携带铸币的形状、成色、重量各不相同。为了适应国际贸易发展的需要，必须进行货币兑换，于是单纯从事货币兑换业务并从中收取手续费的专业货币商便开始出现和发展了。货币经营业，即经营货币商品的商业，首先是从国际贸易中发展起来的。自各国造出不同的铸币以来，在外国购买货物的商人就需要把本国铸币换成当地铸币或把当地铸币换成本国货币；或者把不同的铸币与作为世界货币的、未铸币的纯银或纯金相交换，由此就产生了兑换业，它应被看成近代货币经营业的自然基础之一。随着异地交易和国际贸易的不断发展，来自各地的商人为了避免长途携带货币而产生的麻烦和可能的风险，开始把自己的货币交存在专业的货币商处，并委托其办理汇兑与支付。此时，专业的货币商已表现出银行的最初职能——货币的兑换与款项的划拨。

随着接受存款的不断增加，货币商发现：多个存款人不会同时支取存款，于是他们开始把汇兑业务中暂时闲置的资金贷放给社会上的资金需求者。最初，货币商贷放的款项仅限于自有资金，随着代理支付制度的出现，借款人就把所借款项存在贷放人那里，并通知贷放人代理支付。从实质上看，此时的贷款已不局限于现实的货币，还有一部分贷款变成了账面信用，这标志着现代商业银行的本质特征——货币派生——已经出现。

当时，意大利的主要银行有1171年成立的威尼斯银行，1407年成立的圣乔治银行等。自16世纪末开始，银行由意大利普及至欧洲其他国家，如1609年成立的阿姆斯特丹银行、1619年成立的汉堡银行、1621年成立的纽伦堡银行等都是欧洲早期著名的银行。在英国，早期的银行业是由金匠业发展而来的。在17世纪中叶，英国的金匠业极为发达，人们为了防止盗窃，将金、银委托给金匠保存，当时金匠业不仅代人保管金、银和签发保管凭条，而且可按照客户的书面要求将金、银划拨给第三者。金匠业还利用自有资本发放贷款，以获取利息。与此同时，金匠们签发的凭条可代替现金在市面上流通，称为“金匠券”，并由此开辟了近代银行券的先河。这样，英国早期的银行业就在金匠业的基础上产生了。

虽然这种早期的银行业已具备了银行业的本质特征，但它只是现代银行业的原始发展阶段。因为这种银行业的生存基础还不是社会化大生产的生产方式；这种银行业的放款对象主要是政府和封建贵族；这种银行业的放款带有明显的高利贷性质，其提供的信用并不利于社会再生产过程。但早期银行业的出现，完善了货币经营业务，孕育了信贷业务的萌芽，它们演变成现代银行业是在17世纪末到18世纪，而且这种转变还要求具备经济发展过程中的某些特殊条件。

现代商业银行的最初形式是资本主义商业银行，它是资本主义生产方式的产物。随着生产力的发展、生产技术的进步、社会劳动分工的扩大，资本主义生产关系开始萌芽。一些手工场主与城市富商、银行家一起开始形成新的阶级——资产阶级。由于封建主义银行贷款具有高利贷的性质，年利率平均在20%～30%，因而严重阻碍了社会闲置资金向产业资本的转化。另外，早期银行的贷款对象主要是政府等一批特权阶层而非工商业，新兴的资产阶级无法得到足够的信用支持，而资本主义生产方式的产生与发展的一个重要前提是要有大量的为组织资本主义生产所必需的货币资本。因此，新兴的资产阶级迫切需要建立和发展资本主义商业银行。

资本主义商业银行的产生，基本上通过两种途径：一是旧的高利贷性质的银行逐渐适应新的经济条件，演变为资本主义商业银行。在西欧，由金匠演化而来的旧式银行主要是通过这条途径缓慢地演变为资本主义商业银行。二是新兴的资产阶级按照资本主义原则组织的股份制商业银行。其中，后一条途径是主要的途径。

与西方的银行相比，我国的银行产生较晚。我国关于银钱业的较早记载是南北朝时的寺庙典当业，到了唐代出现了类似汇票的“飞钱”，这是我国最早的汇兑业务。在北宋真宗时，由四川富商发行的交子成为我国早期的纸币。到了明清以后，当铺是我国主要的信用机构。明末，一些较大的经营银钱兑换业的钱铺发展成银庄。在银庄产生的初期，除兑换银钱业务外，它还从事贷放业务；到了清代，银庄才逐渐开办存款、汇兑业务，但最终在清政府的限制和外国银行的压迫下走向衰落。因此，中国历史上各种带有银行业务雏形的行业均被历史淘汰，与后来的银行业几乎不存在传承关系。我国近代银行业是在19世纪中叶外国资本主义商业银行入侵我国之后才兴起的，最早进入我国的外国商业银行是英国丽如银行。此后，各资本主义国家纷纷来华设立商业银行。虽然在华外国商业银行给我国的国民经济带来了巨大破坏，但在客观上也对我国银行业的兴起起到了一定的促进作用。为了摆脱外国商业银行的支配，清政府于1897年在上海成立了中国通商银行，标志着我国现代商业银行的产生。此后，浙江兴业银行、交通银行等相继成立。此外，民族资本也开始开办现代银行。我国近代的银行业在历史洪流中曲折发展，最终在中华人民共和国成立后被人民政府接收，与中国共产党在革命时期创办的银行一起，共同构成了中国银行业体系。

商业银行发展到今天，与当时因发放基于商业行为的自偿性贷款并获得“商业银行”的称谓相比，已相差甚远。当今的商业银行已被赋予了更广泛、更深刻的内涵。特别是自第二次世界大战以来，随着社会经济的发展、银行业竞争的加剧，商业银行的业务范围不断扩大，逐渐成为多功能、综合性的“金融百货公司”。

从20世纪90年代以来，国际金融领域出现了不少新情况，它们直接或间接地对商业银行的业务与经营产生了深远的影响，主要表现在：商业银行的资本越来越集中，国际银行业出现了竞争新格局；国际银行业的竞争激化，商业银行的国际化进程加快；金融业务与工具不断创新，金融业务进一步交叉，传统的专业化金融业务分工界限有所缩小；金融风险不断增大，银行体系日益脆弱；金融科技得到普遍应用，数字化转型催生出了新业务和新模式。这些金融发展新趋势的出现必将对今后的商业银行制度与业务产生更深远的影响。

1.2　商业银行的功能

商业银行作为一国经济中最重要的金融中介机构，具有不可替代的功能，也就是商业银行具有的一些重要经济职能。

1. 信用中介

信用中介是商业银行最基本，也是最能反映其经营活动特征的职能。这一职能的实质是通过商业银行的负债业务把社会上的各种闲散资金集中到商业银行，再通过商业银行的资产业务把它投向社会经济各部门，也就是商业银行作为货币资本的贷出者和借入者实现了货币资本的融通。商业银行通过信用中介职能实现资本盈余者与资本短缺者之间的调剂，但并不改变货币资本的所有权，改变的只是其使用权。这种使用权的改变对经济活动可以起到一个多层次的调节转化作用：①可以将暂时从再生产过程中游离出来的闲置、零散的资金转化为可用资金，从而在不改变社会资本总量的条件下，通过改变资本的使用量，提供扩大生产手段的机会；②可以将用于消费的资金转化为能带来货币收入的投资，从而扩大社会资本总量，加速经济增长；③可以将短期货币资本转化为长期货币资本，在利润原则的支配下，还可以将货币资本从效益低的部门引向效益高的部门，实现对经济结构的调节。

2. 支付中介

除了作为信用中介融通货币资本以外，商业银行还执行着货币经营业的职能，通过存款在账户上的转移，商业银行代理了客户支付，并在存款的基础上为客户兑付现款等，成为工商业团体和个人的货币保管人、出纳和支付代理人。这样，以商业银行为中心，形成了经济社会无始无终的支付链条和债权与债务关系。商业银行支付中介职能的发挥，极大地减少了现金的使用，节约了社会流通费用，加速了结算过程和货币资金周转，促进了经济发展。商业银行的支付中介职能在逻辑上先于信用中介职能，它最早产生于货币经营时期。货币经营者在货币保管和办理支付中积聚了大量货币，为使货币增值而发放贷款，由此产生了信用中介职能。然而，商业银行支付中介职能的发展也有赖于信用中介职能，因为只有在客户保有一定存款余额的基础上，才能办理支付；当存款余额不足时，客户会要求贷款，而贷款又转化为新的客户存款，仍需办理支付。由此可见，商业银行的支付中介职能和信用中介职能是相互联系、相互促进的，两者的互动构成了商业银行借贷资本的整体运动。

3. 信用创造

商业银行的信用创造职能是在信用中介职能与支付中介职能的基础上产生的。商业银行利用吸收的存款发放贷款，在支票流通和转账结算的基础上，贷款又转化为派生存款，在这种存款不提现或不完全提现的情况下，就增加了商业银行的资金来源。最后，在整个商业银行体系中形成了数倍于原始存款的派生存款。

4. 金融服务

随着经济的发展，各经济单位之间的联系更加复杂，各金融中介机构之间的竞争也日益激烈，人们对财富的管理要求也相应提高，因而商业银行根据客户的要求不断拓展自己的金融服务领域，如信托、租赁、咨询、经纪及国际业务领域等，并在商业银行的经营中占据了越来越重要的地位。

上述职能是通过商业银行的业务来实现的。在现代银行体系中，商业银行的业务包括储蓄、支付、中介、保险、信托、投资银行、资产管理等，特别是近年来某些新兴业务发展迅速，如消费信贷、金融咨询、财富管理、养老金管理等，这些新业务的开展使商业银行获得了一个新的名称——全能银行。

根据《中华人民共和国商业银行法》（以下简称《商业银行法》）的规定，商业银行可以从事的业务范围包括：

（1）吸收公众存款。

（2）发放短期、中期和长期贷款。

（3）办理国内外结算。

（4）办理票据承兑与贴现。

（5）发行金融债券。

（6）代理发行、代理兑付、承销政府债券。

（7）买卖政府债券、金融债券。

（8）从事同业拆借。

（9）买卖、代理买卖外汇。

（10）从事银行卡业务。

（11）提供信用证服务及担保。

（12）代理款项及代理保险业务。

（13）提供保管箱服务。

（14）经国务院银行业监督管理机构批准的其他业务。商业银行经中国人民银行批准，可以经营结汇、售汇业务。

虽然我国商业银行能够直接从事的业务范围与全能银行还有较大差距，但也留有一定创新空间。《商业银行法》规定：“商业银行在中华人民共和国境内不得从事信托投资和证券经营业务，不得向非自用不动产投资或者向非银行金融机构和企业投资，但国家另有规定的除外。”目前，国家有关部门以另行出台规定的方式，允许商业银行控股或参股保险公司、信托公司、基金公司、理财公司等。

1.3 商业银行的组织结构

自商业银行产生以来，已形成了多种不同的组织形式，发挥着各种功能，用以满足社会公众的不同需求。但无论商业银行采取何种组织形式，都必须以效率为原则。事实上，商业银行的组织形式既与其发挥的功能有关，又受商业银行规模的影响。因为商业银行的规模与商业银行的作用呈正相关关系，商业银行的规模越大，所提供的金融服务越多，对经济生活发挥的作用也越大，由此也决定了商业银行的组织形式。当然，政府对银行业的监管要求也会对商业银行的组织形式产生一定的影响。

通常说来，商业银行的组织结构可以从其外部组织形式和内部组织结构两方面来认识。

1.3.1 商业银行的外部组织形式

商业银行的外部组织形式是指商业银行在社会经济生活中的存在形式。全球商业银行经过长期发展，形成了多种多样的外部组织形式，主要有以下几种：

1. 单一银行制与总分行制下的一般商业银行

单一银行制又称独家银行制、单元银行制，它的特点是银行业务完全由各自独立的商业银行经营，不设或限设分支机构。这种银行制度在美国非常普遍，是美国最古老的银行形式之一，它通过一个网点提供所有的金融服务。因为美国是联邦制国家，各州的独立性较强，它们在历史上的经济发展很不平衡，东部与西部相差悬殊。为了适应经济均衡发展的需要，特别是为了适应中小企业的发展需要，同时反对金融权力集中以及各州的相互渗透，各州都通过银行法禁止或限制商业银行开设分支机构，特别是跨州设立分支机构。

这种银行制度的优点是：①限制银行业垄断，有利于自由竞争；②有利于商业银行与地方政府的协调，能适合本地区需要，集中全力为本地区服务；③各商业银行的独立性和自主性都很大，经营较灵活；④管理层次少，有利于中央银行进行管理和控制。

但是，这种银行制度本身也存在严重的缺陷：①商业银行不设分支机构，与现代经济的横向发展、商品交换范围的不断扩大存在着矛盾；与此同时，在计算机等高新技术大量应用的条件下，其业务发展和金融创新受到限制。②商业银行的业务大多集中于某地区或某行业，容易受到经济发展状况波动的影响，因而筹资不易、风险集中。③商业银行的规模较小、经营成本高，不易取得规模经济效益。

目前，美国的大多数新商业银行在设立时仍是单个组织，因为它们的资本、管理和人员都非常有限。尽管如此，大多数美国商业银行仍希望能建立多家分行，以便打开新的市场和分散风险。我国的部分村镇银行、民营银行等中小银行也实施单一银行制。

总分行制的特点是法律允许除了总行以外，在本市及国内外各地普遍设立分支机构。总行一般设在各大中心城市，所有分支机构统一由总行领导指挥。这种银行制度源于英国的股份制银行。目前，世界上大多数国家均采用这种银行制度。总分行制按总行职能的不同，又可以进一步划分为总行制和总管理处制。总行制是指总行除管理和控制各分支机构外，其本身也对外营业。总管理处制是指总行只负责控制各分支行，其不对外营业，因而需要在总行所在地另设对外营业的分支行或营业部。

总分行制的优点在于：①分支机构多、分布广、业务分散，因而易于吸收存款、调剂资金，可以充分有效地利用资本，同时由于放款分散、风险分散，可以降低贷款的平均风险，提高商业银行的安全性；②商业银行的规模较大，易于采用现代化设备，可以提供多种便利的金融服务，进而取得规模效益；③由于商业银行的总数少，便于金融当局的宏观管理。

总分行制的缺点在于：①容易造成大商业银行对小商业银行的吞并，进而形成垄断、妨碍竞争；②商业银行的规模过大，内部层次、机构较多，因而管理困难。

目前，世界上的大部分国家都实行总分行制，我国也是如此，但我们对于单一银行制和总分行制在经营效率方面的优劣却是很难简单加以评判的。

2. 银行控股公司、金融控股公司和全能银行

在20世纪末期，全球金融综合化进程加快，商业银行开始涉足其他非银行金融业务，并形成了综合化经营模式，采用这种经营模式的主要包括银行控股公司、金融控股公司和全能银行。

银行控股公司又称银行集团，是指由一家大型商业银行控制或收购两家以上的商业银行和非银行金融机构。在法律上，这些附属机构是独立的，但其业务与经营完全由同一家商业银行所控制。这种商业银行的组织形式在美国最流行，它是1933—1975年美国在严格控制商业银行跨州经营时期，立法与商业银行之间通过“管制—逃避—再管制”斗争得到的结果。到1990年，美国的银行控股公司控制了8 700家商业银行，占该行业总资产的94%。银行控股公司使得商业银行可以更便捷地从资本市场上筹集资金，并通过关联交易获得税收上的好处，也可以规避政府对跨州经营银行业务的限制，同时涉足了其他非银行金融业务。至于银行控股公司是否会造成银行业的垄断、降低商业银行的经营效率、增加金融业务的交叉风险，则取决于商业银行的公司治理水平和外部监管效率。我国的大中型商业银行也通过类似的控股方式控股、参股了其他商业银行或非银行金融机构，形成了银行控股公司。

金融控股公司是由一家集团控股了商业银行或非银行金融机构等，而集团本身一般不实际经营具体的金融业务，仅从事股权投资，是一个“壳”，有些集团股东是非金融企业。这是金融控股公司与银行控股公司的主要区别。

表1-1列出了我国现有的主要银行控股公司和金融控股公司。

表1-1 我国现有的主要银行控股公司和金融控股公司

金控类型	母公司	被参股的子公司（部分）
银行控股公司	中国工商银行	工银瑞信基金、工银金融租赁、工银安盛人寿、工银国际、工银金融资产投资
	中国银行	中银保险、中银国际信托、中银基金、中银国际、中银香港、中银金融租赁、中银航空租赁、中银国际证券、中银金融资产投资
	中国建设银行	建信人寿（建信财险）、建信信托（建信期货）、建信基金、建银国际、建信金融资产投资、建信金融租赁
	交通银行	交银金融租赁、交银金融资产投资、交银保险、交银国际信托、交银人寿、交银施罗德基金
金融控股公司（“壳”公司控制）	中信股份	中信银行（中信金融租赁、百信银行）、中信证券（中信期货、华夏基金）、中信信托（中信保诚基金）、中信保诚人寿
	光大集团	光大银行（光大金融租赁）、光大证券（光大期货、光大保德信基金）、光大永明人寿、光大兴陇信托、光大金瓯资管
	中国平安	平安人寿、平安财险、平安养老、平安健康、平安资产管理、平安银行、平安国际融资租赁、平安证券、平安信托、平安期货

续表

金控类型	母公司	被参股的子公司（部分）
金融控股公司（非金融企业控制）	中油资本	中油财务、昆仑银行、昆仑金融租赁、昆仑信托、中意人寿、中意财险、昆仑保险经纪
	国网英大	英大基金、国网国际融资租赁、英大长安保险经纪、中国电力财务、英大泰和人寿、英大泰和财险、华夏银行、广发银行
	邮政集团	邮储银行、中邮人寿、中邮证券、中油资本

长期以来，我国没有统一的监管办法来监管金融控股公司，但与此同时，我国的金融综合化经营发展迅速。在我国整体上仍然实行分业经营的背景下，大中型银行纷纷控股、参股了非银行金融机构，形成了银行控股公司，同时也有很多非金融企业控股、参股了银行、证券公司、保险公司等金融机构，形成了事实上的金融控股公司。银行控股公司、金融控股公司能够实现金融业的规模经济、范围经济与协同经济，更便利地支持实体经济，同时增加自身的经营利润，具有积极意义。但如果出现监管真空、内部控制失效，则极易发生金融风险。2020 年 9 月，中国人民银行颁布了《金融控股公司监督管理试行办法》，开始对控股股东或实际控制人为境内非金融企业、自然人以及经认可的法人的金融控股公司（不包含银行控股公司）实施正式监管，以便在控制风险的基础上发挥金融综合化的积极意义。

此外，还有一种以德国为代表的全能银行（universal bank），即银行不必通过下设附属机构，而是直接由不同部门开展银行、非银行金融业务，甚至还可以直接参股非金融企业。德国的全能银行有其历史渊源，主要是德国为了支持第二次世界大战后的工业化进程需要，同时配备了相对完善的监管，在国际上的类似案例较少，具有一定的借鉴意义。

3. 实体银行与直销银行

银行业自出现以来便是以“门店”的形式进行经营，是谓“实体银行”。但是，随着人类通信技术的进步，人们一直尝试借助通信手段开展银行业务，以便提升效率。由此便有了直销银行（direct bank）的概念，即客户不用前往银行线下经营网点，而是直接借助通信手段便可办理银行业务。为此，直销银行又有两层含义：广义的直销银行是指直销银行业务，即传统银行通过通信手段开办业务，拓展新的客户；狭义的直销银行是指不设线下网点（或者虽有一两个线下网点，但在全行业务中不起主要作用），几乎全部业务均依靠通信手段完成的银行。目前，通常所称的直销银行一般是指狭义的直销银行。此外，直销银行一般是指用通信手段服务原本以线下手段难以触及的客户。如果传统银行用通信手段服务自己的传统线下客户（比如为现有客户开通网上银行，以改善服务），一般不纳入直销银行的范畴。

最早的直销银行借助了传统的通信手段（比如信件，即通过信件传递支票等票据或单证）来办理业务。国际上的直销银行最早可追溯到 1965 年成立于德国法兰克福的储蓄与财富银行，该行后来发展为欧洲最大的直销银行——荷兰国际直销银行。后来，随着电话的普及，电话取代信件成为直销银行的主要通信手段。于 1989 年在英国成立的 First Direct 是当时著名的直销银行，它以电话和短信为主要服务手段，提供各种银行服务，深受客户的青睐。在 20 世纪 90 年代后，互联网技术开始应用于各行各业，互联网又取代电话成为直销银行的主要通信手段。1995年，美国安全第一网络银行（Security First Network Bank）成立，是全球首家基于互联网手段开展服务的银行，这类银行后来又被称为互联网银行。我国直销银行的产生时间较晚，没有经历早期信件、电话、传真等阶段，一出现便是互联网银行，因而我们在一定程度上可以将互联网银行视为直销银行的代名词。2013年，我国开始有传统银行通过互联网提供直销银行服务。2014年，深圳前海微众银行成立，这是我国第一家依靠互联网运作的直销银行。2017年，中信银行与百度公司合作，正式成立百信银行，这是我国第一家由传统银行参与投资开办的直销银行。从目前几家互联网银行的经营情况来看，它们通过便捷的互联网渠道为广大“长尾”客户提供了较好的银行服务，填补了部分银行的服务空白，对传统银行的线下业务形成了有益的补充，但同时也面临着一些现实困难，比如产品差异化水平不高等，需要在未来的发展中逐步探索。

1.3.2 商业银行的内部组织结构

商业银行的内部组织结构是指就单个商业银行而言，商业银行各部门内部及各部门之间相互联系、相互作用的组织管理系统。目前，世界上绝大部分商业银行均采用股份制公司的治理结构，其内部又可分为决策机构、执行机构和监督机构三个层次，但在具体细节上各国有所不同。以我国为例，决策机构包括股东大会、党委会、董事会以及董事会下设的各委员会；执行机构包括行长（或总经理）以及行长领导下的各委员会、各业务部门和职能部门；监督机构包括监事会，它由股东大会和职工代表大会选举形成的监事组成，此外还包括纪委、董事会下设的内部审计等部门。

1. 股东大会

由于现代商业银行多是股份制商业银行，因而股东大会是商业银行的最高权力机构，通常每年定期召开股东大会。在股东大会上，股东有权听取商业银行的一切业务报告，有权对商业银行的业务经营提出质询，并且选举董事会成员。

2. 董事会

董事会是由股东大会选举产生的董事组成，代表股东执行股东大会的建议和决定。董事会的职责包括制定商业银行的目标、确定商业银行的政策模式、选举管理人员、建立委员会、提供监督和咨询以及为商业银行开拓业务。

3. 各种常设委员会

常设委员会是由董事会设立的，其职责是协调商业银行各部门之间的关系，也是商业银行各部门之间互通情报的媒介，通常定期或经常性地召开会议来处理某些问题。

4. 监事会

股东大会在选举董事的同时，还应选举监事并组成监事会。监事会的职责是代表股东大会对全部经营管理活动进行监督和检查。监事会比董事会下设的内部审计部门的检查权限更大，它除了检查商业银行的业务经营和内部管理外，还对董事会制定的经营方针和重大决定、规定、制度的执行情况进行检查，并且对发现的问题具有督促限期改正之权。有些国家的股份制商业银行不专设监事会，而由董事会履行监督职能。

5. 行长（或总经理）

行长是商业银行的行政主管，是商业银行内部的行政首脑，其职责是执行董事会的决定，组织商业银行的各项业务经营活动，负责商业银行具体业务的组织管理。

6. 内部审计部门

内部审计部门由商业银行内部的专职审计人员组成，负责核对商业银行的日常账目，核查商业银行的会计、信贷及其他业务是否符合当局的有关规定，是否按照董事会的方针、纪律和程序办事。其目的在于防止篡改账目、挪用公款和浪费，以确保资金安全。内部审计部门是董事会的代表，定期向董事会汇报工作，并提出可行性意见和建议。

7. 业务部门和职能部门

在行长（或总经理）的领导下，设立适当的业务部门和职能部门便构成了商业银行的执行机构。业务部门的职责是经办各项商业银行业务，直接面对客户提供服务。职能部门的职责是实施内部管理，帮助各业务部门开展工作，为业务管理人员提供支持、咨询等。

8. 分支机构

分支机构是商业银行体系中从事业务经营的基层单位。分支行的领导是分支行行长。各商业银行的分支机构按照不同地区、不同时期的业务需要，还设有职能部门和业务部门，以完成经营指标和任务。

典型的股份制商业银行的组织结构见图 1-1。

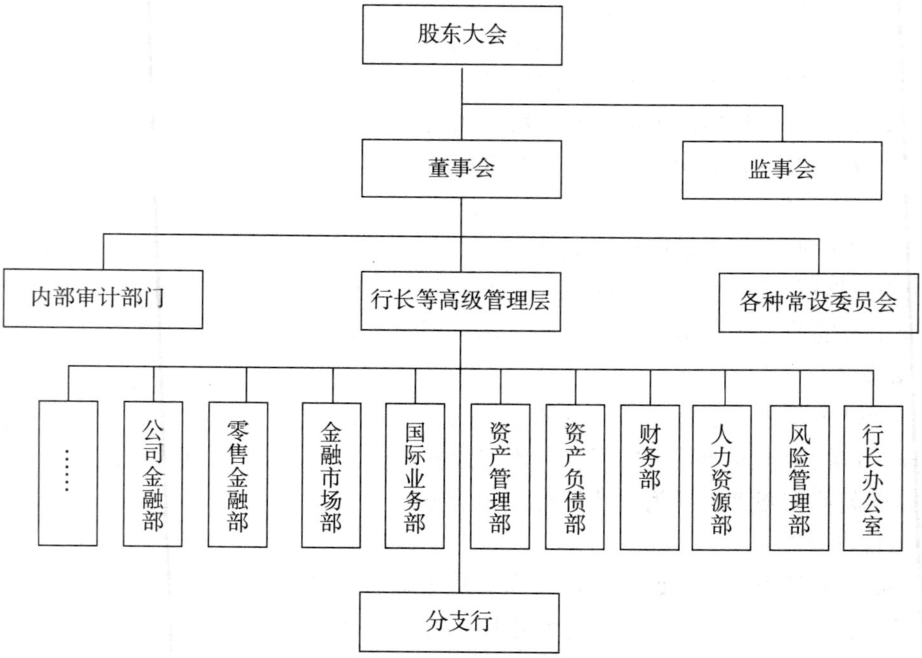

图 1-1　典型的股份制商业银行的内部组织结构

商业银行的上述不同部门又可按各自负责的工作内容，划分为管理层和前台、中台、后台部门：

（1）管理层，包括董事长、行长（或总经理）、副行长等，主要职责包括确立商业银行的目标、计划和经营业务预测，制定政策，指导、控制和评价分支机构及商业银行的管理和业务工作。

（2）前台部门，主要包括面向客户开展具体经营活动的部门，负责业务和客户的拓展，比如对公业务部门、零售业务部门、证券投资部门等。

(3) 中台部门，主要通过分析宏观经济、行业情况以及客户需求等问题，制定业务发展策略，并针对客户需求完成产品研发，为前台部门从事具体业务提供专业支持，包括市场营销部门、战略发展部门、业务管理部门、产品研发部门、信贷审批部门等。

(4) 后台部门，主要是一些业务和交易的处理，以及一些业务运营方面的支持部门，包括财务部门、人力资源管理部门、科技部门等。

以上四类工作内容分别由各部门分工负责，同时各部门之间也需要相互协作，以实现商业银行的既定目标。当然，各部门的分类也不是一成不变的，比如科技部门，原先被视为后台部门，但近年来科技对商业银行的业务支持力度加大，与业务的融合加深，已经普遍中台化，甚至有些商业银行将科技力量对外输出，即将科技作为一种服务提供给客户，所以科技部门已经初步形成前台化的趋势。

由于各国商业银行的体制、经营环境不同以及民族习惯上的差异，所以商业银行的内部组织结构并不完全相同。我国国有商业银行是我国金融体系的核心，其内部组织结构具有自己的特殊性。以中国工商银行为例，其内部组织结构如图1-2所示。

近年来，随着我国经济发展形势的变化，不少商业银行均在尝试组织结构创新和流程再造，以形成新的组织结构。图1-3是招商银行的内部组织结构。

1.4 中国银行业体系

我国的现代银行业发端于清末，先是列强在国内开办外资银行，随后清政府和民族资本均开始开办中资银行。在民国时期，银行数量一度众多，促使银行业有过一定的发展，并对国民经济发展做出了贡献。随后，经历抗日战争、解放战争、新中国建设与改革等重要历史时期，我国银行业不断发展变革，有部分银行延续至今，再加上新开办的银行，共同构成了我国目前的银行业体系。

1.4.1 中国银行业的发展历程

由于各种原因，中国历史上的银行雏形机构——钱庄、票号等——均没能演化成现代商业银行，并逐渐湮没在历史长河中，而进入中国的外资银行成为我国的第一批商业银行。

1. 中国银行业的早期发展

在鸦片战争后，清政府与列强签订了一系列不平等条约，开放了广州、厦门、福州、宁波、上海五处通商口岸，实行自由贸易，而后列强的公司开始进入中国开展贸易。外资银行也随外商进入中国，在上海等通商口岸开设分支机构，为贸易活动提供银行服务。目前，文献记载的第一家进入我国的外资银行是英国丽如银行，其总行位于印度孟买，在我国的香港、上海设有分行，主要从事英国、印度、中国之间的汇兑业务，同时还在我国的香港、上海发行银行券。该银行最后因经营不善而倒闭，但它是第一家进入中国的外资银行。在丽如银行后，西方各国的其他外资银行纷纷进入中国，其中不乏汇丰银行、花旗银

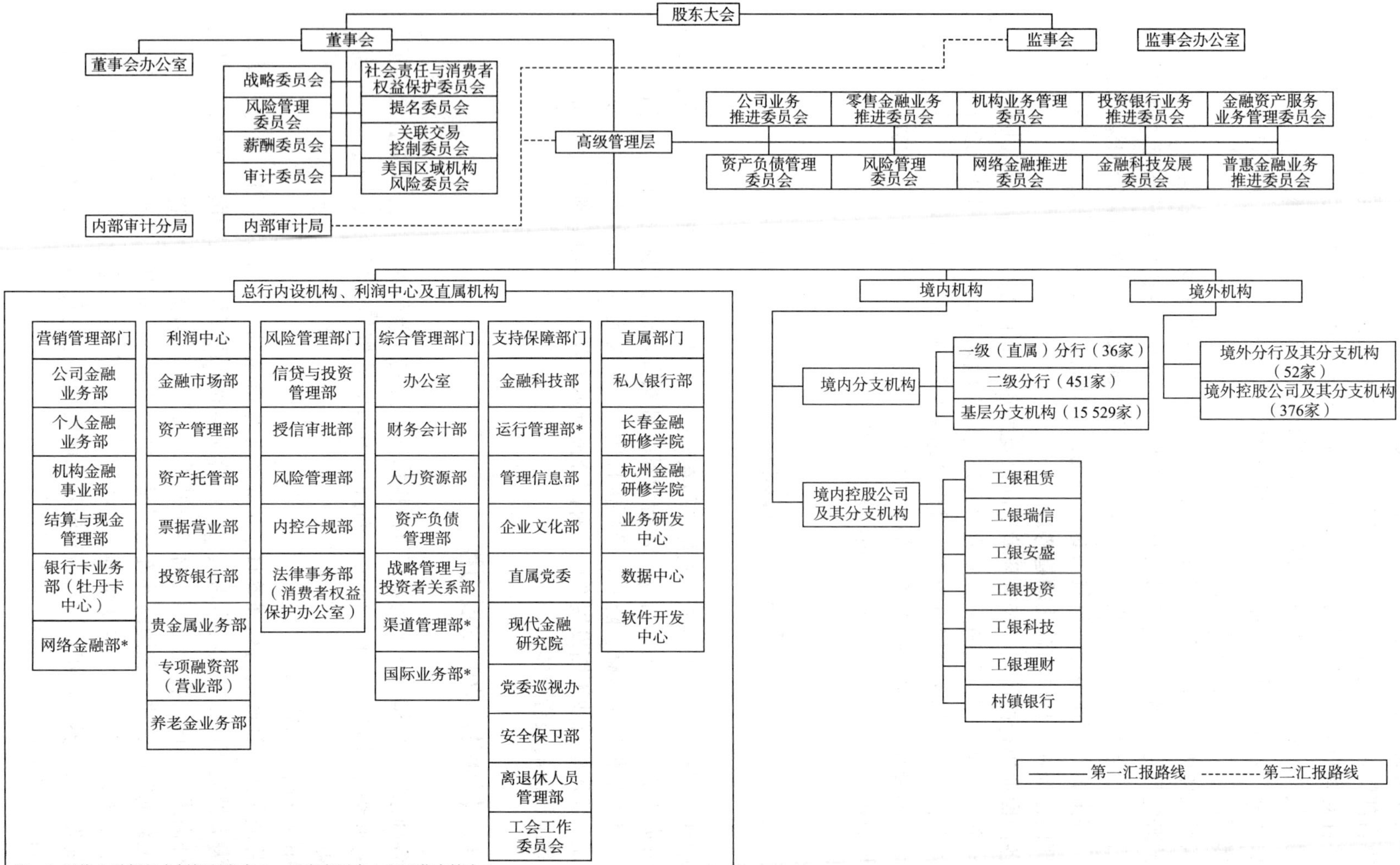

注：1. 网络金融部包含创新研发中心、用户发展中心和运营支持中心。
2. 渠道管理部包含远程银行中心。
3. 国际业务部包含国际结算单证中心。
4. 运行管理部包含集约运营中心（佛山）和集约运营中心（成都）。

图1-2　中国工商银行的内部组织结构

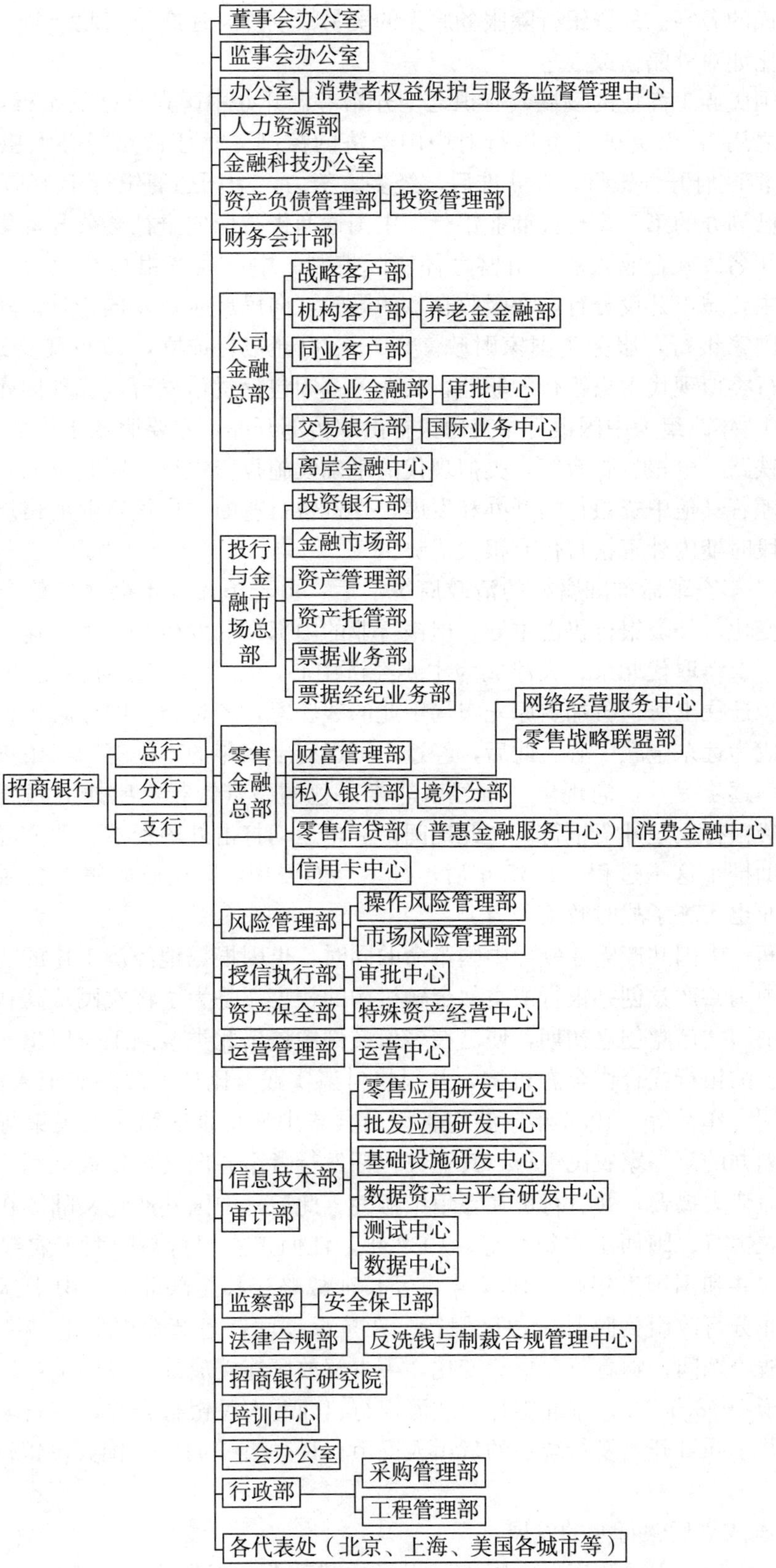

图1-3　招商银行的内部组织结构

行等耳熟能详的名字。外资银行除服务原先的贸易活动外，还会给清政府贷款，用于大额财政开支，比如对外赔偿或战争。

随着中国民族工商业的发展，有识之士开始考虑开办中国人自己的银行，“以中国之银，供中国之用”，以突破外资银行对中国经济的控制。时任铁路督办大臣的盛宣怀于1896年奏请清政府开办银行，在获准后，经多方努力，中国通商银行于1897年成立，成为中国人自己创办的第一家现代商业银行。中国通商银行面向全社会公开募集资本，上海等地的很多知名民族企业入股，由盛宣怀实际控制。中国通商银行开业后，在天津、汉口、广州等主要城市开设分行，在吸收存款的同时，向民族企业发放贷款。随后，清政府也开始创办国家银行，服务于国家财政。1905年户部银行成立，1908年交通银行成立。户部银行履行类似现代中央银行的职能，其业务范围包括货币发行、代理国库、办理公债等，后于1912年改组为中国银行。交通银行由邮传部开办，主要服务于该部管理的事业，包括轮船、铁路、电报、邮政等，类似现代的基础设施投资银行，同时也兼营一般的商业银行业务。随着其他中资银行的开办和发展，外资银行垄断国内银行业的格局被打破，但其后很长一段时期内外资银行仍有很大优势。

1911年，辛亥革命推翻腐朽的清政府统治后，由于革命并不彻底，整个银行业格局未发生重大变化，外资银行仍占主导，但银行业的内部格局发生了一些变化。北洋政府的统治结束后，上海取代北京、天津成为主要经济中心，社会经济相对稳定，大部分中资、外资银行逐步迁往上海，再加上原先布局于此的钱庄等，各种新、旧金融机构开始同台竞争，使上海成为远东金融中心。此后，经过中资银行十多年的不懈努力，中资银行在国内的市场占有率逐步提升，涌现出一批经营非常出色的中资银行，比如上海商业储蓄银行等，最后中资银行反超外资银行。在此期间，五卅运动打击外国资本、西方经济危机等事件客观上也助推了这一过程。1937年后，日本全面侵华，国民政府集中全国资源应对抗战，对银行业也实施了战时政策。

在此期间，中国共产党在领导中国革命的同时，也因根据地经济工作的需要，创办了一些银行。中国共产党创办银行或类似金融机构的初衷，是为了将农民从高利贷盘剥中解放出来。在中国共产党创立初期，便已在多份文件中提出此类金融工作思想，包括创办工人、农民自己的银行或合作金融机构，并很快付诸实践，比如安源路矿工人消费合作社、萧山衙前信用合作社等。1926年，湖南省衡山县柴山洲特别区第一农民银行成立，这是中国共产党创办的第一家农民银行，其业务包括发行货币并向贫民发放低利贷款，但该行后来被反革命势力捣毁，并有行员在斗争中牺牲。此后，中国共产党又陆续在革命根据地成立江西工农银行、闽西工农银行等。1932年，江西工农银行与闽西工农银行合并组建为中华苏维埃共和国国家银行。1937年，经长征战略转移至陕北后，中华苏维埃共和国国家银行西北分行改组为陕甘宁边区银行。在抗战期间，各革命根据地继续成立其他银行。在解放战争期间，随着革命形势变化，不少解放区连接成片，不同根据地的银行逐步合并，最终于1948年12月华北银行、北海银行、西北农民银行合并，在石家庄成立中国人民银行，并于同日开始发行统一的货币人民币。1949年2月，中国人民银行由石家庄迁入北平。

2. 新中国成立后银行业的发展

新中国成立后，人民政府在中国人民银行的基础上，逐步接收了旧中国的其他银行，并对它们进行逐步改造，最终形成了“大一统”的银行体系，这一体系一直维持到改革开放初期。因此，新中国的银行业大致可分为前后两个阶段。

首先，对旧中国几大银行的接收和重组。1949年5月上海解放，中国人民解放军上海市军事管制委员会派代表接管中国银行总处，国内各地分行的接管工作也较为顺利。在1950年后，中国银行的境外分行也纷纷被总处接管。1950年4月，中国银行由中国人民银行领导，成为国家的外汇专业银行。1954年，交通银行留下的机构和大部分人员组建中国人民建设银行（另有少部分并入中国人民银行），专门从事国家基本建设投资拨款监督工作，因而并不算严格意义上的商业银行，但与原交通银行从事的基础设施投资工作一脉相承。与此同时，我国也开始创办一些其他银行，比如1951年成立的农业合作银行，为中国农业银行的前身，主要服务于农村经济。最后，从旧中国接收的其他中小银行或钱庄，陆续在社会主义改造中转制为公私合营银行，最终并入中国人民银行、中国银行等。

由于当时的条件所限，中国人民银行的服务还不能覆盖广大农村地区，因而我国政府又重点在农村地区组织农民开办农村信用合作社（以下简称“农村信用社”）。农村信用社最早起源于欧洲，我国早在1923年便已有尝试，当时的中国华洋义赈救灾总会在河北香河组建了我国第一家农村信用社。1951年，中国人民银行召开了第一次全国农村金融工作会议，决定大力发展农村信用社，以填补农村基本金融服务空白，并且帮助农民从高利贷中摆脱出来。这项工作推进很快，截至1956年，全国农村信用社的数量达到16万家，覆盖全国80%的乡，使全国绝大多数农村有了基本的金融服务。农村信用社不是商业银行，而是以合作制为基础创办，秉承了社员入股、一人一票、服务社员的原则，农村信用社的主要业务是存款、贷款等，能够满足农民的基本金融服务需求。

至此，我国“大一统”的银行体系基本建成。中国人民银行既是中央银行，又办理绝大部分银行业务，而广大农村地区则由农村信用社提供服务，工商企业和城乡居民的生产、生活开始享受到基本的金融服务。但是，这时的银行还不是商业银行。此时，我国处于工业化初期，当时的目标是集中资源建立重工业基础，而银行在这一目标中起到关键作用。也就是说，我国通过指令规定了存贷款利率和贷款投向，以相对较低的利率水平动员社会资金，集中投向国家急需建立的重工业部门，实现较为快速的工业化。因此，当时高度管制的银行业体系对我国的快速工业化起到了较为关键的作用。

1978年，党的十一届三中全会做出了改革开放的历史决策，而后计划经济开始向社会主义市场经济转型，此前的“大一统”银行体系不再适应经济发展需要，我国的金融体系改革随之启动。1979年10月4日，邓小平在出席各省、市、自治区第一书记座谈会时特别指出：“必须把银行真正办成银行。”为此，我国的整个银行业体系需要一次脱胎换骨式的大改革。

首先，实现中央银行与商业银行的分离。1984年，中国人民银行将商业银行业务剥离，设立了中国工商银行，承接中国人民银行的商业银行业务，服务于工商企业与城镇居民。中国银行继续从事外汇业务，中国人民建设银行继续从事基建相关业务。1979年恢复设立中国农业银行，仍从事农村相关业务。至此，我国的四大专业银行成立，承担了商业银行业务，中国人民银行专职行使中央银行职能。此时，我国的四大专业银行仍不是严格意义上的商业银行，它们的经营仍受政府高度行政控制，并在各自领域承担了不少政策性业务，因而服务企业、居民的市场化能力并不足。

其次，我国新设了一批商业银行，用于满足市场经济发展需要。在改革开放初期，个体工商户、民营企业等新的市场化经营主体开始涌现，市场日益活跃，急需相应的金融服务。为弥补四大专业银行、农村信用社的服务不足，我国开始以“增量改革”方式新设了一批银行，包括股份制商业银行和城市信用合作社（以下简称“城市信用社”）。1979年，我国第一家城市信用社在河南驻马店成立。同年6月，中国人民银行下发《城市信用合作社管理暂行规定》，使城市信用社有法可依，各地于20世纪80年代中期开始加快开办城市信用社。截至1993年底，全国共有城市信用社近4 800家，总资产达到1 878亿元，有力地支持了城镇中小企业和个体工商户的发展。随着大规模经济建设的开展，我国又允许各类资本按照股份制原则，开办更具实力的商业银行，即新中国成立后最早开办的一批现代股份制商业银行。1987年4月，交通银行重新组建，并且从一开始就引进了现代西方银行的管理理念和市场化经营模式。同年，招商银行、中信实业银行（现中信银行）、深圳发展银行（现平安银行）等也陆续成立。此外，还有一些其他类型的商业银行（包括中外合资银行、住房储蓄银行等）借助机制、理念上的优势，成为银行业改革的先锋，并取得了良好的效果，为改革开放初期的经济发展提供了巨大帮助。

最后，我国开始对原有银行进行商业化改造，目的是将其改造成真正的现代商业银行。1993年，国务院颁布《关于金融体制改革的决定》，表示我国银行业体系改革继续推进，深入至“存量改革”阶段。与此同时，我国还组建了政策性银行，包括国家开发银行、中国农业发展银行、中国进出口银行，由其承担四大专业银行的政策性业务，而四大专业银行改造为国家独资的国有商业银行。1995年，我国颁布了《中华人民共和国中国人民银行法》《中华人民共和国商业银行法》，从法律上确立了中央银行、商业银行的分离及其各自的职责范围。1999年，我国对背负大量历史不良资产的国有商业银行进行了多轮不良资产剥离，并实施财务重组、股份制改造，最终全部建成股份制的现代商业银行。与此同时，我国对一些经营不善的全国性股份制商业银行等进行债务重组。此外，其他中小金融机构的商业化改造也在逐步推进。农村信用社改革与发展方案在历史上经过一些波折，2000年国务院批准江苏省开展改革试点，组建省联社管理全省农村信用社，并试办农村商业银行，首批三家（常熟农村商业银行、张家港农村商业银行、江阴农村商业银行）于2001年成立。2003年，浙江省试点首家农村合作银行——浙江鄞州农村合作银行。事实上，合作制已不适合当代经济发展需要，因此，2003年6月的《国务院关于印发深化农村信用社改革试点方案的通知》最终确定农村信用社的改革方向为股份制商业银行，即农村商业银行，而现有的农村信用社、农村合作银行逐步改制为农村商业银行。城市信用社也经历了相似的过程，先是逐步改制为城市合作银行，后又更名为城市商业银行。2012年4月，我国最后一家城市信用社浙江省象山县绿叶城市信用合作社改组为宁波东海银行。自此以后，城市信用社正式退出历史舞台。

至此，我国银行业改革的主要任务基本完成，国有大型银行、全国性股份制商业银行、城市商业银行、农村商业银行（含农村信用社）等多层次银行体系建立起来。伴随我国金融业改革开放的深入，村镇银行及一批新型民营银行也开始设立，它们以新的服务模式填补了现有服务空白。

3. 中国银行业发展进入新时期

在我国的多层次银行体系基本建成后，中国银行业进入深化改革阶段，其重点目标为提升内部管理与经营水平，提升银行业服务实体经济的能力，同时防范金融风险。

2012年1月，第四次全国金融工作会议召开，要求金融体系深化改革继续向纵深推进，同时利率市场化、金融综合化等重要改革取得实质性突破。2017年7月召开了第五次全国金融工作会议，宣布国务院金融稳定发展委员会成立，意味着金融监管进一步规范。此后，我国的银行业进入规范发展的新时期，并经受住了经济增速下行、新型冠状病毒肺炎疫情（以下简称"新冠肺炎疫情"）、西方货币政策冲击等考验。2023年10月，中央金融工作会议召开，会议强调要全面加强金融监管，有效防范化解金融风险，完善金融机构的定位。

2012年，中国银监会正式颁布了《商业银行资本管理办法（试行）》，银行资本管理开始与《巴塞尔协议Ⅲ》接轨，意味着银行监管进入新的时期。新的资本管理要求提出了更为精细化的资本约束，也提升了资本充足率要求，商业银行开始推动业务向资本集约型转型。2013年，《商业银行流动性风险管理办法（试行）》开始公开征求意见，并于2015年正式实施。

1.4.2 中国银行业体系结构

目前，我国多层次银行体系已基本建成，主要包括国有大型商业银行、全国性股份制商业银行、城市商业银行、农村商业银行（含农村信用社）、村镇银行、民营银行、外资银行等，为实体经济和社会发展提供了重要支撑。

从2021年末我国商业银行的市场结构看，以总资产的占比衡量（见图1-4）：国有大型商业银行的市场占有率较高，达到47.05%，但其占比近几年处于缓慢下滑态势；全国性股份制商业银行的占比为21.72%，相对稳定；城市商业银行的占比为16.00%，近几年有所上升；农村商业银行及其他商业银行的占比为15.23%。由此可见，国有大型商业银行仍占全行业的半壁江山，而其他类别商业银行的占比也不容小觑。

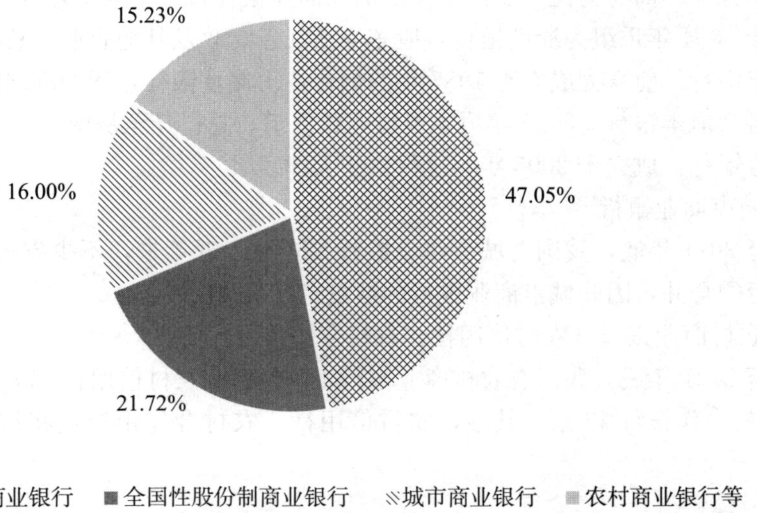

图1-4 2021年末我国不同类型商业银行总资产的占比

1. 国有大型商业银行

国有大型商业银行包括中国工商银行、中国建设银行、中国银行、中国农业银行、交通银行、中国邮政储蓄银行。我国在1919年已开办邮政储金业务，1949年由人民邮政接管，后于1953年停办邮政储蓄。1986年，我国批准邮政部门恢复办理邮政储蓄业务，利用遍布城乡的邮政网点吸收储户资金，用于国家建设。2007年，中国邮政储蓄银行正式成立，利用自营和邮政的数万个网点为广大城乡居民提供银行服务，主要定位于服务“三农”、城乡居民、中小企业等。中国邮政储蓄银行与中国工商银行、中国建设银行等共同构成国有大型商业银行体系。

2. 全国性股份制商业银行

截至2021年底，我国有12家全国性股份制商业银行，分别为：

招商银行：1987年3月成立于深圳蛇口，由招商局轮船有限公司出资设立。

浦发银行：原名上海浦东发展银行股份有限公司，因开发浦东的需要，1992年10月由上海市财政局及另外17家上海企业出资设立，于1993年开业。

中信银行：原名中信实业银行，于1987年由中国国际信托投资公司设立。

中国光大银行：成立于1992年，是中国光大集团的下属子公司之一。

华夏银行：成立于1992年，由首钢集团发起设立。

中国民生银行：成立于1996年，是在中华工商联主席经叔平提议下成立的全国首家由民营企业发起设立的全国性股份制商业银行。

广发银行：原名广东发展银行，1988年成立于广州。

兴业银行：原名福建兴业银行，为1988年在福建省福兴财务公司基础上组建的区域性商业银行，而后实现跨区域发展，并更为现名。

平安银行：前身为深圳发展银行，1987年由深圳当地21家农村信用社合并成立深圳市联合信用银行，而后通过面向公众发行普通股的方式设立为股份制商业银行。自2010年开始，中国平安集团通过各种方式收购深圳发展银行股份，并于2012年将深圳发展银行更名为平安银行。

浙商银行：前身为位于浙江宁波的浙江商业银行，原本为中外合资银行，成立于1993年，后于2004年重组为浙商银行，股东为浙江省财政及其他企业，总行迁至杭州。

恒丰银行：前身为成立于1987年的烟台住房储蓄银行，于2003年实施整体股份制改造，更名为恒丰银行。2019年恒丰银行完成重组，总行迁至济南。

渤海银行：成立于2005年，总行位于天津。

3. 城市商业银行

截至2021年底，我国有城市商业银行128家。近年来，不少省份仍在推动省内城市商业银行的合并，因此城市商业银行的数量持续减少。

4. 农村商业银行（农村信用社、农村合作银行）

截至2021年底，我国有农村商业银行1 596家，农村信用社577家（含25家省级联社），农村合作银行23家。其中，农村信用社、农村合作银行仍将继续改制为农村商业银行。

5. 村镇银行

截至2021年底，我国有村镇银行1 651家。村镇银行多由其他商业银行发起设立，主要分布于我国县域和农村地区，服务于“三农”等领域。

6. 外资银行

截至2021年底，我国有外资法人银行41家。根据我国加入WTO的承诺，2006年我国要取消外资银行的各种业务限制，给予国民待遇，并适时修订了《中华人民共和国外资银行管理条例》及细则，鼓励外资银行设立或将现有分行转制为法人银行。

7. 民营银行

截至2021年底，我国有民营银行19家。这里的民营银行不包括在2014年之前已经由民营资本出资开办的、已经归入其他银行类别的银行，比如中国民生银行、台州银行等，而是指在2014年后设立的新一批民营银行。它们尝试以新的技术、方法去服务客户，比如以互联网手段服务客户的互联网银行，包括深圳前海微众银行、浙江网商银行等。

截至2021年底，我国还有1家开发性金融机构、2家政策性银行、1家住房储蓄银行（中德住房储蓄银行）、1家直销银行（中信百信银行）。

不同类型的商业银行在客户定位上形成了较明显的差异，有一定的分工，它们在满足不同企业和居民金融服务需要的同时，也可在一定程度上避免银行业内部的恶性竞争，维护银行体系相对稳定。一般来说，国有大型商业银行的业务最全面，大多以大中型企业、城乡居民为客户定位，为它们提供全方位服务。其中，四大银行虽然不再按原先的四大专业银行来分工，但因历史原因仍有各自的相对优势。例如，中国工商银行服务于全国最庞大的企业和城镇居民群体，中国建设银行在基建领域仍有专业优势，中国银行的国际化业务优势明显，而中国农业银行、中国邮政储蓄银行在“三农”、县域有突出的优势。全国性股份制商业银行的开办时间较晚，大部分从零开始创业，因此网点少、业务基础薄弱，但它们能借助自身的机制优势，在其他类型银行均未实现商业化经营的同时，积极进取、大胆创新，一些目前已极为普遍的业务，早期就是由股份制商业银行创新或推广的，比如银行理财、信用卡、网上银行，而上门服务等一些模式也是由它们首创。最终，部分股份制商业银行在一些特定领域形成了明显优势，比如招商银行的零售业务等。一般来说，城市商业银行以当地的中小微企业、城镇居民为客户定位。农村商业银行（含农村信用社、农村合作银行）则以当地（尤其是当地的农村地区）中小微企业、个体工商户、城乡居民为客户定位。村镇银行的客户定位比农村商业银行更为“下沉”，以服务个体工商户、城乡居民为主，户均贷款金额较小。外资银行主要服务于其总行所在国家或地区驻华的外资企业。民营银行和直销银行则肩负了创新的任务，比如通过互联网手段开办业务，服务原先未被传统银行覆盖的客户群体。

复习思考题

1. 商业银行从传统业务发展到“金融百货公司”，说明了什么问题？
2. 如何认识现代商业银行与实体经济的内在联系？
3. 商业银行的组织形式有哪些？近年来，银行控股公司为什么发展迅速？
4. 分析我国金融控股公司的发展现状及存在的问题。
5. 我国多层次银行体系的主要优势是什么？

第2章

商业银行资本管理

【导言】

商业银行资本的筹集和管理是商业银行经营最核心的问题之一，原因在于商业银行的资本是商业银行实现稳健经营的基础。保持合理的资本规模与结构是商业银行实现资产安全和效益动态平衡的前提，而正确认识商业银行资本的功能，了解资本筹集和管理的工具是有效管理资本的基础。商业银行经济资本管理是资本管理与风险管理相结合的新模式。

【学习目标】

(1) 了解商业银行的资本构成及作用。

(2) 了解《巴塞尔协议》对于商业银行资本充足的测定。

(3) 了解商业银行资本需要以及资本筹集的方式。

(4) 了解经济资本的含义及作用。

【核心概念】

商业银行资本　《巴塞尔协议》　资本充足　资本筹集　经济资本

2.1 商业银行资本的性质与作用

2.1.1 银行业面临的主要风险

一家商业银行在维持日常运营并谋求发展的过程中会面临各种风险，如信用风险、利率风险、汇率风险、经营风险、流动性风险等。对商业银行风险的正确认识和评估是决定商业银行资本规模的重要依据。

1. 信用风险

信用风险是指商业银行的借款人或交易对象不能按事先达成的协议履行义务的潜在可能性。由于商业银行的借款人或交易对象的信用等级下降，使商业银行持有的相应资产贬值，也属于信用风险。信用风险存在于一切信用活动之中。商业银行的所有业务都有可能面临信用风险，其中以信贷业务的信用风险最大。近年来，世界性的不良资产问题就反映出信用风险对商业银行的严重影响。严重的信用风险不仅有可能威胁到商业银行自身的经营安全，而且有可能导致商业银行的信用体系和支付体系崩溃，引发货币危机和金融危机。

2. 利率风险

金融市场上的利率变动使商业银行在筹集或运用资金时可能遭受的损失就是利率风险。利率风险主要表现为经济主体在筹集或运用资金时选择的时机或方式不当，从而不得不付出比一般水平更高的利息或收到比一般水平更低的收益。利率市场化程度越高，影响利率变动的因素越复杂，对商业银行管理利率风险的能力的要求就越高。

3. 汇率风险

由于汇率的变动而使商业银行持有的资产和负债的实际价值发生变动所带来损失的可能性就是汇率风险。对于既有本币资产又有外币资产的商业银行来说，汇率风险无处不在。

4. 经营风险

经营风险是指商业银行在日常经营中由各种自然灾害、意外事故等引起的风险。经营风险可能源于计算机系统故障、质量控制不力、管理层判断失误、经济波动、恐怖袭击等人为因素或天气变化、自然灾害等自然原因。经营风险存在于商业银行的各种经营项目和各个业务环节中，它产生的根源多与某种人为因素有关，从而决定了经营风险的多变性和不确定性。由于商业银行经营中的许多风险因素往往不易事先把握，可能会在短时间内造成严重的危害，令商业银行措手不及，因此经营风险还具有突发性的特征。

5. 流动性风险

流动性风险是传统商业银行面临的主要风险之一，是指商业银行掌握的可用于即时支付的流动性资产无法满足支付需要，从而使其丧失清偿能力的可能性。流动性风险可能造成现金短缺或难以筹集、客户流失，从而造成所有者权益损失甚至存款人挤兑、商业银行破产。虽然流动性风险经常是商业银行破产倒闭的直接原因，但实际情况往往是由于其他种类的风险长时间隐藏、积累，最后以流动性风险的形式爆发出来，因此对流动性风险的防范必须与对其他风险的控制相结合。

为了规避风险和把风险降到可以接受的范围以内，商业银行的管理者采用了各种策略和方法，而保持一定的商业银行资本规模则是其中的重要组成部分。

6. 犯罪风险

商业银行需要应对犯罪的风险。商业银行职员和管理层的诈骗及挪用公款行为可能导致商业银行破产。此外，商业银行也有遭受抢劫的风险。

2.1.2 商业银行资本的多种功能

对于商业银行资本的定义可能因各国金融制度、会计制度的不同而不同。

早在 1980 年，英格兰银行就曾发表了一份《资本标准》，确认了商业银行资本的四个重要目的：

（1）作为损失的缓冲，是风险管理的重要工具。

（2）对潜在的存款人表明股东用自己的资金来承担风险的意愿。

（3）提供无固定融资成本的资源。

（4）作为对总的经营基础投入资金的合宜形式。

美国银行家协会也在一份正式报告中列出产权资本的重要职能为：

（1）提供一个承受偶然损失的“资本缓冲器”，使存款人自始至终得到保护。

（2）为购置房屋、设备与其他营业所需的非营利性资产提供资金。

（3）满足银行管理当局针对可能出现的风险而备足资本的要求。

（4）向公众保证，即使发生贷款损失和投资损失，商业银行也具有即时偿付债务的能力，并能继续为公众服务。

综上所述，商业银行资本具有多种功能：

（1）商业银行资本可以吸收商业银行的经营亏损，保证商业银行的正常经营，以使商业银行的管理者能有一定的时间解决存在的问题，为商业银行避免破产提供了缓冲的余地。因此，资本金又被称为旨在保护债权人在面对风险时免遭损失的“缓冲器”，保护存款保险制度免受重创。

（2）商业银行资本为商业银行的注册、组织营业以及存款进入前的经营提供了启动资金，如获得土地及建设办公楼或租用、安装设备等。

（3）商业银行资本有助于树立公众对商业银行的信心，它向商业银行的债权人显示了商业银行的实力。对于高负债经营的银行业，市场信心是决定商业银行经营稳定性的直接因素。充足的资本令商业银行即使在通货紧缩时期也能满足市场的信贷需求，在客户看来，这是一种有力的保证。在市场经济条件下，商业银行资本在维持市场信心方面发挥着关键作用。

（4）商业银行资本为商业银行的扩张以及商业银行新业务、新计划的开拓与发展提供了资金。许多商业银行的增长超出其开业时设施的承受能力，而追加资本的注入允许商业银行增加办公设备、增设分行，以便与市场的扩大保持同步发展。

（5）商业银行资本有助于银行业实现优胜劣汰。拥有优质资本且资本雄厚的大型商业银行能够发放大额贷款，并且对单个借款人的未完全担保贷款限额更高。此类商业银行往往能够在行业竞争中抢占更多市场份额。

（6）商业银行资本作为商业银行增长的监测指标，有助于保证单个商业银行增长的长期可持续性。因为监管当局与市场都要求商业银行的贷款及其他风险资产的增长与商业银行资本保持一致，随着商业银行风险的暴露，商业银行吸收损失的“缓冲器”也必须相应扩大。相对于商业银行资本而言，贷款与存款业务增长过快的商业银行会从市场和监管部门接到降低增长速度或增加商业银行资本的信号。监管部门的资本监管已逐渐成为限制商业银行风险暴露程度的重要政策工具，这也有利于提高公众对商业银行的信心。

（7）商业银行资本将是未来影响银行利润水平的重要因素。随着利率市场化改革的推进，商业银行的存贷利差不断收缩，因而商业银行需要通过扩大资产规模才能增加利润。

由此可见，商业银行资本的关键作用是吸收意外损失和消除商业银行的不稳定因素。

2.2 商业银行资本的构成

2.2.1 商业银行资本的类型

商业银行资本一般有两个来源：一是商业银行创立时所筹措的资本；二是商业银行经营利润的一部分。不论来源如何，商业银行资本都属于商业银行的长期性资金来源。商业银行资本可分为不同的类型，主要包括实收资本（或股本）、资本公积、盈余公积和未分配利润等。

1. 实收资本（或股本）

商业银行的实收资本是指投资者按照企业章程或合同、协议的约定实际投入商业银行的资本。股份制商业银行的股本是在核定的股本总额及核定的股份总额的范围内通过发行股票或股东出资取得的，一般分为普通股和优先股两种。普通股是指以已发行普通股面值衡量价格，其收益受董事会派发股利决议的影响。优先股是指以已发行的承诺支付固定收益的股票面值衡量价格，具有股票、债券的双重性质。优先股的期限不定，可以是永久的或有一定期限的。《中国银保监会、中国证监会关于商业银行发行优先股补充一级资本的指导意见（修订）》（银保监发〔2019〕31号）规定，股东人数累计超过200人的非上市商业银行无须在“新三板”挂牌即可直接发行优先股，从而中小商业银行利用优先股补充银行资本的通道亦被疏通。

2. 资本公积

商业银行的资本公积是指由投资者或者其他人或其他单位投入，所有权归属于投资者，但不构成商业银行实收资本的那部分资本或出资。资本公积是股东为每股面值的溢价而支付的价格。根据规定，我国商业银行的资本公积包括：

(1) 资本（或股本）溢价，是指商业银行投资者投入的资金超过其在注册资本中所占份额的部分。

(2) 接受非现金资产捐赠准备，是指商业银行因接受非现金资产捐赠而增加的资本公积。

(3) 接受现金捐赠，是指商业银行因接受现金资产捐赠而增加的资本公积。

(4) 股权投资准备，是指商业银行在对被投资单位的长期股权投资采用权益法核算时，被投资单位因接受捐赠等原因而增加资本公积，商业银行按其持股比例计算而增加的资本公积。

(5) 外币资本折算差额，是指商业银行接受的外币投资因所采用的汇率不同而产生的资本折算差额。

(6) 关联交易差价，是指因上市商业银行与关联方之间显失公允的交易价格而形成的资本公积。

(7) 其他资本公积，是指除上述各项资本公积以外所形成的资本公积以及从资本公积各准备项目转入的金额，债权人豁免的债务也在该项目核算。

3. 盈余公积

商业银行的盈余公积是指商业银行按照规定从净利润中提取的各种积累资金。根据规定，我国商业银行的盈余公积包括：

（1）法定盈余公积，是指商业银行按照规定的比例从净利润中提取的盈余公积。

（2）任意盈余公积，是指商业银行经股东大会或类似机构批准，按照规定的比例从净利润中提取的盈余公积。

（3）法定公益金，是指商业银行按照规定的比例从净利润中提取的、用于职工集体福利设施的公益金。

4. 未分配利润

商业银行的未分配利润是指商业银行以前年度实现的、留待以后年度进行分配的结存利润。

5. 重估储备

商业银行的重估储备是指对固定资产进行重估时，固定资产的公允价值与账面价值之间的正差额。

6. 权益准备金

权益准备金又称商业银行的一般准备。商业银行的权益准备金是指根据全部贷款余额一定比例计提的、用于弥补尚未识别的可能损失的准备。

7. 次级债务

商业银行的次级债务一般是指固定期限不低于 5 年（包括 5 年），除非商业银行倒闭或清算，不用于弥补商业银行日常经营损失，且该项债务的求偿权排在存款和其他负债之后的商业银行长期债务。由商业银行或第三方提供担保的次级债务一般不计入资本。此类债券通常具有可转换性，可转换为股份。

2.2.2 《巴塞尔协议》对资本的规定

在 20 世纪 80 年代中期以前，西方发达国家的银行监管当局基本上将商业银行的最低资本额与商业银行的总资产相联系，与各商业银行的资产质量及风险没有直接的联系。在 80 年代后期，各国金融当局逐渐把商业银行的最低资本额与商业银行的资产质量联系起来。1986 年，美国金融当局首先提出了商业银行的资本额应反映商业银行资产的风险程度。1988 年，联邦储备委员会作为美国的代表，与法国、德国、加拿大、意大利、日本、荷兰、瑞典、瑞士、比利时、英国及卢森堡就银行业资本标准达成初步协议，国际清算银行通过了《关于统一国际银行资本衡量和资本标准的协议》（即《巴塞尔协议》），规定 12 个参加国应以国际可比性及一致性为基础制定各自的商业银行资本标准。

《巴塞尔协议》强调了对于资本的要求。《巴塞尔协议》对资本的规定是：商业银行的资本应与资产的风险相联系。商业银行资本的主要作用就是吸收和消化商业银行的损失，使商业银行避免倒闭的危机。因此，商业银行资本的构成应取决于资本吸收损失的能力，而不是商业银行资本的不同形式。另外，商业银行的主要风险是资产风险，将资本与资产风险相联系的目的在于商业银行资本能够吸收和消化因客户违约而造成的损失，包括表外业务风险带来的损失。为此，《巴塞尔协议》的主要思想是：商业银行的最低资本由商业银行资产结构形成的资产风险所决定，即资产风险越大，最低资本额越高；商业银行的主要资本是商业银行持股人的股本，构成商业银行的核心资本；协议签署国商业银行的最低资本限额为商业银行风险资产的8%，核心资本不能低于风险资产的4%；国际银行业竞争应使商业银行资本达到类似的水平。

关于资本的具体构成，《巴塞尔协议》有明确规定。该协议将资本划分为两类：一类是核心资本，另一类是附属资本。

1. 核心资本

商业银行的核心资本由股本和公开储备两部分构成。

（1）股本。股本又分为两部分。

1）普通股。商业银行发行普通股是增加资本的重要手段。通过发行普通股可以广泛吸收社会资金，使商业银行的资本足够雄厚，以保护存款人和其他债权人不受损失，同时增强公众的信心。但是，如果募集的股本超过需要量，将会影响股东权益，使原有股东的每股收益减少。

盈余转入是增加普通股的另一种手段。盈余账户由商业银行的外部资金和内部资金两部分资金组成。比如在美国，国民银行在营业前必须拥有至少等于股本总额20%的缴入盈余，作为商业银行盈利账户初始的外部资金来源。内部资金来源主要是由未分配利润转入的资金。

普通股要对股东支付一种可变的收益，支付的多少以及是否支付取决于商业银行决策层的投票结果。

2）永久非累积优先股。发行优先股可以增加商业银行资本，因此也是构成股本的重要手段，它具有债券和普通股的双重特点：一方面，与债券类似，优先股通常只支付固定股息；另一方面，与普通股类似，优先股没有定期支付股息和到期偿还本金的义务。

非累积优先股带来的好处还有商业银行没有法律义务支付累计未分配的那部分优先股股息，在这一点上，优先股完全等同于普通股。但是，优先股也有不利的地方：一是优先股股息不能从税前盈利中扣除，这使得用优先股筹资的成本比采用可从税前盈利中扣除利息的债券的筹资成本高；二是优先股的股息支付义务先于普通股，而且比较固定。

（2）公开储备。公开储备是指通过保留盈余或其他盈余的方式在资产负债表上明确反映的储备，如股票发行溢价、未分配利润和公积金等。

2. 附属资本

商业银行的附属资本主要包括以下五项：

（1）未公开储备。未公开储备又称隐蔽准备，由于各国法律和会计制度不同，故巴塞尔银行监管委员会提出的标准是：在该项目中，只包括虽未公开，但已反映在资产负债表上并被商业银行的监管机构接受的储备。

（2）重估储备。由于一些国家按照本国的监管会计条例允许对某些资产进行重估，以便反映它们的市值（或相对于历史成本，更接近其市值），即如果这些资产是审慎作价的，并充分反映价格波动和强制销售的可能性，那么这种储备可以列入附属资本中。一般来说，这类资本包括对记入资产负债表的商业银行自有房产的正式重估和来自有隐蔽价值的资本的名义增值。

（3）普通准备金。这是为防备未来可能出现的一切亏损而设立的。因为普通准备金可用于弥补未来不确定的任何损失，符合资本的基本特征，所以被包括在附属资本中。但是，普通准备金不包括那些为已确认的损失或者价值明显下降的某项资产而设立的准备金。

(4) 混合资本工具。混合资本工具是指既带有一定股本性质，又带有一定债务性质的一些金融工具。由于这些金融工具与股本极为相似，特别是它们能够在不能清偿的情况下承担损失、维持经营，因而可以列为附属资本，比如英国的永久性债务工具、美国的强制性可转换债务工具等。

(5) 长期附属债务。长期附属债务是资本债券与信用债券的合称，它之所以可被当作资本，是因为它可部分替代资本的职能，可以同样为固定资产筹集资金；只有在存款者对盈利与资产的要求权得到充分满足之后，债权人才能取得利息和本金；商业银行一旦破产，该损失先由附属债务冲销，再由保险公司或存款者承担。发行长期债务凭证的另一些好处是：长期债务的成本低，它的债务利息支付可以作为费用从税前利润中冲减，而股息属于税后净利润分配。

但是，债务资本也有一些弱点：在没有宣布破产之前，商业银行不能用债务冲销营业损失；债务有固定期限，在到期日或到期前必须归还或展期；在紧急财务情况下可以推迟或不付现金股利。但每隔一定时间支付债务利息则是商业银行的法律义务，这使利用长期债务代替股本增大了商业银行破产的可能性。因此，在一般情况下，只有期限在 5 年以上的附属债务工具可以包括在附属资本之中，但其所占比例最多只相当于核心资本的 50%。

与此同时，为了使资本的计算趋于准确，《巴塞尔协议》还对资本中有些模糊的、应予以扣除的成分做了规定，包括：

(1) 商誉是一种无形资产，它通常能增加商业银行的价值，但它又是一种虚拟资本，其价值大小比较模糊。商誉产生自股票购买者以超过账面价值的价格购买企业股票的意愿。监管机构大多规定将商誉排除在银行资本之外。

(2) 从总资本中扣除对从事商业银行业务和金融活动的附属机构的投资。这一规定的目的为：力图避免商业银行体系相互交叉控股，导致同一资本来源在一个集团中重复计算的“双重杠杆效应”，使商业银行资本更加空虚并给商业银行体系带来风险；它还可以避免跨国商业银行利用自己的全球网络巧妙调拨资金，规避管制或进行投机活动。

2.2.3 商业银行的规模与资本构成

对于不同规模的商业银行而言，它们的资本构成存在很大的差异。我国四大国有商业银行与其他股份制商业银行的资本构成存在很大区别。

1. 不同规模商业银行资本构成的差异

对于不同规模的商业银行而言，它们的资本构成存在很大的差异。对于规模较大的商业银行来说，资本补充工具相对更为丰富，包括发行优先股、定向增发等。在其资本构成中，股票溢价和未分配利润占有较大比重。紧随其后的是商业银行发行的长期债务和普通股股票。近年来，西方国家的商业银行发行了大量的次级票据和债券（长期债务资本），成为商业银行长期资金的一个增长来源。这些国家的法规规定，这类资本票据的求偿权次于商业银行存款者的求偿权。如果商业银行倒闭，存款者对所得拥有第一求偿权，而债券投资者拥有第二求偿权。商业银行发行的次级债务在发行后即可上市流通，其利率可采取固定利率或浮动利率形式。这类资本不在存款保险公司的保险范围内，其投资者对商业银行的经营风险格外关注，这在一定程度上减少了商业银行倒闭的风险。大商业银行具有信誉优良的特点，更容易以这种方式筹集资本。

对于小商业银行而言，资本补充工具相对较少，其资本构成主要依赖自身的未分配利润，而较少从金融市场上获得资本。大商业银行与小商业银行在资本构成上的差异，反映了不同规模的商业银行进入金融市场的难易程度，投资者也将商业银行的规模与竞争实力和倒闭风险联系在一起。小商业银行认识到这一点，它们往往以提高资本充足程度来显示其安全性，因此小商业银行的资本充足情况往往比大商业银行好。

2. 我国商业银行的资本构成分析

1994年，中国人民银行颁布《关于对商业银行实行资产负债比例管理的通知》及《关于资本成分和资产风险权重的暂行规定》，对商业银行的资本构成以及风险权重进行了明确的要求。1995年，《商业银行法》对于商业银行的资本充足率提出了明确要求，规定资本充足率不得低于8%，核心资本充足率不得低于4%。1996年，《商业银行资产负债比例管理监控、监测指标和考核办法》对于资本定义、风险资产及其权重、表外资产及信用换算系数、资本充足率都进行了明确界定。根据《巴塞尔协议》的精神，商业银行资本应由核心资本和附属资本构成。1997年，中国人民银行依据这一精神，针对我国商业银行体系的具体情况规定了我国商业银行的资本构成。此后，随着我国银行体系改革的深入开展和为了适应与国际银行业接轨的需求，中国人民银行、中国银行业监督管理委员会（以下简称“中国银监会”）及时对有关商业银行资本构成的规定进行了修改和补充。2004年，中国银监会借鉴《巴塞尔协议Ⅱ》的框架，颁布《商业银行资本充足率管理办法》，升级了资本充足率计算方法。

自2008年国际金融危机以来，巴塞尔银行监管委员会积极推进国际金融监管体系改革，并出台了《巴塞尔协议Ⅲ》，确立了银行业资本和流动性监管的新标准，要求各成员从2013年开始实施，在2019年前全面达标。在此背景下，中国银监会于2012年6月7日发布了新的《商业银行资本管理办法（试行）》（以下简称“新办法”），自2013年1月1日起实施。新办法对资本的定义更加严格，并扩大了风险资本的覆盖范围，对于增强商业银行体系的稳健性、引导商业银行转变发展方式以及促进实体经济发展都将起到积极作用。根据新办法，我国商业银行的资本主要分为一级资本和二级资本。不同级别资本充足率具有“内核小、外围大”的特点。一级资本是指在持续经营状态下，能够吸收银行损失的资本。二级资本是指在发行人面临破产清算的情况下用来吸收损失的资本，包括以下内容。

（1）核心一级资本。核心一级资本主要以内源融资为主，对外源融资设置了限制。内源融资主要包括盈余公积、未分配利润。外源融资包括IPO、定向增发及发行可转换债券等渠道。这主要包括如下几个方面：

1）实收资本或普通股。

2）资本公积。

3）盈余公积。

4）一般风险准备。

5）未分配利润。

6）少数股东资本可计入部分。

(2) 其他一级资本。其他一级资本主要通过优先股、永续债进行补充。这主要包括如下几个方面：

1）其他一级资本工具及其溢价。

2）少数股东资本可计入部分。

(3) 二级资本。二级资本的重要融资工具为二级资本债。境内银行主要以发行二级资本工具进行融资。主要包括如下几个方面：

1）二级资本工具及其溢价。

2）超额贷款损失准备。

①商业银行采用权重法计量信用风险加权资产的，超额贷款损失准备可计入二级资本，但不得超过信用风险加权资产的1.25%。此处的超额贷款损失准备是指商业银行实际计提的贷款损失准备超过最低要求的部分。贷款损失准备最低要求是指100%拨备覆盖率对应的贷款损失准备和应计提的贷款损失专项准备两者中的较大者。

②商业银行采用内部评级法计量信用风险加权资产的，超额贷款损失准备可计入二级资本，但不得超过信用风险加权资产的0.6%。此处的超额贷款损失准备是指商业银行实际计提的贷款损失准备超过预期损失的部分。

3）少数股东资本可计入部分。

(4) 资本扣除项。在计算资本充足率时，商业银行应当从核心一级资本中全额扣除以下项目：

1）商誉。

2）其他无形资产（土地使用权除外）。

3）由经营亏损引起的净递延税资产。

4）贷款损失准备缺口。

①商业银行采用权重法计量信用风险加权资产的，贷款损失准备缺口是指商业银行实际计提的贷款损失准备低于贷款损失准备最低要求的部分。

②商业银行采用内部评级法计量信用风险加权资产的，贷款损失准备缺口是指商业银行实际计提的贷款损失准备低于预期损失的部分。

5）资产证券化销售利得。

6）确定受益类的养老金资产净额。

7）直接或间接持有该商业银行的股票。

8）对资产负债表中未按公允价值计量的项目进行套期形成的现金流储备，若为正值，应予以扣除；若为负值，应予以加回。

9）由于商业银行自身信用风险变化导致其负债公允价值变化带来的未实现损益。

与2004年的《商业银行资本充足率管理办法》相比，新办法主要有以下变化：

(1) 强调核心一级资本充足率监管。核心一级资本充足率要求从现行的2%提高至5%，一级资本充足率下限将从现行的4%上调至6%，总资本充足率维持在8%。核心一级资本只能通过利润留存或增发股份的方式获得补充，传统的可转换债券无法补充核心一级资本。债务型资本工具发行不再设置上限。对于系统重要性银行，资本充足率、一级资本充足率和核心一级资本充足率分别不得低于11.5%、9.5%及8.5%。对于其他非系统重要性银行，要求相对较低，分别为不得低于10.5%、8.5%及7.5%。

（2）新增了资本扣除项。这主要包括商业银行之间通过协议互相持有的各级资本工具、直接或间接持有该商业银行发行的其他一级资本工具和二级资本工具、对未并表机构的小额少数资本投资合计超过该商业银行核心一级资本净额10%的部分、对未并表机构的大额少数资本投资中核心一级资本超过该商业银行核心一级资本净额10%的部分、其他一级资本投资和二级资本投资以及对有控制权但不并表金融机构的所有资本投资及其资本缺口。

（3）对于次级债务的认定更为严格。新办法对于利用次级债补充附属资本提出了更严格的条件，即必须含有减记或持股的条款，在触发事件发生时，二级资本工具才能减记或转为普通股。

2018年，中国银监会发布《关于进一步支持商业银行资本工具创新的意见》，宣布在资本充足率整体宽松的环境下，鼓励商业银行资本工具创新的有益探索，拓宽商业银行资本工具发行渠道，增加商业银行资本工具种类及发行主体，优化发行审批流程等。该意见明确提出四类新型资本补充工具，包括永续债、转股型二级资本债券、含定期转股条款资本债券、总损失吸收能力债务工具。

☞小专栏

永续债

2019年1月25日，中国银行在境内发行了首单无固定期限资本债券（即银行永续债），而后国有大型商业银行、股份制商业银行纷纷公布永续债发行计划。

永续债，又称无息债券，是发行人在银行间债权市场上注册发行的“无固定期限、内含发行人赎回权”的债券。永续债可用于补充商业银行其他一级资本，其清偿顺序优先于优先股和普通股，劣后于二级资本债。目前，我国发行的永续债是减记型永续债，不可转化为股权，海外银行的部分永续债加入了转股条款，在达到触发条件时可以转化为股权。发行人可以在永续债的每个付息日选择将当期利息以及已经递延的所有利息，推迟至下一个付息日支付，且不受到任何递延支付利息次数的限制。永续债还具有发行人赎回权、高票息率、票面利率跳升或重设机制等特征。

与商业银行的其他筹资工具相比，永续债具有一定的优势：

（1）永续债计入其他一级资本，可同时提升商业银行一级资本充足率和资本充足率。

（2）永续债不稀释普通股股权，当银行股的每股价格低于每股净资产时也不会影响融资。

（3）在极端情况下，永续债吸收损失的能力比较强。

（4）永续债对发行主体的资质要求不高，只要是银行间市场的参与主体就具备发行永续债的资格，而且监管政策的相关限制也比较少，特别是对于不能通过发行优先股和可转换债券进行资本补充的非上市中小型商业银行来说，发行永续债是较好的资本补充手段。

（5）永续债的发行审批环节较少，发行流程较快。

(6) 永续债既可以适用股息政策，又可以适用债息政策，如果发行人选择债息模式的所得税政策，其实际融资成本较低。

与此同时，永续债较其他资本补充工具也有一定的劣势，由于永续债主要是在银行间市场上发行和流通，无固定期限且无法作为资金拆借的抵押品，所以永续债的二级市场交易量小、流动性不强。

为提高商业银行永续债（含无固定期限资本债券）的流动性，支持商业银行发行永续债补充资本，中国人民银行于2019年1月24日创设了央行票据互换工具，并在每月底进行央行票据互换操作。央行票据互换是指公开市场业务一级交易商用手上所持的合格商业银行发行的永续债，从央行换入央行票据，到期后再从央行换回债券，期限一般不超过3年，其间商业银行永续债的利息仍归一级交易商所有。央行票据互换工具可以增加持有商业银行永续债的金融机构的优质抵押品，提高商业银行永续债的市场流动性，增强市场认购商业银行永续债的意愿。

2019年1月28日，财政部在《企业会计准则第37号——金融工具列报》的基础上发布了《永续债相关会计处理的规定》，针对永续债的到期日、清偿顺序、利率跳升机制和间接义务方面对永续债发行方的会计分类进行了更详细的规定。根据这些规定，商业银行永续债符合按权益处理的条件。2019年4月16日，财政部和税务总局发布《关于永续债企业所得税政策问题的公告》，明确了企业的永续债既可以适用股息政策，又可以在满足条件时适用债息政策。

2019年11月26日，中国人民银行与中国银保监会、中国证监会联合发布《系统重要性银行评估办法（征求意见稿）》，要求对系统重要性银行的资本充足率进行更严苛的监管。

2019年4月30日，中国银保监会发布《商业银行金融资产风险分类暂行办法（征求意见稿）》，对商业银行表外业务风险进行进一步细化分类。该办法的实施将提升对风险加权资产的要求，并通过计提拨备损耗资本金。7月19日，中国银保监会与中国证监会联合发布的《关于商业银行发行优先股补充一级资本的指导意见（修订）》，更是为中小型商业银行利用优先股发行募集一级资本疏通了路径，使中小型商业银行的资本补充渠道更为顺畅。

2019年11月29日，中国银保监会印发《关于商业银行资本工具创新的指导意见（修订）》的通知，强调了以内源性资本积累为主，以外源性资本补充为辅的夯实资本水平原则。对于银行资本工具制定了更严苛的细分标准，对于包含减记条款的资本工具及包含转股条款的资本工具发行提出更细致的要求；降低了权益类一级资本工具的发行难度，一级资本工具发行定价有望向二级资本工具收敛。与此同时，该指导意见强调了资本工具损失的吸收顺序，即由一级向二级、高占比向低占比顺序减持或转股。需要注意的是，该指导意见与《巴塞尔协议》、国际通行法则相接轨，调整了资本工具触发事件的名称，并将其改为“持续经营触发事件”及“无法生存触发事件”。

在现实中，伴随我国商业银行盈利能力的增强和上市步伐的加快，其资本结构也发生了较大变化。表2-1反映了我国四大国有商业银行在2002年、2008年、2017年和2020年的资本构成情况。

表2-1 2002年、2008年、2017年和2020年我国四大国有商业银行的资本构成

	中国工商银行				中国农业银行				中国银行				中国建设银行			
年份	2002	2008	2017	2020	2002	2008	2017	2020	2002	2008	2017	2020	2002	2008	2017	2020
资本总额（10亿元）	1 779	6 071	24 069	33 962	1 360	2 905	17 319	28 179	2 197	4 939	17 253	24 511	1 072	4 676	20 031	28 327
资本构成																
股本或实收资本（10亿元）	1 607	3 340	3 564	3 564	1 293	2 600	3 248	3 500	1 421	2 538	2 944	2 944	851	2 337	2 500	2 500
占资本总额的比例（%）	90.33	55.02	14.81	10.49	95.07	89.50	18.75	12.42	64.68	51.39	17.06	12.01	79.38	49.98	12.48	8.83
资本公积（10亿元）	13	1 122	1 520	1 485	32	173	988	1 736	622	662	1 419	1 342	221	902	1 100	1 342
占资本总额的比例（%）	0.73	18.48	6.32	4.37	2.35	5.96	5.70	6.16	28.31	13.40	8.22	5.48	20.62	19.29	5.49	4.74
盈余公积（10亿元）	148	247	2 327	3 227	—	12	1 343	1 961	—	234	1 413	1 923	—	269	1 986	2 760
占资本总额的比例（%）	8.32	4.07	9.67	9.50	—	0.41	7.75	6.96	—	4.74	8.19	7.85	—	5.75	9.91	9.74
未分配利润（10亿元）	11	721	10 967	15 086	36	120	5 776	8 280	106	834	6 466	8 038	0	596	8 832	12 411
占资本总额的比例（%）	0.62	11.88	45.56	44.42	2.65	4.13	33.35	29.38	4.82	16.89	37.48	32.79	0	12.75	44.09	43.81

资料来源：银行年报。

表 2-1 中我国四大国有商业银行资本构成的变化说明了以下问题：

（1）2008 年，中国农业银行尚未上市，与其他在 2002 年均没有上市的国有商业银行相同，其资本的主要来源是实收资本。其中，2002 年实收资本占资本总额最大的是中国农业银行，超过了 95%；其次是中国工商银行，实收资本占资本总额的比例为 90.33%；最低的中国银行也达到了 64.68%。这说明资本的增加对实收资本的依赖性很强。但是，在我国四大国有商业银行上市后，它们的资本构成发生了明显变化：2008 年，中国工商银行的股本占资本总额的比例为 55.02%，中国银行的股本占资本总额的比例为 51.39%，中国建设银行的股本占资本总额的比例为 49.98%；到了 2017 年，中国工商银行、中国农业银行、中国银行和中国建设银行的股本占资本总额的比例进一步降至 14.81%、18.75%、17.06%和 12.48%。由此可见，在资本规模快速增加的同时，四大国有商业银行的资本结构得到了有效改善。2020 年，中国工商银行、中国农业银行、中国银行和中国建设银行的股本占资本总额的比例分别为 10.49%、12.42%、12.01%和 8.83%。

（2）在上市前，四大国有商业银行的盈利能力普遍较差，盈余公积和未分配利润对资本的贡献很小。2002 年，中国银行未分配利润的规模最大，未分配利润占资本总额的比例最高（为 4.82%）；中国建设银行当年无未分配利润。但是，从 2008 年的数据可以看出，除中国农业银行外，其他三大国有商业银行的盈利能力大幅提高，中国银行的未分配利润占资本总额的比例达到 16.89%，中国建设银行的未分配利润占资本总额的比例为 12.75%，中国工商银行的未分配利润占资本总额的比例为 11.88%。到了 2017 年，中国工商银行、中国农业银行、中国银行和中国建设银行的未分配利润占资本总额的比例分别为 45.56%、33.35%、37.48%和 44.09%，它们的盈利能力得到进一步提高。2020 年，中国工商银行、中国农业银行、中国银行和中国建设银行的未分配利润占资本总额的比例分别为 44.42%、29.38%、32.79%、43.81%。

2.3 资本充足与商业银行的稳健

最初的《巴塞尔协议》为我们判定商业银行是否在稳健经营提供了一个重要的标准，但当一家商业银行的资本规模没有达到国际银行业的最低要求或一家商业银行的资本规模远高于最低标准时，是否就一定意味着其经营不稳健或非常稳健？这是一个难以简单回答的问题，不断完善的《巴塞尔协议》正努力对这一问题做出客观公正的回答。

2.3.1 资本与商业银行倒闭的风险

商业银行资本具有保护存款人和其他债权人不受损失、维护公众信心的作用，但这并不意味着资本越多越好，因为资本的规模与股东的利益存在矛盾。如果某商业银行的税后资产收益率为 1%，资本与资产的比例为 8%，则资本收益率为 12.5%（=1%/8%）；如果资本与资产的比例降为 5%，则资本收益率为 20%（=1%/5%）。因此，行业 ROE 将承压，并约束商业银行的估值。权益型资本提高，将使权益型及债券型杠杆率面临下行压力。

实际上，资本的多少应取决于商业银行倒闭风险的大小，即商业银行负债总值超过商业银行资产总值的可能性。

商业银行在日常经营中通常会发生以下三种情况，下面用一个简化的资产负债表加以说明，见图2-1。

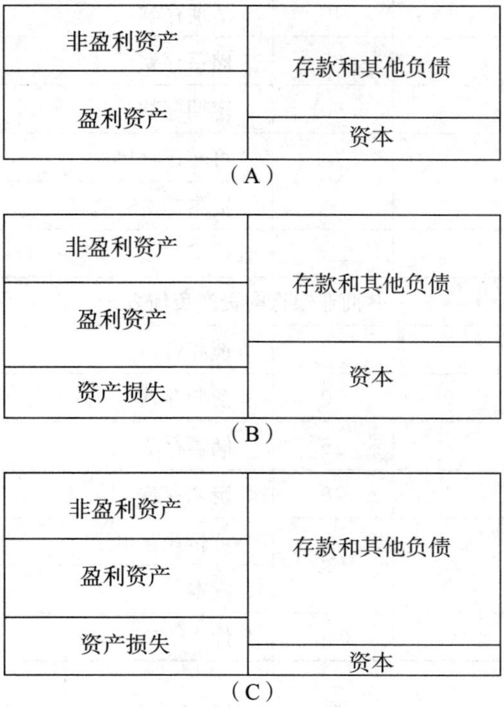

图2-1 商业银行资本与其倒闭的风险

在图2-1（A）中，商业银行的资产没有发生损失，资本也将完好无损，商业银行的经营安全；在图2-1（B）中，商业银行发生了资产损失，由于资产损失的规模小于商业银行的资本量，商业银行还可以继续经营，但已出现了风险；在图2-1（C）中，商业银行的资产损失已超过商业银行的资本总量，此时，如果不采取紧急挽救措施，商业银行的经营将难以进行下去。

2.3.2 资本充足与商业银行的稳健经营

首先应该明确的是，资本充足只是相对于商业银行的资产负债状况而言的，资本充足并不意味着商业银行没有倒闭的风险。下面是两家商业银行的资产负债表，通过对比就会了解它们的实际境况。

从表2-2中A、B两家商业银行的资产负债表看，它们的资产规模是相同的，均为240亿元。从资本的状况看，A商业银行为20亿元，资本与资产的比例为8.3%；B商业银行为30亿元，资本与资产的比例为12.5%。因此，我们可以认为B商业银行要比A商业银行的资本更充足。接下来，需要考察一下两家商业银行的资产和负债结构，我们不能靠简单的资本与资产之间的比例来解释哪家商业银行的经营更稳健。

表 2-2 资本充足与商业银行的稳健经营 单位：亿元

A 商业银行的资产负债表			
资产		负债和资本	
现金和应付款	40	活期存款	70
短期政府债券	60	储蓄存款	40
长期政府债券	60	定期存款	90
贷款	80	可转让存单	20
		资本	20
合计	240	合计	240
B 商业银行的资产负债表			
资产		负债和资本	
现金和应付款	30	活期存款	170
短期政府债券	15	储蓄存款	6
长期政府债券	40	定期存款	6
贷款	155	可转让存单	28
		资本	30
合计	240	合计	240

从 A 商业银行来看，它的流动性资产（包括现金和应付款、短期政府债券）的规模为 100 亿元（=40—60），负债方活期存款的规模为 70 亿元；而 B 商业银行的流动性资产的规模仅为 45 亿元，贷款却达到了 155 亿元，同时负债方的活期存款为 170 亿元。因此，从这两家商业银行的资产负债结构可以看出，A 商业银行的资本规模虽小，但它的资产流动性强，负债稳定；而 B 商业银行虽然资本规模大，但它的资产流动性弱，负债的稳定性差。对于资本来说，B 商业银行的资本可能是不充足的，而 A 商业银行的资本可能是充足的。这就说明公众对商业银行能否稳健经营加以准确判断是很困难的。

为此，美国银行监管当局曾向社会公众建议了协助判别商业银行资本充足程度的辅助性方法，包括 8 个方面的因素：

（1）管理质量。

（2）资产的流动性。

（3）商业银行的历史收益及收益留存额。

（4）商业银行股东的情况。

（5）营业费用。

（6）经营活动的效率。

（7）存款的变化。

（8）当地市场行情。

商业银行的资本规模再加以上因素，可以帮助社会公众对商业银行的经营做出较为准确的判断。

2.3.3 《巴塞尔协议Ⅲ》对资本充足的测定

《巴塞尔协议》规定了商业银行的资本构成，而且对资本充足性的测定做了说明。2004年6月修订的《巴塞尔协议Ⅱ》不仅包括原资本充足率8%的最低要求，而且提出了监管部门对商业银行资本充足率进行监督检查的新规定，它在信用风险和市场风险的基础上，补充了对操作风险计提资本的要求。为了计算信用风险和操作风险的资本要求（计提市场风险资本的方法保持不变），该协议采用了由简单到复杂的多种方法，如标准法和内部评级法。与此同时，《巴塞尔协议》对于内部评级法的适用范围进行了限制，并设置了参数限制，比如企业风险暴露的违约参数概率不得低于0.05%。对于金融同业、股权投资以及大型企业，《巴塞尔协议》不建议使用内部评级法，但鼓励中小型企业使用高级评级法。与《巴塞尔协议Ⅱ》相比，《巴塞尔协议Ⅲ》在资本认定上有一些差别，核心一级资本在银行风险加权资产中的最低占比由原来的4%提升到4.5%，一级资本的最低占比由原来的4%提升到6%，但总资本的最低要求仍保持原来的8%不变，而且两者对风险加权资产的计算是一致的。《巴塞尔协议Ⅲ》重新划分了资产类别，还设置了资本底线，要求风险加权资产根据内部模型法得出的测算值不低于标准法测算值的72.5%。与此同时，《巴塞尔协议Ⅲ》提出了资本防护缓冲这一概念，要求各国商业银行增设不低于风险资产2.5%的资金作为风险缓冲金，各国还需要增设0～2.5%的逆周期资本缓冲区间。2011年11月，巴塞尔委员会在《全球系统重要性银行：评估方法和额外损失吸收要求》中，要求系统重要性银行提高1%的附加资本。

其中，对于最重要的信用风险，在标准法中，采用外部评级公司的评级结果确定商业银行各项资产的风险权重，废除了以往按是否为经合组织（OECD）成员确定风险权重的不合理做法。在相对复杂的内部评级法中，允许管理水平较高的商业银行采用银行内部对客户和贷款的评级结果来确定风险权重、计提资本。该方法是《巴塞尔协议Ⅲ》的核心内容，有助于商业银行提高风险管理水平。根据初级的内部评级法的要求，商业银行必须计算出客户无力还本付息的可能性以及各类贷款详细的损失率等量化指标。此外，《巴塞尔协议Ⅲ》对风险加权资产的计量手段进行了调整，对于市场风险、资产证券化风险的计算办法进行了改进，并提高了资产证券化的风险权重，引入了正常VaR以及压力VaR。

《巴塞尔协议Ⅲ》的最低资本要求包括：

（1）核心一级资本与风险加权资产的比率不得低于4.5%，即

$$\begin{aligned}&\text{核心资本比率}\\&=\frac{\text{核心一级资本}}{\text{风险加权资产}}\times 100\%\\&=\frac{\text{核心一级资本}}{\text{信用风险加权资产}+\text{市场风险和操作风险资本要求}\times 12.5}\times 100\%\geqslant 4.5\%\end{aligned}$$

（2）一级资本不得低于风险加权资产的6.0%，即

$$\begin{aligned}&\text{一级资本比率}\\&=\frac{\text{核心一级资本}+\text{其他一级资本}}{\text{风险加权资产}}\times 100\%\\&=\frac{\text{核心一级资本}+\text{其他一级资本}}{\text{信用风险加权资产}+\text{市场风险和操作风险资本要求}\times 12.5}\times 100\%\geqslant 6\%\end{aligned}$$

（3）总资本（一级资本与二级资本之和）与风险加权资产的比率不得低于 8%，即

$$总风险资本比率 = \frac{总资本}{风险加权资产} \times 100\%$$

$$= \frac{一级资本+二级资本}{信用风险加权资产+市场风险和操作风险资本要求 \times 12.5} \times 100\% \geqslant 8\%$$

信用风险加权资产是根据信用风险权重违约概率（PD）、违约损失率（LGD）以及违约风险暴露（EAD）来计算的。计量信用风险资本要求的方法有多种，主要包括：

（1）标准法（现行方法的修订版本）。使用外部评级机构的评级结果确定风险权重。

（2）初级的内部评级法。商业银行只估计 PD 值，LGD 值与 EAD 值由中央银行制定。

（3）高级的内部评级法。允许商业银行自行估计 PD 值、LGD 值与 EAD 值。

（4）资产组合信用风险模型法（未来）。

内部评级法要求商业银行的评估方式和信息披露都必须符合一系列严格的标准。

从测算公式可以看出，风险权重占据了一个很重要的位置。不同的风险权重可能使商业银行在资本、资产总额相同条件下的资本比率不同。《巴塞尔协议Ⅱ》和《巴塞尔协议Ⅲ》对不同信用等级主体的债券，以及商业银行资产负债表内、表外的不同资产都做了权重的规定（见本章附录），并且给出了操作风险的计量方法及标准。下面以标准法为例说明商业银行如何按国际资本标准计算资本水平。

1. 资本充足率的计算

（1）信用风险加权资产的计算。在计算一家商业银行的资本充足率时，就要按照《巴塞尔协议Ⅲ》规定的资产风险加权系数乘以商业银行资产负债表内项目和表外项目。其中，表外项目主要包括备用信用证和长期贷款承诺。

例如，一家商业银行的总资本规模为 100 万美元，表内总资产为 1 500 万美元，该商业银行的资产负债表内项目和表外项目见表 2-3。

表 2-3　某商业银行资产负债表内项目和表外项目　　单位：万美元

资产负债表内项目	
现金	75
短期政府债券	300
国内银行存款	75
家庭住宅抵押贷款	75
企业贷款	975
资产负债表内总资产	1 500
资产负债表外项目	
用来支持政府发行债券的备用信用证	150
对企业的长期信贷承诺	300
资产负债表外项目加总	450

1）首先计算表外项目的对等信贷额，将表外项目转换为对等数量的银行贷款，以衡量商业银行的风险。

表外项目	账面价值		转换系数		对等信贷额
用来支持政府发行债券的备用信用证	150	×	1.0	=	150
对企业的长期信贷承诺	300	×	0.5	=	150

2）将表内资产和表外资产的对等信贷额乘以相应的风险权重，见表2－4。

表2－4

单位：万美元

风险权重为0%类	
现金	75
短期政府债券	300
	375×0＝0
风险权重为20%类	
国内银行存款	75
用来支持政府发行债券的备用信用证的对等信贷额	150
	225×0.2＝45
风险权重为50%类	
家庭住宅抵押贷款	75×0.5＝37.5
风险权重为100%类	
企业贷款	975
对企业的长期信贷承诺的对等信贷额	150
	1 125×1.0＝1 125
风险加权总资产	1 207.5

（2）操作风险的计算。计算操作风险资本的方法包括基本指标法、标准法和高级计量法（AMA），这三种方法在复杂性和风险敏感度方面逐渐加强。下面以标准法为例，仍以前例商业银行说明。

总资本要求是各产品线监管资本按年简单加总后取三年的平均值。在任何一年，任何产品线负的资本要求（由负的总收入所造成）可在不加限制的情况下，用以抵消其他产品线正的资本要求。如果在给定年份，各产品线加总的资本要求为负值，则当年的分子项为零。总资本要求如下式所示：

$$K_{TSA}=\frac{\sum_{第1\sim3年}\max\left[\sum(GI_{1\sim8}\times\beta_{1\sim8}),\ 0\right]}{3}$$

式中，K_{TSA}为用标准法计算的总资本要求；$GI_{1\sim8}$为按基本指标法的定义，8个产品线中各产品线当年的总收入；$\beta_{1\sim8}$为由巴塞尔银行监管委员会设定的固定百分数，用于建立8个产品线中各产品线的总收入与资本要求之间的联系。

β值详见表2－5。

表 2-5

产品线	β 系数（%）
公司金融（β_1）	18
交易和销售（β_2）	18
零售银行业务（β_3）	12
商业银行业务（β_4）	15
支付和清算（β_5）	18
代理服务（β_6）	15
资产管理（β_7）	12
零售经纪（β_8）	12

在上例中，商业银行各产品线最近三年的收入见表 2-6。

表 2-6

产品线	收入（万美元）			β 系数（%）	合计资本要求（万美元）
	1	2	3		
公司金融（β_1）	2	2	2	18	1.08
交易和销售（β_2）	2	2	2	18	1.08
零售银行业务（β_3）	25	30	20	12	9.00
商业银行业务（β_4）	10	15	10	15	5.25
支付和清算（β_5）	10	10	15	18	6.30
代理服务（β_6）	5	5	5	15	2.25
资产管理（β_7）	2	2	2	12	0.72
零售经纪（β_8）	1	1	1	12	0.36

因此，该商业银行的操作风险资本为：

$$\frac{1.08+1.08+9.00+5.25+6.30+2.25+0.72+0.36}{3}=8.68\text{（万美元）}$$

（3）市场风险的计算。早期的《巴塞尔协议》只是对信用风险所要求的资本进行了规定，而事实上，现在许多商业银行都大量持有企业债券、政府债券甚至公司股票，这些资产的价格会经常变化。与此同时，由于大多数商业银行是跨国经营的，因而汇率波动也是它们需要经常面对的。也就是说，商业银行面临的市场风险越来越大，我们对资本金的要求必须考虑到这一点。

1993 年 4 月，巴塞尔银行监管委员会对商业银行防范市场风险从资本金规定上进行了补充，要求面临较大利率风险和汇率风险的商业银行要保留更多的资本。《巴塞尔协议Ⅱ》和《巴塞尔协议Ⅲ》均要求使用标准法的商业银行的市场风险资本应包括利率风险、股权头寸风险、汇率风险和商品风险。下面沿用 1993 年的市场风险资本计量方法计算市场风险，仍以前例的商业银行进行说明，并假设该商业银行只有汇率风险、利率风险和股权头寸风险。

对于汇率风险的防范，巴塞尔银行监管委员会要求各商业银行将各种外汇头寸调整为每种外汇所代表的资产组合和负债净值，即表示为净多头或净空头，见表2-7。

表2-7

净多头（万美元）		净空头（万美元）	
欧元	5	日元	10
		英镑	15
净多头总额	5	净空头总额	25

该商业银行的外汇综合头寸为：

净多头总额＋净空头总额＝5＋25＝30（万美元）

该商业银行的外汇净综合头寸为

净多头总额－净空头总额＝5－25＝－20（万美元）

巴塞尔银行监管委员会要求商业银行在计算加权综合头寸、商业银行的外汇综合头寸和商业银行的外汇净综合头寸时使用0.5的风险权数。

因此，该商业银行的加权综合头寸为：

30×0.5＋(－20)×0.5＝5（万美元）

对于股权头寸风险的防范，巴塞尔银行监管委员会建议商业银行对于持有的股票计算出每种股票的净多头或净空头，然后加总计算出净综合头寸和综合头寸，再得出全部股票的加权综合头寸。

假设该商业银行的股权结构见表2-8。

表2-8

净多头（万美元）		净空头（万美元）	
股票C	5	股票A	3
		股票B	2
净多头总额	5	净空头总额	5

该商业银行的股权综合头寸为：

净多头总额＋净空头总额＝5＋5＝10（万美元）

该商业银行的股权净综合头寸为：

净多头总额－净空头总额＝5－5＝0（美元）

该商业银行的股权加权综合头寸为：

10×0.5＋0×0.5＝5（万美元）

对于债券的利率风险要按不同的期限结构对债券进行分类，计算它们的净多头或净空头，再乘以持有期加权系数，以反映不同期限的债券对利率的敏感程度。然后，计算出债券综合头寸和债券净综合头寸，再乘以不同的权数，就会得出不同期限债券的不同加权综合头寸。

因此，该商业银行的市场风险资本为：

$$5+5=10（万美元）$$

（4）计算该商业银行的资本充足率。该商业银行的资本充足率为：

$$\begin{aligned}资本充足率&=\frac{总资本}{信用风险加权资产+市场风险和操作风险资本要求\times 12.5}\times 100\%\\&=\frac{100}{1\ 207.5+(10+8.68)\times 12.5}\times 100\%=6.94\%\end{aligned}$$

该商业银行的资本充足率没有达到《巴塞尔协议Ⅱ》和《巴塞尔协议Ⅲ》规定的8%的要求。但是，若按原《巴塞尔协议》的资本充足率计算方法，该商业银行的资本充足率为8.28%（=总资本/信用风险加权资产=100/1 207.5×100%），已经达到8%的要求。由此可见，《巴塞尔协议Ⅱ》和《巴塞尔协议Ⅲ》比《巴塞尔协议》对资本充足率的要求更为严格，这是因为《巴塞尔协议Ⅲ》在风险加权资产中加入了市场风险和操作风险的内容所致。

2. 各国商业银行资本充足率的现状

尽管在国际金融危机冲击及《巴塞尔协议Ⅲ》的严格监管下，欧美银行业普遍发展趋缓，但中资银行随着我国经济的快速增长，其规模及影响力不断扩大。在英国《银行家》杂志公布的2021年"全球1 000家大银行"排名榜单中，有144家中资银行上榜。在一级资本规模排名当中，我国四大商业银行位居前四名，见表2-9。

表2-9 2021年按资本量排名世界前十位的商业银行的资本状况

	一级资本数量（10亿美元）	资本资产比（%）	资本充足率（%）
中国工商银行	440	11.12	18.02
中国建设银行	362	10.75	17.85
中国农业银行	336	10.52	17.13
中国银行	305	10.10	16.53
美国摩根大通	235	7.34	16.80
美国银行	200	7.18	14.10
美国花旗集团	167	8.90	16.72
汇丰金融集团	160	6.01	20.00
美国富国银行	158	10.08	15.84
日本三菱UFJ金融集团	144	5.28	16.31

资料来源：《银行家》对1 000家商业银行的排名；各商业银行年报，其中日本三菱UFJ金融集团的财务年度报表数据截至2021年3月31日。

近年来，随着我国商业银行纷纷进入国内外资本市场，不断融入全球化竞争，其资本充足率大大提高。表2-10是2017年和2021年我国6家主要商业银行的资本充足情况。

表2-10 2017年和2021年我国6家主要商业银行的资本充足情况（%）

	资本资产比		净资产收益率		资本充足率	
	2017年	2021年	2017年	2021年	2017年	2021年
中国工商银行	9.23	11.12	14.35	12.15	15.14	18.02
中国建设银行	9.05	10.75	14.80	12.55	15.50	17.85
中国农业银行	8.23	10.52	14.57	11.57	13.74	17.13
中国银行	8.86	10.10	12.24	11.28	14.19	16.53
交通银行	8.74	9.77	11.40	10.76	14.00	15.45
招商银行	8.68	10.52	16.54	16.96	15.48	17.48

注：净资产收益率（ROE）采用年报披露的加权平均净资产收益率。

3.《巴塞尔协议Ⅱ》的实施

巴塞尔银行监管委员会于2004年6月26日发布了《巴塞尔协议Ⅱ》，并于2006年底在十国集团开始实施。经过一年的定量影响分析或双轨制计算，高级法也于2007年底开始实施。与1988年的《巴塞尔协议》相比，《巴塞尔协议Ⅱ》更为强调监管当局结合各国银行业的实际风险对各国商业银行进行灵活的监管。巴塞尔银行监管委员会认为，各国监管当局有权制定更高的资本要求，可以使用一些补充的资本措施，处理诸如资本管理制度中固有的及可能存在的风险计量的不准确性，或限制商业银行的债务比。《巴塞尔协议Ⅱ》还提出了标准法和内部评级法等不同的风险资本计量方法，供商业银行依据自身情况选择使用。

然而，《巴塞尔协议Ⅱ》在提高风险敏感度和灵活性的同时，复杂性也大大增加。相对而言，《巴塞尔协议Ⅱ》更适于风险计量、管理水平较高，资本雄厚的国际活跃商业银行，一些中小商业银行很难落实《巴塞尔协议Ⅱ》的要求。就《巴塞尔协议Ⅱ》推出时的情况看，美国仅对十几家大商业银行实施《巴塞尔协议Ⅱ》，而欧盟国家是对整个银行业实施《巴塞尔协议Ⅱ》。许多发展中国家积极借鉴《巴塞尔协议Ⅱ》提出的新的监管理念和风险管理办法，但不准备在当时立即实施《巴塞尔协议Ⅱ》。

当时，我国对《巴塞尔协议Ⅱ》期望达到的各项目标表示支持，但考虑到在中国实施《巴塞尔协议Ⅱ》只能在很小程度上提高资本监管的风险敏感度，因而我国表示仍将继续执行1988年的老协议。然而事实上，我国一直在努力提高商业银行风险资本监管水平。我国在1995年公布并实施的《中华人民共和国商业银行法》中，就根据《巴塞尔协议》的内容，并结合具体国情，规定了商业银行最低资本充足率必须达到8%。1996年中国人民银行发布的《商业银行资产负债比例管理暂行监控指标》就参照《巴塞尔协议》的要求，对资本、风险资产、风险权重、表外业务、资本充足率（最低值）等进行了明确。在把银行业资产划分为若干种类的基础上，对不同风险程度的资产规定了不同的风险权数，共有五个档次：第一级为0%，表示无风险资产；第二级为10%；第三级为20%；第四级为50%；第五级为100%，为具有完全风险的资产。中国人民银行将资产划分为六大类：

第一类为“现金”；第二类为“对中央政府与中央银行的债权”；第三类为“对公共企业的债权（指邮电、水、电话、煤气、交通等基础部门）”；第四类为“对一般企业和个人的贷款”；第五类为“同业拆借”；第六类为“其他”（见表 2-11）。2004 年 2 月，我国公布了《商业银行资本充足率管理办法》，并于当年 3 月 1 日开始实行，规定商业银行最迟要在 2007 年 1 月 1 日达到最低资本要求。在过渡期内，商业银行要制定并实施切实可行的资本充足率分步达标规划，并报告中国银监会。该办法根据《巴塞尔协议Ⅱ》的建议，调整了资本充足率的计算公式，将市场风险纳入其中，并对商业银行资本构成进行了重新定义。另外，中国银监会也鼓励我国具有较高风险管理水平、最有可能与国际同步实行新协议的四大国有商业银行，在 2006 年按照新协议的要求，用初级的内部评级法进行内部风险控制。这些都充分表明了我国对《巴塞尔协议Ⅱ》的积极态度。

表 2-11　资本成分和资产（表内外）风险权重、信用转换系数

项目	风险权重（%）
（一）现　金	
1. 库存现金	0
2. 存放中国人民银行款项	0
3. 存放同业	10
（二）对中央政府与中央银行的债权	
1. 对我国中央政府的债权	0
2. 对中国人民银行的债权	0
3. 对一级国家和地区的中央政府与中央银行的债权	0
4. 对二级国家和地区的中央政府与中央银行的债权	10
（三）对公共企业的债权（指邮电、水、电话、煤气、交通等基础部门）	
1. 对一级国家和我国政府投资的公共企业的债权	20
2. 对我国省市政府投资的公共企业的债权	50
3. 对二级国家和我国市以下政府投资的公共企业的债权	50
4. 对其他公共企业的债权	100
（四）对一般企业和个人的贷款	
1. 信用贷款、透支	100
2. 担保贷款	
（1）保证贷款	
① 商业银行及政策性银行保证	10
② 非银行金融机构保证	50
③ 中国境内注册的外资或中外合资银行保证	10
④ 中国境内注册的外资或中外合资非银行金融机构保证	50
⑤ 中国境外注册的金融机构保证	
一级国家和地区	20
二级国家和地区	100
⑥ 国家特大型企业保证	50

续表

项目	风险权重（%）
⑦ 国家大型企业保证	50
⑧ 其他企业保证	100
⑨ 其他保证	100
（2）抵押贷款	
① 土地房屋产权转让抵押	50
② 居住楼宇抵押贷款	50
③ 动产物业抵押	50
④ 其他抵押	100
（3）质押贷款	
① 人民币存单质押	0
② 外币存单质押	10
③ 一级国家和地区及中国政府的国债质押	0
④ 二级国家和地区的国债质押	10
⑤ 现汇质押	10
⑥ 金融债券质押	10
⑦ 商业银行及政策性银行承兑票据贴现	10
⑧ 商业承兑汇票贴现	50
⑨ 其他质押	50
3. 融资租赁	100
（五）同业拆借	
1. 对本国同业拆借	
（1）商业银行	10
（2）非银行金融机构	50
（3）中国境内注册的外资或中外合资银行	10
（4）中国境内注册的外资或中外合资非银行金融机构	50
2. 对中国境外注册的金融机构	
一级国家和地区	20
二级国家和地区	100
（六）其　他	
表外资产成分与信用转换系数规定	
1. 等同于直接受信	100
2. 与特定交易有关的或有项目	50
3. 短期的可自动清偿和与贸易相关的由于货物移动所产生的或有项目	20
4. 回购协定	100
5. 有追索权的资产销售	100
6. 买入远期资产	100
7. 部分缴付款项的股票和代表承诺一定损失的证券	100

续表

项目	风险权重（%）
8. 超远期存款	100
9. 票据发行和循环包销便利	50
10. 初始期限为一年以下的可随时无条件取消的承诺	0
11. 初始期限为一年或一年以上的其他承诺	50
12. 利率、汇率合约	暂不考核

注：(1) 一级国家和地区是指 OECD 成员、沙特阿拉伯和中国香港。

(2) 二级国家和地区是指 OECD 成员、沙特阿拉伯、中国香港以外的国家和地区。

2.3.4 《巴塞尔协议Ⅱ》和《巴塞尔协议Ⅲ》的主要精神

1.《巴塞尔协议》的修订进程回顾

从国际经验上看，对商业银行资本管理的发展可分为三个阶段。

第一阶段：1988 年后，由于赫斯塔特银行、纽约富兰克林银行倒闭，同时美国陷入严重的通货膨胀阶段，十国集团于国际清算银行总部成立银行监管委员会，并于 1988 年 7 月通过了《巴塞尔协议》。该协议主要强调对资本充足率的监管。

第二阶段：2004 年 6 月，东南亚金融危机爆发。巴林银行、大和银行相继倒闭，这使得银行监管当局意识到监管多种风险的重要性。2004 年，《巴塞尔协议Ⅱ》诞生。

第三阶段：2007 年后，美国爆发了大规模次贷危机。由于金融危机席卷全球，巴塞尔银行监管委员会开始探索如何构建更健全的监管体系。对此，《巴塞尔协议Ⅲ》出台。2010 年出台的《巴塞尔协议Ⅲ》上调了一级资本充足率的下限（即核心一级资本充足率），并加入了逆周期资本缓冲及资本防护缓冲资金。该协议在 2017 年进行了补充修订和完善，改善了标准法和内部评级法对信用风险的计算方法。

在 1988 年的《巴塞尔协议》公布后，巴塞尔银行监管委员会并没有停止寻求更合理、更有效的风险监管标准的努力。近年来，随着银行风险日益多元化、复杂化，原有的协议内容已不能满足风险管理的需要。为了将更多的风险纳入资本计量和资本标准的国际体系，使《巴塞尔协议》体现出更大的准确性、灵活性和针对性，巴塞尔银行监管委员会对 1988 年的《巴塞尔协议》进行了一系列修订。下面简单回顾一下《巴塞尔协议》的修订进程及主要修订内容。

(1) 1993 年 4 月，巴塞尔银行监管委员会发布《市场风险的资本标准建议》，规定了对市场风险的资本要求，包括对债务衍生产品、股权衍生产品和外汇衍生产品市场风险的资本要求。

(2) 1996 年 1 月，巴塞尔银行监管委员会颁布了《测定市场风险的巴塞尔补充协议》，允许商业银行采用自己的内部风险管理模型，但应同时满足定性标准与定量标准。

(3) 1998 年，巴塞尔银行监管委员会决定全面修改该协议。

(4) 1999 年 6 月，巴塞尔银行监管委员会公布了《新资本充足性框架（征求意见稿）》的第一稿。

(5) 经过各成员以及全球银行监管当局的广泛讨论，巴塞尔银行监管委员会于 2001

年1月和2003年4月分别公布了征求意见稿的第二稿和第三稿，对第一稿进行了许多有益的改进。

(6) 2003年8月，巴塞尔银行监管委员会就业界比较关注的不可预见损失、跨国合作、AMA的实施以及证券化，出版了《预期损失和不可预见损失》、《跨境实施新巴塞尔资本协议的高级原则》、《母国-东道国对AMA计算操作风险资本认可的原则》和《对证券化框架的变更》四个重要主题文件，并分别于2003年10月、2004年1月和5月以新闻稿的形式向业界说明了新协议的重大进展，同时进一步解释了一些问题。

(7) 2004年6月26日，十国集团的中央银行行长和银行监管当局负责人举行会议，一致同意公布《统一资本计量和资本标准的国际协议：修订框架》，即《新资本充足率框架》，现在普遍称之为《巴塞尔协议Ⅱ》。

(8) 自2008年国际金融危机以来，巴塞尔银行监管委员会经过三年左右的时间，于2010年9月12日正式出台了《巴塞尔协议Ⅲ》的框架，成为全球银行业风险管理的新标准。

《巴塞尔协议Ⅱ》和《巴塞尔协议Ⅲ》的出台，可以看作对1988年《巴塞尔协议》及其历次修订的总结，反映了当今金融风险复杂多变的特性，特别是商业银行面临的不再是相互割裂的单一风险，而是信用风险、市场风险和操作风险相互联系、紧密渗透的风险体系，需要以全面风险管理的思路应对。《巴塞尔协议Ⅲ》促使人们更加重视综合风险的模型建立和量化管理问题，并集中体现了这一领域的进展。

2.《巴塞尔协议Ⅱ》和《巴塞尔协议Ⅲ》的主要精神

《巴塞尔协议Ⅱ》的主要精神是银行风险监管的三大支柱。

第一支柱是最低资本要求。这一部分论述如何计算信用风险、市场风险和操作风险总的最低资本要求。在测算商业银行风险资产状况时，《巴塞尔协议Ⅲ》提供了两种可供选择的方案，即标准法和内部评级法（internal ratings based approach，IRB方法，该方法又进一步划分为初级法和高级法）。关于资本充足率的计算公式和计算方法，前面已用标准法举例说明，这里主要介绍标准法和内部评级法的特点。

标准法是指商业银行根据外部评级结果，以标准化处理方式计量信用风险。这种方法对商业银行持有的债权根据对象类别和业务性质规定了不同的风险权重，比如对主权国家及其中央银行债权的风险权重见表2-12。对于标准法采用哪家外部评级机构的评级结果，《巴塞尔协议Ⅲ》规定由各国监管当局负责认定。合格的外部评级机构必须全面满足以下六条标准：①客观性；②独立性；③国际通用性和透明度；④披露；⑤资源；⑥可信度。

表2-12 《巴塞尔协议Ⅱ》对主权国家及其中央银行债权风险权重的规定

信用评级	AA^-至AAA	A^-至A^+	BBB^-至BBB^+	B^-至BB^+	B^-以下	未评级
风险权重	0%	20%	50%	100%	150%	100%

注：此处采用标准普尔评级方法中所使用的评级符号，仅用于举例。

内部评级法是指商业银行采用自身开发的信用风险内部评级体系，但必须通过银行监管当局的明确批准。有资格采用高级法的商业银行可以根据自己对风险要素的估计决定对特定暴露的资本要求。这些风险要素包括对违约概率、违约损失率、违约风险暴露及期限的量化指标。内部评级法又分为初级法和高级法。按照初级法的规定，一般是由商业银行自己估计违约概率，其他的风险因素采用银行监管当局的估计值。按照高级法的规定，商业银行在满足最低标准的前提下自己估计违约概率、违约损失率、违约风险暴露，并自行计算期限。由此可见，实施内部评级法需要大量的资源、成本、人员和技术，只有那些具备良好的风险管理系统、压力测试和数据管理能力的商业银行才能较好地利用内部评级法衡量信用风险。

除了信用风险，《巴塞尔协议Ⅲ》还要求在计算资本充足率时考虑市场风险和操作风险。

市场风险是指在一段时期内汇率和利率变化所造成的金融工具市场价格下降的风险。1993 年 4 月，巴塞尔银行监管委员会在《市场风险的资本标准建议》中规定了市场风险的资本要求，包括债务衍生产品、股权衍生产品和外汇衍生产品市场风险的资本要求。其中，债务衍生产品和股权衍生产品市场风险的资本要求又可分为特殊风险的资本要求和一般市场风险的资本要求。

操作风险是指由不完善或有问题的内部程序、人员及系统或外部事件给商业银行实体资产带来损失的风险，包括法律风险，但不包括策略风险和声誉风险。与信用风险和市场风险不同，操作风险内生于商业银行的业务操作，并且几乎涉及商业银行经营管理的所有方面，覆盖面很宽。正是由于操作风险的广泛存在，巴塞尔银行监管委员会建议将其作为独立的风险种类加以监控，运用内部审计、制定质量事故方案等有效的手段来降低操作风险，并建立相应的衡量方法、评价体系和报告机制。

第二支柱是银行监管当局的监督检查。第二支柱是针对银行业风险而制定监督检查的主要原则、风险管理指引和监督透明度及问责制度，包括如何处理商业银行账户的利率风险、信用风险和操作风险，如何加强跨境交流与合作以及资产证券化等方面的指引。《巴塞尔协议Ⅲ》认为，监督检查程序的目的，不仅要保证商业银行有充足的资本应对业务中的所有风险，而且鼓励商业银行开发并使用更好的风险管理技术来监测和管理风险。

第三支柱是市场纪律。第三支柱是对第一支柱和第二支柱的补充。巴塞尔银行监管委员会希望通过建立一套披露要求以达到促进市场纪律的目的，披露要求应便于市场参与者评价有关适用范围、资本、风险、风险评估程序以及银行资本充足率等重要信息。巴塞尔银行监管委员会认为：披露十分重要，特别是考虑到《巴塞尔协议Ⅲ》允许商业银行采用自己的内部评级法，这使商业银行在评估资本要求方面有了更大的自主权。

《巴塞尔协议Ⅱ》通过三大支柱，鼓励商业银行改善风险管理系统，采用先进的风险计量方法。这既有利于提高监管资本的风险敏感度，又有利于更全面地进行风险监管，逐步建立适应不同商业银行需要的资本制度框架。要达到这一目的，需要国际银行业的共同协调和努力，将三大支柱的精神结合本国实际加以落实。

《巴塞尔协议Ⅲ》的基本精神可概括为增强资本质量和提高资本要求，引入非风险杠杆率、最低流动性标准、资本留存缓释和逆周期缓释。这些措施旨在从微观审慎和宏观审慎两方面增强商业银行消化损失的能力，确保长、短期流动性，提高银行业抵御系统性风险的能力，使商业银行更好地抵挡经济和金融压力，对全球长期金融稳定和经济增长起到支持作用。

微观审慎是指单个商业银行或其他金融机构对风险的管理，它是《巴塞尔协议》一直以来的监管对象。在《巴塞尔协议Ⅲ》中，针对微观审慎方面的措施主要包括增强资本质量、提高最低资本要求、引入非风险杠杆率和提出最低流动性标准。

● 资本质量与资本充足率。巴塞尔银行监管委员会主席努特·韦尔林克（Nout-Wellink）认为，2008年国际金融危机暴露的主要问题是商业银行资本质量和资本水平的不足。因此，《巴塞尔协议Ⅲ》的核心内容是增强资本质量和提高最低资本要求，着力强调能够实质性消解损失的资本在银行资本充足率中的占比，特别是普通股的占比。首先，对普通股做了更严格的定义，商业银行在2014—2018年逐步剔除累计超过15%的用于金融机构、房屋抵押服务权利和递延税项资产的投资资金在普通股中的数额。其次，对非核心一级资本和二级资本做了更严格的限定，要求商业银行自2013年起扣除不合规资本。

● 非风险杠杆率。在修改原有巴塞尔框架的基础上，《巴塞尔协议Ⅲ》引入了两个新的要求——杠杆率和流动性标准。

一般来说，杠杆率就是比率，在《巴塞尔协议Ⅲ》中，非风险杠杆率的定义为：

$$\text{非风险杠杆率}=\frac{\text{一级资本}}{\text{资产}+\text{表外风险暴露}} \tag{1}$$

而

$$\text{一级资本充足率}=\frac{\text{一级资本}}{\text{风险加权资产}}=\frac{\text{一级资本}}{\sum[\text{资产}\times\text{相对应的风险权重}(\%)]} \tag{2}$$

比较上述两个公式，公式（1）中的分母未经风险权重（百分比）削减，因此称为非风险杠杆率。非风险杠杆率的最低要求是3%。2013—2016年为非风险杠杆率的测试期，商业银行需要从2015年起披露其非风险杠杆率；此项要求已加入《巴塞尔协议Ⅲ》的第一支柱中。引入非风险杠杆率的目的首先是防止商业银行过度投机。在金融危机中，很多达到和超过最低一级资本要求的商业银行未能在危机中幸存。这是因为它们在计算一级资本占比时未考虑表外资产，而有问题的商业银行交易了大量的表外产品，特别是复杂的衍生产品，但它的资本充足率掩藏了潜在的经营风险。非风险杠杆率涵盖表外资产，通过其最低比率要求可有效地降低商业银行的杠杆倍数，促使商业银行稳健经营。

● 最低流动性标准。流动性枯竭是金融危机的特点之一。为了最大限度地保证商业银行在各种可能的压力情景下有足够的优质资金维持流动性，巴塞尔银行监管委员会提出了两个流动性计量指标，即流动性覆盖比率（liquidity coverage ratio，LCR）和净稳定资金比率（net stability funding ratio，NSFR）。LCR为高流动性资产储备与未来30日资金净流出量的比率，反映短期内商业银行持有的高流动性资产应对资金流失的能力。巴塞尔银行监管委员会尚未确定LCR的最低要求，但从2011年开始，将在过渡期内测算观察，并在2015年确定LCR的最低标准要求。LCR的缓冲期从2015年1月1日开始，在60%的基础上，每年增加10%，到2019年1月1日达到100%的最低要求。NSFR为可供使用的稳定资金与业务所需的稳定资金的比率，反映商业银行的中长期资金稳定程度。NSFR通过优化商业银行的资金结构比率，用以减少短期融资的期限错配，增加长期稳定资金的来源。巴塞尔银行监管委员会同样未确定NSFR的最低标准；其观察期从2012年开始，最终在2018年引入最低标准。目前，NSFR的最低要求是2018年1月1日达到100%的最低标准。

在2008年国际金融危机发生后，国际监管机构普遍认识到一些致命风险在微观审慎监管下被忽视了，因此，除微观审慎监管外，实施宏观审慎监管的呼声越来越高。宏观审慎监管就是对系统性风险的管理，包括对金融业各组成部分关联关系的研究和对系统重要性银行及其他金融机构的管控等。《巴塞尔协议Ⅲ》关于宏观审慎的措施主要是引入资本留存缓释和逆周期缓释，目的是提高整个银行业在危机中的恢复能力，并在一定程度上弱化周期性带来的影响。

● 资本留存缓释。巴塞尔银行监管委员会认为，解决系统性风险的根本方法是在市场繁荣时期保留一部分资本作为压力时期的资本缓释。因此，监管理事会确定引入“资本留存缓释”，仅供商业银行在压力时期使用；其全部由普通股构成，最低标准为2.5%。这意味着商业银行在满足普通股4.5%、一级资本6%、一级资本和二级资本8%最低要求的基础上，还要再预留2.5%的普通股作为资本留存缓释，所以普通股在最低资本要求和资本留存缓释的要求下总计需要达到7%的最低标准。资本留存缓释将自2016年起逐步实行，从2019年开始，商业银行需要达到2.5%资本留存缓释的最低标准。

● 逆周期缓释。巴塞尔银行监管委员会在2010年7月提出逆周期缓释，作为资本留存缓释的延伸。逆周期缓释将由普通股或其他高质量的资本构成，仅在信用过度增长并对系统性风险造成影响时使用。各国银行监管机构将根据自身情况确定不同时期的逆周期缓释，其范围为0～2.5%。比如在正常市场情况下，逆周期缓释设为2.5%，而当监管当局认为市场处于信用过度增长时期，可将逆周期缓释从2.5%向下调整，在严重时期可调为0，以使逆周期缓释能够全部用来缓解商业银行在危机时期的压力。逆周期缓释的目的是在信用泛滥时期保护银行业免受系统性风险的威胁。

2.3.5 《巴塞尔协议Ⅱ》和《巴塞尔协议Ⅲ》的实施与意义

1.《巴塞尔协议Ⅱ》和《巴塞尔协议Ⅲ》的实施

巴塞尔银行监管委员会于2004年6月26日发布了《巴塞尔协议Ⅱ》，并于2006年底在十国集团开始实施。经过一年的定量影响分析或双轨制计算，高级法也于2007年底开始实施。与1988年的《巴塞尔协议》相比，《巴塞尔协议Ⅱ》更为强调监管当局结合各国银行业的实际风险对各国商业银行进行灵活的监管。巴塞尔银行监管委员会认为，各国银行监管当局完全有权制定更高的资本要求，可以使用一些补充的资本措施，处理诸如资本管理制度中固有的及可能存在的风险计量的不准确性，或限制商业银行的债务比。《巴塞尔协议Ⅱ》还提出了标准法和内部评级法等不同的风险资本计量方法，供商业银行依据自身情况选择使用。

为了弥补《巴塞尔协议Ⅱ》的不足，巴塞尔银行监管委员会于2010年9月12日出台了《巴塞尔协议Ⅲ》。此后，巴塞尔银行监管委员会根据2009年底的全面计量研究指出，大型商业银行需要大量额外资本才能满足《巴塞尔协议Ⅲ》的资本要求（《监管理事会宣布更高的全球最低资本标准》，2010）。因此，巴塞尔银行监管委员会设计了从2013年到2019年的达标过渡期，使商业银行等金融机构能有足够的时间过渡到新的监管标准上，以降低对全球经济复苏的影响。《巴塞尔协议Ⅲ》对资本的各项要求将逐年小幅增加，而且自2019年1月1日起，所有款项均要达到《巴塞尔协议Ⅲ》的新要求。表2-13为《巴塞尔协议Ⅲ》的过渡期安排，所有日期均为1月1日。

表2-13 《巴塞尔协议Ⅲ》的过渡期安排

	2011年	2012年	2013年	2014年	2015年	2016年	2017年	2018年	2019年
杠杆率	监管控制		平行测试（2013—2017年）从2015年起开始披露					加入第一支柱	
最低普通股资本比率			3.5%	4.0%	4.5%	4.5%	4.5%	4.5%	4.5%
资本留存缓释						0.625%	1.25%	1.875%	2.5%
最低普通股加资本留存缓释			3.5%	4.0%	4.5%	5.125%	5.75%	6.375%	7.0%
从普通股中分步扣减				20%	40%	60%	80%	100%	100%
最低一级资本要求			4.5%	5.5%	6.0%	6.0%	6.0%	6.0%	6.0%
最低资本要求			8.0%	8.0%	8.0%	8.0%	8.0%	8.0%	8.0%
最低资本加留存缓释			8.0%	8.0%	8.0%	8.625%	9.125%	9.875%	10.5%
不符合非核心一级资本和二级资本的产品			从2013年开始在10年内扣清						
流动性覆盖比率（LCR）	观察期开始				引入最低标准				
净稳定资金比率（NSFR）		观察期开始						引入最低标准	

资料来源：《监管理事会宣布更高的全球最低资本标准》。

2017年12月7日，巴塞尔银行监管委员会完成对《巴塞尔协议Ⅲ》的修订，原计划修订后的《巴塞尔协议Ⅲ》从2022年1月1日起逐步实施。修订后的《巴塞尔协议Ⅲ》取消了操作风险的内部模型法、取消了交易对手信用估值调整（credit valuation adjustment，CVA）的内部模型法、限制对A-IRB的应用。

然而，受新冠肺炎疫情的影响，2020年3月27日巴塞尔银行监管委员会的监督机构中央银行行长及监管当局负责人会议推迟了《巴塞尔协议Ⅲ》的实施时间表，修订后的杠杆率框架和全球系统重要性银行杠杆率缓冲要求、信用风险标准法、内部评级法、操作风险结构、信用估值调整结构、市场风险结构和第三支柱信息披露要求均由2022年1月1日推迟至2023年1月1日，而在过渡期内安排的内部模型法的风险加权资产最低测算值也延期至2028年1月1日。

《巴塞尔协议Ⅱ》和《巴塞尔协议Ⅲ》在提高风险敏感度和灵活性的同时，其复杂性也大大增加。相对而言，《巴塞尔协议Ⅲ》更适于风险计量、管理水平较高，资本雄厚的国际活跃银行，一些中小商业银行很难落实新协议的要求。就目前情况看，美国仅对十几家大商业银行实施新协议，而欧盟各成员是对整个银行业实施新协议。许多发展中国家积极借鉴新协议提出的新的监管理念和风险管理办法，但不准备在近期或无力在近期实施新协议。我国依据《巴塞尔协议Ⅱ》和《巴塞尔协议Ⅲ》的最新精神，出台了一系列管理办法。

我国于 2011 年 6 月出台了《商业银行杠杆率管理办法》，并要求自 2012 年 1 月 1 日起开始实行，同时规定中国银监会确定的系统重要性银行应当于 2013 年底前达到最低杠杆率要求，非系统重要性银行应当于 2016 年底前达到最低杠杆率要求。该办法确立了我国银行业杠杆率监管政策的总体框架。为了与巴塞尔银行监管委员会对杠杆率国际规则所做的修订保持一致，我国于 2015 年 1 月公布了修订后的《商业银行杠杆率管理办法》，并要求自 2015 年 4 月 1 日起开始施行。这次修订主要对表外项目的计量方法进行了调整，进一步明确了衍生产品和证券融资交易等敞口的计量方法；与此同时，该办法对商业银行的杠杆率披露提出了更为明确、严格的要求。

我国于 2012 年 6 月出台了《商业银行资本管理办法（试行）》，并要求自 2013 年 1 月 1 日起施行，同时规定商业银行应在 2018 年底前达到该办法规定的资本充足率监管要求，而且鼓励有条件的商业银行提前达标。在达标过渡期内，商业银行应当制定和实施切实可行的资本充足率分步达标规划，并报中国银监会批准。中国银监会根据商业银行资本充足率达标规划实施情况，采取相应的监管措施。

与此同时，我国于 2014 年 1 月出台了《商业银行流动性风险管理办法（试行）》，自 2014 年 3 月 1 日起施行。该办法在强化流动性风险管理和监管方面发挥了重要作用。为了更好地适应当前商业银行流动性风险管理需要，我国对该办法进行了修订，于 2018 年 5 月出台了《商业银行流动性风险管理办法》，并要求自 2018 年 7 月 1 日起施行。该办法相比 2014 年的版本引入了净稳定资金比例、优质流动性资产充足率、流动性匹配率三个量化指标，并对部分监测指标的计算方法进行了合理优化，进一步完善了流动性风险监测体系，细化了流动性风险管理的相关要求。

为解决“大而不倒”的问题，2014 年 11 月全球系统重要性银行（global-systemically important banks，G-SIBs）推出总损失吸收能力（total loss-absorbing capacity，TLAC）监管框架。与《巴塞尔协议Ⅲ》相比，该框架具有更高的资本监管要求。TLAC 对资本要求提出分阶段规定，要求风险加权资产比率于 2019 年 1 月 1 日后不低于 16%，于 2022 年 1 月 1 日后不低于 18%。目前，我国已有四家国有商业银行被列入全球系统重要性银行，包括中国银行、中国工商银行、中国农业银行及中国建设银行。根据测算，被列入全球系统重要性银行的四大国有商业银行为了满足 TLAC 框架，可能需要补充约 1.4 万亿～2.1 万亿元的 TLAC 工具，这些商业银行的资本补充压力将会进一步增加。

2.《巴塞尔协议Ⅱ》和《巴塞尔协议Ⅲ》对我国银行业风险资本监管的意义

《巴塞尔协议Ⅱ》的基本精神和技术方法对我国改革银行业治理结构，提高银行业风险资本监管水平、流动性风险管理水平具有重要且深远的影响。与此同时，新协议更为严格复杂的监管要求对我国现有的银行业风险监管体系也提出了挑战。

（1）新的最低资本要求使中国银行业资本不足的问题更加突出。许多发展中国家都存在银行业资本不足的问题，我国也不例外。我国四大国有商业银行的资本不足问题尤其明显，究其源头，银行不良资产的累积是重要原因。银行体系的不良资产是我国经济转轨的产物之一，按照市场规则，解决资本不足的根本途径还是控制高风险的资产和业务，提高资产质量。虽然实施《巴塞尔协议Ⅲ》的过渡期较长，但在逐渐走向开放的国内金融市场的发展过程中，资本不足还是会影响我国商业银行与外资商业银行竞争的能力。

（2）内部评级法的提出促使我国着手建立完善的商业银行内部风险评级体系。内部风险评级体系是《巴塞尔协议Ⅲ》的核心之一，而这也是中国银行业风险管理较为薄弱、发展较为落后的环节。与先进的国际性商业银行相比，我国许多商业银行在评级方法、评级结果检验和评级制度建设上都存在相当差距，特别是在量化操作方面缺乏成熟、操作性强的模型、程序和专业人员，各商业银行之间也没有通畅的风险评估结果共享渠道。新协议的出台可为解决这些问题，更好地管理商业银行风险资本提供起点和基础。

（3）对商业银行风险管理范围的扩充引导我们从单一的信用风险管理转向全面风险管理。当前，我国的商业银行风险管理还是以信用风险管理为主，对市场风险、操作风险和顺周期风险、流动性风险的监管缺乏重视，也缺少经验。但在现实的商业银行经营活动中，各种风险是相互联系、共同作用的，因而在考察商业银行的资本充足水平时，应综合考虑新协议提出的各类风险，推行全面风险管理的理念，真实反映商业银行资本的风险状况，为风险管理决策提供更可靠的依据。

《巴塞尔协议》是否过时了？

2.4 资本筹集与管理

商业银行资本管理是资产负债管理的重要基础。在确定了商业银行的总体经营目标（如利润目标）后，商业银行的资产与负债会随着总目标的变化而相应变化，此时，资本的变化也就必然发生了。商业银行可筹集资本的途径因各国政府对银行业监管的严厉程度、商业银行的盈利能力、资本筹集的成本等不同而不同。商业银行必须在法律允许的范围内，综合考虑各种资本供给渠道的可行性及其成本，进而解决资本的供给问题。当然，首要的问题是确定商业银行资本的需要量。

2.4.1 商业银行资本的规模

衡量商业银行资本规模的方法有多种，主要包括账面资本（GAAP）、管理资本（RAP）和市场价值资本（MVC）。

（1）GAAP。GAAP是由账面价值计量的商业银行资本。大多数商业银行的资产与负债是商业银行得到或发行的那天所具有的并在商业银行账本中登记的价值记录。在较长期限中，随着利率的变动，商业银行资产与负债的实际价值会与它们的原始账面价值相背离，但许多商业银行仍把账面价值作为计量基础。

$$\text{账面资本(GAAP)}=\text{总资产账面价值}-\text{总负债账面价值}$$

在商业银行的贷款与证券价值下跌时，账面资本指标就不适宜了，它无法说明商业银行是否有足够的资本应对目前的风险。

（2）RAP。RAP是监管会计原理计量的资本量。

$$\begin{array}{c}\text{管理资本}\\ \text{(RAP)}\end{array}=\begin{array}{c}\text{股东}\\ \text{股权}\end{array}+\begin{array}{c}\text{永久}\\ \text{优先股}\end{array}+\begin{array}{c}\text{贷款与租赁}\\ \text{损失储备}\end{array}+\begin{array}{c}\text{可转换}\\ \text{次级债务}\end{array}+\text{其他}$$

在该资本统计方法中，将可转换次级债务、贷款与租赁损失储备等都列入资本的范畴，看上去给人一种资本充足的感觉。

（3）MVC。与商业银行股东和债权人等投资者关系最密切的是商业银行的市场价值资本，即MVC。

$$\frac{\text{市场价值}}{\text{资本(MVC)}}=\frac{\text{商业银行资产的}}{\text{市场价值(MVA)}}-\frac{\text{商业银行负债的}}{\text{市场价值(MVL)}}$$

也可以用近似的公式计算每天的MVC：

$$\text{MVC}=\text{每股股票的现期市场价格}\times\text{发行但并未偿付的股票数量}$$

这种方法会导致资本数字快速变动，但它能更好地反映商业银行在面临风险时的实际保护程度。

2.4.2 商业银行资本的需要量

商业银行资本的需要量无法完全由主观决定。在商业银行的业务经营活动中，一系列因素影响着商业银行资本的需要量。

1. 有关的法律规定

各国金融监管部门为了加强控制与管理，一般都以法律的形式对商业银行资本做出了具体的规定，如新设商业银行的最低资本额、资本资产比例、自有资本与负债比率等。

2. 宏观经济形势

宏观经济形势对商业银行的业务经营活动具有直接影响。如果经济周期处于繁荣阶段、经济形势良好，商业银行的存款会稳步增长，发生挤兑的可能性很少，债务人破产倒闭的可能性也相对较小。因此，在该时期，商业银行资本的持有量可以少于其他时期。此外，商业银行所处地区的经济形势也对资本需要量有很大影响。一些地区性商业银行或主要业务相对集中的商业银行在确定资本需要量时，除考虑整个国家的经济形势外，还要顾及本地区的经济形势。

3. 商业银行的资产负债结构

从负债来看，不同负债的流动性不同，从而需要保持的资本储备也不同。例如，对活期存款等流动性较高的负债，商业银行就必须保持较多的资本储备，而对于定期存款等流动性较低的负债，商业银行持有的资本储备可以相应减少。从资产来看，商业银行资本受资产质量的制约，商业银行资产的质量是由资产结构及各种资产的期限、收益、风险等多种因素决定的。如果资产质量高，则遭受损失的可能性就小，商业银行只需保持少量的资本储备；反之，则资本需要量就要增大。

4. 商业银行的信誉

资本的数量是决定一个商业银行信誉高低的重要因素，同样，信誉的高低也影响商业银行应该持有的资本数量。如果商业银行的信誉很高，公众对其比较信任，愿意将自己的资金存入该商业银行，则该商业银行就会有较充裕的资金来源。当经济形势发生动荡、金融体系不稳定时，由于该商业银行的信誉高，存款人不会大量提取现金，该商业银行也就不必保持大量的资本来应付资金的外流。

2.4.3 商业银行最佳资本的需要量

最佳资本的需要量是指商业银行的资本既不能过高，又不能过低。商业银行的资本过高会使财务杠杆比率下降，增加筹集资金的成本，影响商业银行的利润；商业银行的资本过低会增加对存款等其他资金来源的需求，使商业银行的边际收益下降。图 2-2 反映了商业银行的资本量与资本成本之间的关系。

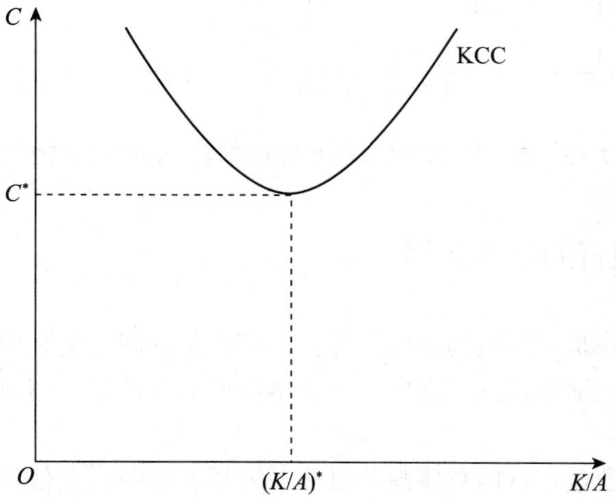

图 2-2　商业银行的资本量与资本成本之间的关系

图中，纵轴表示资本成本，是商业银行为筹集一定量的资本所要花费的各种开支、费用，如股票和债券的红利、利息、管理费用等，也包括资本量变化带来的其他成本，如资本量过小时会增加对存款或其他资金来源的需求，使这些资金来源的边际成本增加。横轴表示资本与总资产的比例，即商业银行资本的需要量。资本成本曲线为 KCC，呈 U 形变化。在曲线上有一资本成本最低点 C^*，与其对应的资本量为 $(K/A)^*$，为商业银行的最佳资本量。这是因为当商业银行的资本量大于 $(K/A)^*$ 时，商业银行资本的成本会因筹集资本及财务杠杆比率的降低而增加；反之，如果资本量小于 $(K/A)^*$，商业银行资本的成本会因其他资金来源边际成本的提高、流动性比率的要求提高而增加。由此可见，从财务角度看，资本成本曲线的最低点为最佳资本量。

但是，商业银行的资本成本曲线要受到商业银行的资产规模、资产负债结构及其面临的市场状况的影响，即商业银行不同的资产规模、资产负债结构和所面临的市场状况决定了不同的资本成本曲线。一般来说，由于小商业银行的信誉不高、业务有限、负债缺乏弹性，为应付存款者提存必须保持相当数量的流动资产，从而使资产盈利率降低，同时小商业银行还必须拥有相当数量的贷款损失准备金，用于补偿信贷风险带来的损失。这就使小商业银行的资本成本曲线远离原点，不仅最佳资本需要量很大，而且资本成本很高。而大商业银行由于信誉较高、业务联系广泛，因此流动性比率和贷款损失准备金相对较低，其资本成本曲线的顶点也更接近原点，见图 2-3。

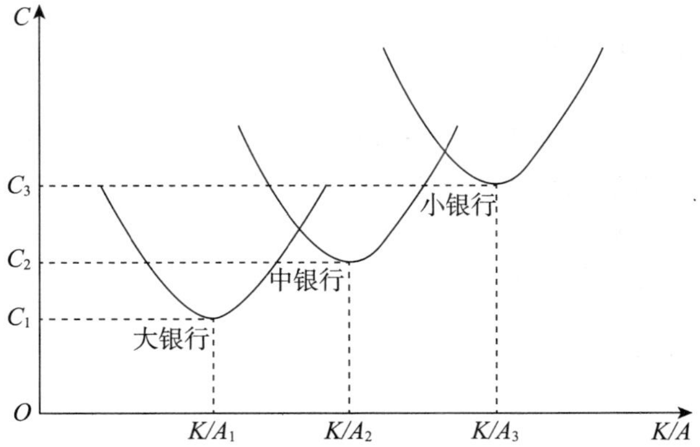

图 2-3 商业银行的最佳资本需要量与商业银行规模的关系

2.4.4 商业银行的资本计划

商业银行资产扩张是其发展的必然选择，而资产扩张就会使其面临较大的增加资本的压力，因此商业银行逐渐认识到有必要为其资本需要进行计划。商业银行的资本计划可以分为四个阶段。

第一阶段是制定商业银行的总体财务目标，管理者必须决定他们要办什么样的商业银行，主要包括商业银行的规模、商业银行的服务范围以及商业银行需要多高的增长目标和利润目标。在这一阶段中，商业银行还要根据目前的财务报表对可能出现的结果进行敏感性分析，提出在商业银行程序和政策没有变动情况下的资本需要基准线，同时要对未来可能出现的各种情况有所准备。

第二阶段是在第一阶段的基础上，确定商业银行的资本需要量，具体包括对商业银行资产的年度增长目标和利润目标的预测，使之成为确定资本结构的基础。资产与利润增长的预测要求是十分严格的，它的制定依据商业银行目前的经营状况、未来的发展前景以及整个宏观经济的走势等诸多因素，必须是合理且可靠的，并以此为基础确定商业银行的资本需要量。在这种情况下，商业银行的管理者可能需要注意两个问题：一是监管当局对商业银行资本数量的规定；二是资本数量不能过大。从商业银行盈利的角度看，资本过大会降低商业银行负债的杠杆效率，从而降低商业银行的盈利能力。如果盈利能力下降，商业银行的信誉就会受到不利影响，筹资将变得困难；如果资本过少，也会引起市场对商业银行盈利能力的怀疑，商业银行可能面临客户流失等风险。

第三阶段是确定有多少资本可以通过商业银行利润留成从内部产生。管理者必须决定其现期收益中有多少用于股东的红利分配，有多少保留在商业银行内部以支持未来业务的发展。管理者必须通过预测未来收益的增长来了解它能否为总的资本需要提供全部或大部分资金。

第四阶段是为实现最低的筹资成本而选择相应的筹资手段。如果商业银行必须发行股票或债券，就要考虑市场条件以及现有股东的权益。图 2-4 描述了商业银行资本筹集的四个阶段。

从图2－4可以看出，商业银行资本的来源有两个，即内部融资和外部融资。

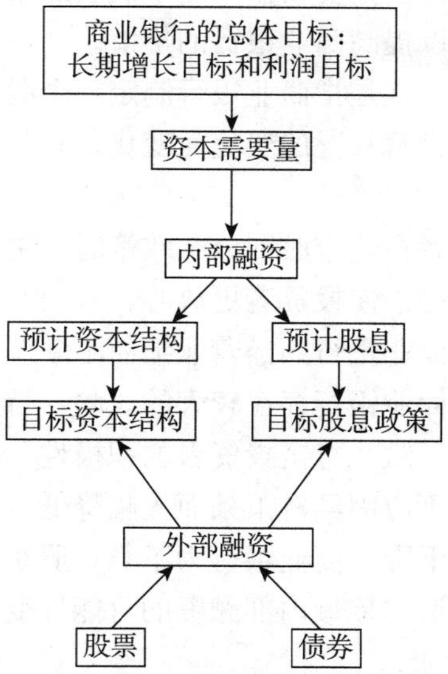

图2－4　商业银行资本筹集的四个阶段

2.4.5　商业银行资本筹集

1. 商业银行资本的内部融资

未分配利润是商业银行资本内部融资的重要来源。商业银行内部产生的资本有很多优点：不必依靠公开市场筹集资金，可免去发行成本，因而成本较低；不会使股东控制权削弱，避免了对股东所有权的稀释和对所持股票每股收益的稀释。如果商业银行出售新股票，新股东将与老股东分享未来收益。

内部融资的缺点在于，其筹集资本的数量在很大程度上受到商业银行本身的限制。

首先，政府当局对商业银行适度资本规模的限制。当资本比率要求降低时，商业银行可以用较少的未分配利润支持更多的资产增长；相反，当资本比率要求提高时，同样的未分配利润只能支持较少的资产增长。

其次，商业银行所能获得的净利润规模。当商业银行的盈利水平提高时，可以提留的未分配利润就会相应增加，从而支持更高的资产增长速度。

最后，在商业银行的净收益中有多少可用于分配，有多少要保留在商业银行内部，即商业银行的股利分配政策。商业银行的管理者必须决定收益保持率，即现期保持的收益与税后净收入的比例。剩余部分为股利支付率，即用于现期股利与现期税后净收入的比例。

收益保持率对银行管理层来说十分重要。收益保持率过低，则商业银行内部增长缓慢，并会增加破产风险；收益保持率过高，则会减少股东的股利收入，从而在其他条件不变的情况下降低股票市值。

在股利分配中，商业银行常常采用以下几种政策：

（1）剩余股利政策。这就是在有良好的投资机会时，商业银行根据一定的目标资本结构，测算出投资所需的权益资本，先从盈余中留用，然后将剩余的盈余作为股利分配。这种股利政策可以保持较为理想的资本结构，可使综合成本最低。在完全市场条件下，股东对股利和资本收益并无偏好，只要投资收益率高于股票的市场必要报酬率，同时保持目标资本结构下的投资所需，就可以提高商业银行的价值。

（2）固定股利支付率政策。这是指商业银行制定一个股利占盈余的比例，长期按此比率支付股利。它随着商业银行经营状况的变化而变化，有利于商业银行的管理者对股本的需要量进行预测。

事实上，商业银行的管理者在确定股利分配政策时，更应注重保持一个稳定的股利分配方案。因为稳定的股利分配可以使投资者更放心，从而有利于商业银行吸引更多的投资者；否则，如果股利分配随着商业银行的经营业绩而不断调整，就会使投资者无法预测商业银行的经营状况，从而感到商业银行存在较大的风险，特别是当股利分配减少时，可能导致商业银行股票价格的大幅下跌，打击投资者的积极性。因此，商业银行的股利分配不应因经济繁荣而大幅上升，也不应因经济萧条而大幅降低。

近年来，商业银行的收益下降，商业银行为了稳定股东的投资，开始提高股利分配比例，这样做的结果是商业银行资本依赖内部融资的可能性变得越来越小了。

2. 商业银行资本的外部融资

当商业银行的内部融资无法满足它的资本需求时，就要通过外部融资来解决资本问题。商业银行的外部融资有以下几种方法：①出售资产与租赁设备；②发行普通股；③发行优先股；④发行中长期债券；⑤股票与债券互换等。商业银行选择哪一种方式融资，主要取决于对股东收益的影响、外部融资的成本、股东对控制权的影响、融资风险、当时的市场行情、政府法律规定等。

（1）出售资产与租赁设备。例如，商业银行把某些资产（如贷款等）向政府或证券公司出售，并将一部分资产向政府债券或其他低风险资产转移，就可以使风险加权资产下降。

有时，商业银行可以出售它们的办公设施，然后再向新的所有者租回使用。这种转换会引起现金的流入，从而增加商业银行的资本头寸。当通货膨胀与经济增长使商业银行现有财产的价值增加时，财产出售与租回的交易可能是很成功的。在商业不动产报废速度加快的情况下，出售和租回财产的方法更具吸引力。

近年来，许多商业银行通过出售资产提高了资本资产比率，同时通过减缓风险较大资产的增长速度以及增加低风险投资，从而降低了加权风险资产，进而改善了资本充足率。

（2）发行普通股。普通股代表商业银行的股东对商业银行的所有权。考虑到发行成本以及股东比债权人面临更大的收益风险，所以发行股票通常是成本最高的外部融资途径。通常说来，目前大多数新商业银行在组建时都会采取发行普通股的方式筹集资本。当商业银行资本不足时，也可以向社会公众增发股票。但是，商业银行通过发行普通股筹集资本存在一些不利因素：

1）普通股发行时的交易费用较高。

2）新股的大量发行会使商业银行原股东的控制能力受到削弱，分散其控制权。

3）新股票的发行还会使杠杆作用降低，如果不能保证筹集的资金可以带来更高的收益，那么新股的增加会使股票的每股收益减少。

发行普通股筹资的优点是所有者股份的增加增强了公司未来的借款能力。

商业银行是否发行新股需要考虑下述因素：

首先，商业银行是否还存在其他外部融资的可能。

其次，要对不同外部融资方式的结果进行比较，比如资本的杠杆作用、商业银行原股东的控制权情况、股票的未来收益状况等。

在一般情况下，不同规模的商业银行可选择的外部融资方式不一样。对中小商业银行而言，由于受信誉和知名度的影响，它们一般不易在股票市场上融资，而且发行新股后对原股东控制权的削弱程度也要高于大商业银行。对于大商业银行而言，它们较容易在金融市场上发行股票融资，但交易成本较高；与此同时，大商业银行有更多的可能性采取其他的外部融资方式。

(3) 发行优先股。优先股是介于债券和普通股之间的筹资工具，它有固定的红利收入，其红利分配优先于普通股。如果商业银行倒闭，优先股的股东还享有优先清偿权，但优先股的持股者无表决权。

优先股的种类主要有：

1) 固定股息率的优先股，即股息率固定不变。

2) 浮动股息率的优先股，这种优先股的股息率随着市场指标的变化而浮动，浮动的幅度一般参照其他投资品的收益率而定。

3) 可转换优先股。这种优先股的持有者可在有选择的条件下，根据预先规定的价格将所持的优先股转换为普通股。可转换优先股的股息低于不可转换优先股，但它的价格高于普通股的市场价格。可转换优先股一般用于商业银行间的收购与合并。

与发行普通股一样，商业银行发行优先股也要承担较高的发行费用，而且优先股的股息分配先于普通股，这就有可能减少普通股的股息分配数额。

优先股相对于债务的优势是灵活性较大，而且新发行的优先股与普通股一样，可以增强未来的借款能力。

(4) 发行中长期债券。自20世纪70年代以来，西方国家的商业银行通过广泛发行中长期债券的方式融资。这种中长期债券之所以能够成为商业银行的补充资本，原因是这种债券的持有者在发行该债券的商业银行倒闭时，其求偿权排在各类存款之后，而且债券的平均期限较长（《巴塞尔协议Ⅲ》规定必须超过5年）。

商业银行通过发行中长期债券来筹集资本有许多优点：

1) 这类债券的利息支付可以享受税收优惠，从而降低筹资成本。

2) 如果债券资本的收益超过利息成本，可以增加股票的每股收益。

3) 商业银行发行的中长期债券实质上具有长期负债的性质，因此不会削弱原股东的控制权。

但是，商业银行对中长期债券的还本付息是法定的，过多地发行中长期债券会增大商业银行的还本付息压力，使商业银行背上沉重的债务负担，破坏社会公众对商业银行的信心。与此同时，由于利率不断变化，因而商业银行会面临利率风险。特别是浮动利率债券，当利率水平上升时，商业银行的利息负担会加重。

商业银行发行的中长期债券的种类主要有：

1) 资本票据。这是一种以固定利率计息的小面额债券，它的到期期限一般为7～15年，既可以在金融市场上出售，又可以直接向商业银行的客户推销。

2）资本证券。资本证券与资本票据的区别：一是面额较大；二是期限为 15 年以上。

3）可转换债券。持有该债券的投资者可以按预先规定的价格在持有一定时间后将其转换为商业银行的普通股。

4）浮动利率长期债券。它的计息方法采用浮动利率，往往表现为若干市场利率的加权指数。

5）选择性利率指数。这种债券的初始利率为固定利率，但在一定时期后可由持有者将其转换为浮动利率。

（5）股票与债券互换。近年来，美国的商业银行开始通过股票与债券的转换来改变自身的资本状况。例如，商业银行的资产负债表上有 100 万元的债券，其发行时的利率为 8%，商业银行以面值记账。如果发行债券后，利率上升至 10%，这些债券的市场价格为 80 万元。此时，商业银行可以发行 80 万元的股票，再以市场价格回购债券，那么商业银行就可从资产负债表上消除 100 万元的债务。这样一来，商业银行既增强了资本实力，又节约了未来的利息支出。此外，大部分债券发行都有偿债资金要求，即要求每年支付资金来购回债券。在完成债转股之后，商业银行就可以不用支出这些资金了。

下面的例子是商业银行从外部筹集 2 000 万元的资本。某商业银行有普通股 800 万股，每股票面价值为 4 元，总资产为 10 亿元，股权资本为 6 000 万元。如果该商业银行产生 1 亿元的总收益，估计经营支出为 8 000 万元。如果该商业银行采用发行普通股、优先股和资本票据三种做法，则会对商业银行的每股收益产生不同的影响，见表 2-14。

表 2-14　商业银行从外部融资的方法比较　　单位：百万元

收入支出项	发行普通股（10 元/股）	发行优先股（20 元/股，股息率为 8%）	发行资本票据（利率为 10%）
估计收益	100	100	100
估计经营支出	80	80	80
净收益	20	20	20
利息支出			2
估计税前净收入	20	20	18
企业所得税（25%）	5	5	4.5
税后净收入	15	15	13.5
优先股股利		1.6	
普通股股东净收入	15	13.4	13.5
每股收益（元）	1.5	1.675	1.687 5
普通股数量	1 000 万股	800 万股	800 万股

表中的数字告诉我们，如果商业银行的经营目标是每股收益最大化，那么发行普通股就不是最佳的选择。因为在发行普通股后，商业银行的股票数量增加到 1 000 万股，使得每股收益只有 1.5 元。如果发行优先股，假定优先股的价格为 20 元/股，股息率为 8%，虽然商业银行要支付优先股股利 160 万元（=2 000×8%），但普通股的每股收益却可以达到 1.675 元。如果发行资本票据，假定其利率为 10%，则商业银行每年要支付利息 200 万元（=2 000×10%），但仍会剩余 1 350 万元供普通股股东分配，从而使每股收益达到

1.687 5 元。因此，如果商业银行以每股收益最大化为目标，就应该选择以发行资本票据的方式从外部融资。

2.5 经济资本管理

2006 年《巴塞尔协议Ⅱ》的正式实施，推动了各国商业银行的风险管理变革。该协议指出，资本作为商业银行损失的缓冲器，应当合理覆盖业务风险敞口，资本配置也应与风险直接挂钩。同年，我国银监会颁布的《商业银行资本充足率管理办法》也参考了《巴塞尔协议Ⅱ》的精神。自此，经济资本管理作为一种先进的管理方式，开始受到国内商业银行的重视，国内外商业银行开始探索以经济资本管理为核心的新型风险管理模式。

2.5.1 经济资本的内涵

经济资本的概念起源于 1978 年美国信孚银行建立的风险调整后资本回报（risk adjusted return of capital，RAROC）模型，是一个统计学概念。经济资本（economic capital，EC）是指由商业银行内部评估产生的，用于抵御各类资产和业务风险的资本，是商业银行为吸收损失而持有的最低资本数额，又称风险资本（capital at risk，CaR）。其中，风险为非预期损失（unexpected loss，UL），是指在一定时期内，在某个既定置信区间内可能超过预期损失的那部分损失，见图 2-5。商业银行通常会对预期损失计提准备金，事实上，真正的风险来源就是非预期损失。在数量上，经济资本等于各项资产业务的风险总量，反映了各项资产业务风险的资本需求。经济资本的计算公式为：

$$\text{经济资本}=\text{信用风险的非预期损失}+\text{市场风险的非预期损失}+\text{操作风险的非预期损失}$$

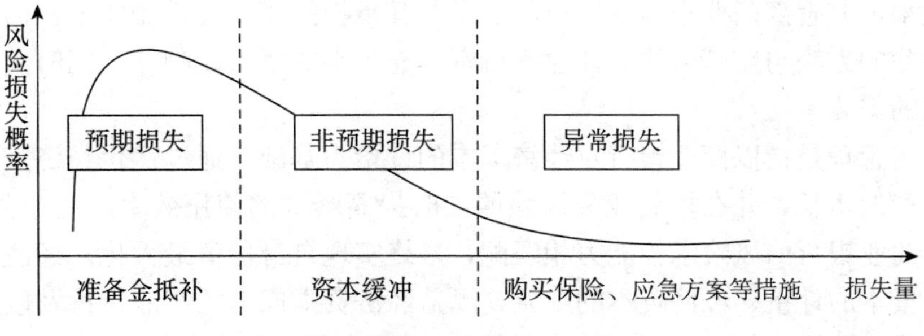

图 2-5 各种损失及其应对措施

经济资本不是一种真实存在的资本，而是一种虚拟的资本，它是由商业银行内部评估产生的测度值，并不在商业银行的财务报表中体现。此外，商业银行选择的置信区间不同，相应的经济资本也将随之变动。若想精确地预测经济资本，通常需要科学的依据和专业手段，因而经济资本也具有一定的真实性与客观性。经济资本在形式上是一个被测度的参数，而在实质上是商业银行用来管理非预期损失的一种手段和工具。经济资本能够帮助商业银行确定风险边界，在此基础上，商业银行就可以扩张业务、增加收入，同时也能控制风险。

2.5.2 账面资本、监管资本与经济资本

（1）账面资本。账面资本是以财务会计为基础，在商业银行的资产负债表上体现出来的资本项目，即所有者权益部分，反映了商业银行实际拥有的可用来抵御风险的资本量。

（2）监管资本。商业银行在经营活动中，为了满足监管要求以及保持稳健经营，必须维持一定数量的资本。例如，《巴塞尔协议Ⅱ》要求商业银行必须持有的监管资本包括核心资本与附属资本。如果监管资本不足，则商业银行将面临经营业务受限制、撤销相关人员职务甚至暂停营业等处罚。

（3）账面资本、监管资本与经济资本的关系。从总体上看，监管资本强调从外部对商业银行持有资本数额的强制要求，而且与报表项目有对应关系，是一种实际的资本。账面资本强调从会计意义上体现商业银行对于风险损失的抵御能力，能够在财务报表中直接体现，也是一种实际资本。经济资本是由商业银行自主评估并考虑持有的资本，它并不源于外部监管压力或者会计规则，而是与银行经营活动面临的风险直接相关，是虚拟的资本。

此外，经济资本与监管资本还有相互协调的关系：经济资本是随着《巴塞尔协议Ⅱ》对监管资本的要求而逐渐普及的概念，它对商业银行所面临风险的考量更为准确和细致，体现了商业银行风险边界的所在。在《巴塞尔协议Ⅱ》中，用于衡量信用风险的高级内部评级法也体现了监管资本与经济资本的契合之处。此外，经济资本可以超过监管资本的数额，如果出现不足，商业银行必须补齐差额，否则无法控制风险，并会引起股东的不满。

2.5.3 经济资本管理

通常说来，监管部门要求商业银行的资本与其承担的风险规模相匹配，因而用经济资本来度量风险的方法与监管机构对商业银行资本充足率的要求相吻合，同时满足了商业银行实际经营的需要。

经济资本管理是指以商业银行对经济资本的计量为基础，通过优化经济资本的配置来约束风险资产的增长，并在控制业务风险的同时提高资本的使用效率，使业务扩张规模、收益水平与商业银行的风险承担能力相匹配，最终实现自身价值最大化。经济资本管理主要包括经济资本的计量、经济资本的配置、涵盖经济资本成本的产品定价及以风险调整后资本收益率或经济增加值（economic value added，EVA）为核心的绩效考核等管理内容。

1. 经济资本的计量

如前所述，经济资本在数量上等于各类风险的非预期损失之和，是根据商业银行所承担的风险来计算的。商业银行面临的风险包括信用风险、操作风险、市场风险、流动性风险以及经营风险等，但在现实中主要计量的是信用风险、操作风险以及市场风险。

鉴于目前商业银行主要的风险损失来自信用风险，这里主要介绍用于信用风险经济资本计量的方法：

（1）系数法。系数法的内在假设是：授信资产对经济资本的占用是信用评级、期限等因素的函数。某项授信资产的经济资本是资产规模与对应的经济资本系数的乘积。不同类型授信资产对应的经济资本系数可以由历史数据测算产生。

例如，一笔授予某企业的500万元信用贷款，期限为3年，公司内部信用评级为AAA，对应的经济资本系数为2%，则这笔贷款的经济资本为10万元。

（2）资产波动法。资产价值的波动性可以衡量资产的风险大小，进而决定所需的资本数量。这种方法需要计算业务的风险暴露（EAD）、违约概率（PD）、违约损失率（LGD）等要素，然后得出经济资本需求，最终在考虑各资产之间的相关性后汇总得出商业银行整个资产组合的经济资本。

国际上管理水平领先的商业银行通常采用资产波动法，它对风险的考虑更为精细和全面，同时对操作水平和基础设施的要求较高，而我国的商业银行大多使用系数法，结合经营政策导向以及业务风险状况来设定经济资本系数。此外，经济资本的计量方法还有收入波动法、权重法等，有兴趣的学生可自行查阅相关资料。

操作风险的经济资本计量方法有基本指标法、标准法和高级计量法；市场风险的经济资本计量方法有标准法、内部模型法、结构蒙特卡罗法等，部分计量方法可以参考后面的相关内容。其余较为高级的方法在应用上尚不成熟，这里不再赘述。

2. 经济资本的配置

由经济资本的概念可知，商业银行的某项业务规模大小，依赖于该业务所能分配到的经济资本额。因为经济资本与非预期损失直接挂钩，而一项业务的非预期损失由其风险程度决定，比如一定数量的经济资本可以支持规模较大的低风险业务或者规模较小的高风险业务。不同的经济资本配置方式会影响商业银行的业务结构、业务增长速度和收入结构。在经济资本总额的约束下，商业银行要确定合理的风险组合来控制承担的风险总额，这就需要对经济资本进行有效配置。

经济资本配置是指商业银行将一定数量的经济资本按照一定的规则分配给各项业务，以高效利用有限的经济资本创造价值。这样就可以在保证安全经营、满足监管要求的前提下，尽可能地追求高回报；否则，低效的配置不仅会导致资本滥用，无法创造价值，而且会使商业银行遭受损失，影响经营的稳健性。

经济资本的配置方法大致有三种：自上而下法、自下而上法和双向调节法。自上而下法是指总行先确定经济资本总量，再按照业务品种、行业类别或分支机构等方式分别配置。这种方法可以确保商业银行在经营过程中把握分配结构，再配合自身的发展策略，做到有的放矢。自下而上法是由各单位先确定经济资本需求，再向总行汇总，最后形成配置方案。这种方法可以充分体现各单位、业务线的经济资本需求，适合市场环境，但也意味着总行管理决策的困难。在现实中，最常用的是双向调节法，也就是总行在确定经济资本总量的同时，各单位汇报经济资本需求，各方充分协调后确定最终的配置方案。

3. 产品定价

商业银行的资本具有稀缺性，股东也对其投入的资本要求回报，而资本作为损失的缓冲器又必须持有一定的规模，所以商业银行在对产品定价时往往要考虑资本成本，以满足资本的最低回报要求并尽可能创造经济价值，最终实现股东的期望。

4. 绩效考核

盈利性是商业银行经营的核心原则。以风险调整后资本收益率或经济增加值为主要考核指标，可以更真实地反映商业银行的利润，充分体现商业银行的价值理念和政策导向。我国商业银行通常设置具体的参数目标，计算方式如下：

$$\text{RAROC}=\frac{\text{收入}-\text{资金成本}-\text{经营成本}-\text{预期损失}-\text{税收}}{\text{经济资本}}=\frac{\text{风险调整后综合收益水平}}{\text{经济资本}}$$

$$\begin{aligned}\text{EVA}&=\text{收入}-\text{资金成本}-\text{经营成本}-\text{预期损失}-\text{税收}-\text{经济资本成本}\\&=(\text{RAROC}-\text{最低回报要求})\times\text{经济资本}\end{aligned}$$

EVA 是一个绝对数指标，考虑了业务规模的影响；RAROC 是一个相对数指标，可以衡量每单位风险业务所能带来的收益。只有当 RAROC 超过了投资者的资本最低回报要求，即 EVA 大于 0，此时商业银行才能成功创造价值。

经济资本管理的核心理念在于建立资本约束机制，控制风险资产的增长和总体风险，同时使经济资本与监管资本保持协调平衡，确保资本充足率水平达到监管要求。相比其他传统的资本管理模式，经济资本管理是内部的资本管理，它综合考虑了商业银行资本的稀缺性、风险与收益等因素，经济资本管理已逐渐成为现代商业银行经营管理的核心手段。

2.5.4 我国商业银行经济资本管理的现状

近年来，我国银行业的发展目标正在实现从片面追求数量到数量与质量并重、质量为先的转变，即从片面追求市场占有率到追求股东价值和持续竞争优势的转变。这突出表现为：我国商业银行已经基本确立了价值意识、资本约束意识、风险管理意识和品牌意识，银行发展改变了过去“无本经营”的局面，开始建立资本经营、资本与风险相匹配的管理理念，经济资本（EC）、经济增加值（EVA）和风险调整后资本回报（RAROC）理念等在我国银行业得到了普遍重视和应用，在资本配置、风险覆盖和激励考核等方面都发挥了日益重要的作用。

迄今为止，国内对经济资本管理的推进已有十余年，我国银行业的管理水平与技术随着监管环境的演变也得到了极大的发展，但整体来看，经济资本管理仍存在一些亟待改善和解决的问题。

首先，风险管理体系仍不够完善。商业银行面临来自各个方面的诸多风险。但实际上，许多商业银行对于风险的管理、对资本的计量和分配仍以信用风险为主，对操作风险和市场风险的重视有所欠缺。今时不同往日，我国商业银行的经营不断走向国际化，随着我国利率市场化改革的推进，我国商业银行将同时面对来自国内外更加复杂的挑战，因而我国商业银行的传统管理模式亟待更新。

其次，经济资本分配的准确性不足。目前，大多数大型国际商业银行采用的是 RAROC 指标来分配经济资本。相比之下，由于国内外的风险计量水平存在差距以及非预期损失样本数据不足，国内仍有许多商业银行并未采用 RAROC 指标，而是采用系数法。因为经济资本配置中的系数设置包含更多的主观因素，也不能具体反映某一项业务的风险，所以使得经济资本的配置不够准确。

从表 2-15 至表 2-17 可以看出，我国部分规模较大的商业银行对经济资本的配置主要集中在公司业务上，而相应的 RAROC 指标未必是最优的，有些个人业务和资金业务的回报率已经大幅超过了公司业务。在过去支持商业银行的资产和利润快速扩张的业务，出于风险的考量，需要占用较多的经济资本，而由于利率市场化的推进、商业银行面临的市场风险增加以及监管政策的约束，公司业务的回报恐怕难以维持以往的高水平。我国商业银行在经济资本的配置上同样需要摒弃传统的思维习惯，在积极拓展新型业务的同时，合理利用有限的资源。

表 2-15　2021 年国内商业银行各类业务的经济资本占比

银行	公司业务（百万元）	占比（%）	个人业务（百万元）	占比（%）	资金业务（百万元）	占比（%）	其他（百万元）	占比（%）	总和（百万元）
中国工商银行	2 471 492	80.4	444 936	14.5	137 495	4.5	18 713	0.6	3 072 636
中国农业银行	1 536 265	68.1	511 883	22.7	187 796	8.3	20 717	0.9	2 256 661
中国银行	1 467 531	65.3	534 059	23.8	158 226	7.0	86 517	3.9	2 246 333
中国建设银行	1 638 035	67.0	483 747	19.8	189 898	7.8	134 493	5.5	2 446 173
交通银行	659 520	70.9	267 586	28.8	3 633	0.4	126	0	930 865
中信银行	328 054	58.6	223 008	39.8	8 822	1.6	265	0.1	560 149
光大银行	165 517	38.5	220 679	51.4	43 397	10.1	0	0	429 594
江苏银行	25 958	54.0	12 007	25.0	10 088	21.0	0	0	48 055
宁波银行	48 879	35.5	72 700	52.8	16 067	11.7	0	0	137 646

注：表中数据因四舍五入，略有出入。

表 2-16　2021 年国内商业银行的 RAROC 测算数据

银行	公司业务	个人业务	资金业务	其他
中国工商银行	0.016	0.331	0.083	3.727
中国农业银行	0.013	0.221	0.199	0.421
中国银行	0.009	0.159	0.382	0.090
中国建设银行	0.029	0.408	0.161	0.113
交通银行	0.019	0.125	4.460	4.824
中信银行	0.028	0.050	1.858	−5.379
光大银行	0.075	0.004	0.476	0
江苏银行	0.565	0.533	0.303	0
宁波银行	0.083	0.032	0.286	0

表 2-17　2021 年国内部分商业银行的 EVA 测算数据　　单位：百万元

银行	公司业务	个人业务	资金业务	其他	总和
中国工商银行	38 469	147 335	11 366	69 743	253 999
中国农业银行	19 227	113 244	37 417	8 715	153 066
中国银行	12 635	84 749	60 419	7 744	165 547
中国建设银行	47 326	197 286	30 496	15 199	290 306
交通银行	12 719	33 339	16 202	609	62 869
中信银行	9 041	11 050	16 394	−1 425	35 060
光大银行	12 383	880	20 652	108	34 024
江苏银行	14 655	6 404	3 059	269	24 388
宁波银行	4 033	2 358	4 601	277	11 269

注：

经济资本（EC）＝信用风险的 EC＋操作风险的 EC＋市场风险的 EC－重叠损失的 EC

＝非预期损失（UL）＝一定置信区间内的最大损失－预期损失（EL）

由于我国商业银行大多拥有强大的股东背景和政府隐性担保，可以认为置信区间大、置信度很高，因此

一定置信区间内的最大损失＝监管资本（RC）

预期损失（EL）＝业务的资产减值损失

进而，有

经济资本（EC）＝监管资本（RC）－各业务的资产减值损失之和

各业务资产减值损失数据来自银行 2021 年年报，监管资本为银行 2021 年年报中的股东权益，而

业务单元的经济资本＝经济资本总量×业务单元资产减值损失/资产减值损失总额

根据 Stoughton and Zechner（2004），经济增加值 EVA 和 RAROC 存在如下关系：

$$EVA = RAROC \times EC$$

其中，

$$\text{经济增加值(EVA)} = \text{税后净营业利润} - \text{经济资本成本}$$

因此，有

$$RAROC = \frac{\text{经济增加值}}{\text{经济资本}} = \frac{\text{税后净营业利润} - \text{经济资本成本}}{\text{经济资本}}$$

$$\text{经济资本成本} = \text{股东回报率} \times \text{该项业务的经济资本占用}$$

根据 CAPM 模型可得出股权收益率。其中，银行间质押式回购加权利率（7 日）1.97%可作为无风险收益率，β 值取自 Wind 数据库。由于我国股市的波动较大以及受疫情影响，再参考历史数据和金融机构的估计，得出我国的市场收益率估计值为 4.8%。

总之，中国银保监会鼓励商业银行建立经济资本计量体系并用于内部资本充足评估，我国商业银行应当积极建设更为先进的基础设施，利用大数据时代的便捷性，充分积累和运用数据，提升风险管理水平，追求过程精细化、决策科学化，为未来的生存发展奠定坚实的基础。

复习思考题

1. 商业银行资本对商业银行的经营有什么意义？
2. 《巴塞尔协议》对商业银行资本的构成是怎样规定的？
3. 怎样理解资本充足？资本充足是否意味着商业银行正在稳健经营？
4. 商业银行资本的需要量与哪些因素相关？怎样测定最佳的资本规模？
5. 《巴塞尔协议Ⅱ》的主要精神是什么？
6. 《巴塞尔协议Ⅲ》相对于《巴塞尔协议Ⅱ》的主要变化是什么？
7. 商业银行资本筹集的主要渠道有哪些？
8. 我国商业银行在资本管理中存在哪些问题？应该如何解决？
9. 我国商业银行的经济资本管理存在哪些问题？如何优化经济资本管理？
10. 怎样理解账面资本、监管资本与经济资本的关系？

第3章

商业银行负债管理

【导言】

商业银行负债管理的目的主要有两个：一是维持商业银行资产的增长率；二是保持商业银行的流动性。商业银行在管理负债时，也要考虑两个关键问题：一是如何才能以最低的成本筹集资金；二是商业银行需要确保有足够的负债来支持其贷款的发放和其他经营活动。现在，银行业受到来自非银行金融机构的严峻挑战，这些非银行金融机构在向社会公众提供与银行业相似甚至更新的服务，因而对资金来源的竞争变得愈发激烈。因此，做好商业银行的负债管理变得更加重要。

【学习目标】

1. 了解存款账户的类型，包括存款的种类和构成以及我国商业银行存款分类的口径。
2. 掌握存款服务的定价方法，包括成本加利润定价法和边际成本定价法。
3. 了解商业银行非存款性的资金来源以及不同融资工具的特点。
4. 掌握度量商业银行资金缺口和计算商业银行负债成本的方法。
5. 了解我国商业银行的负债结构以及变化趋势。

【核心概念】

交易账户	储蓄存款	核心存款	定期存款
成本加利润定价	负债管理	负债成本	

商业银行开始注重对资金来源的管理是在20世纪70年代以后。在此之前，商业银行关注的重点是资产的运作。在70年代以后，随着金融业的竞争日益加剧和金融创新产品的不断出现，迫使商业银行不得不考虑如何面对由金融业同质化所带来的存款减少和银行业地位的下降。对商业银行而言，充足和稳定的资金来源是保证商业银行生存与发展的关键，但不同的资金来源有不同的风险，相应的筹资成本也不同，因而它们对商

业银行经营业绩的最终影响也就不同。商业银行的负债管理就是要以最低的风险、最小的成本获取最大的资金保障。

3.1 存款的种类和构成

从商业银行负债的组成来看，其经历了单纯依靠存款到负债多元化的发展过程。即使是存款，商业银行也在不断开发新的服务种类，以满足客户的需求并稳定商业银行的资金来源。

3.1.1 存款的种类

以西方国家的商业银行为例，存款服务的种类如下。

1. 交易账户

交易账户是私人和企业为了交易目的而开立的支票账户，客户可以通过支票、汇票、电话转账、ATM等提款或对第三者支付款项。交易账户包括活期存款账户、可转让支付命令账户、货币市场存款账户、自动转账服务账户等种类。

(1) 活期存款账户。活期存款是指客户无须预先通知即可随时提取或支付的存款，又称支票存款。这种存款在传统上只能由商业银行经营，是商业银行创造存款货币的基础，但目前在西方国家，储蓄银行和其他金融机构也能经营活期存款业务。由于活期存款存取自由、便于结算，客户还有可能以此获得银行贷款（如透支），因此政府机关、公司（企业）、家庭以及个人都乐于在商业银行开立活期存款户头，通过活期存款而流通的支票占了货币流通量的主要部分。活期存款传统上是不付息的，有的甚至还要收取一定的手续费，因为活期存款是商业银行资金来源中最具波动性和最不可预测的部分，客户可以不事先通知商业银行而将其取走。正因为活期存款不付息，因而商业银行在争取活期存款方面存在着竞争。由于现在保留活期存款账户的主要是经营性机构，商业银行可以通过加快结算速度、降低结算过程的交易费用来提高自身盈利，也可以通过向开户企业提供贷款承诺等方式争取更多的存款。

(2) 可转让支付命令账户（NOWs）。可转让支付命令是一种对个人、非营利机构开立的，计算利息的支票账户，又称付息的活期存款。它起源于1970年，是由美国马萨诸塞州的一家互助储蓄银行创造的，并很快得到推广。可转让支付命令账户的特点是：①转账或付款不是使用一般的支票，而是使用支付命令，这种支付命令在票面上没有支票字样，但实质上与支票无异，可以用来提款，经背书也可以转让；②可以按其平均余额支付利息。在没有这种账户时，为了获得利息，客户要把存款存入储蓄账户；为了能开支票付款，客户又要开立一个活期账户。现在合二为一，给客户带来了很大的方便，商业银行也省去了很多手续。

(3) 货币市场存款账户（MMDA）。货币市场存款账户同样起源于美国，其产生的背景是：在商业银行活期存款不付利息、有关利率上限规定的“Q条例”尚未取消的情况下，商业银行存款的吸引力受到考验。美国货币市场基金会于20世纪70年代末开办了货币市场存款这种新型的活期存款，其性质介于储蓄存款和活期存款之间，开户时的最低金额为2 500美元，平均余额（每月、每旬或每周的平均余额都由各商业银行自定）不低于2 500美元；对存款的最高数额无限制，若余额低于2 500美元，则改按储蓄存款计息，其利率每周按货币市场利率调整，每天复利，于月底打入该账户；对存款不规定最短期限，但商业银行规定客户提取存款应在7天前通知商业银行；客户使用该账户进行收付，每月不得超过6次，其中用支票付款不得超过3次；客户对象不限，个人、非营利机构、工商企业都可开户。

（4）自动转账服务账户（ATS）。这类账户在1978年以后开始出现，是由早期的电话转账制度演变而来的。其主要内容是：客户同时在商业银行开立储蓄账户和活期存款账户，活期存款账户的余额始终保持1美元，其余存款存入储蓄账户，并可取得利息收入。当需要签发支票时，客户可用电话通知开户行。该账户与可转让支付命令账户类似，都属于转账账户，商业银行需要交纳存款准备金，对于商业银行提供的转账服务，客户要支付一定的服务费。

2. 非交易账户（储蓄账户）

（1）储蓄存款账户。储蓄存款账户一般是个人为积蓄货币和取得利息收入而开立的存款账户。储蓄存款不使用支票，而是用存折或存单，手续比较简单。储蓄存款有活期储蓄存款和定期储蓄存款两种。活期储蓄存款无一定期限，只凭存折便可提现。存折一般不能转让流通，客户不能透支款项。定期储蓄存款类似于定期存款，必须先约定期限，但定期储蓄存款的利率较高。

（2）定期存款账户。定期存款是相对于活期存款而言的，是一种由客户预先约定存储期限的存款。定期存款的期限一般为3个月、6个月和1年不等，但也有1年以上的，如3年、5年甚至更长期限。定期存款的利率随期限长短而高低不等，但总是高于活期存款利率。定期存款的存期固定，而且期限较长，从而为商业银行提供了稳定的资金来源，对商业银行的长期放款和投资具有重要意义。定期存款要凭商业银行所签发的定期存单来提取，一般要到期才能提取存款，商业银行根据到期存单计算应付本息。定期存单是客户到期提取存款的凭证，是存款所有权及获取利息的证明，它不能像支票一样转让流通，但可以作为动产抵押品取得贷款。1965年2月，纽约花旗银行首先开始发行大额可转让定期存单，它是作为逃避政府最高利率限制与存款准备金规定的一种手段。定期存单的面额通常为10万美元以上，而在二级市场上，定期存单的面额至少要100万美元。定期存单的期限应在7天以上。它一般按面额发行，并载明息票利率，定期存单的利率根据实际天数计算。对客户来说，定期存单可获得高利息收入，而且可以在货币市场上出售，还可以加强客户与商业银行的业务联系。目前，大额可转让定期存单已成为公司、养老金协会、政府机构以及个人的主要投资对象。

3.1.2 存款的构成

1. 存款的稳定性

商业银行在争取存款时，通常喜欢稳定性强的存款，即核心存款。核心存款是指对市场利率变动和外部经济因素变化反应不敏感的存款。一般来说，商业银行的交易存款账户和不流通的定期存款账户属于核心存款类账户，扩大核心存款的比重会降低商业银行经营的市场风险。与核心存款相对应的是易变性存款，它是指那些对市场利率变动和外部经济因素变化敏感的存款。商业银行易变性存款的增加会扩大商业银行的市场风险。因此，在核心存款与易变性存款之间，商业银行应扩大核心存款的比例。

2. 存款的利率

商业银行对每一种不同的存款都会支付不同的利率。存款的利率首先与存款的期限有关——存款的期限越长，利率越高。比如由于客户随时可提取活期存款，因此活期存款利率是最低的，而商业银行对期限较长的定期存单会支付较高的利率。

存款利率还与商业银行的经营实力有关。在存款竞争中，由于大商业银行的规模大，因而其相对综合经营成本要低于小商业银行，同时存款的安全性也高，因此可以支付低于小商业银行的存款利率。自20世纪90年代以来，国际银行业的并购浪潮证明了商业银行的规模对降低经营成本的重要性。

存款利率还取决于商业银行的经营目标。当商业银行实行扩张性经营战略时，为扩大存款市场的份额，它们通常以高利率来吸引客户。特别是新成立的商业银行，它们争夺客户的办法之一便是制定较高的存款利率。

毫无疑问，商业银行支付的存款利率与商业银行对存款的需求有时是相互矛盾的。一方面，从商业银行对存款的需求看，存款历来是维持商业银行经营的核心，存款规模的大小反映了商业银行资金实力是否雄厚，各商业银行之间的竞争从某种意义上说就是对存款的竞争。另一方面，存款又构成商业银行经营成本的主要部分，降低存款成本对商业银行具有同样重要的意义。若以高利率的方式吸引存款，虽然此举会使商业银行的存款规模增加，但经营成本的增加可能导致商业银行无法盈利。因此，商业银行就要权衡存款需要量与存款利率之间的关系。

3.1.3 我国商业银行存款分类的口径

根据中国人民银行于2016年发布的《存款统计分类及编码》，我国商业银行的存款有19种不同的分类，其中比较常见的分类方法包括以下6种：

（1）按存款利率类型分类。根据存款合同中交易双方明确约定的在存款业务持续期间利率是否固定，存款分为固定利率存款和浮动利率存款。浮动利率存款是在指定日期或根据某些参考利率的变动可以一次或多次变更利率的存款。

（2）按计息方式分类。存款的计息方式分为积数计息法和逐笔计息法。

积数计息法按实际天数每日累计账户余额，以累计计息积数乘以日利率计算利息。其计息公式为：

$$利息=累计计息积数\times日利率$$

式中，累计计息积数为每日余额合计数。

逐笔计息法是按照预先确定的计息公式逐笔计算利息，其计息公式分为以下几种情况。

计息期为整年（月）的存款，其计息公式为：

$$利息=本金\times年(月)数\times年(月)利率$$

计息期有整年（月）又有零头天数的存款，其计息公式为

利息＝本金×年(月)数×年(月)利率＋本金×零头天数×日利率

与此同时，商业银行可选择将计息期全部化为实际天数计算利息，即每年为 365 天（闰年为 366 天），每月为当月公历实际天数，其计息公式为：

利息＝本金×实际天数×日利率

（3）按结息方式分类。存款按结息方式分为利息在存款到期日支付的到期结息存款、利息在某一固定期限后支付的固定期限结息存款以及其他结息方式存款。

（4）按存款合同期限分类。存款合同按期限主要分为未定期限存款（没有确定到期日的存款）、一天存款、七天存款、一个月存款、三个月存款、半年存款、一年存款、两年存款、三年存款、五年存款以及存款双方协商一致的其他期限存款。

（5）按存款账户类型分类。存款按账户类型主要分为个人结算账户存款、个人储蓄账户存款、基本存款账户存款、一般存款账户存款、专用存款账户存款、临时存款账户存款、外币资本项下账户存款、外币经常项下账户存款八种类型。其中，专用存款账户是对特定用途资金进行专项管理和使用而开立的账户，其下设立了基本建设资金账户，更新改造资金账户，财政预算外资金账户，粮、棉、油收购资金账户，证券交易结算资金账户，期货交易保证金账户，信托基金账户，金融机构存放同业资金账户，政策性房地产开发资金账户，单位银行卡备用金账户，住房基金账户，社会保障基金账户，收入汇缴资金和业务支出资金账户，党、团、工会设在单位的组织机构经费账户，以及其他需要专项管理和使用的资金账户。

（6）按存款产品类别分类。根据归属于存款工具金融合约的契约特性，存款产品分为以下 15 种类型，见表 3－1。

表 3－1　存款的类型

序号	名称	含义
1	普通存款	指存款人在金融机构开立账户存入资金或货币，由金融机构出具存款凭证，办理具有一定期限、利率并按期给付利息的存款。此外，根据存款人是单位或个人分为单位活期存款、单位定期存款和活期储蓄存款、定期储蓄存款。
2	定活两便存款	指个人存款人在金融机构开立账户存入资金或货币，由金融机构出具存款凭证，办理不约定存期、本金一次性存入，在支取时一次性支付全部本金和税后利息，具有定期和活期双重性质的一种存款。
3	通知存款	指存款人在金融机构开立账户存入资金或货币，由金融机构出具存款凭证，办理不约定存期，在支取时需要提前一定时间通知金融机构，以便约定支取日期和金额的存款。
4	协议存款	指由金融机构根据中国人民银行相关规定对存款人开办的存款，存款利率由双方协商确定。
5	协定存款	指存款人通过与金融机构签订合同约定合同期限、确定结算账户需要保留的基本存款额度，对基本存款额度按结息日中国人民银行规定的活期存款利率计息，对超过基本存款额度的存款按中国人民银行规定的协定存款利率或合同约定的利率计息的存款。

续表

序号	名称	含义
6	保证金存款	金融机构为客户提供具有结算功能的信用工具、资金融通以及承担第三方担保责任等业务时，按照约定要求客户存入的用作资金保证的存款。
7	应解汇款及临时存款	指金融机构因办理支付或结算而形成的一种临时性资金存款，包括应解汇款、临时存款、汇出汇款、汇入汇款。
8	结构性存款	指金融机构吸收的嵌入金融衍生工具的存款，通过与利率、汇率、指数等的波动挂钩或与某实体的信用情况挂钩，使存款人在承担一定风险的基础上获得更高收益的业务产品。
9	信用卡存款	存款人存入贷记卡或准贷记卡账户内的存款。
10	财政性存款	财政部门存放在金融机构的财政资金。
11	第三方存管存款	由金融机构作为独立第三方保管证券公司的交易结算资金。
12	准备金存款	中国人民银行按规定吸收的法定存款准备金及超额存款准备金。
13	存放	为了支付清算的需要，某金融机构在其他金融机构开立账户存入资金或货币所形成的金融机构之间的债权与债务关系。
14	特种存款	中国人民银行根据金融宏观调控的需要，向金融机构吸收的特定存款。
15	其他存款	指不在以上核算范围内的存款。

此外，存款还可以根据资产负债类型、国民经济部门、币种、地区、行业、企业出资人经济成分、存款剩余期限、存款利率重新定价期限、计息期限、存款状态、存款经营类型、缴存存款准备金方式等标准进行分类，在此不再赘述。

3.2 存款的定价

在一个完全竞争的市场上，如果商业银行要吸收存款，必须向客户支付由市场确定的价格。商业银行支付比市场价格低的价格，就会失去存款，而通过提高利息成本加强市场竞争力，又会降低商业银行使用存款的预期收益。因此，商业银行必须在增长与盈利之间做出选择。

3.2.1 存款定价与商业银行的经营目标

商业银行的经营目标是追求盈利的增长。商业银行利用存款定价可以稳定客户，保证存款规模的增加。但是，存款定价的变化不仅影响商业银行的存贷利差，而且会影响客户对存款余额和存款组合的决定，进而影响到商业银行的利润。因此，存款定价要保护商业银行的盈利能力，而不能单纯地追求扩大市场份额，靠不合理的存款定价吸引存款，进而导致商业银行的利润下降。

商业银行的存款定价与经营目标的关系见图3-1。

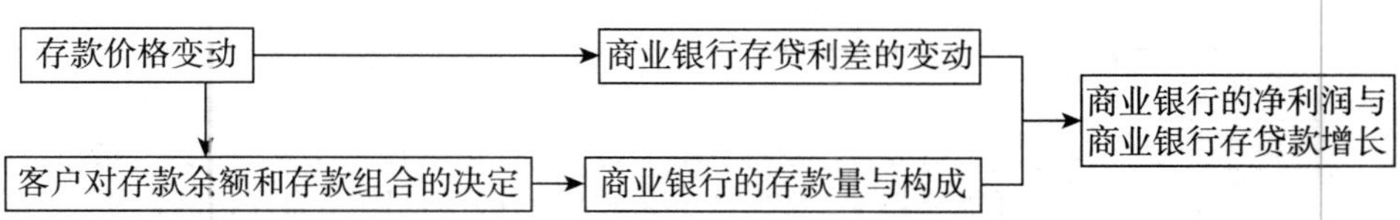

图 3-1　商业银行的存款定价与经营目标的关系

3.2.2　存款的成本加利润定价法

为了吸收存款，商业银行要向客户提供更多的服务，使客户的收益增加，这就是商业银行提供存款服务的成本。这意味着存款服务必须有适当的定价，以弥补商业银行提供这种服务产生的成本。因此，存款定价可以以成本加利润的方式决定，即

$$\begin{matrix}\text{每单位存款}\\ \text{服务的价格}\end{matrix}=\begin{matrix}\text{每单位存款}\\ \text{服务的经营支出}\end{matrix}+\begin{matrix}\text{分配到银行}\\ \text{存款的总支出}\end{matrix}+\begin{matrix}\text{售出每单位}\\ \text{存款的计划利润}\end{matrix}$$

成本加利润定价法要求精确地计算每种存款服务的成本。一种普遍的方法是以商业银行的资金成本为基础制定价格，它要求商业银行计算：

（1）每种资金来源的成本比率。

（2）每一成本比率乘以每种资金来源占商业银行资金的相对比重。

（3）加总各项乘积，得出商业银行资金的加权平均成本。

例如，某商业银行需要筹资 500 万元，包括 200 万元的活期存款、200 万元的定期与储蓄存款、50 万元的货币市场借款和 50 万元的股权资本。活期存款的利息和非利息成本为存款的 8%，储蓄和货币市场借款的总成本为 10%，股权资本的筹资成本为 20%。假如储备要求等减少商业银行可使用资金的数额为活期存款的 15%、储蓄存款的 5%、市场借款的 2%，那么该商业银行的加权平均税前资金成本为：

$$\begin{aligned}&\frac{\text{活期存款}}{\text{总筹集资金}}\times\frac{\text{利息与非利息成本}}{100\%-\text{储备要求等减少生息资产的程度}}\\&+\frac{\text{定期与储蓄存款}}{\text{总筹集资金}}\times\frac{\text{利息与非利息成本}}{100\%-\text{储备要求等减少生息资产的程度}}\\&+\frac{\text{货币市场借款}}{\text{总筹集资金}}\times\frac{\text{利息与非利息成本}}{100\%-\text{储备要求等减少生息资产的程度}}\\&+\frac{\text{股权资本}}{\text{总筹集资金}}\times\frac{\text{利息与非利息成本}}{100\%-\text{储备要求等减少生息资产的程度}}\\&=\frac{200}{500}\times\frac{8\%}{1-15\%}+\frac{200}{500}\times\frac{10\%}{1-5\%}+\frac{50}{500}\times\frac{10\%}{1-2\%}+\frac{50}{500}\times\frac{20\%}{100\%}\\&=11\%\end{aligned}$$

商业银行的管理者必须确保他们能够得到的贷款与其他盈利资产组合的税前收益率至少不低于 11%。如果商业银行的收益率能高于 11%，商业银行还可以增加股东红利或增加利润留成。

成本加利润定价法有利于商业银行的管理者计算商业银行的筹资成本或存款价格变化

的影响。商业银行的管理者可以通过改变存款的一些项目（如利率等）来计算它们对资金成本的影响。

3.2.3 存款的边际成本定价法

存款的边际成本定价从某种意义上说可能要优于加权平均成本定价，因为在浮动利率制度下，利率的不断变化使平均成本的定价标准有些不切实际。如果利率下降，筹集新资金的边际成本低于平均成本，某些贷款和投资根据平均成本看起来是不盈利的，但以更低的边际成本计算则是相当盈利的。相反，如果利率上升，筹集新资金的边际成本大于平均成本，那么按照平均成本看应提供贷款，但按更高的边际成本看，则可能是完全不盈利的。

例如，某商业银行通过7%的存款利率吸引了25万元的新存款。该商业银行估计，如果提供7.5%的利率可筹集存款50万元；提供8%的利率可筹集存款75万元；提供8.5%的利率可筹集存款100万元；提供9%的利率可筹集存款125万元。如果该商业银行投资资产的收益率为10%，由于贷款利率不随贷款量的增加而增加，因此贷款利率就是贷款的边际收益率。当存款为多少时，商业银行可获得最大的利润？

这里需要把握两个关键因素，即边际成本与边际成本率，后者由流入商业银行的资金增量的百分比计算。在知道了边际成本率后，商业银行就可以计算投资新存款的边际收益，其计算公式如下：

$$\text{边际成本(MC)}=\text{总成本的变动}$$
$$=\text{新利率}\times\text{以新利率筹集的总资金}-\text{旧利率}\times\text{以旧利率筹集的总资金}$$

$$\text{边际成本率}=\frac{\text{总成本变动额}}{\text{筹集的新增资金额}}$$

表3-2是计算结果。

表3-2 利用边际成本选择存款利率

存款利率（%）	存款量（万元）	边际成本（万元）	边际成本率（%）	边际收益率（%）	利润＝TR－TC（万元）
7.0	25				
7.5	50	2	8	10	5－3.75＝1.25
8.0	75	2.25	9	10	7.5－6＝1.5
8.5	100	2.5	10	10	10－8.5＝1.5
9.0	125	2.75	11	10	12.5－11.25＝1.25

注：

总收益（TR)＝存款量×边际收益率

总成本（TC)＝存款量×存款利率

从表3-2可以看出，当边际收益率大于边际成本率时，商业银行可以不断增加其利润，直到存款利率达到8.5%。此时，商业银行以10%的边际成本率筹集资金100万元，边际成本率等于其边际收益率10%，总利润达到1.5万元。但是，若存款利率超过这一点，比如存款利率为9%，边际成本率为11%，则商业银行的总利润降到1.25万元。因此，利率8.5%是商业银行存款利率的最好选择，通过8.5%的存款利率吸收资金，再以10%的贷款利率贷出，商业银行可得到最大利润。边际成本定价法不仅告诉商业银行其存款基础应扩大到什么程度，而且告诉商业银行，当商业银行的利润开始下降时，商业银行必须以更低的边际成本筹集资金，或寻找边际收益更大的新投资。

3.2.4 存款的其他定价方法

成本加利润定价法和边际成本定价法为商业银行的管理者提供了两种较为准确的定价方法。实际上，商业银行的管理者还可以利用一些更简便的辅助存款定价方法。

1. 为不同的客户制定不同的价格

自20世纪70年代以来，银行业针对存款的竞争不断加剧，商业银行为了吸引客户，通常按照客户存款的平均余额以及客户对其存款运用的情况安排不同的价格。也就是说，商业银行为客户规定了一个存款的平均余额最低限，只要客户的存款余额保持在最低限以上，客户使用存款就只需支付很低的费用或者不付费，但如果客户存款的平均余额降到规定的最低限以下时，客户就要支付较高的费用。

这种存款定价制度实际上是鼓励大额客户和存款使用频率低的客户，也为客户自由选择存款组合提供了参考。

2. 根据客户与商业银行的关系定价

现在，商业银行为客户提供的存款服务种类日益增多，客户可以根据自己的需要选择所需的服务，因此可能会在多家商业银行设立存款账户。一家商业银行为了吸引客户购买其多项存款服务，就要在存款定价上给予一定的优惠。商业银行会对那些购买其两项以上服务的客户在提供服务时收取较低的费用甚至免费提供服务，这一方面增强了客户对该商业银行的依赖，另一方面提高了商业银行存款的稳定性。

3.3 非存款性的资金来源

虽然存款构成了商业银行主要的资金来源，但存款仍有可能无法满足商业银行进行贷款和投资的需求，此时，商业银行就需要寻求存款以外的其他资金来源。

3.3.1 同业拆借

同业拆借是商业银行获取短期资金的简便方法。通常说来，同业拆借要在会员商业银行之间通过银行间资金拆借系统完成。

商业银行在日常的经营中有时会有临时的资金闲置，有时又会发生临时的资金不足，同业拆借市场恰好满足了资金供求双方的需要：临时发生流动性不足的商业银行可以通过同业拆借市场获取资金，而临时有资金闲置的商业银行可以通过同业拆借市场使资金得以运用。在西方国家，由于中央银行对商业银行的存款准备金不支付利息，同时商业银行对一部分活期存款也不支付利息，这就促使商业银行将闲置的资金头寸投放到同业拆借市场以获取盈利。我国中央银行对商业银行的存款准备金支付存款利息，商业银行对各种存款也支付相应的利息，因此银行间同业拆借的主要目的是补充存款准备金的不足和保持商业银行的流动性。只有当拆借资金的投资所得高于中央银行的存款准备金利率时，商业银行将拆借资金用于投资才是合算的。

银行间同业拆借的程序如下：

（1）资金拆借双方都在中央银行开有准备金账户，当资金拆借发生时，双方的账户会发生以下变化：

拆出行的资产负债表（单位：亿元）

资产	负债和权益
资金拆出　+100	
准备金　　−100	

拆入行的资产负债表（单位：亿元）

资产	负债和权益
准备金　+100	资金拆入　+100

如果商业银行发生同业拆借不是为了补足存款准备金头寸，而是为了贷款和投资，则拆入资金的银行账户随后会有如下变化：

拆入行的资产负债表（单位：亿元）

资产	负债和权益
准备金　　　−100	
贷款或投资　+100	

（2）当拆借资金到期时，拆借双方的账户如下：

拆出行的资产负债表（单位：亿元）

资产	负债和权益
准备金　　+100	
资金拆出　−100	

拆入行的资产负债表（单位：亿元）

资产	负债和权益
准备金　−100	资金拆入　−100

同业拆借的利率一般是由拆出行和拆入行共同协商确定的。我国的同业拆借利率已实现了市场化，基本体现了市场对资金的供求关系。参与银行间同业拆借的金融机构也由原来的若干家商业银行扩展到有非银行金融机构参与的较大范围。近年来，保险公司也成为同业拆借市场的一员。

在同业拆借市场上，主要的拆借方式有隔夜拆借和定期拆借两种。前者是指拆借资金必须在次日偿还，一般不需要抵押。后者是指拆借时间较长，可以是几日、几个星期或几个月，一般有书面协议。

我国对银行间同业拆借的资金用途有着严格的规定，拆入的资金只能用于解决调度头寸过程中的临时资金困难，而不能把拆借资金用于弥补信贷缺口且长期占用，更不能把拆借资金用于固定资产投资。

3.3.2 从中央银行的贴现借款

商业银行为了满足资金需求，还可以从中央银行取得贴现借款。此时，商业银行需要持中央银行规定的票据向中央银行申请抵押贷款。商业银行获得贴现借款的利率由中央银行规定，而这一利率恰是中央银行调节商业银行存款准备金最重要的利率之一。如果中央银行调高它的贴现率，则意味着中央银行将实施紧缩的货币政策；相反，贴现率的降低则意味着货币政策的放松。因此，中央银行通过调节贴现率，可以起到紧缩或放松银根的作用。

我国商业银行从中央银行申请贴现资金有一部分是通过票据贴现完成的，有一部分则以再贷款方式取得，即信用贷款。

3.3.3 证券回购

近年来，商业银行持有的政府短期债券的规模越来越大，作为流动性强、安全性高的优质资产，商业银行可以用签订回购协议的方式融资。回购协议的一方暂时出售这些资产，同时约定在未来的某一日以协商的价格购回这些资产。回购协议既可以是隔夜回购，又可以是较长时期后的回购。商业银行在进行证券回购时的操作流程如下：

（1）商业银行出售债券，商业银行和债券购买者的账户表现为：

商业银行（单位：亿元）

资产		负债和权益
政府债券	－100	
准备金	＋100	

债券购买者（单位：亿元）

资产		负债和权益
政府债券	＋100	
准备金	－100	

（2）商业银行购回债券，商业银行和债券购买者的账户表现为：

商业银行（单位：亿元）

资产		负债和权益
政府债券	＋100	
准备金	－100	

债券购买者（单位：亿元）

资产		负债和权益
政府债券	－100	
准备金	＋100	

利用回购协议进行资金融通，不仅可以使商业银行充分利用这些优质资产，而且回购协议利率较低，如果商业银行以此融资用于收益较高的投资，则会带来更高的盈利。但是，回购协议也不是绝对安全的，有时也会发生违约风险。

3.3.4 国际金融市场融资

商业银行利用国际金融市场也可以获取所需的资金，最典型的是欧洲货币市场。当商业银行所接受的存款货币不是母国货币时，该存款就被称为欧洲货币存款，它最早起源于欧洲。目前，欧洲货币市场已经突破欧洲的范围而遍及世界各地。商业银行从国际金融市场融资既可以通过专门的机构进行，又可以通过自己的海外分支机构完成。

国际金融市场上的融资利率有固定的，也有浮动的。近年来，浮动利率得到了广泛应用，特别是中长期融资参考的是伦敦银行间同业拆借利率。在国际金融市场中融资既可以采取直接借贷的方式，又可以采取出售存单的方式，这些存单一般是可以流通转让的。当国际金融市场的融资成本低于国内市场时，可以在国际金融市场上借入资金贷放到利率较高的国内市场；相反，当国内市场的筹资成本低于国际金融市场时，可以在国内市场借入资金贷放到国际金融市场，以此获利。

3.3.5 发行中长期债券

发行中长期债券是指商业银行以发行人的身份，通过承担债券利息的方式，直接向货币所有者举借债务的融资方式。商业银行发行中长期债券所承担的利息成本较其他融资方式要高，好处是能保证商业银行资金的稳定。但是，资金成本的提高又促使商业银行不得不去经营风险较高的资产业务，这从总体上增大了商业银行的经营风险。

对于商业银行发行中长期债券，各国都有自己的法规限制。一般来说，西方国家比较鼓励商业银行发行长期债券，特别是资本性债券，而我国对此有非常严格的限制。商业银行通过发行中长期债券获得融资的比例很低。

3.3.6 非存款性资金规模的确定

由于商业银行的资金来源可以分为存款性资金来源和非存款性资金来源，因此非存款性资金规模的确定实际上就取决于存款性资金能否满足商业银行的贷款和投资需求，其差额为非存款性资金，可以用资金缺口来衡量：

$$\text{商业银行的资金缺口} = \text{当前和预计未来的贷款与投资需求} - \text{当前和预计的存款量}$$

如果某商业银行当前和预计未来的贷款与投资需求为 2 亿元，而当前和预计的存款量只有 1.5 亿元，那么这家商业银行的资金缺口为 5 000 万元。因此，该商业银行必须寻求存款以外的非存款性资金来源，用以补足这 5 000 万元的资金缺口。为了防止意外的和突然的资金需求，该商业银行还要留出一定的资金使用余地。

由此可见，商业银行的非存款性资金规模取决于存款量以及投资与贷款需求量之间的对比关系。尽管如此，商业银行在筹集非存款性资金时，仍要考虑许多问题，如非存款性资金的成本、它们的风险程度、政府的法规限制等。在进行了综合权衡后，才能做出对非存款性资金具体来源结构的确定。从成本角度看，中央银行的贴现借款成本较低，而发行中长期金融债券的成本较高；从风险角度来看，采用固定利率的融资方式面临的利率风险较大，而采用浮动利率的融资方式面临的利率风险较小。

3.4 商业银行负债成本的管理

负债的成本对于商业银行的管理者来说是至关重要的，它一方面关系到商业银行的整体盈利，另一方面也关系到商业银行在激烈的负债竞争中能否取胜。

对于商业银行的管理者来说，懂得如何计算和分析商业银行营运资金的成本是至关重要的。如果成本核算准确，商业银行就可以对各种可供选择的资金价格进行比较，从而确定合理的资产价格，以弥补资金成本以及向股东支付报酬。

3.4.1 成本的概念

商业银行在进行负债成本管理时，经常使用的成本概念主要有利息成本、营业成本、资金成本和可用资金成本等。

1. 利息成本

这是商业银行以货币的形式直接支付给存款者或债券持有人、信贷中介的报酬，利息成本的高低依期限的不同而不同。利息成本的计息方式有两种：一是以不变利率计息；二是按可变利率计息。前者是指在负债发生时就规定好利率，以后不再调整。利息额按负债余额乘以既定的利率而得。可变利率计息是指在负债发生时不规定具体的利率，而是确定一个基点，比如以市场上不断变化的某种利率（如国库券利率）为基点，加上某一具体数额（如0.5%或1%）作为该项负债的利率。由于市场利率波动频繁，若以固定利率计息，在市场利率下降时，商业银行的负债成本过高，将会遭受损失，在市场利率上升时，商业银行则会受益。或者说，利率波动会给商业银行的负债带来风险。以可变利率计息的负债虽然能降低商业银行负债的利率风险，但又给商业银行的成本预测和管理带来了困难。

2. 营业成本

这是指花费在吸收负债上的除利息之外的一切开支，包括广告宣传费用、职员的工资和薪金、设备折旧应摊提额、办公费用及其他为存款客户提供服务所需的开支等。在这些成本中，有些成本有具体的受益者，如为存款提供的转账结算、代收代付以及利用计算机的自动化服务等所需的开支，它实际代表商业银行为了吸纳存款性负债而支付的除利息之外的报酬；有些成本没有具体的受益者，如广告宣传费用等。近年来，西方商业银行在巨大的竞争压力下，越来越重视利息之外或非利息的报酬形式——服务，因此尽可能地将服务成本和利息成本区分开来，以便更加灵活地开展竞争。服务成本因负债的种类或形式的不同而有很大区别。活期存款支付的利息少，但这种存款的服务成本高一些，而大额可转让存单和一些短期借款一般不需要提供服务，只需花费一些广告宣传费用。

3. 资金成本

资金成本是包括利息在内的花费在吸收负债上的一切开支，即利息成本和营业成本之和，它反映商业银行为取得负债而付出的代价。用资金成本除以吸收的资金数额，可得资金成本率，即

$$资金成本率=\frac{利息成本+营业成本}{吸收的资金}$$

资金成本率可以分为某一类负债或资金来源的资金成本和总资金成本两种。资金成本率是一个重要的成本分析指标，既可以用来比较商业银行不同年份吸收负债的成本，考察其发展趋势，又可以在银行同业，特别是规模相同、条件相近的商业银行之间进行比较，从而明确其在目前竞争中的地位。表3-3说明了商业银行资金成本的计算方法。

表 3-3　商业银行资金成本的计算

项目	年平均数（百万元）	预计利息成本（%）	预计营业成本（%）	资金成本率（%）	资金成本额（百万元）
活期存款	80	3	1.5	4.5	3.60
存折储蓄存款	20	5	0.8	5.8	1.16
储蓄存单	15	8	0.2	8.2	1.23
货币市场存单	30	10	0.3	10.3	3.09
大额可转让定期存单	45	12	0.2	12.2	5.49
定期存款	10	11.5	0.2	11.7	1.17
短期借款	20	11	0.2	11.2	2.24
其他负债	8	6	0.2	6.2	0.496
股权资本	12	28	0.2	28.2	3.384
合计	240	总资金成本率		9.11	21.86

注：股权资本的资金成本可以根据预计的税前股利计算。

由上表还可以计算出：

$$存款的资金成本率=\frac{存款资金成本}{存款资金总额}=\frac{15.74}{200}=7.87\%$$

4. 可用资金成本

可用资金是指商业银行可以实际用于贷款和投资的资金，它是商业银行总的资金来源中扣除应交存的法定存款准备金和必要的储备金后的余额，即扣除库存现金、在中央银行的存款、在关联行或往来行的存款及其他现金项目之后的资金。可用资金成本是指相对于可用资金而言的银行资金成本。将资金成本与可用资金数额相比可得到可用资金成本率。这个比率既可以用于各种存款之间的对比，分析为得到各种可用资金所要付出的代价，又可以在总体上分析商业银行可用资金成本的历史变化情况及比较本行与其他商业银行可用资金成本的高低，以表 3-4 为例。

表 3-4　商业银行可用资金成本的计算

项目	年平均数（百万元）	可用资金比率（%）	可用资金额（百万元）	资金成本额（百万元）	可用资金成本率（%）
活期存款	80	70	56.00	3.60	6.43
存折储蓄存款	20	76	15.20	1.16	7.63
储蓄存单	15	91	13.65	1.23	9.01
货币市场存单	30	91	27.30	3.09	11.32
大额可转让定期存单	45	91	40.95	5.49	13.41
定期存款	10	91	9.10	1.17	12.86
短期借款	20	95	19.00	2.24	11.79
其他负债	8	95	7.60	0.496	6.53
股权资本	12	95	11.40	3.384	29.68
合计	240		200.2	21.86	10.92

$$可用资金比率=1-\left(\begin{matrix}持有库存现金等\\现金资产的比率\end{matrix}+\begin{matrix}预计投入房地产等\\非盈利性资产的比率\end{matrix}\right)$$

该商业银行本年持有的库存现金、在中央银行和其他商业银行的存款及其他现金资产占总资产的比例预计为：

无息活期存款：26%

生息活期存款：20%

储蓄和定期存款：5%

该商业银行本年投入房地产与设备和其他非盈利性资产的数量为资产总额的4%。

由上表还可以计算出：

$$\text{存款可用资金的成本率}=\frac{\text{存款资金成本}}{\text{可用存款资金总额}}=\frac{15.74}{162.2}=9.70\%$$

为了保证流动性和安全性的需要，商业银行不可能将吸收来的所有资金都用于贷款和投资，必须保留一部分现金准备，但这部分现金是商业银行花了代价才得来的，又不能运用生利，只能靠用于贷款和投资的那部分资金带来的收益作为补偿。换言之，实际用于贷款和投资的那部分资金的成本不仅应包括这部分资金本身的成本，而且应包括与之对应的不能用于贷款和投资的那部分资金的成本，因为它们是为了支持可用资金而必须保持的准备金。显然，这一成本概念对于商业银行选择盈利资产具有十分重要的意义。

5. 有关成本

这是指与增加负债有关而未包括在上述成本之中的成本，主要有两种：一是风险成本，是指因负债增加引起商业银行风险增加而必须付出的代价。例如，存款总额的增长会增加商业银行的资本风险（因为提高了负债对资本的比率）等。二是连锁反应成本，是指商业银行对新吸收负债增加服务和利息支出而引起对商业银行原有负债增加的开支。这种成本在商业银行吸收存款中表现得尤为明显，商业银行为了争夺更多存款，往往以增加利息和提供服务的方式来吸引客户，但在对新存款客户支付更多利息和提供更多服务的同时会使原有客户产生“攀比”心理，他们会要求商业银行提供同样高的利息和同样多的服务，这就会加大商业银行的成本开支。

3.4.2 成本的分析方法

成本分析是以上述成本概念为基础来计算、比较商业银行各类成本的实际数额，分析研究它们的变动情况和变化原因。成本分析主要从平均成本和边际成本两个角度进行。

1. 历史加权平均成本法

当商业银行使用加权平均成本法时，其计算公式为：

$$\overline{X}=\frac{\sum Xf}{\sum f} \tag{3-1}$$

式中，f 为各类存款或资金来源的数量；X 为每种存款的单位成本；$\overline{X}$ 为商业银行全部资金来源的单位加权平均成本。其中，每种存款的单位成本包括利息成本和其他成本，在计算时可将这两种成本加起来再乘以存款数量，也可以分别相乘后加总，即

$$\overline{X}=\frac{\sum(X_1+X_2)f}{\sum f}=\frac{\sum(X_1f+X_2f)}{\sum f} \quad 或 \quad \overline{X}=\frac{\sum X_1f+\sum X_2f}{\sum f} \tag{3-2}$$

加权平均法主要用于对不同商业银行各种负债成本的对比分析和同一商业银行历年负债成本的变动分析等。每项资金来源的历史平均成本等于利息费用率与该项来源平均余额的乘积。

历史成本法的主要缺陷是没有考虑到未来利息成本的变动。当未来利率上升时，历史平均成本就低于新债务的实际成本，这样以历史成本为基础的固定资产收益率就不能弥补成本，从而实现不了利润目标。当未来利率下降时，情况相反，历史成本高于新债务的实际利息成本，这样固定利率的贷款价格可能被高估而出现资产规模扩张困难。不过，在评价商业银行过去的经营状况时，历史平均成本是一个很好的工具，而且与同等规模商业银行的平均借入成本和资产收益率相比较，更容易说明该商业银行的支出和利润为什么不同于其他商业银行。下面举例说明，见表3－5。

从表中的计算结果可以看出该商业银行两年中的负债成本变化情况，见表3－6。

在一般情况下，商业银行加权平均成本的变化主要取决于四个因素：负债利率、其他成本率、负债结构和可用资金比率。负债利率和其他成本率的上升或下降是引起负债成本上升或下降的因素，可用资金比率的上升或下降是引起可用资金成本下降或上升的因素。但这些因素的变化是否最终影响到负债成本，还要看负债结构的情况，如果负债结构发生变化，问题就比较复杂。在利息成本或其他成本率普遍上升时，可能因负债结构中利息成本和其他成本较低的负债比重上升而使商业银行加权平均成本不变或下降；相反，在利息成本或其他成本率下降时，商业银行加权平均成本可能会上升。

2. 边际成本法

边际成本是指商业银行增加一单位的资金所支付的成本。商业银行在确定资产价格时，只有使新增资产的边际收益大于新增负债的边际成本，商业银行才能获得适当的利润。每项负债都有不同的边际成本，其成本随着市场利率、管理费用和该负债用于补充现金资产的比例变化而变化，将这些独立的成本加在一起就可以得出新增资金的加权边际成本。在决定资产价格时，边际成本特别有用。如果已知边际成本，商业银行可以使资产收益率目标略高于边际成本，从而保证适当的资产收益率与边际成本之差，以弥补违约风险损失和支付股东应得的报酬。边际成本也可反映各种负债的相对成本，以确定新增负债的最低费用目标。当商业银行的资金边际成本一定时，商业银行只能选择那些边际收益大于或等于边际成本的资产。

某种资金的边际成本计算公式为：

$$MC_1=\frac{新增利息+新增其他开支}{新增资金}$$

如果新增资金中有 X 部分用于补充现金资产，不能算作盈利资产，则新增可用资金的边际成本为：

$$MC_2=\frac{新增利息+新增其他开支}{新增资金-X}$$

表 3-5　某商业银行某两年加权平均成本计算表

单位：亿美元

项目	年平均数(1)		利率(%)(2)		利息额(3)=(1)×(2)		其他成本率(%)(4)		其他成本额(5)=(1)×(4)		资金成本率(%)(6)=(2)+(4)		资金成本额(7)=(1)×(6)		可用资金比率(%)(8)		可用资金额(9)=(1)×(8)		可用资金成本率(%)(10)=(7)÷(9)	
	a	b	a	b	a	b	a	b	a	b	a	b	a	b	a	b	a	b	a	b
无息活期存款	58	60	0	0	0	0	4.5	4.6	2.610	2.760	4.5	4.6	2.610	2.760	70	70	40.60	42.00	6.43	6.57
生息活期存款	15	18	5.2	5.3	0.78	0.954	2.3	2.3	0.345	0.414	7.5	7.6	1.125	1.368	76	76	11.40	13.68	9.87	10.00
存折储蓄	12	12	5.4	5.5	0.648	0.660	1.1	1.1	0.132	0.132	6.5	6.6	0.780	0.792	91	91	10.92	10.92	7.14	7.25
储蓄存单	7	7	14.4	12.0	1.008	0.840	0.2	0.2	0.014	0.014	14.6	12.2	1.022	0.854	91	91	6.37	6.37	16.04	13.41
货币市场存单	23	27	15.71	11.5	3.613	3.105	0.4	0.4	0.092	0.108	16.1	11.9	3.703	3.213	91	91	20.93	24.57	17.70	13.08
无限制储蓄存单	3	6	12.0	10.2	0.360	0.612	0.1	0.1	0.003	0.006	12.1	10.3	0.363	0.618	91	91	2.73	5.46	13.30	11.32
大额可转让定期存单	27	32	18.0	15.0	4.860	4.800	0.2	0.4	0.054	0.128	18.2	15.4	4.914	4.928	91	91	24.57	29.12	20.00	16.92
公众与其他定期存款	8	8	13.3	12.1	1.064	0.968	0.1	0.1	0.008	0.008	13.4	12.2	1.072	0.976	91	91	7.28	7.28	14.73	13.41
短期借款	11	12	16.5	14.0	1.815	1.680	0.1	0.1	0.011	0.012	16.6	14.1	1.826	1.692	96	96	10.56	11.52	17.29	14.69
其他负债	6	6	7.1	7.0	0.426	0.420	0.1	0.1	0.006	0.006	7.2	7.1	0.432	0.426	96	96	5.76	5.76	7.50	7.40
股权资本	11	12	29.1	29.1	3.201	3.492	0.1	0.1	0.011	0.012	29.2	29.2	3.212	3.504	96	96	10.56	11.52	30.42	30.42
总计	181	200	—	—	17.775	17.531	—	—	3.286	3.600	—	—	21.061	21.131	—	—	151.68	168.20	—	—
扣除股权资本总计	170	188	—	—	14.574	14.039	—	—	3.275	3.588	—	—	17.849	17.627	—	—	141.12	156.68	—	—

资料来源：黎斌. 商业银行经营概论. 北京：中国金融出版社，1987.
注：a 表示第一年，b 表示第二年。

表 3-6　某商业银行两年中的负债成本变化情况

项目	第一年	第二年
以负债总额计算：		
利息成本率$=\frac{\text{利息总额}}{\text{负债总额}}$	$\frac{14.574}{170}=8.57\%$	$\frac{14.039}{188}=7.47\%$
其他成本率$=\frac{\text{其他成本总额}}{\text{负债总额}}$	$\frac{3.275}{170}=1.93\%$	$\frac{3.588}{188}=1.91\%$
资金成本率$=\frac{\text{利息}+\text{其他成本}}{\text{负债总额}}$	$\frac{17.849}{170}=10.50\%$	$\frac{17.627}{188}=9.38\%$
以可用资金计算：		
利息成本率$=\frac{\text{利息总额}}{\text{可用资金总额}}$	$\frac{14.574}{141.12}=10.33\%$	$\frac{14.039}{156.68}=8.96\%$
其他成本率$=\frac{\text{其他成本总额}}{\text{可用资金总额}}$	$\frac{3.275}{141.12}=2.32\%$	$\frac{3.588}{156.68}=2.29\%$
可用资金成本率$=\frac{\text{成本总额}}{\text{可用资金总额}}$	$\frac{17.849}{141.12}=12.65\%$	$\frac{17.627}{156.68}=11.25\%$

例如，某商业银行准备以 NOWs 支持资产扩充，这些资金的利息成本为 5%，其他开支为 2%，新增资金的 24%用于非盈利性资产。此时，该商业银行的边际成本计算如下：

$$MC_1=\frac{5\%+2\%}{1\times100\%}=7\%$$

$$MC_2=\frac{5\%+2\%}{1-0.24}\times100\%=9.21\%$$

利用上述方法在计算某类资金的边际成本时较为有效，但商业银行的资金来源不可能只有一种，各项资金来源的风险也不相同，因此采用平均边际成本更能反映商业银行总体新增资金的成本情况，见表 3-7 中的例子。

表 3-7　商业银行平均边际成本的计算

类别	增加额（亿元）(1)	可用资金比率（%）(2)	可用资金额（亿元）(3)=(1)×(2)	成本率(%) (4)	总成本(亿元) (5)=(1)×(4)
活期存款	3	78	2.34	6	0.18
货币市场账户	6	94	5.64	8	0.48
定期存单	2	94	1.88	10	0.20
其他定期存款	4	94	3.76	7.8	0.312
资本	1	97	0.97	25	0.25
总计	16	—	14.59	—	1.422

根据表 3-7 中的数字可以计算出该商业银行新增资金的平均边际成本率为 8.89% $\left(=\frac{1.422}{16}\times100\%\right)$，而可用资金的边际成本率为 9.75% $\left(=\frac{1.422}{14.59}\times100\%\right)$。如果商业银

行的新增资产能够获得高于9.75%的收益率，则新增资金的结构是可取的；否则，商业银行必须放弃资产的扩张或改变资金的成本结构。

上述商业银行资金成本的分析方法各有特点：历史加权平均成本法能够准确评价商业银行的历史经营状况；单一资金的边际成本法可以帮助商业银行决定选择哪一种资金来源更合适；加权平均边际成本法能够为商业银行提供盈利资产定价的有用信息。因此，商业银行资金成本的分析过程不应是单一的，而应是多种成本分析法的综合。

3.5 我国商业银行的负债结构分析

从一家商业银行的负债结构中除了可以清楚地看到资金来源组成，还可以发现其成本构成的特点。

3.5.1 我国商业银行存款的构成

商业银行负债经营的核心大多在存款上，我国的商业银行尤其如此，表3-8说明了这一点。

表3-8（a） 2017年末我国商业银行的存款构成

	存款总量	单位活期存款	单位定期存款	储蓄存款	其他存款
存款（亿元）(1)	1 651 655	237 852	303 418	643 767	466 618
比重（%）	100	14.4	18.4	39.0	28.3
其中：国有商业银行					
存款（亿元）(2)	628 072	136 592	62 274	254 535	174 671
比重（%）	100	21.7	9.9	40.5	27.8
(2) / (1)（%）	38.0	57.4	20.5	39.5	37.4

表3-8（b） 2021年末我国商业银行的存款构成

	存款总量	单位活期存款	单位定期存款	储蓄存款	其他存款
存款（亿元）(1)	2 328 681	255 115	439 849	1 025 009	608 708
比重（%）	100	11.0	18.9	44.0	26.1
其中：国有商业银行					
存款（亿元）(2)	855 425	145 805	67 097	359 682	282 840
比重（%）	100	17.0	7.8	42.0	33.1
(2) / (1)（%）	36.7	57.2	15.3	35.1	46.5

资料来源：中国人民银行。

注：(1) 表中的商业银行包括国有商业银行、其他商业银行、财务公司、城市和农村信用社以及中国农业发展银行。

(2) 该表格中的国有商业银行是指中国银行、中国工商银行、中国建设银行和中国农业银行。

(3) 表中数据因四舍五入，略有出入。

从表3－8和中国人民银行的统计数字可以看出：①我国商业银行的存款构成以储蓄存款为主，商业银行系统的统计和国有商业银行系统的统计相差不大，2017年储蓄存款占存款总量的39.0%，2021年为44.0%，总体上较为稳定；国有商业银行储蓄存款占全部储蓄存款的比重，2017年为39.5%，2021年为35.1%，有所下降，说明我国商业银行的资金来源是比较稳定的。②单位活期存款比重由2017年的14.4%下降至2021年的11.0%，单位定期存款比重由2017年的18.4%略上升到2021年的18.9%，也就是单位存款定期化倾向有所提升。③我国商业银行体系的内部市场结构正在发生变化，股份制商业银行及其他类型的商业银行近年来得到快速发展，导致存款市场结构也在改变。从存款总量来看，2017年大型商业银行控制了存款的38.0%，2021年下降到36.7%。由此可见，由于竞争的加剧，我国大型商业银行对市场的垄断局面正在逐渐消除。

3.5.2 我国商业银行的负债结构

表3－9是我国商业银行的负债构成。

表3－9（a） 2017年末我国商业银行的负债构成

项目	负债总额	境内存款	对中央银行负债	对特定存款机构负债	对其他金融机构负债	债券	国外负债	其他负债
商业银行系统（亿元）(1)	2 092 109	1 499 601	79 066	123 323	46 204	175 342	7 908	160 665
构成（%）	100	71.7	3.8	5.9	2.2	8.4	0.4	7.7
其中：								
国有商业银行（亿元）(2)	740 932	623 041	17 608	9 823	11 457	8 259	5 032	65 712
构成（%）	100	84.1	2.4	1.3	1.5	1.1	0.7	8.9
(2)/(1)（%）	35.4	41.5	22.3	8.0	24.8	4.7	63.6	40.9

表3－9（b） 2021年末我国商业银行的负债构成

项目	负债总额	境内存款	对中央银行负债	对特定存款机构负债	对其他金融机构负债	债券	国外负债	其他负债
商业银行系统（亿元）(1)	2 964 388	2 122 832	105 402	153 847	31 320	263 337	11 837	275 813
构成（%）	100	71.6	3.6	5.2	1.1	8.9	0.4	9.3
其中：								
国有商业银行（亿元）(2)	1 040 822	849 068	23 058	34 410	1 052	16 487	6 357	110 390
构成（%）	100	81.6	2.2	3.3	0.1	1.6	0.6	10.6
(2)/(1)（%）	35.1	40.0	21.9	22.4	3.4	6.3	53.7	40.0

资料来源：中国人民银行。

注：(1) 表中的商业银行包括国有商业银行、其他商业银行、财务公司、城市和农村信用社以及中国农业发展银行。

(2) 该表格中的国有商业银行是指中国银行、中国工商银行、中国建设银行和中国农业银行。

(3) 表中的数据因四舍五入，略有出入。

从我国商业银行的负债结构可以看出：①各项存款依然是支撑我国商业银行资产运作最重要的资金来源，存款占负债总额的比例 2017 年为 71.7%，2021 年为 71.6%。这一方面说明商业银行要扩展资产业务必须依靠存款市场的竞争，另一方面说明存款占负债总额的比重整体较为稳定。②商业银行资金来源渠道的单一和对存款的过度依赖并存，两者互为因果。资金来源渠道单一使商业银行的资金结构无法实现多元化，不利于商业银行提高抗风险能力。一旦存款发生流失，商业银行可能面临较大的流动性风险；与此同时，商业银行也无法根据资产结构的调整和客户资金需求的改变而主动调整负债结构。③近年来，我国商业银行的市场竞争格局趋于稳定，国有商业银行的业务占比波动较小且略有下降。2017 年商业银行负债总额中的 35.4%和存款总额的 41.5%归大型商业银行，这两个比例在 2021 年都有小幅下降，分别下降至 35.1%和 40.0%，说明我国非国有银行体系的竞争力略有增强，大型商业银行占主导地位的局面正在悄然改变。在其他负债市场上，国有商业银行的优势也比较明显，比如 2021 年其他负债的占比为 40.0%，说明国有银行更有可能尽快实现负债结构多元化。

自 20 世纪 70 年代以来，西方国家商业银行的负债结构发生了两个较为明显的变化：一是存款负债的比重在降低，非存款类资金来源的比重逐步上升；二是存款中定期存款的比重上升，而活期存款的比重下降。一方面，这两个变化为商业银行经营长期信用创造了必要的条件，商业银行资金来源的稳定也降低了流动性风险；另一方面，负债结构的改变导致成本的提高，迫使商业银行不得不去经营风险更大的投资和贷款。为适应国际银行业的共同发展趋势，我国商业银行负债结构单一的局面必须改变，比如适当增加商业银行发行金融债券的规模，既可以稳定资金来源，又可以协调商业银行资产负债的综合管理。

复习思考题

1. 存款对商业银行的经营为什么很重要？商业银行主要有哪些存款服务？它们的特点是什么？

2. 我国商业银行存款的分类标准主要包括哪些？

3. 存款定价与商业银行经营目标是什么关系？实践中主要使用哪些定价方法？

4. 近年来，为什么商业银行的非存款负债规模在增加？非存款负债的获取方式是什么？

5. 你是否了解商业银行负债成本的概念？它们的区别在哪里？

6. 对商业银行负债成本的分析方法有哪些？

7. 试对我国商业银行的负债结构进行分析和解释。

第 4 章

商业银行现金资产管理

【导言】

商业银行的经营对象是货币，其资金来源的性质和业务经营的特点，决定了商业银行必须保持合理的流动性，以应付存款提取及贷款需求。直接满足流动性需求的现金资产管理是商业银行管理的最基本组成部分。本章将介绍商业银行现金资产管理的目标、原则和方法。在此基础上，本章将介绍商业银行流动性管理的基本内容。

【学习目标】

1. 了解商业银行现金资产管理的目的与原则。
2. 理解商业银行流动性需求的含义与分类以及流动性需求的预测方法。
3. 掌握流动性需求与供给协调的方法。
4. 了解衡量流动性需求管理效果的各类要素。

【核心概念】

现金资产　　法定存款准备金　　超额存款准备金　　流动性需求

4.1　商业银行现金资产管理的目的和原则

4.1.1　现金资产的构成

狭义的现金资产是指商业银行的库存现金。一般意义上的现金资产是指广义的现金资产，即现金和准现金。从构成上看，以下四类资产都属于商业银行现金资产的范畴：

（1）库存现金。这一部分现金是商业银行为了满足日常交易之需而持有的通货。库存现金属于非盈利性资产，其所需的防护费用和保险费用较高。因此，商业银行一般只保持必要的最低额度，超出最低额度的部分存入中央银行或其代理行。

（2）托收中的现金。托收中的现金是在商业银行间确认与转账过程中的支票金额。当个人、企业或政府部门将其收到的支票存入商业银行时，他们不能立即调动该款项，必须在商业银行经过一定时间确认之后方可提现使用。在发达国家，这一过程需要 1～4 天。托收中的现金是资金占用，其规模取决于托收票据的数量以及票据清算时间。

（3）在中央银行的存款。在中央银行的存款是指商业银行存放在中央银行的资金，又称存款准备金。商业银行在中央银行开立的存款账户，是用于支票清算、资金转账等的基本存款账户。商业银行由于同业拆借、回购、向中央银行借款等业务而出现的资金划转以及库存现金的增减，均需通过这个账户进行。

（4）存放同业存款。存放同业存款是指存放在其他商业银行的存款。存放同业存款主要为了便于商业银行之间的票据清算以及代理收付等往来业务。同业存款为活期存款性质，可随时支用，因而通常被视为商业银行的现金资产，作为其营运资金的一部分。

4.1.2 现金资产管理的目的及原则

现金资产是商业银行维持其流动性而必须持有的资产，它是银行信誉的基本保证。商业银行是高负债运营的金融企业，对其存款客户负有完全债务责任。从商业银行的安全性角度讲，其流动性满足得越好，安全性就越有保障。如果商业银行的现金资产不足以应对客户的提现要求，将会加大商业银行的流动性风险，引发挤兑风潮，甚至导致商业银行破产，进而出现货币供给的收缩效应，削弱商业银行创造存款货币的能力，弱化商业银行的社会信用职能，这是商业银行在经营过程中极力要避免的情况。现金资产是一种无利或微利的资产，因持有现金资产而失去的利息收入构成持有现金资产的机会成本。现金资产占全部资产的比重越高，商业银行的盈利性资产就越少。因此，现金资产保留过多，不利于商业银行盈利水平的提高，特别是在通货膨胀或利率水平上升的时期，商业银行保有现金资产的机会成本也会随之上升。商业银行从盈利性出发，具有以最低的额度保有现金资产的内在动机。现金资产管理的目的就是要在确保满足商业银行流动性需要的前提下，尽可能降低现金资产占总资产的比重，使现金资产达到适度的规模。

适度的流动性是商业银行经营成败的关键环节，同时也是商业银行盈利性与安全性的平衡杠杆。现金资产管理可用于流动性需求的预测与满足，解决盈利性与安全性之间的矛盾。进行现金资产管理就是要在保有现金资产的成本和现金资产不足的成本之间做出权衡。在具体操作中，应当坚持如下基本原则：

（1）适度存量控制原则。按照最优存量管理理论，微观个体应使其非盈利性资产保持在最低的水平上，以保证利润最大化目标的实现。就商业银行的现金资产而言，其存量的大小将直接影响盈利能力。存量过大，商业银行付出的机会成本就会增加，从而影响商业银行盈利性目标的实现；存量过小，客户的流动性需求得不到满足，将导致流动性风险增加，直接威胁商业银行的经营安全。因此，将现金资产的存量控制在适度的规模上是现金资产管理的首要目标。除总量控制外，合理安排现金资产的存量结构也具有非常重要的意义。商业银行的现金资产由库存现金、托收中的现金、存放同业存款和在中央银行的存款四类资产组成。这四类资产从功能和作用上看，各自具有不同的特点，其结构合理有利于存量最优。因此，商业银行在适度控制现金资产存量的同时，也要注意其结构的内在合理性。

（2）适时流量调节原则。商业银行的资金始终处于动态流动的过程中。随着商业银行各项业务的进行，商业银行的经营资金不断流进流出，最初的存量适度状态就会被新的不适度状态所替代。商业银行必须根据业务过程中现金流量的变化情况，适时调节现金资产的流量，以确保现金资产的规模适度。具体说来，当一定时期内现金资产流入大于流出时，商业银行的现金资产存量就会上升，此时需要及时调度资金头寸，将多余的资金头寸运用出去；当一定时期内现金资产流入小于流出时，商业银行的现金资产存量就会减少，此时需要及时筹措资金补足头寸。因此，适时灵活地调节现金资产流量是商业银行的管理者必须面对的日常工作，也是商业银行维持适度现金资产存量的必要保障。

（3）安全性原则。库存现金是商业银行现金资产中的重要组成部分，用于商业银行的日常营业支付，也是现金资产中唯一以现钞形态存在的资产。因此，商业银行对库存现金的管理应强调安全性原则。库存现金的风险主要来自被盗、被抢或自然灾害的损失。与此同时，工作人员管理工作中的失误，如清点、包装差错，或者工作人员恶意挪用、贪污等都会带来风险。商业银行在进行库存现金管理的过程中，必须健全安全保卫制度，全面提高工作人员的职业道德和业务素质，确保资金安全。

小专栏

中国人民银行推出数字人民币

数字人民币（e-CNY）是中国人民银行发行的数字形式的法定货币，由指定运营机构参与运营，以广义账户体系为基础，支持银行账户松耦合功能，与实物人民币等价，具有价值特征和法偿性。

从定位上看，数字人民币是中国人民银行发行的法定货币，具备货币的价值尺度、交易媒介、价值贮藏等基本功能，与硬币、纸币等实物人民币一样属于现金类支付凭证（M0）。数字人民币与实物人民币都是中国人民银行对公众的负债，以国家信用为支撑，具有同等法律地位和经济价值。

从管理方式上看，数字人民币与实物人民币均采取中心化管理、双层运营。数字人民币将与实物人民币并行发行、长期共存，中国人民银行会对两者共同统计、协同分析、统筹管理。在数字人民币的发行和运营中，中国人民银行负责向作为指定运营机构的商业银行发行数字人民币并进行全生命周期管理，指定运营机构及相关商业银行负责向社会公众提供数字人民币兑换和流通服务，中国人民银行对数字人民币的持有不计付利息，也不收取管理费。商业银行和持牌非银行支付机构在全面持续遵守合规及风险监管要求，并且获得中国人民银行认可的情况下，可以参与数字人民币的支付服务体系，并充分发挥现有的基础设施的作用，为客户提供数字化零售支付服务。

从存在形式上看，不同于实物人民币，数字人民币以数字形式存在，其发行、流通管理机制与实物人民币一致，但以数字形式实现价值转移。与现有的电子支付工具相比，数字人民币本身具有价值特征，可在不依赖银行账户的前提下进行价值转移，并支持离线交易，具有“支付即结算”的特性；与此同时，数字人民币以广义账户为基础、与银行账户松耦合，支持可控匿名，有利于保护个人隐私及用户信息安全。

从中国人民银行数字货币的分类上看，数字人民币是一种面向社会公众发行的零售型央行数字货币，并兼容基于账户、基于准账户和基于价值三种方式，采用可变面额设计，以加密币串形式实现价值转移。其推出将立足国内支付系统的现代化，充分满足公众日常支付需要，进一步提高零售支付系统效能，降低零售支付成本，提升普惠金融的发展水平。

截至 2021 年 6 月底，数字人民币试点场景已超 132 万个，覆盖生活缴费、交通出行、购物消费、政务服务等领域。开立个人钱包 2 087 万余个、对公钱包 351 万余个，累计交易 7 075 万余笔、金额约 345 亿元。未来，数字人民币的相关研究将逐步深入，其研发试点工作将进一步推进，相关制度也将进一步完善。可以预见的是，在不久的将来，数字人民币将成为数字时代新的金融基础设施，支撑中国数字经济的长期稳定发展。

资料来源：中国人民银行数字人民币研发工作组. 中国数字人民币的研发进展白皮书. 中国人民银行网站，2021-07-16.

4.2 存款准备金的管理

4.2.1 存款准备金

各国货币当局均规定商业银行应在中央银行开设账户，作为存款准备金的基本账户，商业银行在中央银行的存款由两部分组成：一是法定存款准备金；二是超额存款准备金。存款准备金是商业银行现金资产的重要组成部分。

法定存款准备金是商业银行按照法定比率向中央银行缴存的存款准备金。规定缴存法定存款准备金的最初目的是保证商业银行备有足够的资金，以应付客户的提取，避免发生挤兑而引起银行倒闭。法定存款准备金具有强制性，商业银行必须按法律规定缴存，一般不得动用，并定期按存款额的增减进行相应调整。法定存款准备金是中央银行进行宏观调控的一般性货币政策工具之一。

超额存款准备金是指在中央银行存款准备金账户中超出了法定存款准备金的那部分存款。商业银行可以用超额存款准备金进行日常的各种支付和贷放活动，如支票的清算、电子划拨和其他交易。当商业银行的库存现金不足时，也可随时从该账户上提取现金。超额存款准备金是商业银行的可用资金，在存款准备金总量不变的情况下，它与法定存款准备金有此消彼长的关系。当法定存款准备金增加时，超额存款准备金相应减少，从而商业银行的信贷扩张能力减弱；反之，法定存款准备金减少，商业银行的信贷扩张能力就会增强。因此，超额存款准备金是货币政策的近期中介指标，直接影响社会的信用总量。

我国的存款准备金制度经历了历史的演变过程。我国中央银行体制自 1984 年确立之后，规定商业银行按存款种类的不同向中国人民银行缴存不同比例的法定存款准备金：储蓄存款缴存 40%，农村存款缴存 25%，企业存款缴存 20%，财政性存款缴存 100%。此后，我国的法定存款准备金缴存比例有所下调。自 1988 年开始，规定商业银行除向中国人民银行统一缴存 13%的法定存款准备金之外，还要缴存 5%～7%的备付金，以用于商业银行间的清算、支付。商业银行实际的存款准备金率高达 18%～20%，而同期美国商业银行的存款准备金率不高于 10%。从横向国际比较来看，这一比例是比较高的。中国人民银行要求商业银行缴存比例如此高的存款准备金，原因是便于中国人民银行对商业银行的信贷资金进行管理和控制。为了配合金融宏观调控方式的改革，使商业银行有更大的经营自主权，1998年3月中国人民银行经国务院批准对存款准备金制度进行了改革，将各金融机构的法定存款准备金账户和备付金存款账户合并为准备金存款账户，法定存款准备金率由13%下调为8%。1999年11月，为增加金融机构可用资金、抑制通货紧缩趋势，中国人民银行将法定存款准备金率由8%下调到6%。近年来，为配合国家经济周期调整，对商业银行的法定存款准备金率进行了多次调整。自2011年以来，中国人民银行以每月一次的频率，连续四次上调法定存款准备金率。2011年6月14日，中国人民银行宣布上调存款准备金率0.5个百分点，达21.5%，这也是中国人民银行年内第六次上调存款准备金率。2011年12月，中国人民银行三年来首次下调存款准备金率，由21.5%下调至21%；2012年2月，存款准备金率再次下调，由21%下调至20.5%。2015年2月5日，中国人民银行下调法定存款准备金率0.5个百分点。2015年4月20日，中国人民银行下调法定存款准备金率1个百分点。2016年3月1日，中国人民银行将法定存款准备金率普遍下调0.5个百分点。从2018年4月25日起，中国人民银行下调部分金融机构人民币存款准备金率1个百分点，这些金融机构将使用降准释放的资金偿还其所借央行的中期借贷便利(MLF)。2021年12月15日，为了应对疫情、支持实体经济发展、促进综合融资成本稳中有降，中国人民银行将金融机构加权平均存款准备金率降为8.4%。商业银行的法定存款准备金逐渐成为中国人民银行最有效的货币政策工具之一。

4.2.2 满足法定存款准备金的要求

法定存款准备金制度历史悠久，最早将存款准备金集中到中央银行始于英国。目前，世界各国的中央银行都要求商业银行按照准备金比率的要求缴存法定存款准备金。存款准备金制度是出于防范商业银行流动性危机的需要而建立的，因此商业银行对存款准备金的管理，首先要满足法定存款准备金的要求。

对法定存款准备金的管理是依据对法定存款准备金的测算进行的。由于存款类型不同，因此计算方法就有所不同。

1. 法定存款准备金的计算

计算法定存款准备金的方法有两种：一种是滞后法定存款准备金计算法，主要用于对非交易性账户法定存款准备金的计算；另一种是同步法定存款准备金计算法，主要用于对交易性账户法定存款准备金的计算。

(1) 滞后法定存款准备金计算法。滞后法定存款准备金计算法是根据前期存款负债的余额确定本期法定存款准备金需要量的方法。由于非交易性存款账户（如商业银行的定期存款等）的余额变动幅度相对较小，因此这种方法主要用于商业银行对非交易性账户存款计算法定存款准备金。

按照这种方法，商业银行应根据两周前的存款负债余额来确定目前应当持有的法定存款准备金数量。因此，商业银行可将两周前的7天作为基期，以基期的实际存款余额为基础，计算法定存款准备金持有周应持有的法定存款准备金的平均数。

滞后法定存款准备金的计算见表4-1。

表 4-1 滞后法定存款准备金的计算

第一周	第二周	第三周
计算基期周		法定存款准备金持有周

假设商业银行在9月2日（星期四）至9月8日（星期三）期间非交易性存款的平均余额为80 000万元，按照7%的法定存款准备金率，该行在9月16日（星期四）至9月22日（星期三）这一周中应保持的法定存款准备金余额为5 600万元。

(2) 同步法定存款准备金计算法。同步法定存款准备金计算法的基本原理是以本期的存款余额为基础，计算本期的法定存款准备金需要量。这种方法主要用于计算商业银行交易性账户的法定存款准备金。交易性账户余额的变化幅度较大，商业银行应该根据本期存款余额的实际状况，计算所需上缴的法定存款准备金数额。

同步法定存款准备金计算法计算存款准备金的基本做法是：确定两周为一个计算期，比如从9月2日（星期四）到9月15日（星期三）为一个计算期，计算在这14天中商业银行交易性账户存款的日平均余额。此时，法定存款准备金的保持期从本计算周期的第三天（即9月4日，星期六）算起，到计算周期结束后的第二天（即9月17日，星期五）为止。在这14天的计算周期内，应上缴的法定存款准备金的平均余额以法定存款准备金计算周期内的存款平均余额为基础来计算。

2. 法定存款准备金的管理

对法定存款准备金的管理原则是商业银行应在规定的时间内尽量通过自身的努力满足法定存款准备金的限额要求，否则将会面对金融管理当局的惩罚性措施。在大多数国家中，商业银行在中央银行的存款（即存款准备金）一般均为无息存款，因此商业银行对法定存款准备金管理的基本出发点是在满足中央银行法定要求的前提下，尽量使法定存款准备金账户余额最小化。

商业银行对法定存款准备金的管理需要提前预测在法定存款准备金持有期内的各种存款与库存现金的变化状况，据此制定法定存款准备金的具体管理目标。把按照滞后法定存款准备金计算方法计算出来的法定存款准备金需要量与按照同步法定存款准备金计算法计算出来的法定存款准备金需要量进行合计，得出的数额就是商业银行在一定时期内需要缴纳的全部法定存款准备金。

商业银行将已缴纳的法定存款准备金余额与实际需要量进行比较，如果余额不足，商业银行应当及时予以补足；如果已有的法定存款准备金余额超过了应缴法定存款准备金数额，商业银行应及时从中央银行调减法定存款准备金，以增加商业银行的可用头寸和收益水平。

4.2.3 超额存款准备金的管理

超额存款准备金是商业银行在中央银行准备金存款账户上超过了法定存款准备金的那部分存款。超额存款准备金是商业银行最重要的可用头寸，是商业银行用于投资、贷款、清偿债务和提取业务周转金的准备资产。

1. 影响超额存款准备金需要量的因素

预测超额存款准备金的需要量首先要分析影响超额存款准备金需要量的因素，然后在此基础上实施对超额存款准备金账户的调节。

(1) 存款波动。如果商业银行在经营过程中出现存款大量流出的现象，若无超额存款准备金，就要采取诸如出售证券、催收贷款、向中央银行借款等行动，这会增大成本或减少收益；如果存款流出规模过大又无法采取措施补充资金，商业银行还可能面临倒闭的危险。为了避免这些情况的出现，在出现存款流出苗头时，商业银行必须采取增加超额存款准备金的做法。这说明超额存款准备金的保有数量与预期存款流出量为正相关关系。预期总具有不确定性，但不确定性有大有小。如果在某特定时期商业银行感到不确定性增大，就会增加超额存款准备金的保有数量；反之，商业银行会相应减少超额存款准备金的保有数量。不确定性系数与超额存款准备金水平也是正相关关系。

(2) 贷款的发放与收回。贷款的发放与收回对超额存款准备金的影响主要取决于贷款的使用范围。如果贷款的使用对象是在本行开户的企业，本行在中央银行的存款不会发生变化；如果贷款的使用对象是在他行开户的企业，或者在本行开户的企业取得贷款后立即对外支付，就会减少本行在中央银行的存款，从而使本行的超额存款准备金下降，此时，商业银行就需要增加超额存款准备金。贷款的收回对超额存款准备金的影响也因贷款对象的不同而有所不同。在他行开户的贷款企业归还贷款时，将使本行的超额存款准备金增加，而在本行开户的贷款企业归还贷款，则不会影响超额存款准备金的使用量。

(3) 其他因素。除存贷款的变化之外，还有一些其他因素影响超额存款准备金的需要量。这些因素主要包括：一是向中央银行的借款，当商业银行向中央银行的借款数大于还款数时，商业银行的超额存款准备金就会上升；反之，则会下降。二是同业往来情况。当商业银行在分析期中同业往来的科目是应付余额时，其超额存款准备金数额就会下降；反之，则会上升。三是法定存款准备金的变化。在商业银行存款准备金总量一定的情况下，法定存款准备金与超额存款准备金之间存在此消彼长的关系。法定存款准备金的变动对商业银行进行超额存款准备金的管理与调整有着重要的影响。

2. 超额存款准备金的调节

商业银行本着相对成本较低的原则核定必要的超额存款准备金保有数量。超额存款准备金不带来利息收入，因此保有超额存款准备金等于放弃收入，这就是超额存款准备金的机会成本。因此，从节省机会成本的角度，商业银行应该较少保有超额存款准备金。但是，如果超额存款准备金不足，当出现流动性需要时，商业银行将被迫从货币市场以较高的成本和代价借入资金来满足需求，由此发生的较高的融资成本是超额存款准备金不足的损失成本。商业银行需要在这两种成本之间进行权衡，在对超额存款准备金需要量进行预测的基础上适当进行头寸调度，以保持超额存款准备金规模的适度性。商业银行可以通过同业拆借、短期证券回购及商业票据交易、中央银行融资、商业银行系统内的资金调度以及出售其他资产等多种方式进行超额存款准备金头寸的调度与补充。

4.3 商业银行的流动性需求

4.3.1 商业银行的流动性需求及其种类

商业银行流动性供给与需求的对比状况反映了商业银行流动性风险的程度。商业银行的管理本质上是解决利润最大化与资产流动性之间的矛盾。商业银行的流动性需求来自客户对商业银行提出的必须立即兑现的资金要求。具体说来，商业银行的流动性需求包括存款客户的提现需求和贷款客户的贷款要求。

商业银行要满足各种不同的流动性需求。一般来说，流动性需求存在短期流动性需求、长期流动性需求、周期流动性需求以及临时流动性需求四种类型。

1. 短期流动性需求

短期流动性需求是一种短期现金需求。季节性因素是影响存款变化和贷款需求波动的主要因素。一般来说，商业银行的贷款对象多为其存款客户，因此流动性需求的季节性变动过程就是存款与贷款相互影响的过程。当存款处于季节性低潮时，贷款却可能出现季节性增长；当存款增加时，贷款需求却可能下降。商业银行的资金来源与资金运用之间存在着季节性不对称的情况，由此造成了商业银行短期流动性需求的不稳定性。例如，农业地区的商业银行在春季播种期间，农户的存款下降，同时用于购买农用机械以及种子、肥料的贷款需求增加；在秋季农作物收获之后，农户的存款上升，而贷款需求却下降。又如，在中国的春节前或者西方的圣诞节前，存款客户往往出现旺盛的消费需求，由此出现较大的提现要求。如果商业银行的客户比较单一，季节性的流动性需求将表现得尤为明显。

重要客户的短期行为会对商业银行的流动性状况产生影响，这些客户的影响程度与商业银行的规模密切相关。对于规模较小的商业银行而言，一笔较大金额的存款或者贷款在短期内就会影响商业银行的流动性，因此商业银行必须稳定重要客户的存款，同时谨慎预测客户的融资需求。

季节性因素对流动性需求的影响具有可测性。商业银行的管理者可以根据历年的经营情况预测出每个月份或者每个星期存款和贷款的波动情况，根据历史资料估计出往来账户的季节性指数，并以此来确定短期流动性管理的策略。

2. 长期流动性需求

长期流动性需求是一种长期现金需求，这种需求主要由商业银行所服务的社区或者产业的经济发展所决定。如果商业银行所服务的社区是一个新开发的地区，或者商业银行所服务的产业是一个新兴产业，其贷款需求一般都会大于存款，在较长的时期内表现为净现金需求。如果商业银行服务于成熟稳定的地区或产业，其贷款需求较少而存款较多，则现金需求较小。总之，要预测商业银行的长期流动性需求，必须以长期经济预测为基础估计次年乃至今后五年的存款与贷款水平。

商业银行的资产可以分为流动资产以及非流动资产。流动资产是指在短期内可以变现而又没有损失的资产，如短期国库券投资；非流动资产是指在短期内不容易变现，或者变现会产生损失的资产，如工商业贷款或房地产贷款等。商业银行的负债也可以分为波动负债和稳定负债两大类。波动负债是那些随着季节或者利率变化而波动较大的存款及短期拆借资金等。稳定负债是指长期存款、定期存款和长期性债务等项目。商业银行的流动资产与波动负债间的差额就是现金差额，当流动资产大于波动负债时，这一差额为正值，表示商业银行的现金充足；反之，现金差额为负值，表示商业银行长期的现金需求，即流动性需求。图 4-1 显示了这些情况。

图中虚线表示预测的现金流动性情况。贷款是商业银行资产的主要形式，商业银行资

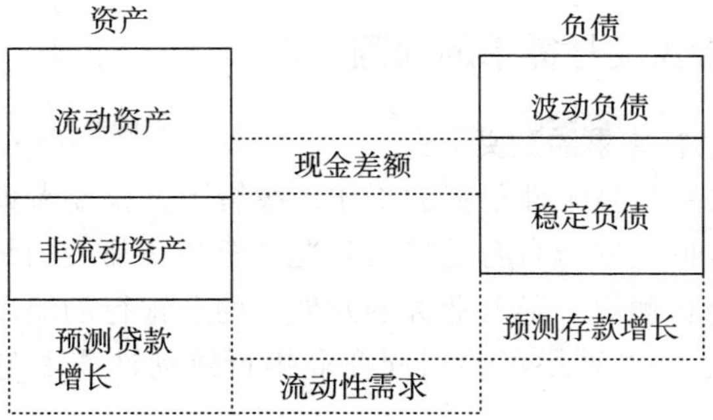

图 4-1　长期流动性需求预测

产的增加主要是贷款的增加，商业银行负债的增加则主要是存款的增加。如果贷款增长超过存款增长，流动性需求便随之上升。如果存款增长大于贷款增长，则现金充足，商业银行可以借机改善资产负债结构，把资金投放到高回报的资产中。

3. 周期流动性需求

周期流动性需求是一种长期现金需求，这种需求主要是由于经济周期性波动所引发的。在经济周期中，经济的高涨与衰退、市场利率的变动都会给商业银行带来巨大的流动性压力。如果商业银行在政治压力与法规限制下不能随意改变自己的利率，那么这种现象就更加明显。

由于市场运行的复杂性，经济周期的基本特征很难预测，商业银行的周期流动性需求也很难预测，这些需求往往不是单个商业银行所能控制的。为了应对潜在的周期流动性需求，商业银行可能要持有大量低盈利的流动资产。

为了缓解周期流动性需求的压力，商业银行可以采取一些方法。首先，商业银行可以通过比较本期所使用的信贷额度与在经济繁荣时期所用的信贷额度来预测贷款的周期性波动。其次，商业银行可以根据存款与利率水平、利率变动与利率上限等指标之间的相关性来预测存款的流入与流出。再次，商业银行要及时评估存款流出的波动性与贷款者信任度降低的程度，并以此为依据进行流动性估测。最后，商业银行可以通过特定的统计程序剔除存款与贷款账户时间序列中的季节性和长期性影响，预测这些账户存款与贷款所受到的周期流动性需求压力的情况。

4. 临时流动性需求

临时流动性需求是一种临时的现金需求，这种需求是由难以预测的不寻常事件所引发的。例如，由信任危机引发的银行挤兑，贷款需求的不寻常增长，或者一些资金来源的突然中断等。

临时流动性需求难以预测，商业银行必须准备部分现金以备急用。商业银行需要充分认识到现金短缺的严重性和出现挤兑的危险性。如果商业银行的信用受到怀疑，就会出现挤兑危机。在这种情况下，如果没有充足的现金储备，商业银行的生存就会出现问题。每家商业银行都要认真分析资金来源结构，力求达到资金来源多样化，同时制订保持流动性的计划，旨在应对一些偶发事件；此外，这也是对银行监管者的要求。

4.3.2 商业银行流动性需求的预测

4.3.2.1 预测流动性需求的意义

预测流动性需求是一项技术性很强的工作。决策者不仅要考虑宏观经济运行状况和金融形势，而且要结合商业银行自身的经营状况和资产负债表的结构，并针对客户的行为特征和可能的变化进行测算。随着业务的开展，商业银行的流动性需求与供给也会不断发生相应的变化。表 4－2 列举了会引起商业银行流动性需求与供给变化的资金来源和资金运用项目。

表 4－2 商业银行流动性需求与供给的影响因素

流动性供给增加的因素	流动性需求增加的因素
客户存款	客户提取存款
提供非存款服务所得收入	合格贷款客户的贷款要求
客户偿还贷款	偿还非存款借款
资产出售	提供销售服务中产生的营业费用和税收
货币市场借款	向股东派发现金股利
发行新股	

在任意时点上商业银行流动性需求与供给的对比状况决定了在这一时刻商业银行的净流动性头寸。当流动性供给超过流动性需求时，存在流动性盈余，此时商业银行有正的流动性缺口；当流动性供给小于流动性需求时，存在流动性赤字，此时商业银行有负的流动性缺口。当商业银行面临负的流动性缺口时，就要及时进行资金调剂，补充其流动性；当商业银行面临正的流动性缺口时，就要决定如何将这些剩余流动性资金投资于盈利性资产。流动性需求和流动性供给不匹配是商业银行日常经营的常态，准确预测流动性需求是商业银行进行现金资产管理的首要任务。

4.3.2.2 预测流动性需求的方法

预测流动性需求有三种方法。

1. 因素法

在影响商业银行流动性的诸多业务项目中，存贷款业务的变化是影响商业银行流动性的主要因素。商业银行流动性供给随存款增加和贷款减少而增大，随存款减少和贷款增加而降低。一般来说，影响存贷款变化的因素除了宏观经济金融运行状况及货币政策导向因素外，也有微观个体的行为特征及主观偏好等因素。具体说来，影响预测期贷款变化的主要因素是国民生产总值的预期增长率、企业的预期利润率、货币供应预期增长率、预期优惠贷款利率及商业票据利率、预期通货膨胀率等。影响预测期存款变化的主要因素是个人收入预期增长率、社会商品零售额的预期增长率、货币供应量预期增长率、货币市场存款预期收益率及预期通货膨胀率等。通过对各种因素变动趋势的数量分析，利用各种资料和数据，商业银行的管理者可依据以往的经验及自身对流动性的主观偏好，估计未来一段时期内存款、贷款及应缴存款准备金的变化情况，并据此判断预测期内流动性的需求量。在一定时期内，商业银行的资金头寸需求量可用公式表示为：

资金头寸需求量＝预计贷款增量＋应缴存款准备金增量－预计存款增量

表 4－3 显示了某商业银行流动性需求的变化情况。

表 4－3　某商业银行流动性需求预测表　　单位：百万元

时间	存款总额预测值	存款变化额预测值	所需存款准备金的变化	贷款总额预测值	贷款变化额预测值	预计流动性盈余（＋）或赤字（－）
1 月第一周	1 200	—	—	800	—	—
1 月第二周	1 100	－100	－8	850	＋50	－142
1 月第三周	1 000	－100	－8	950	＋100	－192
1 月第四周	950	－50	－4	1 000	＋50	－96
2 月第一周	1 250	＋300	＋24	750	－250	＋526
2 月第二周	1 200	－50	－4	900	＋150	－196

注：表中的存款准备金是按 8%的存款准备金率计算的。

从表中可见，从 1 月第二周开始，商业银行的存款预计将会下降，同期贷款额预计将会上升。这一周现金的流出大于流入，将出现流动性不足的局面，流动性赤字为 14 200 万元。进入预测期的第三周、第四周时，存款预计继续下降，而贷款却持续上升。在两方面因素的共同作用下，流动性赤字将分别为 19 200 万元和 9 600 万元。进入 2 月第一周后，存贷款情况将会发生变化——存款开始回升，贷款有所下降，将会出现 52 600 万元的流动性盈余。第二周由于贷款增加较快，将会出现 19 600 万元的流动性不足。

根据表 4－3 所显示的预测期流动性需求的变化情况，商业银行的管理者应适时采取措施。当出现流动性盈余时，将多余的资金及时运用出去，以获取更大的利润回报，减少现金资产的占用；当出现流动性赤字时，设法通过花费最低的成本来筹措流动性资金，以补充流动性的不足。

2. 资金结构法

资金结构法是通过分析存贷款资金结构及其变化趋势来预测未来的流动性需求。

存款是商业银行资金来源的主要组成部分。一般认为，存款是商业银行的被动负债，其变化取决于客户的支付活动，商业银行无法直接控制存款的数量、结构及变动趋势，而只能根据以往的经验数据及对存款客户行为特征的分析预测，大致估计未来存款的变动趋势。然而，这并不意味着商业银行对存款准备金的管理是消极被动的，因为存款的数量和结构有其变化的内在规律性。

商业银行的存款按其被提取的可能性可以分为三类：

(1) 第一类为游动性货币负债，是指对利率变动极为敏感的存款和借入款。商业银行必须随时应付它们的提现。

(2) 第二类为脆弱性货币负债，是指大额存款和非存款负债账户。这部分资金在近期内有可能被客户提取，商业银行必须保留足够的流动性资金。

(3) 第三类为稳定性货币负债，是指被提取的可能性很小的那部分资金，可为商业银行较长期、比较稳定地利用，被称为核心存款或核心负债。对于这部分资金，商业银行只需保留少量的流动性资金。

以上三种资金来源因稳定性不同，商业银行需要为其提取的流动性资金比例也会有所不同。通常说来，为流动性强的负债所保持的流动性资金准备率较高，而为流动性较弱的负债保持的流动性资金准备率较低。

根据各类负债的总额及为其保持的流动性资金准备率就可计算出该行流动性需求的总量。假设某商业银行为游动性货币负债保持95%的流动性准备，为脆弱性货币负债保持30%的流动性准备，为稳定性货币负债保持15%的流动性准备，那么该行为存款及非存款负债所要保持的流动性需求量为：

$$\begin{aligned}\begin{matrix}\text{负债流动性}\\\text{需求量}\end{matrix}=&0.95\times\left(\begin{matrix}\text{游动性}\\\text{货币负债}\end{matrix}-\begin{matrix}\text{法定存款}\\\text{准备金}\end{matrix}\right)+0.30\times\left(\begin{matrix}\text{脆弱性}\\\text{货币负债}\end{matrix}-\begin{matrix}\text{法定存款}\\\text{准备金}\end{matrix}\right)\\&+0.15\times\left(\begin{matrix}\text{稳定性}\\\text{货币负债}\end{matrix}-\begin{matrix}\text{法定存款}\\\text{准备金}\end{matrix}\right)\end{aligned}$$

从理论上讲，商业银行可依据可贷资金的多寡自主决定其贷款业务规模，但从实际经营管理上看，商业银行依据客户关系准则总是力图巩固、维护良好的客户关系。为满足客户合理的新增贷款需要，商业银行必须预测出未来总贷款的最大可能性，并对此保留充足的流动性资金。

加总存贷款的流动性资金需求就能得出该商业银行的总流动性需求：

$$\begin{matrix}\text{商业银行}\\\text{总流动性需求}\end{matrix}=\begin{matrix}\text{存款和非存款负债的}\\\text{流动性需求}\end{matrix}+\begin{matrix}\text{贷款的}\\\text{流动性需求}\end{matrix}$$

假定对新增贷款的流动性准备金为100%，其他假设如前，则有

$$\begin{aligned}\begin{matrix}\text{商业银行}\\\text{总流动性需求}\end{matrix}=&0.95\times\left(\begin{matrix}\text{游动性}\\\text{货币负债}\end{matrix}-\begin{matrix}\text{法定存款}\\\text{准备金}\end{matrix}\right)+0.30\times\left(\begin{matrix}\text{脆弱性}\\\text{货币负债}\end{matrix}-\begin{matrix}\text{法定存款}\\\text{准备金}\end{matrix}\right)\\&+0.15\times\left(\begin{matrix}\text{稳定性}\\\text{货币负债}\end{matrix}-\begin{matrix}\text{法定存款}\\\text{准备金}\end{matrix}\right)+1.00\times\begin{matrix}\text{新增}\\\text{贷款额}\end{matrix}\end{aligned}$$

案例分析

表4-4列举了某商业银行在预测期内的各类存款额、其法定存款准备金数额以及要提取的流动性资金比例。

表 4-4 某商业银行负债、法定存款准备金数额及要提取的流动性资金比例

各项存款及非存款负债	金额（百万元）	法定存款准备金率（%）	法定存款准备金数额（百万元）	要提取的流动性资金比例（%）
游动性货币负债	300	8	24	95
脆弱性货币负债	250	5	12.5	30
稳定性货币负债	400	3	12	15
新增贷款	12			100

$$
\begin{aligned}
\text{商业银行总流动性需求} &= 0.95\times(300-24)+0.30\times(250-12.5)\\
&\quad +0.15\times(400-12)+1.00\times 12\\
&= 262.2+71.25+58.2+12\\
&= 403.65\ (\text{百万元})
\end{aligned}
$$

商业银行的管理者可依据预测量对比本行未来流动性供给的情况，制定流动性资金补充或运用的最佳方案。

3. 流动性指标法

流动性指标体系能够反映一家商业银行整体的流动性状况，商业银行可以通过对比和分析自身的流动性指标与同行业的平均水平来估算其流动性需求。这些指标包括：

（1）现金指标。

$$\text{现金指标}=\frac{\text{现金}+\text{同业存款}}{\text{总资产}}$$

该比率越高，表明商业银行的流动性越强。

（2）流动证券比率。

$$\text{流动证券比率}=\frac{\text{政府证券}}{\text{总资产}}$$

（3）无风险资产比率。

$$\text{无风险资产比率}=\frac{\text{现金}+\text{同业存款}+\text{政府证券}}{\text{总资产}}$$

（4）同业拆借净值率。

$$\text{同业拆借净值率}=\frac{\text{同业拆出}-\text{同业拆入}}{\text{总资产}}$$

（5）流动资产比率。

$$\text{流动资产比率}=\frac{\text{现金}+\text{政府证券}+\text{同业拆借净值}}{\text{总资产}}$$

（6）能力比率。

$$\text{能力比率}=\frac{\text{贷款和租赁净额}}{\text{总资产}}$$

该比率是一个负面的流动性指标，因为贷款与租赁是商业银行持有的最不具备流动性的资产。

（7）流动性货币率。

$$流动性货币率=\frac{货币市场资产}{货币市场负债}$$

货币市场资产包括现金、短期政府证券、同业拆借、回购协议证券。货币市场负债是指大额可转让定期存单、欧洲美元存单、欧洲美元存款、同业拆借和回购协议证券。这个比率反映商业银行用短期资产满足短期负债的能力。

（8）短期投资比率。

$$短期投资比率=\frac{短期同业存款+同业拆出+短期证券}{总资产}$$

（9）短期投资与敏感性负债率。

$$短期投资与敏感性负债率=\frac{短期投资}{敏感性负债}$$

敏感性负债包括10万美元以上的定期存款、外国机构存款、同业借贷、回购协议中的证券等对利率变动敏感的资金来源。

（10）核心存款比率。

$$核心存款比率=\frac{核心存款}{总资产}$$

核心存款是指总存款减去10万美元以上定期存款的小额存款余额，它在短期内被提取的可能性较小，对利率变动不敏感。

（11）存款结构比率。

$$存款结构比率=\frac{活期存款}{定期存款}$$

该比率反映商业银行资金的稳定性。

（12）交易性存款率。

$$交易性存款率=\frac{交易性存款}{非交易性存款}$$

交易性存款账户是指具有签发类似支票权的各种交易账户，如可转让提款单账户、货币市场账户等。非交易性存款是以储蓄为目的的各种存款，它们相对稳定，故仅需较少的流动性资金。

商业银行在进行指标比较时，应注意选择相同环境下同类银行指标的平均值作参考才具有可比性。与此同时，商业银行在分析时应注意所有流动性指标的变化，而不是单个指标的变化，据此全面掌握流动性状况，确定是否需要补充流动性。

4.4 商业银行的流动性管理

商业银行的管理者对流动性需求做出预测后，就面临如何满足流动性需求的决策问题，或者说最优流动性管理方案的选择问题。流动性管理的主要内容涉及流动性需求管理的原则、流动性需求与供给的协调管理方法以及对流动性需求管理效果的衡量。

4.4.1 流动性需求管理的原则

商业银行在进行流动性需求管理时面临着复杂的外部市场环境，其自身的流动性资产与负债也处于不断调整的过程之中，因此针对特定时点上的流动性需求有多种方案可供选择。选择何种方案来满足流动性需求更符合商业银行的长远发展是一个非常重要的问题。通常说来，商业银行在进行流动性需求管理决策时主要遵循以下几条原则。

1. 进取型原则

当出现流动性缺口时，商业银行的管理者不是依靠收缩资产规模、出售资产来满足流动性需求，而是通过主动负债的方式来满足流动性需求并扩大经营规模，这被称为进取型原则。在按照进取型原则进行决策时，关键是看借入资金的成本是否大于运用其所获得的收益。通常说来，商业银行可通过以下渠道借入资金，如发行债券、大面额存单以及向金融市场拆借资金等，用以补充流动性。采取进取型原则有利于银行业务的扩张，降低银行经营成本，提高经营效益；但是，利用主动负债筹集资金易受市场心理因素的影响，在市场资金供给紧张时，商业银行的筹资成本增加，或者难以筹集到足够的资金，因此具有一定的风险性。通常实力雄厚的商业银行在金融市场上拥有良好的借款信誉，容易通过主动负债的方式获得成本较低的资金，并且受市场供求关系的影响较小，因此这类商业银行采取进取型原则是可行的。

2. 保守型原则

当出现流动性缺口时，商业银行的管理者不采取主动负债的方法，而是靠自身资产转换、出售的方式来满足流动性需求，这种方式称为保守型原则。按照这种原则进行流动性管理，在资金需求的淡季，必须加大第二准备金的比例，为资金需求高峰准备充足的流动性资金。运用保守型原则进行流动性需求管理，商业银行的资金调整、转换不受或少受市场资金供求关系的影响，在不确定的资产需求增加时，可以较可靠地通过内部资金调整来补足流动性，因此安全可靠且风险较小。但运用这种管理原则，商业银行付出的成本代价较高，因为第二准备金的保留必须是以其他利率较高资产的规模收缩作为代价。规模较小、资金实力不够雄厚的商业银行往往在资金市场上的融资难度较大，故多采用保守型原则进行流动性需求管理。

3. 成本最低原则

对流动性缺口的满足应以筹资成本最低为原则。对于流动性需求，不论是以主动负债方式还是以自身资产转换方式来满足，必然要付出一定的成本代价。成本最小化是最优筹资方案选择的基础，商业银行可以在对未来流动性需求以及市场资金供求状况、利率走势进行预测的基础上设计多种筹资方案，然后通过不同筹资方案的对比选择，确定一个最佳筹资方案。

假定某商业银行在年初预测 4 月份将会出现贷款高峰，需要流动性资金准备 1 000 万美元。为了筹措资金，商业银行的管理者设计了两种方案。第一种方案是：1 月份发行 300 万美元的 3 个月期大额存单；3 月份用到期的 300 万美元有价证券购买 1 个月到期的国库券，在 4 月份用款时将国库券卖出；剩余的 400 万美元利用回购协议筹措。第二种方案是：1 月份发行 500 万美元的 3 个月期大额存单；利用 300 万美元有价证券购买 4 月份可以出售的国库券；利用再回购协议筹集 200 万美元资金。通过对以上两种筹资方案的各种成本测算，包括发行费、办公费、利息支出费、准备金额度、保险费等，就可以比较出这两种筹资方案的优劣。一般来说，若两种筹资方案的成本相差较大，应选择成本低者为优选筹资方案；若两种筹资方案的成本基本相同，就要从评价这两种筹资方案在时间上的可行性出发来确定优选筹资方案。

4.4.2 流动性需求与供给的协调管理方法

商业银行要在各种资产、负债以及创新的资金来源中进行选择，对流动性需求与供给进行协调管理。

商业银行的流动性供给包括：一是在资产负债表中存储流动性；二是从金融市场上购买流动性。商业银行的现金资产作为资金运用的一部分，直接形成了对流动性的供给。在现金资产中，我国商业银行习惯地将可供商业银行直接、自主运用的资金称为资金头寸。商业银行的头寸概念有可用头寸、基础头寸和可贷头寸之分。

可用头寸是指扣除了法定存款准备金以后的所有现金资产，包括库存现金、在中央银行的超额存款准备金及存放同业存款。可用头寸又称可用现金。法定存款准备金的减少和其他现金资产的增加，表明可用头寸的增加；相反，若法定存款准备金增加和其他现金资产减少，则会使可用头寸相应减少。

基础头寸是指商业银行库存现金与在中央银行的超额存款准备金之和。基础头寸是商业银行最具流动性的资产，商业银行可以随时动用，充当商业银行一切资金结算的最终支付手段。不论是对客户存款的清算还是对同业或中央银行的资金清算，都是通过这部分资金进行的。在基础头寸中，库存现金和超额存款准备金在数量上可以相互转化，它们在本质上没有区别，即商业银行可以从其在中央银行的准备金存款账户中提取现金，增加库存现金，同时减少超额存款准备金；相反，商业银行将库存现金存入中央银行的准备金存款账户，就会减少库存现金而增加超额存款准备金。

可贷头寸是指商业银行在某时期内可直接用于贷款发放和投资的资金，它是形成商业银行盈利性资产的基础。可贷头寸主要来自商业银行在中央银行的超额存款准备金和库存现金。但是，超额存款准备金并不等同于可贷头寸。因为超额存款准备金必须首先满足各项资金清算的需要，只有超过商业银行正常周转需要限额部分的超额存款准备金才是可贷头寸。商业银行存款和其他负债的增加以及贷款的按期收回是扩大可贷头寸的主要渠道。现金的流入大于流出，清算的收入大于支出，以及法定存款准备金的减少，也会相应增加可贷头寸；反之，若存款和其他负债减少，贷款不能按期收回，可贷头寸也必然随之大量减少。与此同时，现金的流出大于流入，清算的支出大于收入和法定存款准备金的增加，也会相应减少商业银行的可贷头寸。

商业银行可以通过转换资产的方式来满足流动性需求。商业银行一般是通过持有流动性资产，主要是现金和可流通证券来保持流动性，当出现流动性缺口时，商业银行可将非现金资产迅速转换为现金资产来获取流动性资金。流动性资产是指在货币市场上能迅速变现且不受损失的资产。

一般来说，流动性资产包括现金、准现金、同业拆出、政府短期债券、商业票据和银行承兑汇票、资金回购及其他到期期限与流动性需求相吻合的流动性资产。流动性资产的流动性高、风险小，但其盈利能力差。在资产总量一定的前提下，流动性资产的规模越大，意味着获取高盈利的资产规模就越小，损失的利息收益就是持有流动性资产的机会成本。此外，金融资产的出售还要支付一定的交易费用，当市场价格下跌时，商业银行将面临资本损失的风险，因而商业银行应依据对未来流动性需求的估计，持有适度的流动性资产。

商业银行也可以通过借入资金的方式来满足流动性需求。通过借入资金来满足流动性需求是风险最大且盈利最高的一种流动性管理方式。

借入资金的渠道主要包括向中央银行再贴现、再贷款、同业拆入、证券回购、发行大额可转让定期存单、从国际金融市场借款及其他负债方式。借入流动性资金使商业银行能够保留较少的流动性资产，而将资金更多地投向高盈利的资产项目，从而提高商业银行的盈利能力；与此同时，借入资金可以使商业银行的资产规模和结构的稳定性增强，使其不必通过不断转换资产的形式来满足流动性需求。但商业银行在负债流动性管理的实际操作过程中，要受到借款的便利程度和借款利率的制约，特别是在货币市场利率多变、资金获得不稳定的情况下，这种现象尤为明显。能否及时、迅速地在货币市场上借入足够的资金来满足流动性需求，取决于公众对商业银行的信心及商业银行自身的资金实力。因此，大型商业银行借入资金用以满足流动性需求更为普遍。中小商业银行被排斥在某些市场之外，在获取负债时要受到一定约束，因此其可运用的借入资金数量有限，这使其在运用借入资金来保持流动性需求方面受到限制。

随着金融创新的不断发展，商业银行在满足流动性需求方面除了上述传统方法之外，还有一些新方法。例如，商业银行购买能在未来以法定价格卖出选择权的长期证券，在有效转移价格风险的同时使长期证券具备流动性；又如，商业银行将抵押贷款标准化，使其在商业银行出现流动性需求时能够出售；再如，商业银行可以运用资本市场工具（如远期商业票据等）来满足流动性需求。

4.4.3 对流动性需求管理效果的衡量

对流动性需求的管理效果进行衡量与评价有助于商业银行管理者进一步改善管理水平，也有利于金融监管者、投资人和客户对商业银行的安全性、稳健性以及投资价值进行正确的判断。一些市场信号的变化可以反映一家商业银行的流动性管理是否成功。一般来说，以下信号有利于揭示一家商业银行的流动性状况：

（1）公众对商业银行的信心。如果社会公众认为某商业银行的运作出现了一些危险信号，就会丧失对该商业银行的信心，这表明该商业银行将流失存款，从而现金枯竭，进而不能偿付债务。

(2) 商业银行的股票价格是否稳定。当某商业银行的股票价格下跌时，可能意味着投资者认为该商业银行存在现实的或者预期的流动性风险。

(3) 发行大额可转让定期存单以及其他负债是否存在风险溢价。当一家商业银行相对于其他具有相同规模和类似所在地的商业银行以更高的价格吸收定期存款与储蓄存款或者对货币市场负债支付过高的利率时，这就意味着社会公众相信该商业银行可能面临着流动性危机，希望以更高的借入成本来实现其风险溢价。

(4) 出售资产有无损失。如果某商业银行因仓促出售资产以满足其流动性需求而产生了大量的损失，这往往意味着该商业银行存在着流动性危机。

(5) 能否满足客户的合理贷款需求。如果某商业银行拒绝了合格客户的合理且具有潜在收益的贷款需求，这很可能是迫于流动性短缺的压力。

(6) 是否频繁地从中央银行借款。当某商业银行流动性不足时，可能会被迫频繁地向中央银行借款。

商业银行应及时分析、判断这些市场信号的变化情况，适时调整其流动性需求管理策略。

复习思考题

1. 现金资产包括哪些形式？商业银行保留各种形式现金资产的目的是什么？
2. 法定存款准备金的计算方法有哪些？商业银行应该如何进行法定存款准备金的管理？
3. 影响超额存款准备金的因素是什么？商业银行应该如何进行超额存款准备金的管理？
4. 什么是流动性需求？商业银行的流动性需求有哪些种类？
5. 商业银行如何预测流动性需求？
6. 商业银行在什么情况下会产生流动性需求？
7. 结合流动性需求管理的原则分析商业银行是如何满足流动性需求的？
8. 如何对商业银行流动性需求管理的效果进行评价？
9. 用你所学的理论和方法对我国商业银行的流动性风险进行分析和判断。

第5章

贷款政策与管理

【导言】

贷款是商业银行最主要的资产业务，也是其发挥融通社会资金功能的重要体现。企业的生产经营往往需要大量资金支持，其中银行贷款是最重要的外部融资渠道。商业银行的信贷业务与我们的日常生活也有密切联系，如购置住房的抵押贷款、日常消费的信用贷款、高等教育的助学贷款等，都是商业银行信贷业务的一部分。商业银行的信贷业务究竟包括哪些内容，怎样分类，遵循什么样的管理政策？完整的贷款流程是怎样操作的？贷款风险又是如何管理的？这些都是本章要探讨的问题。通过本章的学习，学生将会对商业银行的信贷业务有更清晰的了解。

【学习目标】

(1) 理解信贷业务的基本概念、原则和基本要素。
(2) 掌握贷款分类方法，学会判断具体贷款业务的种类。
(3) 了解商业银行信贷业务的管理制度与贷款政策。
(4) 了解不良贷款的界定标准，掌握贷款损失准备金的计算。
(5) 了解我国商业银行信贷资产结构与质量的变化趋势。

【核心概念】

信贷业务　贷款程序　贷款审查　不良贷款　贷款损失准备金

5.1 贷款的种类及组合

5.1.1 信贷业务的概念

信贷业务是商业银行最重要的资产业务，商业银行利用自身实力和信誉为客户提供资金融通或代客户承担债务，并以客户支付利息、费用和偿还本金或最终承担债务为条件，为客户提供各类信用支持。

信贷业务遵循安全性、效益性和流动性的基本原则。安全性是指商业银行在经营信贷业务的过程中，要保证信贷资金的“保值”，避免遭受风险和造成损失。效益性是指商业银行在经营活动中应追求最大效益，包括经济效益和社会效益。流动性是指商业银行在经营信贷业务的过程中能按预定期限回收信贷资金，或在没有损失的状态下将其迅速变为现金资产。由于商业银行各项贷款原则之间存在着既矛盾又统一的关系，所以商业银行信贷管理工作的核心就是要谋求各项原则间的最优组合。

信贷业务包括对象、金额、期限、利率或费率、用途和担保六个基本要素。对象是指向商业银行申请办理信贷业务的客户，主要分为公司类客户和个人类客户两个大类。金额是指商业银行向客户提供单笔信贷业务或额度授信及额度使用的具体数额。贷款的期限有短期、中期和长期，个人住房贷款的期限一般不超过 30 年。在利率或费率方面，在央行规定的基准利率基础上，商业银行可以根据贷款的风险与收益、市场资金供给、资金筹集成本等因素，实行浮动利率，最低可下浮 10%，个人住房贷款最低可下浮 30%。贷款用途必须在商业银行营业执照规定的范围之内，贷款资金不能流入股票市场、期货市场，不能进行权益性投资。担保是保证借款人还款或履行还款义务的第二还款来源，客户提供的担保方式包括第三方保证、抵押、质押等。

5.1.2 贷款的重要性

自银行业产生以来，发放贷款一直是商业银行最主要的经济功能之一，商业银行通过发放贷款影响地区和国家的经济运行。合理的贷款规模和结构能够满足经济增长对资金的需求，从而促进经济发展。但是，最近二十年来国际银行业的实践证明，银行业的风险很多源自贷款的发放和管理。

商业银行的贷款对一国经济的重要性与该国金融体系的特征有关。在一个资本市场高度发达的国家，资金需求者的融资需求可以由资本市场满足，交易成本的高低成为融资者选择融资方式的重要标准之一。我们可以看到，在英、美等资本市场发达的国家，资金脱媒现象严重，商业银行失去了大量的优质客户，经济中的大量资金融通活动在资本市场上完成。而在大多数资本市场不发达的国家，资金融通活动高度依赖银行体系，我国是典型的代表国家之一。在这种融资结构下，国内经济的增长和衰退与银行体系贷款发放规模呈高度正相关关系。一方面，这表明银行体系的功能主要靠贷款发放来体现，微观经济主体的经济活动也高度依赖商业银行的贷款；另一方面，这种融资方式存在很大的风险，一旦经济陷入衰退或商业银行出现管理失误，不良资产的风险将会显现，反过来影响到经济的稳定与发展。

贷款属于商业银行的资产业务，是商业银行最主要的业务活动，也是收益最大的经济活动，还是商业银行利润的最重要来源。对于我国商业银行而言，贷款活动占到商业银行总资产的二分之一左右，带来的收益占商业银行总收入的四分之三甚至更多。同样，银行业的风险也主要集中在信贷领域。因此，商业银行的监管部门自然将监管的重点放在了贷款的管理上。

5.1.3 贷款的种类

随着商业银行服务范围的不断拓宽，贷款的种类也在不断增加，可以满足客户不同用途的需求，如企业对生产资金周转的需求和居民对住宅、汽车、接受高等教育、医疗、日常消费等的需求，对于贷款的分类方法也多种多样。

1. 按授信对象可以分为公司类信贷业务和个人类信贷业务

公司类客户包括企事业法人、兼具经营和管理职能且拥有贷款卡（证）的政府机构、金融同业、其他经济组织等。

个人类客户包括个体工商户、自然人等。

2. 按偿还期限可以分为活期贷款和定期贷款

活期贷款又称通知贷款。这类贷款在发放时不确定偿还期限，商业银行可以根据自己资金调配的情况随时通知收回贷款。

定期贷款是指具有固定偿还期限的贷款，按偿还期限的长短，可以分为短期贷款、中期贷款和长期贷款三种。

3. 按利率的约定方式可以分为固定利率贷款和浮动利率贷款

固定利率贷款是指在贷款期限内，不论商业银行的利率如何变动，借款人都将按照合同签订的固定利率支付利息，不会因为利率变化而改变还款数额。固定利率贷款的优势是可以回避利率上升的风险，但当利率走稳或者下调的时候，贷款人将被锁定在一个较高的利率水平上，平白多付利息。

浮动利率贷款是指在贷款期内根据事先约定的期限，以某种选定的市场利率作为基础利率并上下浮动的贷款。作为基础利率的可以是中央银行的再贴现利率、国库券利率、市场同业拆借利率等。

4. 按资金来源可以分为自营贷款、委托贷款和特定贷款

自营贷款是指商业银行以筹集的资金自主发放的贷款，这也是商业银行发放的主要贷款种类。

委托贷款是指委托人提供资金，商业银行作为受托人按委托人指定的对象、用途、金额、期限和利率等条件办理贷款的手续。在委托贷款业务中，商业银行只收取手续费，而不承担贷款的风险。

特定贷款是指经国务院批准并对贷款可能造成的损失采取相应补救措施后责成国有独资商业银行发放的贷款。

5. 按资金用途可以分为流动资金贷款、固定资产贷款、工业贷款、农业贷款、消费贷款和商业贷款等种类

流动资金贷款是指商业银行为满足生产经营者在生产经营过程中的短期资金需求，保证生产经营活动的正常进行而发放的贷款。流动资金贷款具有贷款期限短、手续简便、周转性较强、融资成本较低的特点。

固定资产贷款是商业银行对企业的固定资产投资发放的贷款。在我国银行业的发展初期，商业银行只对企业的流动资金发放贷款，国有企业的固定资产由国家财政拨款，集体企业的固定资产则自筹。为了适应经济体制改革的需要，1979 年中国人民银行开始发放中短期设备贷款，用于企业添置生产设备；我国的基本建设投资也开始由财政拨款改为由中国建设

银行贷款。

工业贷款是商业银行对工业生产企业、交通运输企业及物资供销企业发放的贷款的总称。

农业贷款是中国农业银行和其他农村金融机构对农业生产所需资金发放的贷款的总称，其贷款对象是国有农业企业、集体农业企业和农户。

消费贷款是商业银行和金融机构以消费者的信用为基础，对消费者个人发放的、用于购置耐用消费品或支付其他费用的贷款，包括个人住房贷款、汽车贷款、教育贷款、旅游贷款等。

在我国，商业贷款主要是指区别于公积金贷款的、由借款人直接向商业银行申请的个人住房贷款。

6. 按组织形式可以分为普通贷款、联合贷款和银团贷款

联合贷款是由两家或数家商业银行一起对某项目或企业提供贷款。联合贷款的金额一般小于银团贷款，其组织形式比银团贷款简单，没有主牵头行和牵头行之分。通常只有一家商业银行担任代理行，负责与其他商业银行的联系，并对贷款进行管理。

银团贷款又称辛迪加贷款（syndicated loan），是由获准经营贷款业务的一家或数家银行牵头，并由多家商业银行与非银行金融机构参加而组成的银行集团，它们采用同一贷款协议，按商定的期限和条件向同一借款人提供融资的贷款方式。银团贷款的服务对象为有巨额资金需求的大中型企业、企业集团和国家重点建设项目。

7. 按担保形式可以分为保证贷款、抵押贷款、质押贷款和信用贷款

保证贷款是担保人以其自有的资金和合法资产保证借款人按期归还贷款本息的一种贷款形式，如果借款人到期不能偿还债务，则由担保人履行保证义务。保证贷款的手续简便，一般无须办理登记、评估等手续，保证人可选择一个或多个。

抵押贷款是以特定的担保品作为保证的贷款，如果借款人不履行债务，商业银行有权处理用作担保的担保品。此外，作为担保品的资产必须是容易销售的。当借款人破产清算时，商业银行可以成为优先债权人，而处理担保品可以在一定程度上减少商业银行的信贷风险。

质押贷款是以借款人或第三人的动产或权利为质押物发放的贷款。可作为质押的质物包括国库券（国家有特殊规定的除外）以及金融债券、AAA级企业债券、储蓄存单等有价证券。

信用贷款是指完全根据借款人的信用发放的、无须任何担保品的贷款。信用贷款一般只贷给那些信誉卓著的大公司。

8. 按偿还方式可以分为一次性还清贷款和分期偿还贷款

一次性还清贷款是指借款人在贷款到期时一次性还清贷款的本息，一般适用于借款金额较小、借款期限较短的贷款。

分期偿还贷款是指借款人按贷款协议的规定在还款期内分次偿还贷款，等到还款期结束，贷款应全部还清。这种贷款适合借款金额大、借款期限长的贷款项目。

5.2 贷款政策与程序

5.2.1 信贷管理政策制度体系

信贷管理政策制度体系首先涉及信贷业务的基本管理制度，这是从商业银行内部控制

的角度对业务经营加以规范，主要的基本管理制度如下：

1. 审贷分离制度

审贷分离制度是将贷款的调查、审查和决策工作分离开，使各个环节和岗位相互制约，分别承担各自工作出现问题而带来的风险责任。具体说来，商业银行通常将信贷管理人员分为贷款调查评估人员、贷款审查人员和贷款检查人员。

2. 主责任人、经办责任人制度

在进行信贷业务时，相关的责任人涉及能否胜任控制需要和实现控制目标的问题。拥有品质良好、训练有素的人员可以在一定程度上弥补内部控制制度的某些不足。通常说来，办理信贷业务各环节的有权决定人为主责任人：调查主责任人对信贷业务贷前调查的真实性负责；审查主责任人对信贷业务审查的合规合法性和审查结论负责；审批主责任人对信贷业务的审批负责；经营主责任人对有权审批人审批的信贷业务的发生后监管、本息收回和债权保全负责。在信贷业务办理过程中直接进行调查、审查的信贷人员承担具体经办责任。

3. 信贷业务授权授信管理制度

商业银行应该建立明确的授权和审批制约机制，也就是开办任何业务活动均需经有权批准部门的书面认可，应按照内部有关的经营管理权限实行逐级有限授权，明确规定相应的责任。除特殊情况外，信贷业务必须坚持“先评级、授信，后用信”的原则。

4. 责任追究制度

责任追究制度是在实行审贷分离制度的基础上，对违规、违纪、违法行为造成的贷款损失或难以收回的贷款，根据办理信贷业务各环节责任人所承担责任的比例实施赔偿的制度。贷款违规违纪责任的责任人分为完全责任人、主要责任人和次要责任人。

建立明确规范的管理制度对商业银行的贷款管理具有积极的作用，可以通过严格的内部控制降低商业银行的经营风险；反之，如果商业银行的信贷业务管理制度存在缺陷或监管不到位，将会产生巨大的风险隐患，滋生利益输送等严重违法行为。

贷款政策是信贷管理政策制度体系的另一个重要方面，它是商业银行指导和规范贷款业务，管理和控制信用风险的各项方针、措施及程序的总称，也是商业银行从事贷款业务的具体准则。虽然商业银行的经营规模、经营方式、经营品种、所处的市场环境不同，贷款政策也会有所不同，但其基本内容如下：

1. 贷款业务的发展战略

这是商业银行开展贷款业务的指导思想。我们应明确商业银行开展贷款业务必须遵循的基本方针，然后在此基础上确定商业银行贷款的范围（包括行业、地域和业务品种）、速度和规模。商业银行制定的贷款业务发展战略要与自身的能力相符，过高地估计自身的发展能力会导致业务失控，从而增大经营风险；过低地估计自身的发展能力又会导致增长缓慢。大多数商业银行的贷款政策文件中都明确指出，贷款业务的发展必须符合稳健经营的原则。

2. 贷款审批的分级授权

商业银行需要对有权审批贷款的人员或组织确定其贷款品种和最高贷款限额。在一般情况下，贷款的分级授权有三个层次：一般信贷人员的审批授权，包括商业银行的部门经理；贷款委员会或高级管理层的审批授权；董事会的审批授权。在贷款审批分级授权确定以后，各级信贷人员不得越权发放贷款。

3. 贷款的期限和品种结构

在贷款政策中要明确规定商业银行可接受贷款的最长期限，并注意贷款期限与融资项目生产周期和资产转换周期的一致性。

4. 贷款发放的规模控制

商业银行发放贷款的规模要受其资金来源和资产组合状况的制约，而不是无限制的。根据《商业银行法》的规定，商业银行贷款应当遵守资产负债比例管理的规定：资本充足率不得低于 8%；贷款余额与存款余额的比例不得超过 75%；流动性资产余额与流动性负债余额的比例不得低于 25%。

5. 关系人贷款政策

关系人贷款是向商业银行关系人发放的贷款。《商业银行法》规定，关系人是指商业银行的董事、监事、管理人员、信贷业务人员及其近亲属，以及上述人员投资或担任高级管理职务的公司、企业和其他经济组织。商业银行不得向关系人发放信用贷款。商业银行向关系人发放担保贷款的放款条件也不能优于其他借款人同类贷款的放款条件。

6. 信贷集中风险管理政策

信贷集中是指商业银行向一个或一组关系密切的借款人发放的、未经特别批准的、金额超过资本金一定比例的贷款，该比例一般为 25%。信贷集中可能表现为对某人或一组相互关联的借款人贷款金额过大，也可能表现为贷款抵押品单一或者贷款集中于某行业或集中于某类贷款（如房地产贷款）等。信贷集中有损商业银行经营的安全，一旦借款人发生风险，商业银行会受到损失。《商业银行法》规定，对同一借款人的贷款余额与商业银行资本余额的比例不得超过 10%。

7. 贷款定价

在商业银行的贷款政策中要明确贷款的价格形成，保证商业银行的利益。贷款定价不只是一个确定贷款利率的过程，商业银行的贷款价格一般包括贷款利率、贷款补偿性余额（回存余额）和对某些贷款收取的费用（如承担费等）。

8. 贷款的担保政策

在商业银行的担保政策中要明确担保的方式，规定抵押品的鉴定和评估方法，确定抵押率，以及担保人的资格和还款能力评估等。

9. 贷款档案的管理政策

贷款档案是商业银行贷款管理过程的详细记载，体现商业银行的经营管理水平和信贷人员的素质，直接反映贷款的质量。

10. 贷款的审批和管理程序

商业银行要制定书面的贷款审批和管理程序，对贷款进行指导和管理。

11. 贷款的日常管理和催收政策

商业银行对贷款的日常管理关系到贷款的质量，其贷款政策应规定如何与借款人保持联系、了解借款人的业务情况和财务情况等。有效的贷款回收和催收制度可以帮助商业银行最大限度地减少损失。

12. 对所有贷款质量评价的标准

商业银行按风险程度对贷款加以评价是保证贷款安全的重要措施。

13. 对不良贷款的管理

对不良贷款的管理是商业银行贷款政策的重要组成部分。在贷款发放后，如果商业银行在贷后检查中发现不良贷款的预警信号，或在贷款质量评估中被列入关注级以下的贷款，都应当引起商业银行的高度重视。

一份好的贷款政策文件可以明确相关信贷人员的责任和义务，满足商业银行监管部门的要求，最大限度地降低商业银行的风险。与此同时，贷款政策文件又必须具有一定的灵活性。

5.2.2 贷款程序

贷款脱离了商业银行的控制，不能按时收回本息的风险较大，因而应在遵守《中华人民共和国民法典》和《贷款通则》的基础上，建立严格的贷款制度。按照先客户评级、后额度授信、再具体支用的原则，信贷业务的基本操作流程包括受理、调查评价、审批、发放及贷后管理五大阶段。

受理阶段主要由受理人员依据有关法律法规、规章制度及商业银行的信贷政策审查客户的资格及其提供的申请材料，决定是否接受客户的信贷业务申请。图5-1为商业银行的贷款决策程序。

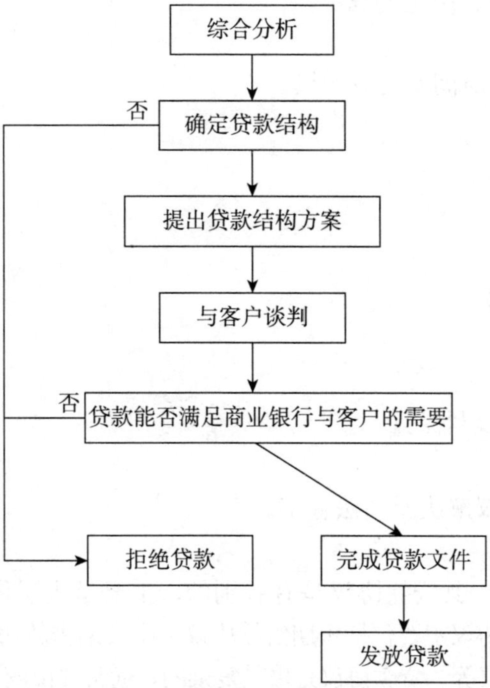

图5-1 商业银行的贷款决策程序

调查评价包括客户信用评级、业务评价及担保评价三部分。信用评级是对评级对象履行有关经济承诺的能力及其可信度进行调查、分析、评价、测定和审核，进而对客户的偿债能力和违约风险做出全面的评价。业务评价是按照不同信贷业务的要求和方法对客户的信贷业务的风险点和成本效益进行分析评价。担保评价是对担保人和担保物进行调查与评价。信贷人员将客户信用评级报告及有关附件等材料报信贷审批部门进行信用等级审定，在认定客户信用等级后，才能办理额度授信或单笔信贷业务申报审批。

信贷业务的审批包括报批材料的合规性审查和审批。贷款审批人员在阅读和审查申报材料的基础上，审查该信贷业务的技术、经济和商业可行性，分析申报项目的主要风险点及其风险规避和防范措施，并依据该信贷业务预计带来的风险和收益决定是否批准该信贷业务。

贷款的发放首先要落实用款条件，在签订合同后进行资金支用。

贷后管理包括对信贷资产的审查、回收、展期、借新还旧及不良资产管理等内容。从客户实际使用银行信用到该信贷业务完全终止前，商业银行应对信贷客户及影响信贷资产安全的有关因素进行跟踪和分析，及时发现预警信号，并采取相应的补救措施。

5.2.3 贷款协议

贷款协议是借款人与商业银行签订的约定双方权利和义务关系的合同。贷款协议的目的是在借款人的偿债能力出现问题时保护商业银行的利益，因而贷款协议是贷款过程中不可缺少的组成部分。

通常说来，贷款协议的主要内容为：

（1）贷款金额、期限、用途的规定。

（2）利率与计息。

（3）提款条件、提款时间及提款手续。

（4）还款。

（5）担保。

（6）保险。

（7）声明与承诺。

（8）违约事件及处理。

（9）扣划。

（10）税费。

（11）抵消、转让与权利保留。

（12）变更与解除。

（13）法律适用、争议解决及司法管辖。

（14）附件。

对于不同种类的贷款，其贷款协议是有差别的，主要是为了体现不同类别贷款的特殊性。在一般情况下，贷款协议主要包括短期借款协议、中长期借款协议、转贷协议、授信额度协议、担保协议、抵押协议等。贷款协议是极其复杂的，通常要由商业银行的法律专家制定。

5.2.4 贷款审查

在借款人与商业银行签订贷款协议后，商业银行不能将其束之高阁，而要根据贷款的性质与规模定期对自己发放的贷款进行审查。在贷款发放后，由于主客观因素的变化可能导致这笔贷款的质量发生变化，如经济周期波动、个人职业变化等都会影响借款人的清偿能力。因此，贷款审查是贷后管理的重要环节，它可以帮助商业银行的管理者迅速发现问题贷款、检查信贷政策的执行情况、提供预警信号、及时发现贷款质量变化、防止贷款质量恶化。

国际上通行一种评价借款人信誉状况的原则，即“6C”原则，是指品质（character）、能力（capacity）、现金（cash）、抵押（collateral）、环境（conditions）和控制（control）。

1. 品　质

这是指借款人有明确的借款目的，并有能力按时足额偿还贷款。对借款人品质的判断可以通过借款人的以往还款记录、其他借款人与该借款人的往来经验以及借款人的信用评级进行。商业银行只有确认借款人具有对贷款认真负责的态度，才会考虑发放贷款。

2. 能　力

这是指借款人具有申请借款的资格和行使法律义务的能力。对于没有合法资格的借款人，商业银行不能与之签署贷款协议。

3. 现　金

现金是可以直接用于偿还贷款的，充足的现金流可以保证贷款的及时偿还。因此，信贷人员要用现金流量分析法判断借款人的现金状况，以确定其偿还贷款的能力。

4. 抵　押

借款人用于抵押的资产质量如何是商业银行关心的问题，特别是抵押资产的流动性、价值稳定性等关系到贷款的安全程度。

5. 环　境

环境是指借款人或行业的近期发展趋势、经济周期的变化对借款人的影响等，这需要商业银行通过阅读借款人的信息档案获得。

6. 控　制

这主要涉及法律的改变、监管当局的要求和一笔贷款是否符合商业银行的质量标准等问题。适用法律的变化往往会改变一个行业和一个企业的借款条件，因而这些改变要引起商业银行的注意。

5.3 贷款的质量评价

商业银行贷出的款项能否按时收回是商业银行信贷人员最关心的。尽管前文讨论的所有问题都与此有关，但无法准确说出每一笔贷款现在处于何种境地，这就需要不断地对每一笔贷款的质量给予合理的评价，前文对贷款的信用分析为商业银行评价贷款质量提供了一种方法。各国商业银行经过长期的实践，总结出了现在较为通用的贷款五级分类法，它是商业银行信贷风险管理的重要组成部分。

5.3.1 贷款分类

贷款分类是指商业银行的信贷分析和管理人员，或监管当局的检查人员，综合能获得的全部信息并运用最佳判断，根据贷款的风险程度对贷款质量做出评价。五级分类法就是按照贷款的风险程度，将贷款划分为五类，即正常类、关注类、次级类、可疑类、损失类。

（1）正常类。借款人能够履行合同，有充分把握按时足额偿还本息。

（2）关注类。尽管借款人目前有能力偿还贷款本息，但存在一些可能对偿还产生不利影响的因素。

（3）次级类。借款人的还款能力出现了明显的问题，依靠其正常经营收入已无法保证足额偿还本息。

（4）可疑类。借款人无法足额偿还本息，即使执行抵押或担保，也肯定要造成一部分损失。

（5）损失类。在采取所有可能的措施和一切必要的法律程序后，本息仍然无法收回，或只能收回极少部分。

由此可见，贷款五级分类是根据贷款偿还的可能性确认的，它考虑的主要因素包括借款人的还款能力、还款记录、还款意愿，贷款的担保，贷款偿还的法律责任以及商业银行的信贷管理。

5.3.2 贷款审查的原则

在对一笔贷款进行分类时，可以借助图 5-2 提供的流程进行。

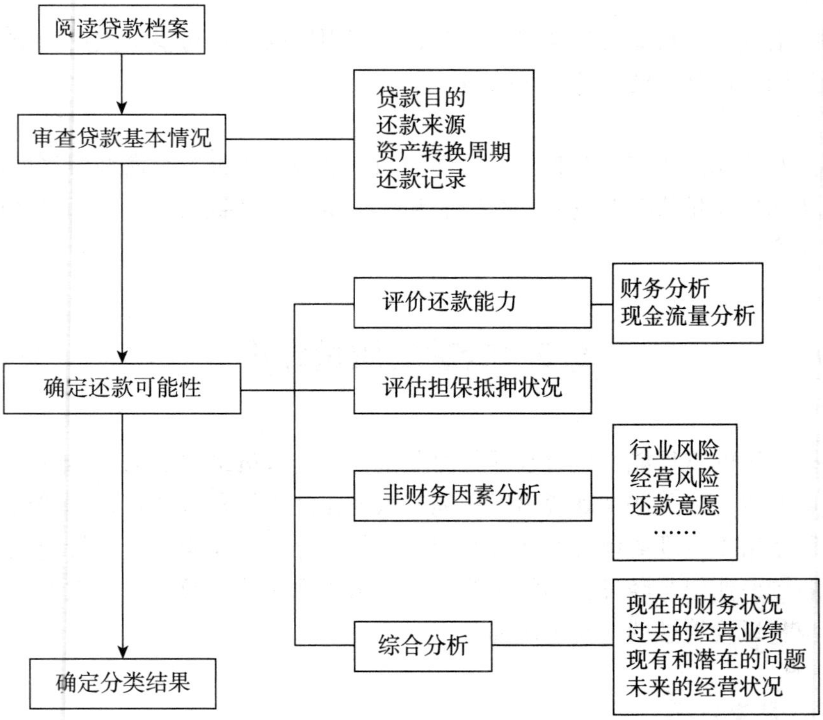

图 5-2 贷款分类程序

贷款档案是商业银行发放、管理、收回贷款这一完整过程的真实记录，是提供贷款分类资料的基础。商业银行从贷款档案中可以了解到借款人的基本情况，如贷款申请、审批报告、合同等，还可以了解借款人的财务状况、抵押担保文件、贷款分析报告等信息。

在审查贷款基本情况时，要注意借款人的贷款目的是否与真实用途一致，贷款合同约定的还款来源与真实还款来源是否一致。

确定还款可能性的分析就是对借款人信用状况的分析，它能解释借款人现在的财务状况，明确借款人过去的经营业绩、现有和潜在的问题以及未来的经营状况。

5.3.3 贷款分类结果

上面的分析最终反映出一笔贷款的风险程度，贷款分类可以将这一结果表现出来。中国人民银行制定的贷款五级分类法可以帮助信贷人员准确判断贷款的类别，见表5-1。

表5-1 贷款五级分类的主要特征

	主要特征
正常类	借款人有能力履行承诺，并对贷款的本金和利息进行全额偿还，没有问题贷款
关注类	净现金流量减少 借款人销售收入、经营利润在下降，或净值开始减少，或出现流动性不足的征兆 借款人的一些关键财务指标低于行业平均水平或有较大下降 借款人的还款意愿差，不与商业银行积极合作 贷款的抵押品、质押品价值下降 商业银行对抵押品失去控制 商业银行对贷款缺乏有效的监督等
次级类	借款人的支付出现困难，并难以按市场条件获得新资金 借款人不能偿还对其他债权人的债务 借款人内部管理问题未解决，妨碍债务的及时足额偿还 借款人采取隐瞒事实等不正当手段套取贷款
可疑类	借款人处于停产、半停产状态 固定资产贷款项目处于停缓状态 借款人已资不抵债 商业银行已诉诸法律来收回贷款 贷款经过重组仍然逾期，或仍然不能正常归还本息，还款状况没有得到明显改善等
损失类	借款人无力还款，抵押品价值低于贷款额 抵押品价值不确定 借款人已彻底停止经营活动 固定资产贷款项目停止时间很长、复工无望等

在商业银行对所有的贷款都进行了分类后，该行的整体贷款质量就会一清二楚了。如果把它们量化，可以归纳出若干指标。

1. 不良贷款余额/全部贷款余额

不良贷款是次级类、可疑类、损失类三类贷款的总称。不良贷款余额与全部贷款余额的比例可以说明贷款质量的恶化程度。如果进行细致的划分，还可以用以下比率：

（1）次级类贷款余额/全部贷款余额。

（2）可疑类贷款余额/全部贷款余额。

（3）损失类贷款余额/全部贷款余额。

通过以上比率的计算，可以更清楚地反映商业银行不良贷款的分布，以便找到问题的集中点。

2.（正常类贷款余额＋关注类贷款余额）/全部贷款余额

这一比率反映的是贷款的总体安全程度。当然，也可以分别反映：

（1）正常类贷款余额/全部贷款余额。

（2）关注类贷款余额/全部贷款余额。

正常类贷款比率和关注类贷款比率还能反映贷款的变化趋势。如果关注类贷款比率在增长，则说明贷款的安全程度在降低。

3. 加权不良贷款余额/（核心资本＋准备金）

加权不良贷款余额的计算首先要确定不同种类贷款的风险权重，中国人民银行提供的参考权重指标是：正常类为1%，关注类为3%～5%，次级类为15%～25%，可疑类为50%～75%，损失类为100%。用加权不良贷款余额与核心资本和准备金之和进行比较，能够反映商业银行资本可能遭受侵蚀的程度和商业银行消化这些损失的能力。

4. 其他比率

下列指标能更直接地反映贷款的质量：

（1）逾期贷款余额/全部贷款余额。

（2）重组贷款余额/全部贷款余额。

（3）停止计息贷款余额/全部贷款余额。

这些曾是我国长期用来监测商业银行贷款质量的指标。

评价商业银行贷款质量的指标不仅能使商业银行对贷款的风险管理状况有清楚的了解，而且商业银行根据评价结果可以找出问题所在，进一步提高贷款的风险管理水平。此外，商业银行使用连续的评价指标可以进行历史比较，发现贷款管理的趋势；与此同时，商业银行也可以进行同业比较，以明确自己的竞争地位。

长期以来，我国一直使用“一逾两呆”的评价方法，简单地根据贷款是否逾期和逾期时间的长短来判断贷款是否安全。这种评价方法不仅无法准确反映贷款的真实风险程度，而且不利于健全商业银行的信贷风险管理体系。因此，我国从2001年起广泛使用贷款的五级分类法。

☞**小专栏**

中国人民银行关于全面推行贷款质量五级分类管理的通知

银发〔2001〕416号

1997年，《中共中央、国务院关于深化金融改革，整顿金融秩序，防范金融风险的通知》（中发〔1997〕19号）提出：要参照国际惯例，结合我国的实际情况，完善现行信贷资产质量分类和考核办法。1998年，中国人民银行印发了《贷款风险分类指导原则（试行）》，推行贷款质量五级分类管理。经政策性银行、国有独资商业银行、股份制商业银行和城市商业银行试点及试运行，实行贷款质量五级分类管理的条件已经具备。经国务院同意，中国人民银行决定：公布《贷款风险分类指导原则》，从2002年起，在我国各类银行全面施行贷款质量五级分类管理。各行仍应对逾期贷款进行严格的统计和监测。2002年，各行要继续按原来四级分类的有关管理要求，按月向中国人民银行报送“一逾两呆”不良贷款数据。从2003年起，各行要分别按月统计并向中国人民银行报送逾期3个月、6个月、1年和1年以上四个档次的贷款数据，作为实施贷款质量五级分类和日常信贷管理的基础数据。

5.4 问题贷款的发现和处理

在一笔贷款发放后，可能会发生三种情况：第一种情况也是最常见的情况就是借款人按约定偿还贷款；第二种情况是按照商业银行和借款人都能接受的方式重新调整贷款协议；第三种情况是某些贷款不能按约定的方式偿还，此时，一笔问题贷款便产生了。问题贷款是指借款人不能在约定的期限内偿还贷款，或者对于该贷款，商业银行存在潜在的部分损失或全部损失。

5.4.1 问题贷款的产生和发现

任何一笔问题贷款都是由以下三个因素之一或三个因素结合而导致的：①借款人自身的因素，如不适当的财务结构不能适应市场和行业变化、管理部门薄弱、有欺诈活动等；②借款人以外的因素，如经济环境的变化、政府约束、自然灾害和工艺过时等都会改变借款人的处境，从而影响其还款能力；③商业银行自身的错误，商业银行在对贷款发放进行分析时可能发生错误的判断，也可能拖延协议的执行或对协议执行不严格，这都会影响借款的按期偿还。

对问题贷款的有效管理取决于两个方面：一是问题贷款的早期发现；二是立即采取有效的措施。商业银行在发现问题贷款方面有三条防线：信贷人员、贷款的复核和外部检查。

信贷人员是发现问题贷款的第一道防线，因为他们比任何人都更了解借款人，而且信贷人员通常是第一个检查借款人财务和其他相关信息的。因此，信贷人员负有向商业银行有关部门报告贷款出现问题的责任。

贷款复核是发现问题贷款的第二道防线，但贷款复核并不经常进行，对一笔贷款的检查可能每年只有一次。因此，尽管这种方法可能很有效，但往往不够及时。

外部检查是第三道防线。如果在外部检查时查出了问题贷款，通常就太晚了。此时，借款人已无力还款，以致商业银行的种种约束都已失效。因此，及早并快速地发现问题贷款是至关重要的。

一笔贷款在变成商业银行的真实损失之前会经过一段时间，商业银行要善于从早期信号中尽早发现问题，特别是那些财务信号。早期的财务信号主要有：

（1）杠杆作用。负债权益比率是最容易发现问题的指标，当这一比率超过行业平均值时，就应引起商业银行的注意。

(2) 获利能力。企业经营的目的是获利，当借款人没有足够的获利能力时，商业银行就要对该借款人的生存能力表示怀疑了。衡量企业获利能力的指标有很多，但总资产收益率指标也许是最好的。

(3) 流动性。有许多关键性指标可以用来测试企业的流动性，如流动比率、速动比率、应收账款周转率、存货周转率等，但必须综合使用。

以上财务信号的获得会有一个滞后时间，因此商业银行接收财务报表的频率是至关重要的。如果商业银行不能获得足够的财务信号，那么发现问题贷款就要依靠非财务信号。非财务信号主要有：

(1) 企业管理风格的改变。这涉及企业的管理能力，如有无充分的计划、有无管理发展的能力、重要的人事变动等。

(2) 行业、市场或产品的变化。企业管理层的一项主要责任是预期和应对未来的变化。商业银行要确信借款人的管理层能够清楚地认识到自己所处环境的变化并可以预测这些变化。

(3) 信息获取的变化。商业银行应从借款人那里获得的财务数据发生拖延或不充分以及商业银行只能勉强获得这些信息就是不好的征兆。

商业银行对非财务信号也要做到时时警觉，尽管这些征兆是无形的，但它们常常是问题贷款的最初警报。

当一笔贷款出现了问题贷款的早期征兆时，是否就意味着商业银行一定能认识到并采取相应措施？答案是否定的。因为即使一笔贷款已出现早期不良征兆，商业银行也可能无法获知，种种原因都会导致这一结果的出现。比如因信贷人员自身能力有限使其未能发现问题；商业银行信贷人员工作负荷过重也不利于他及早发现问题；有时，商业银行也会抱一种希望问题自己消失的态度等待不良征兆自动消失；还有一些错误的观念也会拖延问题贷款的及早发现，如害怕心理、担心公众的不良反应等。

如果一笔贷款显示了早期的不良征兆，加上商业银行的错误反应，就会使一笔贷款的问题日益严重，最终有可能导致商业银行的损失。实际上，许多贷款都会出现早期的不良征兆，只要商业银行和借款人双方采取恰当的措施，就可以将这笔贷款变成正常的贷款。因此，及早发现问题贷款是管理问题贷款的关键。

5.4.2 贷款的分类过程

当一笔贷款被确认为问题贷款时，商业银行和借款人就要采取有效措施防止问题贷款变成真实的损失。对于问题贷款，商业银行首先会与借款人会面，商讨合作的可能性，如果可能的话，商业银行继续向借款人注入新的资金。当然，必须保证新注入的资金非常安全，即使发生损失，追加的资金也能收回来。与此同时，商业银行必须要确认追加资金的行为可以挽救一个企业，否则这一举动就是不明智的。

当不能选择追加资金方案时，商业银行和企业还可以协商制定一个双方同意的政策。该政策包括以下几个方面：

(1) 减债程序和时间限制。此举的目的是确定还款金额和还款时间。此时，借款人必须制订财力计划，特别是现金预算。商业银行要给借款人一定压力，迫使其做出还款计划。

（2）增加抵押品、担保人、第二抵押。在发现问题贷款后，商业银行要检查所有的文档并修正。如果抵押品不足，应商议额外的安全措施，如延长期限或追加额外资金。

（3）索取财务报告。在问题贷款发生后，精确和及时的财务报告是必不可少的，这些报告包括月报，应收、应付账龄，存货报告等。如果财务报告发生延期现象，就意味着问题的进一步恶化，应引起商业银行的注意。

（4）立即监控抵押品和借款人。商业银行要定期和经常对抵押品及借款人进行检查，这有助于确保抵押品的安全和加强与借款人的联系。

（5）建立损失-安全点。这是指商业银行对问题贷款的处理建立起应急计划，一旦企业不能完成还款计划，立即就企业将损失多少资本金、如何进行清算等建立双方一致的协议，达成一致同意的损失-安全点。如果到达贷款损失的地步，借款人将自动清算企业，商业银行要能控制这一局面。

当商业银行与企业无法实现上述目标时，则只有清算这种最后选择了。在清算的过程中，包括对借款人提供的抵押品的处置、担保人需要完成的担保责任等，可能都要在法庭上解决，因此律师的作用是很关键的。如果通过抵押品的处置和担保人都无法完成还款义务，企业破产清算就成为必然的选择。破产在各国有不同的法律规定，通过破产来清偿商业银行的债务并不能保证商业银行不受损失；有时，破产也是债务人逃避债务的一种方式，很难肯定破产一定对商业银行有利。因此，这一选择只有在万不得已时才会被使用。

即使借款人进行破产清算，商业银行仍有可能遭受贷款损失，这部分损失的贷款就成为商业银行的呆账。但在商业银行账上被注销的贷款并不意味着现实中已经完全无法收回，其中有一部分贷款仍是有希望收回的。对于这一部分贷款，商业银行还是要定期对它们进行审核，以期待收回的可能。其实，任何已冲销的贷款都有收回的可能性，而且它们的收回对商业银行的利润有直接影响，如果在定期检查中发现了一点收回的希望，商业银行就要马上制订收回计划并付诸实施。

当一笔贷款成为商业银行的呆账时，商业银行应用什么方式对其进行账务处理？在这种情况下，贷款损失准备金的概念是很重要的。

5.4.3 贷款损失准备金

任何一笔贷款在发放后，就已存在损失的可能。贷款损失准备金是从商业银行的收入中提取的、用于弥补贷款损失的一种价值准备。商业银行提取贷款损失准备金的唯一目的就是弥补评估日贷款和租赁组合中的固有损失。

商业银行提取贷款损失准备金要符合两项原则：一是及时性原则；二是充足性原则。前者是指商业银行贷款损失准备金的提取应在估计到贷款可能存在内在损失、贷款的实际价值可能减少时进行，而不应在损失实际发生或需要冲销贷款时进行；后者是指商业银行应当随时保持足以弥补贷款内在损失的准备金。

由于损失的不可避免性，因而及时、足额提取贷款损失准备金就成为帮助商业银行保持经营稳健的有效工具。

贷款损失准备金有三种类型：一是按贷款组合余额的一定比例提取的普通准备金；二

是根据贷款分类结果，对各类贷款按不同比例提取的专项准备金；三是按贷款组合的不同类别，如国家、行业、地区等提取的特别准备金。

商业银行经营贷款总会有一定的损失，因此必然需要贷款损失准备金，普通准备金正是在这个意义上提取的、用于弥补贷款组合的不确定损失，这就使普通准备金具有了资本的性质，可以计入资本。但是，普通准备金无法反映贷款的真实损失程度，它只与贷款的总量有关，而与贷款的实际质量无关。真正的贷款损失准备金是用来弥补损失的，这要求贷款损失准备金的数量与贷款的真实质量相一致，贷款质量高，贷款损失准备金就少；相反，则必须增加贷款损失准备金的数量。由于专项准备金是按贷款的内在损失程度计提的，反映了评估日贷款的真实质量，因此专项准备金不计入资本，它的变动直接与贷款的质量相关，而与贷款的总量无关。

在普通准备金和专项准备金体系下，准备金的计算步骤如下：

(1) 计算所需的专项准备金。专项准备金要按照贷款的分类结果进行计算，不同的贷款分类应按不同的比例计提，可参考的比例为：损失类贷款为 100%；可疑类贷款为 50%；次级类贷款为 20%；关注类贷款为 5%。

(2) 计算普通准备金。即使贷款属于正常类，仍存在损失的可能，因此同样需要计提普通准备金。其方法为：

普通准备金＝(贷款总额－专项准备金)×规定的比例

准备金总量＝专项准备金＋普通准备金

例如，一笔 100 万元的贷款，其中有 30 万元为损失类贷款，按普通准备金的提取比例为 1%来计算，应提普通准备金 1 万元。显然，这 1 万元的普通准备金根本无法弥补已有的 30 万元贷款损失。如果按专项准备金提取，则应增提准备金 30 万元，尽管这减少了普通准备金的数量，但准备金总量增加了。商业银行应计提的准备金总量为 30.7 万元 [＝(100－30)×1%＋30]。商业银行建立的普通准备金、专项准备金和特别准备金共同构成了商业银行的贷款损失准备金体系，保证了商业银行经营的安全性。

5.5 我国商业银行信贷资产管理现状

我国商业银行体系始建于 1979 年，在此之前，由于实行计划经济体制，商业银行作为独立的经济主体还无单独存在的必要，中国人民银行一家几乎承担了全部的金融业务。在 1979 年以后，为适应当时建立社会主义商品经济的要求，提出了银行企业化改革问题。为此，我国恢复了中国农业银行，分设了中国银行、中国人民建设银行（1996 年更名为中国建设银行），1983 年中国人民银行正式行使中央银行的职能，同时成立中国工商银行，1987 年交通银行以国家控股方式诞生。至此，形成了我国国有商业银行体系。与此同时，我国还成立了若干家全国性股份制商业银行和区域性股份制商业银行，城市信用社、农村信用社也得到了大力发展。目前，我国已形成以中央银行为核心，以国有商业银行为主体，各种非国有商业银行并存的庞大的商业银行体系。它们对我国的经济发展起到越来越重要的作用，同时它们对经济生活的影响也日益显露出来。

5.5.1 我国金融机构体系信贷资产的增长

近年来，我国金融机构体系的信贷资产以极快的速度增长，见表5-2。

表5-2 1978—2021年我国金融机构体系信贷资产增长情况

年份	信贷资产（10亿元）	增长（%）	年份	信贷资产（10亿元）	增长（%）
1978	190	—	2000	9 937	6
1979	209	10	2001	11 231	13
1980	249	19	2002	13 129	17
1981	296	19	2003	15 899	21
1982	330	11	2004	17 736	12
1983	375	14	2005	19 469	10
1984	512	37	2006	22 528	16
1985	631	23	2007	26 169	16
1986	840	33	2008	30 339	16
1987	1 030	23	2009	39 968	32
1988	1 222	19	2010	47 903	20
1989	1 436	18	2011	54 810	14
1990	1 768	23	2012	63 011	15
1991	2 134	21	2013	71 896	14
1992	2 632	23	2014	81 677	14
1993	3 294	25	2015	93 954	15
1994	4 081	24	2016	112 055	19
1995	5 039	23	2017	125 607	12
1996	6 116	21	2018	141 752	13
1997	7 491	22	2019	158 602	12
1998	8 652	15	2020	178 403	12
1999	9 373	8	2021	198 511	11
平均增速	17.5%				

资料来源：《中国金融年鉴》各期，中国人民银行。统计口径包括中国人民银行、政策性银行、国有商业银行、其他商业银行、城市合作银行、城市信用社、农村信用社、邮政储蓄机构、信托公司、财务公司、融资租赁公司。

表5-2的数字显示，在过去的44年间，我国金融机构的信贷资产以平均17.5%的速度增长，超过了经济增长速度。在以间接融资为主的融资格局下，说明我国商业银行信贷规模的扩张是经济增长的强有力支撑，信贷规模变化与经济周期具有高度一致性。例如，

1998—2001年我国宏观经济紧缩，信贷规模也迅速收缩，自2001年以来信贷规模的迅速扩张使我国宏观经济走出了紧缩局面。特别是从2008年国际金融危机爆发以来，我国政府为保持较高的经济增长速度，所采用的宽松信贷政策起了极为关键的作用，导致2009年信贷资产的增速达到32%，创下自改革开放以来的历史新高。这说明我国的经济增长模式过度依赖投资，而投资的资金供给渠道主要是银行体系。在国际金融危机后，我国实行更为稳健的货币政策，致使银行体系信贷投放的增速趋缓。

5.5.2 我国银行体系信贷资产的结构

在信贷资产调整、增长的同时，我国银行体系内部存在着较为严重的不均衡问题。表5-3描述了近年来我国银行体系信贷资产的分布情况。

从表5-3中可以看到：

（1）在我国银行体系中，信贷业务主要集中在大型国有商业银行。但与存款市场一样，该现象也在发生变化：2005年大型国有商业银行占贷款市场的份额为67%，2013年为58.96%，2021年为49.69%。

（2）近年来，城市商业银行和农村商业银行得到了快速发展，在贷款市场中显示出日益增强的竞争力。2005年它们分别仅占贷款市场份额的7.14%和0.62%，2013年这一比例提高到10.49%和7.32%，2021年进一步上升至14.04%和12.78%。

（3）外资银行在我国信贷市场的占比不高。

（4）从2015年起，我国陆续批准设立了19家民营银行。目前，我国民营银行的信贷资产所占的份额并不高。

5.5.3 我国国有商业银行信贷资产的质量

由于国有商业银行在我国金融体系中占据垄断地位，一旦国有商业银行的信贷资产质量出现问题，就会影响到整个金融体系的安全。国有商业银行在经济改革过程中与国有企业存在着天然的紧密联系，在财政困难的情况下担负起了资金供给的责任。这说明国有商业银行的经营状况和风险已同国有企业的经营状况密切相关，用唇亡齿寒来形容两者的关系已不过分。国有商业银行发放贷款的主要资金来源是存款，特别是居民储蓄存款，这就决定了国有商业银行的负债具有硬负债的性质，在信贷资产的质量不能保证的情况下，银行体系的安全就会受到威胁。表5-4从国有商业银行的资产收益率方面反映了信贷资产的质量。

1990—2003年国有商业银行的资产收益率持续下降，平均资产收益率从0.68%下降到0.07%，下降幅度达到90%。一方面，信贷资产以很高的速度增长；另一方面，商业银行的资产收益率迅速下降，信贷规模和盈利水平呈反向变化，从一定程度上反映出商业银行信贷资产的质量在恶化。如果按20%的比例计算不良资产，其规模将达到30 856.9亿元（2003年），而同期四家国有商业银行的资本金只有6 807.5亿元。这意味着它们只能承受不良贷款中22%的损失或总资产4.4%的损失，否则商业银行将面临资不抵债的局面。

表 5-3　2005—2021 年我国银行体系的信贷资产结构

	2005 年		2006 年		2007 年		2008 年		2009 年		2010 年	
	总额（亿元）	占比（%）	总额（亿元）	占比（%）	总额（亿元）	占比（%）	总额（亿元）	占比（%）	总额（亿元）	占比（%）	总额（亿元）	占比（%）
大型国有商业银行	102 238.32	67.00	114 261.39	64.56	138 503.11	67.35	149 758.01	64.70	201 516.67	64.05	235 190.84	62.74
股份制商业银行	34 876.78	22.86	41 569.40	23.49	40 018.60	19.46	48 674.07	21.03	67 073.68	21.32	80 728.57	21.54
城市商业银行	10 888.75	7.14	13 696.65	7.74	16 825.66	8.18	20 806.87	8.99	28 992.31	9.21	35 780.22	9.55
农村商业银行	946.93	0.62	2 603.39	1.47	3 289.67	1.60	4 860.41	2.10	9 786.23	3.11	13 984.62	3.73
外资银行	3 638.10	2.38	4 858.97	2.75	7 000.00	3.40	7 349.40	3.18	7 270.59	2.31	9 169.81	2.45
合计	152 588.88	100.00	176 989.80	100.00	205 637.04	100.00	231 448.75	100.00	314 639.48	100.00	374 854.06	100.00
	2011 年		2012 年		2013 年		2014 年		2015 年		2016 年	
	总额（亿元）	占比（%）	总额（亿元）	占比（%）	总额（亿元）	占比（%）	总额（亿元）	占比（%）	总额（亿元）	占比（%）	总额（亿元）	占比（%）
大型国有商业银行	272 363.64	61.92	312 626.26	60.41	350 000.00	58.96	387 398.37	57.32	421 807.23	55.46	461 964.29	53.44
股份制商业银行	93 833.33	21.33	110 694.44	21.39	126 860.47	21.37	144 553.57	21.39	165 751.63	21.79	195 804.60	22.65
城市商业银行	42 375.00	9.63	51 728.40	10.00	62 272.73	10.49	73 706.90	10.91	86 642.86	11.39	101 216.22	11.71
农村商业银行	21 312.50	4.85	32 045.45	6.19	43 473.05	7.32	58 342.25	8.63	75 080.65	9.87	94 337.35	10.91
外资银行	10 000.00	2.27	10 384.62	2.01	10 980.39	1.85	11 851.85	1.75	11 304.35	1.49	11 075.27	1.28
合计	439 884.47	100.00	517 479.17	100.00	593 586.64	100.00	675 852.94	100.00	760 586.72	100.00	864 397.73	100.00
	2017 年		2018 年		2019 年		2020 年		2021 年			
	总额（亿元）	占比（%）	总额（亿元）	占比（%）	总额（亿元）	占比（%）	总额（亿元）	占比（%）	总额（亿元）	占比（%）		
大型国有商业银行	504 901.96	51.70	549 219.86	49.67	649 202.90	50.15	727 105.26	49.54	820 145.99	49.69		
股份制商业银行	225 204.68	23.06	256 608.19	23.21	292 987.80	22.63	333 866.67	22.75	363 284.67	22.01		
城市商业银行	119 934.21	12.28	148 603.35	13.44	175 603.45	13.57	202 209.94	13.78	231 736.84	14.04		
民营银行	1 509.43	0.15	3 018.87	0.27	4 800.00	0.37	6 850.39	0.47	8 968.25	0.54		
农村商业银行	112 848.10	11.56	135 202.02	12.23	157 820.51	12.19	183 685.57	12.52	210 881.54	12.78		
外资银行	12 142.86	1.24	13 043.48	1.18	14 029.85	1.08	13 965.52	0.95	15 535.71	0.94		
合计	976 541.24	100.00	1 105 695.77	100.00	1 294 444.51	100.00	1 467 683.35	100.00	1 650 553.00	100.00		

资料来源：表中数据根据中国银行保险监督管理委员会披露计算。

注：表中数据因四舍五入，略有出入。

表 5-4　1990—2021 年四大国有商业银行的资产收益率（%）

年份	1990	1991	1992	1993	1994	1995	1996	1997	1998	1999	2000	2001	2002	2003	2004	2005
中国工商银行	1.41	1.43	1.13	0.42	0.16	0.15	0.16	0.08	0.11	0.12	0.13	0.14	0.13	0.04	0.65	0.66
中国农业银行	0.21	0.23	0.18	0.26	0.04	0.16	0.14	0.03	0.05	0.02	0.01	0.05	0.10	0.06	0.05	0.02
中国银行	0.72	0.75	0.72	0.57	0.30	0.24	0.25	0.18	0.10	0.11	0.14	0.10	0.33	0.15	0.61	0.72
中国建设银行	0.37	0.28	0.19	0.24	0.20	0.36	0.31	0.11	0.06	0.23	0.30	0.19	0.14	0.01	1.31	1.11
平均	0.68	0.67	0.56	0.37	0.18	0.23	0.22	0.10	0.08	0.12	0.15	0.12	0.18	0.07	0.66	0.63
年份	2006	2007	2008	2009	2010	2011	2012	2013	2014	2015	2016	2017	2018	2019	2020	2021
中国工商银行	0.71	1.01	1.21	1.20	1.32	1.44	1.45	1.44	1.40	1.30	1.20	1.14	1.11	1.08	1.00	1.02
中国农业银行	0.11	0.82	0.84	0.82	0.99	1.11	1.16	1.20	1.18	1.07	0.99	0.95	0.93	0.90	0.83	0.86
中国银行	0.94	1.10	1.00	1.09	1.14	1.17	1.19	1.23	1.22	1.12	1.05	0.98	0.94	0.92	0.87	0.89
中国建设银行	0.92	1.15	1.31	1.24	1.32	1.47	1.47	1.47	1.42	1.30	1.18	1.13	1.13	1.11	1.02	1.04
平均	0.67	1.02	1.09	1.09	1.19	1.30	1.32	1.34	1.31	1.20	1.11	1.05	1.03	1.00	0.93	0.95

资料来源：表中数据根据各期《中国金融年鉴》和各银行年报（2010—2021 年）计算得出。

虽然1997年我国财政发行了2 700亿元的特别国债用于补充国有商业银行的资本，但是，如果损失类贷款的规模过大，在冲抵资本后，商业银行的资本充足率将会大大降低。在2004年后，我国开始对国有商业银行进行改革，随着注资补充资本、股份制改造、不良资产剥离、发行上市等工作的逐步完成，四大国有商业银行的盈利能力逐渐提高。截至2021年末，四大国有商业银行的平均资产盈利率为0.95%，达到国际大型商业银行的中上游水平。

复习思考题

1. 信贷业务的六个基本要素是什么？商业银行贷款可以如何分类？
2. 信贷管理政策制度体系由什么构成？分别包括什么具体内容？
3. 贷款发放程序是怎样的？
4. 如何评价贷款的质量？什么是贷款的五级分类？
5. 商业银行的问题贷款是怎样产生的？应如何处置？
6. 贷款损失准备金有哪些分类？在实际中，应如何计算贷款损失准备金的计提金额？
7. 我国银行体系的信贷资产结构是如何演变的？随着股份制商业银行和城市商业银行的发展，国有商业银行的信贷资产质量和盈利水平发生了怎样的变化？

第 6 章

企业贷款

【导言】

企业贷款是商业银行重要的资产业务之一，主要服务于企业的大额长期投资以及短期流动资金需求，对实体经济发展起到至关重要的作用。企业贷款有哪些种类？商业银行对此建立了什么样的政策制度体系？商业银行对企业贷款的授信审批管理是怎么进行的？企业贷款的价格又是通过什么方法来制定的？本章具体介绍了商业银行企业贷款的种类、政策制度体系、授信审批管理和贷款定价方法。通过本章的学习，学生可以对企业贷款有更深入的了解和认识。

【学习目标】

1. 了解企业贷款的种类及特点。
2. 了解企业贷款的政策制度体系。
3. 了解企业贷款的授信审批管理过程。
4. 了解商业银行对企业贷款的定价方式。

【核心概念】

企业贷款　　授信审批管理　　贷款定价

6.1 企业贷款的种类

企业贷款是商业银行发放给企业法人的各种贷款，往往占商业银行贷款总额的绝大部分比重。

6.1.1 流动资金贷款

流动资金贷款是为了满足借款人在生产经营中的短期资金需求和保证生产经营活动的正常进行而发放的贷款。流动资金贷款按贷款期限可分为一年以内（含一年）的短期流动资金贷款和一年以上五年以下（含五年）的中期流动资金贷款；流动资金贷款按贷款方式可分为担保贷款和信用贷款，其中的担保贷款又分保证、抵押和质押等形式；流动资金贷款按使用方式可分为逐笔申请、逐笔审贷的流动资金贷款，以及在银行规定时间及限额内随借、随用、随还的循环贷款。

1. 营运资金贷款

营运资金贷款是指为满足优质借款人在日常经营中合理的资金连续使用需求，以其未来的综合收益和其他合法收入等作为还款来源而发放的贷款。营运资金贷款用于满足不同客户在生产经营中的周转性流动资金需求。

2. 周转限额贷款

周转限额贷款是指为满足借款人在日常经营中确定用途项下的资金短缺需求，以约定的、可预见的经营收入作为还款来源而发放的贷款。

3. 临时贷款

临时贷款是指为满足借款人在生产经营中的季节性或临时性物资采购资金需求，以对应的产品（商品）销售收入和其他合法收入等作为还款来源而发放的短期贷款。临时贷款用于满足客户的临时性或季节性融资需求。

4. 备用贷款

备用贷款是指商业银行为满足借款人在未来一定时期内的或有融资需求，向其出具的具有法律约束力、允许其在需要时按照合同约定条件提取贷款的信贷承诺。备用贷款有特殊的用途要求，主要包括：①为借款人发行债券、商业票据提供信用支持。②为借款人向第三方融资提供信用支持。③为借款人收购资产提供信用支持。④满足借款人在日常经营中的或有资金需求。

5. 企业法人账户透支

企业法人账户透支（以下简称“法人账户透支”）是根据企业法人的申请，核定其账户透支额度，允许其在结算账户的存款不足以支付时，在核定的透支额度内直接透支并取得信贷资金的一种短期融资方式。法人账户透支业务主要用于在商业银行的存款余额或结算量较大，但融资较少，有间歇性、临时性融资需求或现金管理综合服务需求的企业法人。

6.1.2 项目贷款

项目贷款主要包括项目融资、固定资产贷款和其他项目贷款三大类。

1. 项目融资

项目融资是指同时符合以下特征的贷款：①贷款用途通常是建造一个或一组大型生产装置、基础设施或其他项目。②借款人通常是为建设、经营该项目或为该项目融资而专门组建的企事业法人，也包括主要从事该项目建设、经营或融资的既有企事业法人。③还款资金来源主要依赖该项目产生的销售收入、补贴收入或其他收入，一般不具备其他还款来源。

2. 固定资产贷款

固定资产贷款是指为满足借款人在生产经营中基于新建、扩建、开发、购买或更新改造等固定资产投资活动而产生的资金需求，以其未来综合效益作为还款来源而发放的贷款。固定资产贷款与项目融资的主要区别在于贷款用途及还款来源不同：前者是用于固定资产投资活动，后者主要用于项目建设；前者主要的还款来源为借款人未来的综合收益，后者主要靠项目建成后产生的收益。

3. 其他项目贷款

（1）并购贷款。并购是指境内并购企业通过受让现有股权、认购新增股权，或者通过收购资产、承接债务等方式实现合并或实际控制已设立并持续经营的目标企业的交易行为。

并购贷款是指为满足并购企业或其专门子公司在并购交易中用于支付并购交易价款的需要，以并购后企业产生的现金流、并购方综合收益或其他合法收入为还款来源而发放的贷款。

（2）出口买方信贷。出口买方信贷是指由商业银行向国外买方、买方银行或政府机构提供中长期外汇贷款，用以购买出口货物或服务的融资方式，包括此类项目的再融资。出口买方信贷多用于支持国内大中型生产企业在实施“走出去”战略、实现全球化经营中的一种融资需求，主要用于从事大型设备（含劳务）出口并采用延期付款方式的企业。

出口买方信贷属于拥有出口贸易背景支持的境外项目贷款融资。它可以作为出口商商务合同的一部分，能够提升其在海外市场上的竞争力。出口买方信贷帮助出口商解决由于出口商品的进货、备料、生产和装运而产生的资金缺口，缓解出口企业的资金周转压力，扩大其业务规模，出口买方信贷可以直接视为出口企业的销售收入，能够优化其财务状况。

6.1.3 房地产贷款

房地产贷款由住房开发贷款、商用房开发贷款、土地储备贷款等组成。

1. 住房开发贷款

住房开发贷款是指贷款人向借款人发放的用于住房及其配套设施建设的贷款。在担保时，商业银行通常要求以贷款项目的土地和在建工程抵押，同时严格限制信用贷款，贷款期限则根据项目开发周期、市场状况等因素合理确定。

2. 商用房开发贷款

商用房开发贷款是指贷款人向借款人发放的用于宾馆（酒店）、写字楼和商场及其配套设施等商用项目建设的贷款。

3. 土地储备贷款

土地储备贷款是指贷款人向借款人发放的依法用于土地收购、整理和储备的贷款。该类贷款对应的地块应为规划用于建设各类商品住宅、商业或工业设施的有偿出让土地。土地储备贷款应为抵押贷款，以政府储备土地设定抵押权的，必须具备合法有效的土地使用权证，其价值按照市场评估价值扣除应当上缴政府的土地出让收益确定。

6.1.4 固定资产支持融资业务

固定资产支持融资业务是指以已建成并投入正常运营的经营性物业资产或优质特定资产的收费权在未来经营中所产生的持续、稳定现金流作为第一还款来源，为满足借款人在生产经营中符合国家规定用途的融资需求而发放的贷款，包括经营性物业支持贷款和特定资产收费权支持贷款。

1. 经营性物业支持贷款

经营性物业支持贷款是指以已建成并投入正常运营的经营性物业资产在未来经营中所产生的持续、稳定现金流作为第一还款来源的贷款。经营性物业是指写字楼、宾馆、酒店、商场、综合商业设施等商业物业和标准厂房、仓储设施等工业物业等通过经营物业能够获取合法、稳定收入的营利性不动产。

2. 特定资产收费权支持贷款

特定资产收费权支持贷款是指以已建成并投入运营的优质特定资产的收费权所产生的持续、稳定现金流作为第一还款来源的贷款。特定资产主要包括：①列入国家或省级高速公路网规划项目及其骨干连接线的高速公路（一级公路除外）。②面向社会公众提供服务的公用基础设施，包括供水、供电、供气、供热、有线电视和通信网络。③旅游景区，包括景区（点）以及景区内的观光客运、电梯、索道等基础设施。④商业银行自行认定的其他特定资产。

6.1.5 贸易融资

贸易融资是指在商品交易中，商业银行运用结构性短期融资工具，基于商品交易中的存货、预付款、应收账款等资产的融资。该业务的本质是基于客户特定交易或资产项下的未来现金流而为其发放的贷款，又称结构融资、结算融资等。

贸易融资实现了从以企业信用为核心的主体准入控制转变为将交易风险和企业信用风险相结合，同时注重对贸易背景的分析、融资与交易的匹配以及对交易过程中物流、资金流的有效控制。贸易融资可以分为国内贸易融资和国际贸易融资两大部分。

1. 国内贸易融资

（1）应收账款融资。

1）国内保理。销货方将其销售商品、提供服务或其他原因产生的应收账款转让给商业银行，由商业银行为销货方提供应收账款融资及商业资信调查、应收账款管理的综合性金融服务。

2）应收租赁款保理。在出租人（债权人）与承租人（债务人）形成融资租赁关系的前提下，出租人将融资租赁合同项下未到期的应收租赁款债权转让给商业银行，由商业银行作为租赁款债权受让人收取租金并向出租人提供融资及商业资信调查、应收租赁款管理的综合性金融服务。

3）国内信用证议付。商业银行（即议付行）在单证一致、单单一致的情况下，或信用证及其项下单据存在不符点（包括商业银行不能确认单证一致的情况）但已被开证行有效承兑的情况下，由商业银行在扣除议付利息和手续费后向信用证受益人（即议付申请人）给付对价的行为。

4）国内发票融资。国内发票融资是指商业银行将销货方因赊销产生的应收账款作为质押向其提供的短期融资，仅适用于货物贸易项下的应收账款。

5）应收账款池融资。应收账款池融资是指销货方将其在一定时期内向境内一个或多个购货方销售商品、提供服务或其他原因所产生的多笔应收账款批量质押给商业银行，商业银行以上述应收账款为基础建立应收账款池，并以池中的应收账款作为第一还款来源向销货方提供的短期融资。

（2）应（预）付款融资。

1）国内订单融资。国内订单融资是指商业银行以订单项下的预期销货款作为主要还款来源，用于满足销货方在货物发运前因支付原材料采购款、组织生产、货物运输等资金需求而提供的短期融资。

2）应付款融资。应付款融资是指在国内贸易“货到付款”结算模式下，商业银行应借款人（购货方）的申请为其提供短期融资并以受托支付方式代为向其境内销货方支付货款的业务。“货到付款”结算模式是指国内贸易中的购货方根据合同约定取得货物所有权后，在合同约定的日期向销货方支付货款的交易结算方式。

（3）货权融资。

1）商品融资。商品融资是指借款人以其合法拥有的储备物、存货或交易应收的商品价值进行质押，由商业银行提供的结构性短期融资业务（不包括期货交易所标准仓单质押融资）。

2）未来货权项下的商品融资。未来货权项下的商品融资是指在借款人进行商品采购阶段（尚未取得货权），商业银行通过有效控制商品的未来处置权并基于商品总价款的一定比例为借款人提供的用于支付货款的短期融资。

2. 国际贸易融资

（1）进口贸易融资。

1）进口信用证。进口信用证是指商业银行有条件的付款承诺，即开证行依照开证申请人的要求和指示，承诺在符合信用证条款的情况下，凭规定的单据向第三者（受益人）或其指定人进行承付，或者授权另一商业银行进行承付或授权另一商业银行议付。

2）提货担保。提货担保是指商业银行依照开证申请人的要求，在货物先到达目的地时，针对该货物向承运人或承运人的代理人出具承担先行放货责任的保证性文件的行为。

3）进口押汇业务（信用证项下）。进口押汇业务是指商业银行开立的信用证以及叙做的进口代收项下的进口业务，即商业银行应开证申请人或代收付款人的要求，与其达成信用证或进口代收项下单据及货物所有权归商业银行所有的协议后，商业银行以信托收据的方式向其释放单据并先行对外付款的行为。

4）进口信用证项下代付业务。进口信用证项下代付业务是指在进口信用证项下，应开证申请人的申请，开证行以承诺到期偿付形式委托其代理行代为向受益人（或议付行）先行支付信用证项下的款项，待融资到期日，申请人偿还开证行的融资本息及相关费用，开证行偿付其代理行的融资本息及相关费用的业务。

（2）出口贸易融资。

1）打包贷款。打包贷款是指商业银行以出口商收到的信用证项下的预期收汇款项作为还款来源，用于解决出口商在装船前，因支付收购款、组织生产、货物运输等资金需求而发放给出口商的短期贷款。

2）出口押汇和出口贴现。出口押汇是指商业银行有追索权地对信用证项下出口单据（包括即期单据和远期未承兑票据）进行的融资。

出口贴现是指商业银行有追索权地对出口信用证（不包括备用信用证）项下已经开证（保兑）行承兑的远期单据进行的融资。

3）其他出口融资。①福费廷业务。福费廷业务又称单据包买，是指包买商无追索权地购买远期信用证项下已承兑/承诺付款的应收账款的贸易融资业务。②出口订单融资。商业银行以出口订单项下的预期销货款作为主要还款来源，满足出口商在货物发运前因支付原材料采购款、组织生产、货物运输等资金需求而提供的短期融资。③出口保理。国际贸易在赊销和承兑交单贸易结算方式下，保理商向出口商提供的一项包括出口贸易融资、销售账务处理、应收账款管理及追收、进口商资信调查、评估和信用担保（双保理）等内容的综合性金融服务。④出口发票融资。在汇款结算方式的国际贸易中，商业银行凭出口商出具的商业发票，以货物的应收账款为第一还款来源，向出口商提供的贸易融资。

6.1.6 其 他

1. 票据业务

（1）银行承兑汇票业务。银行承兑汇票业务是指为满足客户基于真实、合法交易产生的支付需求，以约定的、可预见的销售收入和其他合法收入等作为兑付资金来源，对客户签发的银行承兑汇票进行承兑的业务。

（2）商业承兑汇票贴现。商业承兑汇票（以下简称“商票”）是指经商业银行和有商票承诺贴现专项授信额度的客户承兑的、在指定日期无条件支付确定金额给收款人或持票人的商业汇票，必须以真实的交易关系和债权与债务关系为背景。贴现是指持票人在商票到期日前向贴现行背书转让，贴现行在扣除贴现利息后向其提前支付票款的行为。其中，贴现行是指为持票人办理商票贴现业务的银行分支机构，签约行是指与客户签署了《商业承兑汇票业务合作协议》的银行分支机构。

2. 担保业务

担保业务是指商业银行作为担保人，应被担保人的申请，以保函或备用信用证等书面形式向受益人承诺，当被担保人未按其与受益人签订的合同约定偿还债务或履行义务时，由商业银行代其履行偿付义务的法律行为。

担保的种类分为：

（1）按基础交易合同的性质划分，担保分为融资类担保和非融资类担保。融资类担保是指商业银行为被担保人在融资性交易项下的责任或义务提供的担保。非融资类担保是指商业银行为被担保人在非融资性交易项下的责任或义务提供的担保。

（2）按受益人属地划分，担保分为对内担保和对外担保。在我国，对内担保是指受益人为中国境内机构的担保。对外担保是指受益人为中国境外机构的担保。

(3) 按币种划分，担保分为人民币担保和外汇担保。

3. 内保外贷业务

内保外贷业务是指在境内企业向商业银行出具无条件、不可撤销反担保的前提下，由该商业银行的境内分行为该企业在境外注册的全资附属企业或参股企业（以下简称“境外投资企业”）开出以该商业银行的境外营业机构为受益人的保函（含备用信用证，下同），并由该商业银行的境外营业机构向境外投资企业提供融资的业务。

4. 银团贷款

银团贷款是指由获准经营贷款业务的多家商业银行或非银行金融机构参加，基于相同的贷款条件，采用同一贷款协议，向同一借款人发放的贷款。银团贷款业务包括银团贷款安排和相应的融资顾问服务两部分。

(1) 银团贷款安排是指商业银行作为牵头行，筹建贷款银团，并采用同一贷款协议，按照相同的贷款条件向同一客户提供本外币贷款及其他授信。

(2) 融资顾问服务是指根据客户的资金需求，分析融资的可行性，设计融资方案，提供与融资相关的各项咨询服务，并以此促进银团贷款业务的营销。

银团贷款业务适用于客户的大额融资需求，包括项目融资、企业并购、资产重组、进出口贸易、发行股票（债券）等过程中的过渡性融资需求及结构性融资需求等。

6.2 企业贷款的政策制度体系

6.2.1 评级授信政策

评级授信政策体现商业银行的一般风险偏好，在信贷客户准入、风险限额设定、信贷审批、贷后管理的各个环节都起着重要作用。评级是信贷客户准入的依据。客户准入是控制信贷风险的第一道防线，客户的信用评级是确定信贷准入条件最重要的依据。统一授信是有效控制客户过度融资的手段。提前核定客户的最高综合风险限额，确定对客户的融资风险限额，可确保客户理性借贷、适度融资，使其专注于主业和生产经营，避免其移用贷款资金盲目投资。

6.2.2 行业信贷政策

行业信贷政策是指商业银行基于行业发展周期呈现的信贷风险特征和自身发展战略目标而制定的行业信贷资源配置政策。行业信贷政策有广义和狭义两种理解，广义的行业信贷政策是指在商业银行内部用于行业信贷管理的各项政策要求，包括在商业银行内部具有强制执行力的行业投向和限额管理政策、具有指导性的行业指导意见、对行业动向的信息提示和预警管理体系。狭义的行业信贷政策仅指在商业银行内部具有强制执行力的信贷投向和限额政策，这些政策由总行制定，内部各分支机构必须执行。行业信贷政策的实施，主要借助行业分类、客户分类、行业标识、行业限额等工具。

6.2.3 区域信贷政策

区域信贷政策是信贷政策体系的重要组成部分。建立和完善区域信贷政策既是对国有商业银行区域信贷管理实践的进一步发展，又是切实解决区域信贷发展问题的需要。对区域信贷政策的管理是根据“区别对待、因地制宜、分类指导”的信贷管理原则，用于增强区域信贷发展的核心竞争力，指导和促进各区域的信贷业务稳健发展，从而提高全行信贷效率和信贷效益的整体水平。

6.2.4 客户分类政策

客户分类政策主要包括客户信用等级准入标准、客户信贷发放前提条件、客户名单制管理等内容，它体现了客户风险分类管理的内容。客户风险分类管理是指按照一定的标准将客户进行适当的分类，按照信贷资源投入与产出相匹配的原则，针对不同的客户实行不同的风险管理策略，同时提供不同的金融产品和服务。

6.2.5 产品政策

在一定的条件下，商业银行能为客户提供一系列金融产品和信用支持。根据设计目标的不同，信贷产品管理包括产品风险管理与产品创新两大主要内容。目前，我国大部分商业银行已实现了信贷产品从单一走向多样化，从表内走向表外，从传统信贷产品走向创新信贷产品的根本性转变。在产品风险管理方面，针对各类产品用途、期限、适用范围等的不同，商业银行实行区别对待、分类管理的政策，同时设定了不同的产品风险系数，并通过授信、业务准入等手段实现了对信贷产品的集约化管理，从而建立了一个多维度的信贷产品管理体系。

6.2.6 绿色信贷政策

绿色信贷政策是指商业银行将促进环境保护、资源节约、污染治理等作为信贷决策的重要依据，通过合理、有效地配置信贷资源，引导全社会最大限度地控制和减少资源与环境损耗，在促进经济社会与资源环境协调、可持续发展的过程中，实现商业银行自身的可持续发展。商业银行的绿色信贷政策是指商业银行将绿色信贷管理贯穿于信贷业务的全流程中，充分发挥信贷的支持、引导作用，以促进资源更加节约、环境更加友好、社会更加和谐。

6.2.7 其他企业贷款政策

其他企业贷款政策主要是根据国家宏观经济金融形势的变化，再结合商业银行自身业务的需要，有针对性地提出一些具体的管理要求，如质量分类政策、贷款担保政策、担保圈分类政策、作业监督政策和中介机构管理政策等。

6.3 企业贷款的授信审批管理

6.3.1 商业银行的贷款管理过程

从企业提出借款申请到一笔贷款被发放出去，不是一个简单的过程。从某种意义上说，这笔贷款能否按时收回取决于商业银行对借款人申请理由的判断和对借款企业信用状况的分析是否正确，以及商业银行组织的贷款能否满足借款企业的需要。这一过程可以描述如下：

1. 机会评估

（1）借款人。借款人是否符合商业银行的要求？如果借款人是商业银行的新客户，其与商业银行的关系是否可以进一步发展？

（2）确认机会。考察借款人的战略目标和财务结构。借款人需要什么样的短期或长期信贷与信贷服务？

2. 初步分析

（1）初步概况。贷款的特殊需要是什么？这些需要是否合法或是否符合商业银行的政策？贷款条件是否合理？潜在的风险是否可接受？

（2）确认借款原因。是什么原因引起的借款需求？借款需要使用多久？

3. 还款来源分析

（1）行业和企业风险分析。在借款人所处的行业中，所有竞争者均面临的风险是什么？借款人偿还贷款需要成功地控制哪些风险？

（2）财务报表分析。财务报表中的趋势说明借款人的管理能力如何？其中的哪些趋势将影响借款人的还款能力？

（3）现金流量分析和预测。借款人是否有足够的现金按约定的方式偿还贷款？对还款能力影响最大的风险是什么？

4. 贷款包

（1）总结和建议。这笔贷款的主要优缺点是什么？是否应该发放？

（2）贷款结构和协议。有哪些适当的贷款工具、价格、支付方式、证明文件和契约条款？

5. 贷款管理（贷款稽核）

借款人的行动是否与预期一致？是什么原因引起的变化？还款风险有哪些？如何保护商业银行的利益？

6.3.2 对企业借款理由的分析

商业银行在发放任何一笔贷款之前，都要先分析企业的借款理由，并以此判断是否符合商业银行的要求。

企业的借款理由可以归纳为以下几个方面。

1. 销售增长导致的借款

企业的销售增长可能帮助企业获得更多的利润，但同时它也需要更多的资金支持。由于销售增长，企业的应收账款和存货通常也会成比例地增长。如果销售增长适中，企业需要的额外现金可以由企业内部创造的利润满足，就不需要向外部筹集资金；如果销售增长非常快，额外的现金就需要从外部筹集，而商业银行的贷款就是其主要来源。

企业的销售增长有两种类型，即短期或季节性销售增长（1年以内）和长期性销售增长（1年以上），这两种类型的销售增长都会导致借款需求。对于短期或季节性销售增长引起的借款需求，商业银行发放的贷款一般是为应收账款和存货增加提供临时性资金。此类贷款也应该是短期的，并且随着销售的下降得到偿还。商业银行在发放这类贷款时，要检查企业至少一年的月销售额情况，确定是否存在季节性增长，而且发放的贷款要保证商业银行有盈利。与此同时，企业在产生短期或季节性借款需求时，还会由于投资的增加而提出借款申请。这类贷款是为弥补应收账款和存货的增加而提供的融资。企业的投资额等于净应收账款加存货减去应付账款和应计费用。如果销售增长是长期的，那么企业的借款需求也会持续增长。相对于未分配利润，企业的投资会以一个更快的速度持续增长。如果利润率没有大的变化，并且没有外界的资本输入，企业必然产生对长期贷款的需求。商业银行要检查最近几年企业的销售增长情况，在一般情况下，销售增长率超过10%意味着企业可能需要资金。商业银行发放这类贷款的期限要根据销售增长的时间、盈利水平和外界资本的可获得性而定。

2. 营业周期减慢引起的借款

企业营业周期减慢包括存货周转减慢和应收账款回收减慢。

存货周转减慢可以用存货周转次数（=销货成本/存货）或存货周转期（=存货/销货成本）来衡量。商业银行发放这类贷款的目的是为企业业务的临时性扩大或结构性转换提供资金，贷款的期限要根据存货周转减慢的原因和企业产生现金的能力而定。

应收账款回收减慢可以用应收账款周转率（=销售收入净额/应收账款净额）或应收账款回收期（=应收账款净额/销售收入净额）来测量，同时要检查最近的应收账款账龄分析表。若商业银行贷款的目的是为因回收减慢导致的应收账款增加提供资金，则贷款的期限要视其是长期问题还是短期问题而定。

3. 固定资产购买引起的借款

固定资产购买引起的借款有两种形式：一是更新固定资产的需要而产生的借款需求；二是固定资产扩张引起的借款需求。任何一个企业都有固定资产扩张需求，因此商业银行要先证明是否存在合理的固定资产扩张需求。对于前者的借款需求，商业银行可以用固定资产利用率（=已提折旧累计额/折旧固定资产总额）和固定资产存续期（=固定资产净额/折旧费）来测算。商业银行发放的贷款通常是长期的，具体要根据企业的盈利能力和资产的使用期限确定。对于固定资产扩张需求的鉴定，销售收入固定资产比是一个有效的工具，它能计算每一元的固定资产带来的销售收入有多少。商业银行对固定资产扩张需求的贷款一般是长期的，具体期限要视借款人产生现金的时间和资产的使用期限而定。

4. 其他原因引起的借款

由其他原因引起的借款需求主要有资产增长增加的支出、债务重组增加的支出、低效经营增加的支出、股息支出或所有者提款引起的支出以及不正常的或意外的费用支出等。

投资账户、递延费用、预付费用、无形资产以及商誉都是资产账户，它们的超常增加将产生借款的需要。仔细审查账户，就会发现它们是否出现迅速增加，是否占到总资产的

10%以上，是否反映了不同于企业主营业务的一个重要部分。商业银行要视资产账户增加的原因确定是否贷款和贷款的期限。

对于债务重组所需贷款，商业银行要检查企业资金搭配是否存在不当及其原因，发放贷款的目的是替换现存的债务还是支付费用。借款期限要视被替换债务的性质而定，并确定借款理由。对于低效经营贷款，商业银行要观察企业利润与销售收入比例的下降情况，确定贷款是支付费用、为生产提供资金，还是替换负债，贷款期限应根据低利润的持续期而定。如果企业为股息支出或所有者提款而产生借款需求，商业银行要检查企业的股利发放率（=现金股息/税后净利润），以确定是否贷款。有时，企业也会发生一次性的或意外的费用支出，如保险费、设备安装费等，商业银行要确认是什么原因导致企业无法支付这些费用，以及是否应该发放贷款和贷款的期限。

商业银行掌握了企业的借款理由，就可以进行详细的偿还来源分析和风险分析。

6.3.3 对企业还款能力的分析

对借款企业的信用分析是为了确定企业的未来还款能力如何。影响企业未来还款能力的因素主要有财务状况、现金流量、信用支持以及非财务因素。企业的财务状况和现金流量构成企业的第一还款来源，而信用支持构成企业的第二还款来源，非财务因素虽不构成企业的直接还款来源，但会影响企业的还款能力，见图6-1。

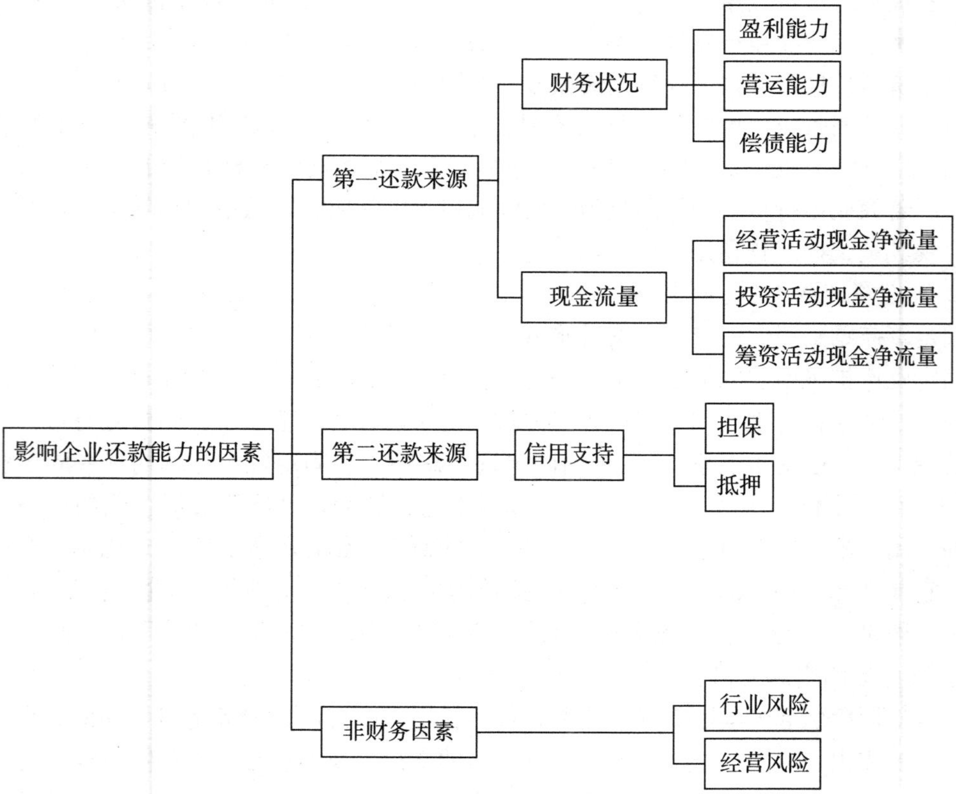

图6-1 影响企业还款能力的因素

对借款企业的财务分析就是商业银行对借款人财务报表中的有关资料进行确认、比较、研究和分析，借以掌握借款人的财务状况，分析借款人的偿债能力，预测借款人的未来发展趋势。

1. 审查借款人的损益表

在对借款人的损益表进行分析和审查之前，可能需要先对损益表的结构进行必要的调整。调整后的损益表格式通常如下：

销售净收入
减：销售成本
减：折旧
等于：毛利
减：销售费用和管理费用
等于：营业收入（损失）
加：营业外收入
减：营业外支出
减：利息费用
等于：税前净利（损失）
减：所得税
等于：税后净利（损失）
加：非常收入
减：非常费用
等于：扣除税金和非常损益后的净利（损失）

在对损益表进行调整后，就可以进行百分比分析。百分比分析的目的是发现借款人经营出现不连贯的信号及线索。首先将每项支出（除股利发放率外）表示成销售收入净额的百分比，然后比较每年这些比例的变化，这种分析可以帮助商业银行了解不同年份费用与销售收入净额之间的关系。如果借款人不论是在经济衰退时期还是在经济繁荣时期，其销售成本占销售收入的比重都维持在80%左右，这说明借款人对生产成本与售价之间的价差管理非常有效，或该行业的价格和销量不受经济周期的影响。这种分析方法是在进行现金流量分析之前迅速、有效评估借款人业绩及其连贯性的方法。

百分比分析可用于将借款人的财务报表与同业平均水平进行对比，也可用于对借款人不同年度财务报表的比较分析。在百分比分析中，每个指标（除股利发放率外）都用销售收入净额的百分比表示。

百分比分析的一个重要组成部分就是对借款人盈利能力的分析，该分析可以借助盈利比率的计算。盈利比率衡量企业将既定的销售收入水平转变为利润的管理效率，反映借款人控制支出和投资收益的管理能力，主要包括以下指标。

$$\text{毛利润率}=\frac{\text{毛利}}{\text{销售收入净额}}\times 100\%$$

该比率反映了生产成本与销售收入之间的差别。该比率增大可能说明对生产成本控制的加强，也可能只是通货膨胀使价格上升的结果，而非因为管理水平提高；该比率减小可能说明成本控制或生产效率上有问题，或者迫于竞争压力而不得不降价。

$$营业利润率=\frac{营业利润}{销售收入净额}\times 100\%$$

该比率反映了扣除销售成本和营业费用后的收入与销售收入的百分比，这一比率应保持稳定或增长。

$$净利润率=\frac{净利润}{销售收入净额}\times 100\%$$

该比率衡量借款人销售收入中每一元的获利能力。在通常情况下，该比率的变动方向与毛利润率和营业利润率的变动方向一致。

$$股利发放率=\frac{股利}{净利润}\times 100\%$$

该比率衡量在纳税及非常损益后付给股东的股利占净利润的百分比，表明借款人将利润在股东和再生产投资（未分配利润）间的分配比率。

$$直接成本和费用比率(1)=\frac{销售成本}{销售收入}\times 100\%$$

$$直接成本和费用比率(2)=\frac{销售费用和管理费用}{销售收入}\times 100\%$$

$$直接成本和费用比率(3)=\frac{利息费用}{销售收入}\times 100\%$$

$$直接成本和费用比率(4)=\frac{其他费用}{销售收入}\times 100\%$$

上述四个直接成本和费用比率反映每一元销售收入所对应的支出百分比，它们中的任何一个变大都可能使利润减少，而它们中的任何一个变小都说明成本控制的成功或出现了规模经济。

任何一个衡量借款人维持和发展能力的指标都是盈利比率，那些利润保持稳定的借款人对商业银行来说风险最小，表 6－1 是一个例子。

表 6－1　ABC 公司的损益表

项目	2020 年（千元）	占比（%）	2021 年（千元）	占比（%）
销售收入	757	100.00	827	100.00
销售成本	583	77.0	637	77.0
毛利润	174	23.0	190	23.0
销售费用和管理费用	143	18.9	161	19.5
营业利润	31	4.1	29	3.5
利息支出	15	2.0	17	2.1
税前净利润	16	2.1	12	1.4
所得税	7	0.9	6	0.7
税后净利润	9	1.2	6	0.7

通过对ABC公司的百分比分析可知：

(1) 毛利润率。销售百分比分析说明销售收入与销售成本之间没有变化，因此毛利润率在2020年和2021年均为23%。2021年每一元销售收入中有0.77元为直接成本，与2020年持平。

(2) 营业利润率。ABC公司销售费用和管理费用对销售收入的比例从2020年的18.9%提高至2021年的19.5%，营业利润率从4.1%降到3.5%。

(3) 税后净利润率。税后净利润率从2020年的1.2%降到2021年的0.7%，原因是利息支出从2.0%提高到2.1%。

2. 审查借款人的资产负债表

在对借款人的资产负债表进行审查时，可以借助以下三大比率指标进行，即营运效率、杠杆比率和流动比率。

(1) 营运效率。企业的资产管理可以通过对其营运效率的分析来评价。营运效率的指标如下：

$$\text{总资产周转率}=\frac{\text{销售收入净额}}{\text{资产总额}}$$

该指标反映每一元资产创造多少销售收入。

$$\text{存货周转天数}=\frac{\text{平均存货余额}}{\text{销售收入}}\times 365$$

该指标表明管理者管理存货的效率。通常存货周转天数较少或呈下降趋势，表示管理效率高。此时，还要分析存货的明细组成。

$$\text{应收账款回收期}=\frac{\text{应收账款平均余额}}{\text{销售收入}}\times 365$$

该指标表明借款人收回借款的能力，通常应收账款回收期较短或呈下降趋势，表明管理效率高。然而，商业银行在分析时要注意分析应收账款账龄表，即使应收账款周转率高，但如果应收账款回收期已超过120天或更长，也说明收回的可能性很小。

$$\text{应付账款周转期}=\frac{\text{应付账款平均余额}}{\text{销售收入}}\times 365$$

该指标衡量存货中的贸易信用融资比例，表明管理者的支付习惯。如果应付账款周转期变长，可能说明现金流量出了问题。

$$\text{固定资产周转率}=\frac{\text{销售收入净额}}{\text{固定资产净值}}$$

该指标用于表明固定资产的使用效率。该比率下降表明近期固定资产有所增加或生产能力过剩；该比率上升说明可能过于依靠原有的厂房和设备。

$$\text{资产报酬率}=\frac{\text{税前净利润}}{\text{资产总额}}\times 100\%$$

该指标用于表明资产的投资回报情况，使用税前净利润可以剔除不同税率对利润的影响。

$$权益报酬率=\frac{净利润}{有形净资产}\times 100\%$$

该指标能够衡量所有者权益的回报率，为评价管理者的盈利能力提供了一个很好的衡量标准。该比率较高说明公司有能力用好追加资本。

（2）杠杆比率。资产负债率、负债与所有者权益比率、负债与有形净资产比率以及利息保障倍数四个比率能帮助商业银行分析借款企业的资本结构和资本的杠杆作用程度。

$$资产负债率=\frac{负债总额}{资产总额}$$

该指标说明总资产中借入资金的比重。该比率越低，在需要变现时债权人的保障程度就越高。

$$负债与所有者权益比率=\frac{负债总额}{所有者权益总额}$$

该指标衡量每一元所有者权益中借入资产量的多少，表明企业杠杆经营的能力。该比率越高，表明杠杆经营比率越高和风险越大。

$$负债与有形净资产比率=\frac{负债总额}{有形净资产}$$

这是对债权人保障程度更准确的衡量指标。因为无形资产的价值存在极大的不确定性，而且无物理形态，所以要从所有者权益中扣除。

$$利息保障倍数=\frac{税前净利润+利息费用}{利息费用}$$

该指标用于衡量利润降低且不影响每年利息偿还的能力。

（3）流动性比率。流动性是企业将其资产迅速变现以偿付流动负债的能力。衡量流动性的指标有两个：流动比率和速动比率。

$$流动比率=\frac{流动资产}{流动负债}$$

该指标表明每一元流动负债对应多少流动资产作为偿还的保证，它没有考虑资产的质量和结构，并假设资产可以随时变现。

$$速动比率=\frac{现金+可转让证券+应收账款净额}{流动负债}$$

该指标可以更准确地衡量偿还流动负债的速动资产数量，但仍未考虑应收账款的可回收性和账龄。

仍以 ABC 公司的资产负债表为例，见表 6-2。

表6-2 ABC公司的资产负债表

项目	2020年（千元）	占比（%）	2021年（千元）	占比（%）
资产				
现金	8	4.7	6	3.2
应收账款	5.4	3.2	7.5	3.9
呆账准备	−0.4	−0.2	−0.5	−0.3
应收账款净额	5	2.9	7	3.7
原材料	6	3.5	8	4.2
包装物	52	30.4	54	28.4
存货合计	58	33.9	62	32.6
流动资产合计	71	41.5	75	39.5
设备及机器	92	53.8	103	54.2
租赁物的改良	78	45.6	89	46.8
累计折旧	(70)	(40.9)	(77)	(40.5)
固定资产净值	100	58.5	115	60.5
资产总计	171	100.0	190	100.0
负债及所有者权益				
应付票据	15	8.8	18	9.5
1年内到期的长期负债	6	3.5	7	3.7
应付账款	24	14.0	26	13.7
应计费用	11	6.4	13	6.8
应付税金	3	1.8	2	1.1
流动负债合计	59	34.5	66	34.7
长期负债	56	32.7	62	32.6
负债合计	115	67.3	128	67.4
普通股	3	1.8	3	1.6
实收资本	4	2.3	4	2.1
未分配利润	49	28.7	55	28.9
所有者权益合计	56	32.7	62	32.6
负债及所有者权益总计	171	100.0	190	100.0

根据ABC公司的资产负债表可以得出该公司的各项财务比率，见表6-3。

表6-3 ABC公司的各项财务比率

项目	2020年	2021年
营运效率比率		
总资产周转率	4.43	4.35

续表

项目	2020 年	2021 年
存货周转天数	36	36
应收账款回收期	2	3
固定资产周转率	7.57	7.19
资产报酬率（%）	9.36	6.32
权益报酬率（%）	28.6	19.4
杠杆比率		
资产负债率	0.67	0.67
负债与所有者权益比率	2.05	2.06
负债与有形净资产比率	—	—
利息保障倍数	2.07	1.71
流动性比率		
流动比率	1.20	1.14
速动比率	0.22	0.20

6.3.4 对借款企业现金流量的分析

1. 净利润不能偿还贷款

净利润不是现金，只是会计报表上的数字反映。从企业损益表上看，无论是否收到现金，销售都表现为收入，而应收账款告诉我们有多少销售是应收而未收的现金；即使未向存货的供货者付款，销货成本也已包括了存货的成本；费用包括非现金项目，如折旧和对或有项目预提的准备金等。即使损益表上所有的项目都代表现金，商业银行也不能期望企业用净利润代替现金，因为企业会将一部分利润投资于新的存货、固定资产或应收账款。

如果净利润不能偿还贷款，那么用什么能偿债？现金！只有现金才能偿还贷款。现金可能来自各种渠道，利润只是来源之一，其他来源包括出售财产、注入资本、借款和从贷款者那里获得信用展期。商业银行需要确定现金流量和流向，分析引起现金流动的原因。

通过现金流量分析可以了解借款人当期收到了多少现金，支付了多少现金，有多少现金余额或者现金不足，得到定量的信息；此外，它还会告诉我们这些现金来自哪一种活动，借款人过去偿还债务的能力及实际还款状况如何。

2. 现金流量分析的内容

现金流量包括现金流入量、现金流出量和现金净流量；现金净流量为现金流入量与现金流出量之差，其计算方法为：

$$\text{现金净流量}=\text{经营活动现金净流量}+\text{投资活动现金净流量}+\text{融资活动现金净流量}$$

（1）经营活动的现金流量。

现金流入	现金流出
销货现金收入	购货现金支出
利息与股息的现金收入	营业费用现金支出
增值税销项税款和出口退税	支付利息
其他业务现金收入	缴纳所得税
	其他业务现金支出

（2）投资活动的现金流量。

现金流入	现金流出
出售证券（不包含现金等价物）	购买有价证券
出售固定资产	购置固定资产
收回对外投资本金	

（3）融资活动的现金流量。

现金流入	现金流出
取得短期与长期贷款	偿还借款本金的现金（支付利息的现金为经营活动的现金支出）
发行股票或债券	分配现金股利

3. 现金流量的计算方法

现金流量的计算方法有两种：直接法和间接法。仍以ABC公司2020年和2021年的损益表和资产负债表为例，现金流量的直接计算方法和结果见表6-4。

表6-4　2021年ABC公司的现金流量表　　单位：千元

项目	金额
一、经营活动产生的现金流量	28.0
销售商品、提供劳务收到的现金	824.9
购买商品、接受劳务支付的现金	−636.0
支付的其他与经营活动有关的现金	−153.9
支付的税款	−7.0
经营活动产生的现金流量净额	28.0
二、投资活动产生的现金流量	−11.0
购建固定资产支付的现金	−11.0
投资活动产生的现金流量净额	−11.0
三、筹资活动产生的现金流量	−19.0
借款收到的现金	7.0
融资租赁支付的现金	−11.0
偿付利息支付的现金	−15.0

续表

项目	金额
筹资活动产生的现金流量净额	−19.0
现金净流入（流出）	−2.0
期初现金及现金等价物金额	8.0
期末现金及现金等价物金额	6.0

这一计算结果说明，虽然ABC公司在2021年度有净利润6 000元，但现金流入不足以弥补现金支出，主要原因是固定资产投资规模过大，支出现金11 000元；与此同时，对外融资产生现金净流出19 000元，原因是利息支出和融资租赁支出了26 000元现金，导致该公司现金净流出2 000元。

通过对借款人现金流量的分析，可以发现借款人在经营的哪一个环节出了问题以及该问题是由什么原因引起的，这是商业银行判断借款人还款能力的直接指标。

6.3.5 借款企业的担保分析

商业银行要求对其提供的贷款给予担保是为提高贷款偿还的可能性，降低商业银行资金损失的风险所采取的保护性措施，它为商业银行提供了一个可以影响或控制的潜在还款来源，在一定条件下，担保会变成现实的还款来源。因此，在商业银行发放贷款时，将会尽可能要求借款人为贷款提供相应的担保。

1. 贷款担保的种类

担保的种类很多，但并非任何种类的贷款都可以任意选择一种担保（见表6-5），担保和用于还款的现金来源之间应存在一定的联系。

表6-5 各类贷款的担保

种类	定义	作用	何时采用	其他特征
抵押/质押	借款人或第三人在不转移财产占有权的情况下，将财产作为债权的担保，商业银行对该项财产出售所得的现金拥有权益	使商业银行对偿还来源有一定控制	第二还款来源，减少信贷风险，适用于新借款人	流动性强、质量好的资产
保证	当借款人违约时由第三方偿还商业银行贷款的协议	为商业银行提供了可替代的还款来源，增强个人还款责任，转移了公司所有者的有限责任	合伙企业，非上市公司，母子公司	与当地法律规定一致
附属合同	由另一债主提供的、对商业银行贷款属于从属地位的协定	“保卫”还款来源，给予商业银行在变现上的优先权	资本金不足的公司，财务报表中显示有应付账款或应付股利的公司	可附属于本息的全部或部分

注：担保不是信誉的可替代品，有了担保不一定能保证还款。

(1) 抵押。抵押是指借款人或第三人在不转移财产占有权的情况下，将财产作为债权的担保。当借款人不履行借款合同时，商业银行有权以该财产折价出售来收回借款，或者以拍卖、变卖该财产的价款优先受偿。

商业银行在发放房地产贷款时，抵押是最主要的担保形式。在发放短期贷款时，商业银行也可以采取抵押方式，如以应收账款、存货、机器设备等作为抵押物，它们变现后的现金要优先偿还贷款。但对于抵押物的数量，商业银行可以根据借款人的信用状况具体加以确定。

充当抵押物的财产应保证其具有极高的流动性。通常说来，可以作为抵押物的财产有存款、可出售的证券、应收账款、存货、机器设备、建筑物、土地、股份等。

(2) 质押。质押是指借款人或者第三人将其动产或权利移交商业银行占有，将该动产或权利作为债权的担保。当借款人不履行债务时，商业银行有权将该动产或权利通过折价出售来收回借款，或者以拍卖、变卖该动产或权利的价款优先受偿。质押分为动产质押和权利质押，按照我国法律的规定，可以充当权利质押的质物有：汇票、支票、本票、债券、存款单、仓单、提单；依法可以转让的股份、股票；依法可以转让的商标专用权、专利权、著作权中的财产权；依法可以质押的其他权利。

(3) 保证。保证是指商业银行、借款人和第三方签订一个保证协议，当借款人违约或无力归还贷款时，由保证人按照约定履行债务或者承担相应的责任。因此，商业银行必须充分了解保证人的财务实力和信誉。

商业银行在选择保证人时，一般会要求借款人的合伙方、股东或高级管理人员为借款人公司提供贷款保证，或者母公司为子公司提供保证，这会增强债务人的还款责任心。

(4) 附属合同。附属合同是由借款人的其他债权人签署的，同意对贷款负第二责任的协议，其作用是为商业银行提供对其他债权人的债务清偿优先权。

2. 贷款担保的管理

商业银行在依法获得担保后，还要对担保进行妥善的管理，这是防范贷款风险的第二重保证。因此，商业银行对担保要进行特别的管理。

(1) 对抵押和质押的管理。商业银行在对抵押品进行管理时要注意以下几个问题：一是商业银行对抵押物的占有和控制情况。为此，商业银行应要求对抵押物进行合法登记，建立安全保管措施，对抵押物进行定期估价，为抵押物投保等。二是抵押物的流动性。这是指抵押物的市场接受程度如何，抵押物的流动性强，贷款的安全性就高。三是抵押物的价值评估。商业银行在评估抵押物的价值时，应采取谨慎和保守的态度。四是抵押物的变现价值。商业银行从抵押物变现中获得的现金应是扣除全部销售成本后的余额。抵押物变现价值的大小取决于抵押物的品质、保险、损耗、变现原因、市场条件等。五是抵押率。这是指贷款金额与抵押物价值之比，反映了第二还款来源的保障程度。抵押率低说明商业银行对贷款比较谨慎，相反则比较宽松。质押的管理类似于抵押。

(2) 保证。商业银行要求借款人签订保证协议的目的是进一步提高贷款的安全性，因此它需要从以下几个方面考察保证人：一是保证人的资格。各国对能够承担保证责任的经济主体都有不同的法律规定，商业银行在签订保证协议时必须注意保证人资格的合法性。二是保证人的财务实力。由于保证人的责任是在借款人不能履行债务约定时代替债务人偿还债务，如果保证人没有足够的财务实力，保证协议等于无效。商业银行对保证人财务实力的评价可以视同借款人。三是保证人的保证意愿。商业银行考察保证人的保证意愿可以参考以往的履约记录，因为足够的财务实力并不等同于愿意履行偿债义务。四是保证人与借款人之间的关系。商业银行通常是和与借款人有密切关系的一方签订保证协议，他们之间往往存在较紧密的经济联系，因此商业银行需要注意借款人对保证人的依赖程度和保证人对借款合同的关心程度。五是保证的法律责任。保证分无条件保证和有条件保证两种，前者是指无论借款人是否提供抵押物或将来支付能力如何，保证人都将支付全部到期的本金和利息；后者是指当借款人使用所有的还款手段仍不能偿还贷款时，保证人按保证协议偿付借款人剩余的债务。保证的类型不同，保证人的法律责任也不同。

6.3.6 借款企业的非财务因素分析

为了更准确地考察借款人的偿债能力，一个重要的方面就是非财务因素对借款人的影响，主要是指借款人所处的行业、经营特征、管理方式、还款意愿、其他因素等。表6-6描述了借款人行业风险分析的判断要点。

表6-6 借款人行业风险分析的判断要点

行业特征	低风险	中等风险	中高风险	高风险
成本结构	低营业杠杆，低固定成本，高变动成本	固定成本与变动成本平衡	固定成本略高于变动成本	高经营杠杆，高固定成本，低变动成本
成熟性	成熟行业——销售和利润以合理比率增长	正在成熟的行业——摆脱了成长的主要问题；高度成熟的行业——处于衰退的边缘	新兴行业——仍在迅速成长，弱的竞争者开始退出；衰退行业——销售和利润下降	新兴行业——以爆炸性速度成长
周期性	不受经济周期影响	销售增长或下降较温和，能反映经济的繁荣和萧条	销售受繁荣和萧条的轻度影响	高度周期性或反周期性
盈利性	在扩张期和衰退期均持续盈利	在衰退期持续盈利，但低于平均水平	在扩张期盈利，衰退期不盈利	扩张期和衰退期都不盈利
依赖性	高度多样化的客户群和供应商	客户和供应商限于某些行业，但其中任何一个都不占有10%以上的购销额	客户和供应商限于某些行业，其中的某些行业可以占有20%～30%的购销额	高度依赖于一两个行业或客户

借款人经营风险的评估见表6-7。

表6-7 借款人经营风险的评估

经营特点	低风险	中等风险	中高风险	高风险
规模	销售量、资产、盈利和市场份额名列前茅	中等规模	销售量、资产、盈利和市场份额较小	销售量、资产、盈利和市场份额最小

续表

经营特点	低风险	中等风险	中高风险	高风险
发展阶段	稳步增长	趋于稳步增长——弱者被挤出市场	快速增长，但速度不是爆炸性的	以爆炸性的速度增长
产品多样性	产品多样，用途广	产品多样，用途有限	品种有限，用途也有限	产品单一或客户单一
产品重要性	常用品，需求稳定且可以预测	必需品，但可以推迟消费，需求有周期	奢侈品，市场小但稳定	顶级奢侈品，市场小且不稳定
差异性	产品与众不同，没有替代品，专利有保护，信誉好	产品有些独特，替代品有限，信誉好	产品无独特之处，有一些替代品，信誉好	产品无独特之处，有许多替代品
市场竞争	没有直接的竞争对手	有一些竞争对手，但能胜过对手	面临来自大公司的轻度竞争	面临来自大公司的激烈竞争
企业管理经验	经验丰富	经历过不少行业周期	经验有限，只了解常见的行业问题	缺乏经验
企业管理深度	在所有职能部门都有深入管理	有足够的管理深度	管理不够深入	管理不深入，关键岗位空缺
企业管理广度	所有部门都有有经验的管理者	只有一个关键管理者的经验不足	有一个关键部门缺乏有经验的管理者，其他管理者可以照看该部门	多个关键部门缺乏有经验的管理者，其他人无法顾及
董事会	由知名企业领袖组成董事会，形成有效控制	有些董事的作用有限，控制作用一般	外部董事不能有效制约管理层	董事会中没有外部董事，不履行一般职责

除上述行业风险、经营风险、管理风险会影响借款人的还款能力外，借款人的还款意愿也不能忽略。对借款人还款意愿的判断可以从借款人以往的还款记录中得出。

综上所述，对于一笔好贷款的取得，商业银行要做许多工作，但这并不意味着只要商业银行按照上面的要求去做，就一定能保证贷款的安全。也就是说，问题贷款的出现仍是不可避免的。

6.4 企业贷款的定价

为贷款确定一个合理的价格是商业银行获取贷款业务利润的基础，也是商业银行与借款人能否达成该贷款业务的关键。近年来，随着金融全球化的加快，各国金融管制在不断放松，企业以直接融资方式获取资金越来越便利，这就使得商业银行传统的存贷业务趋于萎缩，竞争也更加激烈，从而贷款定价的合理性显得极为重要。合理的贷款价格不仅能够保证商业银行获得一定的利润，而且能让企业接受。由于贷款市场的激烈竞争，商业银行事实上已不是贷款的定价者，而是贷款价格的接受者。

6.4.1 成本加成定价法

在对贷款进行定价时，商业银行的管理者必须考虑其筹集可贷资金的成本和商业银行的其他经营成本。在贷款利率中必须包括四部分内容：①商业银行筹集足够的可贷资金的成本；②商业银行的经营成本（工资和办公设施的成本）；③商业银行对违约风险所进行的必要补偿；④每笔贷款的适当利润，以保证商业银行的所有者获得必要的收益。因此，用公式可以表示为：

$$\text{贷款利率}=\text{筹集资金的边际成本}+\text{商业银行的其他经营成本}+\text{预计违约风险补偿费用}+\text{商业银行预期的利润}$$

公式中的每一项都用贷款数额的百分比表示。例如，一笔贷款的金额为100万元，如果商业银行为了筹集这笔资金以8%的利率发行存单，那么筹集资金的边际成本就是8%，商业银行发放和管理这笔贷款的经营成本为2%，该笔贷款可能发生的违约风险损失为2%，商业银行预期的利润水平为1%，则该笔贷款的利率应该为13%（=8%+2%+2%+1%）。

6.4.2 价格领导模型定价法

成本加成定价法假设商业银行能够精确地计算其成本，并将其分摊到各项业务中，而且这种定价方法是以商业银行为核心。事实上，这两种情况发生的可能性都较小。因此，价格领导模型定价法便产生了，它是以若干个大商业银行统一的优惠利率为基础，在考虑违约风险补偿和期限风险补偿的情况下制定贷款利率。对某个特定的借款人来说，贷款利率的计算公式为：

$$\begin{aligned}\text{贷款利率}&=\text{优惠利率(包括各种成本和商业银行预期的利润)}+\text{加成部分}\\&=\text{优惠利率}+\text{违约风险贴水}+\text{期限风险贴水}\end{aligned}$$

优惠利率是向信誉等级最高的大公司提供的短期流动资金贷款的最低利率，违约风险贴水是向非优惠利率借款人收取的费用，期限风险贴水是向长期贷款借款人收取的费用。

确定风险贴水是较困难的事情，表6-8是分析家建议的风险等级和风险贴水。

表6-8 借款人经营风险的评估

风险等级	风险贴水（%）	风险等级	风险贴水（%）
没有风险	0	特别注意	1.5
风险小	0.25	低于标准	2.5
标准风险	0.5	可疑的	5

如果一家企业属于非优惠利率借款人，在其五年期固定资产贷款的利率中，除了优惠利率外，还要包括违约风险贴水和期限风险贴水。假如优惠利率为12%，违约风险贴水为1.5%，期限风险贴水为2%，那么这笔贷款的利率应为15.5%。

在利率自由化以后，优惠利率定价法就产生了两个公式：优惠利率加数法和优惠利率乘数法。前者是用优惠利率加上一个比率构成贷款利率；后者是用优惠利率乘以一个数值得到贷款利率。表6-9是这两种方法的比较。

表6-9 优惠利率加数法和优惠利率乘数法的比较（%）

优惠利率	加数利率（优惠利率+2%）	乘数利率（优惠利率×1.2）
10	12	12
11	13	13.2
12	14	14.4
13	15	15.6
14	16	16.8
15	17	18

在表6-9中，只有在优惠利率为10%时，加数利率和乘数利率才一致。当优惠利率由10%上升到15%时，加数利率由12%上升到17%，而乘数利率则上升到18%，高出加数利率一个百分点；相反，当优惠利率下降到9%时，利用加数法得到的利率为11%，而用乘数法得到的利率为10.8%，低于加数利率。这说明两种不同的利率计算方法对优惠利率变动的反应程度是不同的。

在实际应用中还可以规定利率的上限或下限，这对借款人来说是极为有利的，但商业银行承担的风险较大。

6.4.3 成本-收益定价法

在商业银行内部还有更复杂的贷款定价系统，即成本-收益定价法。在成本-收益定价法下，商业银行需要考虑的因素有三个：①贷款产生的总收入；②借款人实际使用的资金额；③贷款总收入与借款人实际使用的资金额之间的比率。下面举例说明。

某借款人向商业银行申请500万元的信用额度，贷款利率为15%，该借款人实际使用的资金额为500万元，则该商业银行的贷款收入为：

$$\text{贷款收入}=500\times 15\%=75(\text{万元})$$

借款人实际使用的资金额为500万元，商业银行贷款的估计税前收益率为：

$$\text{商业银行贷款的税前收益率}=\frac{75}{500}=15\%$$

此时，商业银行的管理者就要判断15%的税前收益率能否弥补筹资成本和各项管理费用，以及能否补偿各种风险的损失。如果不能，则需要调整贷款利率，或者降低商业银行的经营成本。调整贷款利率受市场供求的限制，降低商业银行的经营成本也不是轻而易举的事情，那么商业银行是否还有其他办法提高贷款的税前收益率？答案是肯定的。最常见的做法就是向借款人收取补偿余额，这是非常有效的举措。补偿余额是借款人同意将一部分存款存入贷款行。补偿余额既可以表示为借款人未归还贷款平均余额的百分比，又可以表示为贷款额度的百分比或某个固定的金额。

仍以上例说明。当商业银行要求借款人将贷款额度的20%作为补偿余额存入该商业银行，并对补偿余额收取1%的承担费，则该贷款的税前收益率为：

贷款收入＝500×15%＋100×1%＝76(万元)

借款人实际使用的资金额＝500－(500×20%)＝400(万元)

$$商业银行贷款的税前收益率=\frac{76}{400}=19\%$$

该商业银行通过向借款人收取补偿余额和承担费的方法提高了贷款的税前收益率。在实际操作中，商业银行还可以通过向借款人收取其他服务费的方式提高自身的收益，但要视市场的具体情况而定。

复习思考题

1. 商业银行的企业贷款主要有哪些种类？

2. 下面是JW公司财务资料的概况，试利用这些资料分析该公司可能的借款理由。

2019—2021年JW公司的财务资料

项目	2019年	2020年	2021年
销售增长率（%）	23.6	45.2	—
营业投资额（万元）	382.0	309.8	188.0
运营资本（万元）	403.0	303.3	127.0
存货周转期（持有期）（天）	78	74	66
应收账款收账期（天）	34	67	29
固定资产利用率（%）	20.0	12.6	11.6
固定资产存续期（年）	6.1	10.4	14.2
销售/总固定资产（%）	16.64	24.66	46.98
应付账款付账期（天）	44	90	34
利润/销售（%）	4.7	7.2	6.5

3. 利用下面给出的CB公司的资产负债表和损益表，回答如下问题：对借款企业的财务分析主要使用哪些财务比率？这些财务比率是怎样说明企业财务状况的？借款企业的现金流量对商业银行为什么非常重要？企业的现金流量表能够告诉我们什么信息？它对帮助商业银行判断企业偿还能力有什么意义？

2019—2021年CB公司的资产负债表 单位：千元

项目	2019年	2020年	2021年
资产			
现金	57 172	54 481	34 525
应收账款	200 138	251 167	300 068

续表

项目	2019 年	2020 年	2021 年
其他应收款	37 534	55 545	37 673
库存	194 039	233 456	234 667
流动资产总额	488 883	594 649	606 933
固定资产净值	307 540	293 588	306 794
投资	34 680	38 125	106 842
附属公司投资及应收款	91 481	96 914	46 049
递延收费	32 989	26 842	—
固定资产总额	466 690	455 469	459 685
资产总额	955 573	1 050 118	1 066 618
负债			
短期银行借款	234 779	220 224	265 913
应付账款和票据	72 373	137 586	111 188
客户预付款	7 938	11 601	11 277
应付款	16 151	18 895	19 390
应付分支机构款	5 687	25 864	—
长期债务流动部分	90 265	22 525	62 565
流动负债总额	427 193	436 695	470 333
长期债务	59 087	96 464	72 667
中国工业发展基金	92 494	102 494	92 494
其他长期负债	17 130	19 870	22 811
净值			
普通股	270 000	270 000	270 000
计划增加的股本	—	27 000	—
法定储备	59 861	63 503	—
利润和亏损	29 808	34 182	—
未分配利润	—	—	138 313
净值总额	359 669	394 685	408 313
总负债和净值	955 573	1 050 118	1 066 618

2019—2021 年 CB 公司的损益表

单位：千元

项目	2019 年	2020 年	2021 年
净销售	860 616	861 765	544 752
商品销售成本	−776 236	−760 329	−471 239
销售、管理费用	−39 933	−41 018	−32 811
净经营收入	44 447	60 418	40 702
折旧	−6 180	−6 147	—
其他收入	158	—	—

续表

项目	2019 年	2020 年	2021 年
税利前盈利	38 425	54 271	40 702
利息支出	−31 912	−29 578	−17 558
利息收入	—	—	—
税前利润	6 513	24 693	23 144
所得税	−3 939	11 722	−9 516
净收益	2 574	36 415	13 628

4. 借款企业的信用支持主要方式是什么？商业银行应怎样控制和管理这些信用支持？
5. 商业银行为什么要对借款企业财务以外的因素进行分析？这一过程怎样进行？
6. 企业贷款的定价方法有哪些？什么是补偿余额？它对贷款定价的意义何在？

第7章

个人贷款

【导言】

从人的生命周期来看，其消费曲线和收入曲线很少交叉，而且在大多数时候是不一致的。通常说来，一个人在年轻和年老时都是入不敷出，而在中年时收支相抵后仍有盈余。要满足人们对美好生活的需求，就需要金融服务特别是个人贷款来实现个人的收支跨期平衡。此外，个体工商户和灵活就业人员对个人贷款有更高的需求，除了要满足住房、汽车、教育、医疗等消费需求外，还要维持商业和经营。商业银行是提供个人贷款的主要金融机构，由于庞大的市场和较高的利息收入，个人贷款成为商业银行的核心业务和重要利润源泉，也成为商业银行同业竞争的焦点。发展个人贷款业务，对商业银行具有重要的意义和价值，是实现商业银行资产和收入来源多元化、降低经营风险、提高竞争能力的有效手段。

【学习目标】

1. 了解商业银行个人贷款业务的发展演变和主要产品。
2. 了解个人贷款的风险特征及其成因。
3. 了解个人偿债能力的影响因素，掌握个人信用评估方法。
4. 了解住房贷款、消费信贷、个人经营贷款等主要个人贷款种类及其业务流程。
5. 了解和掌握个人贷款的定价原理及具体的定价方法。

【核心概念】

个人贷款	个人信用评估	住房公积金	个人破产
贷款市场利率（LPR）	等额本息还款方式		

7.1 个人贷款业务概述

7.1.1 个人贷款及其意义

个人贷款是指商业银行为满足个人特定的资金需求而发放的贷款。我国的个人贷款始于改革开放之后，由于经济市场化激发了旺盛的消费需求，所以在20世纪80年代中期，中国银行和中国人民建设银行率先提供了信用卡和住房抵押贷款业务，而后各家银行纷纷跟进。早期的个人贷款主要满足个人自用住房、自用汽车、耐用消费品、医疗以及教育等特定消费目的需求，属于典型的消费信贷范畴。在2008年国际金融危机爆发后，为了缓解中小微企业融资难，满足个体工商业者的日常经营资金需求，商业银行扩大了个人贷款的范畴，因而个人经营贷款应运而生。

1. 个人贷款是优化商业银行资产结构的手段

数字经济推动金融模式和渠道不断创新，越来越多的企业从商业银行脱媒，客户和需求结构的调整客观上增加了商业银行在公司业务方面的竞争压力和风险。为了适应金融模式的巨大变化，商业银行必须动态调整资产结构，从以前过度依赖企业贷款转变为企业贷款和个人贷款并重，大力发展与企业贷款相关性低、受经济周期影响较小的个人贷款，通过优化贷款结构来平衡风险与收益。个人贷款已成为我国商业银行信贷业务的一个重要组成部分。2020年，个人贷款约占我国商业银行贷款总量的37%，而欧美发达国家的一些著名国际银行的该比例超过50%。

2. 个人贷款是商业银行重要的利润源泉

随着消费升级和“双创”（即“大众创业、万众创新”）的推进，居民对住房、汽车、旅游、购物、医疗、事业发展等美好生活的要求更高，对个人贷款的需求不断扩大，因而个人贷款业务发展迅速，逐渐成为商业银行重要的利润源泉。目前，中国银行、中国工商银行等国有银行超过40%的利润来自个人金融业务。在占我国商业银行利润70%的信贷业务中，个人贷款的贡献接近一半。在创新、协调、绿色、开放、共享的新发展理念指导下，消费已成为中国经济增长的主要驱动力，消费金融在我国经济的稳健发展中扮演着越来越重要的角色，个人贷款已成为商业银行的主要利润增长点。

3. 个人贷款是提高商业银行竞争力的重要途径

金融科技的广泛运用，大大提升了商业银行挖掘数据、强化风控、整合各类服务渠道的能力。以个人贷款业务为纽带，商业银行可以将个人贷款与诸多投资、理财产品有机组合，从而有效扩展营销渠道、扩大市场规模、赢得更多优质客户，进而确立市场竞争优势。

7.1.2 个人贷款分类

个人贷款的种类繁多，按照不同的分类标准，可以分为不同的类型。表7-1归纳总结了商业银行的个人贷款业务类型。按照资金用途，个人贷款可以分为个人住房贷款、个人消费贷款、个人经营贷款。按照贷款方式，个人贷款可以分为信用贷款（包含信用卡贷款）、抵押贷款、质押贷款、循环贷款。按照还款方式，个人贷款可以分为分期还款和到期一次性还款。

表7-1　个人贷款的种类

按照资金用途	个人住房贷款、个人消费贷款、个人经营贷款
按照贷款方式	信用贷款、抵押贷款、质押贷款、循环贷款
按照还款方式	分期还款、到期一次性还款

1. 个人住房贷款

个人住房贷款是指商业银行向借款人发放的用于购买住房的贷款。安居方能乐业，住房需求是人最基本的需求。从全球范围来看，个人住房贷款在商业银行个人贷款中的占比最高。例如，2020年个人住房贷款占个人贷款的比例，汇丰银行为76.45%、中国工商银行为80.5%、中国建设银行为80.6%。

个人住房贷款是一种典型的抵押贷款。由于个人住房贷款的金额大、期限长（最长可达30年），因而借款人的还款面临诸多不确定性。商业银行为了降低信用风险，通常要求借款人用购买的住房作为抵押品。一旦借款人不能按期还款，商业银行就有权拍卖抵押品，避免或减轻信贷资金的损失。由于土地资源稀缺，房价具有不断上涨的趋势，同时购买住房的金额数倍或数十倍于个人家庭的年收入，因而分期偿还成为住房贷款的典型特征。

2. 个人消费贷款

个人消费贷款是指商业银行向借款人提供的用于购车、装修、购买耐用消费品、留学、教育支出、旅游和医疗等日常生活需求的贷款。个人消费贷款的特点是资金用途广泛。随着消费升级的不断扩大，个人消费贷款的贷款方式逐渐灵活多样，有房产抵押、存单质押、信用贷款、循环贷款等多种方式。对于个人消费贷款中不同用途的资金，其还款方式不同。装修、购买耐用消费品、助学、留学、医疗等个人消费贷款的期限较长、金额较大，大多使用分期还款方式。使用信用卡的日常消费贷款，基本上使用一次性偿还方式，也可以在每月支付最低还款额后分期偿还。

在手机银行流行之前，个人消费贷款主要是通过信用卡贷款方式进行的。信用卡贷款是指商业银行向借款人发放的短期、用于日常消费的信用贷款。商业银行向符合基本信用要求的借款人发放信用卡，并根据借款人的信用状况核定信用贷款的额度，而借款人通过透支的方式实现超前消费。信用卡贷款的特点是：无担保、无抵押；核定信用额度、资金循环使用；借款人先消费、后付账；超过免息期后按日计息、实行累进利率。

在商业银行的数字化转型中，信用卡业务与手机银行业务高度融合，我国多家商业银行都推出了“e融借”产品，客户不用信用卡，通过手机银行就可以轻松实现信用卡的功能。

当信用卡跨行、跨地区和跨国界使用时，需要国际性信用卡组织进行支付处理。目前，国际上最著名的信用卡是由美国管理和经营的 Visa 和 MasterCard，具有覆盖面广、功能强和先进的消费支付处理系统。我国在 2002 年设立了自己的银行卡联合组织——中国银联，2020 年我国跨行支付系统共处理业务金额 192.18 万亿元，约为 2016 年的 3 倍。境外发行银联卡的国家和地区达到 70 个，境内外发行的银联卡都可在银联全球受理网络中便捷使用，其线下受理范围已覆盖 180 个国家和地区，5 500 万家商户，其中亚太受理覆盖率超过 90%。

3. 个人经营贷款

个人经营贷款是指商业银行向小微企业主发放的、用于满足其生产经营资金需求或置换生产经营过程中产生的债务的贷款。随着我国“大众创业、万众创新”的蓬勃发展，以及外卖、快递、滴滴打车、家政服务等新业态、新模式的不断涌现，个体工商户队伍日益壮大，它们的经营贷款需求增长迅猛，为商业银行发展个人贷款开辟了巨大的空间。自 2016 年以来，我国商业银行的个人经营贷款增长较快（见图 7－1），2021 年在个人信贷总额中的占比达到 22.81%，与个人消费贷款的占比相当。个人经营贷款有特定的资金用途，旨在破解小微企业融资难问题，贷款资金只能用于借款人的生产经营、购置或更新经营设备、支付租赁经营场所租金、购买装修商用房、购买商务车以及其他合法生产经营活动，不能用于购买股票、债券、期货以及发放贷款等金融活动，一旦违规使用，商业银行将提前收回资金。

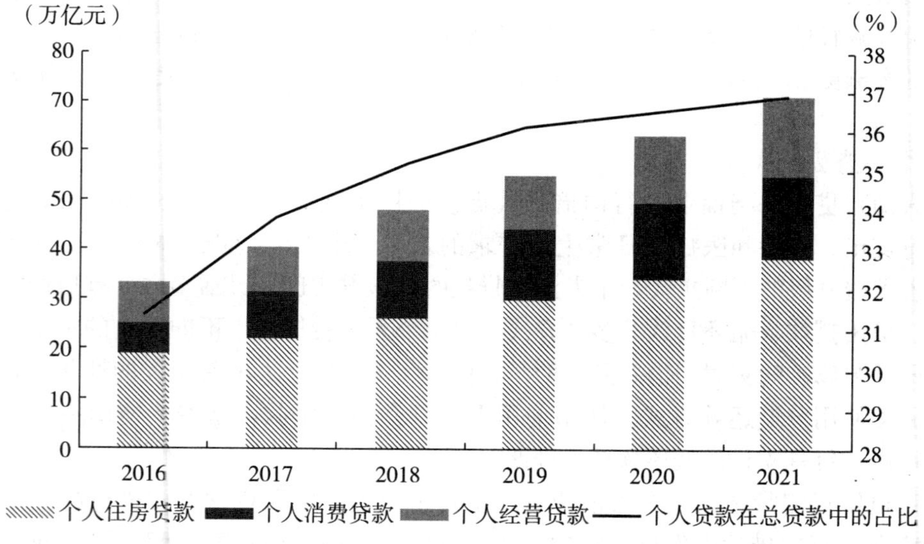

图 7－1 2016—2021 年商业银行个人贷款结构及在贷款总额中的比重

资料来源：中国人民银行. 2021 年金融机构贷款投向统计报告. 中国人民银行网站，2022－01－31.

7.1.3 个人贷款的特征

与企业贷款不同，个人贷款的对象为自然人。由于借款人群体的数量大，而且不同地区、不同行业、不同年龄的个体差异较大，使得个人贷款业务具有以下特征：

1. 数量庞大、成本较高

与商业银行的企业贷款客户相比，个人贷款的客户数量更多。2021 年，我国有 1.5 亿市场主体，其中企业 4 000 万户，个体工商户 1.1 亿户，18～59 岁具有个人贷款资格的人数为 8.82 亿，城市居住人口达到 9.14 亿，超大的住房、消费和经营需求，为商业银行开展个人贷款业务提供了源源不断的动力，使得个人贷款快速上升为商业银行的核心业务。个人贷款的笔数虽多、整体规模大，但单笔贷款的金额不大、利息收入较小，加上每一笔贷款都要遵守严格的贷前、贷中、贷后管理流程，因而个人贷款的人力、时间投入与企业贷款相差无几，但两者的产出却有天壤之别，属于典型的薄利多销业务。

2. 具有经济顺周期性

收入是消费的基础，也是个人住房贷款、个人消费贷款的还款来源。个人的购买力或消费能力取决于收入水平，两者之间具有正相关关系，即收入增加则消费增加，反之亦然。我国已全面建成小康社会，中等收入人口超过 4 亿，人们对美好生活的追求推动消费不断升级，带动个人贷款需求不断扩大，并使商业银行贷款总额中个人贷款的占比不断提高。当然，经济增长不是线性的，它具有周期性，而全球经济危机频发，这就决定了个人收入增长具有周期性，进而消费支出具有周期性。消费需求的顺经济周期波动，必然导致个人消费贷款顺经济周期波动，具体表现为：经济繁荣时消费贷款规模扩大，经济萧条时消费贷款规模缩小。个人对个人经营贷款的需求和偿还能力完全取决于市场景气及经济活跃度，其经济顺周期性比个人消费贷款更强。

3. 风险较大但可控性强

与企业贷款相比，个人贷款的风险更大。因为影响个人贷款偿还能力的因素复杂多样，有些因素还是个人无法控制的。首先，绝大多数借款人的收入依靠工薪和劳动报酬，他们的收入来源渠道单一，比较脆弱。一旦借款人失业或者生病，失去收入来源，个人贷款就会违约。其次，出人意料的自然灾害、战争、瘟疫都会严重摧毁经济，夺取人的生命和财产，让个人贷款直接变成坏账。再次，宏观经济政策变化也会增加个人贷款风险，其影响像一把双刃剑，不能一概而论。例如，致力于逆周期调节的宏观经济政策有利于降低经济的周期性波动，可以稳定就业和收入，从而降低个人贷款的违约风险；相反，促进绿色低碳发展的宏观政策迫使一些高排放产业关停并转，导致相关产业的员工结构性失业，他们就会失去个人贷款的偿还能力。最后，个人价值观、还款意愿也是不容忽略的影响因素，在同等外部环境和收入水平下，不诚信的借款人千方百计不还钱，当“老赖”，而守信用的借款人宁可节衣缩食，也要按期还钱。

虽然个人贷款的风险较大（见图 7 - 2），但在大数据、区块链、人工智能等前沿科技的支持下，商业银行的个人贷款业务系统越来越完善，以前制约商业银行收集个人信息的障碍几乎不复存在，通过信息共享，借款人的征信报告、税收、消费支出、房产、金融资产、就业等信息可以跨部门、跨系统获得，甚至借款人的生活习惯和偏好等对偿还能力有影响的行为信息也可以获取，从而使信息不对称问题得到很好的解决。基于充分的信息，商业银行能够建立精准的个人信用评估、授信系统，以及智能化的业务操作系统，进而降低个人贷款的信用风险和操作风险。

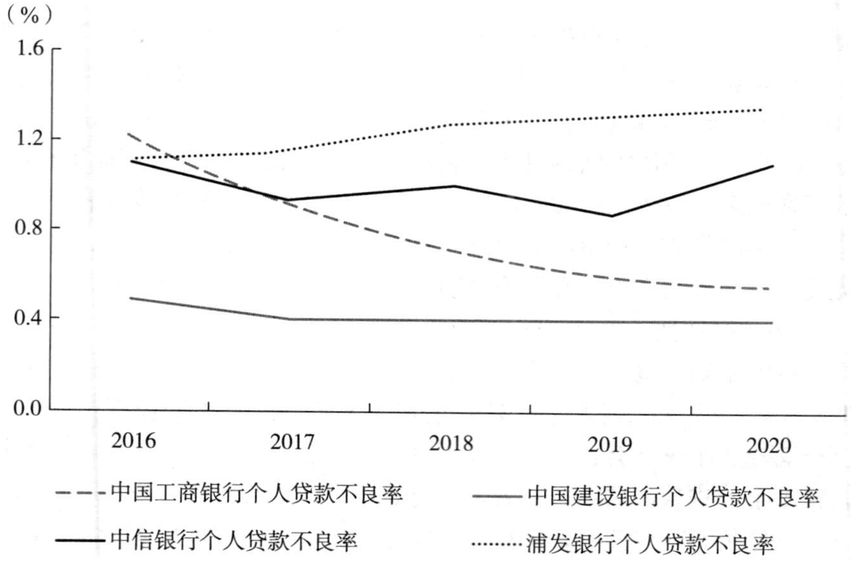

图 7-2　2016—2020 年四家商业银行的个人贷款不良率

资料来源：各银行年报。

☞**小专栏**

我国商业银行个人贷款的业务发展变化

我国个人贷款始于 20 世纪 80 年代中叶，最早是支持日常消费的信用卡贷款，后来扩大到支持汽车消费。在 1997 年亚洲金融危机后，为了拉动内需，我国进行了住房商品化的重大改革，激发了居民的购房热情，拥有满意的住房和汽车成为普通人的生活追求，因此个人住房贷款应运而生。此后，我国的个人住房贷款规模不断扩大，一直占据商业银行个人贷款的主导地位。例如，中国工商银行的个人住房贷款占个人贷款的比重从 2005 年的 73%提高到 2020 年的 81%，见图 7-3。中国建设银行更是将个人住房贷款作为主打品牌，“要买房，找建行”妇孺皆知。国际大银行也不例外，尽管受到 2008 年国际金融危机的打击，美国花旗银行的个人住房贷款份额从 55%的峰值一路下滑，但仍在个人贷款中保有三成的份额。自 2011 年以来，英国汇丰银行个人住房贷款的占比均维持在 70%以上。

随着我国居民人均收入与 GDP 的同步增加，我国开始从中等收入阶段向中高收入阶段迈进，居民从追求温饱到追求高品质生活，推动了消费的全面升级，而不断释放的消费需求为商业银行发放个人消费贷款开创了巨大空间，进而个人消费贷款的品种不断丰富，覆盖了装修、购车、购买大件商品、婚庆、美容健身、旅游、留学等美好生活需求的方方面面。截至 2021 年，个人消费贷款在个人贷款中的占比上升至 24%，上升空间巨大。满足小微企业主生产经营需要的个人经营贷款的比例也超过个人贷款总额的 20%。个人贷款的收益较高，已成为商业银行重要的利润来源。2020 年，中信银行利息收入的一半以上来自个人贷款，国有商业银行的该比例也高达 40%以上，见图 7-4。

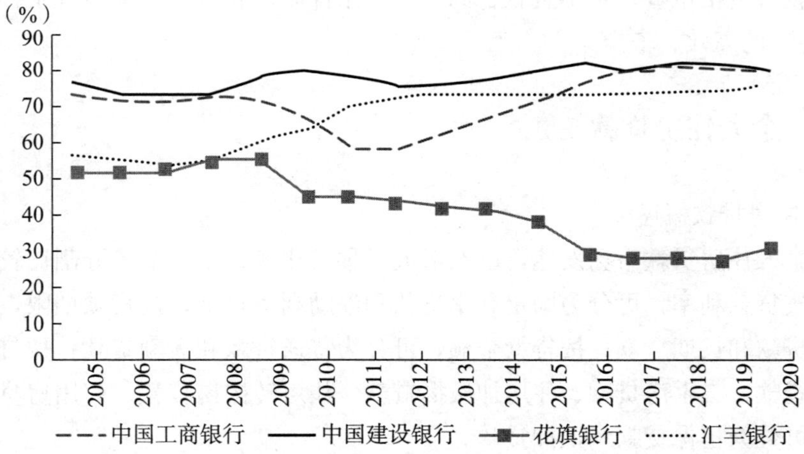

图 7-3　四家商业银行个人住房贷款在个人贷款中的占比

资料来源：各银行年报。

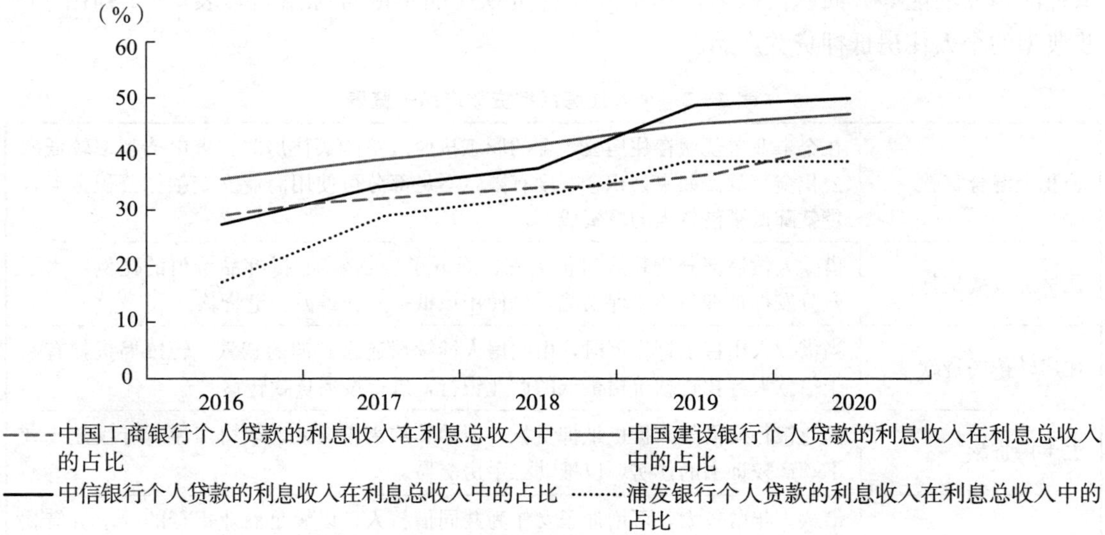

图 7-4　商业银行个人贷款的利息收入在利息总收入中的占比

资料来源：各银行年报。

金融科技的广泛应用，使得商业银行的个人贷款方式、渠道发生了天翻地覆的变化，接近 90%的个人贷款业务都是客户自主在手机银行、网上银行完成的。为了适应人们网上购物方式的转变，多家商业银行推出了自己的电商平台，为客户提供更好的在线消费和个人消费贷款应用场景。中国人民银行征信中心提供覆盖 9 亿多自然人的征信报告，大大提高了个人贷款的信用风险管理水平，商业银行得以进行人工智能审批放贷，增加了融资便捷性。

7.2　个人贷款业务与经营

个人贷款业务的开展，关键在于商业银行根据客户的资金需求，设计最合适的产品，做好贷前借款人资格审查，贷中贷款合同、贷款条件制定和贷后风险管理工作，确保资金“借、用、还”的高效、安全运行。

7.2.1 个人住房贷款

1. 个人住房贷款概述

我国的个人住房贷款市场发达，已经形成了种类比较齐全、市场分割比较细致的贷款产品组合：按贷款利率，可分为固定利率贷款和浮动利率贷款；按贷款期限，可分为短期贷款、中期贷款和长期贷款；按贷款金额，可分为普通贷款和大额贷款；按贷款用途，可分为新购房贷款、二手房贷款、住房加按揭贷款、住房转按揭贷款、商用房贷款；按贷款信用要求，可分为担保贷款和抵押贷款。

以客户为中心、产品设计人性化、争取更大市场份额是商业银行产品创新的推动力。国内外商业银行在控制利率风险、适应借款人收入阶段性变化、充分利用支持政策及释放抵押品担保功能等方面积极探索，使个人住房贷款产品不断推陈出新，表 7－2 列出了一些典型的个人住房抵押贷款产品。

表 7－2 个人住房抵押贷款产品一览表

公积金混合贷款	在企事业单位缴存住房公积金的职工按照政策购买住房时，可申请利率较低的公积金贷款。如果公积金额度有限，不足部分可使用商业性贷款。公积金混合贷款降低了借款人的融资成本。
住房加按揭贷款	借款人偿还部分贷款或房价上涨，降低了贷款余额/抵押品价值的比例，为了充分发挥抵押品的担保功能，可使用该抵押品获得另一笔贷款。
住房转按揭贷款	当借款人出售抵押房屋时，由购房人继续偿还未到期的贷款。转按揭贷款有利于借款人寻找贷款价格最低的商业银行，进行按揭贷款转移。
二手房贷款	商业银行向借款人提供抵押贷款，帮助其购买售房人已取得房屋所有权证或者不动产权证书的住房，以推动二手房交易。
住房接力贷款、合力贷款	借款人年龄较大，可增加子女作为共同借款人，以满足商业银行的要求（借款人年龄与贷款期限之和不超过 75 年）。 借款人自身偿还能力较弱，可增加父母双方或一方作为共同借款人，以满足商业银行对偿还能力的要求。
浮动利率住房贷款与固定利率住房贷款	住房贷款的期限长、利率波动较大，为了控制利率风险，商业银行大多提供跟随基准利率调整的住房贷款，即浮动利率住房贷款。 由于工薪收入比较固定，同时固定的按揭还款有利于家庭财务预算，为了适应这种需要，商业银行承担利率风险，提供固定利率住房贷款。
累进付款与分级偿还贷款	这是商业银行为了适应借款人收入阶段性特征设计的住房贷款产品。累进付款的特点是“前少后多”，还本付息额随着时间推移逐渐递增。分级偿还则将还款期限分成几个阶段，并设置不同的还款比例，在同一阶段内等额还本付息，各次分期偿还贷款的金额形成梯级越来越大的阶梯形状。

反向年金抵押贷款	这是为老年人设计的产品。借款人用房屋作为抵押，每月从商业银行得到一笔资金，直到抵押贷款金额支付完毕，期限常为20年。反向年金抵押贷款在保留借款人享有住房使用价值的同时，将住房的价值提前变现，相当于商业银行进行了一笔长期投资，即以年金账户支付方式购买了个人住房的产权。
巨额偿付贷款	这种贷款的期限较短，通常为3～5年，最初几年只偿还少量贷款本息，其余的巨额本息在到期时一次付清。这种贷款适用于在可预见的时间内获得大笔遗产、馈赠、信托资产的借款人。
次级抵押贷款	商业银行向信用较差、收入不稳定的不合格借款人提供的住房抵押贷款。在预期住房价格迅速上涨时，贷款余额/抵押品价值的比例不断下降，借款人很容易获得按揭贷款，用以偿债。但是，当住房价格下降时，提供次级抵押贷款的商业银行将承受巨大风险和损失，2008年的国际金融危机就是一个教训。

2. 个人住房贷款的内容

(1) 个人住房贷款的基本要求。为了确保借款人能够如期偿还个人住房贷款以及在借款人违约时确保商业银行的权益不受到损失，商业银行通常要求个人借款人必须具备一些条件。我国商业银行要求个人住房贷款的借款人是具有完全民事行为能力、18～65周岁的自然人，而且要具备以下条件：①在贷款人所在地有常驻户口或有效居住证明；②有稳定的职业和收入；③信用良好，有按期偿还贷款本息的能力；④有贷款人认可的资产作为抵押或质押；⑤有购买住房的合同；⑥缴纳了贷款人要求的首付款；⑦在商业银行开立了个人结算账户；等等。

(2) 个人住房贷款的结构。

1) 贷款额度。为了控制借款人的道德风险，商业银行要求借款人支付一定比例的首付款。首付率与个人住房贷款金额之间正相关，即贷款金额越大，首付率越高。例如，购买别墅的首付率在50%～70%，普通住房贷款的首付率为20%～30%。我国坚持“房住不炒”的定位，鼓励房屋回归居住功能，打击住房投机行为，对同一借款人名下的第二套住房贷款要求较高的首付率。

2) 贷款期限。贷款期限越长，商业银行的流动性风险、信用风险以及市场风险越大，决定个人住房贷款期限的因素包括法律规定的承担民事责任的年龄、住房的土地使用权期限、影响房屋质量的房龄、住房贷款用途。通常说来，商业银行要求个人住房贷款申请人的年龄＋贷款年限≤75年；居住性住房的最长贷款期限为30年；商用房的贷款期限不超过10年。

3) 贷款利率。资金的时间价值决定了利率高低与期限长短呈正相关关系，个人住房贷款属于长期贷款，在贷款利率中包含较高的风险溢价。为了控制利率风险，个人住房贷款大多采取浮动利率，也就是跟随特定市场的基准利率不断调整。中国人民银行要求从2019年10月8日起，新发放的商业个人住房贷款与最近一期贷款市场报价利率(loan prime rate，LPR) 挂钩形成利率。存续贷款客户可以选择维持当期水平的固定利率或LPR。为了打击投机行为，首套住房贷款采用LPR，二套房贷款利率则在LPR基础上加60个基点。

4) 还款方式。借款人可以根据自身的收入预期以及现金流安排，选择不同的还款方式。常见的还款方式有等额本息、等额本金。借款人还可以根据自身经济状况提前还贷。

等额本息每月还款额的计算公式为：

$$M=\frac{L\times R\times(1+R)^n}{(1+R)^n-1}$$

式中，M 为每月还款额；L 为贷款本金；R 为月利率；n 为还款期数。

等额本金每月还款额的计算公式为：

$$M=\frac{L}{n}+(L-S)\times R$$

式中，M 为每月还款额；L 为贷款本金；R 为月利率；n 为还款期数；S 为已还本金。

假设某客户从商业银行获得一笔个人住房贷款，贷款金额为 10 000 元，贷款期限为 2 年，贷款利率为 4.77%。选择不同的还款方式，客户的利息总额、现金支出状况会有很大的差异，如下所示。

（1）选择等额本息还款方式：

$$月利率=\frac{4.77\%}{12}=3.975‰$$

$$还款期数=2\times12=24$$

$$每月还款额=\frac{10\,000\times3.975‰\times(1+3.975‰)^{24}}{(1+3.975‰)^{24}-1}=437.685（元）$$

$$还款总额=437.685\times24=10\,504.43（元）$$

$$利息总额=10\,504.43-10\,000=504.43（元）$$

（2）选择等额本金还款方式：

$$月利率=\frac{4.77\%}{12}=3.975‰$$

$$还款期数=2\times12=24$$

$$每月等额本金=\frac{10\,000}{24}=416.67（元）$$

$$每月利息=(10\,000-已还本金)\times3.975‰$$

$$\begin{aligned}第 1 个月还款额&=416.67+(10\,000-416.67)\times3.975‰\\&=416.67+38.09=454.76（元）\end{aligned}$$

$$\begin{aligned}第 2 个月还款额&=416.67+(10\,000-416.67\times2)\times3.975‰\\&=416.67+36.44=453.11（元）\end{aligned}$$

…………

$$\begin{aligned}第 23 个月还款额&=416.67+(10\,000-416.67\times23)\times3.975‰\\&=416.67+1.66=418.33（元）\end{aligned}$$

$$第 24 个月还款额=416.67+0=416.67（元）$$

$$利息总额=457.12（元）$$

在相同的利率水平下，选择等额本金还款方式，借款人实际使用的资金逐月等额减少，利息支出较小，具有现金流不断下降的特点；选择等额本息还款方式，借款人实际使用的资金较多，因为先期支付利息较多、支付本金较少，所以利息支出较大，具有现金流稳定的特点。通常说来，所谓的月供就是等额本息。

3. 个人住房贷款业务管理

（1）个人住房贷款的特征。个人住房贷款具有以下特征：①单笔贷款的规模不大。尽管不同地区、不同地段的房地产价值有较大差异，但住房价格通常是一个家庭年收入的几倍，乃至十多倍。与企业贷款相比，单笔个人住房贷款的规模较小。②住房是一个家庭最重要、轻易不能失去的资产，借款人有较强的还款意愿。③贷款周期长。个人住房贷款的期限一般很长，最长可达30年。④抵押品具有良好的流动性。住房是通用商品，在土地稀缺性的支持下，住房具有升值性且市场广阔，商业银行容易出售抵押品。

（2）个人住房贷款的风险管理。个人住房贷款主要的风险包括信用风险、抵押品风险、利率风险和提前偿付风险。除此以外，商业银行工作人员的道德风险、政策风险等也是重要的风险源。

1）信用风险管理。住房是个人的安身立命之所，借款人的偿还意愿强烈，因而信用风险较小，但由于种种原因，借款人可能被迫违约或理性违约。被迫违约是指借款人有还款意愿却无偿还能力。理性违约是指借款人在房价跌破贷款余额时，从自身利益最大化出发主动违约。例如，在美国次贷危机爆发后，房价大跌，许多抵押住房的市值低于贷款余额，导致大量理性违约，因而住房贷款违约率由先前的低于7%上升到10%以上，达到历史最高水平。商业银行即使中止借款人的住房赎回权、出售抵押品，也无法弥补本金的损失。

2）抵押品风险管理。抵押品风险是指房地产市场价格下跌、住房的担保功能被削弱的风险。在1998年的亚洲金融危机、2008年的美国次贷危机中都出现了房价泡沫破灭，当时的房地产价格跌幅高达60%，因而住房抵押失去了对贷款的保护功能。我国最高人民法院于2004年10月26日发布了《最高人民法院关于人民法院民事执行中查封、扣押、冻结财产的规定》，宣布自2005年1月1日起施行。该规定第六条“对被执行人及其所抚养家属生活所必需的居住房屋，人民法院可以查封，但不得拍卖、变卖或者抵债”，意味着如果贷款买房者拒不还款，商业银行也不能将其居住的房屋变卖以回收贷款，从而增大了抵押物风险。

商业银行主要通过完善抵押登记程序、仅接受与银行合作的房地产价值评估公司的评估报告、抵押率管理等措施来管理抵押品风险。在房产价值评估管理上，商业银行一般会对评估公司进行资格准入，比如评估公司的注册资本、资产规模、营业情况、行业地位，一般选取行业内前几名的评估公司作为商业银行的内部合作评估公司。评估公司通过房地产位置、年限、户型、楼层、周边人文环境、医院、学校等，参考市场成交价格，对房屋进行价值评估，通常的评估价值会低于成交价。抵押率是商业银行管理抵押品价格波动风险的关键，例如，对于首套房按揭贷款，抵押率通常为70%；对于商住房，抵押率通常为60%；对于二线城市，抵押率可能更低。当房地产市场价值下跌、借款人理性违约时，只要价格下跌幅度不高于30%～40%，商业银行将抵押住房变现，可以避免抵押品风险带来的损失。

3）利率风险管理。个人住房贷款的期限较长，而商业银行的资金来源通常是期限较短的存款或短期资本市场资金，对于固定利率贷款而言，这种期限错配很容易在短期市场利率上升时产生利率风险，即商业银行的负债与资产利率倒挂、入不敷出。即使是浮动利率贷款，商业银行也不可能完全规避利率风险，这是因为：①个人住房贷款利率的变动通常滞后于存款利率；②利率上升会增加借款人的负担，增加借款人被迫违约的可能性；③利率上升会直接影响借款人是否提前偿还贷款，从而引起净利息收入的变化。为解决这种风险，商业银行主要通过加强资产负债管理，更多地运用利率衍生工具来对冲风险。

4）提前偿付风险管理。提前偿付风险是指借款人提前归还部分或全部贷款，给商业银行带来利息损失的风险。为了减少利息损失，有的商业银行不允许提前偿付个人住房贷款，有的商业银行则收取提前还款手续费。

商业银行根据个人贷款额度、月还款额与个人月现金流的匹配程度，核定个人住房贷款最高额度，要求个人住房贷款的月还款额度不得超过个人月收入现金流的50%；对于个人贷款的总额度，还要求不得超过个人抵（质）押物评估价值的70%。我国正处于快速城镇化阶段，住房刚性需求旺盛。过去20年，除了在2008年由于受到国际金融危机的冲击而出现小幅下跌外，我国的住房价格几乎呈直线上涨态势，从2006年的每平方米3 000元升至2020年的每平方米10 000元，完全没有抵押品贬值风险。实际上，个人住房贷款的风险很低，见图7-5。例如，最近10年，中国建设银行的个人住房贷款不良率在0.3%左右。

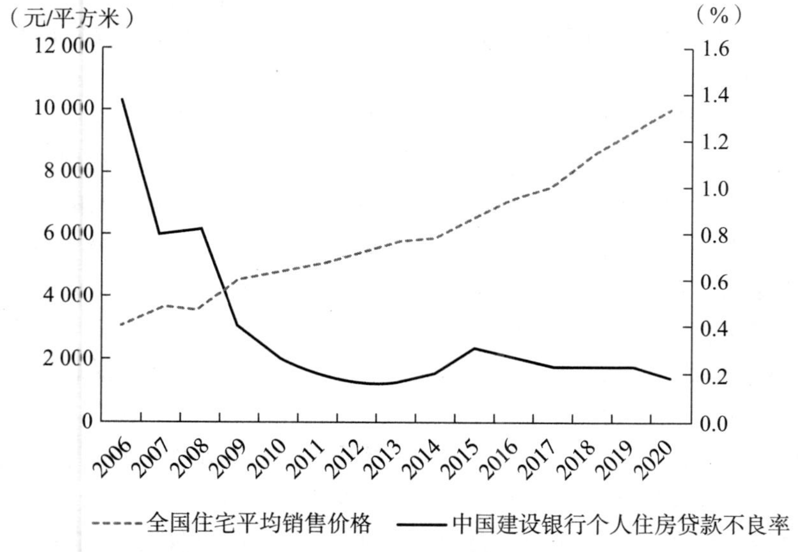

图7-5　2006—2020年全国住宅平均销售价格及中国建设银行个人住房贷款房贷不良率

资料来源：各年度的《中国统计年鉴》。

7.2.2　个人消费贷款

个人消费贷款是满足借款人各种消费需求的贷款，其涉及范围十分广泛。在个人贷款中，除了个人住房贷款和个人经营贷款，其他用途的贷款都属于个人消费贷款。随着消费升级，特别是年轻人有更强的超前消费意识，所以个人消费贷款的规模增长较快，2020年个人消费贷款占商业银行个人贷款总量的比例上升到24%。

1. 个人消费贷款的种类

人们对美好生活的追求永无止境，随着恩格尔系数的降低，人们对生活必需品的消费支出减少，个人文化消费支出日益增加，如教育、旅游、婚庆、美容、健美等消费增长迅猛，而消费需求的升级推动个人消费贷款产品不断丰富，见表7-3。我国商业银行明文禁止借款人将资金以任何形式流入房地产领域（包括房地产项目开发、购房）、证券市场、期货市场和用于股本权益性投资、借贷、购买理财产品。如果发生个人消费贷款资金被挪用，商业银行有权提前收回贷款本息、压降授信额度，将相关信息纳入征信系统，由此产生的相关影响及相应损失由借款人承担。

表7-3 个人消费贷款的常见种类

住房抵押消费贷款	住房抵押消费贷款是指借款人以房产抵押为担保方式获得的个人消费贷款。由于有价值足够大的抵押品，因而住房抵押消费贷款具有金额大、期限长的特点，最高金额可达200万元，并可在10年内循环使用，随借随还。
家居消费贷款	家居消费贷款是指银行向借款人发放的用于装修、装饰住房，购置住房装修材料和其他消费品等家居消费用途的贷款。这类贷款需要抵押、质押或复合形式的担保；贷款金额不超过100万元，贷款期限可达10年；资金在贷款期内循环使用。
个人文化消费贷款	个人文化消费贷款是指银行向借款人发放的用于个人教育培训、旅游、婚庆、美容、健身、俱乐部会员活动等文化消费用途的贷款。通常说来，个人文化消费贷款的贷款金额不超过100万元，期限最长可达10年。借款人需要提供银行认可的有效担保。在抵（质）押担保方式下，借款人可以根据需要循环使用资金。
个人助学教育贷款	个人助学贷款是指银行向全日制高等学校中经济困难的在读学生发放的贷款，主要用于支付学费及住宿费。个人助学贷款又分为国家助学贷款和商业助学贷款，前者有利率优惠和贴息政策，不需要担保，贷款期限为学制加15年，最长不超过22年；后者需要提供银行认可的担保，最长期限为8年。 一般商业性助学贷款是银行对正在接受非义务教育学习的学生或直系家属或者法定监护人发放的商业性贷款。该贷款适用于学生的出国留学贷款、再教育进修贷款等。 ☆ 贷款金额和期限 商业助学贷款的额度由银行根据借款人的资信状况及所提供的担保情况综合确定；贷款的最短期限为6个月，最长期限不超过8年（含）。 ☆ 国家助学贷款 1. 借款条件 借款人申请国家助学贷款，必须符合以下条件： （1）诚实守信、遵纪守法、品行端正、无违法或违纪行为。 （2）学习刻苦，能够正常完成学业。 （3）家庭经济困难，在校期间无法支付完成学业所需的基本费用，包括学费和基本生活费。 （4）承诺向贷款经办行提供上学期间和就业以后的变动情况。 （5）在中国工商银行开立个人结算账户。 （6）银行规定的其他条件。

个人助学教育贷款	2. 申请材料 借款学生必须书面填写申请表，同时提交如下资料： （1）本人学生证和居民身份证。 （2）父母等直系亲属书面同意申请贷款的证明及其联系方式和居住地址。 （3）本人对家庭经济困难情况的说明。 （4）乡、镇、街道民政部门关于其家庭经济困难的证明。 （5）入学新生还需提供入学通知书。 （6）银行规定的其他资料。 3. 操作指南 （1）提出申请。借款学生统一向所在学校领取申请表，学校收齐贷款申请资料，并在确认借款人所提供资料的真实性后，将贷款申请资料和学校的审核意见一并交贷款银行。 （2）银行的审查审批。银行对借款申请人的资信情况进行调查核实和审批。 （3）签订合同。经审查同意发放贷款的，银行与借款申请人签署借款合同。 （4）发放贷款。银行按规定程序发放贷款。学费贷款由银行按学年直接划入借款人所在学校指定的账户；生活费贷款划入借款人指定的个人结算账户。 （5）还款确认。借款学生在毕业时，向学校和银行提交还款确认书，并承诺按合同约定归还银行的贷款本息。 （6）贷款结清。同其他个人贷款。 ☆ 一般商业性助学贷款 1. 借款条件 在中国境内有固定住所、有当地城镇常住户口（或有效证明）、具有完全民事行为能力，并且符合下列条件的中国公民，均可申请一般商业性助学贷款。 （1）有正当职业和稳定的收入来源，具有按期偿还贷款本息的能力。 （2）学生就读学校的《录取通知书》（或《学生证》和学籍证明）等证件；就读学校开出的学生学习期间所需学杂费、生活费及其他有关学习的费用证明。 （3）提供银行认可的财产抵押或有效权利质押或者具有代偿能力的第三方保证或经银行认定符合信用贷款条件。 （4）遵纪守法，没有违法行为及不良信用记录。 （5）在中国工商银行开立个人结算账户，并同意银行从其指定的个人结算账户中扣收贷款本息。 （6）银行规定的其他条件。 2. 申请材料 借款人向银行提交如下资料： （1）贷款申请审批表。 （2）本人有效身份证件及复印件。 （3）配偶的有效身份证件原件及复印件以及同意抵押的书面证明。 （4）居住地址证明（户口簿或近3个月的房租、水费、电费、煤气费等收据）。 （5）职业和收入证明（工作证件原件及复印件；银行代发工资存折等）。 （6）有效联系方式及联系电话。 （7）贷款担保证明资料。 贷款担保可采用权利质押担保、房产抵押担保或第三方保证。 采用权利质押担保方式的，质押物的范围包括借款人或第三人由中国工商银行签发的储蓄存单（折）、凭证式国债、记名式金融债券，银行间签有质押止付担保

个人助学教育贷款	协议的本地商业银行签发的储蓄存单（折）等。 采用房产抵押担保方式的，抵押的房产应为借款人本人或其直系亲属名下的自有产权且未做其他质押的住房，并办理全额财产保险。 采用第三方保证方式的，应提供保证人同意担保的书面文件、保证人身份证件原件及复印件、有关资信证明材料等。 （8）在中国工商银行开立的个人结算账户凭证。 （9）银行规定的其他资料。 3. 操作指南 （1）银行审核通过借款人提交的申请资料后，双方签订借款合同、担保合同并办理相关公证、抵押登记手续等。 （2）银行以转账方式向借款人发放贷款。 ☆ 国家助学贷款 贷款基准利率按照同期同档次贷款市场报价利率（LPR）减30个基点执行。借款人在校期间的贷款利息全部由财政补贴，毕业后由个人承担全部贷款利息。 在助学贷款发放前，借款人可与贷款银行约定贷款的首次还款日，即从贷款发放日至首次还款日之间，借款人不需偿还贷款本金和利息，在此期间产生的利息，借款人可选择利息摊薄法、利息首期归还法两种方式进行归还。贷款人选择按月等额本息、等额本金等还款方式的，还款本息按相应公式计算。 ☆ 一般商业性助学贷款 个人助学教育贷款的贷款基准利率为贷款发放日前全国银行间同业拆借中心最新公布的同期同档次贷款市场报价利率。 在个人助学教育贷款发放前，借款人可与贷款银行约定贷款的首次还款日，即从贷款发放日至首次还款日之间，借款人不需偿还贷款本金和利息，在此期间产生的利息，借款人可选择利息摊薄法、利息首期归还法两种方式进行归还。借款人选择按月等额本息、等额本金等还款方式的，还款本息按相应公式计算。 说明：个人助学教育贷款属于政策性贷款，以教育部、财政部、中国人民银行、中国银保监会发布的最新通知为准。
个人留学贷款	个人留学贷款是指银行向借款人发放的用于出国留学的贷款，主要用于支付境外的学杂费、交通费、生活费。个人留学贷款的贷款金额最高可达200万元，期限不超过10年；采取抵押、质押、保证担保等方式；需要提交我国教育部认可的境外高等教育机构出具的录取通知书、缴费通知等入学证明材料。
自用汽车贷款	自用汽车贷款是指银行向借款人发放的用于购买自用汽车的贷款。自用汽车贷款的贷款金额最高可达购车价格的80%，贷款期限最长5年；需要提供银行认可的有效权利质押物或抵押物或者具有代偿能力的第三方保证。自用汽车贷款模式主要分为“间客模式”和“直客模式”两大类。“间客模式”是指银行通过汽车经销商向客户提供贷款，汽车贷款的大部分环节由经销商来完成。“直客模式”是指银行直接向客户提供贷款。
e融贷	e融贷是指银行通过手机银行、网络银行或银行App向借款人提供的无担保、无抵押的消费贷款。e融贷的贷款金额不超过80万元，期限不超过3年，可循环使用。

2. 个人消费贷款的内容

（1）个人消费贷款的基本要求。个人消费贷款对借款人的基本要求包括：①有完全民事行为能力，年龄在 18 周岁至 65 周岁之间；②有合法有效的身份证明、婚姻状况证明，在贷款人所在地有固定住所、户籍证明（或有效居住证明）；③信用良好，有还款意愿，没有不良记录；④有稳定的收入来源和偿债能力；⑤能够提供合法、有效、可靠的担保，或者具备信用贷款条件；⑥贷款用途明确、合法、合规；⑦在商业银行开立了个人结算账户。

（2）个人消费贷款的结构。

1）担保方式。个人消费贷款一般采取抵押、质押和保证等担保方式，部分优质客户可以获得无担保的信用贷款。

2）贷款额度。个人消费贷款的额度与担保方式挂钩。以抵押方式贷款，贷款额一般不超过抵押品价值的 70%；以质押方式贷款，贷款额最高不超过质押物面值的 90%，由于外币、外币理财产品有汇率风险，以此为质押物，抵押率通常还要低 10%左右。

3）贷款期限。个人消费贷款的期限一般不超过 10 年，大多具有循环使用的性质，可以随借随还。自用汽车贷款不超过 5 年。国家助学贷款最长可达 22 年。

4）贷款利率。通常采用同期同档次贷款市场报价利率。国家助学贷款的利率稍低。

5）还款方式。采取按月等额本息、等额本金方式还款。对于贷款期限不足 1 年的贷款，也可以按季、半年或一次还本付息。

3. 对个人消费贷款的管理

个人消费贷款多采用信用贷款方式，抵押品和质押品在个人消费贷款中的使用并不多，其风险主要是虚假贷款的欺诈风险和借款人停止还款的违约风险，具体表现为借款人的信用风险、银行操作风险、合规风险、担保品价值风险和市场风险等。为了规避此类风险，商业银行对个人消费贷款的管理主要从贷前、贷中、贷后三个维度进行，见图 7-6。

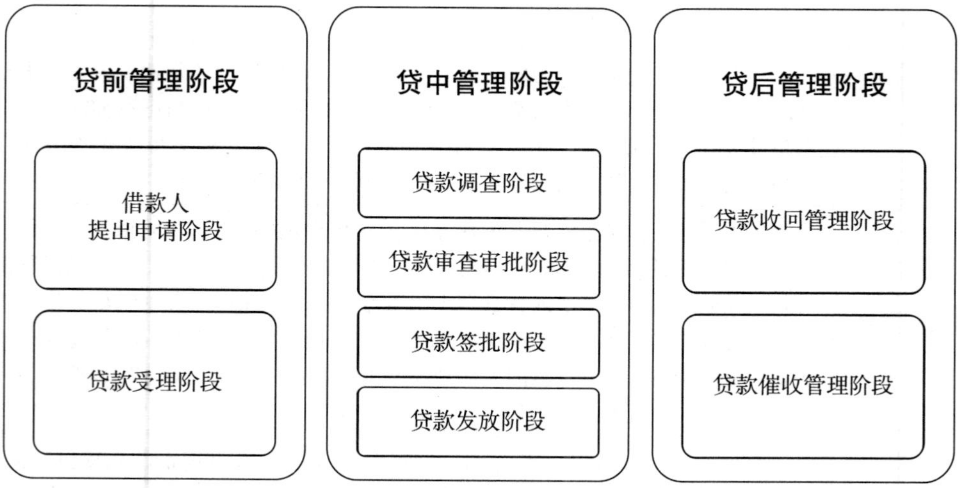

图 7-6 个人消费贷款的管理流程

（1）贷前管理。商业银行主要针对材料的真实性、完整性进行审核，以规避操作风险和合规风险。

1）在借款人提出申请阶段，需要规避操作风险。借款人向商业银行提出书面个人消费贷款申请，在此阶段，商业银行主要就借款人提交资料的完整性和真实性进行审核，并开立合规的贷款账户，防止贷款账户的资金转移到其他渠道，以规避操作风险。

2）在贷款受理阶段，需要规避合规风险。商业银行的网点或网上银行的受理人接受借款申请人提交的有关资料，如贷款申请审批表、固定住所证明、有效身份证明、婚姻状况证明、收入或财产证明、抵（质）押物权属证明、财产所有人同意抵（质）押的证明、贷款用途计划、抵押物资产评估报告等，商业银行将就资料的真实性、完整性、合规性进行审核，以规避骗贷行为。

（2）贷中管理。商业银行主要针对个人的信用状况进行管理，即通过征信、个人信用评级等确定个人消费贷款发放的额度，并通过抵（质）押物等确定担保物的落实情况，以规避借款人的信用风险。

1）在贷款调查阶段，商业银行主要管理信用风险。商业银行信贷部门的调查员对借款人及其贷款申请资料进行调查，调查内容包括：贷款资料是否真实有效？借款人有无固定的住址和固定电话？借款人的收入是否可靠并有足够的偿债能力？贷款用途是否真实合理？贷款担保是否合法有效？商业银行将根据上述调查评定借款人的信用等级，最终给出调查意见和贷款方案。

2）在贷款审查审批阶段，商业银行主要管理合规风险。贷款审查审批人员对贷款资料的完整性和合规性进行审阅，就贷与不贷、贷款金额、期限、利率、还款方式以及担保等事项做出决策。

3）在贷款签批阶段，商业银行主要管理合规风险。商业银行的签批人在审阅贷款资料和审批人意见后，签署《个人借款合同》，商业银行将个人贷款档案进行留存，便利后续查询和检查，同时为贷后管理提供依据。

4）在贷款发放阶段，商业银行主要管理合规风险。商业银行与借款人签订借款合同及担保合同，通知借款人资金发放事宜，然后将资金划入借款合同载明的账户内。在此阶段，商业银行主要管理贷款发放的用途，防范借款人将资金挪用到不合法、不合规的地方。

（3）贷后管理。个人消费贷款的贷后管理分为两类，即正常的还款管理和不良贷款的催收。

1）在贷款收回管理阶段，商业银行主要管理信用风险。商业银行要提前通知借款人还款的日期，同时了解借款人的资金流向，从贷款发放后到贷款到期前，要按月或按季度了解借款人的信用状况和资金状况，并通过定期查询个人征信、查询个人工资流水、关注个人资产状况、定期联系借款人、系统关注借款人资金往来等方式，进行贷后调查。在到期时，借款人按借款合同约定的还款计划和还款方式偿还贷款本息，商业银行通过核算系统从借款人的账户内自动扣收。

2）在贷款催收管理阶段，商业银行主要关注借款人还款动作异象，比如通过系统监测模式设定监测指标。例如，平时都按月全额还款的借款人，本月忽然改为最低额还款方式；平时能够正常提前还款的借款人，本月忽然出现延期还款的情况；平时都有资金往来的借款人，本月账户忽然暂停使用等。商业银行主要通过系统设置，提前了解个人消费贷款的不良信号，并对此类贷款进行及时催收，防止出现不良贷款。

7.2.3 个人经营贷款

1. 个人经营贷款介绍

为了破解小微企业、个体工商户融资难题，支持小微企业主开展经营活动，我国商业银行推出了个人经营贷款，用于满足借款人及其所经营实体的日常生产经营资金周转，包括备品备料、进货采购、支付水电气暖以及其他合理需求等。由于个人经营贷款具有较高的市场风险和信用风险，商业银行通常要求借款人提供足够的担保，担保方式为房地产抵押、金融资产质押、融资性担保机构保证等。一些商业银行还提供房产在线抵押贷款，具有线上操作、押品在线评估、业务智能化审批等特点，从而大大提高了商业银行服务小微企业主的效率。典型的个人经营贷款产品见表 7－4。

表 7－4 典型的个人经营贷款产品

商用车贷款	商用车贷款是指商业银行向借款人发放的用于购买商用车的贷款。购买营运车辆的，单户额度最高可达 500 万元；购买工程机械的，单户额度最高可达 1 000 万元；贷款期限一般不超过 3 年，最长可达 5 年。这种贷款需要提供房产或车辆抵押，还需要办理抵押物保险。
商用房贷款	商用房贷款是指商业银行向借款人发放的用于购买商用房的贷款。贷款金额通常为商用房价值的 50％，期限最短为 1 年，最长不超过 10 年。这种贷款需要提供房产作为抵押，可采用等额本息或等额本金偿还方式。
经营贷款	经营贷款是指商业银行向小微企业主发放的，用于满足其生产经营资金需求或置换生产经营过程中产生的负债性资金的贷款。经营贷款的贷款金额最高可达 1 000 万元，非循环类贷款的最长贷款期限不超过 3 年，循环类贷款的最长贷款期限不超过 10 年。这种贷款可采用房地产抵押、金融资产质押、融资性担保机构保证、信用等多种担保方式。

2. 个人经营贷款的内容

个人经营贷款对借款人的基本要求为：①有完全民事行为能力，年龄在 18 周岁至 60 周岁之间。②是从事合法生产经营的个人独资企业出资人、个人合伙企业合伙人和个体工商户，或依据《中华人民共和国公司法》的规定设立的有限责任公司、股份有限公司的控股股东或实际控制人。③信用良好，有还款意愿，没有不良记录。④有偿债能力。⑤能够提供合法、有效、可靠的担保，或者具备信用贷款条件。⑥贷款用途明确、合法、合规。⑦在商业银行开立了个人结算账户。

个人经营贷款的结构如下：

（1）担保方式。个人经营贷款的风险较高，需要提供商业银行认可的担保。例如，中国工商银行要求借款人提供合法、有效、可靠的担保，担保方式可采用抵押、质押、保证或它们的组合。当然，商业银行也向特定的优质客户发放无担保的信用贷款。

（2）贷款金额。个人经营贷款、商用车贷款的贷款金额最高不超过 1 000 万元，商用房贷款的贷款金额不超过房产价值的 50％。

（3）贷款期限。借款人用于周转用途的贷款期限一般为 5 年，商用房、设备等再生产用途的贷款期限最长可达 10 年。

（4）贷款利率。贷款利率执行同期限的贷款市场报价利率，根据借款人的具体信用情况，可上浮一定的基点。

(5) 还款方式。个人经营贷款的还款方式包括等额本息法、等额本金法、到期一次还本付息法、按期付息任意还本法等。

3. 对个人经营贷款的管理

个人经营贷款的风险主要是虚假贷款的欺诈风险和借款人停止还款的违约风险，可分为借款人信用风险、银行操作风险、合规风险、担保品价值风险和市场风险等，商业银行对个人经营贷款的管理主要在贷前、贷中、贷后三个阶段进行。

在贷前管理阶段，商业银行主要就材料的真实性、完整性进行审核，以规避操作风险和合规风险。

(1) 贷款资料的完整性、真实性、有效性管理。例如，借款人提供的复印件必须与原件相符；借款人是否具有完全民事行为能力；借款人的实际年龄是否已年满18周岁且小于60周岁；借款人的户口所在地及固定住所；其生产经营活动是否合法合规，是否符合国家的产业政策；如果借款人是个体工商户，其营业执照是否定期年检，是否照章纳税。

(2) 借款人信用管理。例如，调查借款人及其保证人的生产经营合法性；了解借款人的借款、其他负债和提供担保的情况，以及借款人对外提供的担保是否超出其承受能力等；了解借款人的品行状况和经营管理能力等；调查借款人的家庭成员及投资企业的情况，判断是否影响其偿债能力；分析贷款用途的合理性和还款来源的可靠性。如果个人经营贷款是抵（质）押贷款，应对抵（质）押物的可变现价值、安全性和稳定性进行调查，而且抵（质）押物必须是借款人或第三人拥有或有权处分的无争议财产，抵（质）押率在规定比例之内，同时出具了《公司股东会同意担保决议》、《董事会同意担保决议》和《共有人承诺函》。

在贷中管理阶段，商业银行与借款人签订借款合同及担保合同，通知借款人资金发放事宜，然后将资金划入借款合同载明的账户内。在此阶段，商业银行主要管理贷款的发放用途，防范借款人将资金用于除生产经营以外的地方，诸如将经营资金投入不动产市场或股权市场等难以变现的市场。商业银行的管理手段主要是通过受托支付的方式，防范资金挪作他用。

在贷后管理阶段，由于个人经营贷款具有金额大、不确定因素多、风险高、违约损失大等特点，所以在贷款发放后，商业银行需要像对待企业贷款一样进行严格的贷后管理，包括贷后监督、贷后检查、违约贷款催收等内容。

(1) 贷后监督的重点。个人经营贷款贷后监督的重点是担保落实情况，严防假按揭、假担保等骗贷事件。此外，个人经营贷款发放程序的合规性也是贷后监督的一个重点。为了加强个人经营贷款的风险管理，商业银行对违约贷款、大额贷款、一人多笔贷款或同一个企业多人贷款要进行重点的非现场监测，动态把握这些贷款的现金流情况，定期形成监测报告，一旦发现异常情况，就要及时采取保护自身权益的措施。

(2) 贷后检查的重点。个人经营贷款贷后检查的重点是：①贷款用途。商业银行要跟踪借款人账户的资金流动方向，监督借款人是否按照合同的约定使用贷款。一旦发现资金被挪作他用，就要求借款人改正，否则商业银行将收回资金。②还款能力。商业银行应对借款人的经营账户进行监测和实地考察，即对借款人的经营状况、收入、还款能力进行判断，同时还要检查抵押物的保管、权属以及市场价值的变化情况。

图 7－7 为金融机构的个人经营贷款余额及增长率。

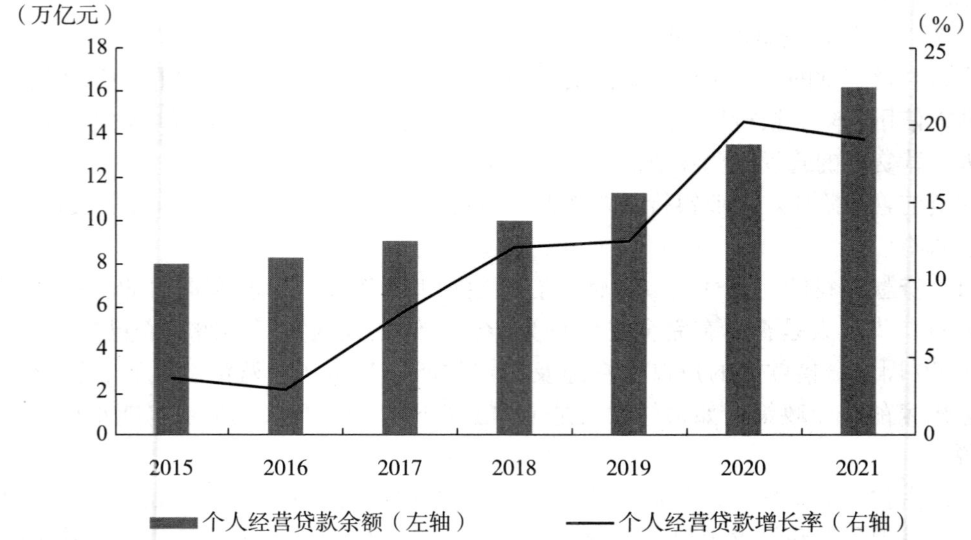

图 7－7　2015—2021 年金融机构的个人经营贷款余额及增长率

资料来源：中国人民银行. 2021 年金融机构贷款投向统计报告. 中国人民银行网站，2022－01－31.

7.3　个人贷款的信用评估

7.3.1　个人征信及其经济意义

个人征信是指对个人消费者的信用风险进行评估，是信贷活动中的贷款人了解、调查、验证借款人的信用状况，评估其按时足额偿还贷款能力的活动。征信源于《左传》中的“君子之言，信而有征，故怨远于其身”。征信是商业银行选择合格客户的依据，也是贷前管理的重要内容。只有正确地评价借款人的信用水平，商业银行才能制定科学的信贷政策，有效消除信息不对称带来的逆向选择和道德风险。由于个人信用具有信息分散、隐蔽性强等特点，不仅需要商业银行充分运用金融科技，搜集、挖掘、整合个人信息，建立科学的评估模型，而且需要政府立法，组织、汇集、共享多个部门的信息。为了全面、动态地评估个人信用，许多国家都在商业银行之外建立了由专业机构提供个人信用的征信系统。

1830 年，全球第一家征信公司诞生于英国伦敦。1929 年，美国信用局（Credit Bureau）成立，开启了现代意义上的征信服务。目前，美国的个人征信主要由 Experian、Equifax 和 TransUnion 三家机构提供，它们的信用评分是各商业银行开展个人贷款业务的重要依据。

2003 年，中国人民银行设立了征信管理局，开始构建我国的征信系统。2006 年，我国成立了中国人民银行征信中心，专门负责企业和个人征信系统。依据 2013 年 3 月 15 日施行的《征信业管理条例》，征信系统定位为国家设立的金融信用信息基础数据库。目前，该征信系统已经建设成世界上规模最大、收录人数最多、收集信息较全面、覆盖范围和使用较广泛的信用信息基础数据库，基本上为国内每一个有信用活动的企业和个人都建立了信用档案。中国人民银行征信中心出具的信用报告已成为国内企业和个人的“经济身份证”。截至2020年底，个人征信系统收录11亿自然人，企业征信系统收录企业及其他组织6 092.3万户，其中收录小微企业3 656.1万户、个体工商户1 167万户。自然人凭身份证可以随时登录中国人民银行征信中心，查询、打印个人信用报告。商业银行在提供个人贷款前，经借款人授权，可查询其信用报告。

我国建立统一的征信系统意义重大：首先，征信系统作为重要的金融基础设施，为商业银行进行个人信用风险管理提供了强有力的技术支撑，有效解决了信息不对称问题，降低了风险成本。其次，征信系统的广泛应用，在全社会形成了“守信激励、失信惩戒”的激励约束机制。征信系统不仅汇集了个人在金融机构的信用活动，而且汇集了个人婚姻、诉讼、税务、交通违章等多个相关部门的信息，从财务、非财务领域全方位、多维度刻画个人信用状况，“天网恢恢，疏而不漏”，一旦在信用系统中留下不良记录，个人将寸步难行，许多经济活动都无法进行，甚至日常生活都会受到不利影响，高昂的代价将使个人提高信用意识。最后，征信系统增加了个人融资便利性，为科技力量较弱的中小商业银行提供了更多融资机会，有利于开展普惠金融，更好发挥金融服务实体经济的作用。

7.3.2 个人财务分析：内容与方法

影响个人偿债能力的主要因素包括两个方面：一是个人的财务状况；二是非财务因素，如主观还款意愿及行为。因此，在筛选潜在借款人时，商业银行首先要进行个人财务分析，也就是选择合格的借款人，以便开展业务、控制信用风险。

1. 个人财务分析的内容

(1) 未来的还款来源或抵押品。界定资产的所有权和确定资产的价值、稳定性及流动性，通过纳税申报表上的信息来确定借款人的收入。

(2) 负债和费用。确定财务报表内容的准确性和完整性，明确借款人的还款方式，并估计担保贷款的影响。

(3) 综合分析。运用财务报表所获得的信息综合评价借款人的流动资金状况和偿债能力。

2. 个人财务分析的目标

(1) 确定借款人各种资产的价值和可靠性，找到财务报表中所有者权益相对应的资产，并用纳税申报表中的部分内容来验证财务报表中的数据真实性。

(2) 确定一个或几个可能作为抵押品的流动性资产。

(3) 明确客户的财务状况和未来的变化，估计流动负债金额及其偿还方式，确定可能的还款来源。

(4) 通过比较财务报表的各部分信息来确定客户的总体负债情况和流动性，同时还要确定担保人的偿债能力。

3. 个人财务分析的方法

(1) 明确个人资产的分析范围，重点关注抵押品的质量。商业银行没有必要对个人的所有资产都进行评估，应该按照重要性及必要性原则，确定需要分析评估的资产范围，回答重要的问题。

第一，借款人是否有商业银行认可的抵押资产？许多私人财产（如衣服、首饰、收藏品）因没有出售价值或者难以变现而不能充当抵押品，这些资产应被排除在分析范围之外。

第二，借款人是否计划将资产变卖来偿还贷款？如果是，商业银行需要分析该资产的价值和变现能力。有些国家的政府从保护消费者的最低生活权益出发，禁止商业银行在消费者找到合适的住所前拍卖、处置抵押房屋。显然，这会影响抵押资产的变现性和价值，商业银行需要充分考虑法律约束。

第三，借款人从资产中获得的收入是其重要的收入来源吗？如果是，商业银行需要分析该资产带来收入的持续性和稳定性。

第四，某项资产占借款人总资产的比重是否超过了10%？如果超过了，商业银行应将其视为重要的资产进行分析。

在进行个人资产评估时，商业银行必须关注的重点是：①价值稳定性。作为贷款抵押品或担保品的资产能否顺利变现？在贷款期限内，其价值可能发生多大变化？②流动性。被评估的资产是否有现成的市场？变现是否比较容易？③所有权和控制权。借款人是否拥有并控制着这些资产？借款人对资产的所有权是否真实？

(2) 进行个人财务报表分析，准确测算净资产和现金流。决定个人偿债能力的收入来源包括劳动报酬和资产收益两个部分，若提供担保的可抵（质）押资产由很多部分组成，并对应不同类别的资产和收入，有各自的分析方法和技术，那么商业银行需要对个人的实物资产和金融资产、收入、债权与债务进行详细分析，评估借款人的净资产和现金流，动态把握借款人的财务变化，做好风险预警工作。表7-5归纳了一些常见的分析个人财务报表的方法。

表7-5 个人财务报表的分析方法

1. 流动资产分析	个人流动资产是指现金、大额可转让存单和储蓄存单、可转让证券等具有较强变现能力的资产，这类资产是偿还贷款的重要来源。商业银行评估该类资产的重点是资产的价值、稳定性和流动性，以及借款人对流动资产的所有权和控制权。商业银行还应在财务报表中剔除流动性负债，评估净流动资产的实际价值。
2. 不动产分析	对不动产的审查首先要确定该财产是否真实存在并属于借款人。如果借款人将其作为抵押资产，商业银行需要取得不动产的所有权和其他留置权的所有权证明书。
3. 应收账款分析	如果应收账款占借款人总资产的比重小于10%，商业银行可以不予考虑。如果借款人将应收账款作为归还贷款的主要或者唯一收入来源，商业银行必须对应收账款进行认真分析。
4. 人寿保险分析	人寿保险是借款人的一项资产。人寿保险有两种主要方式：终身人寿保险和定期人寿保险。定期人寿保险没有退保金额，而终身人寿保险有退保金额。如果借款人在财务报表上填有人寿保险的退保金额，商业银行需要确定该保险单是否是终身人寿保险。

5. 退休基金分析	养老保险或者退休计划是能够带来稳定现金流的资产。大部分养老基金限制参加者在退休年龄之前提取资金，而且提前提取资金要承受高额罚金和税金，因此这部分资产只能部分计入财务报表的所有者权益。
6. 私人财产分析	私人财产的流动性很差，不容易出售，其价值难以确定，不能作为可靠的还款来源，通常没有任何抵押价值。
7. 其他资产分析	在借款人的财务报表上，商业银行可能发现其他资产：①营业资产；②合营公司资产；③退税；④奖金和佣金。商业银行需要审慎对待这些资产。
8. 个人收入分析	商业银行审查的个人收入范围包括借款人的工资和其他经常收入（如佣金、奖金和小费）；利息收入；股息收入；应收赡养费；退休基金收入；失业救济和社会保障福利。其中，工资和其他经常收入通常是第一还款来源，也是重点审查对象，而利息和股利收入是第二还款来源。
9. 个人负债分析	商业银行需要特别注意以下几点：①借款人是否列出了所有的负债？②哪些负债有资产作担保？③借款人提供了多少担保？④是否有悬而未决的诉讼？⑤借款人的杠杆率有多高？⑥有无拖欠负债？⑦借款人是否有任何商业上的负债？
10. 其他信息	最常见的其他信息通常是指资产所有权、营业投机风险、作为担保人的义务以及或有负债。 （1）共有权。共有权是指夫妻、合伙人共享资产的所有权。如果借款人的抵押资产是共有资产，意味着该资产变现时会受到限制。 （2）或有负债。借款人是否对某些债务进行了背书、担保？一旦主债务人违约，借款人就要承担偿债义务。

（3）运用比率对个人财务报表进行综合分析。通过对财务报表中的每个项目进行个别分析，商业银行可以了解到许多关于借款人财务活动的情况以及借款人的所有财务决策。然而，这些信息必须经过综合分析才能真正发挥作用。

综合分析是指将从借款人的财务报表中获得的各项信息有机地组织起来，最终达到以下目的：①确定贷款的潜在抵押品或还款来源；②更清楚地了解借款人的资产流动性；③确定流动负债（在未来 12 个月内要偿还的负债）的金额；④计算出一个更准确的所有者权益数据；⑤分析借款人的速动比率和所有者权益与资产比率。

1）速动比率。速动比率强调了资产变现的时间，说明了当借款人遇到危机时的清偿能力。速动比率的计算方法如下：

$$速动比率=\frac{现金+可转让证券}{流动负债}$$

通常说来，速动比率为 1.00 或高于 1.00 被认为是合理的。

2）调整后的所有者权益与资产比率。调整后的所有者权益与资产比率说明了借款人完全占有的可变现资产的比重。

$$调整后的所有者权益与资产比率=\frac{调整后的所有者权益}{调整后的资产总额}$$

据经验判断，借款人完全占有的资产超过 50%，表明其财力比较强；如果低于 50%，表明其财力比较弱，商业银行必须对借款人所有的流动性资产再次进行仔细的检查。

7.3.3 个人信用的非财务因素分析

商业银行在评估借款人的信用风险时，除了财务分析外，还必须进行非财务因素分析。这是因为一些非财务因素会改变借款人未来的财务状况，或影响借款人的还债意愿和能力。非财务因素分析已成为商业银行科学评估个人信用状况不可或缺的组成部分。需要重点分析的非财务因素如下：

1. 个人品德

诚实守信是一种价值观，一种美德，也是决定个人主观还款意愿的价值基础。缺乏美德、品行不好的人容易坑蒙拐骗和自私自利，即使有钱也不还债，甚至恶意逃废债。商业银行需要仔细考察借款人的人品，选择既有美德又有偿还能力的人作为借款人。在所有非财务因素中，品德是最重要的因素。商业银行应从个人稳定性、人际关系、口碑声望等方面进行分析，借以判断借款人的人品好坏。

2. 性　别

性别差异会在一定程度上影响借款人的经济行为：男性更容易冲动冒险、沾染酗酒赌博等恶习，使得收入稳定性变差；女性比较保守，过日子更精打细算，财务控制力较强。因此，2006 年诺贝尔和平奖获得者、孟加拉国乡村银行（格莱珉银行）创始人穆罕默德·尤努斯最初只向贫困家庭的妇女提供小额贷款。在同等财务分析的条件下，考虑性别差异可以增加个人贷款的安全性。

3. 职　业

不同行业之间存在市场垄断性和技术、劳动生产率差异，因而员工的工资收入差异较大。例如，2009 年我国金融业的平均工资为 70 265 元，全国排名第一，是教育业的 2 倍、餐饮住宿业的 3.3 倍、农林牧渔业的 4.7 倍。随着新发展理念的贯彻落实，行业差距和城乡差距正在逐渐缩小。2020 年，我国信息传输、软件和信息技术服务业的平均工资为 177 544 元，全国排名第一，是教育业的 1.7 倍、餐饮住宿业的 3.6 倍、排末位的农林牧渔业的 3.7 倍。除了分析借款人的职业收入水平差异外，商业银行还应考虑职业的稳定性。经济具有周期性，各行各业在经济萧条时都会面临失业的压力，但作为国家管理部门的公务员较少受到影响，他们的职业稳定性和收入较高。

4. 年龄、住所和受教育程度

收入与年龄之间存在密切的关系，由于熟能生巧，因而熟练工人的工资高于非熟练工人，从18～60 岁的劳动生命周期来看，年龄与收入之间存在倒 U 形关系。收入随着年龄增长，在 45～55 岁之间达到峰值，然后下降。有稳定住所的人，通常有稳定的职业和收入。相反，居无定所、四处漂泊的人，他们的收入稳定性较差。在知识经济、数字经济时代，新业态、新模式层出不穷，致使产业迁移、技术更替速度较快，同时就业对人力资本积累的要求越来越高，而受教育程度较高的人更具适应性，更容易抵御环境变化风险，因而他们的收入更稳定、偿债能力更强。

5. 外部环境

外部环境变化对借款人的还款能力有不容忽视的影响。商业银行需要分析政治、经济、法律、市场竞争等环境因素，预判这些环境变化对借款人收入造成的冲击。例如，实行紧缩性货币政策后，利率上升将增加借款人的偿债负担，或者因流动性紧张而打击企业扩张，增加失业风险。政治危机、战争更会扰乱正常的经济秩序，造成生命财产损失。产业转型升级、市场竞争加剧也会对特定地区和行业产生结构性冲击，大大削弱借款人的收入稳定性。

借助大数据、区块链、人工智能等技术，商业银行建立了囊括财务因素与非财务因素的个人信用分析系统，能够对个人客户进行更精准的“画像”，为商业银行评估借款人的信用提供360度的全息图景，大大提高了商业银行的风险管理效率和个性化服务能力。

7.3.4 个人信用评估的方法

1. Z值评分模型

1968年，美国纽约大学斯特商学院的爱德华·奥尔曼教授提出了著名的Z值评分模型。Z值评分模型是一种多变量的分辨模型，它是根据数理统计中的辨别分析技术，对商业银行以前的信贷案例进行统计分析，选择一部分最能反映借款人的财务状况、对贷款质量影响最大、最具预测力或分析价值的比率，设计出一个能够最大限度区分风险度的数学模型，再用它对借款人进行信用风险及资信评估。

运用Z值评分模型进行个人信用评估的具体步骤如下：

(1) 选取一组最能反映借款人财务状况、还本付息能力的财务指标或财务比率，如收入、流动性比率、偿债能力指标等。

(2) 从商业银行过去的消费信贷资产中分类收集借款人正常及违约的案例样本。每类样本还可按贷款性质或贷款方式进行细分。

(3) 根据各类贷款的实际情况，科学确定每一个财务指标或财务比率的权重。权重大小主要根据该财务指标或财务比率对按期偿还贷款的影响程度来确定。

(4) 计算所选财务指标或财务比率的加权平均值，从而得到一个Z值。

(5) 对一系列所选样本的Z值进行分析，可得到一个权衡贷款风险度的Z值或值域。

Z值评分模型是一种将借款人分类的模型。基于违约和有偿付能力客户的相应样本，同时运用线性函数判别式分析，Z值评分模型可能有如下形式：

$$Z=2.5X_1+1.8X_2+1.5X_3$$

其中，X_1 为客户收入；X_2 为速动比率；X_3 为调整后的所有者权益与资产比率。权重系数表示该财务指标或财务比率对客户按期偿还贷款的影响程度，权重系数越高，说明影响力越大。上式中的权重系数只是针对某类贷款样本进行统计分析后得到的数值，如果所选贷款种类或样本不同，权重系数就会发生变化。

Z值评分模型是一种以会计资料为基础的多变量信用评分模型，由该模型计算出的Z值可以较为明确地反映借款人在一定时期内的信用状况，因此可以作为预测借款人财务好坏的早期预警系统。商业银行在运用该模型时，只需将借款人的有关财务指标数据填入，便可由计算机自动计算得出Z值。如果借款人的Z值高于商业银行预先确定的作为风险控制指标的Z值，表明借款人具有良好的财务状况或其风险水平能被商业银行接受；否则，借款人将无法按时还本付息。Z值越大，借款人的信用越好；Z值越小，借款人的信用越差。

在实践中，Z值评分模型也有一些局限：Z值评分模型只是依赖于财务报表的账面数据，而忽视了其他非财务因素，如个人还款意愿、政府政策影响等，缺乏对违约和违约风险的系统认识，完全建立在数据统计分析的基础上，因而其理论基础比较薄弱；Z值评分模型假设在解释变量中存在线性关系，而现实中的经济现象大多是非线性的；无法计量客户在财务报表以外的信用风险，并不能完全准确地评估个人信用风险。

2. "5C"判断法

为了克服Z值评分模型在个人信用评估方面的缺陷，商业银行除了要考虑个人的财务状况外，还要加入个人的品德、职业、还款意愿、年龄、住所和受教育程度等其他决定贷款违约的非财务因素。一些商业银行选择的评估个人信用的参数是人们熟悉的5C：品德（character）、能力（capacity）、资本（capital）、担保品（collateral）和环境（condition）。

（1）品德。品德是贷款质量的主观决定性因素，也是所有参数中最重要的一个。对借款人进行品德评估的重点主要在三个方面：个人的稳定性、信贷历史、职业和个人声望。

（2）能力。能力评估就是要考察借款人的还款能力，或者是管理更高水平债务的能力，这主要取决于借款人的收入、当前的债务水平或负债率。

（3）资本。资本评估的目的在于明确当借款人的收入出现波动时的其他还款途径，评估的主要手段是前面所述的个人财务分析。

（4）担保品。担保品也是借款人的一项重要资本，对担保品的评估内容包括担保品的种类、价值及价值的变化趋势、产权、收回担保品的难易程度、担保品的二级市场情况等。

（5）环境。环境是指所有影响借款人还款能力的外部环境，如政治、经济、法律、市场竞争等。

3. 信贷记分法

信贷记分法最早出现于20世纪30年代末40年代初，在美国阿尔登斯公司工作的著名统计师亨利·威尔士首先采用数量化方法对消费信贷申请者的个人信用进行打分评估。信贷记分法在个人贷款领域中的广泛运用是在20世纪60年代中期以后。

（1）杜兰德九因素评分法。杜兰德根据影响个人还款能力、与发生消费信贷违约事件相关的九个主要因素，构建了消费信贷评分体系（见表7-6），并运用统计分析和打分方法刻画了各因素与违约风险的相关性，将各因素的分值加总后获得个人信用分。

表7-6　杜兰德九因素消费信贷评分体系

因素	得分
年龄	超过20岁后每一年给0.01分，最高分为0.3分
性别	女性给0.4分，男性给0分
居住的稳定性	长期居住在现在住所给0.42分，最高分为0.42分
职业	好职业给0.55分，差职业给0分，其他给0.16分
就业的产业	在公共行业、政府部门和银行给0.21分
就业的稳定性	长期工作在现在的部门给0.59分

在银行有账户	给0.21分
有不动产	给0.35分
有人身保险	给0.91分

根据杜兰德的研究，个人贷款信用分的阈值是1.25分，如果借款人的个人信用分在1.25分以上，表明其信用良好，违约风险的置信区间在5%以内，商业银行就可以批准其贷款申请；反之，则借款人的信用较差，有较高的违约概率，商业银行就应该拒绝其贷款申请。

（2）FICO信用分。FICO信用分是利用美国Fair Isaac Corporation的信用统计模型计算出来的一种信用分。由于美国征信领域的三大巨头——Experian、Equifax和TransUnion提供的信用报告上都附有FICO信用分，因此FICO已成为美国个人信用分的代名词。

FICO信用分采用统计学的聚类原理，将借款人过去的信用历史资料与Fair Isaac Corporation收集的数据库中全体借款人的信用资料进行对比，检查借款人的特征与经常违约、随意透支、申请破产等各类陷入财务困境的借款人的特征之间的相似性。每一类个人特征又由不同的影响因素构成，通过统计模型，对这些因素的相似程度进行打分，将各个分值加总后即可得到个人信用分。

FICO信用分的分值越高表明信用越好，反之，则信用越差。商业银行可根据信用分的高低来选择好的借款人。尽管各家商业银行在个人贷款决策时广泛应用FICO信用分，但FICO信用分并非商业银行提供贷款的唯一依据。美国的法律禁止将信用分作为商业银行拒绝发放消费贷款的唯一理由，以防止商业银行借此实施歧视性信贷政策。由于商业银行的规模、竞争力、市场地位以及信贷风险管理目标存在差异，因此在审批个人贷款时，各家商业银行都会在FICO信用分的基础上采用自己的评分方法和分数线。

（3）我国商业银行的个人资信评分。个人征信系统是商业银行评估个人信用的重要参考依据，在借款人拥有合格的个人征信报告的基础上，商业银行还要综合考虑个人的财务因素和非财务因素，进行资信评分，将有限的资金发放给资信评估得分较高的客户。商业银行大多采取因素评分法，选择对个人偿债能力有重大影响的因素计算信用分。对个人信用而言，有的因素是正向影响（如借款人购买了履约保险），有的因素是负向影响（如借款人贷款购买第三套住房），商业银行可根据这些因素的影响力赋予不同的分值，在加总后得到个人的信用分。根据我国的文化和习惯，商业银行通常采用百分制来综合计算个人的信用分，得分越高，表明借款人的信用越好。信用分是划分借款人类别及贷款可获得性的依据，见表7-7。

表7-7　我国商业银行个人信用评分的应用

个人信用分	贷款可获得性
信用分≤60	限制客户，不予贷款
60＜信用分≤70	基本合格客户，需要审慎贷款
70＜信用分≤80	合格客户，可贷款
信用分＞80	优质客户，优先贷款

☞小专栏

信贷智能化：科技为商业银行赋能增效

人工智能技术被广泛应用于商业银行的信贷业务，商业银行的信贷人工智能应用主要通过线上进行，包括App和微信小程序、网上银行、手机银行、微信公众号、第三方平台、银行商城平台等互联网线上渠道。借款人在线填写业务相关信息，提交额度测算或贷款申请意向后，系统自动提取申贷信息，自动运行评分卡进行评价。在贷款获批后，借款人通过线上渠道进行贷款支用和归还。

智能化信贷成为商业银行提质增效、为基层减负赋能的重要手段。商业银行以大数据建模和反欺诈为核心能力，打造了多个轻量级、插件式子产品，并将它们嵌入了金融机构信贷业务的全流程，借助金融科技，商业银行贷款业务的风险管理逐渐实现由“人控”向“机控”“智控”转变。首先，商业银行通过大数据从客户准入、贷中审批、贷后监控三个环节获取有关借款人资产、消费行为、信贷履约等数据。其次，商业银行在申请准入和审批决策环节通过综合评分、风险排序、影响因素、风险限额、定价浮动建议等多个维度评价借款人的信用风险。最后，商业银行在申请准入、审批支用、贷后预警环节通过信贷履约、司法诉讼、反洗钱、反欺诈、行为预警来全面扫描借款人的风险。

商业银行通过数据建模，综合了多领域的数千个衍生变量，并运用逻辑回归等机器学习、深度学习算法建立了大数据模型，不断迭代优化、提高自动审批效率，通过设置高分自动通过、低分自动拒绝，减少了人工成本，助力商业银行的贷款业务快速发展。

需要注意的是，人工智能等新技术的应用刚起步，无法满足全部商业银行业务的线上转型。此外，由于数据覆盖度有一定局限、积累周期不够长、维度不够细化，因而智能化模型尚不能对借款人进行全面风险扫描及多维度的信用评价，也就是在信贷评估中的大量工作还需要人工进行。

7.4 个人贷款的定价

7.4.1 个人贷款定价的一般原则

个人贷款定价是指商业银行确定不同个人贷款产品的价格或利率水平。尽管个人贷款产品的种类繁多，其具体的定价策略与方法不尽相同，但贷款定价的原则是通用的，这些原则是个人贷款定价需要遵循的指导思想。

1. 成本收益原则

个人贷款的收益必须完全覆盖所有的经营成本，并保持适度的盈利。经营成本包括资金成本、管理成本及风险成本。目前，个人贷款的资金来源出现了多元化趋势，主要来自存款，也有部分来自同业拆借、发债或理财，商业银行的贷款利率要充分考虑资金的来源结构和综合负债成本，需要科学定价。

2. 风险定价原则

个人贷款的风险相对较高，由于商业银行承担了较高风险，所以它们应该收取较高的风险溢价；换言之，个人贷款的利率水平应高于同期的企业贷款。鉴于不同种类的个人贷款产品存在风险的差异，为了覆盖潜在的风险损失，商业银行应该准确甄别个人贷款风险，灵活利用风险定价技术，确保贷款价格充分反映和弥补它所承担的风险。

3. 市场定价原则

个人贷款的同质性强，同业之间的市场竞争激烈，特别是在网络时代，各家商业银行的利率和价格信息非常透明，客户不费吹灰之力就可以进行价格比较，并选择报价较低的商业银行申请个人贷款。因此，为了维护公平竞争的市场环境、争取更大的市场份额，商业银行在确定贷款价格时，需要考虑其他融资渠道以及竞争对手的利率水平，进而体现独特的市场竞争力。

4. 组合定价原则

为了鼓励现有客户更多地购买商业银行的产品，商业银行可以在个人贷款与其他业务组合销售的情况下，对个人贷款在定价上给予一定的优惠，使客户获得消费者剩余的心理效应，以增加客户的黏性。此外，个人贷款的资金来源不限于存款，还有其他成本不同的资金来源。商业银行应在组合资金来源以及组合信贷产品销售的情况下，综合测算组合成本与组合收益，在确保适度利润的前提下定价。

5. 合法合规原则

贷款定价是商业银行自主经营的权利，但商业银行需要守法依规，按照相关法律法规为贷款定价。例如，按照中国银保监会的要求，在 2019 年 9 月以后我国商业银行的个人贷款利率必须与贷款市场报价利率挂钩，在此基础上上下浮动。此外，根据“房住不炒”的定位，商业银行对二套房、三套房需要执行更高的利率，用以打击个人的投机行为。与此同时，我国对助学贷款、扶贫贷款则要求提供利率优惠。商业银行在制定贷款利率时，必须遵守这些法律法规，否则就会面临监管部门的处罚。

7.4.2 影响个人贷款定价的因素

商业银行个人贷款的定价原理、方法与企业贷款基本相同，影响个人贷款定价的因素众多，主要包括资金成本、风险、利率政策、盈利目标、市场竞争、担保、规模、选择性等，见图 7－8。

1. 资金成本

商业银行的资金成本是指商业银行筹集资金所支付的费用，包括吸收居民存款、同业拆借、发债支付的利息及经营管理的费用。商业银行的资金成本越高，个人贷款的定价就越高；反之，资金成本越低，个人贷款的定价就越低，两者呈正相关关系。

2. 风　险

不同个人贷款产品的风险程度不一，商业银行需要充分了解产品的特点，甄别它所面临的信用违约风险、利率风险、期限风险、提前偿付风险等特定风险，确定其风险度，并以此指导定价。此外，商业银行还需要考虑借款人风险，对信用风险高的借款人，商业银行要么拒绝其贷款申请，要么制定较高的贷款定价，以补偿商业银行承担的信用风险。

3. 利率政策

商业银行的中长期贷款利率主要采用贷款市场报价利率，而 LPR 跟随中国人民银行

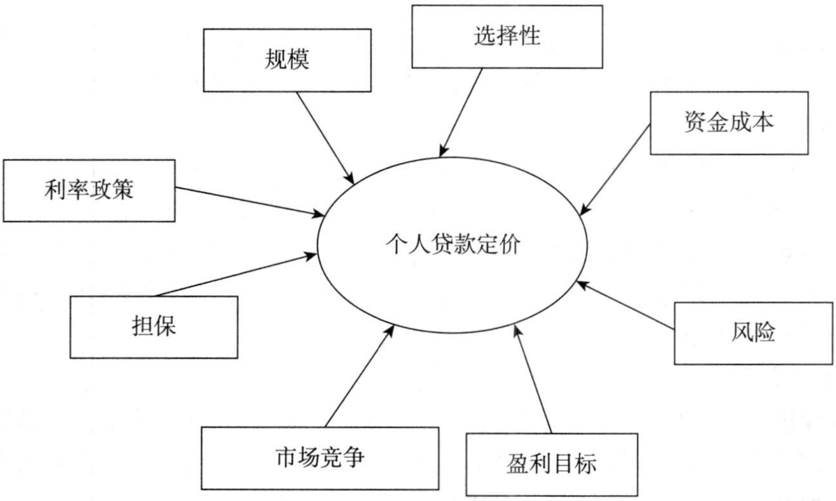

图 7-8 影响个人贷款定价的主要因素

的中期借贷便利（medium-tem lending facility，MLF）变化（见图 7-9），MLF 是货币政策调整的主要手段之一。因此，利率政策是影响贷款定价的重要因素。利率的调整周期、幅度不同，借贷双方所承担的利率风险不完全对称，因而对个人贷款的定价需要采取不同的策略。利率调整的周期较短或实行浮动利率制度，利率风险将基本由借款人承担，为公平合理起见，个人贷款的定价就低；利率调整的周期较长或实行固定利率制度，利率风险将部分或全部转嫁给商业银行，个人贷款的定价就高。

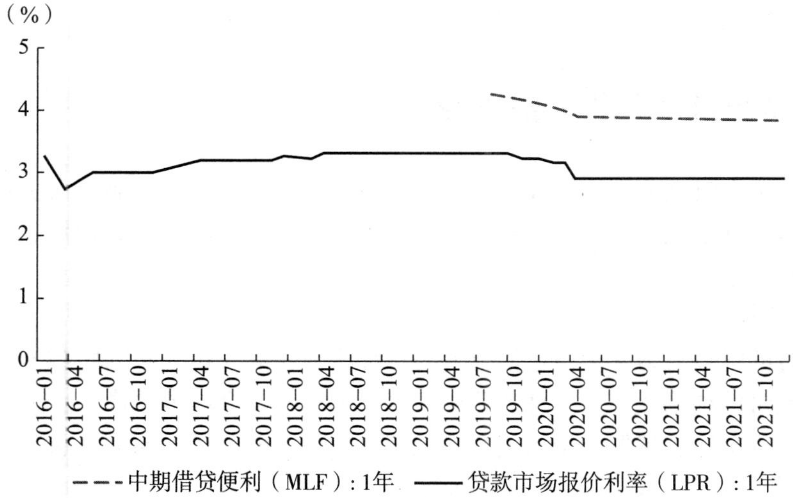

图 7-9 MLF 和 LPR 的走势图

资料来源：Wind。

4. 盈利目标

盈利是商业银行经营的根本目的和动力，商业银行的盈利目标对个人贷款的定价有较大的影响。在资金成本和风险成本一定的情况下，商业银行的利润目标越高，信贷产品的定价就越高。

5. 市场竞争

个人贷款市场基本上是一个完全竞争市场，在产品同质性较强的情况下，如果商业银行对贷款的定价高于市场水平，其信贷产品的销售就会受到不利的影响；如果商业银行对贷款的定价过低，又会增加风险并对利润造成冲击。因此，商业银行需要细心考察市场竞争态势、竞争对手的经营定价策略，并以此作为参照确定个人贷款的价格。

6. 担　保

足额、高质量的担保可以提高贷款的安全性，降低贷款的风险成本，相应地降低贷款利率。然而，商业银行对贷款担保的评估核实也要花销费用，这会在一定程度上增加资金的管理成本。在对个人贷款定价时，商业银行应综合考虑担保的整体费用和收益。

7. 规　模

个人贷款的规模越大，商业银行的规模经济效应越明显，单位资金成本越低，商业银行可以在利润目标不变的情况下实施低价策略，以赢得更多的客户。通常说来，资产规模较大或者个人贷款规模较大的商业银行可以凭借低成本、低利率的优势，在个人贷款市场的竞争中胜出。

8. 选择性

选择性是指商业银行赋予客户一些选择权利，如允许客户改变偿还贷款本息的时间、允许其提前或推迟还款等。选择性因素的存在是因为贷款期限一般较长，其间宏观经济形势、客户情况等都有可能发生变化，从而造成不确定性。为了方便客户，商业银行给予客户一系列选择权利，这些选择权利改变了商业银行的预期现金流，增加了其不确定性和风险，商业银行为此要收取较高费用，也就是权利的赋予与否、权利大小与贷款的定价呈正向变化。

除了上述因素外，政府的一些限制性政策措施也会影响贷款定价。例如，我国倡导"房住不炒"，鼓励居民改善居住条件和环境，打击把住房当作投资品来买卖。对于个人购买首套住房，贷款利率较低，通常为5年期LPR＋55，首付比例为35%；对于个人购买第二套住房，贷款利率将提高到LPR＋105，首付比例为60%。

7.4.3 对个人住房贷款的管理

基于个人贷款发展战略、市场竞争地位、风险管理能力等方面的差异，商业银行在充分评估了个人贷款定价影响因素的基础上，形成了三种常见的个人贷款定价模型。

1. 成本加成定价模型

贷款价格＝资金成本＋贷款费用＋风险补偿费＋目标利润

从该式可以看出，贷款价格由四部分构成：

(1) 资金成本是指商业银行筹集可贷资金的成本。

(2) 贷款费用是指围绕贷款活动所发生的成本，包括对借款人进行信用调查、信用分析等的费用，还涵盖了评估抵押物价值、信贷人员的工资和福利以及相关设备的折旧费用等。

(3) 风险补偿费是指对贷款可能发生风险的必要补偿，包括信用违约风险、期限风险、提前偿还风险、利率风险和法律风险等。

（4）目标利润是商业银行经营的根本目的，信贷产品作为商业银行“生产”的特殊产品，必须带来利润，这样商业银行才能得以生存和发展。

成本加成定价模型适合居于领头地位的商业银行采用或在信贷市场需求旺盛时商业银行采用，它充分考虑了商业银行的资金成本、承担的风险和利润目标，是典型的内向型定价模式。商业银行的资金成本、贷款费用越高，贷款利率就越高。该模型的缺点是仅从商业银行自身和信贷产品本身出发，未考虑当前资金市场上的一般利率水平，缺乏对整个信贷市场的把握，因而可能会导致客户流失和贷款市场的萎缩，不利于市场竞争优势的培养。此外，成本加成定价模型要求充分甄别、估计信贷风险。实际上，全面和准确地量化风险是很困难的。

2.“基准利率＋基点”定价模型

“基准利率＋基点”定价模型又称价格领导模型定价法，是国际银行业广泛采用的贷款定价方法。该方法是选择某种基准利率作为基价，商业银行在此基础上根据客户不同的信用等级增加风险溢价基点，最终确定利率水平。1个基点为0.01%，其计算公式为：

贷款利率＝基准利率＋风险溢价基点

公式中的基准利率可以是央行公布的基准利率、中长期国债利率、同业市场基准利率。通常说来，基准利率是商业银行对优质金融机构或优质客户融资的利率，在确定个人贷款利率时，商业银行需要根据借款人的信用风险差异，在基准利率的基础上增加风险溢价基点，以补偿加大的违约风险。

风险溢价基点＝违约风险贴水＋期限风险贴水

式中，违约风险贴水是商业银行向优质客户以外的借款人收取的风险补偿费用；期限风险贴水是商业银行向长期借款人征收的风险补偿费用。

“基准利率＋基点”定价模型是外向型贷款定价模式，它与市场通行的基准利率挂钩，寻求适合自己的贷款价格，具有贷款价格市场化、可以获得市场竞争力的优势。我国个人贷款采用的基准利率是LPR。

例如，李某，35岁，男，北京籍，他向商业银行申请人民币120万元的住房贷款。商业银行的客户经理进行了贷前调查，了解到李某在一家央企工作，他的工作稳定、收入较高，其收入可达到家庭所有月支出的2倍；有一次住房贷款记录，如期还款；虽名下无房，但属于购买第二套住房。李某的征信记录良好，无存量贷款，有多张信用卡，无逾期记录，家庭无对外担保。商业银行按照相关规定，确定这笔住房贷款的首付比例为60%，执行贷款利率LPR＋105个基点。在上述信息录入系统后，系统评分自动通过，李某的贷款成功获得批准。

3. 客户盈利分析定价模型

上面介绍的两种定价模型都是针对单一贷款产品的定价模型，它们仅从商业银行的角度考虑了贷款的总成本、风险和商业银行的目标利润，而未考虑客户因结算、咨询、委托代理及其他附加服务给商业银行带来的中间业务收入。鉴于商业银行经营中存在“二八定律”，即20%的客户带来80%的利润，因此商业银行在为每笔贷款定价时，需要考虑客户与本行的整体关系。客户盈利分析定价模型的基本思想是综合衡量客户与商业银行各种业务往来的成本和收益，根据客户对商业银行的贡献来制定差别化的个人贷款价格，对大客户、重要客户的贷款在价格上给予一定的优惠。该模型可表示为：

来源于某客户的总收入＝为该客户提供服务的成本＋商业银行的目标利润 (7－1)

鉴于贷款利息是商业银行的主要收益来源，(7－1) 式可具体表述为：

$$\sum\left(\text{贷款额}\times\begin{matrix}\text{贷款}\\\text{利率}\end{matrix}\times\text{期限}\right)\times\left(1-\begin{matrix}\text{增值税}\\\text{及附加率}\end{matrix}\right)+\begin{matrix}\text{中间业务}\\\text{收入}\end{matrix}\times\left(1-\begin{matrix}\text{增值税}\\\text{及附加率}\end{matrix}\right)$$

$$=\begin{matrix}\text{为该客户提供服务}\\\text{发生的总成本}\end{matrix}+\begin{matrix}\text{商业银行的}\\\text{目标利润}\end{matrix}\qquad(7-2)$$

在 (7－2) 式中求解贷款利率，就可得到商业银行在保本或保利情况下所要求的客户个人贷款加权平均利率。

例如，某客户申请1年期个人经营贷款100万元，该客户需要在商业银行保持贷款金额20%的补偿存款余额，存款准备金率为5%，商业银行的目标利润为5.4%。设贷款利率为 x，不考虑增值税的影响，该客户与商业银行往来所产生的综合成本和收益见表7－8。

表7－8 某客户个人经营贷款成本和收益的综合分析 单位：元

成本		收益	
存款利息费用 (8%)	16 000 (1 000 000×20%×8%)	贷款利息收入 (x，1年)	1 000 000 x
筹资成本	48 000	贷款承诺收费 (1%)	10 000 (1 000 000×1%)
作业成本	2 800	管理客户账户收费	500
资金调拨成本	150	资金调拨收费	300
贷款处理成本	200	信息服务和记账收费	100
记账成本	50		
小计	67 200		1 000 000 x ＋10 900

该客户贷款实际使用的资金
＝贷款额100万元－(补偿性存款20万元＋存款准备金1万元)
＝79万元

根据客户盈利分析定价模型的基本公式，该笔个人经营贷款的利率为10%，相关计算如下：

$$1\ 000\ 000x+10\ 900=67\ 200+790\ 000\times5.4\%$$

求得：

$$x=9.9\%$$

客户盈利分析定价模型摒弃了传统的成本导向定价思想，树立了“以客户为中心”的经营理念，体现了客户的地位和重要性。该定价模型以商业银行的会计信息系统为基础，要求以客户为基本核算单位，因此它对商业银行的成本核算管理有较高的要求。

复习思考题

1. 计算题

(1) 假设刘辉从商业银行获得一笔装修贷款，贷款金额为 50 000 元，贷款期限为 1 年，还款方式为按月等额本金还款。假设商业银行采用成本加成定价模型对这笔贷款进行定价。经商业银行核算，这笔贷款的资金成本为 3%，贷款费用为 2.5%，风险补偿费用为 1%，商业银行的目标利润为 2.2%。请计算刘辉的贷款利率以及实际贷款利率。

(2) 假设王宏申请了 1 年期个人消费贷款 20 000 元，他的信用评分属于 B 级，商业银行采用“基准利率＋基点”定价来确定利率，相关标准如下所示。

基准利率	风险乘数			风险加点		
	A 级	B 级	C 级	A 级	B 级	C 级
6%	基准利率×1.1	基准利率×1.2	基准利率×1.3	+1%	+2%	+3%

试问：

(1) 在风险乘数加点和风险加点方法下，王宏的贷款利率是多少？

(2) 如果使用贴现法贷款，王宏的实际贷款利率是多少？

(3) 如果按月支付利息，分两期等额还本，列出风险加点定价法下王宏的现金流。

2. 简述发展个人贷款对商业银行的意义。

3. 个人贷款有哪些种类？各自具有什么特征？

4. 个人财务分析的主要内容和方法是什么？

5. 简述个人信用非财务因素分析的内容。

6. 简述个人信用评估的“5C”判断法。

7. 个人住房贷款有哪些典型产品？商业银行为什么要求首付？如何确定适当的首付率？

8. 个人住房贷款有哪些风险？商业银行如何管理这些风险？

9. 个人消费贷款有哪些种类？其基本要求有哪些？个人消费贷款的贷前调查包括哪些主要内容？

10. 个人经营贷款有哪些种类？个人经营贷款的贷后监督、检查重点是什么？

11. 如何获取个人征信报告？个人征信系统对我国个人贷款市场的发展有何作用？

12. 个人信用评估有哪些主要方法？我国商业银行主要采用什么方法？

13. 个人贷款定价应该坚持哪些原则？影响个人贷款定价的因素有哪些？

14. 比较成本加成、“基准利率＋基点”和客户盈利分析三种个人贷款定价模型的利弊。

第 8 章

商业银行证券投资管理

【导言】

商业银行的证券投资业务是商业银行购买有价证券、获取投资回报的重要资产业务。证券投资组合为商业银行提供了管理利率风险、管理资产流动性、创造收益、管理风险资本、分散风险、合法依规实现收入避税的工具。根据 2021 年年报披露的数据，我国上市股份制商业银行的证券投资余额占其总资产的比例为 10%～40%，其中工、农、中、建四大国有商业银行分别为 26.3%、28.3%、23.1%、25.2%。由于证券投资业务的风险大、管理技术水平要求高，因此，如何通过管理证券投资组合实现上述功能，取得收益、成本和风险之间的最佳平衡，这是商业银行证券投资管理的重要目标。

【学习目标】

1. 了解商业银行证券投资的功能和种类。
2. 熟悉银行业和证券业的分离与融合。
3. 熟悉商业银行证券投资的一般策略。
4. 掌握商业银行证券投资的收益与风险。

【核心概念】

票面收益率　当期收益率

到期收益率　风险测度的标准差法和 β 系数法

系统性风险和非系统性风险　内部经营风险和外部风险

分散投资法　期限分离法

分业经营和混业经营　信贷资产证券化

8.1 商业银行证券投资概述

8.1.1 商业银行证券投资的功能

商业银行进行证券投资可以实现许多重要的功能。

1. 获取收益

贷款是商业银行最具盈利性的资产，同时风险较高。商业银行出于监管要求和风险控制两方面的原因，在没有合适的贷款机会时，会将一部分资金分配在证券投资上，以获取相应的收益；有效的证券投资组合还可以使商业银行的收入在经济周期的各阶段保持稳定，当贷款收入下降时，通过证券投资收益弥补营业收入的损失。

因此，投资账户又称“交叉路账户”，处于现金、贷款和存款三者之间。如果贷款需求疲软，商业银行可增加证券投资以提供更多盈利性资产；如果贷款需求高，商业银行可卖出证券以满足贷款需求。如果现金资产不足，商业银行可以通过卖出部分证券筹集现金；如果现金资产过多，商业银行可将部分富余现金用于投资证券。当存款增速不足时，商业银行还可将部分证券用作抵押，拆借非存款资金。

商业银行投资证券的收入有两种形式——利息收入和资本利得（损失）。其中，利息收入是依证券发行时确定的利率从发行者那里取得的收益，包括按期支付和贴现两种方式。资本利得是证券出售时高于购进价格的价差，反之则是资本损失。

2. 增强流动性

持有一定比例的高流动性资产是保证商业银行资产业务安全性的重要前提。在商业银行的资产结构中，占据大部分比例的贷款的流动性最差，因为贷款在商业银行面临突发性流动需求时难以及时变现。因此，商业银行通常会持有一定比例的现金资产作为一级储备，以满足存款提存和新增贷款的需求。

但现金资产不是盈利资产，若持有比例过高，将会降低商业银行的盈利能力。为了兼顾流动性和盈利性目标，商业银行还需要二级储备作为补充。二级储备一般以短期证券为主，中长期证券在一定意义上也可满足要求，只是相对短期证券的流动性稍差一些。当商业银行的现金储备不足以应对流动性需求时，商业银行可通过出售部分证券来缓解流动性短缺。此外，商业银行的证券组合还可以作为财政借款、贴现借款、回购协议的担保品，通过拆借资金来满足商业银行的流动性需求。

3. 管理风险

证券投资是商业银行管理其他风险的重要工具。首先，不同于贷款受限于区域、行业或客户，证券投资提供的选择多样化，其分散风险的范围也随之扩大。通过买入并持有高质量的证券，商业银行的整体资产结构呈现多元化，而且投资取得的收益在一定程度上可冲抵贷款组合的信用风险。其次，证券的流动性普遍高于贷款，商业银行可以使用证券组合及时调整资产和负债的利率敏感性。

因此，商业银行对不同发行者、不同期限、不同收益率的证券采取分散化投资策略，可将商业银行的经营风险与投资损失降到尽可能小的程度，实现收入多元化和风险分散化。

但与此同时，我们也要看到，试图用证券投资来分散风险的做法也不是万能的。一方面，商业银行过多参与证券投资业务，容易让商业银行集直接融资与间接融资的风险于一身，从而放大风险；另一方面，商业银行投资的各类证券都有一定的市场风险（如利率突然变化引起债券价格的变化），可能给商业银行的盈利带来波动，从而增加潜在的新风险。

4. 降低资本占用

商业银行的资本与资产的风险度具有密切的联系，为提高资本充足率、满足监管要求，商业银行具有降低资产风险的动机。由于贷款存在较高的信用风险，在计算资本充足率时，其风险权重一般较高，而商业银行持有的大部分证券流动性较高、风险权重小，因此商业银行将闲置的资金投资于证券而非贷款，可以在扩大收益的同时减少资本的占用，实现资产增长幅度高于要求的资本增长幅度。

5. 缩小税收敞口

商业银行持有的证券多为国债和地方政府债券。根据我国税法，商业银行直接向国家（一级市场）认购的国债利息收入，可用于抵补以前年度的亏损，抵补后的结余部分免征企业所得税。地方政府债券往往也具有税收上的优惠，所以商业银行可以通过证券组合缩小税收敞口，冲抵贷款的企业所得税。

8.1.2 商业银行证券投资的种类

一般来说，我们可以将投资工具分为三大类：

（1）货币市场工具，其特点是一年内到期，预期收益不高，但风险低、易变现。货币市场工具主要包括短期国库券，到期日在一年以内的中长期政府债券、公司债券、央行票据、回购协议、银行承兑票据、商业票据。

（2）资本市场工具，其特点是到期日超过一年，预期收益较高，但风险大、不易变现。资本市场工具包括到期日在一年以上的中长期政府债券、公司债券、股票。

（3）创新投资工具。近年来，随着金融市场上不断出现新的投资工具和银行业经营范围的扩大，可供商业银行选择的证券投资种类越来越多。金融衍生工具、资产证券化债券、抵押支持债券等金融创新品种已成为商业银行证券投资组合的新选择。

由于工商企业股票的风险比较大，因而大多数西方国家在法律上都禁止商业银行投资工商企业股票，只有德国、奥地利、瑞士等少数国家允许。但是，随着政府管制的放松和商业银行业务的综合化发展，股票作为商业银行的投资对象已成为可能。按照《中华人民共和国商业银行法》（2015年8月29日修订版）的规定，商业银行可以发行金融债券并买卖政府债券、金融债券等，但不得从事信托投资和证券经营业务，不得向非自用不动产投资或向非银行金融机构和企业投资，国家另有规定的除外。因此，在商业银行的证券投资组合中，绝大部分是信用等级高的债券和票据类金融工具，如政府债券、央行票据、公司债券等。

1. 政府债券

政府债券是以政府为主体发行的债券，包括中央政府债券、政府机构债券和地方政府债券三类。

(1) 中央政府债券。中央政府债券又称国债，是由财政部发行的借款凭证。国债是商业银行证券投资的主要种类，原因包括三点：一是违约风险低。国债由中央政府发行，其违约风险是所有证券中最低的，因而被投资者誉为“金边债券”。二是流动性强。国债的供需弹性稳定，国债的二级流通市场相比其他债券更发达。三是抵押代用率高。商业银行持有的国债可以作为向中央银行再贷款的抵押品。

按发行对象的不同，国债可分为公开销售债券和指定销售债券。公开销售债券向全体社会公众发行销售，可以自由交易。而指定销售债券只向指定机构发行，不能自由交易和转移。商业银行投资的政府债券一般是公开销售债券。

按到期期限的不同，国债可分为国库券和中长期国债。国库券的到期期限为 1 年以内，包括 1、3、6、9、12 个月等不同期限，所筹资金主要用于中央财政预算平衡后的临时性开支。国库券一般不含息票，以贴现的方式发行，属于零息债券。中长期国债的到期期限为 1 年以上，包括期限为 1～10 年的中期债券和期限在 10 年以上的长期债券，所筹资金主要用于平衡中央财政预算赤字。中长期债券一般在票面标明价格和收益率，购买时按票面价格支付款项，财政部定期付息，到期归还本金。中长期债券由于期限长，因而其收益率比国库券更高。

(2) 政府机构债券。政府机构债券是除中央政府以外，其他政府部门和有关机构发行的借款凭证。政府机构债券的发行主体包括两类：一是预算纳入政府预算范围的部门，如美国联邦存款保险公司；二是最初由政府建立，但后来由私人控制的部门，其预算排除在政府预算范围外，如美国联邦住宅信贷银行。尽管这类部门的预算不在政府预算范围内，但它们与政府有千丝万缕的联系，所以它们发行的债券在一定程度上由政府担保。

政府机构债券通常以中长期债券为主，只需缴纳中央所得税，可免缴地方所得税，因此税后收益率比国债高。但政府机构债券的流动性不如国债，风险也更高。

(3) 地方政府债券。地方政府债券又称市政债券，是中央政府以下的各级地方政府发行的债务凭证。地方政府债券可分为普通债券和收益债券。普通债券一般用于提供基本的政府服务，如医疗卫生、教育支持等，由地方政府的税收作担保，债券本息全部从税收收入中支付，因此安全性高。收益债券是由政府所属的企业或公益事业单位为特定公用事业项目进行融资而发行的债券，如水利工程、基础建设。这类债券的本息完全依赖于融资项目的收益，发行单位不保证还本付息。在一般情况下，工程项目和企事业单位的收益不如税收有保障，因此收益债券的违约风险比普通债券高。

地方政府债券的发行和流通不如国债活跃。除了一些信用较高的地方政府债券可以在全国范围内发行并流通外，大部分都集中在本地，因而流动性不强。地方政府债券通常按面值出售，由于投资地方政府债券的收益可以免缴中央所得税和地方所得税，因此地方政府债券的税后收益率比较高。在西方国家，商业银行是地方政府债券的最大买主。

2. 金融债券

金融债券是以政策性银行、商业银行、企业集团财务公司及其他金融机构为主体发行的债券，包括政策性银行金融债、商业银行次级债、商业银行混合资本债、证券公司短期融资券和其他普通金融债。为促进债券市场的发展、规范金融债券的发行，2005 年中国人民银行发布了《全国银行间债券市场金融债券发行管理办法》，对各类金融债券的发行与流通做了详细规定。

3. 非金融企业债券

非金融企业债券是以非金融企业为主体发行的债务工具，包括公司债券和其他非金融企业债券融资工具。

（1）公司债券。公司债券是公司为筹措资金而发行的债务凭证，发行债券的公司向债券持有者做出承诺：在指定的时间内，按票面金额还本付息。公司债券可分为两类：一是抵押债券，是指公司以不动产或动产做抵押而发行的债券。如果债券到期而公司不能还本付息，债务人可依法请求拍卖抵押品，将所得收入偿还债务人。二是信用债券，是指公司仅凭其信用发行的债券。一般来说，大公司实力雄厚、信用度高，发行信用债券容易被投资者接受，而中小型公司多发行抵押债券。

商业银行对公司债券的投资一般比较谨慎，主要原因包括三点：一是公司作为私人企业，破产倒闭的可能性大，违约风险高；二是公司债券在二级市场上的流动性不如政府债券；三是公司债券的收益一般需要缴纳中央和地方所得税。

（2）其他非金融企业债券融资工具。公司债券在一定程度上满足了企业的融资需求，但其发行受到较严格的监管约束。为了进一步完善银行间债券市场管理，促进非金融企业直接债务融资发展，2008 年中国人民银行发布了《银行间债券市场非金融企业债务融资工具管理办法》（以下简称《办法》）。根据《办法》的规定，非金融企业债务融资工具是指具有法人资格的非金融企业在银行间市场发行的、约定在一定期限内还本付息的有价证券，主要包括短期融资券、中期票据、中小企业集合票据和超短期融资券等。

4. 创新金融工具

在金融创新的推动下，金融衍生工具的发展也为商业银行投资提供了更多选择。十年期国债期货合约的上市，填补了中国债券市场上长期避险工具的空白；银行间标准债券远期的推出，进一步丰富了场外衍生工具。此外，信用类债券创新品种也在不断增加。2016 年，创新创业类债券、债贷组合中期票据与私募债券、可续期公司债类与企业债类、永续债类等新型债券相继推出。

8.1.3 商业银行证券投资市场

如前所述，在商业银行的证券投资组合中，绝大部分证券属于信用等级高的债券和票据类金融工具，这些债券和票据的发行及流通需要在一定场所内，按照一定规则进行，不同的债券在不同的市场发行和流通。我国债券市场可分为交易所市场、银行间市场和银行柜台市场。其中，交易所市场属于场内市场，由中国证券登记结算公司托管结算，中国证监会监管；银行间市场和银行柜台市场属于场外市场，由中央国债登记结算公司托管结算，中国人民银行和中国银保监会监管。

1. 交易所市场

交易所市场是以非银行金融机构和个人投资者为主体的场内市场，采取连续竞价、集中撮合的方式交易，由中国证券登记结算公司实行净额结算，包括上海证券交易所、深圳证券交易所、全国中小企业股份转让系统等。1981 年恢复国债发行后，债券交易均在场外进行。1990 年 12 月上海证券交易所成立，开始接受债券的托管结算。自此，债券交易形成场内和场外并存的格局。

1995年，受“327国债事件”的影响，我国正式停止了一切场外债券交易，证券交易所成为国内唯一合法的债券市场。1997年6月，国务院下令商业银行集体退出交易所市场。

2. 银行间市场

银行间市场是依托于全国银行间同业拆借中心、中央国债登记结算公司和银行间市场清算所股份有限公司的，以商业银行、农村信用社、保险公司、证券公司等金融机构和非金融机构为主体，进行债券发行、买卖和回购的市场。与交易所市场的交易方式不同，银行间市场以询价方式与交易对手逐笔达成交易，交易双方可根据需要商谈交易条款。自1997年6月成立，银行间市场迅速发展，已成为我国债券市场的主体，在债券品种、存量和交易量上远超交易所市场。目前，大部分记账式国债和政策性金融债都在该市场发行并上市交易。

根据中央国债登记结算公司的数据，2021年银行间市场新发债券53.1万亿元，占债券发行总量的85.92%；托管债券114.7万亿元，占债券托管总量的85.91%。

在银行间市场从事债券交易的投资者必须是符合条件的机构投资者，包括境内具有法人资格的机构和外国银行分行。在所有参与者中，商业银行是银行间市场交易的主力，基金公司和保险公司次之。

3. 银行柜台市场

银行柜台市场是银行间市场的延伸，是以个人和中小企业投资者为主体的债券零售市场。银行柜台市场涉及的债券种类包括记账式国债、国家开发银行债券以及中国农业发展银行债券等政策性金融债。

2016年2月14日，中国人民银行发布的《全国银行间债券市场柜台业务管理办法》进一步放宽了市场准入条件，扩大了市场参与者的范围。新增交易品种质押式回购和买断式回购，也为合格投资者提供了更多样的选择。

8.1.4 证券投资组合的管理

各商业银行由于资产规模、经营状况、贷款需求和投资管理能力等方面的差异，在证券投资组合的管理方式上也会有所不同，但一般都遵循以下基本程序。

1. 确定管理目标与标准

证券投资组合管理政策属于商业银行资产负债管理政策的一部分，其管理目标应与商业银行的总体经营目标一致。因此，管理人员需要充分考虑商业银行的资产负债状况、资产集中度、可承担风险与目标收益率等因素，实现证券投资组合的最优配置。

2. 预测宏观经济变量的走势

在证券投资组合中，经济增长率、利率与通货膨胀率等宏观经济变量的波动都会对证券投资组合的收益率和风险产生不同程度的影响，因此几乎每个证券投资决策都包含了对外部经济环境的观测和预判。

3. 列举证券投资组合需要考虑的因素

商业银行一般从以下几个方面来考虑其证券管理政策：

（1）预期收益率。商业银行需要根据证券投资组合管理政策的目标确定预期收益率，包括证券发行时承诺的利息支付和可能的资本利得或资本损失。若证券持有至到期，其收益率表现为到期收益率，但商业银行为了满足流动性需求或为新贷款融通资金，有时需要提前出售证券，此时的收益率表现为证券购买日至出售日的持有期收益率。

（2）风险头寸。测算证券投资业务的风险头寸是管理风险的基础，商业银行通过评估其资产负债的风险敏感度，采取缺口管理、期限管理与市场价值模型等工具，可合理控制证券投资的风险暴露，在商业银行可承受的风险范围内合理安排证券投资组合的结构。

（3）担保要求。商业银行在经营过程中，可能面临突发的流动性需求，需要向银行同业、政府机构或中央银行借款。有些借款需要合格的担保品，如国债、政府机构债券、央行票据或银行承兑票据等。因此，商业银行应明确向外部借款所要求的担保品，合理安排证券投资组合的种类。

（4）税收状况。商业银行应综合考虑证券投资收入和其他业务收入，估算应税收入净额和免税收入增额，以确定证券投资组合中证券的种类、数量和比例。

4. 确定证券投资组合

（1）证券投资组合的规模。商业银行吸收的存款在满足存款准备金、日常经营和存款提取以及贷款业务的需求后，剩余资金即可用于证券投资。

（2）证券投资的种类及比例。传统的证券投资种类包括政府债券、中央银行票据、金融债券和非金融企业债券等。随着金融市场的发展和商业银行经营范围的扩大，可交易的证券品种不断多元化。商业银行应根据证券投资管理的目标，综合考虑证券投资组合的预期收益率和风险头寸，合理选择证券投资的种类及比例。

（3）证券投资的期限政策。证券投资到期期限的要求表现为两个方面：证券投资所能允许的最长期限以及证券投资组合中不同期限的配合。

商业银行限制证券投资的最长期限，主要是因为一些债券（如企业债券、金融债券）的质量会随着时间的推移发生变化，如果没有专业的管理人员评估组合中这类证券的质量变化趋势，可以通过限制证券最长到期日来降低这类风险。

匹配证券投资组合中的不同到期日是证券投资组合管理中最困难的一项工作。影响到期日最重要的因素是利率敏感性与非证券投资组合中资产和负债的有效持续期，但又不完全取决于这两个因素。这是因为其他资产与负债不能进行完全的管理控制以及金融期货、期权与利率套期等表外避险工具的存在。在既定的利率敏感性与有效持续期的限制下，调整证券投资组合中证券的不同到期日有三种方法：循环投资组合、等距离到期投资组合和杠铃式到期投资组合。

5. 跟踪调整证券投资组合

证券投资组合的规模和结构不是一成不变的，商业银行应根据宏观经济变量的波动和贷款需求的变化，跟踪调整证券投资组合。当经济增长较快、贷款需求增加时，商业银行可适当减少证券投资的规模，而当经济增长放缓、缺乏好的贷款项目时，商业银行可将资金更多地投向证券投资。此外，通过评估资产、负债的风险头寸，商业银行还应及时调整证券投资组合的结构。

8.2 商业银行证券投资的收益与风险

商业银行进行证券投资的目的之一是获取收益，但收益和风险是并存的，如何处理好收益和风险的关系是商业银行证券投资的关键。

8.2.1 商业银行证券投资的收益

商业银行证券投资的收益表现为利息收入和资本利得（损失）。利息收入根据债券的面值和票面利率确定，按期支付或到期一次性付清。若债券未持有至到期，在二级市场上提前出售，出售价格高于购买价格的部分就是资本利得，反之则出现资本损失。证券的收益率一般可用以下三种方法表示。

1. 票面收益率

票面收益率也可分为三种类型。

第一种是在债券票面上标明的收益率。比如一张面值100元的债券，票面上标明年利率为10%，这就是该债券的票面收益率，它表明债券持有人凭此债券可以每年获得10元利息。

第二种是票面规定的收益额与票面面额之间的比率。这种债券的票面上并未标明收益率，但附有息票，载明每期支付利息的数额，每期剪下息票兑取利息。比如一张面值100元的债券，息票上载明每期利息为5元，分3期支付，则该债券的票面收益率为：

$$\frac{5\times 3}{100}\times 100\%=15\%$$

第三种是预扣利息额与票面金额的比率。这种债券的票面上并未标明收益率或利息额，而是通过贴现发行的方式预先扣除应付的利息。比如一张面值为100元的债券，发行价为80元，1年后兑现100元，其利息收入为20元，票面收益率为：

$$\frac{100-80}{100}\times 100\%=20\%$$

2. 当期收益率

当期收益率是指债券票面收益额与债券现行市场价格的比率。有价债券的价格与票面价格并不总是一致的，它会随着市场行情的波动而变化，此时票面收益率无法真实反映债券的收益状况。例如，某商业银行以96元买进一张面值为100元的债券，票面收益率为10%。在到期后，该商业银行获得10元的债券利息收入，其当期收益率为10.4% $\left(=\frac{10}{96}\times 100\%\right)$，高于票面收益率。当期收益率考虑了证券市场的价格变化，比票面收益率更接近实际。

3. 到期收益率

到期收益率（yield to maturity，YTM）是当期收益率与资本收益率之和。票面收益率和当期收益率实际上都只考虑了债券的利息收入，不包括债券的资本利得或损失。到期收益率的计算方式综合考虑了票面收益、票面价格、购买价格及到期期限等因素，更为精确和全面，用公式可表示为：

$$P=\frac{C_1}{1+\mathrm{YTM}}+\frac{C_2}{(1+\mathrm{YTM})^2}+\cdots+\frac{C_n}{(1+\mathrm{YTM})^n}+\frac{F}{(1+\mathrm{YTM})^n} \tag{8-1}$$

其中，YTM为债券的到期收益率；P 为债券的购买价格；F 为债券的面值；C_1，C_2，…，C_n为每期债券的利息收入；n 为债券距离到期的期数。若债券未持有至到期，则 F 为债券出售时的价格，此时的收益率为持有期收益率，即在某特定时期内的债券收益率。

例如，某商业银行持有票面价值为100元的证券，票面收益率为10%，偿还期为3年，该商业银行购入证券的价格为88元并一直持有至到期日，当期收益率等于11.4%$\left(=\frac{100\times 10\%}{88}\right)$，而到期收益率为：

$$88=\frac{10}{1+\mathrm{YTM}}+\frac{10}{(1+\mathrm{YTM})^2}+\frac{10}{(1+\mathrm{YTM})^3}+\frac{100}{(1+\mathrm{YTM})^3}$$

解得：

$$\mathrm{YTM}=15.3\%$$

8.2.2 商业银行证券投资的风险

商业银行证券投资的风险是指商业银行所投资证券未来收益的不确定性，这种不确定性表现为投资实际收益与预期收益的差距。商业银行进行证券投资的目的包括获取收益、增强流动性和保障商业银行经营的安全性，所以在投资时需要兼顾期望收益率和承受风险的能力，不能只追求高盈利，不考虑风险。商业银行应在可承受的风险条件下使投资收益最大化，实现收益和风险的最佳组合。这是商业银行证券投资风险管理的基本思路。

8.2.2.1 投资风险的测度

风险管理的前提是对风险合理的测度，商业银行证券投资的风险一般可采用标准差法和 β 系数法来衡量。

1. 风险测度的标准差法

标准差法的计算公式为：

$$\sigma_i=\sqrt{\sum_{i=1}^{n}(R_{it}-R)^2\times P_i} \tag{8-2}$$

式中，σ_i为商业银行证券投资组合中第 i 种证券的风险度；R_{it}为第 i 种证券在各期可能的收益率；P_i为R_{it}发生的概率；n 为收益率可能值的数目；R 为期望收益率。

其中，期望收益率的计算公式为：

$$R=\sum_{i=1}^{n}(R_i\times P_i) \tag{8-3}$$

式中，R_i为第 i 种证券的可能收益率。

标准差衡量的证券投资风险既包括系统性风险，又包括非系统性风险。标准差越大，证券投资组合的可能收益就越偏离期望收益，未来收益的不确定性增大，投资的风险更高；标准差越小，证券投资组合的可能收益就越接近于期望收益，未来收益的不确定性减小，投资的风险更低。

2. β 系数法

β 系数法的计算公式为：

$$\beta_i=\frac{\sigma_{im}}{\sigma_m^2}=\rho_{im}\times\frac{\sigma_i}{\sigma_m} \tag{8-4}$$

式中，β_i 为商业银行证券投资组合中第 i 种证券的 β 系数；σ_{im} 为第 i 种证券与市场组合收益率之间的协方差；σ_i、σ_m 分别为第 i 种证券收益率的标准差和市场组合收益率的标准差；ρ_{im} 为第 i 种证券与市场组合收益率之间的相关系数。

β 系数法衡量的是证券的系统性风险。β 值的正负表示证券收益率相对于市场组合收益率变动的方向，β 值为正，该证券的收益率与市场组合收益率同向变化。β 系数的绝对值表示证券收益率相对于市场组合变动的幅度，绝对值越大，当市场组合波动一个单位时，该证券的变动幅度就越大，系统性风险越高。

8.2.2.2 投资风险的类别

1. 系统性风险和非系统性风险

根据风险能否通过证券组合加以消除，证券投资的风险可以分为系统性风险和非系统性风险。

（1）系统性风险又称不可分散风险，是指对证券市场上所有证券均会产生影响的风险。这种风险的来源一般是经济衰退、通货膨胀、政治因素等，往往无法通过多元化的投资组合分散。不过，系统性风险对不同证券的影响程度不同，商业银行可以通过评估各类证券的风险，选择系统性风险较小的证券投资，以降低证券投资组合的系统性风险。

（2）非系统性风险是指存在于某个或某些证券中的风险，这种风险主要来源于个别证券的特定因素，如财产风险、信用风险等。非系统性风险与整个证券市场不发生系统性的必然联系，可通过多元化的证券投资组合来消除。

2. 内部经营风险和外部风险

根据风险的来源，证券投资的风险可以分为证券发行单位的内部经营风险和外部风险。其中，内部经营风险主要针对金融债券和非金融企业债券，由证券发行单位的经营状况、管理水平等因素引起，包括个人风险、财产风险、经营风险和责任风险。

（1）个人风险。个人风险是指企业因主要负责人的原因而遭受损失的可能性，包括两个方面的因素：主要负责人的才干高低和健康状况。若企业主要负责人的能力不高或身体状况不佳，极有可能导致企业到期不能还本付息，产生证券投资损失的可能性。

（2）财产风险。财产风险是指企业财产遭受损失的可能性。造成企业财产损失的主要原因可分为三类：自然因素、社会因素和经济因素。自然因素是指自然灾害，如水灾、火灾、地震等。社会因素是指造成损失的人为因素，如盗窃、纵火、罢工等。经济因素是指经济波动、市场变化、政府经济政策变化、国际经济关系变化等经济上的不确定性。企业财产遭受损失，影响企业按期还本付息，从而形成商业银行证券投资的风险。

(3) 经营风险。经营风险是指企业因经营决策失误而导致的风险，主要原因包括战略决策失误、产品风险和资本结构不合理等。战略决策失误是指企业决策人员在战略制定、选择和实施上的失误，影响企业的整体运营。产品风险是指企业的现有产品无法满足市场需求和新产品开发的风险。资本结构不合理是指企业负债过多或负债结构不合理，利息负担过大，偿债能力被削弱，造成商业银行证券投资的风险。

(4) 责任风险。责任风险是指企业对他人损失所负的赔偿责任而导致的风险。企业的责任风险主要来自生产销售活动，如生产中排放的污染物、运输事故、产品不合格等。一旦承担了上述责任，企业的赔偿往往很大，进而其偿债能力会受到极大的削弱。

外部风险是指由于社会投资环境的变化，导致证券持有人损失的可能性，主要包括信用风险、利率风险、通货膨胀风险、流动性风险和提前赎回风险。

(1) 信用风险。信用风险是指债券发行人无法按期还本付息或者有意不履行偿还义务而给债券持有人造成损失的可能性。一般来说，政府债券的信用风险最小，是商业银行证券投资组合的主要配置对象。公司债券的违约风险较高，因此需要较高的收益率作为补偿。商业银行在进行投资分析时，除了直接调查债券发行人的信用状况外，还依赖于专业评级机构对债券的评级分类。根据信用级别的高低，债券可分为投资级债券和投机级债券。投资级债券的信用风险低，是商业银行投资的主要对象；投机级债券具有很高的信用风险，各国监管机构都禁止商业银行购买。美国最著名的证券评级公司包括穆迪和标准普尔，其评估等级见表 8-1。

表 8-1　债券评级表

债券级别说明	穆迪	标准普尔	备注
安全性最高，基本上无风险，无论情况如何变化，还本付息没有问题。	Aaa	AAA	适于商业银行证券投资的品种。
安全性高，还本付息没有问题。	Aa	AA	
安全性良好，还本付息没有问题，但存在将来状况不如现状的因素。	A	A	
安全性中等，目前的安全性、收益性没有问题，但在不景气时期要加以注意。	Baa	BBB	
有投机因素，不能保证将来的安全性，好的时期和坏的时期有波动，不可靠。	Ba	BB	具有投机性和违约性的证券。
不适合作为投资对象，在还本付息的安全性及遵守契约条件方面不可靠。	B	B	
安全性极低，有无法还本付息的危险性。	Caa	CCC	
具有极端投机性，目前正处于违约状态中或有严重缺陷。	Ca	CC	
最低等级证券，无未来性。	C	C	

(2) 利率风险。利率风险是指由于市场利率波动给证券投资者带来损失的可能性。债

券的市场价格与利率呈反向变化，变动程度依债券的特点和期限而定。当市场利率上升时，固定收益债券的价格下降，若商业银行因经营问题需要提前出售，则会产生资本损失。当市场利率波动较大时，商业银行持有的长期债券就会产生较大的价格波动，从而给证券投资带来很大的不确定性。因此，商业银行在构建证券投资组合时，应综合考量债券组合的特点和期限。

（3）通货膨胀风险。通货膨胀风险又称购买力风险，是指由于物价波动而使证券投资的实际收益下降的可能性。根据是否考虑通货膨胀，证券投资的收益率可分为名义收益率和实际收益率。证券的票面收益率一般属于名义收益率，实际收益率需要剔除通货膨胀因素。只有当实际收益率大于零时，证券投资才会产生实际收益。需要注意的是，通货膨胀风险属于系统性风险，难以通过多元化组合分散。因此，商业银行在投资决策中，如果没有适当考虑通货膨胀溢价因素产生的影响，实际投资收益可能大幅下降。

（4）流动性风险。流动性风险是指商业银行将资产变现时遭受损失的可能性。证券投资的流动性风险取决于投资对象的流动性，如果商业银行投资的证券能迅速变现且不会遭受较大的本金损失，那么投资的流动性风险较低；如果商业银行投资的证券在短期内不易变现，或变现时交易成本高、易受价格波动的影响，那么投资的流动性风险就比较大。

（5）提前赎回风险。某些债券在发行时会附有提前赎回条款，给予债券发行人在约定时间内，按约定价格提前赎回债券的权利。一般在市场利率下降时，借款人会行使提前赎回的权利，然后用更低的利率发行新债券，以降低融资成本。对于债券的投资者（商业银行）而言，债券一旦被赎回，意味着债券的投资者（商业银行）只能以较低的利率进行再投资，导致再投资收益率下降。

☞小专栏

永城煤电控股集团有限公司信用违约事件

2020年11月，外部评级为AAA的国企永城煤电控股集团有限公司（下称“永煤公司”）突发债券违约，震惊市场，系统地冲击了资本市场对高信用等级国企债券“刚性兑付”的信仰。此后，信任危机在市场中迅速蔓延，致使信用资质较弱的地方国企债遭集中抛售，引起了二级市场债券大跌、债券型基金被赎回及净值大跌，进而投资机构全面开展风险排查。

2020年2月12日，永煤集团发行“20永煤SCP003”，发行总额为10亿元，利率为4.39%，期限为270天。在11月10日，永煤公司发布公告称：“因流动资金紧张，导致公司未能按时足额偿付‘20永煤SCP003’本息约10.32亿元，构成实质性违约。”11月13日，永煤公司公告兑付“20永煤SCP003”的利息。11月21日，国务院金融稳定发展委员会表态，以“零容忍”态度依法严肃查处欺诈发行、虚假信息披露、恶意转移资产、挪用发行资金等各类违法违规行为，严厉处罚各种逃废债行为，保护投资人合法权益，维护市场公平秩序。11月24日，“20永煤SCP003”第一次债券持有人会议结果揭晓，持有人同意永煤公司先兑付50%的本金，剩余本金展期270天，并豁免“20永煤SCP003”违约，避免触发永煤公司及河南能化各自上百亿元的其他债券一并违约和加速到期。11月26日的公告显示“20永煤SCP004”和“20永煤

SCP007”违约，客观上触发了交叉保护条款的约定情形，但在触发情形发生后有10个工作日的宽限期。

永煤公司信用违约事件的产生是由多种风险同时作用在一家公司而产生的。一方面，从外部风险来看，自2018年以来经济下行压力持续加大，叠加中美贸易摩擦、新型冠状病毒肺炎疫情的冲击，企业盈利疲软、再融资困难。与此同时，虽然地方债大量发行，但地方财政收入减少，可用于支持地方国企的财政资金腾挪空间有限。另一方面，从内部风险来看，永煤公司有较强的财务风险（关联方占款严重、以短续长，短期兑付压力大，流动性紧张）和经营风险（永煤公司的核心业务为煤炭，该业务收入的占比约50%，贡献了90%以上的利润，但非煤业务的盈利能力较差，而且一直未能剥离、出清，以致拖累了公司的经营）。

与此同时，永煤公司信用违约的风险也在向外传导。一方面，由于同一行业的企业具有高度趋同的行业景气度、商业模式、财务特征以及政策环境，当永煤公司发生信用违约事件后，同行业内其他企业发行的债券也受到了波及。具体来看，煤炭行业信用债市场的收益率整体上行，再融资规模萎缩，特别是同行业中债务负担较重的山西煤企、河北冀中能源等的再融资出现了长达半年的停滞。后经政府的协调加之行业景气度改善，煤炭行业的再融资直到2021年4月才开始回暖。另一方面，永煤公司的违约引发了市场对于同区域其他企业发行债券的担忧，甚至是对该区域信用环境的担忧。具体来看，在永煤公司信用违约事件后，河南省其他国企的再融资受到了很大阻碍，此后的半年仅有部分地方投融资平台成功发行债券（以高融资成本的私募债为主）。

8.2.3 商业银行证券投资风险与收益的关系

在商业银行的证券投资中，收益和风险形影相随，收益以风险为代价，风险用收益来补偿。收益与风险的基本关系是：风险与收益共生共存，承担风险是获取收益的前提；收益是风险的成本和报酬。风险和收益的本质联系可以用公式表述为：

预期收益率＝无风险收益率＋风险补偿

商业银行的经营原则要求商业银行在追求安全性、流动性的基础上，实现效益最大化，证券投资也不例外。由于收益与风险总是密切相连的，高风险对应着高收益，所以商业银行应根据自己的风险偏好，选择证券投资组合，在可承受的风险范围内使收益（或风险补偿）最大化。

总之，商业银行应当在既定的风险条件下，取得尽可能高的收益（或风险补偿）；或者在一定的收益水平（或风险补偿）下，尽可能降低投资的风险。这是构建证券投资组合的基本原则。

8.3 商业银行证券投资的一般策略

商业银行证券投资的一般策略是指商业银行将资金分配在不同种类、不同期限的证券上，协调投资风险与收益的关系，实现证券的有效组合。由于监管当局对商业银行证券投资范围的限制，因而商业银行证券投资的信用风险相对较低，其风险主要集中在利率风险和流动性风险上。因此，商业银行的投资策略表现为如何控制证券投资组合的利率风险头寸和期限结构，在可承受的风险范围内实现收益最大化。这里介绍的策略主要包括分散投资法、期限分离法、灵活调整法和证券调换法。

1. 分散投资法

分散投资法是指商业银行在构建投资组合时，应根据证券的风险和收益特点，将投资资金分配在不同类型的证券上，而不是集中在某种或某类证券上。这种策略通过多元化的组合，可以有效降低投资的非系统性风险，保证商业银行投资收益的稳定性。分散投资可分为四个方面：期限分散法、地域分散法、类型分散法和发行者分散法。

（1）期限分散法是指商业银行兼顾流动性和盈利性目标，在短期、中期和长期证券之间合理搭配，避免投资组合集中在某一期限上。

（2）地域分散法和类型分散法是指商业银行持有的证券应分散分布在不同地域、不同行业上，避免由于某地区经济衰退或某行业不景气给投资业务带来重大损失。

（3）发行者分散法是指商业银行所持证券的债务人要多种多样，投资资金分散配置在政府债券、企业债券、其他金融债券或非金融债券上，以降低投资风险。

在这些分散法中，期限分散法最重要，直接关系到投资组合的盈利性和流动性。如果商业银行持有的债券期限集中在短期，虽然保证了投资组合的流动性，但由于短期债券的收益率低于长期债券，其收益水平会大打折扣。如果商业银行大量持有长期债券，虽然盈利水平提高了，但当市场利率上升、商业银行由于流动性不足需要出售债券时，就会产生资本损失。

商业银行证券投资分散期限一般采取梯形期限法，即商业银行在确定了最长投资期限后，将资金均匀分布在不同期限的证券上，由短期证券提供流动性，而由长期证券提高收益。当期限最短的证券到期时，商业银行收回资金并再次投放到期限最长的证券上，如此循环往复，使商业银行持有的各种期限的证券总是保持相等的数额，获得证券组合的平均收益率。由于投资分散，在利率波动的环境下，各种证券价格的上升和下跌相互抵消，可有效降低风险。这种投资方法的图示与距离相等的阶梯相似，因而被称为梯形期限法，见图 8－1。

例如，某商业银行持有投资资金 1 000 亿元，可供投资证券的期限有 1～10 年共 10 种，商业银行可将资金平均分配在这 10 种证券上，每种证券的投资额为 100 亿元。当一年期证券到期时，商业银行可用收回的 100 亿元资金购买新发行的 10 年期证券，而原有证券的到期日整体前移 1 年，即 2 年的变为 1 年、3 年的变为 2 年，依此类推，结果仍是商业银行持有 1～10 年期的证券各 100 亿元。

梯形期限法具有以下优点：

（1）简便易行，只需将投资资金平均分配在各种期限的证券上即可。

（2）不必预测市场利率的变化，可以避免利率预测失误带来的损失，也不必对市场利率波动做出反应，无论市场利率上升或下降，投资策略都不需要变动。

（3）可以保证商业银行获得所持证券的平均收益率。梯形期限法将资金平均分配在不同期限的证券上，各类证券收益的增减相互抵消，可使商业银行获得平均收益率。

但是，梯形期限法也存在明显的缺陷：

（1）不灵活。当市场出现有利的投资机会时，商业银行往往难以迅速做出反应，从而

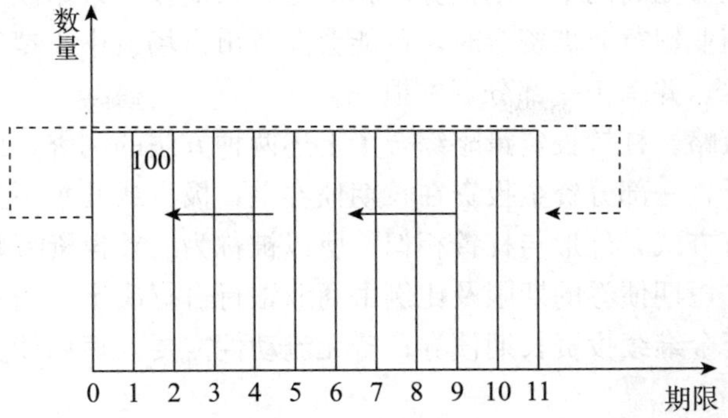

图 8-1 证券投资梯形期限法

错失机会。

（2）流动性不高。这种方法持有的短期证券较少，当商业银行面临大量现金需求且短期证券无法满足需要时，商业银行不得不以低价出售流动性较差的长期证券，进而产生资本损失。

为了避免梯形期限法的缺陷，一些商业银行在实践中对其进行了改良。当短期利率上升、短期证券的价格下降时，商业银行将到期证券收回的资金用来购买短期证券而不是长期证券。待短期利率下降、短期证券的价格上升时，商业银行再出售短期证券、购买长期证券。这样，商业银行持有的证券在期限上仍是梯形的，但提高了收益。

2. 期限分离法

与分散投资法不同，期限分离法是指商业银行根据流动性或盈利性需要，在证券组合中加大短期证券或长期证券的比例。期限分离法包含三种不同的策略：短期投资策略、长期投资策略和杠铃投资策略。

（1）短期投资策略。短期投资策略是指商业银行出于流动性的考虑，将投资资金主要配置在短期债券和期限较短的中期债券上，几乎不购买长期债券。这种投资策略具有高度的灵活性和流动性，在商业银行需要资金时可以迅速变现，但投资收益相对较低。短期投资策略又称千斤顶策略，比如某商业银行的全部投资资金为 1 000 元，它将 990 元用于投资短期证券，而将剩余的 10 元用于投资长期证券，见图 8-2。

图 8-2 期限分离法——短期投资策略

（2）长期投资策略。采取长期投资策略的商业银行更强调证券投资的盈利性，绝大部分资金都用于购买收益更高的中长期债券。相应地，长期投资策略缺乏短期投资策略的灵活性和流动性，当商业银行急需资金时，可能会向货币市场或中央银行借款，甚至以较低的价格出售长期债券，并承担一部分资本损失。

（3）杠铃投资策略。杠铃投资策略综合了上述两种方法的利弊，商业银行将一部分资金投资在短期债券上，一部分资金投资在长期债券上，极少或几乎不持有中期债券。商业银行的这种债券持有方式，外形与杠铃相似，所以被称为杠铃投资策略，见图 8－3。在这种投资策略中，长、短期债券的期限及比例由商业银行自行决定。当长期债券的期限达到中期时卖出，回流资金继续投资长期债券；若无流动性需要，短期债券在到期后可重新投资于短期债券。

在通常情况下，若商业银行判断短期利率下降、短期证券价格上涨，就会减少长期证券的投资比重，增加短期证券的投资比重；若商业银行判断短期利率上升、短期证券价格下跌，就会减少短期证券的投资比重，增加长期证券的投资比重。

图 8－3　期限分离法——杠铃投资策略

杠铃投资策略与梯形期限法相比，其优势表现在灵活性上，商业银行可以根据市场利率的波动及时调整证券组合中短期证券和长期证券的比例，兼顾流动性和盈利性。但是，这种方法要求商业银行能准确地把握市场利率的变化趋势，并采取相应的调整措施，它在消耗人力、物力的同时，增大了商业银行投资管理的难度。一旦判断失误，即商业银行预测的情况与实际偏离，造成的投资损失可能更大，所以商业银行需要权衡杠铃投资策略带来的收益和实施成本。

3. 灵活调整法

针对分散投资法和期限分离法在投资中资金转换灵活性差的特点，灵活调整法实施了一种依情况组合、灵活调整的策略。商业银行的投资不再固守某个模式，而是根据金融市场上证券收益曲线的变化随时调整。若商业银行预期市场的长期利率下降、长期证券价格上升，就会将投资于短期证券的资金转移到长期证券上；相反，若商业银行预期短期利率下降、短期证券价格上升，就会将资金更多地分配在短期证券上。

灵活调整法与杠铃投资策略存在相似之处，但实际上具有很大的区别。杠铃投资策略虽然也会根据市场利率波动调整短期证券和长期证券的比例，但在调整过程中仍会保持杠铃的基本形态。而灵活调整法更加主动，可在不同特征、不同期限的证券间配置资金，只要商业银行预测某种证券的价格将会上升，就可将资金转移到这种证券上。

灵活调整法要求商业银行通过分析各类证券的收益曲线和预测未来市场利率的变化趋势，相机调整投资组合。这种方法的主动性强、灵活度高，如果预测准确，证券投资的收益水平可大幅提高。相反，如果预测错误，造成的损失也很惨重。所以，对于一般的中小商业银行来说，灵活调整法的实施成本和风险过高，一般不会采取。只有那些资本规模大、分析能力强的大商业银行，才会将其作为增加收入的一种方法。

4. 证券调换法

证券调换法是指市场暂时性的不均衡使得一部分证券产生相对优势，商业银行可用相对劣势的证券调换成相对优势的证券，以套取无风险的收益。调换的方法包括以下几种：

（1）价格调换。价格调换是指当市场中的某种证券与商业银行所持的证券在票面利率、到期期限、风险等级等方面一致，只是价格更低时，商业银行可以出售所持证券来换取该证券，以赚取价格差异。

（2）收益率调换。收益率调换是指当市场中的某种证券与商业银行所持的证券只是在票面利率上存在差异且前者更高，但在其他方面基本一致时，商业银行同样可采取调换的方式，用以提高证券的再投资收益。

（3）市场内部差额调换。市场内部差额调换是指商业银行利用市场暂时的不均衡，在买入或卖出某证券的同时，卖出或买入同质证券，以获取价格上的利差。一般来说，同质证券除某方面的特征存在差异外，在其他方面基本一致。

（4）利率预期调换。当市场利率发生变动时，不同证券受影响的程度不同，商业银行可根据自己对利率走势的预测，将利空的证券调换成利好的证券。

（5）减税调换。在累进税制的背景下，商业银行证券投资的收益提高一个等级，相应的税率也会增加一级。如果商业银行放弃一部分收益，可使应税收入降级、税率降低，若减少的税款大于放弃的收益本身，那么商业银行可采用证券调换的方式，将持有的价格下跌的证券在市场上出售，即遭受一定的资本损失，使得投资收益保持在限额之下，从而获得更多的税后净收益。

8.4 银行业和证券业的分离与融合

在金融运行中，银行业与证券业之间呈现出复杂的互动关系。如何促进银行业与证券业的协调运行，在宏观上直接影响金融体系的稳定和资源配置的效率，在微观上决定着银行业和证券业的发展方向。纵观各国银行业和证券业的发展历史，两者之间的关系可分为两种不同的模式：分业经营和混业经营。分业经营是指各种金融机构的业务范围相互独立、各司其职。商业银行主要经营存贷款、汇兑、储蓄等业务，证券公司则从事证券的发行与承销、证券经纪业务等。分业经营以美国、英国和日本为代表。混业经营是指商业银行、证券公司等金融机构的业务相互交叉、相互渗透，并不局限于某行业。混业经营以德国、瑞士、法国等欧洲大陆国家为典型代表。

8.4.1 银行业和证券业分离与融合的发展历史

从起源来看，银行业与证券业在经济上具有共同的基础——国际贸易，在组织上具有共同的基础——欧洲中世纪商人，但纯粹意义上的银行业和证券业的出现，则是在分离—融合—再分离—再融合的动态过程中形成的，这一过程可以分为四个阶段。

1. 第一阶段：早期的自然分离阶段

银行业和证券业在早期呈现自然的分离状态，银行业是金融业的核心，1694 年成立的英格兰银行是这个阶段商业银行的典型代表。在 19 世纪前后，英国的商人银行成立，以证券发行和票据承销为主要业务，将证券业与商业银行分离。美国部分证券业务在早期是由商业银行经营，但大部分仍以独立形态存在。日本的证券公司直到 20 世纪 20 年代才开始建立，而且在成立之初就与商业银行分离。

在这一阶段，银行业和证券业处于历史自发形成的自然分离状态，不依赖于法律的规定。商业银行与证券公司各自的业务明确，前者以资金存贷和其他信用业务为主，后者则主要经营证券发行和票据承销业务。

2. 第二阶段：20 世纪初期的融合阶段

在工业革命的推动下，20 世纪初期金融业也迎来了高速发展，金融市场规模空前扩大，各种金融机构的数量激增。商业银行开始兼营证券业务，并直接参与股权投资和证券承销，从信贷和股权参与部门中分离出的证券附属公司遍地林立，证券业与银行业之间已没有了清晰的业务界限。在这一阶段，商业银行仍是金融业的核心，其业务呈现综合化、自由化，从存款、贷款、汇兑到信托无所不包，政府很少给予限制，金融业呈现混业经营的格局。

3. 第三阶段：1929—1933 年经济大萧条后的分离阶段

1929—1933 年的经济大萧条由证券市场的大崩盘引起，由于商业银行混业经营证券业务，因而大量商业银行破产倒闭，这对西方资本主义经济造成了毁灭性打击。因此，1933 年美国国会通过了《格拉斯-斯蒂格尔法》，确定了金融业分业经营的格局。该法规定，商业银行不得经营证券业务，不得用自有资金购买股票，即使购买公司债券也有严格限制。美国许多间接经营证券业务的商业银行（如花旗银行、大通银行等）不得不甩掉其证券附属公司而回归商业银行领域。一些直接混业经营的公司也不得不将证券业务和商业银行业务分离，如摩根公司的证券业务和商业银行业务分别由摩根士丹利和 JP 摩根经营。

继美国于 20 世纪 30 年代制定了一系列金融法规之后，日本于 1948 年 5 月也颁布了其历史上第一部《证券交易法》，该法第六十五条明确规定，日本商业银行业务与证券业务分业经营，自此奠定了日本分业经营模式的法律基础。在第二次世界大战后，许多国家也走上了商业银行业务与证券公司业务相分离的格局。

4. 第四阶段：自 20 世纪 70 年代以来的现代融合阶段

自 20 世纪 70 年代以来，新技术革命和金融创新浪潮风起云涌，国际资本流动日趋活跃，金融市场的全球联系日益增强，各国金融管理当局在内外压力的推动下，纷纷对本国金融体制实行了重大改革，其中的一项重要内容就是打破商业银行与证券公司之间的分隔，使银行业与证券业呈现融合的趋势。从 20 世纪 70 年代末开始，美国的一些重要商业银行就开始自行或通过其下属机构提供某些证券服务。为了适应这些变化，美联储开始逐步放松对商业银行从事证券业务的限制，并于 1977 年 5 月首先批准了商业银行证券代理的业务。1989 年 1 月，美联储允许一些商业银行的持股公司通过子公司经营证券业务，销售和投资公司信用债券。1999 年 11 月，美国国会通过了《金融服务现代化法案》，允许美国银行业、证券业、保险业之间混业经营，实行全能银行模式，这标志着美国金融业从分业经营到混业经营的转变。

其他国家在这一时期纷纷转向了混业经营。在 20 世纪 70 年代后期，英国监管当局逐渐放松了对银行业竞争的限制和对金融业的管制，金融机构开始混业经营。特别是在 1986

年“金融大爆炸”(big bang)改革后，英国的商业银行纷纷收购和兼并证券经纪商，其业务领域覆盖商业银行、证券、保险、信托等各个方面，涌现了一批全能金融机构。1981年日本通过的新《银行法》也放松了对商业银行业务范围的限制，允许其经营证券业务。1998年，日本国会通过了日本版“金融大爆炸”法案——《金融体系改革一揽子法》，允许金融机构跨行业经营各种金融业务。

与20世纪初的融合阶段不同，这一阶段是银行业与证券业的高级融合阶段。商业银行通过现代化的经营方式，以提高金融效率为目的，综合办理商业银行、证券、保险、信托在内的各项金融业务，诞生了一批超级金融机构。此时的金融体制是在发达生产力下的金融体制，具体表现为高度社会化、电子化以及业务综合化。

纵观上述演变历史，证券业与银行业是在分离—融合—再分离—再融合的循环中向前发展的。但总体而言，这是各国金融当局依据本国国情不断调整，最终确保银行业和证券业协调运行的结果。

8.4.2 银行业与证券业的运行模式及其利弊分析

分业经营的优点在于有利于培养两种业务的专业技术人员和提高专业管理水平。一般来说，证券业务需要根据客户的要求不断提高其专业技能，而商业银行业务更注重与客户保持长期稳定的关系。分业经营为这两种业务的发展创造了一个稳定而封闭的环境，避免了竞争摩擦和混业经营可能出现的内部协调问题，有利于保证商业银行自身及客户的安全，也有利于控制金融机构的经营风险，维持金融市场的稳定。

分业经营也存在着不足之处。以法律形式将商业银行业务和证券业务相分离，两者之间不存在竞争关系，具有明显的竞争抑制性。分业经营使商业银行和证券公司缺乏优势互补，不利于资源的有效配置。例如，证券业难以利用商业银行的资金优势和网络优势，商业银行也无法借助证券公司的业务来推动其本源业务的发展。此外，分业经营也不利于商业银行的国际竞争，尤其是在面对规模宏大、业务齐全的欧洲全能型商业银行时，更是如此。

混业经营的利弊与分业经营刚好相反，其优点在于全能商业银行同时经营商业银行业务和证券业务，有利于这两种业务相互促进、相互支持，实现优势互补；有利于商业银行通过多元化的业务优化资产负债结构，降低经营风险。混业经营不仅使商业银行能根据市场行情调整业务活动，而且能针对客户需求设计个性化的金融产品，建立稳定的银企关系，它在提高商业银行效益的同时，也促进了社会总效用的上升。

混业经营的不足之处在于，容易形成金融市场的垄断，产生不公平竞争，综合性商业银行的内部协调困难并会降低经营效率。此外，银行业和证券业之间没有一道“防火墙”，就无法切断风险传递的链条，因而某市场的风险可迅速波及其他市场，使金融体系的系统性风险增大。为了管理和防范金融风险，它对监管当局的监管水平要求也相应提高。

8.4.3 中国银行业的发展演变

过去几十年中国资本市场与监管的发展，主要经历了“混业经营—分业经营—综合化经营”的发展过程。

我国商业银行正在经历由严格的分业经营向混业经营（综合化经营）的转变。在改革开放初期，我国陆续恢复或成立了工、农、中、建四大国有商业银行，建立起一批全国性和区域性股份制商业银行，商业银行业务逐步实现专业化。20世纪80年代末90年代初，混业经营在全国全面展开。在1993年以前，商业银行在存贷业务的基础上，通过信托投资公司纷纷涉足证券、房地产、保险等其他业务领域，形成全面混业、金融秩序混乱的局面。有鉴于此，我国从1993年开始大力整顿，以立法的形式确立了分业经营、分业监管的格局。然而，随着其他国家由分业经营向混业经营转变，我国分业经营的管理体制在1999年后也逐渐松动，出现了混业趋势。总体而言，我国金融体系的特点是银行占据主导地位，直接融资的发展较为不足。党的二十大报告指出，要健全资本市场功能，提高直接融资比重。2023年的中央金融工作会议也指出，要优化融资结构，更好发挥资本市场枢纽功能。未来，资本市场的发展将对我国分业与混业经营模式的调整产生更大的影响。

1. 在1993年以前的混业经营阶段

在1993年以前，我国银行业实行混业经营。从1949年至20世纪80年代中期，银行业在我国金融体系中一直处于主导地位。20世纪80年代末，在国务院的推动下，国有商业银行先后成立了信托投资公司，其业务向证券、信托、租赁、房地产等领域渗透，成为证券业务发展的主力军。在1986年后，新成立的股份制商业银行也成立了信托投资部或信托投资公司，形成商业银行、信托、证券混业经营的格局。1992年下半年，随着国内经济形势的高涨，融资热度升温，并掀起了房地产投资热和证券投资热，各专业银行介入了证券、房地产、保险等非商业银行业务，导致金融秩序混乱，一度影响了经济的整体运行。在这种情况下，由于监管水平并没有跟上这种全面混业的局面，同时由于各金融机构的内控机制不完善、抗风险能力差等原因，一时出现风险增大、金融秩序混乱的局面，也导致了严格分业时代的到来

2. 在1994年后的分业经营阶段

1993年底，国务院发布了《关于金融体制改革的决定》，初步提出了分业经营：“国有商业银行不得对非金融企业投资”；“要明确规定各类非银行金融机构的资本金数额、管理人员素质及业务范围，并严格审批，加强管理”；“对保险业、证券业、信托业和银行业实行分业经营”。1995年，我国颁布实施了《中华人民共和国中国人民银行法》、《中华人民共和国商业银行法》和《中华人民共和国保险法》，从法律上确立了我国分业经营体制的基本格局。《中华人民共和国商业银行法》第四十三条规定：“商业银行在中华人民共和国境内不得从事信托投资和证券经营业务，不得向非自用不动产投资或者向非银行金融机构和企业投资，但国家另有规定的除外。”《中华人民共和国保险法》第八条规定：“保险业和银行业、证券业、信托业实行分业经营、分业管理，保险公司与银行、证券、信托业务机构分别设立。国家另有规定的除外。”2019年底颁布实施的《中华人民共和国证券法》第六条规定：“证券业和银行业、信托业、保险业实行分业经营、分业管理，证券公司与银行、信托、保险业务机构分别设立。国家另有规定的除外。”它进一步明确了我国金融业分业经营、分业管理的原则。至此，中国银行业分业经营体制得以进一步巩固。

3. “大资管”时代的综合化经营

随着我国商业银行国际化进程的步伐加快，严格的分业经营造成了竞争上的劣势。我

国商业银行开始探索在现有法律框架下混业经营的组织形式，致使金融控股公司大量出现，通常称为商业银行的“综合化经营”。

2002年，国务院批准中信集团、光大集团和平安集团开展综合金融控股集团试点，这是中国在“一行三会”监管体系下由分业经营向混业经营探索的标志性事件。这三家金融控股集团通过股权控股银行、证券、保险、信托等子公司，这些子公司从事相应的金融业务，但人事、重要决策受制于集团公司，类似于国外的纯粹型金融控股模式，即“专业控股、多个法人、多块牌照、多种业务”。我国在政策上对混业经营也适当放开，2003年的《商业银行法》修订为“商业银行在中华人民共和国境内不得从事信托投资和证券经营业务，不得向非自用不动产投资或者向非银行金融机构和企业投资，但国家另有规定的除外”，从而为混业经营留有空间。2005年2月，中国人民银行、中国银监会和中国证监会联合发布《商业银行设立基金管理公司试点管理办法》，允许商业银行试点设立基金管理公司。2006年，中国保监会发布《关于保险机构投资商业银行股权的通知》，允许保险公司投资商业银行股权。2007年，中国银监会通过《信托公司管理办法》，允许商业银行设立或参股信托公司。

2008年的国际金融危机改变了我国商业银行混业经营的趋势，使我国商业银行的混业经营在谨慎监管中稳步推进。2009年，中国银监会发布《商业银行投资保险公司股权试点管理办法》，放开了商业银行投资保险公司股权的限制。2009年，中国财政部发布《金融控股公司财务管理若干规定》，正式认可了金融控股公司的存在。我国监管当局开始重新考虑中国金融业的经营模式，并陆续放松了对分业经营的严格管制。除了商业银行与证券公司之间直接控股与混业经营的限制，目前中国已经打破了银行、保险、信托、基金、租赁等金融机构之间持股与混业经营的法律障碍，大型商业银行已经发展成银行系金融控股公司。银行系金融控股公司在资源共享、交叉经营、规模效益上表现较好，成为中国金融机构中一支不可或缺的力量。

与此同时，在金融控股公司迅速扩张的过程中，以金融自由化、影子银行、资产管理繁荣为特征的金融扩张周期导致分业监管难以应对新时代的监管要求，出现了资金脱实向虚、监管套利、金融风险集聚等问题。2020年9月13日，国务院印发了《关于实施金融控股公司准入管理的决定》，而后中国人民银行发布了《金融控股公司监督管理试行办法》，旨在规范金融综合经营和产融结合，加强金融控股公司的统筹监管，有效防控金融风险，推动金融控股公司健康持续发展。与此同时，时任中国人民银行副行长、国家外汇管理局局长潘功胜在9月14日的记者会上也重申了中国金融业实行的是以分业经营、分业监管为主的架构。这种格局是在长期实践中探索形成的，符合我国经济金融发展的现状，应当予以坚持。《金融控股公司监督管理试行办法》的实施，实际上是对当前我国金融业以分业经营、分业监管为主的格局的完善和补充。2021年10月21日，中国人民银行行长易纲在2021金融街论坛全球系统重要性金融机构会议上强调，未来将继续坚持金融分业经营的基本格局。过于复杂的金融业务和产品设计会干扰风险定价并加速风险传染，我国金融业坚持分业经营，混业程度和业务复杂性相对较低，经营总体稳健。未来，我国将继续坚持分业经营的基本格局，强化风险隔离体制、机制建设，维护金融系统的稳定运行。

随着我国金融开放的加速，在坚持分业经营、分业监管的原则下，中国的金融机构或将在金融控股公司的大框架下探索混业经营。

8.4.4 资产证券化在中国

资产证券化是指将缺乏流动性但未来现金流可预测的资产进行集合、建池，并以资产池内资产所产生的现金流作为偿付基础，通过风险隔离、信用增级和资产重组等技术处理，在资本市场上发行资产支持证券的结构融资过程。目前，我国的资产证券化产品主要有三种模式，分别是由中国人民银行和中国银保监会监管的信贷资产证券化（信贷ABS）、由中国证监会监管的企业资产证券化（企业ABS）和交易商协会下的资产支持票据（ABN）。其中，信贷资产证券化和企业资产证券化是我国资产证券化业务的主要构成部分：

（1）信贷资产证券化是指将金融机构为借款人发放的贷款作为基础资产而进行的证券化，由中国人民银行和中国银保监会负责审批及监管。2005年，《信贷资产证券化试点管理办法》明确定义了信贷资产证券化。随后，国家开发银行和中国建设银行成为国内首批试点单位，并分别发行"开元"和"建元"资产证券化产品，标志着我国信贷资产证券化正式启动。在2008年后，由于受到国际金融危机的影响，国内资产证券化试点停滞，直到2012年《关于进一步扩大信贷资产证券化试点有关事项的通知》出台后，信贷资产证券化才重新启动。2012年9月7日，国家开发银行通过簿记建档，集中配售发行了101.66亿元的"2012年第一期开元信贷资产支持债券"，标志着我国信贷资产证券化业务的正式重启。经过多年发展，我国信贷资产证券化产品的发行规模日益扩大，基础资产的范围也不断拓宽，目前已涵盖个人住房抵押贷款、个人信用卡贷款、个人汽车抵押贷款、中小企业贷款、一般企业贷款和不良贷款等多类型、多层次的基础信贷资产。

信贷资产证券化给发行人带来的好处在于：搭建了信贷市场和资本市场对接的平台，分散了长期、大额、集中的信贷风险，提高了资产流动性，缓解了信贷规模压力，优化了资产结构，改善了负债情况；引导社会资金用于重点项目，降低了融资成本，实现了表外融资。

（2）企业资产证券化产品是指证券公司通过其内部资产管理部门设立的专项资产管理计划，它是以专项资产管理计划作为一个特殊目的载体（special purpose vehicle，SPV），然后由SPV主动向原始权益人购买可证券化的基础资产，并将该单项资产或多项资产汇成资产池，以资产池产生的稳定现金流为支持，再以计划管理人的身份向投资者发行资产支持收益凭证，最后用资产池产生的现金流来偿还所发行的有价证券。国内第一笔证券公司企业证券化业务是2005年8月中金公司推出"联通收益计划"。2007—2010年暂停四年后，2011年8月远东租赁2期专项资产管理计划发行，标志着证券公司企业资产证券化业务的重启。2013年3月，中国证监会发布《证券公司资产证券化业务管理规定》，标志着证券公司资产证券化业务由试点业务开始转为常规业务。企业发行资产证券化产品带来的好处如下：企业能将产生未定现金收入的优质资产独立出来，并以该资产为基础发行企业资产证券化产品，投资者的收益来源于基础资产产生的现金收入；当企业破产时，基础资产不能作为企业的破产财产进行清算，从而实现了资产与企业风险的隔离。

（3）资产支持票据是由银行间市场交易商协会负责审批和监管，非金融机构以基础资产的现金流为还款支持，在银行间市场上发行的一种债务融资工具，简称ABN。ABN的基础资产与证券公司企业资产证券化的基础资产相似，但两者又与信贷资产证券化的基础资产存在较大差异。从严格意义上讲，资产支持票据并不属于标准资产证券化产品，资产支持票据的基础资产没有与发行人完全隔离，即业内所谓的“真实出售”。在基础资产现金流不足的情况下，融资方应以自身的经营收入作为还款来源，资产池和企业本身并没有实现真正意义上的隔离。资产支持票据在我国的发展较晚，它正式诞生于2012年8月，以中国银行间市场交易商协会发布的《银行间债券市场非金融企业资产支持票据指引》为纲领性指导文件。第一批非金融企业资产支持票据于2012年8月7日在我国注册通过。对于发行人而言，资产支持票据能够拓宽非金融企业的融资渠道，有利于降低企业的融资成本，盘活企业的存量资产。近年来各类资产证券化产品的发行金额，见表8-2。

表8-2　近年来各类资产证券化产品的发行金额　　单位：亿元

年份	2017	2018	2019	2020	2021
信贷资产证券化产品	5 972	9 323	9 433	8 230	8 828
企业资产证券化产品	9 290	9 535	11 084	15 730	16 126
资产支持票据	575	1 261	2 877	5 081	6 442

经过2006—2016年的试点，我国资产证券化改革初见成效，市场发展势头良好，基础产品池日益丰富，市场存量近万亿元规模。经济下行会带来商业银行不良资产率的大幅上升，无论是商业银行还是实体企业对于不良资产均存在广泛而迫切的化解需求。在这种情况下，政府和机构对于继续扩大资产证券化市场的需求进一步加强。2016年2月，中国人民银行等八部委印发《关于金融支持工业稳增长调结构增效益的若干意见》，提出要稳步推进资产证券化发展，具体包括推进信贷资产证券化、加快推进住房和汽车贷款资产证券化、审慎稳妥探索开展不良资产证券化试点、加快推进应收账款证券化等业务发展。中国银监会在工作会议上提出重启和扩大不良资产证券化试点以及不良资产收益权转让试点，用以扩大不良资产证券化试点机构的范围。自此，不良资产证券化试点开始加速。与此同时，监管部门为了配合政策支持重点，允许绿色信贷、小微企业贷款、PPP项目资产等进入证券化基础资产池。这一阶段在不良资产证券化、个人住房抵押贷款证券化、绿色资产证券化、境外发行资产支持证券等领域实现重要突破，资产证券化在盘活存量资产、提高资金配置效率、服务实体经济方面的作用日益增强。此后，我国资产证券化市场进入规范发展期，逐渐成为国家调控政策的有力工具。

但是，我国的金融资产仍然存在一定的问题。从总体来看，目前我国的信贷资产证券化市场仍处于发展初期和较低水平，法制体系仍不完善，证券化产品的流动性差、交易量小、收益率低等问题较为明显。另外，我国的信用违约历史数据缺乏，致使证券化产品风险识别的有效性不足；投资机构以商业银行为主，缺乏多元投资者的参与；产品定价不准确，隐性担保严重，定价具有机构特征。

从商业银行的角度看，商业银行参与资产证券化市场也面临着不少挑战：

首先，多主体参与难以形成有效的统一市场监管。与债券市场相似，资产证券化也存在多市场监管主体标准不统一的问题，这在一定程度上影响了市场的协调统一与统筹管理。

其次，对于信贷资产证券化市场，严格的自留规则、市场供求不平衡、次级处置困难都阻碍了商业银行深度开展相关证券的发行与投资。

与此同时，商业银行服务实体经济的作用未得到充分发挥、自营资金投资政策有待完善以及二级市场交易规则尚待明确都对商业银行深度参与交易所资产证券化产生了不小障碍。

复习思考题

1. 商业银行为什么要开展证券投资业务？它们选择的投资对象与商业银行的经营特点是否有关？
2. 商业银行证券管理的基本程序包括哪些？
3. 怎样衡量商业银行证券投资的收益？证券投资收益曲线对商业银行证券投资决策有什么意义？
4. 商业银行进行证券投资面临哪些风险？如何评价这些风险？
5. 商业银行进行证券投资可以采用哪些策略？它们的优势和劣势是什么？
6. 从经济发展和金融创新的角度解释银行业与证券业的分离及融合。
7. 目前，中国的资产证券化有几种模式？它们的特点是什么？目前的发展情况如何？

第 9 章

商业银行资产负债管理

【导言】

资产负债管理是商业银行为实现安全性、流动性和盈利性“三性”统一的目标而采取的经营管理方法。作为商业银行经营管理的核心内容，资产负债管理为商业银行实现战略规划、价值创造和风险管理提供了基础工具，发挥了商业银行经营中枢的作用。本章介绍商业银行资产负债管理体系、主要内容和工具策略，利率风险管理的主要方法，以及内部资金转移定价的原理。

【学习目标】

1. 形成对我国商业银行资产负债管理体系的全面认知。
2. 重点关注资产负债管理的目标与原则，并掌握资产负债管理的主要内容和工具策略。
3. 理解计划管理的功能和地位，掌握计划管理的主要流程和方法。
4. 理解利率风险管理的意义和内容，并掌握利率风险管理的主要方法。
5. 理解内部资金转移定价的原理，掌握内部资金转移定价的方法和应用。

【核心概念】

资产负债管理　利率风险　利率敏感性缺口管理
持续期缺口管理　内部资金转移定价

9.1 商业银行资产负债管理概述

资产负债管理是商业银行经营管理的核心内容，也是商业银行经营策略的载体和价值创造的中枢，在很大程度上决定着商业银行的核心竞争力。

9.1.1 资产负债管理的目标

商业银行资产负债管理的目标是从商业银行的整体战略出发，以风险管理为基础，强化资本约束，对商业银行的资产和负债总量与结构进行全面、动态、前瞻、主动的综合平衡管理，促进安全性、流动性和盈利性的“三性”统一，实现经济资本回报率的最大化，提升商业银行的价值。

从短期来看，商业银行资产负债管理的目标就是根据经济环境的变化，在企业统一的风险偏好框架下，提升净利息收益率和净资产收益率，统筹好表内外资产负债管理，协调好商业银行整体的规模、风险和收益的平衡。

商业银行的价值主要取决于商业银行的净现金流量、获取净现金流量的时间以及与净现金流量相关的风险。从短期来看，获取净现金流量的时间对商业银行价值的影响较小，风险也相对可控，因而净现金流量成为影响商业银行价值最主要的因素。在短期内，净现金流量可以被很好地预测，主要由资产收入扣除负债成本后的净利息收入构成。通常用于衡量短期资产负债率的指标是净利息收益率（net interest margin，NIM，又称“净息差”），其计算公式为：

$$净利息收益率=\frac{利息收入-利息支出}{生息资产平均余额}\times 100\% \qquad (9-1)$$

从净利息收益率的计算公式可以看出，商业银行的短期管理目标主要是对利润最大化的追求，它通过收入和成本的匹配体现出商业银行资本有效利用的程度，但净利息收益率并非越高越好。在短期内，高净利息收益率可能是通过提高风险偏好、增加风险资本配置来实现的，其代价是商业银行承担了较高的利率错配风险和流动性风险等。除净利息收益率外，净资产收益率（return on equity，ROE）可以更直观地反映商业银行的盈利能力，其计算公式为：

$$净资产收益率=\frac{净利润}{\frac{年初净资产+年末净资产}{2}}\times 100\% \qquad (9-2)$$

从长期来看，商业银行资产负债管理不能只考虑净现金流量，而且要充分考虑资金的时间价值与风险收益之间的关系，以实现经济资本回报的最大化。经济资本回报率（risk adjusted return on capital，RAROC，又称“风险调整后的资本回报率”）将未来可预计的风险转化为当期的成本，并为无法预期的损失提供资本储备，以衡量资本的使用效率，由此计算出的收益率经过了风险的调整，其计算公式为：

$$经济资本回报率=\frac{拨备前利润-预期损失}{非预期损失}\times 100\% \qquad (9-3)$$

$$预期损失(EL)=违约率(PD)\times 违约损失率(LGD)\times 违约风险暴露(EAD)$$

式中，非预期损失为经济资本。

通过价值创造实现安全性、流动性和盈利性“三性”统一是商业银行资产负债管理的最终目标，也是商业银行维持稳健经营的可行路径。安全性要求商业银行的资产负债管理从资金安全的角度出发，合理调整资产与负债的总量和结构，以及风险因素，同时加强资本约束，建立充足的资本储备，将风险控制在资本金可以承受的范围内。商业银行最主要的业务运营模式是吸纳存款、发放贷款，而丧失流动性的极端情况可能导致风险扩散和银行挤兑，因此流动性是商业银行正常运营的保障。流动性要求资产负债管理建立起有效的流动性风险治理框架和管理体系，以保证商业银行在不同的经营条件下都能保持充足的资本金应对资产的增长和债务的偿付。盈利性是商业银行实现资产负债管理目标的重要条件。只有从各种业务中获得合理的回报，商业银行才能发挥其金融中介的作用，并为股东和社会持续创造价值。要想保证盈利性，商业银行需要用资产负债管理把握住风险可控的底线，持续优化资产负债组合的结构，寻求风险和收益的平衡，以此不断提升商业银行的盈利能力和价值创造能力。

9.1.2 资产负债管理的原则

面对复杂多变的内外部经营环境，商业银行要实现综合平衡的资产负债管理和价值最大化的目标，需要坚持以下四项管理原则：

（1）宏观导向，战略引领。作为商业银行经营管理的核心内容，资产负债管理是承接商业银行战略并保证战略实施的重要工具。资产负债管理要遵循商业银行的总体战略，即与全行的发展战略保持一致，重宏观、谋全局，通过加强对业务经营的引导和调控能力，确保商业银行战略目标的顺利实现。好的战略需要不断地在实践中摸索总结，而战略目标的实现需要长期坚守、持之以恒，并辅以强大的执行力和自上而下的宣传、引导及理念灌输，只有得到全体员工的认可，才能提高战略的执行力、保证战略的顺利落地。

（2）平衡导向，协调统筹。资产与负债的总量、结构、期限的统筹平衡是整个资产负债管理的关键，涉及如何构建资产组合、负债组合以及资产负债组合，以实现总量平衡、结构对应、期限匹配。通常说来，经营出现问题的商业银行都是管理层盲目追求增长而忽略成本，或是盲目追求利润而忽略风险。商业银行的资产负债管理要坚持“量、价、险”平衡以及“短期、中期、长期”兼顾的原则，统筹好风险边界与业务发展、短期目标与长期战略之间的关系，从而确保商业银行的发展规模与速度、质量与效益相统一，不能超负荷运用资金。商业银行要协调好“三性”之间的矛盾，对资产结构、负债结构以及期限结构的选择都必须根据资金来源和运用的不同性质与特点进行多维度的综合平衡，以寻求资产与负债的最佳组合。

（3）质量导向，资本约束。商业银行的资产负债管理要保证资产质量，有效抵御各类风险。资本约束是商业银行非常重视的问题。充足的资本水平是商业银行生存和发展的基石，良好的资本充足率可以保证商业银行将风险控制在可承受的范围内，但资本约束决定了商业银行的风险资产规模扩张的有限性。盲目追求风险资产的扩张将会给商业银行的安全带来巨大的隐患，使商业银行的运营处于高风险状态中，不利于商业银行的长期健康发展。随着利率市场化的推进，商业银行的资产负债管理应该更加看重“量”与“价”的平衡管理，单纯追求“做大规模”已无法确保盈利的自然增长。因此，商业银行的资产负债管理需要正确处理好资本、风险和规模的关系，优化业务结构，提升资产质量，探索低资本消耗、高经营效益的理性发展道路。

(4) 价值导向，高效配置。价值导向是指在资源有限的前提下，将有限的资源配置到高回报的机构、产品和客户群体上。资产负债管理要以实现商业银行的价值最大化为目标，建立以经济资本回报率为核心的价值管理体系，统筹兼顾“三性”，坚持以更小的资本杠杆、成本投入和风险补偿创造出更高的价值回报，持续提升价值创造能力。具体来看，在资产负债配置上，商业银行要以客户为中心，坚持价值创造原则，将创造价值作为选择业务、判断客户的基本原则，全力推动经营管理“增量向增收转变、增收向增效转变、增效向增值转变”。

9.1.3 资产负债管理的内容

表内资产与负债匹配是资产负债管理的核心策略。通过资产与负债的共同调整，协调表内资产与负债项目在期限、利率、风险和流动性等方面的搭配，尽可能使资产与负债达到规模、结构、期限对应，降低错配风险，从而实现“三性”统一。现代商业银行资产负债管理的内容主要包括以下几类：

(1) 计划管理。商业银行通过计划管理对经营目标进行制定、执行、监测、纠偏和考核，以保证资产负债管理目标的实现。计划管理可以为商业银行建立起系统的管理机制，将抽象的管理要求具体化，并向业务前端渗透，向分支机构传导，前瞻性地把握不同时期外部经营环境的变化及不同时期业务经营的要求，预先安排各项资金的来源和运用，实现预期规模增长目标、资本管理目标和盈利目标等。

(2) 利率风险管理。商业银行主要的业务都围绕资金展开，利率风险也是商业银行面临的主要风险之一。利率变动会直接影响商业银行的净利息收入，利率风险还有可能削减商业银行的长期市场价值。如何对风险进行准确的计量与科学管理，成为商业银行能否有效平衡经营管理过程中风险与效益问题的关键。商业银行的资产负债管理需要充分重视利率风险管理，通过采用不同类型的利率风险管理工具，实现净利息收入的平稳增长和净利息收益率的稳定，在利率风险与业务收益中寻求平衡，确保商业银行的核心业务具备稳健的价值创造能力。

(3) 汇率风险管理。商业银行通常有外币资产和负债。由于汇率不断波动，因而以汇率为基准计价的资产的价值便存在遭受损失的风险。商业银行的资产负债管理需要密切关注汇率变化及其对外币资产与负债的影响，密切监视汇率风险敞口，及时分析异常的汇率变动并做出相应的防范措施。

(4) 定价管理。定价管理主要包括内部定价管理（即内部资金转移定价）及外部定价管理（即客户产品定价）。内部资金转移定价是指资金在商业银行各部门内部转移的价格。内部资金转移定价最大的作用是将商业银行需要集中管理的利率风险从经营单位剥离，并汇总至总行。另外，在资金转移定价管理体系下，资产负债管理部门对商业银行的所有资金来源与资金运用进行统一管理，通过有效的内部资金转移定价管理及与之相应的考核手段，资产负债管理部门能够直接打通股东价值创造与业务经营单元价值贡献之间的关系，以引导业务经营单元在量价关系上寻求平衡。外部定价能力是商业银行的资产回报率与负债成本率的重要影响因素。资产负债管理对于风险与价格之间关系的调整及平衡，不仅直接决定商业银行短、中、长期价值创造能力的强弱，而且是对商业银行持续经营能力的重要保护。在利率市场化后，产品定价的本质转变为在外部竞争环境下，商业银行的经营目标与客户行为偏好之间的博弈，并达成了一种动态的量价平衡关系。定价管理的目标需要围绕商业银行资产负债管理的总体目标制定，用以平衡资产配置、流动性、利润、客户战略等管理目标，最终找到规模、利差、客户收益等指标的最优价格点。

（5）流动性管理。由于商业银行的各项业务在总量、期限、结构方面存在过度错配，一旦某一环节出现问题，商业银行就有可能出现流动性危机，因此需要有针对性地进行流动性管理。流动性管理需要重点关注商业银行的资产充足率，确保商业银行持有充足的优质流动性资产储备，以应对非预期因素对商业银行流动性造成的负面冲击，在流动性的量与价之间寻求平衡。

（6）资本管理。为优化资源配置，商业银行在资产配置过程中应充分考虑资本约束，这是商业银行可持续发展的基本原则。具体而言，在资本约束方面，商业银行的资产负债管理需要以资本支撑能力为上限，确保资产配置总量及结构与资本承受能力相适应，强化资本刚性约束。在资本回报方面，商业银行通过以经济资本为核心的价值管理体系，借助经济资本回报率和经济增加值等指标，建立在风险控制和可持续发展基础上的资产配置机制，进而优化业务结构、提高资本利用效率和价值创造水平。

9.2 资产负债计划管理

计划管理是商业银行资产负债管理中的重要一环。计划管理通常用来解决目标、执行、控制、考核和奖惩等问题，涵盖事前、事中、事后各个阶段。事前阶段包括确定目标、制订计划，事中阶段包括监督计划执行、实施过程控制，事后阶段包括评价考核，反思总结。

9.2.1 资产负债计划管理的含义及功能

商业银行的资产负债计划管理包括业务、财务和风险的经营计划。计划管理不是静态的管理，而是实时的监测，它贯穿经营管理的全过程。对商业银行来说，资产负债计划管理具有重要的意义，它可以保证商业银行战略规划的顺利落实和协调全行工作，并提供沟通管理平台等功能。战略导向是商业银行资产负债管理的重要内容之一，商业银行在制定出符合自身经营特点和市场需求的长期战略后，还需要制定中期业务发展规划，将总体战略细分为某一阶段的具体业务目标，该阶段通常以3～5年为一个周期。在此期间，每一年都需要制订年度经营计划，并将中期发展规划目标进行逐年分解，设定具体的目标值。商业银行的发展长期依托战略、中期依靠规划、短期依靠年度计划，因此要想使长期战略规划顺利落地，需要保证年度计划以长期战略为导向，并符合中期规划的要求。此外，商业银行通常涉及种类繁多的业务，涵盖诸多经营主体，要想实现整体的协调，使全行上下有一个明确统一的目标，就需要通过事前的规划落实董事会、高管层的管理意图，制定全年工作路线图，明确各条线、各部门、各分行、各子公司的具体工作，保障各项工作的平稳落地。此外，各种计划的编制还可以搭建起监管部门与商业银行各层级、各条线之间沟通管理目标、传导管理要求、共享知识的矩阵式交互平台。明确清晰的事前计划可以保证商业银行内部复杂多样的利益主体达成共识、形成合力，有条不紊地开展各项工作。

9.2.2 资产负债计划管理的流程及方法

从具体的实施阶段来看，资产负债计划管理的流程主要包括目标设定、计划编制与分解、计划执行监控、计划调整以及考核评价五个阶段，这五个阶段紧密相连、协调一致。

（1）目标设定。资产负债业务计划的目标设定是指确定业务发展策略、主要业务增量与结构以及重要指标的目标值等。业务计划目标的制定要统筹考虑内外部多项因素，是一个综合平衡的过程。金融发展与实体经济共生共荣、密不可分，因此目标设定需要考虑的外部因素主要包括宏观经济形势、宏观政策导向、监管要求和市场情况的变化，根据最新的形势制订计划，不能墨守成规。除外部因素外，业务计划的编制还需要考虑战略发展需要、保持经营稳健的需要、资产负债统筹平衡等商业银行的内部因素。

（2）计划编制与分解。计划编制与分解主要涉及贷款、债券投资、客户存款等主要资产负债业务计划与综合金融服务计划等方面。下面以贷款计划的编制与分解为例，介绍计划编制与分解需要注意的问题。首先，计划编制的主要方法有三种：一是以宏观指标作为基准，因为贷款增长与宏观经济走势及宏观政策密切相关，可以选择一些相关的宏观指标，并通过恰当的模型确定其间的数学关系，再利用宏观指标的数据预订贷款增量计划。二是利用市场份额的扩大量确定贷款增量。商业银行要结合近年来自身贷款的市场份额及变化趋势，确定保持份额稳定的贷款新增比例，然后根据社会贷款新增总量和自身市场份额来确定贷款增量。三是根据客户的信贷需求来制订贷款计划。贷款的核心是满足客户的资金需要，具体可以通过访谈、调研、调查问卷等多种方式了解不同业务线以及分行的贷款新增需求，也要综合考虑贷款的储备情况。贷款计划的分解主要从产品和区域两个维度考虑。在产品维度上，贷款计划要符合商业银行的经营导向，还要满足业务结构调整的需要，可以采用指导性计划明确经营策略的安排。在区域维度上，贷款计划主要是将业务总量计划在分支机构间做分解，同时充分考虑分行的区域特点，给予分行更多的经营弹性。

（3）计划执行监控。计划执行监控通过完善商业银行的日常监测体系，预测和预控关键时点的业务指标，并及时分析研判内外部形势变化，保证各项业务增长符合预期且满足监管的要求。商业银行各类业务的特点和监测需要不同，计划监测的频率、维度、指标也各有不同。从监测频率来看，主要分为季度、月度以及逐日监测几类。从监测维度来看，传统的监测维度主要包括产品、区域、行业、客户等。从监测指标来看，既要与年初制订的计划比，又要与历史比、与同业比，既要看业务规模变化，又要看价格走势。

（4）计划调整。从计划制订到实施，再到最终计划执行完毕，历时较长、不确定性较大，因而出现偏差是很正常的现象。从宏观角度来看，由于商业银行面临的经济形势、宏观政策、监管政策等外部经营环境不断变化，因而在年初制订计划时很多前提条件的变化，容易导致计划不再符合实际条件；从微观角度来看，商业银行的分支机构众多，区域情况存在差异，因而有很多个性化的问题以及难以预料的内外部影响因素，需要及时调整部分业务计划，确保各分支机构平稳运行。计划调整的主要时间窗口一般在三季度末或四季度初，而且在计划调整后还需要明确后续的业务发展策略，为商业银行提供工作指引，所以计划调整与策略要求缺一不可。

(5) 考核评价。不同的计划目标需要不同的考核评价方式。从业务计划的特点出发，业务计划大致分为指令性计划和指导性计划。指令性计划需要严格执行，比如部分关键指标需要满足监管要求或内部管理需要的贷款计划、资本计划等常用指令性计划。指导性计划的鼓励性高，属于导向要求，它鼓励分行提升核心业务能力，比如存款指标等都属于常用的指导性计划。这类指标一般视增长情况进行考核。

9.3 利率风险及其表内外对冲管理

自20世纪70年代以来，在金融自由化的浪潮之下，各国先后取消和放松了利率管制，市场利率波动加大，这些变化加大了商业银行经营管理的难度。利率多变使商业银行的长期资产收益、负债成本以及资本价值受到影响。利率风险已成为商业银行的基本金融风险之一，利率风险管理也成为商业银行进行资产负债管理的重要内容。西方商业银行狭义的资产负债管理就是指利率风险管理。随着我国利率市场化改革步伐的加快，商业银行也面临着越来越大的利率风险。了解利率风险形成的原因，掌握商业银行利率风险度量与管理的具体方法，对于提升商业银行的盈利能力是非常重要的。

9.3.1 利率风险及其对商业银行的影响

利率风险（interest rate risk）是指利率变化导致商业银行的实际收益与预期收益或实际成本与预期成本发生背离，使其实际收益低于预期收益或实际成本高于预期成本，从而使商业银行面临损失的可能性。利率波动会导致商业银行资产与负债的收益、成本以及市场价值发生不利变化，从而为商业银行的利润增长带来不确定性。商业银行资产与负债的非对称性通常会使商业银行遭受资金缺口风险：一是在总量上，资产与负债的总量之间没有保持合理的比例关系，出现存差或借差缺口过大，导致大量资金沉淀在商业银行，并使商业银行承受了利率变动风险；二是在期限结构上，商业银行的资产负债结构比例失调，比如用短期负债支持长期贷款，当利率上升时，商业银行的负债成本加重、资产收益下降。

在利率管制的条件下，利率的变动平稳且易于预测，因而利率风险不是商业银行的主要风险，利率管理是商业银行经营管理的附属职能。而利率市场化之后，利率更多地受市场规律的影响并遵循市场规律运行，因而利率的变动频繁且难以预测。利率风险不仅影响商业银行的盈利能力，而且其资产和负债的市值因利率变动而变动，并波及清偿能力，进而引发流动性问题。随着我国银行业改革开放的不断深化以及利率市场化的逐步推进，商业银行所面临的利率风险也不断显现和增长。

中国银行业监督管理委员会参照国际惯例于2004年12月发布了《商业银行市场风险管理指引》，认为利率风险按照来源的不同，可以分为重新定价风险、收益率曲线风险、基准风险和期权性风险。

1. 重新定价风险

重新定价风险（repricing risk）又称期限错配风险，是最主要和最常见的利率风险形式，源自商业银行资产、负债和表外业务到期期限（就固定利率而言）或重新定价期限（就浮动利率而言）所存在的差异。这种重新定价的不对称性使商业银行的收益或内在经济价值会随着利率的变动而变化。例如，如果商业银行以短期存款作为长期固定利率贷款的融资来源，当利率上升时，贷款的利息收入是固定的，但存款的利息支出却会随着利率的上升而增加，从而使商业银行的未来收益减少或经济价值降低。

2. 收益率曲线风险

重新定价的不对称性也会使收益率曲线的斜率、形态发生变化，即收益率曲线的非平行移动，这就对商业银行的收益或内在经济价值产生了不利影响，从而形成收益率曲线风险（yield curve risk），又称利率期限结构变化风险。例如，若以 5 年期政府债券的空头头寸为 10 年期政府债券的多头头寸进行保值，当收益率曲线变陡的时候，虽然上述安排已经对收益率曲线的平行移动进行了保值，但该 10 年期债券多头头寸的经济价值还是会下降。

3. 基准风险

基准风险（basis risk）又称利率定价基础风险，是另一种重要的利率风险来源。在利息收入和利息支出所依据的基准利率变动不一致的情况下，虽然资产、负债和表外业务的重新定价特征相似，但因其现金流和收益的利差发生了变化，也会对商业银行的收益或内在经济价值产生不利影响。例如，一家商业银行可能用一年期存款作为一年期贷款的融资来源，其贷款按照美国国债利率每月重新定价一次，而存款则按照伦敦银行间同业拆借利率每月重新定价一次。虽然用一年期的存款为来源发放一年期的贷款，由于利率敏感性负债与利率敏感性资产的重新定价期限完全相同而不存在重新定价风险，但因为其基准利率的变化可能不完全相关或不同步，仍会使该商业银行面临因基准利率的利差发生变化而带来的基准风险。

4. 期权性风险

期权性风险（optionality risk）是一种越来越重要的利率风险，源自商业银行资产、负债和表外业务中所隐含的期权。一般来说，期权赋予其持有者买入、卖出或以某种方式改变某金融工具或金融合同的现金流量的权利，而非义务。期权可以是单独的金融工具，如场内（交易所）交易期权和场外期权合同，也可以隐含于其他的标准化金融工具中，如债券或存款的提前兑付、贷款的提前偿还等选择性条款。一般来说，期权和期权性条款都是在对买方有利而对卖方不利时执行，因而此类期权性工具会因具有不对称的支付特征而给卖方带来风险。例如，若利率变动对存款人或借款人有利，存款人就可能选择重新安排存款，借款人可能选择重新安排贷款，从而对商业银行产生不利影响。目前，越来越多的期权品种因具有较高的杠杆效应，还会进一步增大期权头寸，并会对商业银行的财务状况产生不利影响。

9.3.2 利率敏感性缺口管理

9.3.2.1 资金缺口的概念与衡量

资金缺口（funding gap，GAP）是指利率敏感资产（rate-sensitive assets，RSA）与利率敏感负债（rate-sensitive liabilities，RSL）的差额。资金缺口用于衡量商业银行的净利息收入对市场利率的敏感程度。资金缺口表示了利率敏感资产和利率敏感负债之间绝对量的差额，而利率敏感比率（sensitive ratio）则反映了它们之间相对量的大小。

利率敏感资产与利率敏感负债是指那些在一定时限内到期的或需要根据最新市场利率重新确定利率的资产与负债。这类资产与负债的差额被定义为资金缺口，用公式可表示为：

$$资金缺口(GAP)=利率敏感资产(RSA)-利率敏感负债(RSL)$$

当利率敏感资产大于利率敏感负债时，资金缺口为正值；当利率敏感资产小于利率敏感负债时，资金缺口为负值；当利率敏感资产等于利率敏感负债时，资金缺口为零。当市场利率变动时，资金缺口的数值将直接影响商业银行的利息收入。

资金缺口是一个与时间长短相关的概念。资金缺口数值的大小和正负都依赖于计划期的长短，这是因为资产与负债的利率调整期限决定了利率调整是否与计划期内利率相关。例如，对于一笔浮动利率贷款来说，若商定的利率调整期是每 6 个月一次，那么在计算未来 3 个月的资金缺口时，这笔贷款就会被认为是利率不敏感资产。但是，当计算未来 6 个月的资金缺口时，这笔贷款就会被认为是一笔利率敏感资产。同样，固定利率的定期存款在到期前是利率不敏感负债，而到期后如果继续存在商业银行，由于续存时的利率由市场利率而定，因而这笔存款便属于利率敏感负债。

一般来说，商业银行的资金缺口绝对值越大，商业银行承担的利率风险越大。如果商业银行能够准确预测利率走势，商业银行可利用较大的资金缺口获取较大的利息收益；如果商业银行预测失误，较大的资金缺口也会导致巨额利息损失。

资金缺口表示了利率敏感资产和利率敏感负债之间绝对量的差额，而利率敏感比率则反映了它们之间相对量的大小。利率敏感比率为利率敏感资产与利率敏感负债之比，用公式可表示为：

$$利率敏感比率=\frac{利率敏感资产(RSA)}{利率敏感负债(RSL)}$$

当利率敏感资产大于利率敏感负债时，该比率大于 1；反之，则小于 1。所以，利率敏感比率和资金缺口都反映了商业银行的利率风险，它们之间的关系是：当利率敏感比率大于 1 时，资金缺口为正值；当利率敏感比率小于 1 时，资金缺口为负值；当利率敏感比率等于 1 时，资金缺口为零。当运用利率敏感比率分析资产与负债的敏感程度时，在利率敏感比率接近 1 时，商业银行管理者仅知道利率敏感资产接近利率敏感负债，但并不知道它们之间的差额为多少，而资金缺口准确反映了商业银行资金利率敞口部分的大小。因此，当商业银行进行资金缺口管理时，通常将资金缺口和利率敏感比率两项指标结合起来共同考察商业银行资产和负债的利率敏感程度，这样才有利于做出科学的决策。资金缺口、利率敏感比率、利率变动与商业银行净利息收入的关系见表 9-1。

表 9-1 资金缺口、利率敏感比率、利率变动与商业银行净利息收入的关系

资金缺口	利率敏感比率	利率变动	利息收入变动	变动方向	利息支出变动	净利息收入变动
正值	＞1	上升	增加	＞	增加	增加
正值	＞1	下降	减少	＞	减少	减少

续表

资金缺口	利率敏感比率	利率变动	利息收入变动	变动方向	利息支出变动	净利息收入变动
负值	<1	上升	增加	<	增加	减少
负值	<1	下降	减少	<	减少	增加
零	=1	上升	增加	=	增加	不变
零	=1	下降	减少	=	减少	不变

9.3.2.2 资金缺口管理

资金缺口管理是指商业银行在对利率进行预测的基础上，调整计划期利率敏感资产与利率敏感负债的对比关系，用以规避利率风险或从利率风险中提高利润水平的方法。对资金缺口进行管理，首先要进行商业银行资产与负债结构的利率敏感性分析，然后结合利率波动周期进行利率敏感资金的配置。

1. 商业银行资产与负债结构的利率敏感性分析

资金缺口管理就是商业银行在利率预测的基础上，调整计划期内资金缺口的正负和大小，以维持或提高利润水平。当预测利率将要上升时，商业银行应尽量减少资金缺口的负值，力争正值；当预测利率将要下降时，商业银行应设法把资金缺口调整为负值。资金缺口管理的关键是对资金缺口的调整，而调整的基础是对资产与负债结构利率敏感程度的分析，所以商业银行资金配置状况的利率敏感性分析是资金缺口管理的基础。

表 9-2 分析了一家商业银行的资金缺口和利率敏感程度。

表 9-2 利率敏感性分析表

2021 年 12 月 31 日　　　　单位：千美元

	累计数额					
	1 个月内	3 个月内	6 个月内	12 个月内	利率不相关	合计
资产						
现金和存放同业存款	0	0	0	0	13 205	13 205
短期金融工具	1 504	1 504	1 504	1 504	0	1 504
证券投资	300	3 120	4 081	5 731	26 370	32 101
商业贷款	27 281	29 930	35 421	38 153	664	38 817
个人贷款	2 307	5 783	11 680	20 731	11 410	32 141
不动产贷款	298	879	1 703	3 673	18 045	21 718
其他	0	0	0	560	6 112	6 672
资产总额	31 690	41 216	54 389	70 352	75 806	146 158
负债和股东权益						
活期存款	0	0	0	0	31 632	31 632
计息支票账户	9 107	9 107	9 107	9 107	0	9 107
存折存款	0	0	0	0	6 843	6 843
货币市场账户	20 012	20 012	20 012	20 012	0	20 012
小额存单	1 341	3 426	6 204	10 493	8 845	19 338

续表

累计数额						
大额可转让存单	2 794	11 412	19 897	30 630	1 448	32 078
其他存款	380	1 607	3 014	7 781	3 883	11 664
短期借款	3 379	3 559	3 559	3 559	0	3 559
其他负债	0	0	32	167	924	1 091
股东权益	0	0	0	0	10 834	10 834
负债和股东权益总额	37 013	49 123	61 825	81 749	64 409	146 158

利率敏感衡量：

1个月内：

资金缺口＝RSA－RSL＝31 690－37 013＝－5 323(千美元)

$$利率敏感比率=\frac{RSA}{RSL}=\frac{31\ 690}{37\ 013}=0.86$$

3个月内：

资金缺口＝RSA－RSL＝41 216－49 123＝－7 907(千美元)

$$利率敏感比率=\frac{RSA}{RSL}=\frac{41\ 216}{49\ 123}=0.84$$

6个月内：

资金缺口＝RSA－RSL＝54 389－61 825＝－7 436(千美元)

$$利率敏感比率=\frac{RSA}{RSL}=\frac{54\ 389}{61\ 825}=0.88$$

12个月内：

资金缺口＝RSA－RSL＝70 352－81 749＝－11 397(千美元)

$$利率敏感比率=\frac{RSA}{RSL}=\frac{70\ 352}{81\ 749}=0.86$$

从表9-2可以看出，这家商业银行在未来1年内的资金缺口均为负值，利率敏感比率小于1：1个月内的资金缺口为－5 323 000美元，利率敏感比率为0.86；3个月内的资金缺口为－7 907 000美元，利率敏感比率为0.84；6个月内的资金缺口为－7 436 000美元，利率敏感比率为0.88；12个月内的资金缺口为－11 397 000美元，利率敏感比率为0.86。所以在未来1年内，利率下跌对这家商业银行有利，如果利率上升，则这家商业银行的净利息收入将会下降。

利率敏感性分析表所提供的数据是商业银行进行资金缺口管理的决策基础，而资金缺口管理的第二阶段就是结合商业银行对未来市场走势的预测，制定相应的资金缺口调整战略。

2. 利率波动周期与资金缺口管理

对于商业银行而言，利率波动是由市场因素决定的外生变量，其变动独立于商业银行经营管理的决策之外。所以，对于商业银行的管理者来讲，进行资金缺口管理就要力争准确地预测利率的变动方向，及时调整资金缺口的方向与大小。

然而，一些资金实力不够雄厚的中小商业银行缺乏足够的外部信息资料和专业技术分析人员，很难准确地预测利率变动的方向，它们往往采取防御性策略（或称免疫策略，即零缺口资金配置策略）来规避利率风险。在免疫策略下，商业银行固然有效地避免了由于利率变动给商业银行带来的利息损失，但同时商业银行也失去了获取利率变动可能给商业银行带来收益的机会。对于资金实力雄厚的大商业银行，它们有专门的技术人员对影响利率波动的因素（如产业周期、国内外资本流动、中央银行货币政策走势等）进行分析和判断，有能力较准确地预测利率变动的趋势。因此，大商业银行往往采取进取型策略，在利率波动的不同阶段，商业银行的管理者主动调整资金缺口的大小与方向，利用利率变动获取收益。

图 9－1 表示在利率波动的不同阶段商业银行应采取的资金缺口策略。

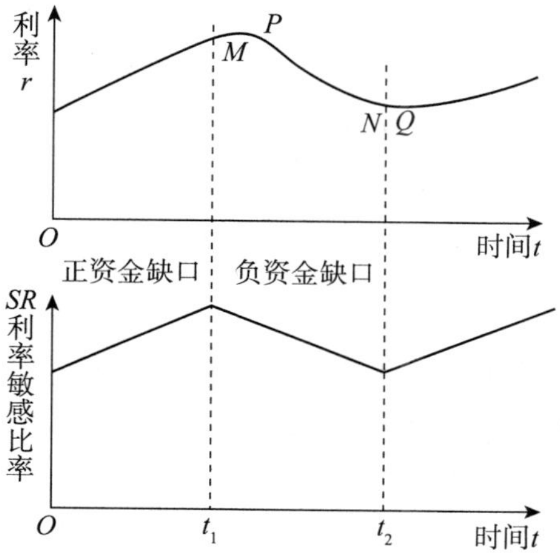

图 9－1　利率波动与利率敏感性资金配置

图 9－1 的上半部分代表了利率随时间变化的波动情况，图 9－1 的下半部分代表了随利率变动商业银行利率敏感性资金配置的变动情况。

当预测利率将会上升时，商业银行应当建立一个正资金缺口，即通过增加利率敏感资产或减少利率敏感负债，或两者同时变动来实现正资金缺口的策略。在这一阶段，商业银行的净利息收入将随着利率上升而增加。需要注意的是，正资金缺口的最大值不应在利率达到 P 点时出现，而应在未到最高点的 M 点时商业银行就应逐渐减少正资金缺口。这是因为利率最高峰是一个时点，很难准确预测，而且利率一旦达到峰顶，其下降速度很快，商业银行很可能来不及进行反向操作。当利率开始下降时，商业银行应该建立负资金缺口，即通过减少利率敏感资产或增加利率敏感负债，或者使两者同时变动以达到目的。负资金缺口的极值应该在利率达到最低点前的 N 点出现，即在 Q 点前商业银行就应开始采取正资金缺口的策略。

资金缺口管理在实际操作中面临许多困难。首先，准确预测利率的变动趋势非常困难，因为影响利率的因素复杂多样，任何商业银行都很难有十足的把握来精确地预测利率水平，因此通过最大限度地制造资金正（负）缺口来获利只是理论上的假设。在实际操作中，世界上许多大商业银行的资产负债委员会都主张商业银行的利率敏感比率应控制在95%～105%，以此来控制预测失误而导致巨额损失的风险。其次，商业银行不可能完全自主地控制其资产负债结构，进而及时改变资金缺口。商业银行有根据利率变动安排其利率敏感资产及负债的意愿，但商业银行的客户也有自主选择存贷款期限、种类的权利，商业银行必须首先满足客户的业务需求，而后才能调整其资产与负债结构，因此商业银行在安排资金缺口时具有一定的被动性。

9.3.3 持续期缺口的衡量与管理

市场利率的变动不仅影响利率敏感资产与负债，而且对利率不敏感资产与负债的市场价值也会产生影响。利率敏感性缺口管理对利率敏感性资金的缺口风险进行控制和管理，其目的是使商业银行的净利息收入最大化。持续期缺口管理能够综合反映商业银行资金配置状态对利率变动的敏感性，以商业银行净值（即股东权益）最大化为其管理目标。

9.3.3.1 持续期的概念

持续期（duration）又称久期，是指固定收入金融工具的所有预期现金流入量的加权平均时间。持续期反映了现金流量的时间价值。持续期是由美国经济学家弗雷德里克·麦考利（Frederick Macaulay）于1938年提出的。持续期最初是用来衡量固定收益债券的实际偿还期，可以用来计算市场利率变化时债券价格的变化程度。在20世纪70年代后，随着西方各国商业银行面临的利率风险增大，持续期概念被逐渐推广应用于所有固定收入金融工具的市场价格计算上，也用于商业银行资产负债管理之中。

持续期是固定收入金融工具的所有预期现金流入量的加权平均时间，或是固定收入金融工具未来的现金流量在其价格变动基础上计算的平均时间，其计算公式为：

$$D=\frac{\sum_{t=1}^{n}\frac{t\times C_t}{(1+i)^t}+\frac{n\times F}{(1+i)^n}}{P} \tag{9-4}$$

式中，D 为持续期；t 为各现金流发生的时间；C_t 为金融工具第 t 期的现金流或利息；F 为金融工具面值（到期日的价值）；n 为该金融工具的期限；i 为市场利率；P 为金融工具的现值。

其中

$$P=\sum_{t=1}^{n}\frac{C_t}{(1+i)^t} \tag{9-5}$$

将(9-5)式代入(9-4)式，可得：

$$D=\frac{\sum_{t=1}^{n}\frac{t\times C_t}{(1+i)^t}+\frac{n\times F}{(1+i)^n}}{\sum_{t=1}^{n}\frac{C_t}{(1+i)^t}} \tag{9-6}$$

（9－6）式表明持续期实际上是加权的现金流量现值与未加权的现值之比。

比如一张普通债券，其息票支付每年 2 次，每次金额为 470 元，面值为 10 000 元，偿还期为 3 年，设市场利率为 9.4%，求该债券的持续期。

$$D=\frac{\sum_{t=1}^{6}\frac{t\times 470}{(1+0.047)^{t}}+\frac{6\times 10\,000}{(1+0.047)^{6}}}{10\,000}$$
$$=2.68(年)$$

从上例可以看出，该债券的偿还期为 3 年，而其持续期只有 2.68 年。由此可见，持续期与偿还期不是同一个概念。偿还期是指金融工具的生命周期，即从其签订金融契约到契约终止的这段时间，而持续期反映了现金流量（比如利息的支付、部分本金的提前偿还等因素）的时间价值。通常在持有期间不支付利息的金融工具，其持续期等同于偿还期。对于那些分期付息的金融工具，其持续期总是短于偿还期。持续期与偿还期呈正相关关系，即偿还期越长，持续期越长。持续期与现金流量呈负相关关系，在偿还期内，金融工具的现金流量越大，持续期越短。

9.3.3.2 持续期缺口管理

持续期缺口管理就是商业银行通过调整资产与负债的期限和结构，采取对商业银行净值有利的持续期缺口策略来规避商业银行资产与负债的总体利率风险。

当市场利率变动时，不仅各项利率敏感资产与负债的收益和支出会发生变化，而且利率不敏感资产与负债的市场价值也会不断变化。持续期缺口管理就是商业银行通过调整资产与负债的期限和结构，采取对商业银行净值有利的持续期缺口策略来规避资产与负债的总体利率风险。

持续期缺口是商业银行资产持续期与负债持续期和负债资产系数乘积的差额，用公式可表示为：

$$D_{GAP}=D_A-UD_L \tag{9-7}$$

式中，D_{GAP}为持续期缺口；D_A为资产持续期；D_L为负债持续期；U为负债资产系数，即$\frac{总负债}{总资产}=\frac{P_L}{P_A}$。

我们可得到下面的近似公式：

$$D\approx-\frac{\frac{\Delta P}{P}}{\frac{\Delta i}{1+i}} \tag{9-8}$$

该公式表明，对于固定收入金融工具而言，市场利率与金融工具的现值呈反向变动关系。我们用P_A代表总资产的初始现值，用P_L代表总负债的初始现值。当市场利率变动时，由（9－8）式可知，资产与负债现值的变化可由下式表示：

$$\Delta P_A=-\frac{D_A P_A}{1+i}\times\Delta i \tag{9-9}$$

$$\Delta P_L=-\frac{D_L P_L}{1+i}\times\Delta i$$

设商业银行的净值变动额为 ΔNW，故

$$\Delta NW=\Delta P_A-\Delta P_L \qquad (9-10)$$

将（9-9）式代入（9-10）式，化简得：

$$\Delta NW=-\frac{\Delta i}{1+i}\times(D_A P_A-D_L P_L) \qquad (9-11)$$

将（9-11）式两边除以 P_A，可得

$$\frac{\Delta NW}{P_A}=-\frac{\Delta i}{1+i}\times\left(D_A-D_L\times\frac{P_L}{P_A}\right)$$

即

$$\frac{\Delta NW}{P_A}=-\frac{\Delta i}{1+i}\times D_{GAP} \qquad (9-12)$$

（9-12）式表明了商业银行的净值变动额、持续期缺口与市场利率变动三者之间的关系。当持续期缺口为正值时，商业银行的净值随市场利率的上升而下降，随市场利率的下降而上升；当持续期缺口为负值时，商业银行的净值随市场利率的上升而上升，随市场利率的下降而下降；当持续期缺口为零时，商业银行的净值在市场利率变动时保持不变，见表 9-3。

表 9-3　商业银行的净值变动额、持续期缺口与市场利率变动之间的关系

持续期缺口	利率变动	资产净值变动	变动方向	负债净值变动	股权市场价值变动
正值	上升	减少	>	减少	减少
正值	下降	增加	>	增加	增加
负值	上升	减少	<	减少	增加
负值	下降	增加	<	增加	减少
零值	上升	减少	=	减少	不变
零值	下降	增加	=	增加	不变

下面通过实例来说明持续期缺口策略在商业银行利率风险管理中的运用。

假设某商业银行是一家新开业的商业银行，其资产负债表见表 9-4。此时，其资产和负债的价值等于市场价值。该商业银行拥有两种生利资产：一类是年利率为 14%的 3 年期商业贷款，另一类是年利率为 12%的 9 年期国库券。该商业银行的负债项目包括年利率为 9%的 1 年期定期存款，年利率为 10%的 4 年期大额可转让定期存单。该商业银行的资本金占资产总额的 8%，其各项参数见表 9-4。

表 9-4 某商业银行的资产负债表

资产	市场价值（亿元）	利率（%）	持续期（年）	负债和资本	市场价值（亿元）	利率（%）	持续期（年）
现金	100			定期存款	520	9	1.00
商业贷款	700	14	2.65	大额可转让定期存单	400	10	3.49
国库券	200	12	5.97	负债总计	920		2.08
				股本	80		
总计	1 000		3.05	总计	1 000		

下面分别计算各项资产与负债的持续期，然后计算加权平均的资产负债持续期及持续期缺口。

$$商业贷款持续期=\frac{\frac{98}{1.14}+\frac{98\times 2}{1.14^2}+\frac{798\times 3}{1.14^3}}{700}=2.65\text{（年）}$$

$$国库券持续期=\frac{\frac{24}{1.12}+\frac{24\times 2}{1.12^2}+\cdots+\frac{24\times 8}{1.12^8}+\frac{224\times 9}{1.12^9}}{200}=5.97\text{（年）}$$

$$总资产持续期=\frac{700}{1\ 000}\times 2.65+\frac{200}{1\ 000}\times 5.97=3.05\text{（年）}$$

$$大额可转让定期存单持续期=\frac{\frac{40}{1.1}+\frac{40\times 2}{1.1^2}+\frac{40\times 3}{1.1^3}+\frac{440\times 4}{1.1^4}}{400}=3.49\text{（年）}$$

$$总负债持续期=\frac{520}{920}\times 1.00+\frac{400}{920}\times 3.49=2.08\text{（年）}$$

$$持续期缺口=3.05-\frac{920}{1\ 000}\times 2.08=1.14\text{（年）}$$

由于持续期缺口不为零，因而在利率变动时，商业银行总资产和总负债的市场价值变动幅度不一样，从而使商业银行面临着市场价值因利率变动而变动的风险。假设上例中该商业银行签订了所有的资产项目合约之后，市场利率上升了 1%。此时，其资产与负债的变动情况见表 9-5。

表 9-5 利率上升 1%后该商业银行的资产负债表

资产	市场价值（亿元）	利率（%）	持续期（年）	负债和资本	市场价值（亿元）	利率（%）	持续期（年）
现金	100			定期存款	515	10	1.00
商业贷款	684	15	2.64	大额可转让定期存单	387	11	3.48
国库券	189	13	5.89	负债总计	902		2.06
				股本	71		
总计	973		3.00	总计	973		

此时，有

$$总资产持续期=\frac{684}{973}\times2.64+\frac{189}{973}\times5.89=3.00\text{（年）}$$

$$总负债持续期=\frac{515}{902}\times1.00+\frac{387}{902}\times3.48=2.06\text{（年）}$$

$$持续期缺口=3.00-\frac{902}{973}\times2.06=1.09\text{（年）}$$

总资产的市价变化＝－27（亿元）

总负债的市价变化＝－18（亿元）

股本变化＝－9（亿元）

由于利率上升，该商业银行的股本损失9亿元，使股本占总资产的比率由8%下降为7.3%。

总资产加权平均持续期与总负债加权平均持续期之间的缺口会导致商业银行的净值随利率的变动而变动，而且缺口值的绝对值越大，商业银行面临的利率风险就越大。商业银行可以通过对利率走势的预测，制定相应的持续期缺口策略，以使商业银行在利率变动中取得保值或增值的经营绩效。

持续期缺口管理同样面临准确预测利率的困难，与此同时，运用数学公式来推导有一些必要的假设前提，而这些假设前提不可能与灵活多变的经济现实完全吻合。

第一，用持续期缺口预测商业银行的净值变动要求资产和负债的利率与市场利率是同幅度变动的，而这一前提条件在现实中是不存在的。

第二，商业银行某些资产和负债项目（诸如活期存款、储蓄存款）的持续期计算较为困难。

因此，持续期缺口管理也不可能完全精确地预测利率风险程度。运用持续期缺口管理要求有大量商业银行的实际经营数据，因此运作成本较高。

9.3.4 应用金融衍生工具管理利率风险

在20世纪80年代以后，持续期缺口管理与资金缺口管理都被西方商业银行作为防范利率风险的资产负债管理方法。即使如此，这两种方法仍带有局限性，不可能完全有效地防范利率风险。随着金融创新的不断发展，以远期利率协议等为代表的金融衍生工具的出现为商业银行有效规避利率风险提供了新的可能性，它们作为以上两种方法的补充也被西方商业银行广泛应用。

9.3.4.1 远期利率协议

远期利率协议（forward rate agreement，FRA）是一种远期合约，该合约的交易双方在订立协议时就约定在将来的某个特定日期，按照规定的货币、金额、期限和利率进行交割。远期利率协议实际上是一种利率的远期合同，是为了防范利率波动而预先固定远期利率的金融工具。这种交易的特点就是并不涉及协议本金的收付，而是在某一特定的日期（即清算日），按规定的期限和本金金额，由一方向另一方支付根据协议利率和协议规定的参考利率计算出来的利息差额的贴现金额。远期利率协议的买方是为了防止利率上升的风险，希望现在就确定将来的利率，远期利率协议的卖方是为了防止利率下跌的风险，希望不要因为利率下跌而遭受收益损失。

远期利率协议一般不在交易所交易，而是在场外交易市场交易。远期利率协议没有固定的份额标准，可以用于一切可兑换货币，其交割日也不受限制，并且不需要交纳保证金。远期利率协议作为一种场外交易工具，具有灵活、简便、不需要保证金等优点。远期利率协议于 1983 年在欧洲市场推出后得到了广泛的应用，成为人们规避利率风险的主要工具之一。

在一般情况下，远期利率协议的参考利率是伦敦银行间同业拆借利率（London interbank offered rate，LIBOR）。在远期利率协议的交割日，先计算远期利率协议中规定的协议利率和参考利率的差额，将该差额乘以协议期限和本金，然后再按照参考利率进行贴现，得出的金额就是交割金额，用公式可表示为：

$$A=\frac{(i_r-i_c)\times P\times\dfrac{D}{B}}{1+i_r\times\dfrac{D}{B}} \tag{9-13}$$

式中，A 为交割金额；i_r为参考利率，通常为 LIBOR；i_c为协议利率；D 为协议期限；P 为远期利率协议中的本金；B 为一年的天数。

若 LIBOR 高于协议利率，则卖方将支付利差给买方；若 LIBOR 低于协议利率，则买方将支付利差给卖方。

远期利率协议无须在交易所成交，没有固定的交割日和标准的交易金额，任何具体的需求都可以由交易双方协商达成协议；与此同时，在交易过程中，不涉及本金的资金流动，现金压力小。因此，利用远期利率协议管理利率风险具有灵活性强、交易便利的特点。但是，由于远期利率协议是场外交易，一些信用评级不高的企业很难找到交易对手，而远期利率协议能否顺利执行取决于参与者的信誉，因此远期利率协议在进行利率风险管理时也存在一定的限制性因素。

9.3.4.2 利率期货

利率期货（interest rate futures）是指交易双方在集中性交易市场上以公开竞价方式进行的利率期货合约交易。利率期货合约具有标准化、低成本、集中交易等特点，以及较好的规避利率风险的功能。经过多年的发展，利率期货市场已成为当今最大的金融期货市场。

利率期货合约主要是通过期货的买卖来抵消因利率变动对现货交易可能造成的损失。一般来说，期货利率和现货利率的变动方向是一致的，人们只要在现货市场上买进或者卖出一种生息金融资产的同时，在期货市场上卖出或者买进数额相等的同一生息金融资产，就可以达到保值的目的。通过利率期货交易进行套期保值可分为两种情况：空头套期保值和多头套期保值。

空头套期保值是指投资人预期利率上升可能带来损失而在期货市场上卖出利率期货的一种套期交易。例如，投资人打算在将来卖出所持的具有固定收益的证券，如果预期利率将上升，那么证券价格的下跌必然给持有人带来损失，为了将证券价格固定在目前的水平上，投资人可卖出利率期货进行套期保值。如果未来利率上升，那么固定收益证券在现货市场上受损，但在期货市场上可以获利；如果未来利率下降，那么固定收益证券在期货市场上受损，但在现货市场上可以获利，同样达到了套期保值的目的。

多头套期保值是指投资者预期利率下跌可能带来损失而买进利率期货的一种套期保值。例如，投资人打算在将来买进具有固定收益的某种证券，若预期利率将下跌，那么证券价格上涨必然带来损失，为了避免证券投资收益的减少，投资人可买进利率期货进行套期保值。如果将来利率下跌，那么投资人的证券投资收益将受到损失，但在期货市场上可以获利，故现货市场的损失将由期货市场的盈利加以弥补。

通过期货交易实现套期保值，商业银行要明确自己所面临的是利率上升还是利率下降的风险，进而选择合适的期货合约。在具体运用时要注意，由于利率期货合约是标准化的，而商业银行标的资产的利率风险与标准化的利率期货合约不一定相互吻合，因此在使用利率期货进行套期保值时，要考虑买入或者卖出多少份期货合约才能使保值效果最佳，这就涉及计算套期保值比率（hedge ratio，HR）的问题。套期保值比率，简称套保比率，就是利用利率期货合约进行套期保值所需的合约数量。计算套保比率实际上就是确定期货合约的购买数量，使保值交易资产组合的价值变动等于标的资产风险的变动值，以达到规避风险的目的。对于某一资金暴露头寸，可以利用下述公式计算套期保值比率：

$$\mathrm{HR}=\frac{S}{F}\times D_f\times\beta \tag{9-14}$$

式中，S 为现货头寸的面值；F 为期货头寸的面值；D_f 为期货合约到期日的调整系数；β 为现货市场和期货市场的相关系数。

其中，S/F 是决定套期保值所需合约数量的基本要素，但仅以该比率来决定所需的合约数量尚难达到套期保值的目的，还必须用期货合约到期日的调整系数加以修正。这是因为作为套期保值对象的现货与作为套期保值工具的期货合约的标的物具有不同期限的缘故。在利率期货套期保值比率的确定中，β 实际上是一种很重要的加权系数。

商业银行在利用利率期货进行套期保值的过程中，要随时注意市场利率的变化和自己的风险现状，检查保值效果，适时调整期货合约的方向与数量。需要注意的是，商业银行通过利率期货进行套期保值虽然避免了利率不利变动带来损失的可能性，但也放弃了利率变动带来额外收益的可能性。

9.3.4.3 利率互换

利率互换（interest rate swap）是指两个或者两个以上的当事人，按照事先商定的条件，由固定利率换为浮动利率或由浮动利率换为固定利率，从而减少或消除利率风险的金融交易方式。利率互换交易的定价一般是以伦敦银行间同业拆借利率为基准利率。商业银行通过利率互换能使资产与负债的期限更紧密地配合，达到规避利率风险的目的。

利率互换交易始于20世纪80年代初期，在利率风险不断加剧的背景下，其发展非常迅速，被金融机构广泛用于利率风险管理的实践中。最典型的利率互换是用来改变利息支付的性质，即由固定利率换为浮动利率或者由浮动利率换为固定利率，从而减少或消除利率风险。在当今利率互换市场的实际操作中，大多数的利率互换是通过互换中介完成的，充当互换中介的可以是商业银行或者是投资银行等金融机构，这些金融机构在利率互换交易中能够获取佣金收入。由于利率互换的本金只是名义上的，因而互换银行各自的资产与负债并不改变，通过利率敏感资产和利率敏感负债以及利率结构的表外重组，互换银行能达到规避利率风险的目的。

为了说明利率互换的一般原理，我们假定有A、B两家商业银行。A商业银行的利率敏感资产小于利率敏感负债，其资金敏感性缺口为负值；B商业银行的利率敏感资产大于利率敏感负债，其资金敏感性缺口为正值。当市场利率发生变动时，A、B两家商业银行的净利息收入会受到相应影响：当利率上升时，A商业银行的净利息收入将会下降，B商业银行的净利息收入将会上升；反之亦然。通过利率互换，两家商业银行可以锁定利息收入，消除利率不确定性所带来的风险，见图9－2。

图9－2 商业银行间的利率互换

两家商业银行分别与中介机构签订合同，进行利率互换。如果市场利率上升，由于A商业银行支付固定利率、收取浮动利率，因而可以在利率互换交易中获利；与此同时，因为其资产负债业务保留了资金敏感性负缺口，因而利息收入下降。由此可知，A商业银行通过利率互换实现了规避利率风险的目的。如果市场利率下降，B商业银行收取固定利率、支付浮动利率，它可以在利率互换交易中获利，从而弥补了资产负债业务受到的利息收入损失。利率互换与利率期货一样，商业银行在规避利率变动所带来损失的同时，也放弃了利率向有利方向变动产生的收益。

利率互换不但可以避免利率风险，还可以使交易双方利用各自在金融市场上的比较优势筹集资金，从而减少成本、增加收益。例如，C商业银行的信用等级为AAA，D商业银行的信用等级为BBB，C商业银行凭借较高的信用等级能在市场上以10%的固定利率和LIBOR＋0.5%的浮动利率筹集资金，而D银行的信用等级较低，只能以11%的固定利率和LIBOR＋1%的浮动利率筹集资金。显而易见，C商业银行在筹集固定利率资金上具有比较优势，而D商业银行在筹集浮动利率资金上具有比较优势。如果C商业银行需要浮动利率资金，D商业银行需要固定利率资金，则两家商业银行可以进行互换交易——C商业银行为D商业银行筹集固定利率资金，D商业银行为C商业银行筹集浮动利率资金。由此，C商业银行和D商业银行总共需要付出筹资成本11%＋LIBOR（＝10%＋LIBOR＋1%）；如果没有互换交易的话，C商业银行和D商业银行总共需要付出的筹资成本是11.5%＋LIBOR（＝11%＋LIBOR＋0.5%）。通过利率互换交易，C商业银行和D商业银行共节约了0.5%的利息支出，两家商业银行可以分享这0.5%的筹资成本节约，最终双方的借款成本都下降了。

利率互换属于商业银行的表外业务，不会反映在资产负债表上，对于商业银行而言，利率互换具有灵活方便、没有额外税收损失的优点。商业银行可以根据自己对未来市场利率走势的判断以及资产负债表的敏感性状况及时调整自己的利率互换战略，对自己的资产或者负债的利率风险进行动态的套期保值，实现趋利避害。

9.3.4.4 利率期权

利率期权（interest rate option）的买方获得了一种权利，他可以在到期日或期满前以预先确定的利率（即执行价格），按照一定的期限借入或贷出一定金额的货币。商业银行既可以通过购买买入期权或卖出期权来保值，又可以通过出售买入期权或卖出期权来赚取期权费，从而达到保值的目的。卖方从买方收取期权费，同时承担相应的责任。利率期权是一种规避利率风险的有效工具。

根据借贷方向的不同，利率期权可以分为两种：借款人期权和贷款人期权。借款人期权是指由于借款人担心未来利率水平上升，他可以买入一项利率期权，从而有权在到期日或期满前以执行价格借入一定金额和期限的资金。在到期日或期满前，当市场利率高于执行价格时，期权买方（即借款人）执行期权并获得利差收益，从而避免了利率上升的风险。当市场利率水平低于执行价格时，期权买方放弃执行期权，仅损失购买期权的费用。贷款人期权是指由于贷款人担心未来利率水平下降，他可以买入一项利率期权，从而有权在到期日或期满前以执行价格贷出一定金额和期限的资金。在到期日或期满前，当市场利率低于执行价格时，期权买方（即贷款人）执行期权并获得利差收入，从而避免了利率下降的风险。当市场利率高于执行价格时，期权买方放弃执行期权。期权交易者在进行期权交易时需要注意美式期权和欧式期权的差别。美式期权的买方可以在期限内的任何时候要求行使权利，而欧式期权的买方必须等到期权到期日当天才能要求卖方实施承诺，所以美式期权相对于欧式期权具有更大的灵活性。

在利率期权交易中，不仅需要明确是借款人期权还是贷款人期权，而且需要明确以下内容：借贷的货币及金额、借贷的起息日和到期日、执行价格、期权费、期权的到期日等。例如，某商业银行将在3个月后收入一笔金额为1 000万元的资金，并计划在收到后做6个月的贷款运用。商业银行担心今后几个月的短期利率有可能发生变化，为了避免利率下降可能带来的损失，商业银行选择用贷款人利率期权来固定利息收入。商业银行买入金额为1 000万元、有效期为3个月的欧式期权，执行价格为6%，贷款期限为6个月，按照年率0.25%支付期权费。这份期权合同在3个月到期后，如果市场利率跌至6%以下，商业银行将执行期权并获得执行价格与市场利率之差的收益，由此抵补了市场利率下降使商业银行贷款所受到的损失。如果市场利率上升到6%以上，商业银行将放弃执行期权，并按照市场利率进行放贷。在购买利率期权后，商业银行最大的损失就是期权费支出，而其收益将随着市场利率的上升而增加，并且没有上限。

商业银行能够买入期权，也能够卖出期权，然而商业银行通常是期权的买方，而不是卖方。与买方相比，期权的卖方面临更大的不确定性风险。作为期权的卖方，其确定的收益是买方所支付的期权费，但当市场利率向不利于卖方的方向变动时，其潜在的损失却大得多。因此，银行监管部门往往禁止商业银行在一些高风险领域卖出期权，并要求任何买入的期权与商业银行所面对的特定风险敞口相联系。

9.3.4.5 利率上限、下限及双限

利率上限、下限及双限是一种特殊类型的期权，商业银行可以用来消除客户与商业银行自身的利率风险，并使买方的最大成本或最小收益被固定下来。

利率上限的购买者可以得到保证，贷款者不能把贷款利率提到利率上限以上，借款人还可以向第三方购买利率上限，由第三方保证补偿借款人任何超过利率上限的额外利息。利率上限基于一个基础参考利率。如果市场利率上升，借款人就要为浮动利率债务支付更多的利息。为了防范一段时间内利率上升的风险，借款人可以购买一项利率上限，把利率

升高的幅度固定在执行价格以下。在设定日期，如果市场利率上升并超过执行价格，借款人将从交易对手那里得到补偿；如果市场利率在执行价格以下，借款人将按照市场利率支付利息，获得利率下跌的收益。例如，一家商业银行从欧洲美元市场借入金额为2亿美元的一年期借款，为了防范利率风险，这家商业银行同时从其他金融机构买入一个11%的利率上限。如果市场利率升至12%，这家商业银行可以获得1%的利率补偿，从而将实际借款成本锁定为11%。

利率下限是为保护贷款人免受利率下跌风险而采取的一种方法，其运作原理与利率上限相似。利率下限的购买者可以得到保证，无论贷款利率下降多少，贷款人都能得到某一最低的收益率。例如，一家商业银行向一位客户发放了金额为2 000万美元的1年期浮动利率贷款，为了防止利率下跌造成收益损失，该商业银行在发放贷款的同时可以购入一个7%的利率下限。如果到期日的市场利率降为6%，该商业银行可以获得1%的利息补偿，从而将贷款收益锁定在7%的水平上。

利率双限是把利率上限与利率下限合并在一份合约之中，把贷款利率冻结在利率上限与利率下限之间，当市场利率走向不确定时，商业银行经常大量使用利率双限以保护自己的利益。例如，商业银行发放一笔金额为2 000万美元的6个月期浮动利率贷款，为了避免利率波动给商业银行收益带来的损失，该商业银行可以买入金额为2 000万美元、期限为6个月，执行价格为5%和7%的利率双限。如果到期日市场利率低于5%，该商业银行将会获得收益补偿，如果到期日的市场利率高于7%，该商业银行则向利率双限卖方付出差额部分。

随着金融工程技术的不断深化，金融衍生工具的创新与应用得到了极大的发展。利用金融衍生工具进行利率风险管理在不改变商业银行资产负债表结构的同时，有效地改善了商业银行的风险暴露头寸，补充了传统商业银行利率风险管理方法的不足，提升了商业银行管理利率风险的技术与灵活性。近年来，金融衍生工具在西方商业银行的风险管理中得到了广泛的应用。

9.4 内部资金转移定价

内部资金转移定价（funds transfer pricing，FTP）是实现商业银行资产负债管理的重要工具，具有四个方面的作用：公平绩效考核、分离利率风险、优化资源配置以及引导产品定价。内部资金转移定价是利率市场化发展的客观要求，对于商业银行实施精细化管理具有重要意义。

9.4.1 内部资金转移定价的概念及功能

商业银行是经营资金的企业，它对内部转移价格的衡量称为内部资金转移定价。根据资产负债表，商业银行的所有部门可以简化为两大类：一类主要是筹措资金，另一类主要是运用资金。商业银行的资金筹措部门将资金让渡给资金运用部门使用，两者之间的资金让渡也需要由价格来衡量，这个价格被称为资金转移价格。外部净利息收入在商业银行系统内通过资金转移价格分配给所有的资金提供者和资金使用者，资金运用者要向资金提供者支付资金价值（value of fund，VOF），向资金使用者收取资金成本（cost of fund，COF）。

20世纪80年代美国的利率市场化改革完成，美国的商业银行开始向精细化管理探索。为了更准确地衡量不同业务对银行利润的贡献、提高资源配置效率以及有效管控利率风险，美国银行业率先将资金转移价格引入商业银行管理领域。我国银行业的内部资金转移定价管理经历了计划经济时代的统收统支资金管理以及20世纪90年代的差额资金内部转移定价管理。直到21世纪初，我国商业银行开始转变经营管理模式，并引入了全额资金内部转移定价管理。全额资金管理是建立在全额资金内部转移定价管理基础之上的，以统收统付、统一定价、集中运作为主要特征，简称全额资金定价。全额资金内部转移定价是针对资产负债表的全部资金来源和资金运用项目，根据重定价期限和现金流特征分别匹配转移价格，向资金使用方收取资金成本，并向资金提供方支付资金价值的内部转移定价机制。

商业银行的资金管理从差额定价模式向全额定价模式的转变不仅实现了资金的统一配置、业务经营的统一引导、提高了商业银行的整体性和一致性，而且解决了传统财务评价的局限性，给商业银行的资产负债管理、流动性管理、利率风险管理等也带来了积极的变化。全额资金内部转移定价主要有以下四大功能：

（1）细化利润核算，统一绩效标准。商业银行最主要的业务是存贷款业务，从整体来看，可用公式表示为：

$$\text{全行的净利息收入}=\text{贷款(生息资产)的外部利息收入}-\text{贷款(生息负债)的外部利息支出}$$

在FTP模式下，分行的净利息收入可以分割为存款的净利息收入和贷款的净利息收入之和，即（存款转移收入－存款利息收入）＋（贷款利息收入－贷款转移支出）。在这种方式下，其定价对象涵盖整个资产负债表，商业银行通过转移价格能够对每一笔资产负债业务计算出直观的净利息收入，从而精准地确定每笔业务的盈利和损失水平。将利润的核算细化到每一笔业务上，商业银行就可以通过自由组合来分析利润的来源和构成，从而为多维度、多主体的成本利润核算以及管理决策提供了重要的基础。具体的维度可以包括产品、客户、客户经理、业务单元、部门等。

FTP的实施为商业银行提供了统一且公允的价值评价标准。统一是指内部资金转移价格为全行提供了基准，将资金来源和资金用途进行了区分并分别定价，可以构建产品、部门、条线和客户等各维度统一的利润评价体系。公允是指商业银行制定的内部转移价格具有真实反映资金供需的特征。在利率市场化的条件下，各业务单元从总行司库获取资金、进行资金投放的成本不会高于其从市场上拆借资金的成本；与此同时，各业务单元将吸收的资金存回总行司库的价格也不会低于其将资金出售给市场机构的价格，也就是各主体的内部资金转移价格均根据公允的FTP曲线制定，不会因为地域差异、客户特点等进行差别化核算。

（2）优化资源配置，引导资产与负债合理发展。在全额定价模式下，转移价格在商业银行中的地位相当于基准利率在中国人民银行的地位，是传导总行政策的强有力工具。对FTP的应用，使得总行可以通过调整资金转移价格进行资产负债结构配置，引导各业务条线改变其经营行为，实现传导发展战略以及阶段性的策略目标。通过将资金成本及流动性风险分配至各资产负债相关产品，有针对性地调节不同产品或客户类型的FTP，可以引导新业务的增长规模及速度，从而实现灵活的时点管理、优化资产负债结构，确保商业银行可持续的健康发展。

(3) 集中市场风险，分离利率风险。FTP 可以集中市场风险，将各业务部门面临的利率风险与信用风险分离，并将利率风险的管理职能上移至总行。商业银行的存款部门每吸收一笔存款，都会以固定的资金转移价格——VOF 出让给总行司库，而贷款部门每发放一笔贷款，都视为以固定的资金转移价格——COF 从总行司库借入资金，因此在业务周期开始时，内外部利差已锁定且在业务周期内不随市场利率的变化而变化，从而使各业务条线可以避免由利率风险带来的收入不确定性。

例如，某分行投放一笔贷款利率为 4%的浮动贷款业务，每年重定价一次，业务期限为 5 年，起息日的 FTP 价格为 3%，FTP 利差为 1%。若第二年的贷款基准利率下降 50 个基点，则贷款定价从 4%下降至 3.5%。为保证 FTP 利差仍为 1%，则 FTP 价格需要从 3%下降至 2.5%。因此，对于分行来说，不论市场利率如何变化，只要 FTP 利差不变，该业务的净利息收入都不会变化。通过 FTP 将利率风险从业务单位剥离后，利率风险并没有消失，而是转移到了司库，由司库进行统一管理并采取相应的操作。需要注意的是，并非每笔业务的利率风险都能通过 FTP 转移到总行司库，判断的依据在于这笔业务的 FTP 利差是否被锁定。在利率风险转移至司库后，商业银行的各分支机构和业务条线可以专注于市场营销及信用风险管理。司库可以从全行层面管理业务的期限错配情况，在部分业务风险对冲后商业银行的整体风险敞口会下降，可以降低风险管理成本。

(4) 指导外部产品定价，保障商业银行的收益。商业银行的金融产品定价通常采用成本加成法。产品利率与 FTP 利率的差额称为 FTP 利差，FTP 利差包含了风险成本、管理成本、经济资金成本、税务成本等成本项目以及目标回报，是商业银行盈利的重要来源。因此，对 FTP 的计算直接决定了外部定价是否科学、是否能够吸引客户以及商业银行是否能够创造效益，将会对商业银行未来的竞争力产生决定性影响。商业银行可以通过调整 FTP，引导各经营单位重点营销符合全行战略导向的产品、行业和客户群体。

例如，贷款定价为 4.5%，当贷款 FTP 价格为 5.0%的时候，商业银行可以获取 0.5%的 FTP 利差收益。如果此时贷款 FTP 价格上调 100 个基点，变为 6.0%，若商业银行要保持 FTP 利差不变，需要将贷款定价调整至 5.5%。需要注意的是，FTP 价格也是根据市场的实际情况进行变化调整，具有很强的科学性，不能随意人为调整。以市场为导向的资金转移定价体系能合理、快速地确定资金成本和产品价格，真实地反映商业银行获取资金的机会成本和使用资金的机会收益，从而使产品定价建立在更加科学合理的基础上。

9.4.2 FTP 曲线的构建

目前，国际上通行的 FTP 原则是期限匹配，FTP 的基础是 FTP 曲线。FTP 曲线是一条反映不同期限资金所对应价格的曲线，是根据期限匹配原则确定产品 FTP 价格的基础，也是衡量不同资金价格的标尺。FTP 曲线是一条向上倾斜的曲线，横轴为期限，纵轴为收益率，见图 9-3。

例如，某分行于 2021 年 10 月进行了如下两笔业务：一笔是期限为 2 年、利率为 1%的存款，其 FTP 收益为 FTP 曲线上的 2 年期收益率 1.5%，这笔存款的 FTP 利差为 0.5%（=1.5%−1%）。另一笔是期限为 3 年、利率为 2.5%的贷款，其 FTP 成本为 FTP 曲线上的 3 年期收益率 2%，这笔贷款的 FTP 利差为 0.5%（=2.5%−2%）。

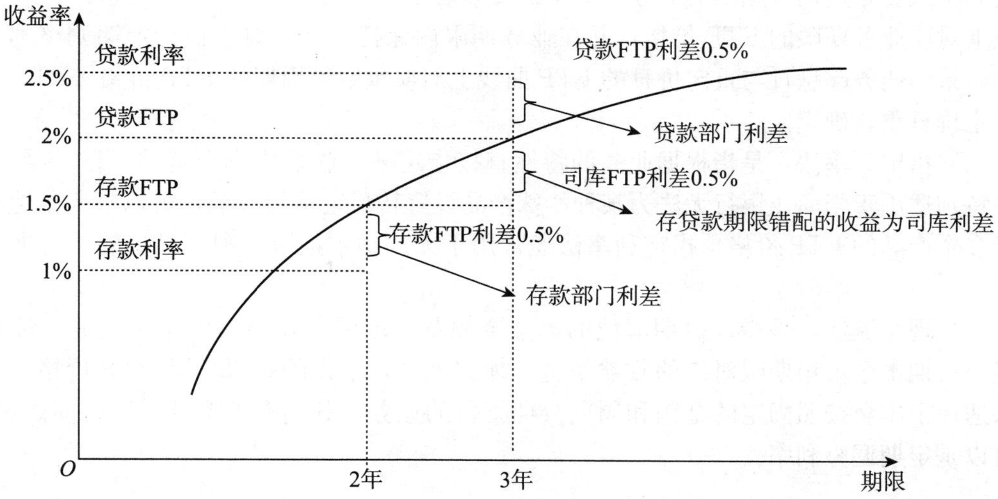

图 9－3　FTP 曲线的应用

构建公允的、符合商业银行战略目标以及经营要求的 FTP 曲线是 FTP 的核心。FTP 曲线的构建应当遵循以下原则：首先，要能够客观反映资金的成本和收益，为定价提供科学的依据，进而提升商业银行的整体经营效益。其次，要做到公开、公允、透明，并且商业银行上下都能理解、掌握和运用。最后，价格的引导方向应该与全行的战略目标及经营目标保持一致，不能导致分支机构经营行为的逆向选择。基于以上原则，FTP 曲线的制定方法主要有市场利率参考法和期限匹配边际资金法两种。

（1）市场利率参考法（market benchmark linked method）是指为 FTP 利率厘定一个客观的参考基准（如同业拆借利率、国债利率等），并将其作为构建 FTP 曲线的基础。该方法的缺点是在市场流动性差的情况下，可能无法准确反映商业银行的实际融资成本。

（2）期限匹配边际资金法（matched maturity marginal method）是参考商业银行在金融市场上的边际资金运用收益和边际资金来源成本厘定 FTP 曲线。该方法可以通过匹配期限分离利率风险和流动性风险，并有效反映实际融资成本和机会投资收益，为新业务提供明确的定价参考，因此被银行业广泛采用。

9.4.3　FTP 价格形成机制

根据币种和业务类型确定了合适的 FTP 曲线后，每笔业务的 FTP 价格也有相应的形成机制。首先，FTP 价格可以分为两部分，即基础 FTP 价格和 FTP 调整项。基础 FTP 价格是根据业务的特性，采用标准 FTP 方法确定的 FTP 曲线上对应的价格，确定 FTP 价格的方法主要包括期限定价法、指定利率法和现金流法。FTP 调整项是指当基础 FTP 价格无法完全反映产品的资金成本或资金收益时，用于矫正 FTP 价格的工具。FTP 调整项主要有流动性溢价调整项、结息频率调整项、其他调整项等。

1. 基础 FTP 价格定价方法

（1）期限定价法，包括原始期限匹配法和重定价期限匹配法。具体操作方法是按照业务的原始期限或者重定价周期在 FTP 曲线上找到对应该期限的点，并以该点的收益率作为基础 FTP 价格。期限定价法主要适用于具有确定期限、本金一次性支付、利率类型为固定利率或者定期调整利率的业务。对于执行固定利率的业务，采用业务起息日当天FTP曲线上对应业务期限的FTP价格，并在业务期限内保持不变；对于执行定期调整利率的业务，采用业务起息日与重定价日的FTP曲线上对应重定价周期的FTP价格。FTP价格逢重定价日重新确定。

(2) 指定利率法，是指根据业务的特性直接指定某一收益率作为基础FTP价格的方法。特别适用于当商业银行无法为某种特殊产品设置转移定价的时候，可以参考其他一个或者多个产品的FTP价格。指定利率法通常用于无法确定期限、利率类型的不定期变动业务。

(3) 现金流法，是指以每期清偿的本金金额及其占用期限的乘积作为权重，对FTP曲线上每期本金占用期限对应的收益率进行加权平均，求得的结果便是FTP价格。现金流法适用于本金按照固定的金额和周期分期支付的业务，其利率类型既可以是固定利率，又可以是定期调整利率。

$$\text{基础 FTP 价格}=\frac{\sum(P_i\times M_i\times R_i)}{\sum(P_j\times M_j)} \tag{9-15}$$

式中，P_i 为业务期限或重定价期限内每期分期偿还的本金；M_i 为所占用的期限；R_i 为起息日或重定价日该期限在FTP曲线上的收益率；P_j 为分期偿还的本金；M_j 为 P_j 所占用的期限。

2. FTP调整项

FTP调整项主要是用来对基础FTP价格进行微调。目前，国内商业银行采用的FTP调整项包括以下几类：

(1) 流动性溢价调整项，适用于所有具有确定期限，利率类型为定期调整利率和不定期调整利率的业务。对于重定价周期比业务周期短的人民币业务，FTP定价除按照重定价周期进行期限匹配外，还需要考虑资金的实际占用期限并增设流动性调整项。举例来说，假设某笔定期调整利率贷款采用期限定价法，该业务的实际期限为3年，而重定价周期为1年；此时，其基础FTP价格对应FTP曲线上的1年期收益率，不能反映该业务实际占用期限（即3年）的特性，因此需要根据业务实际期限增设流动性调整项。

(2) 结息频率调整项，适用于期限和利率类型完全相同，但结息频率不同的业务。结息频率的不同导致实际利率与名义利率的差异，结息频率调整项是指不同结息频率的业务的实际利率与名义利率之差。举例来说，一笔1年期、5%固定利率贷款，按年付息，则实际年化贷款利率为5%。而同样一笔1年期、5%固定利率贷款，按月付息，则实际年化贷款利率为5.12%。对于商业银行来说，显然后者的实际收益更高，因此需要在第一笔业务的FTP价格中增加结息频率调整项，以提高前者的FTP资金成本，这样才能真实反映出两笔业务的FTP利差。

(3) 其他调整项，主要是为了反映客户行为对实际利率的影响。在实际业务的操作中，客户可能会提前支取或者提前还款。如果客户的存款业务提前支取，那么资金价值就无法按照原期限进行定价，最高只能按照实际存储期限定价。由于这种行为会影响司库的流动性安排，所以需要增加一个提前支取调整项。同理，如果客户的贷款业务提前还款，并且提前还款日到下一个重定价日的FTP价格低于原来的FTP价格，则会导致商业银行资金的投资收益减少，因而需要增设提前还款调整项。

复习思考题

1. 商业银行资产负债管理的目的与原则是什么？资产负债管理的主要内容是什么？

2. 商业银行为什么要进行资产负债计划管理？商业银行应如何进行资产负债计划管理？

3. 什么是利率风险？按照来源的不同，利率风险可以分为哪几种类型？

4. 商业银行怎样测量利率风险？资金缺口管理应该如何进行？

5. 利率风险管理中持续期缺口管理的含义和方法是什么？

6. 应用远期利率协议与利率期货规避利率风险的原理是什么？两者在应用时各有什么特点？

7. A、B是两家信用等级不同的商业银行，作为AAA级的A商业银行与作为BBB级的B商业银行的借款成本各不相同。A商业银行的固定利率借款成本为3%，浮动利率借款成本为LIBOR+0.25%，B商业银行的固定利率借款成本为4%，浮动利率借款成本为LIBOR+0.75%。试问A、B两家商业银行是否存在利率互换的可能性？如果进行利率互换，它们潜在的总收益是多少？

8. 某商业银行向客户发放了一笔金额为6 000万美元的一年期浮动利率贷款。为了避免未来利率下降带来损失，该商业银行在发放贷款的同时，向另一家商业银行购买了期限为一年、7%的利率下限。一年后，当市场利率下降为5%时，该商业银行能够获得多少收益补偿？

9. 商业银行内部转移资金定价的功能是什么？如何构建FTP曲线？

第 10 章

商业银行中间业务与管理

【导言】

每天都有许多客户委托商业银行帮助他们进行支付结算，这些业务在商业银行的资产负债表上能否体现出来？也有很多基金公司、保险公司委托商业银行代卖自己的产品，那么代售的收入属于商业银行的什么业务收入？还有很多客户委托商业银行帮助他们进行金融资产交易或管理他们的财富，这些业务对商业银行而言具有什么样的风险？与我们在商业银行资产负债表上看到的科目不同，上述业务很难在商业银行的资产负债表上找到对应的科目，它们属于商业银行的中间业务，又称表外业务。本章具体介绍了商业银行中间业务的含义、类型、操作方式。通过对本章的学习，学生能够对商业银行的业务和收入构成有更清晰的了解及认识。

【学习目标】

1. 掌握中间业务的概念及特点
2. 了解支付结算类业务的内容及特点
3. 了解担保承诺业务的种类及含义
4. 了解商业银行在交易和投行类业务中扮演的角色及作用
5. 了解商业银行财富管理业务的发展

【核心概念】

中间业务　　支付结算类业务　　财富管理业务

10.1 中间业务概述

10.1.1 中间业务的含义

依据2001年7月4日中国人民银行颁布的《商业银行中间业务暂行规定》①，中间业务是指不构成商业银行表内资产、表内负债，形成商业银行非利息收入的业务，即能为商业银行带来货币收入，却不直接列入商业银行资产负债表的业务。

在以英、美为主的西方商业银行业务中，与我国商业银行中间业务概念相对应的是表外业务，是指商业银行从事的，按《企业会计准则》不列入资产负债表，不影响资产负债总额，但会改变商业银行当期损益的经营活动。

10.1.2 中间业务的特点

中间业务的开展是以商业银行的资产业务和负债业务为基础，主要接受客户的委托，服务于客户的金融和信息咨询需要，不运用或不直接运用自己的资金，以收取手续费的形式获取收入，因而风险低。在实践中，中间业务的特点为：

第一，表外性。中间业务不在商业银行资产负债表内反映。商业银行开展贷款业务和投资业务，都要运用其通过负债业务所动员的资金。然而，商业银行在开展中间业务时，没有自身资金的转移。

第二，多样性。中间业务产品具有明显的多样性特征。

从中间业务产品的生成条件看，中间业务产品与商业银行的支付中介职能、信用中介职能及商业银行的信誉和技术经济条件相联系。

从中间业务产品的功能看，有结算性业务、管理性业务、担保性业务、融资性业务及其他类中间业务。

从中间业务产品的作用看，有代理性业务、委托性业务和自营性业务。

随着商业银行业务的创新发展，有更多的中间业务品种被创新出来。中间业务的收入主要是依靠出售服务或承办委托而收取的佣金。

第三，风险差异性。在中间业务产品中，商业银行一般不以信用关系的当事人出现，只是以中间人的身份为客户办理收付和其他委托事项，通常不存在存贷业务中的信用风险。有些中间业务存在潜在风险，如信用证、承兑等担保业务实际上是一种或有资产或负债，它们在一定条件下能转化为现实的风险资产或负债，其风险主要有信用风险和利率风险。

① 中国人民银行公告［2008］第5号文废止了《商业银行中间业务暂行规定》，目前暂无相关的新法规出台。

10.1.3 中间业务的种类

中国人民银行颁布的《商业银行中间业务暂行规定》从商业银行开展业务的功能和形式的角度将中间业务分为支付结算类中间业务、银行卡业务、代理类中间业务、担保类中间业务、承诺类中间业务、交易类中间业务、基金托管业务、咨询顾问类中间业务和其他类中间业务九大类：

（1）支付结算类中间业务。支付结算类中间业务是指由商业银行为客户办理因债权和债务关系而引起的与货币支付、资金划拨有关的收费业务。

（2）银行卡业务。银行卡是由经授权的金融机构（主要指商业银行）向社会发行的具有消费信用、转账结算、存取现金等全部或部分功能的信用支付工具，包括商业银行开展的借记卡、贷记卡和联名卡业务。

（3）代理类中间业务。代理类中间业务是指商业银行接受客户委托，代为办理客户指定的经济事务，提供金融服务并收取一定费用的业务。

（4）担保类中间业务。担保类中间业务是指商业银行为客户的债务清偿能力提供担保、承担客户违约风险的业务，主要包括银行承兑汇票、备用信用证、各类保函等。银行承兑汇票是由收款人或付款人（或承兑申请人）签发，并由承兑申请人向开户行申请，经开户行审查同意后进行承兑的商业汇票。

（5）承诺类中间业务。承诺类中间业务是指商业银行在未来某日按照事前约定的条件向客户提供约定信用的业务，主要是指借款承诺，包括可撤销承诺和不可撤销承诺两种。前者附有客户在取得借款前必须履行的特定条款，在商业银行承诺期内，如果客户没有履行条款，则商业银行可撤销该项承诺；后者是商业银行不经客户允许不得随意取消的借款承诺，具有法律约束力，包括备用信用额度、回购协议、票据发行便利等。

（6）交易类中间业务。交易类中间业务是指商业银行为满足客户保值或自身风险管理等方面的需要，利用各种金融工具进行的资金交易活动，主要包括金融衍生业务。

（7）基金托管业务。基金托管业务是指有托管资格的商业银行接受基金管理公司委托，安全保管所托管基金的全部资产，为所托管的基金办理基金资金清算、款项划拨、会计核算、基金估值并监督管理人的投资运作。商业银行作为基金托管人，为基金开设独立的存款账户，同时负责账户的管理及收取托管费。

（8）咨询顾问类中间业务。咨询顾问类中间业务是指商业银行依靠自身在信息、人才、信誉等方面的优势，收集和整理有关信息，并通过对这些信息以及商业银行和客户资金运动的记录及分析，形成系统的资料和合理的方案，然后提供给客户，以满足其业务经营管理和发展需要的服务活动。

【二维码】

中间业务分类

（9）其他类中间业务。其他类中间业务包括保管箱、鉴证等中间业务以及其他不能归入以上8类的中间业务。

关于中间业务，还有其他口径的分类方法，详见二维码。

10.1.4 商业银行发展中间业务的意义

在金融脱媒、利率市场化以及互联网金融等新金融业态加快发展的背景下，发展中间业务日益成为商业银行经营转型的必然选择。商业银行发展中间业务有如下几个方面的意义：

（1）盈利来源多元化，从依赖利息收入到非利息收入。随着金融脱媒和利率市场化的趋势愈演愈烈，商业银行单纯依赖存贷款业务将不得不面对净利息收入增速下降、利息收入稳定性降低的形势，因而商业银行必须通过提供更丰富的产品和服务创造新的利润来源。多层次、多品种的中间业务拓宽了商业银行的盈利来源渠道，打破了商业银行单纯依赖存贷利差以获取利息收入的局面，有助于提高商业银行盈利的稳定性。

（2）风险分散化，避免过度依赖信贷业务。过去，商业银行主要依靠经营信贷业务获取收益，而信贷业务作为商业银行的表内业务，需要商业银行承担较大的风险；而发展中间业务、拓展非利息收入来源，除了让商业银行有稳定的非利息收入来源，还有助于减少商业银行对信贷业务的过度依赖，降低风险承担。

（3）提升综合服务能力，满足客户的多样化需求。随着金融市场的发展和社会融资渠道的拓宽，客户的资产配置呈多元化趋势，他们对金融服务的要求不断上升，进而对商业银行服务的种类、数量和质量的要求也随之提升。面对日益多样化的客户需求，商业银行可以通过发展中间业务提供源源不断的创新产品，提升自身的综合服务能力，以便在市场竞争中占据主导地位。

（4）应对资本监管日益严格的要求，走节约经济资本的发展道路。在 2008 年国际金融危机后，各国为了维护金融稳定，加强了对银行业的监管，并对商业银行的资本充足率提出了更严格的要求，导致商业银行依靠表内的资产负债规模增长来开展业务的模式逐渐遭遇困境。发展不在资产负债表中直接反映的中间业务为商业银行提供了一种规避资本充足率监管的有效途径，有助于商业银行走节约经济资本的发展道路。

【二维码】

我国银行业中间业务的发展

10.2 支付结算类中间业务

支付结算类中间业务是指由商业银行为客户办理因债权和债务关系引起的与货币支付、资金划拨有关的收费业务。商业银行需要通过结算工具、结算方式来开展此类业务。结算工具是指商业银行用于结算的各种票据，包括本票、汇票、支票等。结算方式是指在经济往来中对货币资金收付的规定和方法。商业银行的结算方式包括结算点、委托人、凭证处理手续、凭证传递方式、货币资金收付方法等，如信用证、汇款、跟单（光票）托收、委托收款、网上银行、手机银行、电话银行等。

按性质的不同，可把结算分为现金结算和转账结算。现金结算是指通过现金方式来完成货币收付行为的结算；转账结算是指通过商业银行票据或转账方式来完成货币收付行为的结算，我国习惯上将转账结算称为结算。按地域的不同，可把结算分为同城结算和异地结算。同城结算是指在同一城镇或地区范围内，收、付款人之间的经济往来通过商业银行办理划拨的收付行为。异地结算是指收、付款人不在同一城镇或地区的商业银行开户而进行款项划拨的收付行为。

10.2.1 票 据

票据从种类上可划分为汇票、本票、支票三种。

1. 汇 票

汇票是由出票人签发的，委托付款人在见票时或者在指定日期无条件支付确定的金额给收款人或者持票人的票据。根据出票人的不同，汇票可分为银行汇票和商业汇票。

（1）银行汇票。银行汇票是出票银行签发的，由其在见票时按照实际结算金额无条件支付给收款人或者持票人的票据。银行汇票的出票银行为付款人。

单位和个人的各种款项结算均可使用银行汇票。银行汇票可用于转账，填明“现金”字样的银行汇票可以支取现金。

银行汇票的特点为：无金额起点限制；无地域限制；对申请人没有限制，企业和个人都可申请；可背书转让；付款时间较长，银行汇票的有效期为1个月；现金银行汇票可挂失；见票即付；在票据有效期内可以办理退票。

（2）商业汇票。商业汇票是由出票人签发的，委托付款人在指定日期无条件支付确定的金额给收款人或者持票人的票据。

商业汇票按照承兑人的不同可分为商业承兑汇票和银行承兑汇票。由商业银行承兑的汇票为银行承兑汇票，由商业银行以外的企事业单位承兑的汇票为商业承兑汇票。

银行承兑汇票的特点为：无金额起点限制；第一付款人是商业银行；出票人必须在承兑行开立存款账户；付款期限最长为6个月；可贴现；可背书转让。

商业承兑汇票的特点为：无金额起点限制；付款人为承兑人；出票人可以是收款人，也可以是付款人；付款期限最长为6个月；可贴现；可背书转让。

2. 本 票

银行本票是指由申请人将款项交存商业银行，由商业银行向其签发可在同一票据交换区内进行商品交易、劳务供应、支取现金或办理转账的票据，商业银行承诺在见票时无条件支付确定的金额给收款人或持票人。

银行本票的服务对象可以是企事业单位，也可以是个人。

银行本票的特点为：无金额起点限制；结算快捷，见票即付；允许背书转让。

3. 支 票

支票是商业银行活期存款客户签发给收款人办理结算或委托其开户行无条件支付确定的金额给收款人或持票人的票据。

同城票据交换区内的企事业单位、个体户和个人之间的各种款项都可以使用支票。

支票的特点为：不限定支付方式，可用于支付现金，也可用于转账；在支票左上角划两条平行线的划线支票只能用于转账，不得支取现金；支票大小写金额、出票日期、收款人名称不得更改，更改的支票无效；转账支票可以流通转让，现金支票不得流通转让；支票的提示付款期限必须自出票日起10天；记载事项齐全的支票丢失，可以由出票人通知出票人开户行挂失止付。

10.2.2 国际业务的结算方式

国际业务的结算方式较多，根据使用票据的不同，可分为三种基本形式：汇款（remittance）、托收（collection）和信用证（letter of credit，L/C）。

1. 汇 款

汇款是进口方通过商业银行将款项汇给出口方，汇款主要用于贸易中的货款、预付款、佣金等方面，是支付货款最简便的方式。

【二维码】

银行卡业务

2. 托 收

托收是出口商开立汇票，委托商业银行代收款项，向国外进口商收取货款或劳务款项的一种结算方式。

3. 信用证

信用证是一种由商业银行依照客户的要求和指示开立的，承诺在一定期限内凭规定的单据付款的银行保证书面文件。

4. 银行保函

银行保函具有期权和期货的性质，后文将详细介绍。

5. 国际保理

国际保理（international factoring）又称承购应收账款，是指在以商业信用出口货物时（如以D/A作为付款方式），出口商交货后把应收账款的发票和装运单据转让给保理商，即可取得应收取的大部分货款，日后一旦发生进口商不付款或逾期付款，则由保理商承担付款责任。在保理业务中，保理商承担第一付款责任。若保理商对上述预付款没有追索权，而且对余款也要担保付款，则为无追索权保理；反之，则为有追索权保理。

【二维码】

代理类中间业务

常见的国际保理形式还有融资保理及到期保理。国际保理的服务范围主要包括资金服务、信用保险服务、管理服务、资信调查服务等。有追索权保理业务具有期权的性质。

10.3 担保和承诺类中间业务

10.3.1 担保类中间业务

担保类中间业务是指商业银行为客户的债务清偿能力提供担保，承担客户违约风险的业务，主要包括银行承兑汇票、备用信用证、各类保函等。银行承兑汇票是由收款人或付款人（或承兑申请人）签发，并由承兑申请人向开户行申请，经开户行审查同意后进行承兑的商业汇票。

1. 银行保函

银行保函作为保函的一种，属于担保类中间业务。

（1）银行保函（letter of guarantee，L/G），又称保证书，是指商业银行应申请人的请求，向受益人开立的一种书面信用担保凭证，保证在申请人未能按双方协议履行其责任或义务时，由担保人代其履行一定金额、一定时限范围内的某种支付或经济赔偿责任。银行保函是由商业银行开立的承担付款责任的一种担保凭证，商业银行根据保函的规定承担绝对付款责任。

在保函项下，按索偿条件分，通常可分为两种：有条件保函（conditional L/G），见索即付保函（demand guarantees）。

有条件保函是指保证人向受益人付款是有条件的，只有在符合保函规定的条件下，保证人才予以付款。由此可见，有条件保函的担保人承担的是第二性、附属的付款责任。

银行保函大多属于见索即付保函。国际商会的《见索即付保函统一规则》（即 URDG 458）规定：见索即付保函“是指由商业银行、保险公司或其他任何组织或个人出具的书面保证，在提交符合保函条款的索赔书（如工艺师或工程师出具的证明书、法院判决书或仲裁裁定书、有效的电讯信息或加密押的 EDI 信息等）时，承担付款责任的承诺文件”。据此，见索即付保函的担保人承担的是第一性的、直接的付款责任。见索即付保函是一种与基础合同相脱离的独立性担保文件，受益人的权利与担保人的义务完全以保函所载内容为准，不受基础合同的约束，受益人只要提交了符合保函要求的单据，担保人就必须付款，所有保函均为不可撤销的文件。所以，这种保函又称无条件保函（unconditional L/G）。

（2）银行保函的种类。银行保函在实际业务中的使用范围很广，它不仅适用于货物的买卖，而且广泛适用于其他国际经济合作领域。例如，在国际工程承包、招标与投标以及借贷业务中均有使用。银行保函按其用途可分为投标保证书（tender guarantee）、履约保证书（performance guarantee）和还款保证书（payment guarantee）。

投标保证书是担保人向受益人（招标人）承诺，当申请人（投标人）不履行其投标所产生的义务时，担保人应在规定的金额限度内向受益人付款。投标保证书主要担保投标人在开标前不撤销投标和片面修改投标条件，中标后要保证签约和交付履约金；否则，商业银行负责赔偿招标人的损失。

履约保证书是指担保人承诺，如果担保申请人（承包人）不履行他与受益人（业主）之间订立的合同，应由担保人在约定金额限度内向受益人付款。履约保证书主要有如下两种形式：预付款保函和预留金保函。预付款保函是指商业银行向买方提供担保，若卖方未能履行契约，商业银行则向买方偿还已预付的款项及利息。预留金保函又称留置保函，是指应卖方申请，担保行开具给买方的留置保函。在某些合约的条款中，规定待项目全部竣工后，才能付讫合约价款中的部分款项。这样既可以保证卖方及时收到应收款项，又可以保证买方在卖方未全部履行义务时向卖方进行追索。

还款保证书是指担保人应合同一方当事人的申请，向合同另一方当事人开立的保证书。保证书规定，如果申请人不履行他与受益人订立的合同的义务，如不将受益人预付或支付的款项退还给受益人，商业银行则向受益人退还或支付款项。

除上述几种银行保函外，银行保函还可以根据功能和应用的不同，分为其他种类，如补偿贸易保函、融资租赁保函、借款保函、贸易项下的延期付款保函等。

2. 备用信用证

备用信用证也属于担保类中间业务。

(1) 备用信用证是指开证行根据开证申请人的请求，对受益人开立的承诺承担某项义务的凭证，即开证行保证在开证申请人未能履行其应履行的义务时，受益人只要凭备用信用证的规定向开证行开具汇票（或不开汇票），并提交开证申请人未履行义务的声明或证明文件，即可取得开证行的偿付。

备用信用证属于银行信用，开证行对受益人保证，在开证申请人未履行其义务时即由开证行付款。因此，备用信用证对受益人来说是在开证申请人发生毁约时取得补偿的一种备用方式。如果开证申请人按期履行合同的义务，受益人就不需要开证行在备用信用证项下支付货款或赔款，这就是“备用”（standby）一词的由来。

备用信用证一般用在投标、技术贸易、补偿贸易的履约保证、预付货款和赊销等业务中，也有用于带有融资性质的还款保证。近年来，有些国家已开始把备用信用证用于买卖合同项下货款的支付。

(2) 备用信用证与跟单信用证的异同。备用信用证与跟单信用证有相同的特点，主要表现在：备用信用证与跟单信用证的开证行所承担的付款义务都是第一性的；均凭符合信用证规定的凭证或单据付款；备用信用证与跟单信用证都是在买卖合同或其他合同的基础上开立的，而且一旦开立就与这些合同无关，成为开证行对受益人的一项独立义务。

备用信用证与跟单信用证的不同之处在于：

第一，在跟单信用证下，受益人只要提交与信用证要求相符的单据，即可要求开证行付款。在备用信用证下，受益人只有在开证申请人未履行义务时，才能行使信用证规定的权利，如果开证申请人履行了约定的义务，则备用信用证就成为备而不用的文件。

第二，跟单信用证通常只用于货物的买卖，而备用信用证可用于货物以外的多方面交易。例如，在投标业务中，备用信用证可保证投标人履行其职责；在借款、垫款中，备用信用证可保证借款人到期还款；在赊销交易中，备用信用证可保证赊购人到期付款等。

第三，跟单信用证一般以符合信用证规定的货运单据为付款依据，而备用信用证一般只凭受益人出具的说明开证申请人未能履约的证明文件，开证行就要保证付款。

10.3.2 承诺类中间业务

承诺类中间业务是指商业银行在未来某一日期按照事前约定的条件向客户提供约定信用的业务，主要是指贷款承诺，包括可撤销承诺和不可撤销承诺两种。前者附有客户在取得贷款前必须履行的特定条款，在商业银行承诺期内，如果客户没有履行条款，则商业银行可撤销该项承诺；后者是商业银行不经客户允许不得随意取消的贷款承诺，具有法律约束力，包括票据发行便利、回购协议等。

贷款承诺（loan commitment）是指商业银行在未来某一日期按照事前约定的条件向客户提供约定数额贷款的业务。在客户满足贷款承诺中约定的提款先决条件的情况下，商业银行按约定的金额、利率、时间、期限等，满足客户的借款需要。贷款承诺协议还要明确贷款承诺的有效期。出具贷款承诺视同发放贷款，因此贷款承诺的授权与贷款的授权一致，审批程序也一致。由于贷款承诺具有法律约束力，商业银行要为此承诺准备资金，付出一定的成本，因此商业银行要向客户收取承诺费。

常见的贷款承诺有三类：

（1）定期贷款承诺（term loan commitment）。在定期贷款承诺下，借款人可以全部或部分地提用承诺金额，但只能提用一次。如果借款人不能一次提用所承诺的全部资金，那么该贷款承诺实际就降至已提的金额为止，贷款的期限通常与借款人提用承诺金额时的承诺剩余期一致。

（2）备用贷款承诺（standby commitment）。在备用贷款承诺下，借款人可多次提用，一次提用部分贷款并不会失去对剩余贷款承诺在剩余有效期内的使用权利。此外，当借款人开始偿还贷款后，即使偿还发生在承诺到期前，但已偿还的贷款部分也不能被再次提用。

（3）循环贷款承诺。在循环贷款承诺下，借款人在有效期内可多次提用，并且可反复使用已偿还的贷款，只要借款人在某时点使用的贷款不超过全部贷款承诺额即可。

票据发行便利（note issuance facilities，NIFs）是客户与商业银行缔结的具有法律约束力的一系列协议，商业银行承诺在一定时期内为客户的票据融资提供各种便利条件，以使票据发行顺利完成，使客户筹措到必要的资金。

用于票据发行便利的票据一般是短期票据，其期限多为3个月或6个月，但商业银行承诺提供票据发行便利的期间往往长达5～7年。

票据发行便利类似于将辛迪加贷款与证券化相结合的一种金融创新业务，可以有众多商业银行参与，这样既可以满足巨额资金的要求，又能避免由某一家商业银行单独向客户提供资金，从而有效分散信贷集中造成的风险。此外，提供票据发行便利的成本低于组织辛迪加贷款的成本，可以使商业银行获得更多的手续费收入；与此同时，该业务通常不在商业银行资产负债表中列示，从而避免了资产负债表上资产及相应资本金的增加。

票据发行便利有多种形式，如循环包销便利、可转让循环包销便利、无包销票据发行便利等，但对商业银行而言，主要是循环包销便利和无包销票据发行便利。

（1）循环包销便利（revolving underwriting facilities）。在这种形式下，包销的商业银行有责任帮助客户推销当期发行的短期票据。如果客户发行的短期票据在规定的期限内没有完全推销出去，商业银行就有责任运用自己的资金购买剩下的票据。循环包销便利实际上是票据发行人利用短期票据获取中期信贷，是辛迪加贷款的替代品。

（2）无包销票据发行便利是商业银行没有包销未售完票据的义务，商业银行可以将剩余的没有推销出去的票据退给客户。无包销票据发行便利出现的主要原因是：采取这种形式的客户往往具有很高的信用等级，他们完全有信心凭借自身的信誉就能售出全部票据，无须商业银行的包销承诺；与此同时，与包销票据发行便利相比，无包销票据发行便利可使商业银行承担更少的义务、更低的风险，从而为自己节省了一笔包销费用。

回购协议是指交易一方出售某种资产并承诺在未来特定日期按约定价格向另一方购回的一种交易方式。商业银行在回购协议交易中可以以两种身份出现：一是为解决头寸不足而暂时售出持有的证券并在以后按约定的价格、日期购回；二是商业银行购入其他机构持有的证券并在以后按约定的价格、日期回售给该机构，这也相当于该商业银行向该机构发放了一笔以证券作为抵押的短期贷款。

10.4 交易和投行类中间业务

10.4.1 交易类中间业务

交易类中间业务是指商业银行为满足客户保值或自身风险管理等方面的需要，利用合适的金融工具进行的资金交易活动，包括代客债券买卖、外汇买卖、结售汇、金融衍生产品买卖等取得汇差收入或手续费收入的业务。随着金融市场的进一步发展，商业银行还可以介入黄金、房地产买卖业务。商业银行在开展此类业务时不仅可以获得差价或手续费收入，而且可以吸收到保证金存款。

通常说来，金融衍生产品是指从原生资产（underlying assets）派生出来的金融工具，它是一种金融合约，其价值取决于一种或多种基础资产或指数，该金融合约的基本种类包括远期、期货、互换（掉期）和期权。由于许多金融衍生产品交易在资产负债表上没有相应的科目，因而也被称为“资产负债表外交易”（以下简称“表外交易”）。国际上金融衍生产品的种类繁多，活跃的金融创新活动接连不断地推出新的金融衍生产品。金融衍生产品还包括具有远期、期货、互换（掉期）和期权中一种或多种特征的结构化金融工具。目前，市场上令人眼花缭乱的针对机构和个人的外汇理财产品，其实质都是商业银行利用金融衍生产品交易进行资产负债管理，以降低商业银行潜在的利率、汇率风险，并帮助客户提高预期收益率。随着我国金融市场的进一步发展，金融衍生产品不断增多。2006 年 9 月 8 日，经国务院同意、中国证监会批准，中国金融期货交易所（CFFEX）在上海成立，并率先发行了沪深 300 指数期货。此后，我国的金融衍生产品交易规模迅速扩大，交易制度也越来越完善。2013 年 9 月 6 日，国债期货正式在中国金融期货交易所上市交易。2014 年 12 月 5 日，中国证监会就《股票期权交易试点管理办法（征求意见稿）》和《证券期货经营机构参与股票期权交易试点指引》向社会公开征求意见。2015 年 3 月 20 日，继 5 年期国债期货上市后，10 年期国债期货正式上市交易。2015 年 1 月，中国金融交易所启动了欧元兑美元交叉汇率期货与澳元兑美元交叉汇率期货仿真交易。2016 年 9 月 23 日，中国银行间市场交易商协会正式发布了《银行间市场信用风险缓释工具试点业务规则》及相关配套文件，在原有两种产品的基础上，推出了包括信用违约互换（CDS）在内的两种新产品。

10.4.2 咨询顾问类中间业务

咨询顾问类中间业务是指商业银行依靠自身在信息、人才、信誉等方面的优势，转让、出售信息，提供以企业并购、财务顾问等服务为主要内容的业务，并收取一定的服务费。商业银行运用自身所积累的大量信息资源，以专门的知识、技能和经验为客户提供所需的信息，并通过对这些信息以及商业银行和客户资金运动的记录及分析，形成系统的资料和合理的方案，然后提供给客户。

商业银行咨询顾问类中间业务根据业务性质的不同，大致可以分为评估型咨询业务、中介型咨询业务、综合型咨询顾问业务。评估型咨询业务主要包括投资项目评估、企业信用等级评估和验证企业注册资金等。中介型咨询业务主要包括资信调查、专项调查等咨询业务。综合型咨询顾问业务主要包括企业管理咨询、企业并购顾问、资产证券化、财务顾问、投资银行业务等。

10.4.3 资产证券化

【二维码】

资产证券化

资产证券化是指商业银行将具有共同特征的、流动性较差但能产生可预见现金流的创利资产，如抵押品和消费者贷款，在金融市场上以发行证券的方式出售。当这些资产带来现金流入时，比如当借款人向商业银行偿还本金和利息时，证券的持有人将从商业银行手中取得这部分收入。实际上，在商业银行贷款通过证券化转换为公开交易的证券后，对商业银行来讲，它可以通过证券化收回用于购买资产的投资，并用该投资再次取得新的资产，以弥补商业银行的部分经营成本（见图 10－1）。通常说来，作为证券化抵押品的消费者贷款，包括住房抵押贷款、汽车贷款、商业抵押贷款、信用卡应收款、不动产贷款、计算机租赁等。

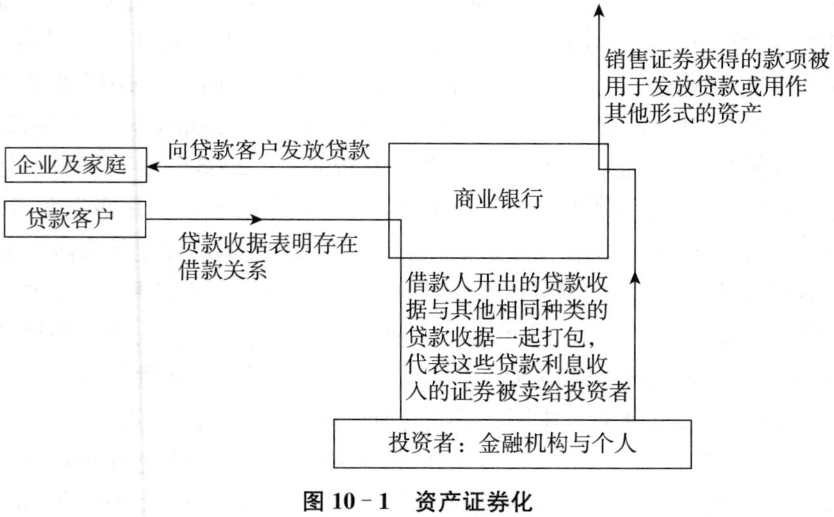

图 10－1 资产证券化

商业银行帮助客户进行资产证券化的详细过程可扫描二维码了解。

10.5 财富管理业务

10.5.1 商业银行财富管理业务概述

1. 商业银行财富管理业务的定义

财富管理（asset management）的内涵是“受人之托，代人理财”，其核心职责包括管理价值和管理风险两部分。管理价值是使客户的资产保值、增值，力争取得高收益；管理风险是把客户资产贬值的概率控制在一个合理范围内。商业银行的财富管理业务是指商业银行向客户募集资金或者接受客户委托，担任财富管理人，以客户财产保值、增值为目标，按照与客户的约定对其资产进行投资管理，并收取管理费用及业绩报酬的行为，投资人自担风险并获得收益。一般来说，中国的商业银行财富管理业务主要体现在为客户提供理财产品上。理财业务是商业银行针对消费者的需求，以增加资产收入为目的，为消费者提供的一种专业服务。

2. 商业银行财富管理业务的性质

财富管理业务不在商业银行的资产负债表中体现，其本质是一种表外业务。因此，当商业银行受到客户的委托、为客户进行财富管理时，并不需要自身去承担投资的风险，而是由投资人自担风险并获得收益，商业银行从中收取约定的管理费用及业绩报酬。通常说来，客户所获得的收益率没有确定的数额，商业银行也不为客户收益和本金进行任何担保，这显著区别于商业银行的储蓄业务。

与基金、券商、信托等其他财富管理机构相比，商业银行的财富管理业务有其自身的特殊性，商业银行的财富管理业务模式主要包括理财产品、受托投资和投资顾问等。商业银行的财富管理业务与第8章中提到的证券投资业务从操作层面上看具有相似性，但两者的本质不同。证券投资业务是商业银行的自营业务，即使用自有资金，投资于信用等级高的债券或票据等，其投资收益和风险由商业银行自行承担。财富管理业务是“受人之托，代人理财”业务。虽然自营业务和财富管理业务的性质不同，但它们都需要商业银行不断提高对于证券投资的管理水平。

3. 商业银行发展财富管理业务的意义

从商业银行的层面看，发展财富管理业务可以推动银行业经营模式转型，构建银行业的新盈利模式，增强银行业经营的多元化程度和竞争力。具体来看，商业银行发展财富管理业务有以下重要意义：

第一，推动商业银行经营模式的转变，即向“轻资本”业务转型。在利率市场化和金融脱媒的推动下，存贷款利差不断缩小，商业银行面临着巨大的转型压力，迫切需要从以传统的存贷款业务为主转向拓展中间业务、不占用或少占用资本的业务。财富管理业务正是由于其“轻资本”的特性，成为商业银行的增长模式由粗放式的资产规模扩张型向集约式的资本节约型转变的重要途径。随着《巴塞尔协议Ⅲ》的实施，商业银行补充资本的压力越来越大，在依靠内部利润增长方式补充资本的速度放缓及通过资本市场再融资逐渐困难的情况下，发展财富管理业务已成为商业银行主动调整经营战略的重要着力点。

第二，提高商业银行综合化经营的深度，充分发挥规模经济和范围经济效应。综合化经营的意义在于多元化收入来源和提高综合竞争力，而其核心是以客户需求为导向，通过为客户提供不断创新的综合化金融产品，可以提升商业银行的综合竞争力。财富管理业务是一项综合性业务，不仅涉及商业银行内部的诸多环节（从分行到总行、从负债到资产等），能够实现表内外联动、投融资一揽子方案，而且涉及与商业银行以外的其他机构之间的合作，能够达到整合和综合化经营的效果。

第三，有助于提高商业银行的投资管理能力和核心竞争力。从国际范围来看，全球主要商业银行凭借信息科技优势、专业人才优势和研发能力优势，纷纷开展商业银行的财富管理业务。商业银行的财富管理业务已成为其非利息收入的主要来源以及核心竞争力的关键。如果商业银行仍然局限于传统的存贷款业务，将在激烈的国际竞争中失去竞争力。

第四，理财产品是连接直接融资工具和居民财富的桥梁，在社会融资中占有重要地位。商业银行通过理财产品募集资金，而后投资于债券、股票以及各类融资项目等直接融资工具，从而打通了客户投资直接融资市场的渠道，成为连接直接融资和居民财富的桥梁，对于改善社会融资结构发挥了重要的作用。

4. 我国商业银行财富管理业务的发展概况

我国商业银行财富管理业务的发展过程可分为四个阶段：

（1）2002—2005 年：起步阶段。2002—2005 年国内商业银行的理财业务在摸索中起步，股份制商业银行率先发力。2002 年 9 月，光大银行推出美元结构性存款业务，成为国内第一款真正意义上的银行理财产品。2003 年 8 月，中国建设银行发行面向个人客户的外汇结构性存款。2004 年 9 月，光大银行推出“阳光理财 B 计划”，成为国内首只人民币理财产品，其他银行快速跟进，纷纷试水银行理财产品。

在这一阶段，商业银行的理财业务发展以探索为主，其理财产品的规模小、种类少，绝大部分为结构化产品。由于业务形式尚未成形，商业银行的理财业务处于野蛮生长状态，相关的监管制度和政策缺位。

（2）2005—2012 年：快速发展阶段。由于社会理财需求旺盛和商业银行的经营转型，推动商业银行的理财业务在这一阶段实现了快速发展。银行理财产品的发行规模迅速扩大，品种逐渐多样化。在 2007 年以前，银行理财产品以保本保收益型为主，其产品期限相对较长，商业银行主要依靠信用利差获取收益。在 2007 年后，银行理财产品逐渐向短期限产品发展，开放式、短期限理财产品的比重不断上升。部分理财产品的运行模式转向资金池模式，商业银行需要实现从资产端到产品端的期限错配，主要依靠信用利差与期限利差获得收益。

在监管方面，2005 年 9 月银监会相继颁布了《商业银行个人理财业务管理暂行办法》和《商业银行个人理财业务风险管理指引》，从而构建了对商业银行财富管理业务进行监管的基本制度框架。此后，监管当局陆续推出了多个规定，用以对商业银行的理财业务进行规范，包括产品的销售、投资、信息披露、合作机构、会计核算等，但商业银行又开发出了更多的交易结构以规避对传统银信、银证合作的监管。

（3）2013—2017 年：财富管理阶段。随着财富规模的不断扩大和投资意识的增强，居民对金融资产保值、增值和多元化配置的要求日益强烈，在我国金融市场尚不发达，股票、基金风险相对较大，居民投资渠道有限的情况下，银行理财产品成为居民金融资产中越来越重要的部分。根据《中国银行业理财市场年度报告（2017 年）》，截至 2017 年底，银行业理财市场共有 28.46 万只理财产品发生兑付（其中有 23.01 万只理财产品到期），理财产品累计兑付客户收益 11 854.5 亿元，较 2016 年增长 2 081.8 亿元，增幅为 21.30%。其中，个人投资者获取收益 6 667.5 亿元。

商业银行理财业务的快速发展，在改进商业银行经营模式、拓宽居民投资渠道和支持实体经济融资需求等方面发挥了积极作用。但是，规则差异、产品嵌套等问题也逐渐显现，表明市场秩序有待规范。在监管当局疏堵结合的引导下，银行理财产品自 2013 年起逐渐回归代客理财的本质，也就是商业银行的理财业务向财富管理转型，商业银行迎来了“大资管时代”。

(4) 2017年以后：规范发展阶段。在实践中，由于相关金融监管政策落后于财富管理行业的发展，导致部分财富管理业务的发展不规范，出现了逃避监管、监管套利等问题。2017年11月17日，中国人民银行联合银监会、证监会、保监会、国家外汇管理局发布了《关于规范金融机构资产管理业务的指导意见（征求意见稿）》，这是首个针对整个财富管理行业的框架性指导文件，对塑造行业规则具有重要意义。2018年4月27日，中国人民银行、银保监会、证监会、国家外汇管理局正式联合发布《关于规范金融机构资产管理业务的指导意见》（以下简称《资管新规》）。《资管新规》以净值化、去通道、去杠杆为核心，在其发布后，商业银行的理财业务规模增速有所放缓、理财产品的发行量降低、银行业的整体规范化程度大大提升。2022年1月1日，《资管新规》的过渡期结束，在我国正式实施。

10.5.2 商业银行财富管理业务的内容

商业银行财富管理业务涉及货币市场工具类产品、债权类资产、非标准化债权类资产、股票基金类产品、权益类投资、大宗商品、代客境外理财类产品、另类投资和结构性产品等诸多产品线，为企业和居民提供了较多的金融投融资选择。

1. 货币市场工具类产品

货币市场工具类产品能够满足投资人对现金管理的需求，投资人可根据自身情况灵活申赎，赎回资金通常能够实现T日实时或T+1日快速到账，具有安全性好、流动性强、收益稳定的特点。例如，中国工商银行推出的“灵通快线”理财产品，兴业银行推出的“现金宝”理财产品，光大银行推出的“活期宝”理财产品，北京银行推出的“天天金”理财产品，上海银行推出的“易精灵”理财产品等。

2. 债权类资产

债权类资产属于固定收益类资产。债权类资产是在商业银行财富管理业务中需要重点配置的资产类型之一，在商业银行理财投资产品中的占比通常最高。债权类资产可分为标准化债权类资产（债券）和非标准化债权类资产。根据《中国银行业理财市场年度报告(2021年)》，截至2021年底，标准化债权类资产的配置比例为68.39%，非标准化债权类资产的配置比例为8.40%。

3. 权益类投资

与固定收益类资产相比，权益类投资具有“高风险、高收益、高流动性”的特征。常见的权益类投资产品包括股票、股票基金、指数基金、FOF和阳光私募等。[①] 这些权益类投资产品主要投资于二级市场。

创新型权益类投资产品包括新股发行、定向增发和并购等，主要由机构投资者参与投资。这类产品的特点是中等风险、稳健收益、中低流动性，它在牺牲一定流动性的前提下，可以有效降低风险并获取收益。

---

① 其中，指数基金属于被动管理型产品，基金管理人的投研实力对产品净值的表现影响不大。正是基于被动管理的特性，非专业投资者也可以利用指数基金获取可观的收益。FOF (fund of funds) 是一种专门投资于其他投资基金的基金，它与普通股票型基金最大的区别在于，它通过专业机构对基金的筛选，帮助投资者购买一揽子基金，专家的二次精选有效降低了非系统性风险，其收益可能低于单只基金，但做到了收益和风险的平衡。

4. 大宗商品

大宗商品是指可以进入流通领域，但非零售环节，具有商品属性并用于工农业生产与消费的大批量买卖品。对于大宗商品的涵盖范围，目前并没有绝对的共识，大家相对比较认可的大宗商品主要包括能源类、金属类（亦可扩展到原材料类）和农产品类，近年碳排放权等特种大宗商品交投也开始活跃。

具体说来，能源类大宗商品主要包括石油、煤、天然气等；金属类大宗商品可以分为基本金属（铜、铝、铅、锌和镍等）和贵金属（黄金、白银、铂金和钯金等）；农产品类大宗商品分为谷物（玉米、小麦、大豆等）、牲畜肉类（牛、羊等）和软商品（糖、咖啡、可可等）。其中，能源类大宗商品和金属类大宗商品易存储且与工业生产密切相关，所以具有很强的抗通货膨胀属性和周期属性。

5. 其他类理财产品（另类投资）

其他类理财产品（另类投资）的投资标的包括艺术品、古董、酒类、手表、影视剧、茶叶、房地产等投资品，其投资结构与收益形式可灵活设置，并可附加实物行权权益，以满足客户对特定领域的投资需求。

10.5.3 商业银行财富管理业务的风险

1. 风险的种类和特征

（1）信用风险。债权类资产是商业银行财富管理业务的主要投资方向，但该类投资面临一定的信用风险。此外，银行理财产品还因投资于其他金融资产而面临间接的信用风险。需要注意的是，与贷款的信用风险不同，商业银行财富管理业务面临的信用风险并不需要由商业银行来承担。

（2）市场风险。与商业银行的表内投资受到严格限制不同，财富管理业务属于商业银行的表外业务，因此投资品种较为丰富，受市场风险的影响也较大。例如，商业银行的理财资金可以以间接、直接方式进行包括股票质押式回购、结构化定增、结构化配资等各种形式的权益类投资，因而商业银行理财资产的价值受股票、权益类资产的价值波动影响较大。

（3）流动性风险。商业银行的理财业务也存在久期不匹配的问题，特别是在理财业务发展不规范时。目前，市场上大多数理财产品的期限较短，即平均久期较短，而理财资金投资标的的期限较长，即平均久期较长。这种久期错配容易引起商业银行理财产品的流动性风险。导致期限错配的原因主要有两方面：第一，理财资产配置中流动性资产所占的份额较低，当客户兑付现金时，投资组合中的资产无法及时、足额变现。第二，同业业务在理财资金投资中的占比过高。在资金紧张时，各商业银行有可能同时面临流动性不足的问题，从而加剧整个行业的流动性风险。

（4）合规操作风险。由于不遵循合规操作，商业银行的财富管理业务容易演变成“影子银行”，极易引发相关风险。例如，商业银行没有做到理财产品与所投资资产相对应，那么每只理财产品无法单独建账、核算和管理。理财产品与所投资资产的不对应会导致权责不清，并使已投资资产的信用风险隶属关系也不明确，不能真正实现“买者自负，卖者有责”。如果商业银行投资的资产发生信用风险，由于理财产品与所投资资产不对应，将无法明确该笔资产的具体投资人。有时，理财产品在设计和运作上存在明显的规避监管意图，导致合规性风险加大。

（5）声誉风险。声誉风险是指由经营、管理及其他行为或外部事件导致利益相关方对商业银行做出负面评价的风险，通常涉及商业银行的道德、安全、可持续性、质量和创新。当较大规模的理财产品在兑付时出现违约，或者理财产品的本金遭受严重亏损，甚至发生违反规定的情况，都会使商业银行的名誉遭受不利影响。在如今信息传播极其迅速的情况下，有可能造成连锁反应，导致发生社会群体性事件。

2. 风险防控

近年来，商业银行财富管理业务的规模不断扩大，并与信托、证券等相互交融，从而增加了风险传染的可能性。为此，我们需要采取相应的风险防控措施。

（1）提高商业银行财富管理业务的信息透明度。加强商业银行财富管理业务的信息披露和透明度，比如加强披露全面风险敞口、关联性、融资集中度等，从而有利于帮助市场参与主体更好地监督这些业务，及时吸收任何新信息并做出可靠决策，防止突发的市场信心缺失的状况发生。对于理财业务，商业银行应履行提前告知和及时通知义务，并向客户完全披露理财产品的相关属性，包括产品类型、风险等级、资产投向、收益支付等内容。在涉及客户切身利益的事项时，不能使用含糊不清、模棱两可的表述。与此同时，商业银行要在理财产品的整个存续期内，确保与理财产品说明书相关的一切信息的完备性，做好售前、售中、售后阶段的跟踪服务。

（2）增强商业银行财富管理业务参与者的投资意识。商业银行财富管理业务的参与者主要有商业银行和投资者，商业银行作为财富管理业务的供给者，投资者作为财富管理业务的需求者，双方都应该提高投资风险意识。商业银行在开发和销售理财产品的过程中，不能只考虑销量而忽视潜在的风险，要加强基层人员的专业素质和对理论知识的学习。对于可控的风险，商业银行应通过严格的制度安排和内部控制体系将风险降到最低；对于不可控的风险，商业银行应通过充分、完备的信息披露，最大限度地提示风险，保障客户的利益。商业银行有责任和义务为普通客户揭示金融理财产品的风险，进行专业的理财知识讲解，从而提高公众的认知水平、提升客户的投资理念，并及时跟踪和处理客户的反馈信息，最终达到帮助客户成功地管理和规避理财产品风险的目的。

（3）提升商业银行主动投资管理的能力。为了逐步打破商业银行理财产品的刚性兑付，让理财业务回归“受人之托，代人理财”的本质，使客户在真正意义上承担风险，实现理财产品风险与其收益的匹配，理财业务未来的发展方向是由预期收益型产品向净值型产品转型。在向净值型产品转型的过程中，一项重要的议题是资产价格的公允变化能够反映基础资产的风险。为了有效应对市场风险，商业银行需要不断提升对理财产品募集资金的主动投资管理能力，逐步探索和构建市场化的投资组合与风险防范机制，拓宽理财产品的投资种类与范围，而后通过对主动投资组合的优化管理，及时把握市场投资机会，为投资者提供综合金融服务。

【二维码】

我国对商业银行财富管理业务的监管

纵观历年来的监管政策文件，可以看出监管部门对商业银行财富管理业务有如下三个监管趋势：

1）控制业务规模。2016年10月，中国人民银行发布《关于将表外理财业务纳入“广义信贷”测算的通知》，指出中国人民银行宏观审慎评估体系（MPA）从2017年第一季度开始将表外理财业务纳入广义信贷考核。广义信贷属于MPA考核资产负债情况中资产端的组成部分，具体考核广义信贷增速与目标M2增速的偏离度——若不达标，相关商业银行将被划为C类机构。在表外理财业务纳入广义信贷考核后，商业银行考虑到理财资金成本要大于表内负债端的资金成本（理财产品的收益率一般大于同期存款利率），为满足考核指标，商业银行会首先考虑压缩理财业务的规模，导致理财业务的扩张速度放缓、规模压缩。与此同时，由于商业银行不断发展理财业务的初衷，大多是为了通过理财资金将表内信贷资产腾挪至表外，以规避监管和调控。中国人民银行将表外理财业务纳入MPA考核，意味着表外理财业务与表内信贷业务将一视同仁，致使商业银行规避监管的动力减弱，这也会导致商业银行的理财业务增长放缓。

2）实施“穿透式监管”。“穿透式监管”是指透过金融产品的表面形态，看清金融业务和行为的实质，将资金来源、中间环节与最终投向连接起来，按照“实质重于形式”的原则甄别金融业务和行为的性质，然后根据产品功能、业务性质和法律属性明确监管主体及适用规则，对金融机构的业务和行为实施全流程监管。一些商业银行发行的理财产品，通过层层嵌套的手法，掩盖了资金的真实去向，使得大量资金在金融、资本市场空转，没有进入实体企业，而且它们利用交易结构的复杂，掩盖了资金的终极投向，因而蕴含着风险。实施“穿透式监管”，有助于监管部门直接将理财产品的负债和资产进行匹配，过去通过多层嵌套违规加杠杆和其他监管套利的行为都将受到冲击。

3）引导回归财富管理本质。一些商业银行的理财业务在发展过程中，逐渐偏离了财富管理业务属性，将表外理财资金通过信托计划、财富管理计划等通道投资到信贷资产等非标准化产品中，实质是向企业放贷，并向理财产品的投资人承诺固定的本金和利息，即刚性兑付，也就是商业银行承担了信用风险和流动性风险，从而违背了财富管理的本质原则。更严重的是，在这种业务模式下，虽然商业银行承担了刚性兑付和信贷资产投资的风险，却按照表外理财业务进行管理，因而不计提拨备和资本占用，不计算不良率，不规避高风险行业的资金投向，进而可能导致监管统计数据失真，并引发难以预料的风险事件。因此，监管部门不断出台相关政策，引导银行理财业务回归财富管理业务的本质。

银监会发布的《2014商业银行理财业务监督管理办法（征求意见稿）》包含了引导商业银行的理财业务回归财富管理业务本质的内容，如非标准化资产回表、非标准化资产不允许错配、建立风险准备制度等。但是，由于种种原因，该征求意见稿一直未得到真正实施。2016年7月，银监会下发了《2016商业银行理财业务监督管理办法（征求意见稿）》，这意味着自2014年12月以来搁置的商业银行理财业务监管新规征求意见工作正式重启。该文件的主要内容包括：对商业银行理财业务进行分类管理、禁止发行分级产品、禁止资金池操作等。实际上，这也是对财富管理业务实质的重申。

2018年4月27日，中国人民银行、银保监会、证监会、外汇管理局联合印发了《关于规范金融机构资产管理业务的指导意见》（以下简称《资管新规》），标志着进入了财富管理行业受到统一监管的新时代。表10－1列出了《资管新规》的主要内容。在《资管新规》发布后，银行理财业务的基础性规范制度逐渐形成，该阶段出台的文件有《商业银行理财业务监督管理办法》（以下简称《理财新规》）和《商业银行理财子公司管理办法》

(以下简称《理财子公司管理办法》),两者成为商业银行及理财公司开展商业银行理财业务的基础性、纲领性制度文件。从《资管新规》、《理财新规》和《理财子公司管理办法》三者的关系上看,《资管新规》是顶层管理框架,为各类资产管理产品设立了统一的监管标准;《理财新规》是《资管新规》的配套实施细则;《理财子公司管理办法》是《理财新规》的配套制度。商业银行开展理财业务需要同时满足《资管新规》和《理财新规》的监管要求,而理财子公司在开展业务时则需要同时遵守《资管新规》、《理财新规》和《理财子公司管理办法》。

从2019年开始到过渡期终止,针对银行理财业务转型中的重点、难点,我国的理财监管制度不断细化完善,相继出台了《关于进一步规范商业银行结构性存款业务的通知》、《商业银行理财子公司净资本管理办法(试行)》、《标准化债权类资产认定规则》、《理财公司理财产品销售管理暂行办法》、《关于规范现金管理类理财产品管理有关事项的通知》、《资产管理产品相关会计处理规定(征求意见稿)》和《理财公司理财产品流动性风险管理办法》等配套细则文件,围绕"打破刚兑、去通道、去嵌套、去套利"的监管目标,这些针对银行理财领域发布的监管政策涉及从纲领性框架到具体业务细则等各个方面,使得以银行理财公司为重点的制度体系正在加速形成。

表10-1 《资管新规》的主要内容

监管	要求	方向
刚性兑付	不得承诺保本保收益,鼓励净值化管理,鼓励市值法估值,部分封闭式产品可用摊余成本法	重点监管
资金池	单独管理、单独建账、单独核算,加强对期限错配的流动性风险管理	重点监管
标准化债权资产	定义更加严格,需要满足等分化、可交易、信息披露充分、集中登记、独立托管等关键要素	重点监管
期限错配	封闭式财富管理产品的期限不得低于90天;财富管理产品直接或间接投资于非标准化债权类资产的,非标准化债权类资产的终止日不得晚于封闭式财富管理产品的到期日或者开放式财富管理产品的最近一次开放日	趋严
通道业务	金融机构不得为其他金融机构的财富管理产品提供规避投资范围、杠杆约束等监管要求的通道服务	重点监管
多层嵌套	财富管理产品可以再投资一层财富管理产品,但所投资的财富管理产品不得再投资公募证券投资基金以外的财富管理产品	趋严
结构化产品	公募产品和开放式私募产品不得进行份额分级	去杠杆
穿透式监管	对于多层嵌套财富管理产品,向上识别产品的最终投资者,向下识别产品的底层资产(公募证券投资基金除外)	趋严
过渡期	到2020年底(后延长至2021年底)	平稳过渡

从长期来看,《资管新规》有助于降低财富管理行业的杠杆水平、消除监管盲区、引导金融机构认准行业发展的正确方向,但在短期内会对商业银行财富管理业务的现有模式产生冲击,如改变银行理财现有的产品体系、客户结构及股权投资模式,影响新增非标准

化资产投资、财富管理业务现有的运行模式、部分产品的投资模式以及新增股权和对冲基金投资。结合《资管新规》所带来的影响，商业银行可从投研、产品、风控三个方面进行转型，切实提高针对各类资产特别是标准化资产的投研能力，依靠资产配置和估值规则来创造稳定的投资收益；开发并完善以绝对收益目标为主的净值型产品体系；构建与净值型产品和标准化资产相适宜的全面风险管理体系。

表10-2～表10-5为中国工商银行的中间业务收入及中国银行、中国建设银行和中国农业银行的手续费及佣金收入。

复习思考题

1. 什么是商业银行的中间业务？
2. 商业银行发展中间业务有什么意义？
3. 中间业务的种类如何划分？
4. 各类中间业务的特点是什么？
5. 商业银行的财富管理业务包含哪些内容？

表 10-2　2011—2021 年中国工商银行中间业务收入

单位：人民币百万元

项目	2011 年	2012 年	2013 年	2014 年	2015 年	2016 年	2017 年	2018 年	2019 年	2020 年	2021 年
银行卡	17 268	23 494	28 533	35 133	37 684	37 670	38 692	43 719	21 764	18 623	16 679
个人理财及私人银行	21 264	16 760	18 231	20 676	35 910	37 625	32 846	27 596	27 337	29 630	30 001
结算、清算及现金管理	25 410	27 499	30 513	30 422	27 986	26 108	26 820	31 785	37 321	39 101	41 270
投资银行	22 592	26 117	29 486	30 474	26 791	25 024	23 189	24 002	23 860	21 460	22 416
对公理财	9 269	10 018	12 611	14 929	18 305	20 440	18 984	14 582	14 024	15 554	15 165
担保及承诺	5 101	2 848	4 357	4 614	4 687	5 950	6 818	8 861	10 836	10 101	9 756
资产托管	5 892	5 974	6 893	5 923	5 544	6 893	6 731	7 045	7 004	7 545	8 738
代理收付及委托	1 376	1 623	1 857	2 019	1 979	1 907	1 805	1 959	1 590	1 617	1 808
其他	905	1 548	2 069	2 488	2 784	3 097	2 781	2 798	2 614	3 037	2 894
手续费及佣金收入	109 077	115 881	134 550	146 678	161 670	164 714	158 666	162 347	146 350	146 668	148 727
减：手续费及佣金支出	7 527	9 817	12 224	14 181	18 279	19 741	19 041	17 046	15 777	15 453	15 703
手续费及佣金净收入	101 550	106 064	122 326	132 497	143 391	144 973	139 625	145 301	130 573	131 215	133 024

资料来源：中国工商银行年报。

表 10-3　2011—2021 年中国银行手续费及佣金收入

单位：人民币百万元

项目	2011 年	2012 年	2013 年	2014 年	2015 年	2016 年	2017 年	2018 年	2019 年	2020 年	2021 年
银行卡手续费	10 747	14 952	17 312	21 567	24 215	24 054	25 798	29 943	16 013	13 825	12 717
代理业务手续费	12 139	14 171	17 546	19 973	24 481	24 178	23 310	20 212	20 320	25 367	29 875
信用承诺手续费及佣金	13 268	11 099	13 294	16 112	16 541	15 426	15 090	13 181	12 746	11 912	11 868
结算与清算手续费	12 389	14 051	15 196	14 815	11 888	11 113	12 323	13 670	14 713	14 383	15 371
外汇买卖差价收入	8 545	6 808	7 147	7 610	7 388	7 149	8 083	7 740	7 154	5 871	5 520
顾问和咨询费	6 507	5 690	9 574	8 835	5 757	5 701	5 615	3 534	4 446	3 535	4 576
托管和其他受托业务佣金	1 809	2 371	2 874	3 426	3 677	3 397	3 527	3 597	4 120	4 831	6 400

续表

项目	2011 年	2012 年	2013 年	2014 年	2015 年	2016 年	2017 年	2018 年	2019 年	2020 年	2021 年
其他	4 614	6 056	5 642	6 200	6 958	7 301	7 054	8 120	8 587	8 916	8 126
手续费及佣金收入	70 018	75 198	88 585	98 538	100 905	98 319	100 800	99 997	88 099	88 640	94 453
减：手续费及佣金支出	5 356	5 275	6 493	7 298	8 495	9 655	12 109	12 789	14 287	13 118	13 027
手续费及佣金净收入	64 662	69 923	82 092	91 240	92 410	88 664	88 691	87 208	73 812	75 522	81 426

资料来源：中国银行年报。

表 10-4　2011—2021 年中国建设银行手续费及佣金收入

单位：人民币百万元

项目	2011 年	2012 年	2013 年	2014 年	2015 年	2016 年	2017 年	2018 年	2019 年	2020 年	2021 年
银行卡手续费	14 910	20 137	25 783	30 569	34 960	37 649	42 242	46 192	52 620	21 374	21 148
理财产品业务收入	7 907	9 381	10 680	10 856	14 457	20 537	20 040	11 113	12 899	13 398	18 550
代理业务手续费	14 210	12 772	12 395	13 204	19 994	20 025	16 256	16 044	16 894	17 366	19 283
结算与清算手续费	13 484	11 423	12 422	13 630	13 166	12 612	13 211	12 101	12 267	12 542	13 220
托管及其他受托业务佣金	7 732	8 380	9 135	8 837	9 942	11 174	11 857	12 748	14 194	15 593	17 284
顾问和咨询费	17 488	19 722	21 130	18 640	13 656	11 368	9 906	10 441	10 331	11 577	11 658
电子银行业务收入	4 246	4 760	5 740	6 407	6 684	7 584	9 341	18 585	25 666	29 007	28 942
担保手续费	2 495	1 931	1 886	2 084	2 490	2 938	3 330	3 414	3 633	3 917	3 981
信用承诺手续费	2 369	2 636	2 741	3 131	3 138	1 830	1 525	1 573	1 449	1 309	1 358
其他	4 653	5 076	5 520	4 880	2 917	2 146	3 614	5 806	5 309	5 429	3 213
手续费及佣金收入	89 494	96 218	107 432	112 238	121 404	127 863	131 322	138 017	155 262	131 512	138 637
减：手续费及佣金支出	2 500	2 711	3 149	3 721	7 874	9 354	13 524	14 982	17 978	16 930	17 145
手续费及佣金净收入	86 994	93 507	104 283	108 517	113 530	118 509	117 798	123 035	137 284	114 582	121 492

资料来源：中国建设银行年报。

表 10-5　2011—2021 年中国农业银行手续费及佣金收入

单位：人民币百万元

项目	2011年	2012年	2013年	2014年	2015年	2016年	2017年	2018年	2019年	2020年	2021年
结算与清算手续费	19 696	20 617	22 760	21 123	17 714	16 715	11 113	10 680	11 443	11 129	11 094
顾问和咨询费	19 489	16 017	16 371	11 031	8 892	9 050	8 358	8 876	10 109	11 174	11 644
代理业务手续费	11 830	18 630	21 651	22 945	28 628	39 377	22 773	20 929	19 801	21 043	23 677
银行卡手续费	10 828	12 559	15 929	19 279	20 689	20 108	22 699	25 586	30 181	14 702	15 435
电子银行收入	4 461	5 364	6 564	7 379	8 962	9 993	14 595	19 640	25 209	26 169	30 476
承诺手续费	2 855	2 228	2 687	2 807	2 547	2 263	2 094	1 782	1 895	1 875	1 980
托管及其他受托业务佣金	1 672	2 495	3 338	3 114	2 857	3 119	3 368	3 598	3 899	4 435	3 832
其他	693	663	397	205	205	194	257	434	474	639	583
手续费及佣金收入	71 524	78 573	89 697	87 883	90 494	100 819	85 257	91 525	103 011	91 166	98 721
减：手续费及佣金支出	2 774	3 729	6 526	7 760	7 945	9 884	12 354	13 384	16 085	16 621	18 392
手续费及佣金净收入	68 750	74 844	83 171	80 123	82 549	90 935	72 903	78 141	86 926	74 545	80 329

资料来源：中国农业银行年报。

第 11 章

商业银行的国际业务

【导言】

我国是世界最大贸易国和第二大直接投资国，每天都有数以万计的企业和个人通过外汇买卖，进行进出口贸易、出国旅游、跨境电商、跨境投融资活动，这些外汇收支构成商业银行的国际业务。国际业务是指商业银行以外币为载体开展的业务或涉及非居民、居民跨境开展的业务，包括国际结算、融资和资金类业务。随着人民币国际化进程的不断推进，商业银行以人民币为载体的国际业务规模不断扩大。国际业务具有专业性强、收益较高的特点，可以提供全面、精准及差异化的国际业务，有助于商业银行提高产品创新能力、国际化专业水平，促进其收入多元化，增强商业银行的市场竞争优势。

【学习目标】

1. 了解国际结算业务、主要产品和结算方式。
2. 了解外汇买卖业务种类，掌握即期、远期、期货、期权等主要产品的特征。
3. 了解国际信贷业务的主要种类和产品特征。
4. 了解和掌握商业银行的跨国经营方式、业务与风险管理。

【核心概念】

光票托收	远期外汇买卖	福费廷	项目融资
银团贷款	全球现金管理业务	子行	

11.1　国际结算与现金管理业务

11.1.1　国际结算的原则及工具

国际结算（international settlement）业务是指商业银行以货币收付来清偿债权与债务

关系及实现资金转移的行为。国际结算必须通过本行的海外联行、代理行等，即通过遍及全球的银行网络来传递支付信息、完成资金转账。高效、安全的国际结算是企业顺利进行对外贸易和国际投资的关键。

根据交易背景，国际结算可分为国际贸易结算与国际非贸易结算，国际贸易结算是商业银行国际结算业务的核心。根据资金运送方式，国际结算可分为现金结算和非现金结算。随着线上渠道的普及，非现金结算成为主流，并占据了主导地位。

商业银行在进行国际结算时遵循以下原则：①同一商业银行的支票应内部转账；②不同商业银行的支票应交换转账；③按时合理付汇；④安全迅速收汇。

国际结算的支付工具是票据，通过相互抵账方式来结算国内外的债权与债务关系。票据是具有一定格式，由出票人签发的无条件约定自己或要求他人支付一定金额，并经过背书可以转让的书面支付凭证。票据一般包括汇票（bill of exchange，draft）、本票（promissory note）和支票（cheque）。国内结算以支票为主，而国际结算以汇票为主，本票和支票居于次要地位。随着电子支付的兴起，国际结算越来越多地使用虚拟支付工具。常见的国际结算支付工具如下：

（1）汇票。汇票是指一个人向另一个人签发的，要求对方于见票时或在将来的一定时间内对某人或持票人支付一定金额的无条件书面支付命令。汇票的流通使用要经过出票、背书、提示、承兑、付款等法定程序。如果汇票遭到拒付，持票人可做成拒付证书，依法行使追索权。对于汇票来说，按出票人的不同可分为银行汇票和商业汇票，按承兑人的不同可分为银行承兑汇票和商业承兑汇票，按付款时间的不同可分为即期汇票和远期汇票，按有无附属单据可分为光票和跟单汇票。

（2）本票。本票是指一个人向另一个人签发的，保证于见票时或于一定时期向收款人或持票人支付一定金额的无条件书面允诺。本票的当事人只有两个，即出票人和收款人。出票人就是付款人，故本票无须承兑，这是本票与汇票的根本区别。本票分为一般本票和银行本票。一般本票的出票人是企业和个人，银行本票的出票人是银行。一般本票可以开成即期的或远期的。有的银行本票是见票即付，不存在收款人，其流通性与纸币相似。

（3）支票。支票是指以商业银行为付款人的即期汇票。具体说来，支票是商业银行的活期存款户对商业银行签发的要求商业银行从其活期存款账户上对指定人或持票人即期支付一定金额的无条件支付命令。本票、支票和汇票的区别在于：支票只可以充当支付工具，一般不能充当信用工具（透支情形除外），而本票和汇票既可以充当支付工具，又可以充当信用工具。

（4）银行卡。银行卡是由商业银行发行的、供客户办理存取款业务的新型服务工具的总称。

（5）数字支付工具。随着数字经济的高速发展，数字支付工具得到了广泛应用。网上银行、手机银行、第三方支付平台成为主要的国际结算渠道，开始越来越多地使用数字支付工具，同时传统支付工具正在加速数字化转型。

11.1.2 国际结算的基本方式

根据使用票据的不同，国际结算有三种基本形式，即汇款、托收、信用证，在此基础上还衍生出了银行保函、保付、担保、保理等形式。信用证是使用最广泛的国际结算方式，全球国际贸易结算的50%、我国国际贸易结算的70%都采用信用证方式。

1. 汇　款

按照介质的不同，汇款分为电汇、信汇和票汇。

(1) 电汇。电汇是指汇出行受汇款人的委托，用加押电报或电传通知汇入行向收款人解付汇款的方式。电汇具有资金转移速度快、效率高、成本低、安全性好等诸多优点，绝大多数汇款业务均采取电汇方式。电汇方式的流程见图11-1。

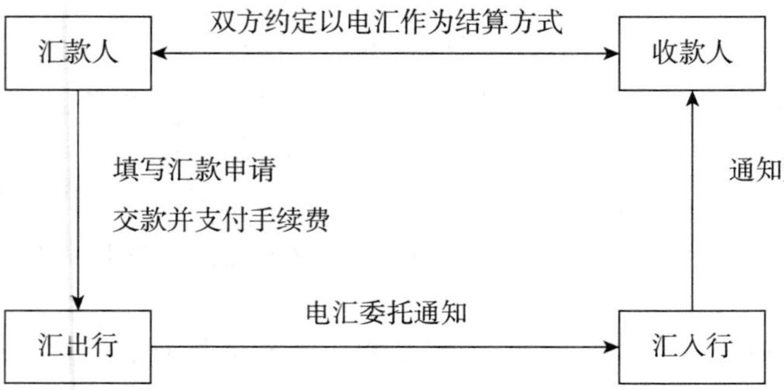

图11-1　电汇方式的流程图

(2) 信汇。信汇是指汇出行受汇款人的委托，用邮寄信汇委托书的方式委托汇入行向收款人解付汇款。信汇与电汇的区别在于：一是汇款凭证不同，信汇委托书是汇出行委托汇入行解付汇款的信用凭证；二是在汇出行签发信汇委托书时须经汇出行有权签字人签字证实而不必加注密押。汇入行在收到信汇委托书后，经核对签字相符，即可向收款人解付汇款。三是信汇委托书是由汇出行通过航空邮寄给汇入行的，速度较电汇慢，汇费也低一些。

(3) 票汇。票汇是指汇出行受汇款人的委托，开立以汇入行为付款人的银行即期汇票，交由汇款人自行寄送收款人，并凭此向汇入行提取款项的方式。票汇速度更慢，因此其费用比电汇、信汇都低。

2. 托　收

托收是由债权人（出口商）主动向国外的债务人（进口商）开立汇票，并委托本地外汇银行通过其在国外的分行或代理行，向债务人收取款项的一种结算方式。

按照是否附有货运单据，托收分为光票托收和跟单托收。根据代收行交付货运单据给付款人的不同条件，可以分为付款交单和承兑交单两种付款条件。托收的业务流程见图11-2。

3. 信用证

信用证是指开证行根据申请人（进口商）的申请和要求，对受益人（出口商）开出的授权出口商签发以开证行或进口商为付款人的汇票，在受益人（出口商）提交符合条款规定的汇票和单据时保证付款的一种银行保证文件。信用证的业务流程见图11-3。

信用证结算方式具有以下三个特点：①开证行负有第一付款责任；②信用证是独立的文件，不受交易合同的约束；③信用证业务的处理以单据为准，而非货物。开证行只对信用证负责，根据UCP 600，信用证只认单不认货，只要出口商提供的单据符合信用证要

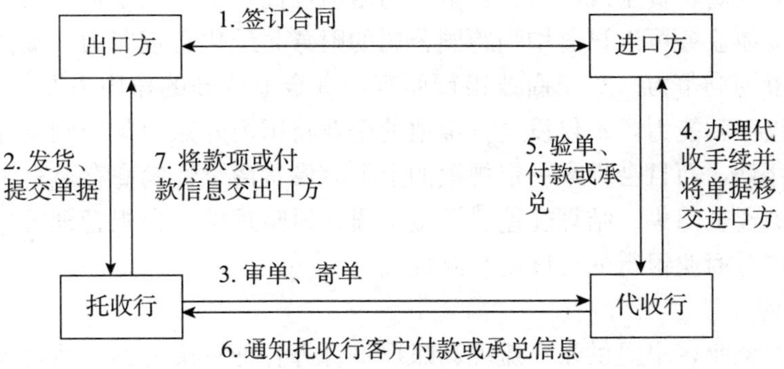

图 11-2　托收的业务流程图

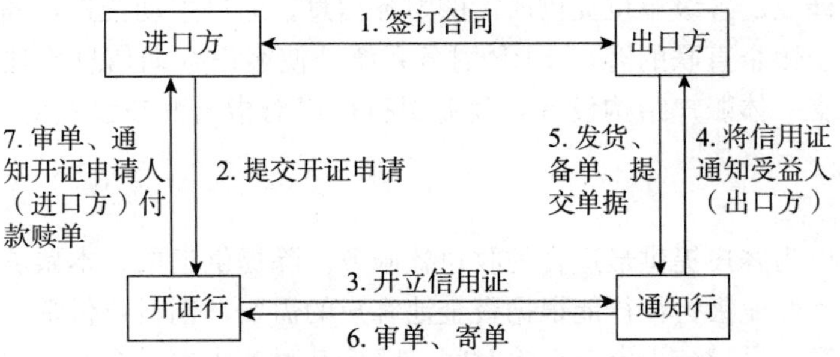

图 11-3　信用证的业务流程图

求，开证行立即付款，这就保证了信用证在国际结算时的独立性，即信用证独立于合同和货物。

根据国际贸易双方的不同需求，信用证有多种类型。根据付款期限，信用证分为即期信用证和远期信用证。根据是否附有货运单据，信用证分为跟单信用证和光票信用证。根据开证行承担的责任，信用证分为可撤销信用证和不可撤销信用证。根据有无开证行以外的其他商业银行保兑，信用证分为保兑信用证和不保兑信用证。根据受益人使用信用证的权利是否可转让，信用证分为可转让信用证和不可转让信用证。此外，还有集担保、融资、支付及相关服务为一体的备用信用证，以及循环信用证、对开信用证和背对背信用证等。

11.1.3　全球现金管理业务

在我国，全球现金管理业务又称资金池业务，是指商业银行利用自身广泛的全球分支机构以及强大的系统技术优势，为客户提供的本外币、境内外、一体化的全球性金融服务，其范围涵盖账户管理、收付款管理、流动性管理、跨境管理、投融资管理、风险管理等。跨国公司是资金池业务的主要业务对象，金融机构、国际组织、政府支持的机构也是其业务对象。

资金池业务具有强大的综合功能。对于跨国公司而言，资金池具有“三高三低”的功能——资金归集度高，资金沉淀低；资金流通增值度高，资金成本低；资金监管度高，资金风险低。资金池业务可以显著增强跨国公司的财务集约化管理能力，提高企业集团资金的使用效率和市场竞争力。对于商业银行而言，资金池业务的作用主要体现在两个方面：一是增强了吸收存款能力，不仅设立资金池的企业将国内外账户集中到商业银行，从而增加商业银行的存款，而且会带来一定规模的上下游供货商、经销商存款；二是增强了银企纽带，通过提供资金归集、结算轧差、资金融通、风险预警、合规管理等一揽子的增值服务，可增强客户对商业银行的忠诚度与黏性。

1. 账户管理

商业银行为企业客户提供账户梳理、账户整合等各种解决方案。通过账户看管，商业银行可以运用手机、电子邮件等方式，实现动户通知、交易提前预警等功能，客户能够实时监控资金的流向；通过信息管理，商业银行可以为企业定制各种交易报告单和加工交易信息，为资金池涉及的各级单位提供所需的财务信息；通过主动推送，商业银行可以将所有账户信息推送至银企直联的客户 ERP 财务系统，使客户查询信息更加便捷；通过设计收支两条线和收支一体账户结构设计，商业银行可以对指定账户设置对外支付最高限额，严格管控风险。

2. 收付款管理

商业银行可以为客户提供最适合的收付款服务。除提供汇票、本票、支票等传统商业银行结算工具外，商业银行往往能根据资金池客户的需要，创新收付款产品，提高首付款的便捷度，帮助客户尽量减少资金在途时间，降低其财务成本。企业集团的收付款管理可以采用三种方式，即统一支付、直接代理支付、间接代理支付。统一支付是由企业集团主账户代理成员单位发起的对外支付，同时加工第三方交易信息，其账单包含主账户、收款方、被代理企业（子账户）的信息。直接代理支付是根据既定条件，主账户不经过代理成员单位，直接将款项支付给收款人，同时将所代理的成员单位账户作为名义付款人提供给收款人的支付模式。间接代理支付是根据既定条件，由主账户将款项下拨至成员单位账户并联动完成对外支付，收款人收到的付款人信息应为成员单位账户信息的支付模式。为了提高收付款的效率，商业银行提供了定期批量自动付款的业务，如代付工资、福利费、保险金、养老金等。与此同时，商业银行使用电子商业汇票进行支付，大大节省了操作成本和资金在途时间。

3. 流动性管理

流动性管理是现金管理的核心，主要通过资金池管理来实现。资金池是企业间用于资金管理的头寸自动调拨工具，商业银行根据企业的不同需求和资金池功能、定位的差异，构建不同层级、多币种的资金池：①实体（物理）资金池，是指将属于同一家企业集团的一个或多个成员单位的银行账户资金通过归集方式，手工或自动实时转移到一个指定的核心账户中。②名义资金池，是指将企业集团内部成员的资金信息实时汇总，而实际资金只在每日末归集，由企业集团总部管理者对归集后的资金头寸进行统一管理。在这种情况下，各账户可以按照既定条件使用资金池进行日常支付。③平等资金池，是指企业集团的各成员单位在没有主账户参与的情况下组成资金池，各成员单位可以资金池为最大额度对外支付，但资金池不能发生法人账户透支，日终如有成员单位发生透支，则各成员单位依照账户优先、余额优先、账户余额按比例、有效余额权数等相应规则对透支账户进行清算以补平透支金额。④省税资金池，是指将企业集团总部、各成员单位账户组成主子账户结构的资金池，并在主账户与子账户中间增加过渡账户。在通常情况下，主、子账户通过中间过渡账户完成资金的汇集，实现子账户之间补平，最大限度地减少客户委托贷款发生的笔数和金额。⑤单一账户资金池，是指在一个企业集团主账户下为不同的下属机构设置附属账户，主账户和附属账户实现联动关系，构成母实子虚的资金池，以达到集中管理资金的目的。

客户通过选择额度管理的模式可以控制各账户使用资金池的权限，从而实现对不同层级成员单位、合资成员单位、控股成员单位等账户资金的不同控制程度。按账户使用资金池的程度，额度管理分为以收定支、定额使用资金池、全额（超额）使用资金池模式。

我国实行外汇管理，企业通常建立本、外币两个资金池，分别归集本、外币资金。在外币资金池中，经常账户下的收支可以直接兑换为本币，资本项户下的收支则要按照外汇管理相关规定进行兑换。主办企业资金池的业务流程图见图11－4。

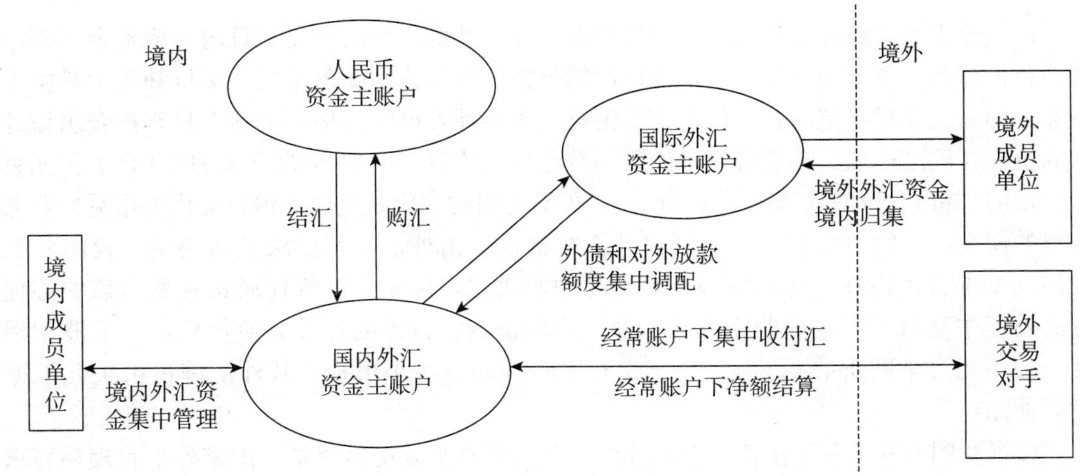

图11－4 资金池的业务流程图

企业进行外汇资金集中运营管理业务的核心就是“两个池子，一个通道”。“两个池子”是指境内资金池与境外资金池，“一个通道”是指境内外的资金流动通道。按照我国宏观审慎管理的要求，国内外汇资金主账户从国际外汇资金主账户净融入资金不得超过外债的总规模。国际外汇资金主账户从国内外汇资金主账户净融出资金不得超过对外放款的总规模。2019年国家外汇管理局发布《跨国公司跨境资金集中运营管理规定》，主要是简化了账户结构，跨国公司可以将外汇资金池合二为一，只设立国内外汇资金主账户，统一归集外汇资金。随着人民币国际化的推进，商业银行也提供双向人民币资金池业务。为了适应更高水平开放型经济建设的需要，2021年3月我国进一步推出跨国公司本外币一体化资金池业务，消除了本外币资金池的政策差异，整合了本外币两个资金池的优势，跨国公司只需开立一个主账户，就能完成本外币资金的归集、收付、兑换和轧差结算，从而便利了跨国公司对跨境资金的统筹使用，大大降低了管理成本。

11.2 外汇交易业务

外汇交易又称外汇买卖，是指商业银行将一种货币按照既定的汇率兑换成另一种货币的活动。该业务的对象主要是银行同业，以及有外币兑换需求的贸易企业、跨国公司、政府及个人。银行同业之间的外汇交易规模大、买卖差价小，属于批发性业务；商业银行与一般客户之间的外汇交易规模小、买卖差价大，属于零售业务。从业务性质上看，商业银行的外汇交易业务可以分为即期外汇买卖、远期外汇买卖、外汇衍生工具买卖。商业银行通过柜台、网上银行、自助终端、手机银行、电话银行等多种渠道提供外汇交易业务。

11.2.1 即期外汇买卖

即期外汇买卖业务是指商业银行按照即时外汇牌价，在两个交易日内完成资金交割的货币兑换行为。外汇牌价是外汇交易使用的价格，由买价和卖价组成。买价和卖价是由提供业务的商业银行确定的，买价是商业银行买入某种外币的价格，实际上是客户卖出该外币的价格，反之亦然。买卖价通常保留小数点后四位数字，如 2022 年 2 月 10 日 1 美元兑人民币的买价/卖价为 6.359 5/ 6.361 5。买卖之间的差价就是商业银行提供外币兑换业务收取的佣金，一般为 0.3%～0.5%。外汇牌价通常由外汇市场供求关系决定。我国外汇交易的基准价由设在上海的中国外汇交易中心决定，国家外汇管理局每日发布该中心提供的外汇中间价，各家商业银行参照外汇中间价制定自己的外币兑换价格，上下波动幅度一般不超过中间价的 0.5%。对于没有中间价的一些小币种，其外汇牌价由美元汇率套算而来。

根据我国的外汇管理法律，个人外汇买卖需要有基础交易背景。国家外汇管理局要求商业银行遵循展业三原则，居民购买外汇每年有 5 万元人民币或者等值美元的额度限制，可以凭借基础交易资料填写购汇申请书，然后向商业银行申请购汇。企业购买外汇需要有真实贸易背景，进口付汇凭借合同和报关单等资料购汇汇出，资本账户下的购汇需要凭借董事会同意股息、红利汇出的决议等汇出。商业银行在收到客户买卖外汇的指令后，由交易部门统一汇集到商业银行资金管理部门的交易室，企业和个人跨境买卖证券、理财的需要可通过股市通、债券通、理财通等特定渠道进行。

11.2.2 远期外汇买卖

远期外汇买卖是指交易双方同意在将来某个确定的日期，按照事先规定的远期汇价买卖一定数量某种货币的交易行为。远期外汇买卖有 7 天、1 个月、3 个月、6 个月、9 个月、一年等不同档次。远期汇价以商业银行不承担资金的时间价值风险为基本原则，根据利息平价原理计算而得，并适当考虑一些其他因素，如贸易、政策波动、市场供求等造成的风险价值。

远期外汇买卖具有汇率风险管理的功能，是套期保值的重要手段，也可用于纯粹的外汇投机。套期保值是指通过外汇远期交易，将汇率锁定在某一既定的水平，从而将汇率变动造成的风险转移出去。外汇投机是一种基于对汇率波动的预测，纯粹以外币兑换为手段谋取汇差收入的行为。由于汇率波动是引发远期外汇投机活动的唯一动力，因而在外汇远期市场上的投机又称套汇。套汇与套期保值的唯一区别在于，前者没有以即将发生的实质性外汇交易为基础，因此当汇率波动与预期相反时，套期保值者只有机会损失，而投机者将有本金损失。

☞小专栏

我国X出口公司的客户主要是土耳其的纺织企业，其销售收入主要是土耳其里拉。2021年9月，能源和国际大宗商品的价格大幅上涨，受此冲击，土耳其出现严重的通货膨胀，土耳其里拉一路贬值，全年贬值幅度高达44%，成为新兴市场经济体中表现最差的货币。9月初，人民币/土耳其里拉的汇率为1.285 71，10月14日土耳其里拉贬值到1.421 04，11月15日土耳其里拉快速跌至1.568 89。该公司在12月20日将有一笔价值3亿土耳其里拉的货款收入，而土耳其里拉的剧烈贬值使得X出口公司面临重大的汇兑损失。在商业银行的建议下，该公司签署了远期协议，将1个月后的土耳其里拉收入按照远期市场汇率2.124 51卖出，获得人民币1.412 1亿元。如果没有进行套期保值，该公司按照当天的汇率2.605 28卖出土耳其里拉，就会蒙受0.260 6亿元的汇兑损失，见图11-5。

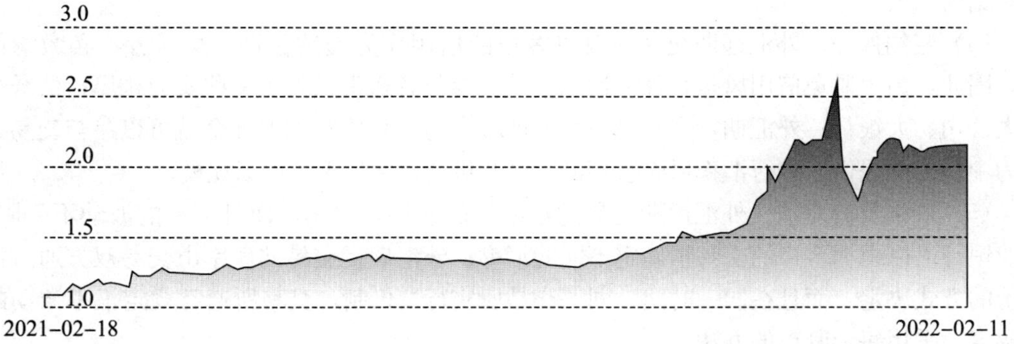

图11-5　人民币/土耳其里拉的中间价走势图

资料来源：中国外汇交易中心。

11.2.3　外汇衍生工具买卖

1. 外汇互换业务

外汇互换业务（foreign exchange swap）是指在一笔外汇交易中同时进行即期和远期外汇买卖的行为。当外汇交易的一方从对方买进或者卖出一定数量的即期外汇（远期外汇）时，交易的另一方也同时卖出或者买入相同金额的远期外汇（即期外汇）。互换汇率是指相互调换的两种货币的远期汇率与即期汇率之间的差价。目前，即期对远期是外汇互换交易中最常见的形式，此外还有远期对远期的互换业务。

外汇互换业务是远期类外汇交易中规模最大的业务，它也属于商业银行的柜台业务，主要交易对象是银行同业。由于外汇互换业务不仅锁定了未来外汇交易的汇率风险，而且将原来两个独立的交易有机结合起来，从而节约了交易费用，所以外汇互换交易成了商业银行和大型跨国公司进行风险头寸管理的首要工具。

外汇互换业务最重要的功能在于满足人们对不同资金的需求，即外汇保值和防范汇率风险。需要注意的是，在两种存在利差的货币之间，互换与赚取利息是不能同时进行的，因为互换必然会使货币的利差收益在远期贴水中失去。

2. 外汇期货业务

外汇期货业务（foreign exchange future）是由交易双方订立的、约定在未来某日、以成交时所确定的汇率买卖一定数量某种外汇的标准化合约。这是一种标准化的外汇远期业务。外汇远期交易和外汇期货交易的区别表现在以下几个方面：

（1）交易数量。外汇远期交易的数量由交易双方自行议定，不受任何限制；外汇期货交易的数量被严格地加以标准化。

（2）交易方式。外汇远期交易是一种场外交易，其交易时间不受任何限制；外汇期货交易是一种场内交易，是在集中的交易场所通过公开竞价方式成交，其交易时间由交易所统一规定。

（3）实际交割率。外汇远期交易一般以实际交割为目的，90%以上的外汇远期合约在到期日被实际交割；外汇期货交易不以实际交割为目的，95%以上的外汇期货合约通过对冲交易来结清。

（4）履约保证。外汇远期交易一般以客户的信用作为履约保证，交易者不必缴纳保证金，因此，为了避免信用风险，外汇远期交易的参与者通常只限于一些实力雄厚、信誉卓著的大公司、大银行；外汇期货交易是一种保证金交易，只要缴纳保证金就可以参与交易，这就为中小企业提供了进行汇率风险管理的工具和机会，并扩大了市场规模。

（5）价格及其变动。外汇远期交易的汇率由商业银行报出，而且汇率的波动不受限制，商业银行可以根据客户的交易量确定不同的汇率；外汇期货交易的汇率由交易双方通过讨价还价的方式决定，而且在同一时间、同一交易所实行一价制，交易所通常规定汇率波动的最大幅度，采用每天盯市的办法。

（6）结算。外汇远期交易的结算一般由经办该交易的商业银行与经纪人直接进行；外汇期货交易的结算业务统一由专门的结算单位办理。

3. 外汇期权业务

外汇期权业务（foreign exchange options）是指以某种外币或外汇期货合约作为标的物的期权。期权合约赋予合约的买方在未来的某一期限内，按照事先约定的汇率（即协议价格或执行价格）向合同的卖方购买或者出售一定金额的货币。期权买方获得这种买卖权利的条件是向期权卖方支付一笔期权费（premium），无论期权买方最后是否执行该期权，期权费均不退还。影响期权价格的主要因素包括协议价格与市场价格、权利期限、利率、标的物价格的波动性、标的资产的收益。自20世纪70年代以来，期权定价理论不断完善，大数据技术使得期权定价更加精准，外汇期权已成为最活跃的汇率风险管理工具。

按照期权购买者拥有的权利，期权分为买入期权（call option）和卖出期权（put option)。对于买入期权而言，当市场汇率超过协议价格时，期权买方能够赚取差价收益，因此买入期权通常又称看涨期权；当市场汇率低于协议价格时，期权买方将弃权，然后以更低的价格直接从市场购买货币。对于卖出期权而言，当市场汇率低于协议价格时，期权买方能够从市场价格下降中赚取差价收益，因此卖出期权通常又称看跌期权；当市场汇率高于协议价格时，期权买方将弃权，然后以更高的价格直接向市场出售货币。

外汇期权业务具有套期保值的灵活性，是重要的保值避险方式。外汇期权相当于外汇交易的保险，买方支付一定的期权费，锁定未来的汇率，为外汇交易提供保值机会；与此同时，外汇期权与期货不同，不必每日清算，因而在到期前无现金流产生。

11.3 国际信贷业务

国际信贷是指商业银行向居民或非居民提供外币（或本币）贷款的业务。国际信贷属于跨境资金配置活动，是国际收支资本账户下的重要组成部分。离岸市场是国际金融市场的核心，毫无疑问，银行同业之间的离岸货币借贷在国际信贷业务中的占比较大。国际信贷涉及外币或者非居民，是典型的外债，为了控制债务风险，实施资本管制的国家通常对国际信贷业务的对象、规模进行限制。国际信贷按照资金的来源和性质，可分为政府贷款、国际金融组织贷款、国际银行贷款、私人银行贷款、联合（混合）贷款等；按照融资期限，可分为国际贸易融资、出口信贷；按照融资方式，可分为国际银团贷款和项目融资。

11.3.1 国际贸易融资

国际贸易融资是指商业银行向进出口企业提供的本外币资金融通业务。针对不同的结算方式，以及进出口企业签约、备货、装船、提货、结算、退税的各个环节，商业银行可以提供适当的融资产品，予以短期资金支持。国际贸易融资是商业银行规模最大的国际业务，有利于国际贸易的顺畅进行。

国际贸易融资根据信贷对象的不同，可以分为对出口商的融资和对进口商的融资。

对出口商的融资方式主要包括：①订单融资。商业银行在出口商与进口商签订订单后，在货物装运前向其提供专用于出口订单项下出口商品的采购、生产和装运的短期融资。②打包贷款。商业银行在出口商从货物仓库提货并将其打包装船期间，为其提供资金融通。③出口贴现。在出口信用证项下，商业银行购入出口商未到期的远期汇票，或在跟单托收项下购入未到期的远期债权。④保理。商业银行购买出口商的应收账款，提供资金融通。按照商业银行是否享有追索权，分为有追索权的保理和无追索权的保理。⑤福费廷。出口商将商业银行承兑票据在二级市场上出售以获得现款。⑥出口退税账户托管贷款。商业银行向出口企业提供以出口退税应收账款作为还款保证的短期流动资金贷款。⑦出口汇利达。在出口结算业务项下，商业银行以出口收汇款为质押，为客户办理本币出口融资，同时办理一笔同期限的远期结汇交易，通过转换结“汇”时点，预期外币贬值时客户可增加结汇收入。

案例分析　出口发票融资

A公司为一家服装出口企业，现向中国香港B公司出口10 000件服装，销售单价为100美元，双方约定B公司于发票出具日后的180天付款。在人民币持续升值的情况下，A公司希望能够提前收汇并办理结汇，即在加速资金周转的同时锁定汇率风险。此时，商业银行可向A公司提供出口发票融资。

风险控制：

出口发票融资业务有可能存在贸易背景虚假、进口商拒付、进口商未按照指示将款项汇入商业银行指定账户并挪用的风险，因此商业银行需要严格审核贸易背景的真实性，审查借款人的资信状况，同时监控货款回笼情况。

对进口商的融资方式主要包括：①授信开证。商业银行在未向进口商收取全额保证金的情况下，为其开立进口信用证。②提货担保。在近洋贸易下货物早于单据到达，商业银行向船运公司提供提货担保，保证进口商在收到货运单据后及时补交换单。③进口押汇。商业银行在收到进口单据后，给予客户资金融通并用于支付国外货款。④海外代付。商业银行根据进口商的资信状况，在其出具信托收据并承担融资费用的前提下，指示其海外代理行代进口商在信用证、进口代收、T/T付款等结算方式下支付进口货款，降低企业客户的融资成本。⑤买入票据。在光票托收等不附带贸易单据的结算业务项下，商业银行以贴现方式购入由其他商业银行付款的银行即期票据，为客户提供融资服务。⑥付款汇利达。在对外付汇业务项下，商业银行以质押方式为客户办理进口押汇或付款融资，同时办理一笔同期限的远期售汇交易，通过转换付“汇”时点，在本币贬值时客户可节约购汇成本。⑦汇出汇款融资。在货到付款结算方式下，商业银行代进口商对外垫付进口款项。

案例分析　进口押汇

A公司在国内是一家较有名气的汽车经销商，A公司拿到了B国C公司S牌汽车在国内的独家代理权，车辆成本约为13 500美元［=10 000×(1+35%)］，国内销售单价为140 000元人民币。该车辆的利润空间合理，在国内销售良好。

此外，A公司进口汽车的结算方式为信用证，出口商不接受其他方式（汇款、托收、赊销等），而且在客户进口汽车后，其在国内销售回款的时间略长于客户信用证的付款期限，也就是会出现短期的资金缺口。此时，商业银行可向A公司提供进口信用证叙作进口押汇，用以解决客户结算及融资的需求。

风险控制：

商业银行办理进口押汇业务，主要的风险在于开证行对外付款后，融资申请人在押汇到期日因财务状况、货物质量、价格变动等原因拒绝还款而造成押汇逾期。因此，商业银行在办理进口押汇业务时，一方面要根据到单核查货物到港情况以落实贸易背景的真实性，另一方面要对融资申请人的还款能力进行深入分析，根据货款回笼情况合理确定押汇期限。在必要时，商业银行应对进口货物的仓储、加工、销售及货款回笼情况进行全程跟踪。

11.3.2 出口信贷

出口信贷是指商业银行在国家支持下提供的、用于促进本国出口的中长期贷款。出口信贷有以下特点：①特定用途。出口信贷用于支持本国出口，提高本国的国际竞争力。②具有政策性。出口信贷是一种具有官方资助性质的政策性贷款。③优惠性。出口信贷的利率低于市场利率，两者的利差由出口国政府补贴。④出口信贷与信贷保险相结合。出口信贷的期限较长、风险较高，通常需要政府或保险公司分摊风险。根据贷款对象的不同，出口信贷分为卖方信贷和买方信贷两大类。

卖方信贷（seller's credit）是指在大型设备和成套设备的贸易中，出口国的商业银行为了便于出口商以赊销或延期付款方式出口设备，向出口商提供的中长期贷款。在出口信贷方式下，出口商以延期付款或赊销方式向进口商（买方）出售大型机械装备或成套设备，并将利息等资金成本计入出口货价中，借此把贷款成本转移给进口商。在进出口商签订合同后，进口商先支付货款的5%～10%作为定金；在分批交货、验收和保证期满时，再分次付给10%～15%的货款；其余75%～85%的货款在全部交货后若干年内分期偿还（一般每半年还款一次），并支付延期付款期间的利息及费用。卖方信贷业务的内容及做法如下：①进出口商签订贸易合同。②出口商申请银行贷款，获得资金支持。③进口商向出口商分期偿还货款。④出口商按照贷款协议偿还银行贷款。

卖方信贷有利于卖方扩大或加速商品销售，买方可以获得进口所需融资的便利，但卖方信贷也有弊端：对于进口商而言，贷款利息、费用以及信贷风险的补偿都计算在货价之内，导致货价一般高出现汇支付的3%～4%，有的甚至高出8%～10%，由于货价和信贷成本很难区分，不利于进口商进行成本核算。对于出口商而言，信贷业务增加了管理成本和债务负担，不利于企业专心开展出口业务。

买方信贷（buyer's credit）是指为促成设备出口交易，出口国商业银行向进口商或进口方商业银行提供的中长期贷款。买方信贷的程序大致如下：①进出口商签订贸易合同。②进口商向商业银行申请贷款，获得资金支持。③进口商向出口商支付全部货款。④进口商按照贷款协议偿还银行贷款。

为了增加买方信贷的便捷性，更好地控制信息不对称风险，商业银行通常向进口商的开户行提供买方信贷，再由后者贷款给进口商。这种方式的程序如下：①进出口商的开户行签订贷款总协议，规定总的贷款额度。②进出口商签订贸易合同。③进口商向其开户行申请贷款，后者申请使用贷款额度，出口商开户行向其拨付贷款，由其转付给进口商。④进口商向出口商支付全部货款。⑤进口商按照贷款协议向其开户行偿还贷款，后者转付给出口商开户行。尽管这种方式增加了进口商开户行这一环节，但由于进出口商开户行事先约定了总的贷款协议，操作起来更加简便，因此使用更为普遍。

买方信贷是在卖方信贷的基础上发展起来的，在出口信贷中的应用更为普遍，其优势在于：①买方信贷能够提供更多的融通资金；②有利于进出口双方更好地洽谈贸易、组织业务，出口商可避免货款被拖欠或不能收回的风险，进口商可避免进口价格过高的风险，进而争取到更有利的信贷条件；③有利于商业银行减轻信贷风险。

11.3.3 国际银团贷款

国际银团贷款又称国际辛迪加贷款，是指由两位或以上贷款人按照相同的贷款条件，根据不同的分工，共同向一位或以上借款人提供贷款，并签署同一贷款协议的贷款业务。通常说来，国际银团贷款会选定一家商业银行作为代理行代表银团成员负责贷款事宜。国际银团贷款产生于20世纪60年代后期，随着技术革命的兴起，当时以自动化为特征的资本密集型行业逐渐增加，国际资金需求动辄上亿美元，甚至高达几十亿美元，远超任何一家商业银行的承担能力。此外，在严重的国际债务危机形势下，商业银行独自提供巨额国际信贷将承担较高的风险，一些国家政府限制本国商业银行对外贷款的规模。在这样的背景下，欧洲货币市场首先采用国际银团贷款方式，由几家商业银行联合起来向一个借款人提供贷款。此后，国际银团贷款以其突出的优势得到金融机构的推崇，其规模不断扩大。目前，国际资本市场上超过60%的贷款来自国际银团贷款。1983年，我国首次运用了国际银团贷款。随着我国商业银行国际化经营的加快，国际银团贷款已成为我国商业银行重要的国际信贷业务。例如，2008年中国银行作为安排行，为澳大利亚最大的电讯运营商澳洲电讯股份有限公司（Telstra）提供了6亿美元的国际银团贷款。

1. 国际银团贷款的特点

（1）金额巨大，通常数以亿计。

（2）贷款人是多家跨国商业银行，它们彼此合作、共同调研、共担风险。

（3）贷款货币可选择人民币、美元、欧元、英镑等不同货币或货币组合。

（4）贷款期限较长，短期为3～5年，中期为7～10年，长期为10～20年。

（5）借款人的信用门槛较高，大多为政府、国际金融组织、世界知名跨国公司。

（6）采用定期银团贷款、周转银团贷款、备用信用证额度等多种贷款形式。定期银团贷款是指在确定时期内由几家商业银行联合提供一笔数量特定的贷款。在贷款有效期内，借款人通常有权力一次或分批提用贷款。周转银团贷款是指借款人按需要灵活使用、偿付及反复支用银团提供的贷款。备用信用证额度是指银团为借款人发行商业票据融资提供担保。

2. 国际银团贷款的参与者

国际银团贷款的参与者较多，通常由安排行、牵头行、经理行、代理行、参加行、协调行等成员共同组成，各成员按照合同约定或各自的放款比例履行职责、享受权益和承担风险。

（1）安排行。安排行是指一家或一组接受客户委托筹组银团并安排贷款分销的商业银行，是银团贷款的组织者和安排者。通常安排行亦会包销整笔银团贷款。

（2）牵头行。牵头行可以是一家商业银行，也可以是几家商业银行。牵头行在经理团中的地位最高，通常就是安排行。牵头行的职责是：①国际银团贷款的商业组织者和管理者；②与借款人直接接触，商定贷款的期限和条件；③与其他参与贷款的商业银行协商各自的贷款份额和各项收费标准；④运用技术优势，为借款者和各商业银行提供金融信息，分析金融市场的动向。

（3）经理行。经理行在银团贷款中承担较大的份额，是银团贷款在组团阶段的重要角色。若干经理行组成经理团，主要负责组织评审贷款项目和组团的可行性，并与牵头行讨论贷款文件，直至贷款合同签署等工作。

(4) 代理行。代理行是由银团成员推选及获得借款人同意的一家商业银行，其职责是代表银团成员办事，负责提款、还本付息、贷后管理等贷款管理事宜，负责借款人和银团成员之间的信息沟通，并处理违约事件等。

(5) 参加行。参加行是指接受安排行邀请参加银团，并按照约定份额提供贷款的商业银行。参加行与经理团成员的区别是：它们只认购相对较少的贷款份额，不承担任何包销责任与其他实质性筹组工作。

(6) 协调行。协调行是指从牵头行中挑选出的照看整个国际银团贷款并承担某些银团筹组任务的银行。

3. 银团贷款的成本

国际银团贷款的成本包括利息和费用两个部分。国际银团贷款采用的利率通常与同期的 LIBOR 挂钩；费用主要包括安排费、包销/承销费、代理费、承诺费等，通常为贷款金额的 1%左右。

4. 国际银团贷款协议

国际银团贷款协议是借贷双方按已同意的条款拟定的协议，它详细列明了银团贷款的执行细则。国际银团贷款协议主要包括提款和还本付息的程序以及对借款人有约束力的条款等，便于贷款人对借款人或借款项目的监督。国际银团贷款协议的另一个重要部分是违约事件，主要列明了各种违约情况，以便赋予贷款人终止贷款或借款人提前还款的权力。通常说来，国际银团贷款协议主要包括以下几点：①银团的法律地位及各成员之间的关系。②借款人在贷款之前必须满足的先决条件。③借款人的陈述和保证。④关于法律变更引起成本增加的条款。⑤税收和折扣条款。贷款人若取得借款国免征利息预扣税的证明，则借款国税务机构应视同其已经纳税，并以此来换取国际银团贷款降低利率的优惠。⑥消极保证条款，借款人对其他债权人的抵押保证问题所做的保证。⑦交叉违约，签约时必须严格确定交叉违约，违约时必须严格确定交叉违约的范围，否则将招来许多法律纠纷。⑧提前偿付条款，该条款必须是在有利于借款人的情况下才列入。

5. 国际银团贷款的业务流程

(1) 借款人公开招标，在各家投标商业银行中挑选出安排行。

(2) 安排行与借款人沟通，评估项目及其现金流状况，确定贷款结构、融资策略，签署委托书，达成贷款意向，大约需要 10 天。

(3) 安排行编制信息备忘录，召集银团会议，发出邀请，明确银团内部的贷款分工，邀请代理行，组成经理团，大约需要 40 天。

(4) 谈判签署国际银团贷款协议并刊登墓志铭，标志银团正式成立。这个阶段的任务繁重，大约需要 60 天。

(5) 借款人支付银团组建费用，参加行发放贷款。

(6) 借款人按照国际银团贷款协议偿还贷款，代理行进行贷后管理。

国际银团贷款的业务流程见图 11－6。

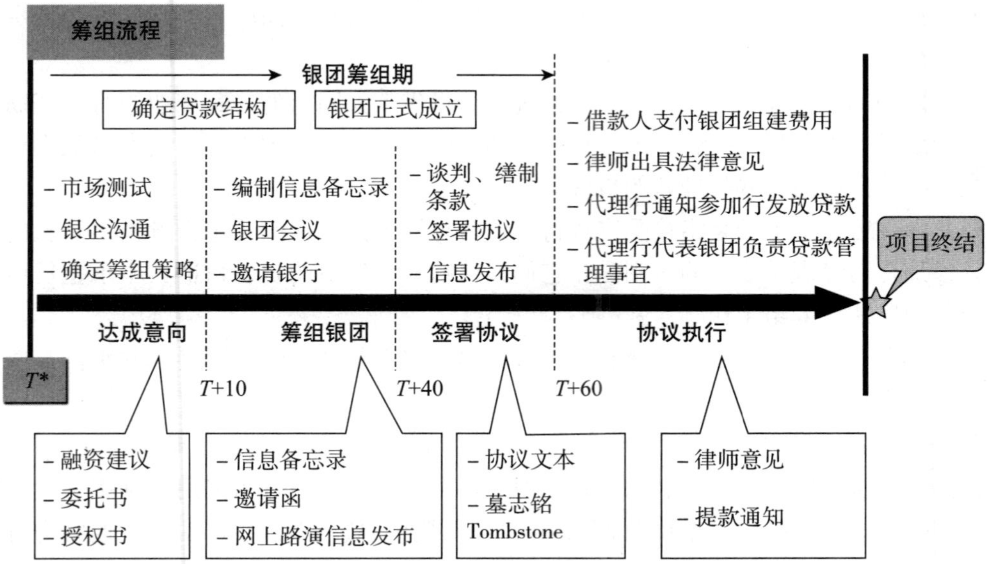

图 11-6 国际银团贷款的业务流程

资料来源：中国银行网站。

11.3.4 项目融资

项目融资是指商业银行提供的以项目资产为担保、以项目收益为还款来源的贷款，一般适用于发电设施、高等级公路、桥梁、隧道、铁路、机场、城市供水以及污水处理厂等大型基础建设项目，以及其他投资规模大、具有长期稳定预期收入的建设项目。按照追索权的不同，项目融资可分为无追索权的项目融资和有追索权的项目融资。项目融资以项目公司为贷款对象，有利于发起人改善财务状况，获得更多的税前扣除利息的税盾效应。项目融资的业务流程见图 11-7。

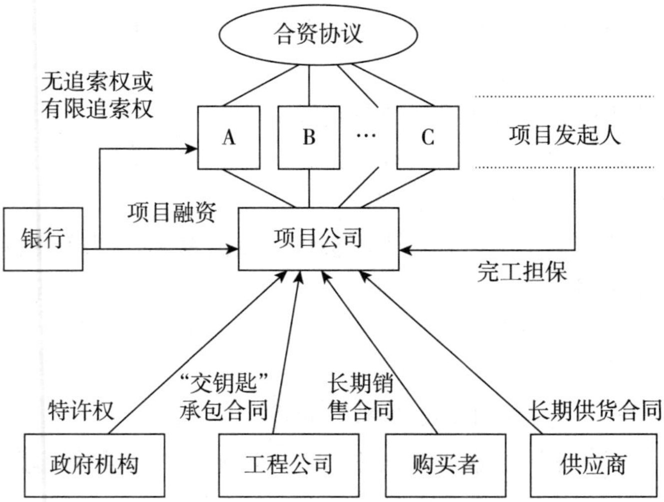

图 11-7 项目融资的业务流程

资料来源：中国银行网站。

1. 项目融资的特点

(1) 注重项目公司和项目本身的效益。项目公司是借款人，项目产生的收入是唯一的还款来源，在无追索权贷款方式下，项目公司的资产是唯一的担保品。

(2) 多方担保。项目融资需要与该项目经营有利害关系的多家单位进行担保，以保证项目按计划完工、营运，并有足够的现金流偿还贷款。

(3) 项目融资的资金来源多样化。

(4) 经营风险较大、贷款利率较高，比普通贷款高0.5%～0.7%。

2. 项目融资的参与方

(1) 核心层，包括项目发起人、项目公司（借款人）和贷款行。项目发起人是项目公司的股东，通常处于行业垄断地位，并且具有一定的政府背景。项目公司（借款人）是以发起人为主成立的专门负责项目建设经营的公司，项目公司拥有项目资产的所有权，对偿还贷款承担直接责任。贷款行通常以银团形式出现，而且要有东道国的商业银行，以便在外国商业银行受到限制、无法接受项目资产担保时，由东道国的商业银行获得担保资产。

(2) 风险分担层，包括项目建设的承包商、项目设备和原材料供应商、项目产品的购买者或使用者、保险公司、政府机构等。承包商通常是通过固定价格的一揽子承包合同而负责工程项目的设计和建设。承包商拿到项目后，通常会就设备购买、设计和施工等事项与其他公司另行签订合同，并把自己的工作分包给次级承包商。供应商包括设备供应商和原材料供应商。项目产品的购买者在项目融资中发挥着相当重要的作用，它通过与项目公司签订长期购买协议，保证了项目产品的市场和未来现金流量的稳定性。这个角色一般由项目发起人本身、有关的政府机构或对项目产品有兴趣的独立第三方担任。保险公司提供适当的保险是项目融资赖以存在的基础。

一般来说，采用项目融资方式的项目投资规模大、投资回收期长，需要项目所在国政府在项目审批、产品价格确定、项目实施以及外汇平衡等方面提供支持和保证。通常说来，东道国政府不以借款方或项目公司股东的身份直接参与项目融资，它可以通过代理机构进行权益投资，或者成为项目产品的最大买主或用户。

(3) 服务机构，包括工程银行、财务和融资顾问、法律和税务顾问等，每一个参与者都被赋予了一定的权利和义务，各参与者高质量地完成自己的任务是风险分担的保证。在银团中通常有一家或几家商业银行被指定为工程银行。工程银行负责监督项目进程中的技术事项，并需要与项目的工程师及独立的技术专家进行协调和沟通。融资顾问通常由商业银行的投资银行部门或专门的投资银行来担任。在项目推荐和融资谈判中，融资顾问通过对融资方案的反复设计、分析和比较，最后形成一个既能最大限度地保护项目发起人的利益，又能为贷款行所接受的融资方案。

3. 项目融资结构

项目融资中的贷款行只有有限的追索权，为了控制风险，必然要求项目发起人为项目公司提供股本资金。按照国际惯例，项目股本为总投资额的25%～30%，如果某些项目风险较大，股本比例还会相应提高。项目总投资在扣除股本后，其余资金要通过项目融资来满足。

项目融资的资金来源比较多，常见的有：①国际金融组织；②出口信贷；③国际资本市场发债；④国际商业贷款；⑤国内本币政策性或商业性贷款。项目融资通常是上述来源中两种以上资金来源的组合，但也有单一来源的贷款；由于项目融资的金额较大，故一般采取国际银团贷款的方式。

一般来说，项目融资的贷款期限较长，大多为中期（1～5 年）或长期（5 年以上），主要采取分期偿还方式，同时实行浮动利率（与 LIBOR 挂钩）。

4. 项目融资的风险管理

项目融资具有资金投入大、期限长、风险高的特点。项目融资的风险来源广泛，除了财务风险外，还有自然风险、国家风险，见表 11－1。商业银行需要多措并举，加强风险管理。

表 11－1　项目融资面临的主要风险

资源风险	地下蕴藏的石油、天然气或其他矿物没有达到偿还债务所需要的储量。
投入风险	主要投入的物资（比如劳动力或原材料）价格过高或可使用的数量有限，导致项目的基本可行性受到不利影响。
完成风险	由于特殊原因，项目可能无限期拖延，导致成本严重超标。
市场风险	未来产品的需求可能会下降，导致收入达不到预期。
经营风险	在项目投入运营后，项目成本可能增加，或者劳动力、运输等关键因素受到破坏。
不可抗力	发生自然灾害、天气等不可抗拒的因素，项目运营可能被迫中断。
政治风险	项目所处国家的政治条件发生不利的变化，比如加税、战争、征收等。
监管风险	与项目所在行业有关的监管制度、政策发生变化，比如禁止高排放项目、开放竞争等，可能会减少项目收益、降低项目的偿还能力。

商业银行为了有效地控制项目融资风险，大多采取银团贷款方式，由多家商业银行共同承担风险。此外，商业银行还会运用多重手段来进一步分散风险，主要包括：

（1）产权投资。贷款行作为债权人不可能拥有产权，不管项目的获利多么丰厚，贷款行的所得仅限于贷款的本金和利息。项目融资的杠杆率较高，意味着一旦项目失败，贷款行承担的风险和资金损失较大。因此，贷款行应尽量要求项目发起人在项目公司中投入更多的股本。

（2）各项担保及保险。除了以贷款项目的经营收益作为还款来源和取得物权担保外，贷款行要求有项目实体以外的第三方提供担保或保险。

（3）留置权和限制抵押。贷款行为了保障自己的利益，要求对借款人的全部资产和权益享有留置权。为了使这些权利获得充分保障，贷款行可以对借款人的其他借款进行严格限制，未经贷款行同意，借款人是不能找其他债权人的。此外，贷款行也可以限制借款人把资产再抵押给其他债权人。

小专栏

自由贸易区债券：企业境外融资新渠道

自由贸易区是根据 WTO 的相关规则，为实现各成员之间的贸易自由化而进行的地区性贸易安排（free trade agreement，FTA；自由贸易协定）所形成的区域。贸易自由化的关键是取消关税和配额，促进商品跨境自由流动。自由贸易区是一种制度性安排，高质量的自由贸易区不仅包括货物贸易自由化，而且包括服务贸易、投资、政府采购、知识产权保护、标准化等更多领域的自由化。为了深化改革开放，我国于2013年设立了中国（上海）自由贸易区。此后，我国在沿海和内地陆续设立了21个自由贸易区。

自由贸易区也是我国扩大金融开放的试验田，发行自由贸易区债券就是一项金融市场创新，为企业开辟了一条从“境内离岸市场”获取低成本境外资金的渠道。也就是说，自由贸易区债券在中国境内发行，适用中国在岸的法律、监管和结算体系，但其资金却来自离岸。2016年12月，地方政府发行了30亿元人民币自由贸易区债券；2019年，东南国资投资集团发行了10亿元人民币自由贸易区债券。由于自由贸易区债券的投资主体更加国际化，同时其资金来源于离岸市场，而且该类债券的利率决定因素与国内债券不同，具有价格相对低廉的优势，因而受到越来越多企业的青睐。此外，帮助企业发行自由贸易区债券也成为商业银行国际融资的新兴业务。

资料来源：国家外汇管理局上海市分局. 中国（上海）自由贸易试验区临港新片区开展跨境贸易投资高水平开放外汇管理改革试点实施细则，2022-01-28.

11.3.5 国际担保

国际担保是指商业银行利用自身的信用，为开展跨境经济活动的企业出具担保函，在企业未履行其偿债义务时，承担还款的连带责任。通常说来，国际担保的被担保人或者受益人至少有一方在境内。

国际担保支持的跨境交易类型广泛，既包括非融资性交易（如国际买卖合同、租赁合同、国际工程承包等），又包括融资性交易（如国际贷款、透支、票据发行便利、境外债券发行、跨境并购、风险参与等）。目前，国际担保适用的管理规定包括国际商会发布的《合约保函统一规则》（URCG 325）、《见索即付保函统一规则》（URDG 758）、《合同担保统一规则》（URCB 524）、《国际备用信用证惯例》（ISP 98）以及《联合国独立担保与备用信用证公约》。

按照所担保事项的不同，担保分为融资性担保和非融资性担保；按照开立方式的不同，保函和备用信用证分为信开和电开；按照该担保与基础交易合同之间的不同关系，可以分为独立担保和从属担保；按照跨境担保当事各方的注册地位置不同，担保分为内保外贷、外保内贷和其他形式的跨境担保。

1. 融资性担保

融资性担保是指商业银行基于跨境交易双方的借款、债券发行、融资租赁等基础性融资合同所提供的担保，具体包括借款担保、发债担保和融资租赁担保等。借款担保是指商业银行应客户要求而向贷款人出具的，保证借款人履行借贷资金的偿还义务，如果借款人不按期向贷款人偿还借款本息，商业银行将受理贷款人的索赔，并按照担保约定承担保证责任的书面文件。融资租赁担保是指商业银行应承租人的要求向出租人出具保证承租人按照合同的规定支付租金，否则将由商业银行进行赔付的书面保证文件。

在提供融资性担保时，被担保人通常不受其与境内机构的股权关系、净资产比例和盈利状况的限制，但商业银行应监督被担保人对取得资金的使用情况，一般该融资应直接用于被担保人在境外的生产经营活动。

2. 非融资性担保

非融资性担保是指除融资性担保以外的其他形式担保，主要包括：①投标担保，是指商业银行应投标人的申请，向招标人开立书面保证文件，保证若投标人未能履行相关义务，商业银行将根据担保规定履行赔款义务。②履约担保，是指商业银行应工程承包方或商品供货方的申请而向业主或买方出具的书面保证文件，保证承包方或供货方严格履行合同义务。③预付款担保，是指商业银行向预付款方承诺，当申请人未能履约或未能全部履约时，商业银行保证将申请人所收预付款全部或部分退回预付款方。④付款担保，是指商业银行保证买方履行商品、技术、专利或劳务合同项下的付款义务而出具的书面保证文件。⑤质量/维修类担保，是指商业银行应供货方或承建人的申请，向业主或买方保证，当货物或工程的质量不符合合同约定而卖方或承建人又不能依约更换或修理时，按业主或买方的索赔予以赔偿的书面保证文件。⑥补偿贸易担保，是指在补偿贸易合同项下，商业银行应设备或技术引进方的申请，向设备或技术的提供方所做出的一种旨在保证引进方在引进后的一定时期内，以其所生产的产成品或以产成品外销所得款项来抵偿引进设备和技术的价款及利息的保证承诺。⑦海关担保，是指商业银行应运送物品去国外展览的商人的委托，向海关开立的所有物品一定运回国内的保证文件。

3. 跨境担保

（1）内保外贷，是指担保人的注册地在境内，而债务人和债权人的注册地均在境外的跨境担保。内保外贷是境内商业银行和境内企业为了开展跨国经营，在境外较好地获得融资便利而发展起来的。它分为两个部分：一部分是“内保”，即境内企业向商业银行境内分行（担保人）申请开立担保函，商业银行境内分行出具融资性担保函给境外分行（债权人）；另一部分是“外贷”，即境外分行凭借收到的担保函向境内企业的境外公司（债务人）发放贷款。随着商业银行与境外同业授信评级系统的建立，债权人的范围由境外分行逐步拓展到境内商业银行在境外有授信的商业银行，同时随着“走出去”国家战略的开展，境外债务人的范围也由境内企业的境外关联公司拓展到有贸易关系的公司，并且范围在逐步扩大。

境内机构办理内保外贷业务需要在外汇管理局办理内保外贷登记，发生担保履约的，需要办理对外债权登记。商业银行通过数据接口程序或其他方式向外汇管理局报送内保外贷业务的相关数据。商业银行在办理内保外贷业务时，应对债务人的主体资格、担保项下的资金用途、预计的还款资金来源进行担保履约审核，并以适当方式监督债务人按照其申明的用途使用担保项下的资金。

（2）外保内贷，是指担保人的注册地在境外，而债务人和债权人的注册地均在境内的跨境担保。外保内贷是境外商业银行和跨国企业的国际化经营战略，为了便利跨国企业在中国境内的分公司能够较好地获得融资便利而发展起来的。它也分为两个部分：一部分是“外保”，即境外跨国企业向国外商业银行（担保人）申请开立担保函，国外商业银行出具融资性担保函给其在中国境内的分行（债权人）；另一部分是“内贷”，即国外商业银行的境内分行凭借收到的担保函向跨国企业的境内公司（债务人）发放贷款。随着国外商业银行与境内逐步建立代理行、授信行关系，债权人的范围由国外商业银行在中国的分行逐步拓展到国外商业银行在中国有授信的商业银行。

境内借款人从境内金融机构借用贷款或获得授信额度，可以接受境外机构或个人提供的担保，由发放贷款或提供授信额度的境内金融机构向外汇管理局报送外保内贷业务的相关数据。发生外保内贷违约的，境内商业银行可直接与境外担保人办理担保履约收款。

11.4 商业银行的跨国经营

11.4.1 我国商业银行跨国经营发展状况

1. 跨国经营战略

金融是现代经济的灵魂，随着经济全球化的发展，跨国经营是关系到大型商业银行可持续发展的重大战略。

（1）有利于商业银行更好地服务核心客户。好客户是商业银行赖以生存的关键资源，经济全球化使得国际分工更广、更细，越来越多的企业跟随产业链、供应链进行全球布局和跨国经营，商业银行跟随重要客户“走出去”开展国际经营，为企业提供贴身服务，可以维护好银企关系。

（2）有利于商业银行收入来源多元化，可以分散国别风险。各国的经济结构、文化、治理水平都不同，经济发展存在周期差异，然而“东方不亮西方亮”，国际经营可以降低商业银行的收入波动，促使商业银行更加稳健经营。

（3）有利于银行发挥自身优势，获得垄断利润。在金融自由化时代，国际金融的核心是离岸市场，主要的投融资、金融市场交易都集中在国际金融中心。那些在国际金融中心设立了分支机构的商业银行，它们通过建立庞大的国际经营网络、提供更好的国际化服务，往往能够获得赢者通吃的网络效应。2020 年，全球规模最大的 20 家商业银行收获了超过 70%的全球商业银行国际总收入。

2. 我国商业银行跨国经营的机遇

（1）中国经济的高质量发展和高水平开放。中国贯彻新发展理念，推进了供给侧结构性改革，使中国经济快速升级转型。在美国特朗普政府的逆全球化潮流下，中国实行更高水平的对外开放，不断消除阻碍贸易投资便利化的各种障碍，同时完善了东盟自贸区，加入了 RCEP 协定，推动了服务贸易自由化和对标国际规则，在复杂多变的国内外环境中一直保持较快经济增长，成为 120 多个国家或地区的最大贸易伙伴和世界第二大对外投资国。自 2008 年国际金融危机以来，中国贡献了世界经济增长的 1/3。我国不断扩大的国际经济活动产生了大量国际业务和金融需求，为商业银行的跨国经营拓展了空间。

（2）人民币国际化稳步推进。在人民币被 IMF 纳入 SDR 后，各国政府普遍将人民币作为官方储备资产。与此同时，中国 A 股进入明晟指数，中国国债进入彭博巴克莱全球债券指数、摩根大通债券指数、富时罗素债券指数，越来越多的机构投资者开始参与人民币投融资活动。2021 年，据环球银行金融电信协会（SWIFT）统计，人民币在全球支付市场中的份额达到2.6%，成为全球第四大支付货币。目前，主要国际金融中心都有人民币离岸市场，人民币跨境支付系统（CIPS）的境外参与机构超过1 300家。我国商业银行的海外分支机构在人民币清算、结算、资金融通等方面具有天然的优势，可在国际结算、外汇买卖、国际信贷、债务发行、国际清算等传统国际业务的基础上，提供更多的人民币资产管理、汇率风险管理业务和产品。人民币国际化为商业银行的跨国经营创造了良好的条件。

（3）"一带一路"建设。2015年3月28日，国家发展改革委、外交部、商务部联合发布《推动共建丝绸之路经济带和21世纪海上丝绸之路的愿景与行动》，本着共商、共建、共享的原则，通过政策沟通、设施联通、贸易畅通、资金流通、民心相通，开展新型国际合作，打造人类命运共同体。经过7年的不懈努力，我国与"一带一路"沿线国家的贸易、投资保持两位数增长，"一带一路"建设深刻改变了我国的对外贸易、投资格局，成为我国经济加速构建"以国内大循环为主体、国内国际双循环相互促进"的重要平台。金融是高质量建设"一带一路"的加速器和保障，据世界银行的测算，"一带一路"基础设施建设的资金需求可达上万亿美元，每年开行1万多列的中欧班列也带来了巨额贸易融资需求。中资银行可选择"一带一路"节点国家和城市，合理布局机构和网点，与沿线国家的银行、国际金融组织加强合作或组建银团，进行项目融资、出口信贷、人民币相关业务，扩大国际经营的对象和领域。

3. 商业银行跨国经营现状

发达国家商业银行的跨国经营不仅历史悠久，而且国际化程度较高。特别是在20世纪90年代出现了银行业跨国并购、强强联合的浪潮，从而大幅提升了部分商业银行的国际化水平。国际化程度最高的前20家银行，占据了全球商业银行境外经营收入的70%。过去十年，我国商业银行跨国经营的步伐明显加快。截至2020年末，中资银行海外分支机构的总数达到1 300家左右，覆盖了全球60多个国家和地区，与2011年相比翻了一番；海外资产和营业收入超过2万亿美元、500亿美元，分别是2011年的3.5倍、4.7倍。

我国商业银行的跨国经营具有以下特点：①以国有大型商业银行为主。中国银行、中国工商银行、中国建设银行、中国农业银行、交通银行五大银行是跨国经营的主力军。近90%的跨境业务由这五大商业银行提供。②股份制商业银行积极"走出去"。中信银行、民生银行等股份制商业银行充分发挥自身优势，跟随客户重点布局"一带一路"沿线，12家股份制商业银行中有11家在境外设立了分支机构，并开展了跨国经营。③时间较短，分布不均衡。除中国银行外，其他商业银行的跨国经营大多只有20年，它们的分支机构主要设在发达国家以及"一带一路"和RCEP地区。截至2020年，我国11家商业银行在29个"一带一路"沿线国家设立了80多家一级分行，10家商业银行在RCEP地区的分支机构超过100家。

然而，与渣打银行、巴克莱银行、西班牙国际银行、荷兰国际集团、瑞士瑞信银行、汇丰银行等国际化程度较高的商业银行相比，我国商业银行境外资产、利润、员工的占比不足这些商业银行的一半，因而跨国经营仍有较大的发展空间。

中国银行是我国最早实行跨国经营的商业银行，它构建了遍布全球的经营网络。中国银行制定了"四步走"的跨国经营路线图，即先占领亚洲市场，后突破欧美市场，再完善海外整体布局，最后协调海内外一体化建设。2020年，中国银行境外资产的占比和境外利润的占比分别为26.23%和23.39%；跨境人民币的结算量为9.20万亿元，是五大国有商业银行中国际化程度最高的商业银行。

中国工商银行作为全球资产规模最大的商业银行，稳步推进国际化、综合化的经营发展。中国工商银行的跨国经营策略是以最快的速度进行海外扩张，通过大举并购，成为当地的主流商业银行。2020年末，中国工商银行在49个国家和地区建立了426家机构，它通过参股标准银行集团，间接覆盖了非洲20个国家，与143个国家和地区的1 436家境外商业银行建立了代理行关系，其服务网络覆盖六大洲和全球重要国际金融中心。

中国建设银行稳步推进海外业务发展和海外商业银行网络建设，不断提升对全球化客户的服务能力和参与国际竞争能力。截至2020年末，中国建设银行在英国、德国、俄罗斯、新西兰、巴西、印度尼西亚等30个国家和地区设立了分支机构，并统筹运用跨境并购、出口信贷、项目融资、金融租赁等产品服务，支持“一带一路”建设。

中信银行立足于中国香港，将中信国际、信银（香港）投资有限公司作为跨国经营的中坚力量。中信国际在中国香港、中国澳门、纽约、洛杉矶、伦敦、新加坡和中国内地设有35家营业网点和2家商务中心。截至2020年底，中信银行累计实现结售汇1 495.16亿美元、跨境人民币收支3 252亿元，其跨国经营指标领先于其他股份制商业银行。

民生银行稳步推进海外机构布局，重点通过香港分行和民银国际搭建海外业务平台，强调发挥海内外机构的业务协同优势，为客户提供境内外一体化的综合金融服务。民生银行致力于公司业务、金融市场业务、私人银行及财富管理业务三大业务板块，帮助客户进行海外并购和私有化项目。

11.4.2 商业银行跨国经营的形式与业务

1. 商业银行跨国经营的形式

商业银行跨国经营的形式较多，包括代表处（representative office）、代理处（agency office）、分行（branch，sub-branch）、子行（subsidiary banks）、代理行（correspondent banks）、联营行（affiliated bank）、银团银行（consortium bank）七种形式。在不同的形式下，商业银行的法律地位、权利、义务有较大差异，商业银行可根据跨国经营战略的需要和东道国的环境条件进行选择。

代表处是商业银行在海外设立的非营业性机构，它不能办理业务，其主要职能是开展公共关系活动。

代理处是商业银行设立的能够转移资金和发放贷款，但不能从东道国吸收当地存款的金融机构。

分行是商业银行在海外设立的经营机构，也是母行的有机组成部分，其业务范围及经营与总行保持一致，总行对其活动负有完全责任。

子行是商业银行以独资或者控股方式在海外设立的经营机构，具有独立的法人地位，实行独立经营，接受东道国当地的金融监管。

代理行是国外的一家商业银行，是本国商业银行在开展业务时相互委托的伙伴银行。

联营行在法律地位、性质和经营特点上与子行类似，只是在联营行中，商业银行不能控股，其余股权可以被东道国所有，或由几个外国投资者共有。

银团银行通常是由两家以上不同国籍的跨国商业银行共同投资注册而组成的公司性质的合营银行，任何一个投资者所持有的股份都不超过50%。

在以上七种形式中，代表处、代理处和分行不是独立的法人，其经营活动完全接受母行的指导，能够百分之百地贯彻落实母行的战略意图，母行承担所有的管理和责任。子行、联营行、银团银行是独立的法人，母行以股东的身份、通过董事会产生影响，并以持有的股份比例承担相应的责任。

采取分行形式跨国经营，其优势是商业银行不需要投入资本金，仅以母行的资本、资金实力开展业务，能够满足客户巨额的资金需求；其弊端是分行受到的约束较多，因为不是当地法人，它的业务范围受到一定的限制，除了要遵守东道国的金融监管规定外，还要接受母行所在国的金融监管规定。例如，伦敦的金融机构可以混业经营，但中国银行的伦敦分行却不能混业经营，因为按照中国的《商业银行法》，商业银行不能从事证券业务。采取子行形式跨国经营，其优势是可以享受国民待遇，而且业务不受限制，只接受当地的金融监管，因而监管成本较低；其劣势是开业前需要按照东道国的要求投入一笔较大的资本金，由于受到资本金的约束，因而子行往往无法提供大额贷款，满足客户融资需求的能力有限。

我国商业银行的跨国经营主要采取代理行、分行或子行的形式，在条件不成熟的国家和地区，采用代理行方式提供必要的金融服务，在有条件的国家和地区则设立分行或子行。鉴于分行和子行各有利弊，我国商业银行往往在主要的国际金融中心同时设立分行和子行。

2. 跨国经营业务

商业银行的跨国经营具有一定的规律，其业务发展分为三个阶段：①探索阶段。商业银行主要服务本国企业，采取跟随战略，即跟随本国企业跨境经营，为“走出去”的企业提供结算、贸易融资服务。②发展阶段。除了服务本国“走出去”的企业外，其业务对象更强调东道国本土化，即针对客户需求，提供商业银行具有优势的特色产品和服务，尤其是贷款业务，以加强商业银行与投资银行业务的联动，对公、对私业务的联动，离岸和在岸业务的联动，拓展银团贷款、同业拆借、证券辛迪加等同业业务，努力扩大业务规模，在东道国树立竞争优势。③成熟阶段。商业银行的业务全球化、业务对象多元化，既有本国“走出去”的企业，又有东道国的本土企业，还有全球性跨国公司、机构、政府、国际组织；重视机构网点的全球布局，加强总分行、分支机构之间的业务协同；金融产品极大丰富，能够实现金融服务全功能、客户需求全覆盖。

我国在加入WTO后，不断融入全球经济，我国企业开始大规模跨国经营。与此同时，我国商业银行采取跟随策略，掀起了跨国经营浪潮。中国银行跨国经营的历史悠久，目前已进入成熟阶段，其他国有商业银行大多处于发展阶段，而股份制商业银行处于探索阶段。

小专栏

工银土耳其成功开拓“一带一路”金融市场

中国在提出高质量建设“一带一路”后，据估算，2018—2022年中国“一带一路”项目的价值将达到3 500亿美元①，越来越多的企业投身于“一带一路”建设，催生出巨大的金融需求。工银土耳其抓住了“一带一路”带来的发展机遇，大刀阔斧进行内部机构组织再造，调整了经营战略，充分发挥了中国工商银行的存款规模、网点数量、科技技术优势，为抓住大型客户、大型项目开展银团贷款，同时不断拓宽与当地商业银行的同业业务，致力于服务本国以及当地作为投资主力军、微观机制载体的企业。

2015年，中国与土耳其签署了关于对接“一带一路”倡议与土耳其“中间走廊”的谅解备忘录。随后，中国工商银行收购土耳其纺织银行，并设立子行——工银土耳其，这是中国在土耳其设立的第一家银行。7年来，工银土耳其努力为当地一系列“一带一路”重大建设项目提供金融支持，资产年均增幅达到28%；不良率为0.12%，大大领先于当地同行。在土耳其十分动荡的政治经济环境下，工银土耳其保持了良好的盈利能力。自2017年以来，工银土耳其连续多年被评为“土耳其最佳商业银行”“土耳其最佳投资银行”。

工银土耳其以公司业务为核心，瞄准“一带一路”跨境融资的重点客户，抓好资源、电力、基建、装备、资产融资、跨境并购等领域的大客户营销、大项目落地。工银土耳其的主要举措为：①争取获得牵头行、账户管理行、委托代理行等资格，发展存款和结算业务。②发展土耳其前100强客户，提供贷款超过15亿土耳其里拉，风险敞口超过42亿土耳其里拉；2020年的贸易融资业务量为6亿美元，同比增长232%。③利用牌照优势，促进商业银行业务和投资银行业务的联动，对公、对私业务的协同。工银土耳其不受分业经营限制，可以开展综合经营，通过牵头承销债券、为企业发行股票、开展股票和衍生品交易等证券经纪业务和投行业务，获取了大量利润。④进行簿记业务创新，利用中国工商银行的集团优势，规避自身资本金较小、本土融资利率较高的劣势，与香港、迪拜等分支机构合作，采取簿记方式为客户提供低成本的大额资金，从而拓宽了业务渠道，赢得了大客户。

11.4.3 商业银行跨国经营的风险管理

1. 跨国经营面临的特殊风险

商业银行无论是在国内经营还是在境外经营，都会面临战略风险、信用风险、市场风险、操作风险、法律风险。此外，跨国经营还会面临一些特殊风险：①国家风险。“一带一路”国家是我国商业银行跨国经营的重点区域，一些国家的政治不稳定，发生动乱、战争的风险较高，这就给商业银行贷款带来了较高的违约风险；发达国家对气候变化与环境保护的重视程度不断提高，致使商业银行业务的环境风险也在上升。②长臂管辖风险。美国实行长臂管辖原则，对商业银行的客户和业务造成了潜在风险。例如，一旦被认定与美国管辖黑名单上的客户打交道，商业银行就会被美国惩罚，其账户被冻结。③合规风险。各国对于商业银行监管的法律法规不一致，在中国合规的业务和行为，在其他国家不一定合规，分行主要遵守国内的规则，因而面临更大的合规风险。此外，国际社会达成了反洗

① 贝克·麦坚时国际律师事务所．“一带一路”，机遇与风险｜建设中国新丝绸之路的前景和挑战．中华工商时报，2017-11-03.

钱、反恐怖融资、反逃税的共识，但各国的标准、要求存在差异。④文化冲突风险。各国、各民族都有自己独特的文化，并形成了不同的制度行为模式。信奉佛教、基督教、伊斯兰教的国家具有非常不同的文化符号和特征。文化冲突是商业银行并购失败的重要因素，也是阻碍本地化经营的关键。

2. 跨国经营的风险管理措施

从监管层面来看，要创新手段，完善宏观审慎监管。第一，提高商业银行的资本充足率和流动性监管标准，避免系统性危机的发生。第二，加强对商业银行跨国经营的资本流动监测和合规性指导，建立相应的风险预警机制。第三，建立紧急救助机制，保护跨国经营银行的合法权益，对国家风险导致的损失予以一定补偿。第四，有效监管金融创新，避免过度创新和滥用创新损害金融稳定。第五，加强跨区域的金融监管合作，为商业银行的跨国经营创造良好的政策沟通、协调环境。

从商业银行层面来看，要着力补短板，增强商业银行跨国经营的风险管控能力。第一，改善商业银行的风险文化，将全面风险控制作为商业银行经营的生命线。根据商业银行的自身特色以及外部环境，制定和调整经营发展方向及策略，坚持审慎经营。第二，采取多种措施增进本国与东道国之间的文化交流和互信，让当地员工认同我国银行的风险管理文化。第三，加大投入，建立覆盖境内外业务的、完善的风险管理信息系统和内控制度体系，确保母行能够对海外分支机构的风险、合规性进行一体化管理，防范出现严重的合规问题。

复习思考题

1. 国际结算的方式有哪些？各种方式都是如何操作的？
2. 试述三种外汇衍生工具之间的联系和区别。
3. 国际银团贷款有何特点？简述其业务流程。
4. 出口信贷都有哪些形式？简述每种形式的业务流程。
5. 请结合项目融资的案例，谈谈项目融资的特点和风险管理方法。
6. 商业银行为什么要提供现金管理业务？不同种类的资金池的功能有何差异？
7. 简述我国商业银行跨国经营的特点。商业银行跨国经营有哪些机遇和挑战？

第 12 章

商业银行的金融科技业务

【导言】

从最初依赖线下网点与人工的传统商业银行，到借助金融科技实现渠道升级的互联网银行，再到通过共享数据服务的开放银行，在新一轮信息技术革命的冲击下，商业银行正沿着数字化转型道路向前延伸，逐步实现从线下到线上，从“以产品为中心”向“以客户为中心”，从全功能独立体系向开放式平台，从重资产、轻交易向轻资产、重交易的转变。在此过程中，商业银行应该如何充分利用大数据、人工智能、云计算、区块链等核心技术，开展金融科技业务？金融科技业务的目标与特征是什么？应遵循何种原则？

【学习目标】

1. 了解商业银行开展金融科技业务，进行数字化转型的必要性。
2. 掌握商业银行金融科技业务的目标、原则与特征。
3. 了解商业银行主要金融科技业务的类型与内容。
4. 掌握大数据、人工智能、云计算、区块链等核心技术概念及其与商业银行功能的耦合性。

【核心概念】

数字化转型	金融科技	大数据	人工智能
云计算	区块链	开放银行	

12.1 商业银行的金融科技创新

12.1.1 金融科技业务的目标与原则

1. 金融科技业务的目标

金融科技是由技术驱动的金融创新。根据金融稳定理事会（Financial Stability Board，FSB）的定义，金融科技主要是指由大数据、区块链、云计算、人工智能等新兴前沿技术带动的，对金融市场以及金融服务业务供给产生重大影响的新兴业务模式、新技术应用、新产品服务等。目前，金融科技已逐步成为我国数字经济产业的重要组成部分，以及商业银行进行数字化转型的重要引擎。商业银行通过开展金融科技业务，能够不断推动数字化金融产品和服务方式的创新，增强个性化、差异化、定制化产品和服务的开发能力，逐步建成数字化经营管理体系，有效提升自身的科技赋能金融能力、风险管理水平以及金融服务的质量和效率。基于商业银行金融科技业务的特征，商业银行应该树立深化数字化转型、释放数据要素潜能、优化金融服务供给、健全业务治理体系、深化核心技术应用、完善数字基础设施等目标。

（1）深化数字化转型。借助金融科技业务创新，商业银行应加速推进整体数字化转型，从多点突破进入深化发展新阶段，使全局性、系统性数字思维深入人心，稳步提高“上云、用数、赋智”的水平，确保商业银行的数字化经营能力大幅跃升。

（2）释放数据要素潜能。商业银行应不断强化数据能力建设，提升数据治理水平，构建完备的金融数据全生命周期管理体系，有序推进跨机构、跨地域、跨行业数据共享，以及金融与社会民生领域数据融合应用，不断加强数据安全建设和个人隐私保护。

（3）优化金融服务供给。商业银行应不断完善数字普惠金融和无障碍服务体系，使智慧金融服务与生产、生活场景深度融合，同时科技赋能金融资源可以更精准地服务经济社会发展，进一步增强金融服务实体经济的能力。

（4）健全业务治理体系。商业银行应不断完善现代化科技治理架构，使科技伦理水平显著提高，同时确保监管科技应用水平和数字化监管能力持续提升。

（5）深化核心技术应用。商业银行的关键软硬件技术金融应用研究攻关持续深入、场景适配不断加强、成果转化更加顺畅，可以使稳健高效的技术供应体系逐步健全，并形成“产、学、研、用”互为支撑、相互促进的开放创新产业生态。

（6）完善数字基础设施。商业银行绿色、智能、高可用金融数据中心建设布局日趋完善，同时高速泛在、融合互联、安全可靠的金融网络通信支撑保障能力全面加强，云管边端高效协同、灵活调度、弹性部署的新型算力体系基本建成。

2. 金融科技业务的原则

商业银行的金融科技业务要结合自身的业务特点和经营实际，坚持“数字驱动、智慧为民、绿色低碳、公平普惠、全面审慎”的发展原则，以深化金融数据要素应用为基础，以加快数字化转型为主线，健全科技治理体系、夯实数字基础底座、加强技术创新引领、激活数字化经营功能、强化金融科技审慎监管、践行数字普惠金融，将数字元素注入金融服务全流程，将数字思维贯穿业务运营全链条，注重金融创新的科技驱动和数据赋能。

（1）数字驱动原则。金融科技强调创新性，金融科技通过数字技术应用，实现了金融业务和服务的创新，打造了新的生产方式和服务模式，提高了金融行业的运行效率。商业银行开展金融科技业务要把握数字经济发展新趋势，发挥数据要素倍增作用，将数字元素注入金融服务全流程，并将数字思维贯穿于业务运营全链条，强化金融创新的科技“武装”、数据加持，加快金融数字化转型步伐。商业银行要践行安全发展观，运用数字化手段不断增强风险识别监测、分析预警能力，切实防范算法、数据、网络安全风险，共建数字安全生态。

（2）智慧为民原则。金融科技聚焦客户体验。金融科技应用让金融服务更加关注客户体验，持续根据客户需求的变化进行产品的快速迭代和优化，实现传统金融服务所不具备的个性化和差异化服务体验。商业银行要把握人工智能发展新机遇，以人为本全面推进智能技术在金融领域的深化应用，强化科技伦理治理，着力打造场景感知、人机协同、跨界融合的智慧金融新业态，实现金融服务全生命周期智能化，切实增强人民群众的获得感、安全感和幸福感。

（3）绿色低碳原则。商业银行要树立绿色发展理念，以实现碳达峰与碳中和为目标，加强金融科技业务与绿色金融的深度融合，创新发展数字绿色金融，运用科技手段有序推进绿色低碳金融产品和服务的开发，着力提升金融服务绿色产业的覆盖面和精准度，助力实体经济的绿色转型和低碳可持续发展。

（4）公平普惠原则。金融科技降低了金融服务的门槛和成本，让更多人能享受种类更多、更优质的普惠金融服务。商业银行的金融科技业务要以公平为准则，以普惠为目标，合理运用金融科技手段丰富金融市场层次、优化金融产品供给，不断拓展金融服务触达半径和辐射范围，弥合地域间、群体间、机构间的数字鸿沟，让金融科技发展成果更广泛、更深入、更公平地惠及广大人民群众，助力实现共同富裕。

（5）全面审慎原则。商业银行要将金融科技业务纳入整体业务的管理框架，进行统一的规划和部署。在全面收集相关信息的基础上，商业银行应全面规划、整体部署金融科技业务，在风险偏好范围内，谨慎开展金融科技业务。商业银行要对金融科技业务进行持续跟踪和评估，对金融科技业务的效果进行持续的评价和改进。

12.1.2 金融科技业务的特征

1. 融合性

以大数据、云计算、人工智能、区块链、5G等新兴技术为基础，以新兴网络为媒介，这是金融科技业务与传统商业银行业务最根本的区别之一。金融科技的显著特征是金融业务与技术的高度融合，技术在提供金融服务的运营过程中占据主导地位，技术的贡献度和影响力已远超人、场地等生产要素，推动了商业银行的业务变革。通过各种新技术的协同和融合，新技术不断被应用于商业银行业务，商业银行业务与技术发展逐渐呈现出深度融合态势，这极大地降低了成本、提高了效率、优化了服务、革新了业务理念。例如，商业银行的无人网点就是金融科技在商业银行业务中的集中体现，作为全程无须银行员工现场办理业务的高度场景化、智能化的网点，通过充分运用生物识别、语音识别、大数据、云计算等最新金融科技成果，整合并融入AI机器人、VR、AR、人脸识别、语音导航、全息投影等前沿科技元素，为商业银行客户提供了一个以智慧、共享、体验、创新为特点的全自助智能服务平台。

2. 综合性

除了提供存款、贷款、信用卡等传统的个人和企业金融服务，金融科技业务还可以根据客户属性与市场需要，利用新兴技术和一体化信息网络，对客户和市场的场景需求进行精准定位，在对传统商业银行业务进行重新组合的基础上建立综合性服务平台，从而简化业务流程，提供专业的、个性化的综合服务。例如，在零接触金融服务方面，可以通过智慧网点、无人网点、网上银行、手机银行、小程序等多种渠道向客户提供“技术驱动＋服务协同＋场景链接＋生态融合”四位一体的金融服务，推动手机银行、物理网点、远程客服之间的功能联通和服务协同；在支付清算方面，依托数字账户不断升级消费、旅游、社交等生活场景，提升用户支付便利性，与政府共享渠道资源，创新移动支付、刷脸支付、无感支付、超级账户等各种公用事业及其他行业的支付服务；在信贷服务方面，搭建融资平台，对接投融资需求，重构信贷业务模式；在理财服务方面，借助大数据、云计算、智能客服、智能投顾等，为客户提供“无处不在”的服务，并逐渐将客户扩展至下沉市场。

3. 平台性

开放、通用和共享是平台的三大典型特征。传统商业银行业务和服务强调单一的专业化或特殊性，每个业务和服务都有各自的软硬件设备、信息收集规则、数据处理方法和操作安排，底层软硬件设备与具体业务应用相对孤立与封闭，进而产生了较高的建设成本和有限的客户群体。在“互联网＋”和科技赋能金融的时代，众多“长尾客户”的金融服务需求逐渐释放，商业银行依托金融科技搭建开放、通用、共享的商业银行金融平台，可以实现系统功能模块化、业务产品配置化以及对外接口标准化。例如，商业银行提供的 API 服务接口可以缩短场景服务与资金对接的周期，降低经营成本，提升服务效率。

4. 智能化

高度智能化是商业银行金融科技业务的显著特征之一，依托互联网、大数据、人工智能算法和算力等，金融科技不断推动商业银行业务实现智能化，传统需要依靠专家才能完成的任务或提供的服务，通过智能化方式就能实现，比如无人银行、智能投顾、智能客服、智能产品推荐、智能客户管理、智能消费金融、智能运营、智能风控、信用卡交易反欺诈应用等产品。以营销为例，智能营销突破了传统营销渠道（如物理网点、地推路演、沙龙会议、电话短信等）的物理空间限制，通过社交平台、电商平台、运营商、互联网金融平台、征信中心等多方渠道获取客户的行为和信用数据，分析不同消费场景下客户的需求和偏好，为客户在特定的场景提供精准化、个性化的产品和服务。

12.1.3 金融科技业务的创新

1. 战略资源投入

（1）数字化发展战略。“十四五”规划提出了未来数字经济和实体经济深度融合的战略目标，为商业银行的数字化转型指明了方向。中国人民银行先后印发《金融科技（FinTech）发展规划（2019—2021 年）》《金融科技发展规划（2022—2025 年）》，明确了金融科技作为金融高质量发展的“新引擎”。商业银行通过开展金融科技业务实现全渠道数字化，具有时代必然性。为此，我国商业银行先后制定了数字化战略。早在2016年，中国工商银行、中国建设银行、招商银行和平安银行4家商业银行就已提出了较为详细的金融科技发展战略。此后，各大商业银行以及城市商业银行、互联网银行也提出了相应的数字化转型战略。具体来看，中国工商银行提出e-ICBC战略，旨在全面打造赋能零售、对公、政务、乡村、同业等领域协同发展的数字新业态；宁波银行提出智慧银行战略，实施“大银行做不好，小银行做不了”经营策略，强调系统化、数字化、智能化；苏宁银行提出科技驱动O2O融合战略，秉承“金融科技+场景金融=普惠金融”的发展理念，用数字化从线上和线下两个维度深度再造产品、再造营销、再造风控、再造运营。

（2）组织架构调整。商业银行通过打破原有部门条框限制，设置金融科技相关部门，成立相对独立的专业团队，为推动数字化转型提供组织基础。目前，国内各大商业银行均已实现与金融科技相关的专业化机构布局。例如，中国工商银行成立金融科技部、业务研发中心、数据中心、软件开发中心、工银科技公司，形成“一部、三中心、一公司”的格局；中国农业银行成立研发中心，在北京、上海、广州、天津、成都、西安设立研发部，组建数据分析师团队，构建“一中心、多部门”的发展格局；中国银行成立信息科技管理委员会、信息科技部、数据中心、软件中心等。此外，商业银行还通过设立直销银行、成立金融科技子公司、打造创新孵化平台、成立金融创新中心、设立科技创新支持基金等方式，不断加强金融科技基础设施建设，打造线上服务平台，进一步实现内部转型孵化、突破传统体制以及输出金融科技。2014年2月，民生银行正式推出我国第一家线上直销银行。2015年12月，兴业银行设立“兴业数金”，开创了商业银行成立金融科技子公司的先河。商业银行成立金融科技子公司已成为大中型商业银行数字化的必要手段，除国有大型商业银行外，主要股份制商业银行均已设立金融科技子公司。

小专栏

直销银行

直销银行作为一种互联网时代诞生的全新银行模式，以互联网平台为依托而不设立线下网点，通过网络平台提供商业银行金融服务。直销银行于20世纪90年代发轫于西方发达国家，全球第一家直销银行诞生于1989年的英国，名为First Direct。直销银行以零售业务为主，主要通过互联网、移动智能终端、电话、传真等多媒介工具，实现业务中心与终端客户的直接互动，其业务类型包括账户管理、支付结算、存款、投资理财、贷款、保险等，且服务客群范围逐步向中小微企业拓展。直销银行采取无网点的轻资产化经营模式，节约的费用可以实现更低的贷款利率和手续费率。2014年2月28日，民生银行正式推出我国第一家线上直销银行。目前，国内直销银行运营模式主要分为纯线上经营模式、“线上+互联网企业”跨界合作模式以及“线上+线下自助门店”辅助模式三类。直销银行的服务和产品特点较为明确，主要服务人群为中等收入人群，他们具有较为注重自主理财、关注存款利息收入、对金融服务效率要求较高、具备网络消费习惯等特征。直销银行为客户提供网络金融产品和服务，实现了商业银行的金融业务与生活体验的深度融合。

☞小专栏

金融科技子公司

在金融科技浪潮的冲击下，商业银行通过成立金融科技子公司的方式，加快金融科技创新，推进数字化转型。在2015年7月中国人民银行发布《关于促进互联网金融健康发展的指导意见》后，2015年11月兴业银行在上海成立兴业数字金融服务（上海）股份有限公司，注册资本为3.5亿元人民币，负责金融数据处理、经济信息咨询、应用软件开发和运营以及系统集成等工作。随后，平安银行、招商银行、光大银行等股份制商业银行开始纷纷设立金融科技子公司。截至2021年底，全国已有17家商业银行成立金融科技子公司，包括5大国有商业银行、多家股份制商业银行、城市商业银行、农村商业银行、农村信用社等。商业银行成立金融科技子公司有利于克服商业银行现有组织架构的限制，以市场化方式开展技术研发与金融应用，主要分为内向服务和外向输出两大类。例如，光大科技倾向于服务光大集团内部各部门的金融业务，而兴业数金则利用自身资本与技术优势，向外输出金融科技服务。

（3）对外科技合作。商业银行开展金融科技业务离不开外部合作，与金融科技公司的合作是当前商业银行数字化转型的重要趋势。这种外部合作方式可以将商业银行原有的客户基础、资金实力、业务模式、交易数据积累等固有优势与金融科技公司的信息技术、互联网生态经验等差异性优势进行融合改造，实现双方的互利共赢，从整体上提高商业银行的竞争能力、服务效率和经营效益。自2011年起，以四大国有商业银行为代表的各家商业银行开始与以“BAT”（百度、阿里巴巴、腾讯）为代表的金融科技公司开展广泛合作及深入布局。中国农业银行与百度达成战略合作，双方将共建智能银行，共建包括金融大脑、客户画像、精准营销、客户信用评价、风险监控、智能投顾、智能客服等方向的具体应用；中国工商银行与京东金融共同推出“工银小白”数字银行，成为国内将商业银行开到互联网平台上的第一次尝试；中国建设银行与阿里巴巴签署战略合作协议，打通了信用体系，共同推进信用卡线上开卡业务办理、电子支付业务合作等；中国银行与腾讯签署协议，在大数据平台、智能风控、智能营销领域进行深度合作。

2. 服务体系构建

（1）线上线下渠道拓展。商业银行的金融科技业务以互联网为依托，而互联网的发展打破了时间与空间的限制，使得商业银行的网上银行、手机银行、电子支付与自助渠道为消费者提供了便捷服务，而传统的零售业务依然可以维持线下办理，并且通过商业银行的智能网点、无人网点满足客户对无接触、远距离、方便快捷的金融需求，最终实现商业银行服务的线上和线下渠道拓展。

（2）金融服务增效降本。商业银行的传统业务与经营存在时间和空间的限制，因而效率低下且存在极大的经营成本。商业银行的金融科技业务能够推动数字普惠金融和无障碍服务体系更加完善、智慧金融服务与生产生活场景深度融合，科技赋能金融资源更为精准地配置到关键领域和薄弱环节。依靠云计算、大数据、人工智能等核心技术，金融科技业务可以打破时间和空间的限制，降低各网点的人力投入成本、风险管理成本、获客成本，帮助商业银行优化服务流程、提升服务效率、提高风险管控与市场营销的精准度等，从触达客户、连接客户，到认知客户、管理客户，商业银行逐渐形成客户全生命周期管理、客户额度管理、客户分级定价经营的专业化运营能力。新兴技术的融合应用极大地提升了金融服务营运效率、降低了运营成本，具有传统金融产品没有的高效率、低交易成本、高个性化、高便利等特点。

（3）客户服务体系优化。金融科技业务为商业银行带来了精细化营销，建立了以客户为中心的精准产品结构。商业银行立足于自身的经营模式，利用数字化的力量，挖掘存量客户，提高了客户黏性。存量客户不仅可以为商业银行带来稳定的现金流，而且可以充当信息传递者，即将身边的优质客户推荐给商业银行。商业银行将自身拥有的数据资源、资金资源与人力资源等优势与大数据等技术结合，对存量客户的数据进行挖掘分析，并根据其特征与偏好进行精准营销，分析客户流失的原因，然后有针对性地进行产品升级，以持续优化自身经营策略。

3. 风控能力建设

（1）渠道安全。在数字化转型时代，商业银行业务既包括线下渠道业务，又包含特殊的电子网络渠道提供的金融服务，它不仅包含了传统商业银行业务面临的各种风险，而且具有服务渠道开放性、线上化以及新技术应用带来的独特风险。金融科技可以帮助商业银行实现远程服务，通过自动化和数字化评估压缩审批时间，减少人为干预、人为操作的空间，有效防范道德风险，提高风险判断的客观性，进而保障渠道安全。

（2）业务风险。商业银行的金融科技业务依托对客户的监测与风险预警体系，通过大数据、云计算、区块链和人工智能等科技手段捕捉客户的风险事件并进行分级处理，建立健全潜在风险客户管理机制以及时识别、立体监测和有效管控业务风险，对已发生的风险事件，深入分析风险事件的具体情况和后续处置计划，明确风险管控策略和有针对性的管控措施。

（3）信息安全。商业银行的传统业务或多或少存在一定的安全缺陷，金融科技业务可以利用底层技术，保护数据和隐私等信息安全，通过对称和非对称加密技术，确保交易数据的安全性；使用密码体系中安全性较高的一次一密方法，以确保信息安全，防止在信息传输过程中被劫持；通过金融安全认证手段，保证业务的合规性和安全性，并对敏感内容进行加密；结合大数据、云计算和人工智能风控平台，实现交易预警、拦截、锁定等功能。

4. 研发应用赋能

金融科技的关键技术包括互联网技术、人工智能、安全技术、分布式技术、大数据等。其中，互联网技术的运用是指将互联网与传统行业相结合，通过互联网终端进行数据交换，并不断进行动态优化，最终推动产业变革，实现社会转型。人工智能具有深度学习、跨界融合、自主操控等特征，其与不同产业的融合方式具有差异性。安全技术主要是指生物识别技术。生物识别技术是指运用人体生物学的固有特征（如指纹、视网膜等）和行为特征（如声音、笔迹等）来鉴别个人身份。生物识别技术具有简单便捷、可靠性高、效率高等特点，可以改进与优化传统的字符串密码在识别个人身份中出现的问题。分布式技术主要是指区块链。区块链是数字加密货币体系的支撑技术，具有去中心化、集体维护、安全可信、可编程等特点。大数据是指根据现代信息技术与工具可以实现自动记录、储存、扩充，超出传统的有限、固定、不连续的结构性数据的一切类型的数据。商业银行基于上述基础不断进行金融业务融合，并推动核心技术应用标准的制定。

金融科技的关键技术为商业银行的数字化转型注入了新动力，而专利是金融科技创新的重要评价标准。金融科技专利在本质上代表了金融科技发展的前沿技术，体现了金融科技转型发展的新方向。中国人民银行于2020年发布的《金融科技发展指标》(JR/T 0201—2020)，将"专利申请授权数量""软件著作权数量"纳入了商业银行金融机构的研发能力指标，以考察其对金融科技的研究与创新能力。商业银行可以通过专利引导金融科技转型、关注前沿技术、关注同业发展；通过专利技术分析，积极研究金融科技发展的新方向；通过能力转换、升级迭代，不断促进自身金融科技能力的提升；通过同业竞品分析，定位自身产品在竞争中的优劣势和长短板，有助于挖掘优势，从而最大限度地发挥产品效能，充分发挥金融创新的催化剂作用。

12.1.4 商业银行的数字化转型

当今世界正在经历数字化革命，即逐步实现数据作为生产要素参与生产分配。数字化把原有要素全部更新为数字的价值，打破了组织内部和外部的界限，包括商业银行在内的诸多企业都面临来自不同领域的颠覆式创新和替代式竞争。商业银行的数字化转型不仅是在商业银行的运行中加入数字化的渠道，而且是让商业银行的业务完全脱离现有的物理网点和以物理网点为基础的渠道延伸，直接将金融服务嵌入客户的日常生活场景中，随时随地提供服务，使客户的个性化需求能够得到极大满足。从商业银行的核心业务来看，商业银行的数字化转型大致经历了以下四个阶段：

第一阶段，物理网点服务阶段。自现代商业银行诞生以来，商业银行的业务主要依赖线下物理网点。在这一阶段，尽管物理网点逐步由传统交易型网点向服务营销型网点转型，但商业银行的基本业务形态没有发生质的变化，仍需依靠大量的人工才能实现存款、贷款等基础业务。在这种情况下，相关的服务手段和理念都不能很好地反映客户需求，商业银行的关注点仍局限于物理网点中的银行服务，其他的银行服务或金融需求往往被忽视。这一阶段的商业银行业务没有突破时间与空间的局限性，是商业银行数字化的最初阶段。

第二阶段，自助银行服务阶段。随着计算机技术的广泛商业应用，人工逐渐被电子技术替代。在此阶段的早期，主要是以ATM（automatic teller machine，自动柜员机）服务客户，客户可以在任何时间、地点找到物理网点之外的ATM，自助完成简单的交易型银行业务。ATM使用了附有技术加成的智能卡进行商业银行的日常业务交易，如查询余额、自动存取款、转账、更改服务密码等，实现了部分银行服务的自助化，ATM的普及提高了商业银行处理业务的效率与精度，降低了商业银行的营业成本。1987年2月，我国第一台ATM由中国银行在珠海推出。截至2021年，我国共有ATM 100.62万台。此后，随着IT技术的广泛应用，自助银行服务逐渐进入网上银行、电话银行服务阶段。网上银行又称网络银行，包括个人网上银行和企业网上银行，是利用互联网技术实现商业银行与客户之间安全、方便、友好的连接，通过网络为客户提供各种金融服务的电子银行。电话银行又称客户服务中心（call center)，是利用电话网络与计算机集成技术实现商业银行与客户之间安全、方便的连接。电话银行是通过电话网络，借助语音和人工方式提供银行服务的电子银行。本阶段的银行业务仍以物理网点为基础，并没有完全突破时间与空间的局限性，是商业银行数字化的初步发展阶段。

第三阶段，移动银行服务阶段。手机银行（mobile banking）又称移动银行，是利用移动网络以及移动技术实现商业银行与客户之间安全、方便、友好的连接，也就是通过移动网络为客户提供各种金融服务的电子银行。2004年，交通银行推出了采用无线上网技术、能够连接中国移动和中国联通的手机银行，这是我国最早的移动银行。与网上银行、电话银行相比，手机银行具有三个突出优势：一是操作便捷，客户可凭手机随时根据需要办理商业银行业务，无须强调上网条件；二是私密性强，手机银行的使用者一般为手机机主，客户只要保管好自己的手机，即可安全地进行各项交易，信息相对更为保密；三是安全技术保证度高，由于手机终端和手机卡是最具私人特征的电子器具，本身具有身份认证的功能，能有效提高商业银行业务的安全性，降低交易风险。正因为手机银行更能实现“任何时间、任何地点、任何方式”的全天候金融服务，所以手机银行被形象地称为“贴身金融管家”。

早期基于GSM和CDMA网络，手机银行的种类有STK、SMS、USSD、KJAVA、BREW、WAP等不同方式，国内常见的手机银行主要包括短信手机银行（short message service，SMS）和WAP手机银行，提供的服务功能包括账户查询、转账汇款、缴费支付、投资理财等。近年来，随着4G和5G网络普及，特别是智能手机的出现标志商业银行数字化迈入更现代的移动银行阶段。手机银行在此阶段加速发展，出现了网上自助银行、线下支付功能以及线上自助理财等业务。在这种情况下，客户处于一个超连通的信息世界，商业银行无处不在，依托一台智能手机即可在任何时间、任何地点进行除现金以外的银行业务。

第四阶段，嵌入式智能服务阶段。近年来，随着人工智能的蓬勃发展，商业银行数字化进入嵌入式智能服务阶段。嵌入式智能服务阶段又称数字化服务阶段，是指依托大数据、人工智能、云计算、区块链、现实增强（AR）、语音识别设备、穿戴智能设备、无人驾驶、5G通信等新兴科技，商业银行业务可以实现实时智能、嵌入式的、无处不在的金融服务模式，商业银行业务更加线上化、数字化、自动化、个性化和智能化，商业银行逐渐演变为一种行为，而不是客户要去的地方。这意味着当客户有资金需求时，可以随时随地获得量身定制的商业银行服务，商业银行业务的效用和体验完全脱离物理网点和以物理网点为基础的渠道延伸，也不再依附某个具体的金融产品。依托人工智能等技术，商业银行可以搭建智能化金融科技平台，提供无摩擦的交互体验，商业银行业务更加专注于将传统的“存贷汇”等核心功能融入客户的生活场景中，实现无感知的综合金融服务。

在此阶段，商业银行秉持“第一原理设计”，即从无到有的新业务形态，具体到目前的商业银行业务上，是指重塑了业务流程和底层技术架构，创造了更贴近客户的产品银行。开放银行的出现和发展成为重要标志。商业银行从以前的由核心系统驾驭的流程产品，向基于中间件的用户体验模式转变，也就是“银行即服务”平台的主要方向，这些转变植根于商业银行服务矩阵以及未来发展的中心。在进入嵌入式智能服务阶段后，商业银行不仅能快速、高效地运用中间层技术，赋能传统商业银行的诸多特点，而且还能实现传统商业银行未能实现的功能。

☞小专栏

开放银行

根据盖特纳咨询公司的定义，开放银行是一种平台化商业模式，它通过与商业生态系统共享数据、算法、交易、流程和其他业务功能，为商业生态系统的客户、员工、第三方开发者、金融科技公司、供应商和其他合作伙伴提供服务，使商业银行创造出新的价值，构建新的核心能力。我国开放银行的发展与国外存在较大差异。中国互联网金融协会发布的《开放银行发展研究报告（2019）》指出，国内外开放银行发展的驱动力不同，因而开放内容不同。我国开放银行的发展由市场驱动，商业银行基于客户需求与提升自身竞争力的要求进行跨界融合，主要以开放服务与产品为主，用于提高自身金融服务输出能力。目前，我国开放银行的发展迅速，传统商业银行已经具备一定的客户与数据基础，其主要转型方向是保证金融体系的稳定与提高客户服务水平。例如，自2018年开始，中国工商银行启动了ECOS建设工程，并打造了一系列跨界合作平台，用于推进商业银行与生态的融合共生；中国银行构建了中银平台，开放了API接口并采用B2B2C的模式对外提供金融服务；浦发银行的API Bank是业务与技术、开放与生态、能力与场景的有机统一，能突破物理网点与手机App的局限，通过API更好地将金融服务嵌入活动场景等。除传统商业银行外，我国其他的新型商业银行也积极投入开放发展的过程中。例如，民生直销银行利用"ABC"技术（AI、big data、cloud computing）获取场景需求，同时融入金融产品，逐步实现金融服务无感化；深圳前海微众银行通过开放平台、开放创新、开放协作相结合的模式，建立了更多维的商银联系，扩大了金融服务供给的辐射范围。

12.2 大数据技术及其在商业银行的应用

12.2.1 大数据技术

大数据是指海量的数据集，它在本质上具有体量大、种类多、变化快、变数多等特征，需要一种易扩展的技术来有效存储、处理、管理和分析。大数据技术能够提供数据集成、数据存储、数据计算、数据管理和数据分析等功能，它可以随着数据规模的扩大而进行横向扩展。大数据技术包含资源、技术和应用三层含义：一是体量巨大、丰富多样、变化繁多的数据集，这是大数据的基础；二是先进的数据处理和分析技术，用以提取高价值的信息；三是数据分析结果的价值产生机制，可以更好地辅助客户决策，挖掘潜在价值。

商业银行在大数据技术应用方面存在先发优势，具有大量启动资金、海量用户数据、高水平的人才队伍、先进的技术研发基础以及强大的算力背景，能够有效推动大数据技术在银行业的广泛应用和实践。传统的商业银行数据中心采用了业务分散处理与信息独立存储相结合的方式，致使各业务相对独立运行，数据资源共享程度低，难以实现灵活调配。大数据技术能够对各种数据资源进行整合、分级、分类管理，从而组建一个高度规范化、高效化、集成化的内部大数据平台，并可对贷前评估、贷中审批、贷后管理、风险预警等进行全方位、立体化、多维度的生命周期管理。与此同时，基于强大的算力，商业银行的大数据分析平台可以对存量客户和部分优质客户进行覆盖，对客户进行画像和实时动态监控，用以构建主动、积极、高效、智能的营销方式等。

12.2.2 大数据技术在商业银行中的应用价值

1. 提高商业银行的决策效率

大数据技术可以帮助商业银行实现以事实为中心的经营方法。通过系统地收集、整理和分析数据，大数据技术可以进一步保障信息的准确性、科学性、全面性和实时性，并针对不同的银行场景和客户需求提供动态化的决策建议，从而更精准地对客户需求、产品和服务供给变化做出反应，在短时间内做出科学、有效的战略决策，进而提升商业银行的决策效率。

2. 提升数据治理水平

传统数据库对非结构化数据的采集、分析和处理能力有限，而且使用成本高昂。基于“数据驱动一切”的理念，商业银行通过大数据底层平台建设，实现了对文字、图片、视频、语音等非结构化数据的采集、处理和分析，并将数据和其他生产要素共同融入价值创造的过程，实现对传统数据库的部分替代，进而有效提升数据资产管理和数据治理水平。

3. 促进产品创新升级

借助大数据技术，商业银行可以改变基础运行逻辑，突破商业银行服务的时间和空间束缚，提升运行效率，并能更加个性化地服务客户，实现精准的金融服务。商业银行能够获得更加科学、立体、完善和动态的客户画像，动态把握客户已有需求并精准挖掘潜在需求，帮助商业银行实时追踪客户的信息变动情况，同时提供更加精准和个性化的产品及服务，帮助商业银行提高产品及服务的升级速度。

4. 增强商业银行的风控能力

大数据技术可以帮助商业银行将与客户有关的数据信息进行全量汇聚分析，这样就使对客户信息的收集、处理、模型构建、分析和结果展现变得快捷且一体化，可以帮助商业银行更有效地识别客户的可疑信息和违规操作，强化商业银行的风险预判和防控能力，使得商业银行的风险管理更为科学有效。

12.2.3 商业银行对大数据技术的应用

大数据技术在客服、风控、反欺诈、营销等业务方面都得到了广泛的应用，有效提升了商业银行的资源配置效率，促进了金融科技业务的创新发展。

1. 大数据客服

中国客服行业发展主要经历了传统呼叫中心、网页端在线客服和智能客服三个阶段。传统呼叫中心以一对一匹配为主，依靠人工进行一对一服务，因而效率低，无法同时覆盖多个用户。网页端在线客服相对更加高效，能够实现一对多匹配，但随着金融机构产品和服务的多样化，客服部门的业务范围迅速扩大，难以在短时间内完成高质量服务，而且人工成本高昂。智能客服系统能够兼顾效率和成本，利用大数据技术建立丰富的知识库和客户数据集，能在一定程度上代替人工客服满足个性化、多样化的客户需求。当客户发出提问请求，商业银行的大数据系统识别出用户意图后，将自动匹配相应的答案，做出相应的执行。以商业银行各业务系统的海量数据为基础，商业银行用大数据技术通过 ETL 工具和分布式数据采集组件将信息抓取至大数据平台，然后按照不同业务需求将数据精准分类，再利用大数据模型和强大的算法进行数据挖掘及分析，最终创建可视化应用。此外，智能客服系统可以突破服务时间和空间的限制，提供全天候、连续、高效的在线服务，帮助商业银行增加用户黏性，解决传统客服回应不及时导致的客户流失问题。

2. 大数据营销

近年来，互联网的快速发展与需求端不断的个性化和多样化，为银行业带来了新的用户群和多样化的服务需求并伴随着海量数据沉淀，而传统的粗放式营销模式不再适用现代化商业银行的发展。商业银行需要秉持“以客户为中心”的营销思路，在客户需要的时间精准提供相应的产品和服务，精准把握市场需求的动态变化，提升产品和服务的营销效率。通过建立大数据平台，利用海量数据集、先进的大数据处理和分析技术，对目标客户数据进行深度挖掘、动态追踪和科学分析，将不同客户群体进行聚类，分析客户的消费习惯、消费偏好、消费水平、兴趣爱好和风险收益偏好等数据信息，制定以客户为中心的产品设计和营销方案，为细分的客户提供有针对性及有效的产品和服务，以实现个性化智慧营销。

大数据营销的本质在于给合适的用户提供合适的产品和服务。商业银行依托大数据技术将收集到的学历、年龄、职业、家庭状况、网络应用浏览记录、交易信息等用户特定信息进行聚合关联，并通过大数据分析模型实现对目标客户的精准画像。在用户画像的基础上，商业银行能够对客户开展精准的营销，如实时营销、交叉营销、个性化推荐等。实时营销是指商业银行根据客户的实时状态，如特定日期、所在地、动态消费信息等进行营销。交叉营销是指商业银行不同业务或产品的交叉推荐，如招商银行可以根据客户交易记录分析，有效地识别小微企业客户，然后用远程银行来实施交叉营销。个性化推荐是指商业银行可以根据客户的年龄、工作、资产状况、偏好等信息，分析其金融服务需求，进行个性化产品和服务的推荐。

3. 大数据反欺诈

商业银行面临的欺诈风险主要来自针对借记卡和信用卡的身份盗用、持卡人欺诈、第三人欺诈、商户欺诈，以及针对电子渠道的钓鱼网站、中间人欺诈、木马欺诈等。随着技术进步，针对商业银行的欺诈手段逐步呈现出专业化、产业化、隐蔽化和场景化等特征，亟须用现代化的手段解决实施欺诈风险监控需要的基础数据、精准的建模方法、及时的干预措施。传统的商业银行通常采用专家借助经验制定的一些规则或者黑名单等方式，对欺诈风险进行防控，这种防控方式的维度单一、效率低下、范围较小，难以满足不断变化的反欺诈需求。

大数据技术可以借助第三方数据对客户信息进行交叉检验，有效识别虚假信息，可以通过机器学习或深度学习算法对历史欺诈数据进行训练，最终实现智能监控。商业银行大数据平台实时反欺诈功能通过客户的自然属性、行为属性、客户信用度、资产负债状况、交易环境等信息进行实时交易行为监测，通过交易记录、频度、位置等信息，实时分析判断交易风险，并针对不同类别和级别的疑似欺诈交易做相应处理，将传统的风险事后跟踪转变为事中控制。实时反欺诈大数据分析可以通过统一管理商业银行内部的多源异构数据并结合外部征信数据，建立完善的风险防范体系。

4. 大数据风控

传统的信贷风险控制大多首选信用评分卡模型，利用沉淀的历史数据刻画目标客户的收入水平、支付能力、信用程度等指标，再根据各个指标对应的档次标注相应的得分，然后计算每个指标的权重，最后算出贷款申请者的信用评分。与传统的风险评估模型相比，大数据风控的风险数据来源和维度更广，不仅包括传统的结构化数据，而且包括用户行为、社会属性、金融产品评价、图片、语音、地理位置等半结构化或非结构化数据。此外，大数据风控的数据挖掘更注重数据间的相关关系，而非传统风控注重的因果关系。

大数据风控主要应用于全流程信贷领域。以贷前风控为例，大数据风控包括以下四个方面：一是数据采集，通过系统日志、网络数据和数据库接入等方式采集用户的多样化信息，使之形成多维度的数据集。二是数据建模，将结构化数据、非结构化数据、半结构化数据统一存放在数据模型之中，并将外部数据与内部数据尽可能匹配，然后在此基础上进行建模假设和建模目标的确定，实现对现有客户更加全面、充分、详尽的分析。三是客户画像，也就是根据个人用户的基本信息或者企业的生产、流通、销售、财务等相关信息，利用大数据技术对客户进行画像，并根据画像结果对目标客户进行分类。四是风险定价，即通过客户画像对其信用水平进行刻画，再根据客户的信用水平灵活调整个人和企业的贷款利率，商业银行对高信用风险的用户收取相应高水平的贷款利率。此外，大数据风控还可以对目标客户进行动态监测和风险预警，并根据客户信息的动态变化灵活调整风控模型和客户画像，及时发现客户的异常行为或金融产品的异常表现，帮助商业银行及时止损。

12.3 人工智能技术及其在商业银行的应用

12.3.1 人工智能技术

人工智能（artificial intelligence，AI）技术是一种整合生物学、心理学、数学等学科的理论，使用计算机系统模拟、扩展和延伸人类智能活动的技术方法，它在本质上是对人类意识和思维方式的模拟、探索。人工智能技术主要由计算机听觉、计算机视觉和机器学习等不同部分组成，其目的是通过赋予机器与人类同样的视觉、听觉等“感官”，使机器能够效仿人类进行学习、思考和判断，从而代替人类实现认知、识别、分析和决策，最终实现帮助人类完成复杂工作的目标。随着新一代信息技术产业革命和人工智能技术的快速发展，它与3D打印技术、VR虚拟现实技术并称“21世纪初期最炙手可热的技术”。

人工智能技术在金融领域的应用主要涉及生物识别、机器学习、语音技术、知识图谱以及自然语言处理五个关键技术，而商业银行在与人工智能技术交叉融合方面具有先天优势。商业银行在发展过程中沉淀了包括用户个人信息、金融交易数据、市场行情、风险控制等方面的大量数据，能够有效支撑机器学习，促使机器不断提升认知能力，从而出色地完成许多在传统意义上只有人类智能才能胜任的复杂工作。例如，在金融交易与金融风险管理方面，使用人工智能技术能够大幅降低商业银行的人力成本，通过对复杂大数据进行分析、处理，人工智能技术能够有效提升决策效率，增强商业银行的业务处理和风险控制能力。

12.3.2 人工智能技术在商业银行中的应用价值

1. 提升数据处理效率

银行业在发展过程中积累了大量金融交易数据，这些数据不仅类型丰富，而且它们的量级也较为庞大，往往需要占用巨大的存储空间，而商业银行缺乏有效的手段对这些数据进行分析处理。尽管大数据技术的出现在一定程度上有助于改善相关问题，但在数据挖掘和处理方面，商业银行仍面临较为严峻的技术瓶颈。深度学习等技术的不断演进为商业银行提供了有效的解决方案，商业银行通过将业务过程中产生的海量数据提供给机器学习，并不断提升机器的认知能力，能够大幅增强自身的数据分析能力，特别是在复杂数据处理方面，人工智能技术具有显著的优势，从而能够有效帮助商业银行改善数据处理效率，增强业务能力。

2. 降低商业银行的经营成本

随着盈利来源逐渐向零售业务转移，银行业的人工需求显著增加。在我国人口红利逐渐消失的背景下，工资成本快速攀升，商业银行通过扩张员工队伍支持零售业务发展的策略必然伴随着财务负担的大规模增长，导致商业银行发展零售业务面临较大的成本约束。基于人工智能的人机交互服务方式，能够替代商业银行客服中心和柜台的人工服务，帮助商业银行释放大量的人力资源，推动商业银行的零售业务从劳动密集型转变为资本、智力密集型，从而有效改善商业银行的运营效率、缩减服务成本。典型的应用场景包括基于生物识别技术的智能客服、大堂智能引导和柜员业务辅助等。

3. 改善商业银行的用户体验

在传统的组织架构下，商业银行的业务流程相对烦琐。商业银行与客户之间主要通过网点的柜面业务进行面对面交流，这导致商业银行无法对客户的深层次需求进行充分挖掘，难以为客户提供个性化、专业化、精准化的投资理财服务。在现实中，囿于成本限制，商业银行只向少数高净值客户提供定制化服务，而针对绝大多数其他客户，商业银行仅能为其提供普通服务。人工智能技术为商业银行沟通客户、挖掘客户需求的模式带来了重大变革，通过改变客户与信息系统之间的交互方式，能够精准对接单个客户的金融需求，使商业银行批量提供个性化、智能化、定制化金融服务成为可能，从而有效提升客户体验。

4. 提升商业银行的风控能力

在传统的业务模式下，有关用户信息的数据基础零散薄弱，商业银行难以对大量零售客户的真实信息进行查证，因而在业务过程中面临客户隐瞒、编造信息的风险，即交易双方之间存在较为严重的信息不对称问题。尽管伴随着新一代信息技术革命的蓬勃发展，许多互联网平台基于自有生态积累了大量客户信息，但这些信息与商业银行的传统风险处理系统尚不能有效匹配，商业银行对于批量业务的风险管理能力仍相对有限。人工智能技术通过从大量内外部数据中挖掘、分析关键信息，能够对客户的日常金融行为进行数字化处理，做到对客户信用信息的即时识别、判断，为商业银行提供有效的风险预警，引导商业银行对潜在欺诈交易行为进行实时拦截和提前干预，由此大幅提高商业银行的风险管理能力。

5. 提高金融服务的普惠性

商业银行运用人工智能技术能够有效降低金融服务的边际成本，提升金融服务效率，帮助商业银行将金融服务触达更广泛的“长尾”人群，由此推动普惠金融的发展。例如，智能营销有助于商业银行降低营销成本，实现对客户的精准识别，使得商业银行能够深度理解客户意图，进而为客户提供更精准的批量服务，满足客户更广泛的需求。智能风控帮助商业银行对客户画像进行精准刻画，有助于商业银行提高风险模型的准确性，实现对客户信用风险的有效评估，从而提升商业银行对于普惠金融服务风险的识别和管理能力。

12.3.3 商业银行对人工智能技术的应用

人工智能技术能够为商业银行的数字化转型提供全流程的业务技术支持。在前台，人工智能技术能帮助商业银行向客户提供更加智能化、精细化、专业化、人性化的服务。在中台，人工智能技术能在金融交易和授信审批等领域为商业银行提供决策支持。在后台，人工智能技术可用于提升商业银行的风险防控能力。从具体的应用场景来看，目前人工智能技术在商业银行的业务应用主要包括智能客服、智能营销、智能投研、智能投顾、智能风控等方面。

1. 智能客服

商业银行将人工智能技术应用于智能客服领域，不仅能够大幅减轻商业银行的人工服务成本，而且能实现向客户批量提供个性化、人性化服务的目的，从而有效改善客户体验。智能客服是指以自然语言处理、语音技术、知识图谱等作为技术支撑，通过自动获取用户特征和知识库，精准对接客户意图，快速帮助客户解决问题的一种业务方式。具体说来，智能客服系统通过自然语言处理获取用户需求信息，通过知识图谱建立客服机器人答复体系，同时通过文本或者语音等多种模式与客户进行交互，实现菜单扁平化，最终为客户提供个性化、便捷化的服务。与人工服务相比，智能客服能够有效提升客户满意度。

2. 智能营销

商业银行运用人工智能技术进行智能营销，有助于精确刻画客户画像，有效定位客户需求，实现精准营销。在可量化的数据基础上，智能营销依赖机器学习和大数据等技术，对金融消费者的消费特点和金融行为进行分析，并对客户群体进行合理划分，能够精确定位目标客户，为消费者提供定制化、个性化产品推荐。与传统线下营销模式相比，智能营销的服务成本低、准确性更高、时效性更强。

3. 智能投研

传统投研业务需要商业银行投入大量人力、物力、财力进行资料搜集、数据分析和报告撰写。智能投研综合运用机器学习、知识图谱和大数据技术，能够实现数据之间的智能关联，并在此基础上自动生成文档甚至投研报告供投资者、分析师使用。智能投研通过将数据、信息和决策过程予以智能整合，不仅有效降低了商业银行的运营和服务成本，而且能为商业银行和客户的投资决策提供有效辅助，大幅提高商业银行进行决策的效率和准确性。

4. 智能投顾

智能投顾又称机器人投顾，是指结合投资者的财务状况、投资风格、风险偏好、理财目标等信息，运用投资组合理论和智能算法技术为客户提供投资决策参考的一种投资管理服务。具体说来，智能投顾一般以马科维茨的现代资产组合理论为依据，借助机器学习的技术构建标准化投资模型，通过网络平台为客户提供在线投资顾问服务，并根据金融市场的动态变化为客户提供资产管理、配置的改进建议。与传统的投资顾问服务相比，智能投顾能够替代成本高昂的人工服务，帮助商业银行缩减服务成本、降低服务门槛、提高投顾服务的普惠性。在投资配置和交易执行能力上，智能投顾通过标准化、批量化、规范化的处理流程，能够帮助客户克服人类的情绪弱点。此外，通过采用恰当的资产分散投资策略，智能投顾能够赋予商业银行处理大批量客户投顾方案的服务能力。

5. 智能风控

智能风控的运行模式是结合商业银行在信贷业务过程中客户价值分析、预期客户管理、交易欺诈、信贷全生命周期风险管理等场景的痛点，整合各类结构化、非结构化数据，运用知识图谱监测合作对手、企业上下游、竞争对手、母子公司等关系中的不一致性，从而发现商业银行业务流程中的潜在疑点，最终建立一套完整的智能风控体系。与传统的商业银行风控模式相比，智能风控能够实现对多维度客户信息的即时处理，帮助商业银行准确分析客户行为，实现对客户画像的精准刻画，然后在此基础上建立合理的信用评估模型，并对客户风险进行综合评定，最终为商业银行提供一种将事前分析、事中监控和事后预警融为一体的全流程风控手段。

6. 人工智能催收

人工智能催收是一种全新的，融合智能语音、催收知识图谱和智能分案引擎技术的贷后资产处置管理模式，其目的是为催收机构提供全流程的一站式业务解决方案。人工智能催收基于各类业务场景，通过整合商业银行内部的贷前申请、贷后催收数据以及外部接入数据，形成闭环数据体系，在此基础上运用人工智能筛选标记提升坐席开案效率，最终实现赋能商业银行不良资产处置的目标。在处置方式上，人工智能催收采取事前需求沟通、事后专属优化的方式，确保业务与系统的高效对接，具体是通过智能分案引擎实现对案件处置过程的提速，通过坐席辅助引擎为案件处理提供实时话术和合规性指导，同时通过底层通信平台保证语音沟通和短信的有效触达。与传统模式相比，人工智能催收使得商业银行能够进行远程、无接触的催收工作，有助于大幅提升催款效率。

7. RPA

RPA（即机器人流程自动化）是指借助机器人自动处理大规模重复性工作任务的一种业务模式。商业银行在完成成百上千套信息系统建设的同时，也面临大量系统之间、数据之间相互割裂的问题，需要通过员工操作将分离的工作流程进行“衔接”。采用 RPA 进行辅助工作，可以解决各类业务场景中存在的高流量、高重复性以及高失误等问题。RPA 广泛应用于各业务条线的前、中、后台。例如，企业征信查询机器人通过自动登录外部的征信系统，获取、汇总、保存查询结果信息，既能提升商业银行授信审批的工作效率，又能确保征信数据的完整性；财务报表机器人通过 OCR 技术将财务报表扫描、转化为电子文件，再借助自然语言处理技术进行同义词识别，能够实现信息自动化采集和尽职调查报告的自动生成，在 RPA 的帮助下，商业银行的财务报表分析时间由几个小时压缩至 10 分钟以内，因而其经营效率显著提高。

12.4 云计算技术及其在商业银行的应用

12.4.1 云计算技术

云计算（cloud computing）技术是一种通过互联网统一组织、灵活调用各类信息资源，完成大规模计算的一种信息处理和 IT 资源交付技术。“云”由大量基础组成单位“云元”组成，“云元”之间由网络链接，并汇集成规模庞大的资源池。云计算技术通过采用虚拟资源管理和分布式计算等技术，将分散的信息通信技术资源聚集为共享资源池，以动态按需和易扩展的方式为客户提供虚拟化服务资源，而客户通过使用智能手机、计算机等各种终端从网络中获取信息资源服务。云计算技术的基础设施包括物理资源、虚拟资源和数据中心，其操作系统由任务调度系统和资源管理系统组成，具有通过互联网获取、按需自助服务、资源池化、可计量、快速伸缩等特征。

目前，产品迭代速度快、交易量峰值难预测等一系列问题对商业银行的运维效率提出了更高要求。与传统集中式架构相比，云计算技术凭借其资源池化以及分布式架构的特点，有助于商业银行实现信息化系统的弹性扩容和硬件兼容，从而大幅缩短业务部署时间。与此同时，针对商业银行对 IT 系统稳定性、安全性要求较高的情况，云计算技术通过帮助商业银行实现自动化故障检测，能够保证商业银行业务升级不中断，在较大程度上确保业务连续性。云计算技术的广泛应用，能够推动商业银行加快信息共享、提高服务品质、增强运营安全以及实现降本增效。

12.4.2 云计算技术在商业银行中的应用价值

1. 增强数据存储能力

传统商业银行的架构稳定性较强，但只能实现简单的纵向扩展，无法通过灵活的横向扩展提升能力。在业务需求不断增加、服务器不断扩大、交付时间不断延长的情况下，强调单体应用和数据强一致性的数据库架构难以满足商业银行的业务扩展需求。云计算技术具备高可扩展性和较强的可靠性，能够助力商业银行提升数据存储能力。在可扩展性方面，云计算技术允许添加存储和服务器等 IT 设备，各类存储设备通过应用软件实现协同合作，能够大幅提升系统性能，从而满足商业银行业务规模高速扩张带来的庞大数据存储需求。在可靠性方面，云计算技术通过计算节点同构可互换、数据多副本等措施，能够有效提升系统容错率。即便某处出现故障，云平台中的服务器也可在短时间内将有关数据快速拷贝至其他服务器上，并通过启动新服务器代替故障设备提供服务，由此能够更好地应对金融业灾备问题。

2. 提升数据处理能力

云计算技术能够帮助商业银行将各系统的分散数据汇集到一起，形成“数据仓库”，并通过统一平台进行集中化管理。通过发挥云海中大量计算机的超强算力，云计算技术能够将庞大的数据处理程序自动拆解为无数量级较小的子程序，然后在此基础上以极短的时间对批量业务进行快速处理，实现海量数据的挖掘、存储、处理和分析，为商业银行的决策提供科学可靠的技术支持。

3. 提升运维自动化程度

标准的云计算系统普遍设有监控模块，商业银行使用云计算操作系统，可以通过统一的平台对服务器、网络设备和存储进行集中管理，进而显著提升自身对 IT 设备的管控能力，实现精益化管理的目的。在传统的商业银行架构体系中，每次设备遇到故障，商业银行只能联系厂家送厂返修，自主维护能力较弱；通过运用云计算技术，商业银行可利用标签技术精准定位故障设备，并通过现场设备更换快速实现故障排除。

4. 改善商业银行的客户体验

首先，商业银行应用云计算技术能够更好地了解客户的偏好，实现精准获客，有效改善客户体验。在云计算技术的协助下，商业银行能够快速从业务需求出发，获得必要的客户信息资源，进而对用户需求进行充分分析。其次，云计算技术也为商业银行提供了一种服务部署的新途径。例如，云计算技术应用于资金结算系统，能够帮助商业银行提升支付结算服务的便捷性和实时性，为客户提供 24 小时不间断的优质服务。此外，云计算技术使得商业银行的服务并不局限于普通网上银行的功能，还能让金融领域的许多专家作为 VIP 顾问连接到任何分支机构，回答客户有关产品和服务的各类问题，帮助商业银行更好地满足客户需求。

5. 助力商业银行降本增效

节约商业银行的人力资源和设备支出成本是将云计算技术应用于商业银行业务的主要优势之一。随着业务规模扩大和分支机构数量扩张，商业银行不得不投入大量资金采购相应的计算机设备用于数据存储。云计算技术有助于商业银行实现降本增效。在成本方面，云计算技术运用虚拟化技术建立 IT 能力资源池，并以资源池的整体能力满足商业银行的算力和存储需求，即在物理设备上以磁盘阵列和 X86 服务器作为基础设施，并通过云操作系统实现 IT 设备的负载均衡。在 IT 性能相同的条件下，单位信息化成本较低，性价比较高。在效率方面，云计算庞大的存储空间和强大的算力能够帮助商业银行快速完成交易信息记录和数据更新，商业银行的前端业务依托后端云平台进行分析、运算，能够极大地提高运营效率。

12.4.3 商业银行对云计算技术的应用

基于云服务商提供资源类型的差异，云计算技术的服务模式主要分为三类：一是软件即服务（SaaS）。云服务商向客户提供基于云基础设施的应用软件。客户可利用程序接口或不同设备上的客户端，在无须开发、购买软件的条件下，通过互联网访问、使用云应用软件。二是平台即服务（PaaS）。云服务商向客户提供基于云基础设施的软件开发、运行平台（如数据访问、通用接口、标准语言与工具等），客户可在此基础上开发、部署自己的软件。三是基础设施即服务（IaaS）。云服务商向客户提供网络、存储、虚拟计算机等计算资源，以及访问云基础设施的服务接口，客户可利用这些资源部署、运行中间件、操作系统、应用软件和数据库等。

云计算技术根据云资源归属方、控制方的区别，以及平台客户范围的差异，一般分为公有云、私有云、行业云和混合云四种部署模型。其中，公有云是指云服务可为任意云平台客户提供，资源由云服务提供者控制的一种云计算部署模型；私有云是指云服务只对某个云服务客户提供，且资源被该客户控制的一类云部署模型；在行业云部署模型中，云服务由一组特定云服务客户共享、使用；混合云至少包含以上两种不同云计算部署模型。商业银行在应用云计算技术时，主要选择私有云和行业云两种部署模型。其中，商业银行部署私有云一般通过购买硬件产品和解决方案、自建基础设施的途径搭建，主要用于存储敏感数据、运行重要业务系统，在系统运维上主要采用自主运维或外包驻场运维的方式。商业银行部署行业云主要依靠银行间合作，通过资源共享在行业内形成技术公共服务，主要用于对银行外部客户提供数据处理服务，或为一定区域内的金融机构及其垂直机构提供资源共享服务。云服务能够广泛应用于商业银行的以下业务场景。

1. 分行交互应用场景

在传统的总分行模式下，所有分行都需要配置独立资源，包括服务器、存储及安全防护设备等，考虑到属地运维管理人员的水平往往参差不齐，这种传统模式难以实现商业银行IT基础设施的进一步标准化和集约化。与此同时，当传统的商业银行开展线上分行特色业务时，为保障金融服务的安全性，往往将互联网访问的出入口设置在总行层面，这对分行的服务水平产生了巨大冲击。通过在总行搭建基础云环境架构，由总行向分行提供标准网络和系统运维管理服务，使分行专注于业务开发和部署。这样一来，商业银行开展分行特色业务时的互联网交互难题能够得到有效解决。

2. 普惠金融支持场景

由于广大中小微企业往往抵押不足，同时缺乏足够的信息，商业银行在服务这类群体时面临严重的信息不对称问题，难以对其进行信用风险评估，从而严重阻碍中小微企业获取金融服务。随着信息技术的发展，越来越多的中小微企业在第三方平台留下了大量信息痕迹，但这些数据与商业银行的金融服务系统存在对接短板；为此，商业银行可以通过云计算技术为广大中小微企业提供具备金融业务特点的云计算服务。

3. 灾备与测试复用场景

为确保业务经营的连续性，商业银行的信息系统灾备方式经历了冷备、热备、集群、异地双活的演变，灾备资源模式也由分散走向集中，在日常情况下的大量灾备资源处于闲置状态。与此同时，商业银行的金融创新不断加快、产品研发持续增长、应用测试需求也大幅增加，由此导致资源闲置与资源缺口的矛盾。云计算技术通过弹性伸缩、快速部署的技术手段，能够有效缓解矛盾，实现资源的最优配置。

12.5 区块链技术及其在商业银行的应用

12.5.1 区块链技术

区块链（block chain）是一种由多方共同维护、使用密码学保证传输和访问安全、实现数据一致存储的记账技术，其在本质上是整合共识算法、非对称加密算法、分布式存储、块链式结构等多种技术形成的一种分布式数据库解决方案，具有开放、共享、去中心化、不易篡改、分权共治等特征。作为一种在不可信的竞争环境中建立的协作模式，区块链技术给客户带来了更为高效、安全、灵活、低成本的交易网络和工具，为数据要素的管理和价值释放提供了新的解决方案。运用区块链技术架构底层金融基础设施，将重塑金融交易的流程、规则和方式，推动金融创新发展。

区块链技术与银行业存在天然适配性，对于依托信任的各类银行业务场景而言，区块链技术提供了将其"信任基础"从线下转移到线上的方案，这在降低了信任成本的同时，也凭借自身开放共享的特性强化了参与方协作，有助于提升价值交换效率。区块链建立的信用网络采用分布式技术架构，具有去中心化的特性，将给传统依赖中心化信用体系的银行业带来技术革新。总的来说，商业银行通过应用区块链技术，可以改善运营效率、降低服务成本、优化业务流程、提升服务质量。

12.5.2　区块链技术在商业银行中的应用价值

1. 推动数据开放共享

区块链技术拥有安全通信、分权共治、匿名保护以及可溯源等特性，有助于改善银行业数据孤岛问题。在金融交易系统中，区块链技术凭借自身不可篡改的技术特性，能够保证系统内部价值交换、传输、记录和储存的可信性与安全性，为交易者建立坚实的信任基础，使得交易双方可以在不借助第三方担保的情况下，进行直接的可信任价值交换。与此同时，商业银行在开展业务交易时将交易信息及时同步上链，有助于合规部门和监管部门及时掌握商业银行业务交易的动态信息，从而在打击骗保、重复质押、多头借贷等欺诈行为方面发挥积极作用。

2. 提高支付结算效率

区块链技术通过改变支付结算的底层基础设施，能够对商业银行的支付中介职能产生重大影响。在传统模式下，商业银行间的支付清算需要依靠支付清算中心进行处理，整个过程需要经历发起支付、信息回馈、记账、交易对账、余额对账等流程，该操作十分复杂烦琐，需要耗费较高的成本和较长的时间。利用区块链技术，各商业银行之间通过建立区块链联盟进行点对点支付，能够绕开支付中心，从而提升支付清算的便捷性、降低商业银行的运营成本。

3. 提升商业银行的运营效率

在传统的商业银行业务模式下，商业银行的中后台需要投入大量人力成本进行交易账目的登记、结算。通过应用区块链的智能合约和多重签名技术，商业银行能够实现任意两个节点之间的点对点交易，不仅能减少信息传递过程中的潜在问题，而且能大幅提升交易工作流的自动化程度，提高各流程间的信息传输和协同工作效率。此外，在区块链的分布式网络结构中，各节点之间的信息存储相对独立，单个节点的信息缺失不会对其余节点的正常运转产生影响。这保证了数据内容的真实完整和系统的可追责性，大大降低了商业银行 IT 系统的运维成本。

4. 优化风险管理模式

目前，商业银行的征信模式主要是通过接入中国人民银行征信中心，通过查询中国人民银行征信中心集中管理的信用数据了解客户的信用信息。随着区块链技术的发展，更大规模的个人、企业金融数据能够直接部署在区块链上，商业银行可直接通过区块链获取客户的信用信息，从而有效克服传统模式下征信成本较高、信息不完整、数据时效性不强的问题。与此同时，区块链的不可篡改性也能有效保证客户个人信息和交易记录的数据可信性，便于商业银行批量识别非正常可疑交易，有效防范金融欺诈风险，推动商业银行的风险管理由单点式风控向全方位风控模式转变，在打击洗钱、资金转移等非法活动方面发挥重要作用。

5. 促进个人隐私保护

金融业与信息技术产业的融合发展给消费者隐私保护带来了巨大冲击，消费者个人身份信息的识别与安全认证越来越引起银行业的广泛关注。区块链技术在维护消费者个人私密信息安全性方面能够发挥重要作用。具体说来，区块链技术通过采用基于节点的授权机制，能够在客户控制的隐私权限中植入匿名性和私密性设置，外部人员只有经授权才能获得相应权限对有关信息进行查阅和修改，这对于建立健全消费者信息保护制度具有重要的应用价值。

12.5.3 商业银行对区块链技术的应用

1. 支付结算业务

支付结算业务也是商业银行最早应用区块链技术的领域之一。区块链技术能够实现点对点交易，在资金转移，特别是支付结算业务方面能够有效降低中间成本，具备显著优势。基于区块链技术的商业银行结算业务通过分布式记账法，能够实现支付结算的去中心化，防止交易数据被篡改，有助于商业银行规避信用风险，降低商业银行间的对账成本和争议解决成本，同时大幅提高商业银行的结算速度，降低商业银行的交易成本，有效优化结算业务流程，改善支付业务的运营效率。

2. 供应链金融业务

供应链金融业务是指商业银行围绕供应链中具有产业优势的企业，通过控制与管理上下游企业的信息流、资金流和物流，为上下游融资企业提供金融服务的融资模式。由于信息不对称、信用无法传递、商票无法拆分支付以及支付结算难以如约自动完成等问题，传统的供应链金融业务在一定程度上存在融资慢、融资难、融资贵等问题。“区块链＋供应链金融”模式通过将分类账上的货物转移登记为交易，可以确定供应链上的各参与方以及产品的日期、产地、质量、价格等相关信息。在此基础上，通过去中心化系统共享信息，并按照既定时间自动支付，能够大幅提高业务效率，同时减少潜在的交易失误，为产业链上具有融资需求的企业提供有效的资金支持。

3. 抵押贷款

传统商业银行提供的抵押贷款服务主要是通过聘请相关的资产评估机构对借款人的资产价值进行评估，在不同区域和机构间可能出现重复性价值评估问题。通过区块链技术，商业银行与资产评估机构合作搭建信息网络，能够在短时间内将资产评估信息进行上传、验证和分享，有效避免抵押贷款过程中的低效重复问题。与此同时，在针对中小企业放贷的业务过程中，区块链技术还有助于解决抵押品不足和信息不对称问题。

4. 数字资产

区块链技术能够将包括票据、股票、债券、仓单和收益凭证等在内的各类资产整合为链上数字资产，允许客户在不借助中介机构的条件下实现交易。在此基础上，通过搭建链接托管库与分布式账本之间的桥梁，分布式账本平台客户能够安全访问托管库中的可信任资产。根据客户的多样化需求，资产发行可灵活选择以公开或保密的方式进行。下面以数字票据业务为例：凭借区块链的分布式结构，数字票据系统具备较强的容错性，能够有效缓解系统面临的中心化风险。与此同时，时间戳机制能够保证数字票据系统的信息完整、交易流程透明，可以有效规避伪造票据行为。

5. 贸易金融

传统的国际信用证、福费廷、保函业务通常交易链条较长，而且往往涉及多家金融机构，因而面临较高的时间成本和财务成本。区块链技术作为加密算法、点对点传输和分布式数据存储等技术的整合创新，凭借其开放共享、信任共识、不可篡改等特性，能够为交易双方提供信任基础，促进跨境支付和贸易融资。在跨境支付方面，商业银行通过应用区块链技术，能够大幅提升跨境支付效率、降低跨境支付风险，解决了传统模式下流程复杂、成本高昂和风险难以识别等问题。在贸易融资方面，商业银行在开展贸易融资业务时常常面临单据造假问题，区块链技术凭借其公开透明和不可篡改的技术特性，能够提升业务信息的可信度，帮助商业银行打破跨部门的信息壁垒，降低各方的沟通成本，提升商业银行的总体风控水平。

复习思考题

1. 商业银行开展金融科技业务的目标是什么？

2. 商业银行金融科技业务的特征与类型是什么？

3. 如何基于功能视角，理解大数据、人工智能、云计算、区块链等核心技术对商业银行业务的升级改造？

4. 如何认识商业银行业务应当从“以产品为中心”向“以客户为中心”转变？

5. 如何从网点银行到自助银行，再到移动银行与嵌入式智能服务的发展历程，理解未来商业银行演进的方向和趋势？

第 13 章

商业银行的业绩评价

【导言】

股东、客户、监管者等都需要对商业银行的财务业绩乃至整体经营成果进行评价，以便判断其经营状况。如何对商业银行的业绩进行评价？首先，通过对财务报表的分析，评判一家商业银行的经营特点和成果，重点是对商业银行盈利能力的分析。商业银行的财务分析会用到一般企业财务分析的基本方法，但也会有银行业的一些特有方法。然后，对商业银行的评价还需要扩展到综合评价，即除财务分析之外，还要结合商业银行的其他情况，特别是与风险相关的一些情况，这样才能覆盖商业银行经营的更多方面。本章将结合我国的实际情况，介绍商业银行的业绩评价方法。

【学习目标】

1. 能够阅读商业银行的财务报表（资产负债表与利润表），熟悉报表的整体结构，理解主要科目的含义，能够计算一些基本的财务指标。

2. 初步了解商业银行的综合评价方法，了解国内外主要的商业银行综合评价（或评级）体系。

3. 掌握商业银行盈利分析的基本方法，了解不同盈利指标之间的差异，能够从盈利能力分解法中了解商业银行的基本情况。

【核心概念】

资产负债表　　利润表　　综合评价方法　　盈利能力分解

对商业银行的业绩进行评价，可以全面了解商业银行的经营状况及其盈利目标的实现情况。通过对一系列业绩指标的分析研究，有利于挖掘商业银行的经营潜力，提高其经营管理水平及经济效益，并为决策者预测商业银行未来的发展变化趋势及盈利能力提供重要的数据信息。目前，大部分商业银行均会公布财务报表，以便外界对其进行财务分析与业绩评价。

13.1 商业银行的资产负债表

13.1.1 资产负债表简述

资产负债表是概括反映商业银行在特定日期全部资产、负债和所有者权益的报表。资产负债表是时点报表，它能反映商业银行各项资产、负债、所有者权益增减变动的情况以及各项目之间的联系，可以检查资产、负债和所有者权益的构成情况及其合理性，分析资产和负债的流动性，考核各项资金计划的执行结果，并为预测商业银行未来的财务状况和发展前景提供重要的数据和信息。

资产负债表的基本结构是根据“资产＝负债＋所有者权益”这一平衡原理而设计的。

在资产负债表上，各项目均是按照它们的共同特征进行适当分类与排列的。一般来说，资产按其流动性程度的高低顺序排列，即按照先流动资产、后非流动资产的顺序在表中列示，然后在流动资产和非流动资产的类别下再按具体科目进一步列示；负债按其偿还期的长短排列，即按照先流动负债、后非流动负债的顺序在表中列示，然后在流动负债和非流动负债类别下再进一步按性质分项列示；所有者权益则按其永久性递减的顺序排列，即按照先股本（或实收资本），后资本公积、盈余公积，最后是未分配利润等顺序在表中列示。商业银行资产负债表上的各项目通常按下列方式分类和排列，见表 13－1。

表 13－1　商业银行资产负债表

资产	负债
1. 流动资产	1. 流动负债
2. 非流动资产	2. 非流动负债
	所有者权益
	1. 股本
	2. 资本公积
	3. 盈余公积
	4. 未分配利润

资产负债表的格式在各国有所不同，习惯上有两种格式，即账户式资产负债表和报告式资产负债表。账户式资产负债表分左右两方，左方列示资产项目，右方列示负债和所有者权益项目，资产各项目的合计等于负债和所有者权益各项目的合计。报告式资产负债表将资产项目列在报表的最上端，其下是负债项目，最下端列示所有者权益项目，各项资产的金额合计数减去各项负债的金额合计数的差额等于各项所有者权益的金额合计数。

我国大部分商业银行在年报中采用报告式资产负债表格式，每个项目又分为“期初数”和“期末数”两栏列示。一些拥有子公司的大型商业银行还会披露该行口径和并表后该集团口径的资产负债表。表 13－2 是某商业银行的资产负债表（不同商业银行在资产负债表的科目上会略有差别)。

表 13-2 资产负债表

	本集团		本行	
	期末数	期初数	期末数	期初数
资产:				
现金及存放中央银行款项				
存放同业及其他金融机构款项				
贵金属				
拆出资金				
衍生金融资产				
买入返售款项				
客户贷款及垫款				
金融投资				
——以公允价值计量且其变动计入当期损益的金融投资				
——以公允价值计量且其变动计入其他综合收益的金融投资				
——以摊余成本计量的金融投资				
长期股权投资				
固定资产				
在建工程				
递延所得税资产				
其他资产				
资产合计				
负债:				
向中央银行借款				
同业及其他金融机构存放款项				
拆入资金				
以公允价值计量且其变动计入当期损益的金融负债				
衍生金融负债				
卖出回购款项				
存款证				
客户存款				
应付职工薪酬				

续表

	本集团		本行	
	期末数	期初数	期末数	期初数
应交税费				
已发行债务证券				
递延所得税负债				
其他负债				
负债合计				
股东权益：				
股本				
其他权益工具				
资本公积				
其他综合收益				
盈余公积				
一般准备				
未分配利润				
归属于母公司股东的权益				
少数股东权益				
股东权益合计				
负债及股东权益总计				

13.1.2 商业银行资产负债表的科目

资产负债表主要包括商业银行拥有的各种经济资源和负担的债务以及投资者所拥有的权益等内容。

1. 资产——资金运用

商业银行的资产包括生息资产和非生息资产。顾名思义，生息资产是指能够产生利息收益的资产，包括贷款、债券、同业存放等。部分资产并不是赚取利息的，比如债券基金是赚取基金投资收益的，但由于债券基金的底层资产是债券，其收益较为稳定，因此也可视为生息资产。此外，存放中央银行款项有利息，但微乎其微，因此可以与现金一起被视为非生息资产，而其他长期股权投资、固定资产等则是明确的非生息资产。

（1）现金及存放中央银行款项，这是商业银行资产中流动性最高的部分，一般包括：

1）库存现金，这是指商业银行金库里的现钞和硬币。

2）在中央银行的存款，主要用于应付法定存款准备金的要求，即按存款的一定比例（法定存款准备金率）在央行准备金账户中存入存款准备金，而超过法定存款准备金以上的部分就是超额存款准备金。超额存款准备金可用于支付清算、债券交易、同业交易等用途。

(2) 同业资产，包括存放同业及其他金融机构款项、拆出资金、买入返售款项等。

1) 存放同业及其他金融机构款项，是商业银行在其他商业银行、金融机构存放的资金，主要是同业存款。其中，有些是银行有富余资金暂时存放于其他商业银行，也有一些则是存放于其他商业银行用于日常结算的需要。

2) 拆出资金，为商业银行对其他商业银行或金融机构短期拆借出去的资金。拆借一般是无抵押的。

3) 买入返售款项，是指商业银行和其他金融机构进行买入返售交易，即当期买入某资产并约定将来卖回去，本质上是一种有抵押的资金借出行为，所买入的资产就是抵押物。标的资产包括票据、债券等。

(3) 客户贷款及垫款，其中的贷款是商业银行的主要生息资产。商业银行将资金借给客户，并从客户那里收到一张借据，载明客户将以固定或可变利率支付利息并到期归还本金。关于贷款的种类在第5章里已有详细的讨论。垫款是指商业银行为客户提供担保、承兑等服务，当客户自身无力支付时，代为支付而产生的资产，但在该科目中的占比很小。商业银行财务报表的附注中会披露贷款的客户结构、期限结构、行业投向结构和资产质量情况等数据，用以体现商业银行贷款的基本情况。另外，资产负债表上的该科目体现的数字是净贷款，即贷款原值减去计提的资产减值损失后的净额。

(4) 金融投资，包括商业银行以自有资金参与的有价证券、金融产品的投资。《商业银行法》规定商业银行不能持有股票（一些特殊情况除外，比如抵债股票），因此这里的有价证券主要为各种债券，金融产品是将底层资产投资于债券的各种资管产品，比如基金、券商资管产品等。其中，购买其他金融机构发行的金融产品，又称同业投资。商业银行所持的有价证券、金融产品，按照不同的持有意图，分别计入以公允价值计量且其变动计入当期损益的金融投资、以公允价值计量且其变动计入其他综合收益的金融投资、以摊余成本计量的金融投资三个科目中。

1) 以公允价值计量且其变动计入当期损益的金融投资，一般以短期交易为目的，随时可能卖出以获取流动性，其市价波动损益将影响当期利润表。

2) 以公允价值计量且其变动计入其他综合收益的金融投资，既不以短期交易为目的，又不持有至到期的。这类证券的市价波动不影响利润表，但会影响资产负债表的其他综合收益。

3) 以摊余成本计量的金融投资，即准备持有至到期的资产，比如持有至到期的债券。

由于以上三个科目并不能详细体现商业银行真正持有了什么证券或金融产品，因此商业银行一般会在财务报表的附注中披露所持有的证券、金融产品的种类明细。

(5) 长期股权投资，是指商业银行对外参与长期股权投资后形成的资产。我国的商业银行不能投资于企业，因而此处的股权多为其他商业银行、金融机构的股权。

(6) 固定资产和在建工程，是指商业银行的房产和设备等，包括商业银行的办公设备、家具、固定装置、房产以及租赁物改良等。这些项目的账面数额都是扣除折旧后的净值，因而一般较小，在有些商业银行的资产负债表中，这个科目甚至为零。由于这部分资产不能直接发生收益，因而也算作非生息资产。

(7) 其他资产，是指除上述资产以外的其他资产，如衍生金融资产、贵金属和递延所得税资产等，一般金额不大。

2. 负债与股东权益——资金来源

商业银行的资金来源主要由负债与股东权益两大部分组成，其中负债又分为计息负债和非计息负债等。

（1）向中央银行借款，即商业银行向中央银行借入的资金，包括再贷款、中期借贷便利（MLF）、常备借贷便利（SLF）等货币政策工具。商业银行在流动性不足时，可以向中央银行申请，以特定的货币政策工具借入资金。这些货币政策工具同时承担着货币政策职能，比如中央银行通过这些政策工具的数量或价格向市场体现其货币政策意图。

（2）同业负债，即商业银行向其他商业银行、金融机构借入的资金，包括同业及其他金融机构存放款项、拆入资金、卖出回购款项，分别与资产项下的存放同业及其他金融机构款项、拆出资金、买入返售款项一一对应。

（3）客户存款（或存款证），这是商业银行的主要资金来源，一般占到总负债的70%以上，包括活期存款、定期存款、个人存款、对公存款等，具体内容在第3章中有详细的描述。有些商业银行的资产负债表上有存款证科目，这是其海外机构类似存款的负债工具。

（4）已发行债务证券，即发行的债券，这是商业银行除存款以外的另一个资金来源，主要包括发行的金融债、资本债、银行同业存单等。需要注意的是，按照我国现行的银行会计准则，同业存单计入债券科目，而个人、企业的大额存单则计入存款科目。

（5）其他负债，主要包括衍生金融负债、应付职工薪酬、应交税费、递延所得税负债等，一般金额不大。

（4）股东权益（净值），即商业银行资产与负债的账面价值差额，一般包括股本（普通股）、其他权益工具（优先股等）、资本公积、其他综合收益、盈余公积、一般准备、未分配利润、少数股东权益等。商业银行在每年创造了利润后，应按要求计提盈余公积、一般准备等，然后进行分红，剩余部分计入未分配利润。商业银行在发行普通股、优先股后，分别计入股本、其他权益工具，发行价格超过面额的部分（比如普通股的面额为1元，而发行价为3元，则超额部分为2元）计入资本公积。

13.1.3 对商业银行资产负债表的分析

在进行资产负债表的分析时，一般先根据实际分析工作精度的需要，对资产负债表的科目进行一定的简并，也就是合并一些并不重要的科目，仅体现重要科目，从而得到资产负债简表。例如，表13-3是简并后的2021年中国工商银行的资产负债简表（全集团口径）。

表13-3 2021年中国工商银行的资产负债简表

单位：亿元

资产		负债及股东权益	
资产：		负债：	
现金及存放中央银行款项	30 984	向中央银行借款	397
同业资产	14 906	同业负债	32 870
发放贷款及垫款	201 092	客户存款	264 418

续表

资产		负债及股东权益	
金融投资	92 578	债券发行	7 913
生息资产总额	339 560	计息负债总额	305 599
非生息资产总额	12 154	非计息负债总额	13 363
		负债合计	318 962
		股东权益：	
		股本	3 564
		其他归属于母公司所有者的所有者权益	29 013
		少数股东权益	175
		所有者权益合计	32 752
资产总计	351 714	负债及股东权益总计	351 714

资料来源：中国工商银行 2021 年度报告。

为了解商业银行的资产负债结构，首先可以将资产负债表转换为共同比资产负债表，即体现各资产、负债科目的金额占总资产的比例。将前面的 2021 年中国工商银行的资产负债简表转换为共同比资产负债表，见表 13-4。

表 13-4　2021 年的中国工商银行共同比资产负债表（%）

资产		负债及股东权益	
资产：		负债：	
现金及存放中央银行款项	8.81	向中央银行借款	0.11
同业资产	4.24	同业负债	9.35
发放贷款及垫款	57.17	客户存款	75.18
金融投资	26.32	债券发行	2.25
生息资产总额	96.54	计息负债总额	86.89
非生息资产总额	3.46	非计息负债总额	3.80
		负债合计	90.69
		股东权益：	
		股本	1.01
		其他归属于母公司所有者的所有者权益	8.25
		少数股东权益	0.05
		所有者权益合计	9.31
资产总计	100.0	负债及股东权益总计	100.00

从表 13-4 可知，2021 年在中国工商银行的总资产中，有 57.17%是发放贷款及垫款，这是其最主要的资产类别，另有 26.32%的金融投资是以债券为主。而在资金来源端，

负债占 90.69%，所有者权益占 9.31%。其中，客户存款是最主要的负债，占比为75.18%。

不同的商业银行拥有不同的资产负债结构，它能够体现不同类型商业银行的业务特征。表13-5是2021年几家上市商业银行的共同比资产负债表，包括大型商业银行、全国性股份制商业银行、城市商业银行、农村商业银行，将它们放在一起可以做一个横向比较。

表13-5　2021年几家上市商业银行的共同比资产负债表（%）

	中国工商银行	中国建设银行	招商银行	平安银行	宁波银行	常熟农商银行
资产：						
现金及存放中央银行款项	8.81	9.14	6.13	6.34	4.84	6.92
同业资产	4.24	2.95	8.64	3.64	2.44	2.86
客户贷款及垫款	57.17	60.06	57.69	60.65	41.30	63.36
金融投资	26.32	25.25	23.54	26.07	48.00	24.36
生息资产总额	96.54	97.40	96.00	96.70	96.58	97.50
非生息资产总额	3.46	2.60	4.00	3.30	3.42	2.50
资产合计	100.00	100.00	100.00	100.00	100.00	100.00
负债：						
向中央银行借款	0.11	2.26	1.73	3.01	4.06	2.68
同业负债	9.35	7.49	11.69	8.64	12.28	5.28
客户存款	75.18	73.97	69.04	60.77	52.71	76.06
已发行债务证券	2.25	4.37	4.83	16.74	18.96	6.10
计息负债总额	86.89	88.09	87.29	89.16	88.01	90.12
非计息负债总额	3.80	3.26	3.35	2.81	4.55	1.30
负债合计	90.69	91.35	90.64	91.97	92.56	91.42
股东权益：						
股本	1.01	0.83	0.27	0.39	0.33	1.12
归属于母公司股东的权益	8.25	7.73	9.02	7.64	7.08	6.91
少数股东权益	0.05	0.09	0.07	0.00	0.03	0.55
股东权益合计	9.31	8.65	9.36	8.03	7.44	8.58
负债及股东权益合计	100.00	100.00	100.00	100.00	100.00	100.00

从横向对比来看，大部分商业银行的资产负债结构大同小异，但也存在一些明显的差异。例如，城市商业银行的贷款占比、存款占比较低，它们往往通过其他主动负债扩大规模，并增加了贷款之外的资产投放，主要是金融投资（包括同业投资）。而一些全国性股份制商业银行的主动负债占比高，包括同业负债、已发行债务证券等，也能反映出这类商业银行的存款基础较弱，因此需要通过主动负债去弥补。当然，国有大型商业银行主动负

债占比低还有一个原因，就是它们的体量巨大，即使它们想提升主动负债，现有的金融市场也不足以给它们提供这么多资金。而农村商业银行由于受监管约束，不能开展太多的主动负债和非信贷资产业务。因此，资产负债结构的横向比较能够反映不同商业银行的一些业务特征。

除了横向对比外，还可以进行同一家商业银行的纵向对比，观察它在一段时期内的资产负债结构变化。当然，对于大部分大型商业银行而言，资产负债结构不会大幅调整，因此有时候纵向对比反映的变化不大。表 13－6 是以常熟农商银行为例，反映其近年来的资产负债结构变化情况。

表 13－6　2015—2021 年常熟农商银行的共同比资产负债表（%）

	2021 年	2020 年	2019 年	2018 年	2017 年	2016 年	2015 年
资产：							
现金及存放中央银行款项	6.92	7.83	9.49	10.05	10.72	10.96	11.26
同业资产	2.86	1.09	2.13	1.47	2.28	5.14	3.93
客户贷款及垫款	63.36	60.36	56.92	53.22	51.38	49.41	51.43
金融投资	24.36	28.20	29.58	32.59	33.05	31.73	30.76
生息资产总额	97.50	97.48	98.12	97.33	97.43	97.24	97.38
非生息资产总额	2.50	2.52	1.88	2.67	2.57	2.76	2.62
资产合计	100.00	100.00	100.00	100.00	100.00	100.00	100.00
负债：							
向中央银行借款	2.68	2.75	1.29	1.60	2.00	1.00	0.68
同业负债	5.28	4.44	7.14	5.31	5.95	14.83	10.45
客户存款	76.06	77.86	74.70	67.85	67.89	68.33	75.84
已发行债务证券	6.10	4.82	6.19	14.44	13.96	5.38	2.75
计息负债总额	90.12	89.87	89.32	89.20	89.80	89.54	89.72
非计息负债总额	1.30	0.97	1.00	2.68	2.58	2.44	2.51
负债合计	91.42	90.84	90.32	91.88	92.38	91.98	92.23
股东权益：							
股本	1.12	1.31	1.48	1.36	1.52	1.71	1.85
归属于母公司股东的权益	6.91	7.29	7.67	6.34	5.65	5.87	5.60
少数股东权益	0.55	0.55	0.53	0.42	0.45	0.44	0.32
股东权益合计	8.58	9.16	9.68	8.12	7.62	8.02	7.77
负债及股东权益合计	100.00	100.00	100.00	100.00	100.00	100.00	100.00

有时，我们还需要更详细地了解一家商业银行在某一期间的资产负债结构变化，此时

就可以用期末的资产负债表减去期初的资产负债表，形成一张“增量”的资产负债表，用来体现这一期间该商业银行是如何进行资产负债配置的。当然，我们也可以把增量资产负债表再转换为共同比资产负债表，从而更清晰地体现当期资产负债配置。表 13－7 是 2021 年中国工商银行的资产负债配置情况。

表 13－7　工商银行 2021 年资产负债配置情况

	2020 年（亿元）	2021 年（亿元）	2021 年增量（亿元）	2021 年增量结构（%）
资产：				
现金及存放中央银行款项	35 378	30 984	－4 394	－24
同业资产	18 212	14 906	－3 306	－18
发放贷款及垫款	181 363	201 092	19 729	108
金融投资	85 911	92 578	6 667	37
生息资产总额	320 864	339 560	18 696	102
非生息资产总额	12 587	12 154	－433	－2
资产总计	333 451	351 714	18 263	100
负债：				
向中央银行借款	550	397	－153	－1
同业负债	30 777	32 870	2 093	11
客户存款	251 347	264 418	13 071	72
债券发行	7 981	7 913	－68	0
计息负债总额	290 655	305 598	14 943	82
非计息负债总额	13 700	13 363	－337	－2
负债合计	304 355	318 961	14 606	80
股东权益：				
股本	3 564	3 564		
其他归属于母公司所有者的所有者权益	25 371	29 013	3 642	20
少数股东权益	160	175	15	0
所有者权益合计	29 095	32 753	3 658	20
负债及股东权益总计	333 451	351 714	18 263	100

资料来源：中国工商银行 2021 年度报告。

13.2 商业银行的利润表

13.2.1 商业银行利润表简述

利润表是用来反映商业银行在一定会计期间经营成果的会计报表。通过对利润表进行分析，可以了解商业银行的经济效益和盈亏情况，找出盈亏增减变化的原因，为经营决策提供依据。利润表主要包括收入、支出和收益三大部分，用其可对商业银行未来的经营情况及获利能力进行科学预测。

由于不同国家和地区对会计报表的信息要求不同，利润表的结构分为单步式利润表和多步式利润表两种。单步式利润表分为上、下两个主要部分，上部列示各收入类项目的名称与金额，下部列示各费用支出类项目的名称与金额，两项相减就得出当期损益。单步式利润表不能反映各收支项目之间的内在联系，不利于报表使用者对商业银行的经营管理和财务成果进行分析，因而适用范围有限。

我国商业银行一般采用多步式利润表格式，它是将利润总额的计算分解为多个步骤，各个步骤相配比。多步式利润表主要分为四部分：第一部分反映主要经营业务的构成情况，包括营业收入、营业支出等；第二部分反映营业利润的构成情况；第三部分是利润总额；第四部分是净利润。各项目之间通过分步式的加减关系，最后得出净利润。多步式利润表的最大优点是能充分反映各收支项目间的内在联系，为管理者提供科学的数据结构。净利润的计算方法如下：

净利润＝营业收入－营业支出＋营业外收入－营业外支出－所得税

表13-8为利润表。

表13-8 利润表

项目	本期金额	上期金额
一、营业收入		
利息净收入		
利息收入		
利息支出		
手续费及佣金净收入		
手续费及佣金收入		
手续费及佣金支出		
投资收益（亏损以“－”号填列）		
其中：对联营企业和合营企业的投资收益		
公允价值变动收益（损失以“－”号填列）		
汇兑收益（损失以“－”号填列）		
其他业务收入		

续表

项目	本期金额	上期金额
二、营业支出		
营业税金及附加		
业务及管理费用		
资产减值损失		
其他业务支出		
三、营业利润（亏损以“—”号填列）		
加：营业外收入		
减：营业外支出		
四、利润总额（亏损以“—”号填列）		
减：所得税费用		
五、净利润（净亏损以“—”号填列）		
六、每股收益		
（一）基本每股收益		
（二）稀释每股收益		
七、其他综合收益		
八、综合收益总额		

13.2.2 利润表的科目

1. 营业收入

商业银行的营业收入由四部分构成：一是利息净收入；二是手续费及佣金净收入；三是投资收益；四是其他业务收入。

（1）利息净收入。银行业是将利息收入与利息支出相减之后的净额计为营业收入，这是与其他很多工业企业很大的一个区别。利息净收入是商业银行收入的最主要来源。商业银行的利息收入是指从各类生息资产上获取的利息，主要受到自身放款能力、放款需求、市场利率的变动等多种内外部因素的影响。市场对资金的需求越多，市场利率越高，商业银行的资金运用可能会越多，利息收入就越高；反之，利息收入就低。从商业银行内部来看，利息收入主要取决于生息资产的数量和结构。生息资产的数量越多，利息收入就越多，反之越少。在生息资产中，不同类别资产的收益率也不一样，高盈利资产所占比重越大，利息收入就越多；反之，就会越少。一般用净利息收益率来表示商业银行获取利息净收入的能力，其计算公式为：

$$净利息收益率=\frac{利息净收入}{平均生息资产}$$

平均生息资产是指在某一期间内商业银行的日均生息资产。有些商业银行的财务报告中未披露日均值，则可用期初值与期末值的简单平均来替代。净利息收益率又称净息差，代表一家商业银行每单位平均生息资产所能创造的利息净收入。在其他条件不变的情况下，净利息收益率当然是越高越好，但如果考虑了其他因素则不一定，比如有些商业银行可能是因为承担了更高的风险，才获得了更高的净利息收益率，是否可取要看最后的净利润。

（2）手续费及佣金净收入，又称中间业务收入。与利息净收入一样，手续费及佣金净收入也是把手续费及佣金收入与手续费及佣金支出的差额计为营业收入。该项收入涉及的种类较多，主要包括：账户管理费，比如西方商业银行对达不到最低存款限额的账户所收取的保管费和人工费（在支票存款中，只有在银行账户中存有超过商业银行所要求最低限额的活期存款，才能免收这类费用）；商业银行为客户办理转账结算业务（即汇款、收款业务）所收取的费用；对外保证业务（如开立或保兑信用证、开立保证函或备用信用证、开立履约保证书及承兑汇票等）所收取的手续费；承销债券或股票的佣金；代客买卖证券或贵金属的佣金；资产管理或财富管理业务的收费，比如代销各种金融产品；咨询顾问业务的收入；银行卡的各种收费等。

（3）投资收益。投资收益包括对联营企业的投资收益、公允价值变动收益（或损失）、汇兑收益（或损失）等，与其他行业基本一致。需要注意的是，有些收入会在投资收益和利息收入之间变换。比如商业银行此前用一笔资金购买了债券，因而获得了利息收入，而后来改为购买基金，此时的收入就变成了投资收益。这就会导致前后两年商业银行的收入结构出现变化，但其实是科目变更造成的。

（4）其他业务收入。其他业务收入包括信托收入、租赁收入、证券销售（或发行）的差价收入以及其他非利息的营业收入。

后三类收入有时会合称“非利息收入”或“非息收入”。很多商业银行的第三、四类收入的占比极低，因而有时又把这两者合称“其他收入”；此时，在分析非利息收入时，几乎等同于分析手续费及佣金净收入。我们在进行商业银行收入分析时，也需要分析不同类别的收入结构。表13-9为2021年几家上市商业银行的收入结构（投资收益、其他业务收入合并为其他收入）。由此可见，不同类型商业银行的收入结构有所差异，主要是因为它们服务的客户群体不同导致的。

表13-9　2021年几家上市商业银行的收入结构（%）

	中国工商银行	中国建设银行	招商银行	平安银行	宁波银行	常熟农商银行
利息净收入	73.26	73.45	61.56	71.04	61.96	87.41
手续费及佣金净收入	14.11	14.74	28.51	19.52	15.65	3.10
其他收入	12.63	11.81	9.93	9.44	22.39	9.49
营业收入	100.00	100.00	100.00	100.00	100.00	100.00

2. 营业支出

在商业银行的支出中，利息支出是主要部分，除此之外，还有手续费及佣金支出，但这两部分支出已经体现在上述营业收入的扣减项中了。利润表中的营业支出主要包括：

（1）营业税金及附加，主要包括商业银行经营中发生的增值税以及一些附加费，一般金额不大。

（2）业务及管理费用，主要包括：员工工资与福利，即支付给职工或雇员的费用总额，不仅包括工资、薪金，而且包括支付的个人所得税、退休金和养老金计划摊提额、医疗和健康服务开支以及其他提供给职工或雇员的额外福利；行政办公费用，比如房屋和设备的折旧费、办公室或机器的承租费用以及房屋和设备的税费等；业务费用，比如产品研发、市场营销以及差旅费、招待费等。业务及管理费用是商业银行在日常经营管理中产生的主要费用，一般通过“成本收入比”来考察商业银行的经营效率。成本收入比是业务及管理费用与营业收入之比，代表一家商业银行为获取每单位营业收入所需花费的业务及管理费用。一般来说，业务及管理费用越低，代表效率越高，但也要兼顾长远。如果为了节省费用而缩减了很多开支，比如一些能够带来长期收益的人力资源、科技的投入，那么也可能影响商业银行的长远发展。表 13－10 为 2021 年几家上市商业银行的成本收入比。

表 13－10　2021 年几家上市商业银行的成本收入比（%）

	中国工商银行	中国建设银行	招商银行	平安银行	宁波银行	常熟农商银行
成本收入比	23.97	27.43	33.12	28.30	36.95	41.40

（3）资产减值损失，又称计提的拨备，即为商业银行持有的各种资产计提的拨备。根据《企业会计准则》的要求，商业银行需要定期分析自己所持的贷款、债券等不同资产的风险情况。如果有证据表明一些资产的现值已经低于原值，那么减值部分就要预先计提（即在这个风险发生之前计提），并形成拨备。例如，一笔贷款的原值为 100 万元，现在有一些证据表明：由于各种不利因素影响了借款人的未来还款能力，导致这笔贷款现在的净值可能降为 95 万元，那么商业银行就需要计提 5 万元的拨备，并计入当期的营业支出。在计提了拨备后，就形成了 5 万元的拨备余额，然后在资产负债表上贷款净额科目上体现的数字是 95 万元。由此可见，计提拨备是一种审慎行为，即在真正发生风险前，提前在报表上体现这种可能的损失。计提拨备有一定的主观性，需要由商业银行管理者来判断某笔资产是不是存在减值。为此，监管部门出台了一系列规定，详细列出了计提拨备的一些要求。

（4）其他业务支出。它与其他业务收入相对应，一般是子公司的非银行业务支出。

3. 利　润

我国现行的会计制度规定，商业银行的利润分为营业利润、利润总额及净利润。营业利润是商业银行营业收入与营业支出的差额，表现为商业银行当期的经营利润（或经营亏损）。利润总额等于营业利润加营业外收入再减去营业外支出的余额，反映商业银行当期实现的全部利润（或亏损）。净利润等于利润总额减去所得税税额，若计算结果为负值，则是净亏损。

此外，还有一个利润表中不体现，但在日常分析中经常会用到的利润指标——拨备前利润，其算法为在营业利润的基础上加回资产减值损失。拨备前利润表示，先不考虑商业银行的风险，只考虑商业银行的其他经营收支所形成的利润。也就是说，这种思路把商业银行的风险管理能力和业务运营能力暂时分开，能够反映商业银行的经营效率。然而，这一思路也有局限性，因为这两种能力在实际操作中可能很难完全分开。例如，有些商业银行通过加大风控系统建设和人员管控，增加了费用投入，但减少了资产减值损失，由于前者的增加小于后者的减少，因此是有利的。此时，如果只看拨备前的利润，就会发现拨备前的利润在下降，看似经营效率下降。

商业银行在产生净利润后，还要按会计和监管的要求进行分配。一般是先按要求计提一定比例的资本公积、盈余公积、一般风险准备，然后形成可分配利润。商业银行将可分配利润中的一部分分配给股东，剩余的可分配利润就成为未分配利润。资本公积、盈余公积、一般风险准备、未分配利润均体现在资产负债表的股东权益科目中。

13.3 商业银行综合评价方法

当我们需要了解一家商业银行的财务和经营状况时，只获取必要的财务资料是不够的，还要有合理的分析方法。这些方法主要包括比率分析法、结构分析法、趋势分析法、同业比较分析法和综合评价法等。其中，比率分析法使用净利息收益率、成本收入比等商业银行常用的比率，如前所述。此外，一些常规的财务比率也可在一定程度上应用于商业银行，比如流动比率等，此处不再赘述。此外，银行业还有一些特有的监管比率，包括存贷比、流动性比率等，详见后文。由于结构分析法、趋势分析法、同业比较分析法已在前文介绍，因此本章主要介绍综合评价法。综合评价法的一般方式是，将商业银行的财务、经营、管理、监管等多方面的指标进行汇总，并通过打分或赋权的方式进行综合评分，用以反映商业银行的总体情况。

13.3.1 “骆驼”（CAMEL）评级法

美国是世界上最早建立商业银行综合评价体系的国家，在美联储 1994 年推出的《商业银行检查手册》中，从资本充足率（capital adequacy）、资产质量（asset quality）、管理水平（management quality）、盈利能力（earnings）及流动性（liquidity）五个维度建立起对商业银行的考核标准，简称“骆驼”（CAMEL）评级法。目前，“骆驼”评级法的核心内容成为许多国家评价商业银行经营状况的主要指标，“骆驼”评级法要求商业银行监管人员在对商业银行的现场检查结果进行分析后，按照一系列标准对商业银行的经营状况做出综合评价，同时为适应不断变化的国际及国内金融环境，美联储也对《商业银行检查手册》进行了多次修改。

在“骆驼”评级法的五项内容中，美联储认为在评价商业银行的盈利水平时通常需要考虑下述因素：①自有资本补充是否适量以及分红水平是否过高，防止商业银行因追求眼前利益而忽视了长远发展；②盈利质量，即盈利来源和盈利的可持续性；③盈利来源是否合法，防止商业银行通过非法渠道获得利益。美联储评价银行盈利水平的指标是资产收益率。表 13－11 是“骆驼”评级法的内容及评价标准。

表 13－11 “骆驼”评级法的内容及评价标准

级别		第 1 级	第 2 级	第 3 级	第 4 级	第 5 级
资本充足率	标准	远高于 8%	略高于 8%	6%～8%	2%～6%	2%以下
	考评结果	资本充足	资本比较充足	资本不充足	资本很不充足	资本严重不足
信用风险比率	标准	低于 5%	低于 15%	15%～30%	30%～50%	高于 50%
	考评结果	资产质量高，令人完全满意	资产质量比较令人满意	资产质量不太令人满意	问题严重，可能导致关闭	资产质量极差，商业银行可能倒闭

续表

级别	第 1 级	第 2 级	第 3 级	第 4 级	第 5 级
管理水平	管理水平很高，考核的各项内容均达到标准	管理水平比较高，在管理的某些方面稍有不足	在管理的某些方面存在问题，总体较为安全	管理环节存在许多问题，管理层不能做出明智决策	管理方面存在严重问题和失职
盈利水平	资产收益率大于 1%		资产收益率 0%～1%		资产收益率小于 0
资产流动性	流动性好，变现能力和偿付能力很强	流动性较好，但不是最高	流动性一般，不足以满足任何时候的各方面需要	流动性资金明显不能在任何时候满足需要	流动性水平过低，已影响到存款者和商业银行的经营安全

美国金融监管当局通过对以上指标分别考评之后，对商业银行的总体经营水平进行综合评价，最后给出综合评价结果并根据结果对商业银行采取不同的监管措施。

13.3.2 中国银保监会的银行监管评级体系

为综合评价我国商业银行的经营水平和风险管理能力，同时建立相应的指标体系以促进商业银行不断发展，提升商业银行的资产质量和经济效益，中国银监会在参考其他国家经验的基础上，结合我国的实际情况，于 2005 年推出了《商业银行监管评级内部指引》。该文件依据当时的商业银行监管法律、法规和部门规章，借鉴国际通用的“骆驼”评级法，广泛吸收了英国、新加坡等国家和中国香港等地区监管机构关于监管评级的良好做法，并充分结合我国的具体实践，在“CAMEL”的基础上提出了“CAMELS+”，即在加上市场风险状况敏感度等指标后对商业银行进行考核，中国银监会根据综合评价结果对各商业银行采取不同的监管措施。中国银监会的评级周期为一年，其监管人员每年都会对商业银行进行评级。该评级结果将作为衡量商业银行风险程度、监管规划和合理配置监管资源的主要依据，以及商业银行市场准入的重要参考因素。但为了维护公众对商业银行的信心，防止一些评级过低的商业银行受到挤兑等影响，因而该评级结果不对外公布。

2021 年 9 月，中国银保监会正式发布《商业银行监管评级办法》，该文件替代了《商业银行监管评级内部指引》，成为现行商业银行监管评级的规范文件，并增加了一些维度（如数据治理维度和机构差异化要素维度等），但没有披露各维度下的具体要素。该评级办法对评级结果也有修改，在原来 6 级的基础上新增了 S 级（适用正处于重组、被接管、实施市场退出等情况的商业银行），一共 7 级，见表 13－12。

表 13－12 商业银行监管评级维度对比

六个维度	《商业银行监管评级内部指引》的权重	九个维度	《商业银行监管评级办法》的权重
C：资本充足状况	20%	C：资本充足	15%

续表

六个维度	《商业银行监管评级内部指引》的权重	九个维度	《商业银行监管评级办法》的权重
A：资产质量状况	20%	A：资产质量	15%
M：管理状况	25%	M：公司治理与管理质量	20%
E：盈利状况	10%	E：盈利状况	5%
L：流动性状况	15%	L：流行性风险	15%
S：市场风险状况	10%	S：市场风险	10%
		数据治理	5%
		信息科技风险	10%
		机构差异化要素	5%

13.3.3 中国人民银行对金融机构的评级体系

2017年12月，中国人民银行正式启动了金融机构评级工作，并下发了《央行金融机构评级管理办法（试行）》。该办法重点关注金融机构的公司治理与内部控制、资本管理、资产管理、流动性与市场风险等宏观审慎管理要求，但中国人民银行未公告具体内容。中国人民银行与银保监会的工作职责有差别，因此它们的评级工作也不同：一是中国人民银行的评级覆盖全部金融机构，而不只是商业银行。当然，金融机构中的重点仍是商业银行。二是中国人民银行的监管评级除关注单一金融机构的风险之外，还兼顾宏观审慎方面。

该评级每年进行一次，待金融机构报送年度数据后完成。2022年3月，中国人民银行在其网站上公布了2021年第四季度参评金融机构评级结果分布情况，涉及4 398家参评金融机构，其中包含大型银行24家、中小银行3 997家、非银行机构377家，见表13-13。

表13-13 2021年第四季度参评金融机构的评级结果分布

机构分类	机构类型	机构数量	评级结果分布
银行机构	开发性银行和政策性银行	3	1～7级
	国有商业银行	6	
	股份制银行	12	
	城市商业银行	128	2～10级
	农村商业银行	1 592	2～10级
	农村信用社、农村合作银行	569	2～10级
	村镇银行	1 649	2～10级
	民营银行及其他	20	3～7级
	外资法人银行	42	3～6级
	小计	4 021	—

续表

机构分类	机构类型	机构数量	评级结果分布
非银行机构	企业集团财务公司	255	3～D级
	汽车金融公司	25	3～10级
	金融租赁公司	68	3～10级
	消费金融公司	29	3～7级
	小计	377	—
总计		4 398	—

与此同时，中国人民银行表示，该评级结果主要用于：①基于评级结果采取早期纠正措施，增强风险防控主动性；②在中国人民银行的履职过程中充分应用评级结果，提升政策的精准性；③与监管部门和地方政府共享评级结果，提高风险监测和化解的协同性；④拓宽评级在市场行为监管等领域的运用，丰富评级结果的应用场景。

13.4 商业银行的盈利能力分析

13.4.1 盈利能力分析的意义

在市场经济中，商业银行作为自主经营、自担风险、自负盈亏、自我约束的具有法人地位的金融企业，其经营目标也是盈利。因此，是否盈利、盈利多少、盈利的可持续性等问题对商业银行的意义重大。首先，商业银行的盈利可使其投资者获得较高的收益，并使国家得到更多的财政收入；其次，盈利能使商业银行的资本积累增加，从而增强商业银行的实力，推动商业银行的业务进一步扩张；最后，盈利能使商业银行承担更大的风险，避免因资产损失而破产的风险。

因此，对商业银行经营业绩的分析主要是对商业银行盈利能力的分析。改善商业银行盈利能力的途径很多，比如在创收方面主要有三个：一是改善负债结构，降低付息负债总的利息支付水平；二是改善资产结构，通过适当的资产组合，增加商业银行生息资产的收益水平；三是提高其他业务的收入，增大商业银行的总体盈利规模。此外，还包括通过各种手段节约业务支出、降低风险等。

衡量商业银行盈利性的指标很多，包括净资产收益率（ROE）、资产收益率（ROA）、风险调整资本回报率（RAROC）等，它们的计算公式分别为：

$$净资产收益率=\frac{净利润}{平均净资产}$$

$$资产收益率=\frac{净利润}{平均总资产}$$

$$风险调整资本回报率=\frac{净利润-预期损失}{经济资本}$$

其中，平均净资产、平均总资产应该用日均值，有些商业银行会在财务报表的附注中披露。如果未披露，则使用期初值与期末值的简单平均。

不同指标有不同的优缺点。在净资产收益率、资产收益率计算公式中用的是当期净利润和资产负债表的数据，这种计算相对简单，但不一定能够充分反映商业银行经营中的真实风险。比如在有些年份，商业银行已经投放了贷款，而且贷款质量存在瑕疵，但尚未开始产生不良资产，此时就可能导致净资产收益率、资产收益率虚高。现在的《企业会计准则》要求商业银行尽可能审慎地计提拨备，提前反映未来的风险，但也不能完全解决这一问题。对此，现有的一个解决方法是，借助横跨经济周期的多个年度的财务报表来计算净资产收益率、资产收益率，但这样做就无法单独衡量某一年份的盈利能力。

风险调整资本回报率能够解决这一问题，它引进了风险计量方法，基于违约概率、违约损失率、违约风险值、期限等变量，对资产的预期损失进行估计，并在当期净利润中扣减，从而将未来的风险体现到当期收益中。而公式中的经济资本是指商业银行为了应对预期之外的风险所需持有的资本。因此，风险调整资本回报率考虑了预期损失和非预期损失，体现了每单位经济资本所能创造的风险调整后收益，比净资产收益率、资产收益率更为全面。但是，风险调整资本回报率的计算需要大量数据和成熟的统计方法，并且需要一些主观判断成分，由于很多商业银行达不到这一技术条件，所以该指标并未得到广泛应用。

目前，净资产收益率是对商业银行盈利能力的主要测量指标，通过与银行业平均净资产收益率及社会平均净资产收益率的对比，可以判断一家商业银行的盈利水平。但是，净资产收益率不能区分出杠杆因素的作用，商业银行可以通过提高杠杆，也就是用它的资本基础去扩大负债，从而得到更大的资产总额，借以提高净资产收益率。例如，一家商业银行的资产是100万元，资产收益率是1%，每年的净利润是1万元，它的资本是25万元，权益乘数（=总资产/净资产）是4，净资产收益率是4%（=资产收益率×权益乘数）。如果其他条件不变，资本仍是25万元，资产收益率仍是1%，但这家商业银行把资产扩大到250万元、权益乘数提高到10，每年净收入提高到2.5万元，则该商业银行的净资产收益率可以提高到10%（=资产收益率×权益乘数）。在25万元资本的基础上，若这家商业银行把资产增加到500万元、权益乘数提高到20，虽然其资产收益率仍是1%，但净资产收益率可以提高到20%。

商业银行资本杠杆作用的放大对商业银行管理者来说蕴含着巨大的风险，虽然商业银行可以通过它大幅提高净资产收益率，但如果把握不好，则会成倍地降低净资产收益率，降低资本充足率，削弱资本基础，从而威胁商业银行的安全性。因此，为了准确评估商业银行的盈利能力，最好在使用净资产收益率和资产收益率指标的同时，结合资本杠杆对商业银行的业绩进行更准确的评价。

13.4.2 盈利能力分解方法

在分析商业银行的盈利能力时，不仅要分析净资产收益率和资产收益率的变动趋势，而且要把商业银行的盈利进行分解，以便找出盈利的主要来源和影响盈利的具体因素。为此，我们可以采用银行盈利分解分析法对商业银行的盈利来源进行分析。在财务分析上比较典型的盈利分解分析法是杜邦分解法，即将净资产收益率分解为销售利润率、资产周转率和权益乘数。

$$净资产收益率=资产收益率\times权益乘数=销售利润率\times资产周转率\times权益乘数$$

一般来说，银行业不常使用销售利润率和资产周转率指标，因此我们改为一种更简单的分解方法。先从基本公式出发，然后把净利润这一项分解为各种收入和支出：

$$\begin{aligned}净资产收益率&=资产收益率\times权益乘数=\frac{净利润}{平均资产}\times权益乘数\\&=(利息收入-利息支出+手续费及佣金净收入+其他收入\\&\quad-业务及管理费用-资产减值损失+其他)\div平均资产\\&\quad\times权益乘数\\&=\left(\frac{利息收入}{平均资产}-\frac{利息支出}{平均资产}+\frac{手续费及佣金净收入}{平均资产}+\frac{其他收入}{平均资产}\right.\\&\quad\left.-\frac{业务及管理费用}{平均资产}-\frac{资产减值损失}{平均资产}+\frac{其他}{平均资产}\right)\times权益乘数\end{aligned}$$

因此，盈利能力分解主要包括两步：

第一步，将净资产收益率分解为资产收益率与权益乘数之积，然后通过横向或纵向分析，用以判断该商业银行的净资产收益率高低，以及它是由资产收益率还是由权益乘数贡献的。

第二步，再将资产收益率分解为利润表中的各项收入与支出指标，用以判断是哪些收入或支出项拉高（或拖累）了资产收益率。

以上两个步骤的方法体现在表 13-14 中。

表 13-14　盈利能力分解的计算

计算项目	分析内容
利息收入/平均资产	每单位资产创造收入的能力
－利息支出/平均资产	每单位资产的利息支出
＝净利息收入/平均资产	约等于净息差（因为资产约等于生息资产）
＋手续费及佣金净收入/平均资产	每单位资产创造中间业务收入的能力
＋其他收入/平均资产	其他收入或支出
－业务及管理费用/平均资产	每单位资产的业务及管理费用
－资产减值损失/平均资产	每单位资产的损失
＋其他/平均资产	其他因素，比如营业外收支、所得税等
＝净利润/平均资产（ROA）	
×权益乘数	
＝净利润/平均净资产（ROE）	

在完成上述计算后，便可将其用于不同商业银行的横向对比，或者同一家商业银行的纵向对比，用来比较分析盈利能力。例如，通过盈利能力分解，可以清晰地观察到一些商业银行是通过扩大权益乘数来提升净资产收益率，那么这种加杠杆方式可能会引起关注。

有些商业银行是因为客户基础做得好，所以客户的存款增加，然后商业银行将更多的资金用于风险较低的投资，那么这种加杠杆方式是相对安全的。有些商业银行是通过扩大主动负债，并将资金用于风险较高的投资，即有风险的加杠杆方式，那么就需要引起注意。又如，在分析资产收益率时，有些商业银行是依靠很高的利息收益率来提升资产收益率，有些商业银行则是中间业务的收入多，还有些商业银行的运营效率很高，其业务及管理费用明显比其他商业银行要节省，从而提升了资产收益率。当然，对资产收益率影响最大的可能还是资产减值损失的支出，即商业银行资产风险的高低。最后，将这些指标综合在一起观察。例如，有些商业银行加大了风险控制的投入（如建设相关的信息系统、加大风控人员投入），虽然这样会提升业务及管理费用，但最终能够很好地控制住风险，从而节省了资产减值损失，对盈利有很大贡献。

13.4.3 商业银行盈利能力分析案例

下面以一些实例来介绍盈利能力分解法。

首先，基于2021年部分上市商业银行的财务报表数据，完成盈利能力分解的计算，见表13－15。

表13－15 2021年部分上市商业银行的盈利能力分解表

	利息收入/平均资产	利息支出/平均资产	净利息收入/平均资产（约等于净息差）	手续费及佣金净收入/平均资产	业务及管理费用/平均资产	资产减值损失/平均资产	所得税/平均资产	其他/平均资产	资产收益率(ROA)	平均权益乘数	净资产收益率(ROE)
中国工商银行	3.35%	−1.36%	1.99%	0.38%	−0.65%	−0.58%	−0.22%	0.09%	1.01%	11.3	11.4%
中国建设银行	3.65%	−1.54%	2.11%	0.41%	−0.67%	−0.69%	−0.23%	0.07%	1.00%	11.8	11.8%
招商银行	3.71%	−1.40%	2.31%	1.07%	−1.24%	−0.75%	−0.31%	0.29%	1.37%	11.3	15.4%
兴业银行	3.83%	−2.06%	1.77%	0.52%	−0.67%	−0.81%	−0.14%	0.36%	1.02%	12.5	12.7%
平安银行	4.54%	−1.98%	2.56%	0.70%	−1.02%	−1.54%	−0.20%	0.28%	0.77%	12.4	9.6%
南京银行	3.89%	−2.25%	1.64%	0.35%	−0.72%	−0.55%	−0.19%	0.45%	0.97%	14.3	13.8%
宁波银行	3.72%	−1.93%	1.80%	0.45%	−1.07%	−0.68%	−0.05%	0.62%	1.08%	13.9	15.0%
杭州银行	3.80%	−2.16%	1.64%	0.28%	−0.63%	−0.82%	−0.10%	0.35%	0.72%	15.0	10.8%
无锡农商银行	3.99%	−2.19%	1.80%	0.09%	−0.64%	−0.66%	−0.08%	0.32%	0.83%	12.9	10.7%
张家港农商银行	4.61%	−2.22%	2.38%	0.08%	−0.93%	−1.14%	−0.02%	0.49%	0.86%	11.8	10.2%
常熟农商银行	4.96%	−2.07%	2.89%	0.10%	−1.37%	−0.74%	−0.15%	0.28%	1.01%	11.6	11.7%

注：表中的“平均资产”采用的是当年初及后续四个季度总资产的均值，因此与利润表披露的ROE等值会有所差异，后同。

通过上表，我们能够发现不同商业银行的净资产收益率、资产收益率存在不同，大多分布于10%～13%，这代表我国上市商业银行净资产收益率的大致水平，但也有极个别的商业银行位于这个区间之外。由于上市商业银行代表国内银行业中的佼佼者，因此从整体上说，这几家代表性商业银行的净资产收益率分化还不算特别大；如果把其他未上市商业银行也纳入，那么分化会更大。

然后，我们进一步分析表中净资产收益率较高的商业银行，包括宁波银行、招商银行、南京银行等，它们之间又呈现出区别，有些商业银行是通过较高的权益乘数来提升净资产收益率，有些商业银行主要依靠较高的资产收益率，甚至有些商业银行的权益乘数和资产收益率均较突出。对于一些净资产收益率比较低的商业银行，也可同样分析。有些商业银行是因为权益乘数太低，杠杆水平低于行业均值，从而拖累了净资产收益率，有些商业银行是资产收益率太低，而权益乘数不低。因此，这一分析为后续分析提供了线索。如果发现一些商业银行的权益乘数过高或过低，就可以进一步分析，比如通过资产负债表科目以及财务报表的附注、银行业人士接受调研或采访时的介绍等不同信息，判断它是如何加杠杆的。

下面分析在资产收益率分解后的各指标情况。有些商业银行的资产收益率高，是因为净息差较高，有些商业银行则是因为中间业务的贡献较大。有些商业银行的净息差和中间业务的贡献均较高，所以创收能力强，但最终却因为资产质量控制不好，导致资产减值损失较多，因而资产收益率表现平庸。由此可见，这一步的分析工作可能会提供“线索”，即该商业银行的资产收益率在业内处于较高还是较低水平，是什么因素贡献（或拖累）的，但它不能解释为什么该因素这么高（或这么低）。因此，这一步只起到提供线索的作用，后续分析仍需通过阅读财报、调研等工作，找到更深层次的答案。在找到答案后，我们就可以对未来进行判断。例如，某商业银行在某一年因为业务及管理费用较高，拖累了资产收益率。经了解，这几年该商业银行在科技、品牌、人才上加大了投入，导致费用较高，但过了投入期之后，投入就会减少，而且将来会有回报，因此不能认为是运营能力不佳，反而是提高了未来的潜力。

有时，为了重点分析某家商业银行的盈利能力，可以将它的盈利分解，再将其与全行业的盈利分解相对比，观察该商业银行与行业平均水平的差异。表13-16为招商银行的盈利分解与行业盈利分解之差，用以体现该商业银行各指标超过（或低于）行业均值的程度。

表13-16　招商银行盈利分解与行业盈利分解之差

	利息收入/平均资产	利息支出/平均资产	净利息收入/平均资产	手续费及佣金净收入/平均资产	业务及管理费用/平均资产	资产减值损失/平均资产	所得税/平均资产	其他/平均资产	ROA	平均权益乘数	ROE
招商银行	3.71%	−1.40%	2.31%	1.07%	−1.24%	−0.75%	−0.31%	0.29%	1.37%	11.3	15.4%
全部平均	3.93%	−1.97%	1.96%	0.34%	−0.77%	−0.79%	−0.13%	0.25%	0.86%	12.4	10.7%
差值	−0.22%	0.57%	0.35%	0.73%	−0.47%	0.04%	−0.18%	0.04%	0.51%	−1.1	4.7%

注：全部平均是指2017年1月之前上市的25家上市商业银行的算术平均值。

上表能够反映出招商银行自身的经营特点，其净资产收益率达到15.4%，在行业中属于较高水平，超过行业均值4.7个百分点。但是，它的权益乘数为11.3倍，不算高，比行业均值还要低1.1。由此可见，招商银行较高的净资产收益率完全是由资产收益率贡献的，其资产收益率达到1.37%，超过行业均值约0.51个百分点（或51个基点），这是一个较大的落差。下面分析其资产收益率为何这么高。从各项指标的差值来看，招商银行的净息差超过行业均值0.35个百分点，中间业务收入超过行业均值0.73个百分点，但业务及管理费用比行业均值弱0.47个百分点，资产减值损失与行业均值相近。由此可见，招商银行的净息差、中间业务收入较高，但费用支出也高于行业均值，是一种高成本、高收入的模式，最后在收入覆盖了费用和风险之后，能实现超过行业均值的盈利水平。其实，这种模式就是招商银行偏重于零售业务的体现。虽然零售业务的费用和投入较大，但能获取较多的中间业务收入和个人存款，因此负债成本较低，然后将其用于各类贷款的投入，可以使收益率较高，从而创造了不错的净息差。因此，招商银行盈利分解的结果能够反映其业务模式、展示其核心优势，并且有助于判断未来其优势能否继续保持。

除了不同商业银行的横向对比之外，还可以利用同一家商业银行多个年份的盈利分解来分析其盈利能力的变化。表13-17为2015—2021年招商银行的盈利分解表。

表13-17　2015—2021年招商银行的盈利分解

	2015年	2016年	2017年	2018年	2019年	2020年	2021年
利息收入/平均资产	4.59%	3.85%	3.95%	4.19%	4.13%	3.87%	3.71%
利息支出/平均资产	−1.92%	−1.45%	−1.59%	−1.71%	−1.69%	−1.54%	−1.40%
净利息收入/平均资产	2.67%	2.41%	2.37%	2.48%	2.44%	2.33%	2.31%
手续费及佣金净收入/平均资产	1.05%	1.09%	1.05%	1.03%	1.01%	1.00%	1.07%
业务及管理费用/平均资产	−1.09%	−1.05%	−1.09%	−1.19%	−1.22%	−1.22%	−1.24%
资产减值损失/平均资产	−1.16%	−1.18%	−0.98%	−0.94%	−0.86%	−0.82%	−0.75%
所得税/平均资产	−0.33%	−0.30%	−0.33%	−0.40%	−0.33%	−0.31%	−0.31%
其他/平均资产	0.00%	0.15%	0.14%	0.27%	0.29%	0.25%	0.29%
ROA	1.13%	1.12%	1.15%	1.25%	1.32%	1.23%	1.37%
平均权益乘数	15.1	14.5	14.1	12.6	12.2	11.9	11.3
ROE	17.1%	16.2%	16.3%	15.8%	16.0%	14.6%	15.4%

复习思考题

1. 商业银行资产负债表的主要内容是什么？对于商业银行的财务分析，它们能起什么作用？

2. 商业银行的利润表能告诉我们有关银行经营的哪些信息？

3. 净资产收益率（ROE）、资产收益率（ROA）、风险调整资本回报率（RAROC）

在评价商业银行盈利能力时各有什么优缺点？

4. 下面是我国某商业银行的资产负债表和利润表，用所学的方法对其进行业绩分析和评价。

2020—2021 年某商业银行的资产负债表 单位：人民币百万元

资产	2020 年	2021 年	负债及股东权益	2020 年	2021 年
流动资产			流动负债		
现金及银行存款	142	133	短期存款	32 247	21 001
存放中央银行款项	7 255	5 514	短期储蓄存款	2 838	1 981
存放同业款项	6 737	5 406	财政性存款	130	388
拆放同业	4 357	3 715	向中央银行借款	2 440	2 850
短期贷款	24 470	18 941	同业存放款项	6 113	3 627
应收进出口押汇	727	380	同业拆入	2 892	2 458
应收账款	1 428	829	应解汇款	843	3 305
减：坏账准备	6	4	汇出汇款	311	582
其他应收款	536	325	委托存款	1 480	1 061
贴现	709	507	应付代理证券款项		541
短期投资	378	577	卖出回购证券款	113	98
委托贷款及投资	1 514	1 141	其他应付款	808	920
自营证券	400	30	短期保证金	760	1 072
代理证券		263	应付工资		
买入返售证券	264	2 843	应付福利费	3	3
其他流动资产	266	131	应缴税金	541	280
一年内到期的长期投资	280	174	预提费用其他流动负债	13	16
流动资产合计	49 457	40 905	流动负债合计	51 532	40 183
长期资产			长期负债		
中长期贷款	4 132	2 513	长期存款	3 345	4 371
逾期贷款	3 620	1 245	长期储蓄存款	454	308
减：呆账准备	192	105	长期保证金	5	3
应收租赁款	22	64	长期负债合计	3 804	4 682
长期投资	2 955	1 623	负债合计	55 336	44 865
减：投资风险准备	9	5	股东权益		
固定资产原值	533	405	股本	2 800	775
减：累计折旧	75	44	资本公积	1 524	212
在建工程	121	124	盈余公积		614
长期资产合计	11 107	5 820	未分配利润	1 260	588
无形及其他资产			股东权益合计	5 584	2 189
无形资产	132	134			
其他资产	224	195			
无形及其他资产合计	356	329			
资产总计	60 920	47 054	负债及股东权益合计	60 920	47 054

2020—2021年某商业银行的利润表 单位：人民币万元

项目	2021年	2020年
利息收入	282 176	184 944
金融机构往来收入	134 513	101 674
手续费收入	7 511	7 689
其他营业收入	63 117	33 644
营业收入总计	487 317	327 951
利息支出	153 808	143 475
金融机构往来支出	83 838	34 194
手续费支出	2 670	1 961
营业费用	40 808	32 743
其他营业支出	17 654	12 954
营业支出总计	298 778	225 327
营业税金及附加	25 919	11 887
营业利润	162 620	90 737
加：营业外收入	222	433
减：营业外支出	964	2 124
税前利润	161 878	89 046
加：以前年度利润调整		4 237
税项	51 713	23 016
净利润	110 165	70 267

5. 盈利分析为什么对商业银行的经营格外重要？盈利分解分析法是什么？利用上面的资料试着进行盈利分解分析。

【二维码】

从财务报表中发现财务舞弊

第 14 章

商业银行的并购管理

【导言】

在全球商业银行的发展历程中，商业银行之间进行合并、收购是很常见的交易。美国商业银行的数量在历史上曾达数万家，而后随着不断并购，该数量持续下降。我国银行业也发生了多起并购交易，其中有政府主导的并购行为，主要是调整银行业格局，甚至是救助、处置高风险商业银行，但也有市场化的并购行为。总之，银行并购已成为银行业中常见的市场现象。银行并购有收益，也有成本。银行并购的收益包括优化行业资源配置，淘汰低效甚至高风险的商业银行。银行并购也有成本，历史上曾出现因为并购高风险银行而把收购方拖垮的案例。

【学习目标】

1. 了解银行并购的主要原因和类型，以及银行并购对银行业的影响。

2. 初步掌握银行并购过程中的主要交易方法，包括成本与收益分析、银行价值评估，特别是要掌握主要的几种银行估值方法。

3. 了解国内外有代表性的银行并购案例，以及银行业的并购趋势。

【核心概念】

银行并购　　银行估值　　相对估值法　　绝对估值法

银行并购是指在市场竞争机制的作用下，商业银行为获取被并购方的经营控制权，有偿购买被并购方的部分或全部产权，以实现资产经营一体化。商业银行间的并购活动一般有两种方式：合并和收购。合并是指两家商业银行结合在一起，合并的具体条件由参加合并的商业银行或公司协商决定。收购是指一家商业银行购买另一家商业银行的股票，在收购活动中有明确的买方和卖方，收购后的公司结构完全由买方决定。在银行业的历史发展进程中，商业银行的并购是引人注意的现象，它作为金融产业结构整合的载体，在世界金融活动中占有相当重要的位置。自20世纪90年代中期以来，国际银行业出现了盛况空前的商业银行并购浪潮，其规模之大、范围之广、影响之深，堪称史无前例。比如1996年的日本东京银行与三菱银行合并、美国大通银行与化学银行合并，1997年瑞士银行与瑞士联合银行的合并，都属于超大规模的商业银行强强联合，并轰动了国际金融界。1998年4月，美国花旗银行与旅行者集团宣布合并，并定名为花旗集团，更使花旗集团以高达7 000亿美元的资产成为当时世界上最大的金融服务集团。近年来，我国也出现了较大的银行并购案例，比如部分省份将省内的多家城市商业银行进行合并，组建了省级城市商业银行。此外，还有一些市场自发的收购行为，比如平安集团收购深圳发展银行等。

14.1 商业银行的并购动机

14.1.1 银行并购产生和发展的基础

并购在过去十年已成为社会经济发展的重要驱动力，全球化、金融自由化、竞争国际化和科技发展加速了这一趋势。并购在很多商业银行的战略中占据了重要地位，“并购”一词频繁地出现在商业银行的报告中。

在早期的银行并购中，大商业银行往往扮演着极为重要的角色，通常是大商业银行对小商业银行进行收购。但是，近年来的银行并购却发生了一些新的变化，强强联合成为一种趋势，这使得商业银行的规模不断扩大。与此同时，由于金融全球化速度的加快，商业银行间的并购也不再受地域的限制，跨国并购日益增多。表14-1是近年来世界上一些著名大商业银行的重大并购情况。

表14-1 大型商业银行并购事件

发生时间	简要情况
1995-03	日本东京银行与三菱银行合并，合并后总资产达6 700亿美元
1995-05	瑞士银行用10亿美元收购英国沃伯格投资银行
1995-06	美国第一联合银行与第一诚信银行合并，合并后总资产达1 300亿美元
1995-07	苏黎世VG集团20亿美元兼并英国坎普金融公司
1995-08	美国大通银行与化学银行合并，合并后总资产达2 970亿美元
1997-12	瑞士联合银行与瑞士银行合并，合并后总资产达7 180亿美元
1998-01	花旗银行与旅行者公司合并，合并金额为580亿美元
1998-12	德意志银行101亿美元收购美国银行家信托公司
1999-02	法国兴业银行并购巴黎银行，并购后总资产达6 454亿美元
1999-04	德意志银行97亿美元收购美国信孚银行，收购后总资产超过8 200亿美元
1999-08	日本兴业银行、第一劝业银行、富士银行合并，合并后总资产达13 180亿美元
1999-12	汇丰银行与美国利宝银行合并，合并后总资产达4 846亿美元

续表

发生时间	简要情况
2000 - 03	德意志银行并购德累斯顿银行，并购后总资产达 12 280 亿美元
2000 - 07	大通曼哈顿银行与 JP 摩根银行合并，合并后总资产达 6 600 亿美元
2001 - 05	新加坡发展银行全面收购香港道亨银行，涉及资金 400 多亿港元
2001 - 05	花旗银行收购墨西哥国民银行，涉及资金 125 亿美元
2002 - 11	英国汇丰集团收购美国家庭国际银行，交易规模达 153 亿美元
2003 - 02	汇丰控股以 142 亿美元兼并美国的 Household International 公司
2004 - 01	渣打银行以 33 亿美元收购韩国第一银行
2004 - 01	摩根大通以 580 亿美元收购美一银行
2004 - 03	花旗集团以 27.3 亿美元收购韩国韩美银行
2004 - 04	苏格兰皇家银行以 105 亿美元收购美国第一宪章银行
2004 - 04	汇丰控股公司宣布以 115 亿美元购买法国信贷商业银行
2004 - 05	英国大阳信托银行以 869.8 亿美元收购美国国家商业金融公司
2004 - 05	苏格兰皇家银行以 104 亿美元兼并美国 Charterone Financial 公司
2004 - 10	西班牙桑坦德中央银行以 89 亿英镑收购英国阿比国民银行
2006 - 12	中国建设银行收购美国银行（亚洲）有限公司 100%股权
2006 - 12	中国工商银行收购印度尼西亚 Halim 银行
2007 - 10	苏格兰皇家银行为首的三家金融机构以 1 000 亿美元收购荷兰银行
2007 - 10	中国工商银行以 56 亿美元收购南非标准银行 20%股权
2008 - 06	招商银行收购香港永隆银行，收购金额为 360 亿港元
2008 - 09	美国银行并购美林证券，并购金额为 500 亿美元
2011 - 01	中国工商银行收购美国东亚银行 80%股权
2012 - 11	中国工商银行收购阿根廷标准银行 80%股份
2014 - 08	中国建设银行收购 BIC 银行 72%股权
2014 - 12	安邦保险集团收购比利时劳埃德银行，收购金额为 2.19 亿欧元
2016 - 10	德国商业银行收购德雷斯顿银行，收购价格为 98 亿欧元
2016 - 12	交通银行收购巴西 BBM 银行 80%股权
2017 - 05	华侨银行收购澳洲国民银行新港私人财富业务
2018 - 04	中信银行收购哈萨克斯坦阿尔金银行过半股权
2019 - 02	美国 BB&T Corp. 银行收购太阳信托银行部分股权，收购金额为 282.4 亿美元
2021 - 02	美国 M&T 银行收购 People's United Financial 公司部分股权，收购金额为 75 亿美元

注：本表由作者整理。

无论是从数量还是规模上看，近年来银行并购的发展都十分迅速，这与世界经济环境及金融业自身的快速发展是分不开的。在金融全球化和金融自由化浪潮的推动下，银行并购的市场环境、技术环境和制度环境都逐渐成熟起来，并逐渐形成一种趋势。

从市场角度看，完善的市场经济体制是进行银行并购的基本保障。在市场经济中，并购双方都是真正的市场主体，它们遵循规范的市场规则，追求利润最大化。成熟、规范的市场机制使银行并购的交易双方得以进行公平的产权交易，通过市场取得合理的并购价格，从而实现资源最优配置。较完全的市场具有信息透明度高的特点，这有助于降低信息搜寻成本，进而降低并购成本。与此同时，市场对银行并购的推动还体现在需求层面。随着客户对金融服务品种和质量需求的日益增长，商业银行必须不断创新产品和服务，很多新产品和服务可能是商业银行原先并不擅长的。并购作为最快捷的手段，可以使商业银行在短时间内学习和掌握新的金融产品，为客户提供全程服务，以满足客户越来越复杂的财务和资金需求。

从技术角度看，网络信息时代的到来为银行并购提供了技术条件。全球互联网的建立使商业银行的业务突破了空间和时间的限制，商业银行的资金可以更方便地在世界市场中流动；而先进的数据处理技术使商业银行的各类业务更加方便快捷，也令商业银行更容易对多部门、多种类的业务进行管理。技术的发展不仅使管理大型金融集团成为可能，而且因其规模节约的特点对银行并购起到了促进作用。

从制度角度看，金融自由化的趋势创造了银行并购的制度环境。由于金融业对国民经济具有重大影响，在20世纪60年代以前，世界各国政府都不同程度地实行金融管制。但随着世界经济一体化的进展和国际金融业竞争的加剧，西方一些国家出于增强本国商业银行竞争力的目的，从20世纪70年代开始放松金融管制，并制定和修订了一系列金融监管法律，使银行并购有了法律上的保障。近年来，一些发展中国家，特别是在第二次世界大战后建立起较完善市场经济的发展中国家，受金融自由化趋势的影响，也纷纷放松金融管制，从而使更多的地区开始出现银行并购活动。

14.1.2 银行并购的主要原因

与所有市场主体一样，商业银行经营的目的也是在竞争中取得生存和发展的最优机会。因此，银行并购的动力来自追逐利润的要求和竞争压力，而推动银行并购的主体则是股东和管理者。商业银行的股东希望增加他们的财富或减少风险以提高其福利，商业银行的管理者希望获得更多的利益，因而商业银行的股东和管理者都希望从银行并购中获得利益。

在新古典主义的学说中，包括并购在内的所有企业决策都是以股东财富最大化这一目标为出发点的。在将并购决策带来的现金流量以适当的贴现率贴现时，就会产生零或者正的净现值。当并购为商业银行增加的价值超过并购成本时，就达到了股东财富最大化：

$$\begin{aligned}\text{并购增加的价值} &= \text{并购后双方的总价值} - \text{并购前双方的总价值}\\ &= \text{股东的股票价值增加额}\end{aligned}$$

从理论上说，商业银行在并购后的市场份额将有较大的提升，并能增强竞争力，有可能为股东带来更多的盈利。许多商业银行在制订并购计划时都对利润前景表示乐观。例如，花旗集团在并购联合第一资本公司时，准备以 311 亿美元（转换率为 0.733 4）加上 53 亿美元花旗集团的股份，购入联合第一资本公司的股票。当不考虑任何协同效应时，该交易可使每股价值提高 0.05 美元，而整体的协同收益预期在 5 亿美元左右，每年税前的协同收益为 16 亿美元，两年后转换为每股收益约 0.20 美元（这将令花旗集团的每股收益增加超过 8%）。

银行并购带来的协同效应包括运营、管理和财务三个方面。在运营上，当商业银行合并后，合并双方产品和市场的联合将带来经济规模的扩张；在管理上，高效率的商业银行能够更好地利用被收购商业银行的资源，实现更大的收益；在财务上，双方合并后的资本成本可能低于独立的商业银行，并可能由于损失覆盖收入而获得税收收益。

总体来说，银行并购有以下原因：

（1）追求商业银行的规模增加。银行业是具有明显规模经济的行业，并购能够迅速增强商业银行的经营规模和业务实力，是商业银行实现规模扩张的便捷途径。一方面，银行业是投入较为密集的行业，并购带来的规模扩张可以形成多方面的成本节约。例如，随着商业银行业务处理电子化、网络化的发展，商业银行在信息技术上的投资成本越来越高，其规模越大，单位技术成本就越低。另一方面，商业银行业务的同质性很强、客户需求弹性很大，并购往往伴随着大规模的机构、人员、业务、技术整合，可使商业银行实现优势互补，获得“1+1>2”的协同效应，实现规模经济。

（2）分散风险，使亏损和破产的财务费用最小化。通过分散商业银行的业务风险，可以降低商业银行亏损和破产的可能性。实行跨区域、多样化经营，使商业银行有更稳定的现金流，减少因某项业务经营不善而影响总体收益状况的可能。多样化可分为地理多样化和产品多样化，并购目标商业银行有助于并购方在多个地域设立分支机构。这种行为可以增加客户数量、提高市场份额，同时达到分散风险的目的；从长期来看，可以提高其利润水平。此外，银行并购是一种实现产品多样化非常方便的方法，商业银行与其自行发展新产品和建设网络，不如通过收购现有的商业银行来获得这些。

（3）扩大经营范围，并降低成本。例如，一家小商业银行由于体量小，不能提供某些金融产品，但合并后的商业银行就能提供更多的产品，同时增加销售和利润。商业银行与保险公司合并后可以出售不同种类的产品给消费者。由于商业银行拥着短期负债和长期资产，而保险公司正好相反，因而两者的合并将带来巨大的收益。

（4）避免被收购。在面临敌意收购时，目标商业银行的管理者有可能为了免除被并购的威胁，从而主动进行收购，以使企业规模增加到不能被收购的程度。

尽管股东财富最大化被假定为管理层进行投资和融资决策的理性标准，但在某些情况下，管理者的自身利益可能取代这一标准，成为推进银行并购的主要动力。这类情况通常发生在股东控制较弱的商业银行中。

（5）处置高风险的商业银行或金融机构。这种行为一般发生在国家对银行业的控制力相对较强的地区，比较典型的有中国、日本等。当一些商业银行的经营不善、产生较大风险时，需要及时化解风险，但又因为商业银行具有较大的外部性，涉及众多存款人的利益，不能简单使用破产清算的方式。因此，政府为了维护公共利益，就会找一家大商业银行将其收购，然后再逐步化解风险。在早期，这种方式带有一定的行政色彩，由政府安排，但会有一定的副作用，比如可能拖累收购方的经营。因此，目前大多是由政府推动，但大体上还是按市场化原则进行并购。

表14-2总结了近年来国际商业银行并购的动因。

表14-2 按并购动因划分的并购类型

并购类型	原因	典型案例	结果
规模扩张型并购	大型机构之间的并购，实现快速扩张和综合化经营	1. 花旗与旅行者合并，组建花旗集团 2. 大通并购JP摩根，组建JP摩根大通	成为全球最大的金融集团
地区进入型并购	1. 进入新的有发展潜力的市场，主要由于该市场刚刚兴起，或者金融业刚刚开放 2. 出于战略转型和全球化战略需要 3. 实现地域多元化，平衡地区风险 4. 追随客户进入新市场	1. 花旗、德意志、汇丰、渣打等在中国的并购 2. 德意志银行收购美孚 3. 2015年中国工商银行收购南非标准银行	1. 迅速拥有了在新市场中的业务开展平台 2. 进入北美市场，实现全球化发展框架 3. 中资银行首次通过并购国际银行实现交易业务的全球化
地区加强型并购	在已设立分支机构独立开展业务但希望今后重点发展的目标市场，通过收购具有一定市场地位的本土商业银行，迅速加强在该地区的市场地位	1. 2004年花旗收购韩美银行 2. 美洲银行收购Fleet Boston 3. 2010年中国工商银行收购加拿大东亚银行	1. 进一步扩大在韩国市场的份额，强化花旗在韩国商业银行界的领先地位 2. 强化美洲银行在商业银行界领先的地位，合并后在存款方面的市场份额达到9.8% 3. 中国工商银行获得加拿大银行业牌照和客户资源，为进一步拓展北美地区业务和网络奠定了良好基础
业务互补型并购	利用在已有市场中的技术、渠道和客户资源，通过并购其他业务，以实现交叉销售和多元化经营；主要适用于本土市场和发展已经比较成熟的市场	1. 德意志银行收购摩根建富 2. 汇丰收购美国的Household Financial公司	1. 实现在欧洲的综合化经营 2. 进入美国的消费者融资业务领域，符合多元化战略
业务加强型并购	已在本业务领域占据一定的市场地位，通过收购该市场中竞争对手的相应业务，进一步巩固该业务在市场中的地位	1. 渣打银行2000年收购大通曼哈顿香港信用卡业务 2. 德意志银行收购美国最大的资产管理公司之一Zurich Scudder	1. 并购后成为中国香港最大的信用卡发卡行，占据中国香港1/3的市场份额 2. 巩固其资产管理业务，管理资产总值1万亿美元，擢升为全球第四大资产管理行

续表

并购类型	原因	典型案例	结果
增进效益型并购	寻找新的盈利增长点，收购市场领先的专业性金融机构	1. 2002年后德意志银行在美国住宅按揭市场进行的一系列并购 2. 在新兴市场的并购趋势	在美国的住宅抵押业务迅速成长，在美国固定收入市场中占据了领先地位
风险处置型并购	收购高风险商业银行并处置其风险	1. 中国工商银行收购海南发展银行 2. 中国工商银行等收购锦州银行	有些案例的风险得到化解，被收购商业银行的经营逐步平稳，但也有些商业银行在收购后未取得效果

14.2 银行并购的价值评估

在银行并购的过程中会产生并购收益和并购成本，这是商业银行进行并购决策的基本财务依据。通过分析比较并购的收益和成本，可以预测银行并购的效果，并据此对目标商业银行进行价值评估。

14.2.1 银行并购的收益

银行并购的收益是对并购后未来预测收益的贴现。商业银行进行并购可取得以下收益：

（1）规模收益。对于商业银行来说，规模大小是影响其竞争优势的决定性因素。单靠商业银行内部的成长积累，其规模扩张的速度会受到本身资源的限制。银行并购可以使商业银行在短时间内扩大规模与市场占有份额，进入新的地区和活动领域，获得规模收益。具体来看，银行并购在生产、营销、技术、资金等方面可以产生多种协同作用。

第一，多样化的产品服务增加了收入来源，使商业银行的收入结构更合理。

第二，银行并购扩大了商业银行的资产规模，使商业银行拥有更充裕的资金，有利于商业银行迅速增强资本实力，更好地防范金融风险。

第三，合并后产生的大型集团的内部技术可以互补，同时其金融产品更加多样化并可统一规划，从而提高了商业银行的创新能力。

第四，并购后商业银行规模的迅速扩张可以帮助它取得市场垄断地位，形成能够影响市场价格的力量。

第五，由于监管当局对商业银行有最低资本要求，很多银行并购是为了满足监管要求，进而发放更多贷款。

据统计，大约半数以上美国商业银行的并购行为以及众多欧洲商业银行的并购行为都是为了提高市场集中度而发生的。

银行并购产生的规模经济还可以降低商业银行的经营成本。一方面，银行并购能在很大程度上控制非利息性支出，从而降低经营成本；另一方面，当并购行和被并购行有相同的机构及营业部门时，可以通过银行并购削减不必要的部门开支。这种成本的降低有助于商业银行提高未来各年度的收益。

（2）并购价差收益。并购价差收益一般分为短期和长期两种。若市场认为银行并购的信息是明确的利好消息，会引起股价上升。当商业银行的目的是通过整合将收购目标转售时，便可以通过股价的预期效应取得并购价差收益。还有一种可能就是有些企业由于管理较差、资源利用不合理，造成市场对这些企业的价值低估，如果能够把这种市场价值低于资产重置成本的企业作为商业银行的并购目标，然后对其重新整合，就可以获得高于市场价格的企业资产。当然，银行并购通常不是为了赚取短期价差，而是以获取长期的并购价差收益为主。

（3）税收优惠。在银行并购过程中，商业银行可以利用税法中的税收递延条款合理避税，把目前虽然亏损但有一定盈利潜力的商业银行作为并购对象，以降低税负。特别是当并购方为高盈利商业银行时，能够充分发挥并购双方在税收方面的互补优势。另外，不同资产、各种收入在适用税率上的差别，使得商业银行可以通过并购及采取不同的财务处理方法来达到合理避税的目的。若商业银行在银行并购时不是用现金购买股票，而是以换股的形式进行，则对被并购方而言，它既未收到现金，又未收到资本收益，因而可以不纳税；对商业银行而言，它可以先将被并购方的股票转为可转换债券，而后再转换为股票。由于债券的利息可以预先从收入中扣除，而商业银行需要缴纳的税额是由扣除利息后的盈余乘以税率决定的，这样就可以少缴企业所得税。

（4）其他收益。银行并购可能产生的收益还有很多。例如，作为并购方的商业银行若没有上市，通过并购上市公司可以“借壳上市”，从而迅速取得上市资格、节约上市费用；通过银行并购可以提高商业银行处理坏账的能力，同时增加资本规模、提高资本充足率；商业银行实行跨行业并购后，可以利用自身的人才和经验迅速进入新业务领域等。

14.2.2 银行并购的成本

银行并购的成本是指并购行为本身所发生的直接成本和间接成本，具体包括交易成本、整合成本和机会成本。

（1）交易成本是指由并购交易产生的成本，包括信息成本、并购价格和中介费用。第一，为了解目标企业的财务状况、确定并购价格，并购方必须全面收集目标企业的财务信息，因而需要付出信息成本。在有多个并购对手的情况下，商业银行还要付出竞价成本和了解竞争对手信息的成本。一般来说，收集的信息越充分、详细，信息收集费用越高，信息不对称的风险越小，并购成功的可能性越大。第二，商业银行所付出的并购价格是并购的直接成本。在现金并购中，并购行需要支付一定数量的现金，以取得对被并购行的所有权，从而形成并购行的即时现金负担。在换股收购中，虽然并购行不需要支付大量现金，但该行原有的股权结构有所改变，新增发的股票会减弱原有股东的控制权，形成了隐性并购成本。第三，各种市场中介费用。商业银行并购需要多种市场中介机构的参与，如投资银行、会计师事务所、律师团等。商业银行要对这些中介机构提供的服务付出酬金，这些中介费用通常按收购价的一个百分比计算。

（2）整合成本是指并购行为使重组后的商业银行获得健康发展而需要支付的长期运营

成本。并购行与被并购行在组织结构、财务状况、企业文化等方面都存在差异，为了使新组建的商业银行能顺利运营，必须经过一段时间的磨合。在此期间，人员调配、机构重组、财务数据整合与技术衔接都要付出相应的成本。整合成本的多少取决于并购行与被并购行的差异状况和并购策略，具有长期性、动态性和难预见性的特点。在跨国并购中，整合成本尤其明显，中资商业银行的跨国并购经验较少，并购双方之间企业文化、管理等方面的差异都有可能提高并购后的整合成本，导致并购行的效率得不到改善。加之双方所处地区社会习俗、价值观等文化方面的差异，也会导致并购后双方沟通的障碍，从而使商业银行的经营出现效率恶化。

（3）机会成本是指因进行银行并购而丧失的其他项目机会和资金收益。商业银行的并购过程需要耗费大量的资源，包括资金、物资和人员的重新配置等，这些资源的耗用必然会限制商业银行的其他投资行为，对于资源不够充足的商业银行来说，还可能对现有业务的运营造成一定影响。因此，在商业银行进行并购决策时应该考虑到机会成本。

此外，还有并购失败的风险，银行并购并非总是一帆风顺，往往要经受四重考验：首先，并购行的股东未必赞成，正如前文所说，银行并购会稀释股权或增加现金支出，原有股东可能不愿意承担风险，从而在股东大会上否决银行并购方案。其次，由于银行并购会对被并购行管理层的既得利益构成损害，被并购行可能会做出反并购努力，诸如进行股份回购、寻求股东支持、寻找白衣骑士（white knight）救援以及使用驱鲨剂（shark repellent）和毒丸（poison pill），竭力避免被并购。最后，反托拉斯法和兼并准则的限制。商业银行不同于一般企业，各国监管当局都对银行并购给予格外关注。在美国，限制银行并购的法律就有三部：①1927 年的《麦克法登法》（Mcfadden Act）。该法规定，除非州政府特别许可，商业银行不得“跨州设立分行”。②1933 年的《格拉斯-斯蒂格尔法》（Glass-Steagall Act）。该法禁止商业银行涉足私人企业发行的债券以及股票承购、包销等投资银行业务。③1956 年的《银行控股公司法》（Bank Holding Company Act）。该法规定，银行控股公司在并购非商业银行业务公司后，新商业银行只限于从事与银行业紧密相关的业务，而不得从事非商业银行业务。倘若银行并购失败，并购行的股价势必大跌，而它为并购所支付的一切费用自然付之东流。

14.2.3 银行并购的价值评估

在实际中，被并购行的情况是千差万别的，特别是经过并购重组后，并购行的资本结构和经营状况可能会发生改变，风险特性也会改变。因此，我们很难用一种标准方法对所有企业进行恰当的价值评估。银行并购的估值方法有多种，主要可以分为几类：成本估值法、清算估值法、相对估值法和绝对估值法。成本估值法又包括历史成本法和重置成本法，但对于银行业的适用性不强。清算估值法是指商业银行在清算时的价值，不满足永续经营的假设，因而并不常用。相对估值法有市盈率法、市净率法等。绝对估值法有股息贴现法、自由现金流贴现法、EVA 贴现法等，不同方法各有特点。下面主要介绍相对估值法和绝对估值法。

1. 相对估值法

相对估值法要选取估值倍数，一般是选取目标企业的某个指标作为分母，然后以市值作为分子，算出一个比值，即估值倍数。市场中常用的估值倍数包括市盈率（以公司盈利为分母）、市净率（以公司净资产为分母）、市销率（以公司销售收入为分母）等。但是，不同的行业一般会选取不同的估值倍数，一般的选择原则是：估值倍数要尽可能稳定，不能波动太大，并且估值倍数的分母是该行业的关键经营指标。具体到银行业，因为过去很多国家的银行业经营情况不太稳定，特别是在遇上金融危机时很多商业银行会出现亏损，因此市盈率并不算特别稳定的指标。而资本是商业银行经营的关键指标，相对稳定，而且净资产与资本接近，因此以市净率取代市盈率就成为商业银行估值中较为常用的估值倍数。具体到中国银行业，由于大部分商业银行经营稳定，因此在实践中也有使用市盈率的。

此后，要为目标企业选取一些同类企业，比如找一些经营特点相近的其他商业银行，然后获取它们的市净率并求得均值，以其作为参考。在求得估值倍数均值的基础上，可以做一些调整，比如目标企业有一些业务比同类商业银行要突出，或者其风险比同类商业银行要小，那么它应该拥有比均值更高的估值倍数，也就意味着该行比同类商业银行更好；如果相反，那么估值倍数应低一些。在估值倍数均值的基础上进行适当调整，然后乘以被并购行的净资产，即可得到被并购行的估值。

因此，相对估值法的原理是：类似的企业应该拥有相近的估值倍数。此外，还有一个隐含假设，就是其他商业银行的市值是基本合理的，因此是可参考的。当然，这一假设在现实中也不是随时成立的，比如在股市过热时，可能其他商业银行的估值倍数也是虚高的。

2. 绝对估值法

绝对估值法是将目标企业的未来现金流进行贴现，然后求得其现值之和，并用该现值之和代表目标企业的价值。绝对估值法的原理较为清晰，因此是目前最主流的估值方法之一。但其缺点是需要建立在一系列假设之上，比如对未来现金流的预测以及对贴现率的估计，而这些方面有时是不可靠的。绝对估值法包括很多种，如股息贴现法、自由现金流贴现法、EVA贴现法等，它们的原理相近，只是对未来现金流的定义不同。

在使用绝对估值法时，由于是对未来现金流进行贴现，那么自然需要先预测未来现金流。例如，基于一定的假设，先对目标银行未来几年的资产、负债、营业收入、净利润等主要指标进行预测。然后，再基于预测的未来净利润求得股息、自由现金流、EVA等。由于对未来的预测存在很大的不确定性，因此一般采取分段预期，即未来的3～5年可相对精准地预测，5～10年的准确度下降，而10年后则简化，采用一个永续增长率，即假设净利润（或股息等）在10年后以一个固定的增长率保持永续增长。

（1）股息贴现法。该方法用投资者预计能从目标银行所得的股息来评估目标银行的价值。在使用该方法时，是假设投资者对目标银行没有影响力，只能被动获取股息，即股息是其获取未来收益的唯一来源。在完成对目标银行未来净利润的预测之后，再假设一个分红率，即可得到股息，然后将股息的现值加总，便得到估值。但是，在大部分的银行并购中，收购方能对目标银行施以较大的影响，甚至有些银行并购会大幅调整目标银行的经营管理。因此，从这个角度来看，股息贴现法并不十分契合要求。

表14-3以一家商业银行为例，表中首先列出了该银行未来的预测净利润，然后按预测的分红率得到预测的股息，再按10%的贴现率进行贴现，最后得到其每股价值为108元

左右。

表 14-3　按并购动因划分的并购类型

	第一阶段			第二阶段						第三阶段 永续阶段	
年份	2021	2022	2023	2024	2025	2026	2027	2028	2029	2030	……
预测净利润	18.0	20.0	21.0	22.6	23.6	24.3	24.6	23.5	21.7		
分红率	30%	30%	30%	30%	30%	35%	40%	45%	50%		
股息	5.4	6.0	6.3	6.8	7.1	8.5	9.8	10.6	10.9	11.2	
股息增长率		11.1%	5.0%	7.9%	4.4%	19.7%	15.3%	8.2%	2.8%	2.7%	

（2）自由现金流贴现法。自由现金流是指企业管理层在经营过程中能够自由选择使用的现金流，又分企业自由现金流和股权自由现金流，计算股票价值时使用的是股权自由现金流。股权自由现金流的定义为：

$$FCFE = NI + D - CE - \Delta WC + \Delta Db$$

其中，NI 为净利润；D 为折旧等非现金支出；CE 为资本开支；ΔWC 为新增的运营资本；ΔDb 为新增债务。也就是说，企业每期经营获得的现金流，用于支付必要的资本开支、运营资本、偿还债务之后，剩下的可自由支配的部分。这部分资金可用于分红，也可用于再投资，因而体现了一定的灵活性。如果投资者能够深度影响目标公司的经营决策，那么就不能仅将股息视为其收益，而应将全部股权自由现金流视为其收益，因此在并购交易中，股权自由现金流贴现法更符合逻辑。具体到银行业，使用股权自由现金流有一些难点，主要是对资本开支、运营资本、偿还债务的定义较为困难。银行业的商业模式较为特殊，其本身就经营货币，因此在现实中不是特别容易区分。特别地，银行业对资本的定义更宽泛，基本上全部利润均可留存用于补充资本，因此很难科学计算股权自由现金流。

同样，投资者需要预测商业银行的未来股权自由现金流，并进行贴现，求得现值，加总得到估计的市值。

（3）EVA 贴现法。前文的股息贴现法、自由现金流贴现法都高度依赖对未来经营的预测。下面仍以表 14-3 中的银行估值为例，最后得到的估值为 108 元，但其中第一阶段股息的贴现值是 15 元、第二阶段是 28 元、第三阶段是 65 元，可见第一阶段的占比最小，第三阶段的占比最大。但是，从净利润预测的可靠性而言，时间越远的部分是越不可靠的，但越远的部分却在结果中的占比越大，这就是绝对估值法的一个固有缺点，它直接影响了最后估值结果的可靠性。EVA 估值采用了不同的思路，先承认商业银行净资产的现有账面价值，然后把未来的经济增加值（economic value added，EVA）视为未来现金流，在贴现后得到现值之和，然后将该现值之和与账面价值之和，计为商业银行股票的总价值。EVA 的计算公式为：

经济增加值＝税后净营业利润－资本成本

上式中的“资本成本”主要是指股权的机会成本。EVA 的含义是该目标银行创造的收益超过股权的机会成本的部分。因为只有超过机会成本，该目标银行才是有投资价值的。因此，EVA贴现法的整个估值思路是，投资者首先向商业银行投入资本，这些资本经过一段时间的经营，就会与原值产生差异，形成目前的账面价值。然后，以这笔资本为基础，商业银行可以预测未来的EVA，然后将未来的EVA贴现出现值，再与账面价值相加，即可得出商业银行的总价值。EVA贴现法除了预测商业银行未来的EVA之外，还需要对商业银行目前的账面价值进行评估，这就需要大致掌握目标银行目前的真实资产质量情况，而这在实践中也存在一定难度。

由此可见，不同估值方法各有优缺点，并不存在绝对完美适用的方法。在银行并购的实践中，交易双方往往会尝试多种方法来形成估值区间，然后双方讨价还价，最后形成一个双方都能接受的定价。

14.2.4 银行并购的支付方式

在银行并购双方对定价等问题达成一致后，完成交易的支付方式主要有现金支付、股权支付两种。

现金支付相对简单，即按双方议定的价格直接支付现金。假设有商业银行甲要收购商业银行乙，而商业银行乙的净资产为80万元，最后双方议定的收购价格为参考同类商业银行的市净率（即1.2倍），那么整个商业银行乙的市值为96万元。从理论上说，商业银行甲出资96万元从商业银行乙的股东手中购买股票即可。在完成交易后，当商业银行甲编制并表后的资产负债表时，其资产中会出现“商誉”，即支出的收购金额超过商业银行乙的净资产的部分，也就是16万元。

另一种较复杂的并购方式是换股收购，下面仍以商业银行甲收购商业银行乙为例。换股收购是指商业银行乙的股东将所持的商业银行乙的股票按一定比例换为商业银行甲的股票，同时商业银行乙成为商业银行甲的子公司。或者说，商业银行乙的股东以所持的商业银行乙的股票作为资产，向商业银行甲增资，而商业银行甲是定向发行新股并支付给商业银行乙的股东，然后换回商业银行乙的股票。

甲、乙两家商业银行，商业银行甲的股票现价为40元，每股净资产为20元，共有股票10万股，总市值为400万元；商业银行乙的股票现价为12元，每股净资产为10元，共有股票8万股，总市值为96万元。其他信息见表14-4。

表14-4 两家商业银行的主要信息

	商业银行甲	商业银行乙
股价（元）	40	12
每股净资产（元）	20	10
股数（万股）	10	8
总市值（万元）	400	96
净资产（万元）	200	80
市净率	2.0	1.2

如果商业银行甲收购商业银行乙，先不考虑股价波动，那么商业银行甲需要支付价值为 96 万元的股票，即 2.4 万股$\left(=\frac{96}{40}\right)$，也就是商业银行甲要向商业银行乙的股东定向增发 2.4 万股，以便交换商业银行乙的全部股票，即 8 万股。在完成收购后，商业银行甲共发行 12.4 万股（=10+2.4）股票，总市值为 496 万元。在收购并编制并表后的资产负债表时，商业银行甲的净资产也增加了 96 万元（其中包含 16 万元的商誉），为 296 万元，因此市净率为 1.68$\left(=\frac{496}{296}\right)$，同时每股净资产为 23.87 元。由此可见，按这种方案实现的银行并购会使新商业银行的每股净资产提高，这是因为商业银行甲的市净率高于商业银行乙。完成收购后的新商业银行甲的信息见表 14-5。

表 14-5 完成收购后的新商业银行甲的主要信息

	新银行甲
股价（元）	40
每股净资产（元）	23.87
股数（万股）	12.4
总市值（万元）	496
净资产（万元）	296
市净率	1.68

但是，在通常情况下，收购银行要给被收购银行的股东一定的股票折价，即发行价格低于市价 40 元。如果商业银行甲向商业银行乙的股东定向增发的价格为 32 元，则需要发行 3 万股，用以换取 96 万元的商业银行乙的股票（这个也可以表述为收购价的溢价，因为这 3 万股股票在市场上的市价仍是 40 元，那么 3 万股就是 120 万元，相当于商业银行甲支付 120 万元收购了市价为 96 万元的商业银行乙的股票，因此是溢价收购。此时，因为商业银行乙的净资产是 80 万元，相当于以市净率 1.5 倍进行收购）。在收购后，商业银行乙的股东就会持有商业银行甲的股票 3 万股，新商业银行甲的股票总数为 13 万股，总市值为 520 万元。此时新商业银行甲的净资产依然是 296 万元，因此市净率为 1.76$\left(=\frac{520}{296}\right)$，高于前例的 1.68 倍。完成收购后的新商业银行甲的信息见表 14-6。

表 14-6 完成收购后的新商业银行甲的主要信息

	新商业银行甲
股价（元）	40
每股净资产（元）	22.77
股数（万股）	13
总市值（万元）	520
净资产（万元）	296
市净率	1.76

上述讨论是基于商业银行甲的股价在收购前后不变（即 40 元），但这显然不符合事实。因为在完成收购后，不管商业银行甲以何种价格增发股票，其完成收购后的总净资产是一样的，都是 296 万元，而这家新商业银行甲也只能以一个市净率交易，假设是 1.68 倍，则总市值为 496 万元。也就是说，在后一种情形下，商业银行甲以 32 元定增换股收购，最后总市值 520 万元也会跌回 496 万元，每股价格跌至 38.15 元$\left(=\frac{496}{13}\right)$。因此，原来持有商业银行甲股票的股东是有损失的。由此可见，从静态来看，商业银行甲由于溢价收购商业银行乙，将会导致原股东的利益受损。当然，银行并购的目标肯定不局限于这种静态计算，商业银行甲收购商业银行乙是为了前文所述的规模经济、范围经济、跨区扩张等潜在收益。如果确实能实现这些收益，那么从长期来看，商业银行甲的股价仍能回升。

14.3 商业银行大规模并购的效应

自 20 世纪 80 年代末以来，银行并购活动日趋活跃，同时并购规模日益扩大。并购环境与并购主体的种种差异使并购的效应复杂多变，大规模的银行并购对金融体系，乃至经济的各个方面都会产生广泛而深刻的影响。

14.3.1 银行并购促进资源的重新配置和整合

银行并购的即时影响是引起现有资源的重新配置。若商业银行在并购中充分发挥并购双方在经营战略、组织结构、人才技术等方面的比较优势，进行优势互补，就能产生协同效应并提高经营绩效。例如，当并购双方的业务地区不同时，合并可减缓其中一方地区经济放缓带来的冲击，保证新集团整体盈利的稳定增长。银行并购产生的范围经济还可促进业务运作的协调，令商业银行以相对小的成本拓展业务范围。特别是在并购双方的某些产品可以共享经销网络和客户资源时，交叉销售能够增加彼此的销售额。例如，在花旗银行与旅行者集团并购的例子中，花旗银行在商业银行业务领域拥有广泛的客户基础，有 3 000 个分支机构，在居民与企业存贷款、外汇交易、贸易融资、信用卡发行等方面占有巨大的市场份额。旅行者集团可以向这些客户推销共同基金、退休基金、人寿基金、物业保险、资产管理、投资咨询等金融服务，特别是可以利用花旗银行庞大的海外机构及影响来弥补自己在海外业务方面的不足。花旗银行可以向旅行者集团在共同基金、退休基金以及保险方面的广大客户推销消费者贷款、信托、外汇买卖、债券交易等产品和服务。另外，当商业银行原有的资产经营效率不高、存在大量过剩资源时，并购还可以消除过剩的生产能力，使商业银行的经营规模更符合社会需要。

但是，在资源整合过程中，也可能给商业银行带来不利影响。当银行并购引起规模扩张时，组织机构也更加庞大，这可能带来额外的组织成本、磨合费用以及企业文化的冲突，产生资源整合风险。

14.3.2 银行并购使国际银行业逐步走向垄断

国际银行业的并购是一个长期的发展趋势，使得商业银行不断走向集中和垄断。在按一级资本和资产总量排名的世界前25名大商业银行中有越来越多的商业银行参与国际银行业的并购，并购的结果是商业银行数量的减少和资产的集中。另外，银行并购活动呈现出从大商业银行兼并小商业银行走向强强联合的趋势。例如，在20世纪90年代初期，瑞士、法国、荷兰、德国等欧洲国家的银行并购中，被兼并的大多数是地区性的中小商业银行，而90年代中后期这些国家的银行并购规模开始扩大，仅1997年就有法国的Societe Generale与Credit Romagnold合并、奥地利的Bank Austria与Creditanstalt合并以及当年底最受瞩目的瑞士联合银行（UBS）与瑞士银行（SBC）的合并案等。强强联合使银行并购的战略目的发生了转变，即从提高国内市场占有率逐渐转向增强商业银行的综合实力，并以此为基础向国际性大商业银行迈进。在经济全球化趋势的推动下，银行并购中的跨国并购比例不断提高，越来越多的银行通过跨国并购取得了世界性的垄断地位。以汇丰商业银行为例，可以看到跨国并购对商业银行国际化的贡献，见表14-7。

表14-7 汇丰集团的主要并购活动

日期	目标	地区	价格（百万美元）	购入股权（%）	目标行业
1997年4月	Banco Bamerindus do Brasi	巴西	1 000	100	商业银行
1997年8月	Roberts SA de Inversiones	阿根廷	888	100	商业银行
1997年12月	Grupo Financiero Serfin SA de	墨西哥	174	19.9	其他金融机构
1998年12月	Guyerzeller Bank AG	瑞士	133	25	商业银行
1999年12月	利宝银行集团	美国	7 703	100	商业银行
1999年12月	Safra Republic Holdings SA	卢森堡	2 591	51	商业银行
2000年7—9月	Credit Commercial de France	法国	142	1.4	信贷机构
2001年4月	Egyptian Bristsh Bank	埃及	141	50	商业银行
2001年9月	Demir Bank TAS	土耳其	350	100	信贷机构
2002年11月	Grupo Financiero Bital SA	墨西哥	1 135	99.59	商业银行
2003年3月	Household International	美国	15 294	100	信贷机构
2003年12月	Lioyds TSB Group PLC 的消费者业务	巴西	815	100	信贷机构
2004年2月	百慕大银行	百慕大	1 199	100	商业银行
2004年8月	交通银行	中国	2 100	19.9	商业银行
2004年9月	Indusval Multistock Group 的消费者金融业务	巴西	124	100	消费金融服务

续表

日期	目标	地区	价格（百万美元）	购入股权（%）	目标行业
2004年11月	马莎百货的零售金融服务业务	英国	1 418	100	消费金融服务
2002年11月至2005年8月	中国平安	中国	1 040	19.91	保险
2005年12月	Metris Company Inc.	美国	1 593	100	消费机构
2006年4月	Banoa Nazionale del Lavoro SA	阿根廷	155	100	商业银行
2006年8月	西太平洋银行的保管业务	澳大利亚	114	100	商业银行
2006年11月	Grupo Banistmo SA	巴拿马	1 781	100	商业银行

资料来源：SDC。

注：本表经作者整理，只包括已完成的交易规模达1亿美元以上的并购交易。

分析近年来银行并购的特征可以看出，在传统上，美国、西欧等发达国家和地区实行的银行并购占据银行并购的绝大部分份额，其银行并购主要以“超大型化”为主，并且着眼于争取在世界金融格局中的优势领导地位，带有进攻性和挑战性。垄断使商业银行有可能在长期维持较低销售额的同时，取得较高的利润，这有可能影响商业银行的经营效率。但也有实证认为，垄断的危害并不如某些人预期的严重。

Gowrisankaran and Thomas（2002）以动态垄断公司模型为基础进行了一项研究，结果发现：并购只在该行业的供给相对无弹性而需求相对有弹性的情况下才有可能发生，这表明企业借助垄断力量提高市场价格的能力受到限制。产业组织理论也认为，产业集中并不等同于缺乏竞争。特别是在互联网技术不断进步、人们对商业银行的服务要求日趋多样化的今天，小型商业银行也可凭借经营的灵活性在多个方面与大商业银行展开竞争。

14.3.3 银行并购引发的裁员影响就业形势

信息技术的发展促使商业银行的经营方式发生了结构性转变，即由传统的劳动密集型生产方式转向可减少长期成本的技术密集型生产方式，这导致商业银行在并购后纷纷增加科技投入，同时裁减员工、降低成本。表14－8反映了几起银行并购所引发的裁员数量。

表14－8 近年银行并购引发的裁员数量

银行并购案	计划裁员数	裁减率
美国银行与波士顿舰队金融公司	11 000	6%
摩根大通与美国第一银行	10 000	5.71%
联合银行与加利福尼亚银行	850	—
富国银行与第一州际银行	—	23.5%

续表

银行并购案	计划裁员数	裁减率
瑞士银行与瑞士联合银行	9 000～12 000	—
巴伐利亚联合银行与抵押银行	7 000	18%
德意志银行与信孚银行	5 500	5%～6%
美洲银行与国民银行	5 000～8 000	2.7%～4.4%

资料来源：《国际金融报》，2004－03－12；《国际金融研究》，1998（12）。

从表 14－8 可以看出，在大型银行并购案中的裁员幅度往往很大。因此，大规模的银行并购浪潮可能造成短期内失业人数的迅速增加，这是银行并购对就业形势的直接影响。例如，1998 年全球金融机构相继出现裁员后，一贯以高就业著称的日本，其失业率也高达 4%，为第二次世界大战后的最高失业率，这在很大程度上是由于日本在商业银行巨额坏账压力下的银行业大并购造成的。然而，尽管许多人对银行并购带来的失业率上升表示担忧，但有数据表明，从长期来看，随着商业银行并购重组的完成，整体就业水平将有所提高。因此，银行并购对就业的影响也不完全是负面的，它还与一国经济增长、劳动力市场弹性、技能熟练程度及企业的竞争力有关。

14.3.4 银行并购加大了监管难度，促使金融监管改革

为了降低金融风险、维持市场竞争秩序，一国需要对银行并购行为进行监管，有些国家还专门针对银行并购制定了监管法规。对银行并购的监管主要集中在两个方面：防止过度垄断和限定经营范围。

对于金融监管当局来说，银行并购是一把双刃剑。一方面，商业银行数目的减少使金融监管当局可以集中精力监管若干家大商业银行；另一方面，银行并购后又会给金融监管带来新的挑战，这体现在两个方面：一是合并后的商业银行会形成一个更大的力量来应对金融监管，影响立法机构、监管机构的决策；二是大多数国家的金融监管是由不同的机构在不同的金融领域实施监管，而合并后的商业银行广泛涉足各个金融领域，这就会形成同一家商业银行被多个金融监管机构监管的局面，由此产生多个金融监管机构间的协调问题。

金融跨业并购可以改变特定市场的金融结构，迅速提高金融机构的垄断地位。市场经济发达、重视自由竞争的国家一般都制定有反垄断法案，如美国的《克莱顿法案》《1960年银行兼并法》，英国的《公平交易法》和《禁止从事垄断和限制性活动法》，日本的《禁止垄断法》等。而市场经济不太发达的国家大多没有专门的反垄断法，它们经济中的金融化程度低，缺乏国际金融集团参与。近年来，许多国家出于利用规模经济和范围经济加强本国金融竞争力的目的，多趋向放松管制。

商业银行的并购对象若从事投资性金融业务或其他非商业银行业务，则商业银行可以通过并购扩大经营范围，实现综合经营。从历史上看，各国对金融机构经营范围的限制不尽相同，各具特点。有些国家（如美国）经历了典型的混业—分业—综合经营阶段，而德国一直采用全能银行制度。然而，随着当今综合经营趋势的发展，以美国为代表的许多国

家纷纷放松监管限制，使商业银行的跨业并购有了制度上的保障，见表 14－9。

表 14－9　英国、美国、德国的金融经营制度比较

国家	类型	历史发展
英国	综合经营	产业发展早，曾大量发行战争国债，形成与证券业关系紧密的混业经营模式 《1986 年金融服务法》标志着英国正式开始实行金融综合经营
美国	综合经营	早期仅禁止商业银行从事与商品有关的交易 19 世纪末，业务范围扩展到信托等投资银行业务 1927 年，《麦克法登法案》明确授予国家银行买卖可交易债务工具的权利 1933 年，《格拉斯-斯蒂格尔法》宣告分业经营时代开始 1999 年，《金融服务现代化法案》废除金融分业制度，标志着美国正式开始实行金融综合经营
德国	全能银行制度	19 世纪配合新兴产业的需要，全能银行发展迅速 19 世纪后半叶出现辛迪加银行 19 世纪晚期，存款银行逐渐开展证券业务，现代全能银行体系开始建立

近年来的金融自由化趋势也影响到对银行并购的监管，从总体上看，大多数国家对银行并购的法律限制呈放松状态，这也加大了对银行并购的监管难度。特别是存在存款保险或政府信用保证时，并购后的商业银行规模越大，越能影响金融监管当局的政策取向。在并购后的商业银行规模日趋庞大、机构不断增多的情况下，金融监管当局倾向于采取“大而不倒”（too big to fail）的政策。商业银行则利用这一点，试图通过扩大规模达到政府保护的目的。当商业银行知道，即使经营失败，最终也会有存款保险公司或政府出面拯救时，就可以放心地追求高风险资产，这将产生巨大的道德风险。美国学者约翰·博伊德（John Boyd）和马克·格特勒（Mark Gertler）的研究表明，大商业银行发放贷款的风险程度比小商业银行发放贷款的风险程度要高，而且大商业银行的贷款损失程度也比小商业银行的贷款损失程度要高。1999 年，桑德斯（Saunders）等人对 100 年来美国政府金融保护网的结构和力度的变化所进行的研究也发现，金融保护网的变化可以显著影响金融机构的风险承受能力，也刺激了金融机构的并购行为。如何协调各监管机构拥有的权力，如何监控大型金融集团的风险状况，保证金融体系的稳健性，将是今后对各国金融监管当局的重大挑战。

以上分析表明，银行并购的效应是复杂的，很难从整体上判断银行并购的优劣。在实践中，既有通过银行并购成功整合资源，实现商业银行发展战略目标的例子，也有商业银行不能很好地掌控并购资源，导致新业务亏损、经营业绩下滑的例子。我们应该及时总结其中的经验，更好地利用和发挥银行并购的正面效应，避免和抑制其负面效应。

14.4　我国银行并购的现状与发展

银行并购在我国不算新生事物，它是随着中国金融业的改革开放进程产生的，但与西方发达国家相比，我国的银行并购案并不算多，并且有我国的一些特色。一方面，世界银行业的并购浪潮通过逐渐开放的金融市场影响到我国银行业，推动了我国银行并购活动的发展；另一方面，我国银行业的不断发展壮大也为银行并购提供了基础与可能。

14.4.1 国内的银行并购

我国最早的国内银行并购发生在 1996 年，即广东发展银行并购中银信托投资公司。该并购的起因主要是中银信托投资公司投资失误，造成连年亏损、大量资产流失，以致资不抵债、经营陷入困境。因此，并购成为陷入危机的中银信托投资公司退出市场较为稳妥的方式，同时也为广东发展银行开拓全国市场提供了契机。当时，这一事件引起了业内广泛的关注，也为人们提供了许多启示，特别是如何在法律框架下，通过银行并购化解金融风险，推进金融业的改革与发展。其后，又陆续有中国建设银行并购中国农业发展信托投资公司、中国投资银行与国家开发银行合并等并购案例，它们的并购背景和广东发展银行并购中银信托投资公司都有类似之处。

在 2000 年以前，我国商业银行的经营活动大多在政府的主导下进行，并购行为多基于缓解矛盾、防范风险以及维护金融体系稳定的目的。例如，1998 年中国工商银行对海南发展银行的收购就是在政府的主导下进行的。在 2000 年以后，随着我国市场经济体制的不断完善以及银行业的发展，银行并购由政府主导逐渐向市场主导转变，开始出现了真正意义上的市场化并购。例如，2001 年 4 月兴业银行收购义乌商城城市信用社并改组为兴业银行义乌分行，以及迄今为止我国规模最大的银行并购案例，即 2009 年中国平安收购深圳发展银行。与此同时，虽然我国依然存在一些由政府发起的银行并购，但大体上还是按照市场化规则来完成的，比如 2005 年安徽省内多家城市商业银行、城市信用社合并为徽商银行（这成为后续多个省份城市商业银行合并的先例）以及 2019 年中国工商银行（通过全资子公司工银金融资产投资有限公司）联合其他公司收购锦州银行。此外，一些小型商业银行也开始参与银行并购，比如 2020 年常熟农村商业银行收购镇江农村商业银行，此类农村商业银行收购其他农村商业银行、村镇银行的案例也较为常见。

总的来看，我国银行并购的发展历史短、类型比较单一、经验比较缺乏，特别是完全市场化的银行并购案例不多，因此难以发挥银行并购的积极意义，比如优化行业格局等，导致一些经营情况不佳的银行仍然存续，从而影响了全行业的效率。这与我国银行业的监管强度仍然较大有关，我国发放的银行牌照总体上不算多，因此银行并购不易。与此同时，我国有相当一部分的银行并购主要是在政府主导下对高风险银行的救助或处置，即由好银行收购经营不善的高风险银行，并逐步化解风险，而非出于优势互补、提高经营效益的目的。此外，银行并购中必要的中介者——投资银行（我国为证券公司）在银行并购中的参与度不高，存在感不强，银行并购中的大部分工作仍由商业银行自身完成，这也影响了银行并购经验的对外推广和复制。

虽然我国银行并购的发展历史较短，还存在许多不容忽视的问题，如并购类型单一、并购效果难以评价等，但从长远看，随着经济运作的规范和金融市场的成熟，我国的银行并购战略将会进行调整，做到既适应我国国情，又可提高国内银行业适应金融市场需求的能力。

14.4.2 跨国的银行并购

我国的跨国银行并购包括海外资本收购我国商业银行的股份，也包括我国商业银行收购海外金融机构的股份。随着我国金融业对外开放程度的提升，这两类并购都非常多。在金融开放的初期，以海外大型商业银行收购我国商业银行为主。近年来，随着我国商业银行的发展壮大，我国商业银行的对外并购逐渐增加。

早年，我国对国外资本进入我国银行业有比较严格的限制。在入世后，我国全面履行金融业对外开放的承诺，逐步放开限制，而我国商业银行也迎来国际大型商业银行或金融集团的并购。实际上，在亚洲金融危机爆发后，许多发展中国家就已放松了对外资收购本国商业银行的限制。例如，泰国允许外资在10年内持有100%的商业银行股份，印度尼西亚允许外国投资者拥有100%的商业银行股份，菲律宾允许外国人在商业银行中拥有的股份从40%增加到60%。我国也积极制定外资并购的相关法规，但与全球并购投资占跨国投资90%以上相比，目前中国以并购形式实现投资的比例仍然很小。2001年，在我国实际利用的407亿美元外商直接投资中，并购投资只占5%～6%。进入我国银行业的跨国资本主要采用参股或设立合资公司的形式，比如较早的案例是深圳发展银行于2004年引进美国新桥资本作为战略投资者，而后国内很多商业银行均开始引进境外战略投资者。表14-10是截至2017年我国部分商业银行引进境外战略投资者的情况，大多是在入世之后陆续完成，但也有些外资商业银行因种种原因减持。

表14-10 外资参股我国商业银行的情况

中国金融机构	海外投资者	参股比例
中国建设银行	淡马锡	4%
北京银行	ING BANK N. V.	13.64%
交通银行	汇丰银行	18.7%
上海银行	西班牙桑坦德银行有限公司	6.48%
渤海银行	渣打银行（香港）有限公司	19.99%
上海农村商业银行	澳大利亚和新西兰银行集团有限公司	20%
宁波银行	新加坡华侨银行有限责任公司	18.58%
重庆银行	大新银行集团	14.66%
南京银行	法国巴黎银行	14.87%

资料来源：各银行2017年年报。

作为国际银行并购战略的一部分，跨境合作能够帮助其全面进入东道国市场，充分发挥本身的业务创新力量，同时也能增强与双方国家相关部门的信息沟通与合作，提高全球经营效率，促进当地金融资源的整合。对于我国的被投资商业银行而言，通过引进境外战略投资者，并加强与外方股东的合作，能够引进国际先进的经营与管理经验，了解国际银行业的最新进展，提升自己的经营管理能力。

另外，随着我国经济实力的不断提高、金融机构的日益发展与成熟，我国商业银行也开始积极参与跨国银行并购活动。比如 1998 年 2 月，中国工商银行就成功收购了英国的国民西敏寺银行所属的西敏证券亚洲有限公司，并与香港东亚银行联合组成工商东亚金融控股有限公司，完成了中国工商银行的首次境外收购。这次收购活动是我国商业银行资本迈向国际市场，拓展融资多元化与实现商业银行业务多元化的开始，也是通过并购实行金融综合经营的有益实践。此后，中国工商银行多次参与跨国银行并购：

（1）2007 年 10 月 25 日，中国工商银行与南非标准银行集团达成以下协议：中国工商银行收购标准银行集团扩大后总股本的 20%。2008 年 3 月 3 日，上述交易完成交割手续。中国工商银行支付的总对价为 366.9 亿兰特（约合 338.1 亿元人民币），成为标准银行集团最大的单一股东，同时两行签署了相关业务合作协议，全面开展在投资银行、全球金融市场、投资基金等领域的战略合作。

（2）2011 年 1 月 21 日，中国工商银行支付 1.4 亿美元收购美国东亚银行 80%的股权。在交易完成后，中国工商银行拥有美国东亚银行 80%的股权，其余 20%的股权由东亚银行持有。此次收购使中国工商银行获得了美国商业银行牌照，填补了中国工商银行在美国零售银行牌照方面的空白，进一步拓展了其在美国的机构和业务网络，提升了中国工商银行在美国的机构经营实力。

（3）2011 年 8 月 5 日，中国工商银行收购阿根廷标准银行 80%的股份，本次交易的总对价约为 6 亿美元。2012 年 11 月 30 日，上述交易完成交割。这是中资商业银行首次收购拉美地区的金融机构，也是中资商业银行首次在境外（港澳地区以外）控股收购一家真正意义上的主流商业银行。

（4）2015 年 5 月 25 日，中国工商银行收购土耳其银行（Tekstil Bankası A.S.，“Tekstil Bank”）75.5%的股权并完成交割程序。这次收购是中资商业银行首次在土耳其设立营业性机构。

我国商业银行的境外收购有助于我国商业银行扩大经营范围，分享全球经济发展成果，也能在全球范围内分散经营风险。但是，我国商业银行也面临来自国际化业务管理的挑战，特别是面临境外经济、政治、法律等风险，需要在未来的经营中逐步探索。

表 14 - 11 是近年我国金融机构对外并购银行的案例。

表 14 - 11　近年我国金融机构对外并购银行的案例

被并购机构	并购机构	并购时间	并购金额
美国东亚银行	中国工商银行股份有限公司	2012 年	1.40 亿美元
阿根廷标准银行	中国工商银行股份有限公司	2012 年	6.50 亿美元
巴西工商银行	中国建设银行股份有限公司	2014 年	44.30 亿元人民币
标准银行公众有限公司	中国工商银行股份有限公司	2015 年	46.64 亿元人民币
土耳其银行 Tekstil Bank	中国工商银行股份有限公司	2015 年	3.16 亿美元
葡萄牙圣灵投资银行	海通证券股份有限公司	2015 年	3.79 亿欧元
BESI	海通证券股份有限公司	2015 年	3.79 亿欧元
劳埃德银行	安邦保险集团	2017 年	2.19 亿欧元
汇丰控股	平安资产管理有限公司	2017 年	1.81 亿美元

复习思考题

1. 什么是银行并购？银行并购的动机有哪些？

2. 如何评估银行并购的价值？收购定价会如何影响最终股价？

3. 怎样看待近年来国际银行业发生的大规模并购行为？

4. 对未来我国银行业的并购趋势，你有什么想法？

5. 我国商业银行收购境外商业银行有何收益或风险？

【二维码】

银行业并购案例二则

第15章

商业银行全面风险管理

【导言】

党的二十大报告强调，要守住不发生系统性风险底线。在2008年国际金融危机后，构建更为全面和系统的金融机构风险管理机制及框架成为国际组织和各国监管机构的工作重心。我国的银行业监管部门借鉴国际金融监管改革的做法，紧密联系我国银行业实际，建立了一套较为完整的风险管理规则体系，引导银行业树立全面风险的意识和文化，构建风险治理架构和完善的全面风险管理体系，进一步提高银行业风险管理的水平。本章将介绍银行业金融机构的全面风险管理体系，该体系覆盖了资本管理、信用风险、市场风险、流动性风险、操作风险等各个领域，使商业银行在应对不同的风险状况、市场变化和宏观经济情况时，能够综合评估资本和流动性的充足性，从而有效抵御自身所承担的总体风险和各类风险。

【学习目标】

1. 了解商业银行全面风险管理的定义、原则和体系。

2. 掌握商业银行信用风险的识别和计量。

3. 掌握商业银行市场风险的识别和计量，包括银行账簿利率风险、银行账簿汇率风险、交易账簿市场风险等。

4. 掌握商业银行操作风险的识别和计量，包括操作风险的分类和风险计量流程。

5. 掌握商业银行流动性风险的识别和计量，包括流动性监管指标、流动性静态和动态缺口等。

【核心概念】

商业银行全面风险管理　　信用风险　　市场风险　　操作风险　　流动性风险

15.1 商业银行全面风险管理概述

15.1.1 全面风险管理的定义

全面风险管理是指通过建立有效制衡的风险治理架构，培育稳健审慎的风险文化，制定统一的风险管理策略和风险偏好，执行风险限额和风险管理政策，采取定性和定量相结合的方法，识别、计量、评估、监测、报告、控制或缓释商业银行所承担的各类风险，为实现商业银行的经营和战略目标提供保证。商业银行面对的风险包括信用风险、市场风险、流动性风险、操作风险、国别风险、银行账户利率风险、声誉风险、战略风险、信息科技风险以及其他风险。

15.1.2 全面风险管理的基本原则

商业银行全面风险管理的基本原则包括匹配性原则、全覆盖原则、独立性原则和有效性原则。

全面风险管理的匹配性原则是从全面风险管理体系方面，强调风险管理应当与风险状况和商业银行的系统重要性等相适应，并可根据环境变化进行调整。

全面风险管理的全覆盖原则是从全面风险管理的范围方面，强调风险管理应当覆盖各业务条线，包括本外币、表内外、境内外业务；覆盖所有分支机构、附属机构以及部门、岗位和人员；覆盖所有风险种类以及不同风险之间的相互影响；贯穿于决策、执行和监督等所有管理环节。

全面风险管理的独立性原则是从全面风险管理的组织架构方面，强调商业银行应当建立独立的全面风险管理组织架构，赋予风险管理条线足够的授权以和人力资源和其他资源配置，建立科学合理的报告渠道，与业务条线之间形成相互制衡的运行机制。

全面风险管理的有效性原则是从全面风险管理的结果运用方面，强调商业银行应当将全面风险管理的结果应用于经营管理，同时根据风险状况、市场变化和宏观经济情况评估资本与流动性的充足性，从而有效抵御自身所承担的总体风险和各类风险。

15.1.3 全面风险管理体系

商业银行全面风险管理体系的要素包括风险治理架构，风险管理策略、风险偏好和风险限额，风险管理政策和程序，管理信息系统和数据质量控制机制，内部控制和审计体系以及监管内容与方式。

（1）风险治理架构。商业银行的风险治理架构是指有明确的董事会、监事会、高级管理层、业务部门、风险管理部门和内审部门在风险管理中的职责分工，并具有多层次、相互衔接、有效制衡的运行机制。与此同时，商业银行建立的风险治理组织应健全、职责边界应清晰。

在商业银行的风险治理架构中，董事会承担全面风险管理的最终责任，其职责通常包括建立风险文化、制定风险管理策略、设定风险偏好和确保风险限额的设立、审批重大风险管理政策和程序、监督高级管理层开展全面风险管理、审议全面风险管理报告、审批全面风险和各类重要风险的信息披露、聘任首席风险官或其他高级管理人员，并牵头负责全面风险管理以及其他与风险管理有关的责任。董事会可以通过其授权设立的风险管理委员会履行全面风险管理的部分职责。从风险治理层面看，为了保证信息充分共享并支持风险管理相关决策，需要建立风险管理委员会与董事会下设的战略委员会、审计委员会、提名委员会等其他专门委员会的沟通机制。

在风险治理架构中，监事会承担全面风险管理的监督责任，包括监督检查董事会和高级管理层在风险管理方面的履职尽责情况并督促整改。与此同时，将相关监督检查情况纳入监事会工作报告的范围。

在风险治理架构中，高级管理层承担全面风险管理的实施责任，执行董事会的决议。其主要职责通常包括：一是建立适应全面风险管理的经营管理架构，在明确全面风险管理职能部门、业务部门以及其他部门在风险管理中的职责分工的基础上，建立各部门之间相互协调、有效制衡的运行机制，建立完备的管理信息系统和数据质量控制机制。二是制定清晰的执行和问责机制，充分传达和有效实施风险管理策略，设定风险偏好和风险限额。三是依据董事会设定的风险偏好，从行业、区域、客户、产品等维度，提出风险限额。对于突破风险偏好、风险限额以及违反风险管理政策和程序的情况进行监督，依据董事会的授权进行必要的处理。四是制定风险管理政策和程序，然后定期评估，并以此判断是否需要调整。五是通过评估全面风险和各类重要风险的管理状况，形成分析报告，并提交董事会。

对于规模较大或业务复杂的商业银行，在风险治理架构中，可以设立首席风险官负责全面风险管理，他独立于操作和经营条线，保持充分的独立性，可以直接向董事会报告全面风险管理的情况。

在风险治理架构中，各业务条线承担风险管理的直接责任；风险管理条线承担制定政策和流程、监测和管理风险的责任；内审部门承担业务部门和风险管理部门履行职责情况的审计责任。

在风险治理架构中，商业银行一般会设立负责全面风险管理的部门，主要负责全面风险管理的日常运作。其职责通常包括：一是构建全面风险管理体系，通过组织开展风险评估，及时发现风险隐患和管理漏洞，持续提高风险管理的有效性。二是组织协调识别、计量、评估、监测、控制或缓释全面风险和各类重要风险，并向高级管理人员报告。三是通过持续监控风险管理策略、风险偏好、风险限额及风险管理政策和程序的执行情况，对突破风险偏好、风险限额以及违反风险管理政策和程序的情况及时预警、报告并提出处理建议。

图 15－1 为某国有大型商业银行的风险治理架构，由董事会及其专门委员会、高级管理层及其专业委员会、风险管理部门等构成。董事会下设风险管理委员会，负责制定风险战略，对实施情况进行监督和评估。首席风险官协助行长开展风险管理工作，风险管理部牵头管理全面风险，下设市场风险管理部牵头管理市场风险。此外，信贷管理部牵头管理信用风险、国别风险，资产负债管理部牵头管理流动性风险、银行账簿利率风险，内控合规部牵头管理操作风险、信息科技风险，公共关系与企业文化部牵头管理声誉风险，战略

与政策协调部牵头管理战略风险。

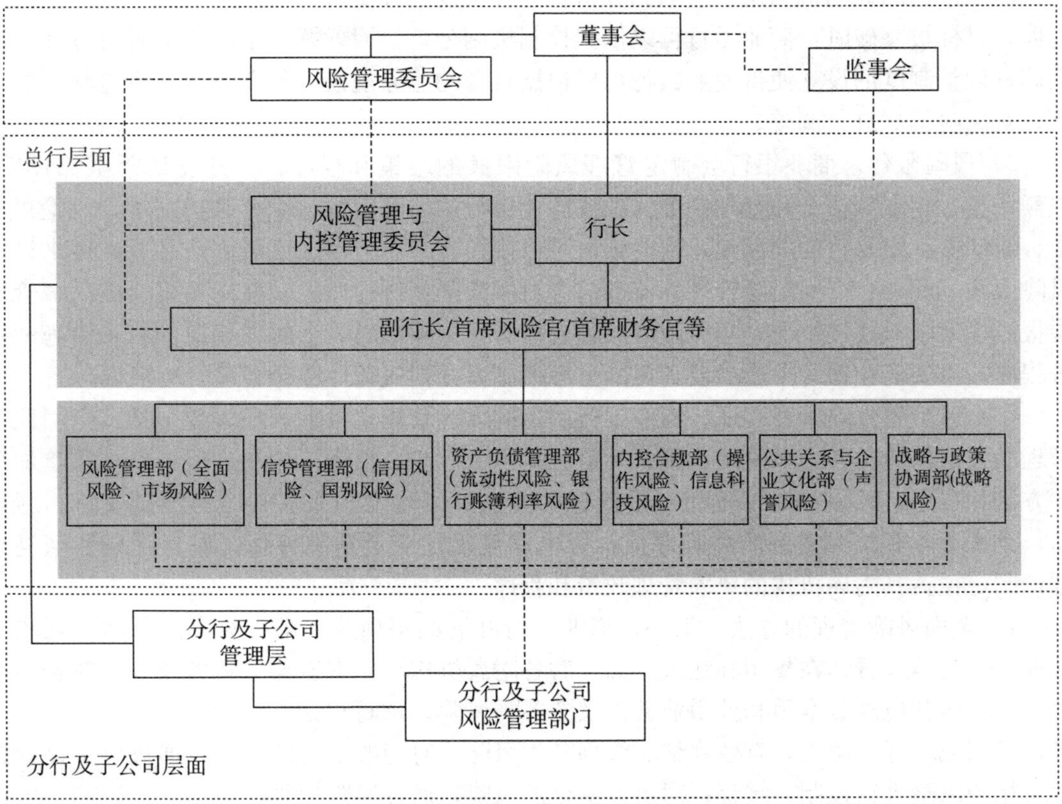

图 15-1　某国有大型商业银行的风险治理架构

注：(1) ——为第一报告路线。

……为第二报告路线。

(2) 除上述风险外的其他风险均已纳入风险治理架构。

(2) 风险管理策略、风险偏好和风险限额。

1) 风险管理策略。商业银行会制定清晰的风险管理策略，以反映其风险偏好、风险状况以及市场和宏观经济变化，并在商业银行内部进行充分传导。与此同时，商业银行每年都会对风险管理策略的有效性进行评估和改进。

2) 风险偏好。商业银行会制定书面的风险偏好，明确董事会、高级管理层和首席风险官、业务条线、风险部门在制定和实施风险偏好过程中各自的职责，设定的指标体系中兼具定性指标和定量指标。与此同时，风险偏好应与其战略目标、经营计划、资本规划、绩效考评和薪酬机制衔接，并且每年都会对风险偏好进行评估。风险偏好的内容主要包括：一是明确风险偏好与战略目标、经营计划的关联性，为实现战略目标和经营计划愿意承担的风险总量和各类风险的最大水平，以及资本、流动性抵御总体风险和各类风险的水平。二是风险偏好的定量指标，包括利润、风险、资本、流动性以及其他相关指标的目标值或目标区间。上述定量指标通过风险限额、经营计划、绩效考评等方式传导至各业务条线和分支机构。三是对不能定量的风险偏好进行定性描述，包括承担此类风险的原因、采取的管理措施。四是模拟可能导致偏离风险偏好目标的情形并设计相应的处置方法。

商业银行的控制机制用于监测和分析各业务条线、分支机构对风险偏好的执行。当风险偏好目标被突破时，商业银行可以依据控制机制分析原因，并制定相应的解决方案。风险偏好调整制度的设立使得商业银行可以根据自身的业务规模、复杂程度、风险状况的变化，对风险偏好进行调整。

3）风险限额。商业银行会制定管理风险限额的政策和程序，并建立风险限额设定、限额调整、超限额报告和处理制度。根据商业银行的风险偏好，综合考虑资本、风险集中度、流动性、交易目的等因素，商业银行可以按照客户、行业、区域、产品等维度来设定风险限额。此外，全面风险管理职能部门会对风险限额进行监控，并向董事会或高级管理层报送风险限额使用情况。当风险限额临近监管指标限额时，会触发相应的纠正措施和报告程序，以便商业银行采取必要的风险分散措施，并向银行业监督管理机构报告。

（3）风险管理政策和程序。商业银行制定的风险管理政策和程序主要包括：全面风险管理的方法，包括各类风险的识别、计量、评估、监测、报告、控制或缓释以及风险加总的方法和程序；风险定性管理和定量管理的方法；风险管理报告；压力测试安排；新产品、重大业务和机构变更的风险评估；资本和流动性充足情况评估；应急计划和恢复计划；制定覆盖其附属机构的风险管理政策和程序。

1）全面风险管理的方法。第一，商业银行开展的每项业务都有对应的风险管理政策和程序。具体来看，在集团和法人层面，对各附属机构、分支机构、业务条线，对表内和表外、境内和境外、本币和外币业务涉及的各类风险，进行识别、计量、评估、监测、报告、控制或缓释。第二，有效评估和管理各类风险。对能够量化的风险，通过风险计量技术对相关风险进行控制、缓释；对难以量化的风险，通过风险识别、评估、控制和报告机制，使相关的风险得到有效管理。第三，建立风险集中统一管理的制度，充分体现全面风险管理对各类风险管理的统领性以及各类风险管理与全面风险管理政策和程序的一致性。第四，建立风险加总的政策、程序，选取合理可行的加总方法，充分考虑集中度风险及风险之间的相互影响和相互传染，能够在不同层次和总体上及时发现与识别风险。

2）风险定性管理和定量管理的方法。商业银行采用内部模型计量风险需要遵守相关的监管要求，体现风险计量的一致性、客观性和准确性。董事会和高级管理层要对采用该模型所得结果的局限性、不确定性和固有风险进行总体把握。

3）风险管理报告。商业银行的全面风险管理报告制度涉及报告的内容、频率和路线。风险管理报告的内容一般包括总体风险和各类风险的整体状况，风险管理策略、风险偏好和风险限额的执行情况，风险在行业、地区、客户、产品等维度的分布，资本和流动性抵御风险的能力。

4）压力测试安排。商业银行的压力测试体系涉及压力测试的治理结构、政策文档、方法流程、情景设计、保障支持、验证评估以及压力测试结果运用。商业银行一般定期开展压力测试，该测试覆盖各类风险和表内外主要业务领域，以及各类风险之间的相互影响，并将压力测试结果运用于银行业金融机构的风险管理和各项经营管理决策中。

5）新产品、重大业务和机构变更的风险评估。商业银行针对开发新产品、重大收购和投资等建立专门的政策及流程，评估开发新产品、对现有产品进行重大改动、拓展新的业务领域、设立新机构、从事重大收购和投资等可能带来的风险，并建立内部审批流程和退出安排。在开展上述活动时，通常审批环节由风险管理部门审查同意，董事会或董事会指定的专门委员会批准。

6）资本和流动性充足情况评估。商业银行依据风险偏好与风险状况及时评估资本和流动性的充足情况，保证资本、流动性能够抵御风险。

7）应急和恢复计划。商业银行一般会制订应急计划，用于及时应对和处理紧急或危机情况。应急计划一般包括可能出现的风险以及在压力情况下应当采取的措施，这里所指的压力情况包括严重威胁商业银行生存能力的压力情景。应急计划一般涵盖对境外分支机构和附属机构的应急安排。商业银行会定期更新、演练或测试应急计划，以保证应急计划的充分性和可行性。商业银行的恢复计划是按照相关监管要求、根据风险状况和系统重要性来制订，并定期更新完善，以确保商业银行在压力情况下能够提供持续稳定运营的各项关键性金融服务并恢复正常运营的行动方案。

8）制定覆盖其附属机构的风险管理政策和程序。商业银行一般要求其附属机构在整体风险偏好和风险管理政策框架下，建立自身的风险管理组织架构、政策流程，并保持总分行（分公司）风险管理的一致性、有效性。与此同时，商业银行通常会建立风险隔离制度，以规范内部交易，防止风险传染。

商业银行的风险管理策略、风险偏好、风险限额、风险管理政策和程序等要素会与资本管理、业务管理相结合，在战略和经营计划制定、新产品审批、内部定价、绩效考评和薪酬激励等日常经营管理中得到充分应用与实施。

（4）管理信息系统和数据质量控制机制。完善的风险管理信息系统能够在集团和法人层面计量、评估、展示、报告所有风险类别、产品和交易对手风险暴露的规模及构成。完善的风险管理信息系统要具备以下主要功能：支持识别、计量、评估、监测和报告所有类别的重要风险；支持风险限额管理，对超出风险限额的情况进行实时监测、预警和控制；能够计量、评估和报告所有风险类别、产品和交易对手的风险状况，满足全面风险管理需要；支持按照业务条线、机构、资产类型、行业、地区、集中度等多个维度展示和报告风险暴露情况；支持不同频率的定期报告和压力情况下的数据加工及风险加总需求；支持压力测试工作，评估各种不利情景对银行业金融机构及主要业务条线的影响。为了支持以上功能，商业银行通常需要建立与其业务规模、风险状况等匹配的信息科技基础设施和数据质量控制机制，积累真实、准确、连续、完整的内部和外部数据，用于风险识别、计量、评估、监测、报告，以及资本和流动性充足情况的评估。

（5）内部控制和审计体系。商业银行需要合理确定各项业务活动和管理活动的风险控制点，从而采取适当的控制措施，执行标准统一的业务流程和管理流程，以保证规范运作。商业银行的全面风险管理一般纳入内部审计范畴，通过定期审查来评价全面风险管理的充分性和有效性。

内部审计活动独立于业务经营、风险管理和合规管理，遵循独立性、客观性原则。一般来说，内部审计结果的报送流程为：全面风险管理的内部审计报告直接提交董事会和监事会，董事会针对内部审计发现的问题，督促高级管理层及时采取整改措施，内部审计部门跟踪检查整改措施的实施情况，并向董事会提交整改情况报告。

（6）监管内容与方式。全面风险管理通常被纳入法人监管体系。一般来说，商业银行每年至少一次将涉及风险管理策略、风险偏好、重大风险管理政策和程序等的全面风险管理报告提交银行业监督管理机构。银行业监督管理机构需要将全面风险管理纳入法人监管体系中，并全面评估其健全性和有效性，同时提出监管意见，督促其持续加以完善。

在监管与整改方面，银行业监督管理机构通过非现场监管和现场检查等实施对银行业金融机构全面风险管理的持续监管，具体方式包括监管评级、风险提示、现场检查、监管通报、监管会谈、与内外部审计师会谈等。银行业监督管理机构就全面风险管理情况与商业银行的董事会、监事会、高级管理层等进行充分沟通，而且可以在商业银行的董事会、监事会会议上通报。对不能满足全面风险管理要求的商业银行，银行业监督管理机构会要求其制定整改方案，并责令限期改正，然后视整改情况采取相应的监管措施。

15.2 商业银行的信用风险管理

信用风险是指因债务人或交易对手没有履行合同约定的义务或承诺，从而使商业银行发生损失的风险。商业银行的信用风险主要来自信贷业务、资金业务（含存放同业、拆放同业、买入返售、企业债券和金融债券投资等）、应收款项、表外信用业务（含担保、承诺、金融衍生品交易等）。

15.2.1 信用风险的识别

（1）信用风险包含违约风险和迁移风险。首先，信用风险并不限于交易对手违约的可能性，信用评级的恶化也会提高其信用风险。以固定利率贷款为例，如果借款人的信用评级恶化，由未来现金流的现值决定的贷款的市场价值将明显减少。其原因是，未来现金流一般使用可以反映风险溢价的利率进行贴现，而信用评级的恶化会提高风险溢价，从而提高贴现率、降低贷款现值。因此，广义的信用风险应包括违约风险和迁移风险。违约风险是指由于债务人无法按约定履行偿债义务而导致损失的风险，而迁移风险是指由于债务人的信用等级恶化而导致损失的风险。

（2）信用风险的组成要素。影响信用风险产生及其潜在损失的因素被称为信用风险的组成要素，具体包括违约概率（PD）、违约敞口（EAD）和违约损失（LGD）。信用风险的预期损失（EL）的计算公式为：

$$EL = EAD \times LGD \times PD$$

根据定义，违约是指债务人无法按约定履行付款义务的情况，违约事件一般包括以下几种情况：①暂时或无限期地推迟偿付；②由于借款人的信用水平下降而进行债务重组；③破产。违约风险或者违约概率是指这类事件发生的可能性。对于不同的机构而言，违约事件的定义可能存在差别。例如，评级机构可以认为，从债务人未能按约定偿还某笔债务的第一天开始，违约事件就发生了；对于银行监管机构而言，违约可以指债务人至少有 90 天未支付应付款项，换句话说，如果债务人在这 90 天的期限结束之前进行了支付，那么这种情况下的违约只是暂时的。当债务人的信用状况稳定时，违约概率会随着与债务相关的投资期变长而增加；当债务人的信用状况发生迁移时，违约概率会随着其信用状况的迁移而变化。

违约敞口是指某个债务人的在险金额大小，即当该债务人在未来违约时可能造成损失金额的大小。敞口风险是指敞口大小的随机性，也就是可能损失金额的随机性。换言之，违约敞口是对潜在违约规模的估计，在当前通常是未知的。贷款的合约敞口可以根据还款时间表测算，特别是对于合约规定了分期偿还时间表的定期贷款而言，由于时间表是已知且固定的，不同还款期的合约敞口测算相对明确。然而，在实际情况中，也存在实际分期偿还时间表不同于合约规定的情形。例如，借款人可以提前偿还抵押贷款，或者当现金流存在不确定性时，利息支付受贷款市场浮动利率的影响，因此还款现金流的不确定性也相应增加。

违约损失是指在进行催收或者扣除收回资产后，实际发生的损失。若有第三方担保或与借款有关的抵押品，那么在违约后进行的催收环节中可以通过变现抵押品等手段收回部分金额。在这种情况下，违约损失低于应收金额。违约损失率是指在进行催收并变卖担保品收回部分款项后，风险敞口实际的违约损失比例。违约损失率是影响信用风险损失的一个主要因素，信用风险的资本要求与违约后的最终损失成比例。由于违约损失率有不确定性，因此《巴塞尔协议》规定了某些风险敞口的违约损失率。例如，对未提供合格担保品的公司、主权国家和商业银行的高级索偿权指定的违约损失率为45%，对公司、主权国家和商业银行的所有次级索偿权指定的违约损失率为75%。商业银行只能在高级方法中使用内部数据对违约损失率进行估计，否则就必须使用监管规定中指定的违约损失率。

信用风险估计模型包括信用评分模型、资本市场模型、投资组合模型。不同类型的信用风险估计模型基于不同的假设和不同的统计数据。较为成熟的此类模型包括摩根大通银行的 CreditMetrics™模型、穆迪公司的 KMV 模型等。

15.2.2 信用风险的计量和压力测试

贷款是传统商业银行的核心业务。在大多数商业银行系统中，贷款的信用风险是商业银行面临的最主要风险。与此同时，它也是现有商业银行全面风险管理模型中最重要的风险类型。商业银行针对信用风险的压力测试通常会假设一些与贷款相关的经济变量发生变化，通过模拟冲击对商业银行资产负债表产生的影响，测度商业银行在面对压力情境时，各项风险指标的波动。出于简化的目的，本节介绍的压力测试集中在对商业银行净资产价值和风险加权资本充足率的影响上。

下面通过 A 银行的例子来展示商业银行针对信用风险的压力测试。假设 A 银行是一家规模较小的地区性商业银行，其期末资产负债表和资本监管指标见表 15 - 1。

表 15 - 1 A 银行的资产负债表和资本充足情况 单位：万元

资产			负债和所有者权益	
现金	450		存款	8 994
政府债券	780		其他负债	6 412
贷款（净值）	15 622		权益资本	1 715
其他资产	269			
总资产	17 121		总负债和所有者权益	17 121
风险加权资产	9 008		总资本（一级资本与二级资本之和）	1 715

此时，商业银行的资本充足率为 19.04%，即

$$资本充足率=\frac{总资本}{风险加权资产}\times 100\%$$
$$=\frac{1\ 715}{9\ 008}\times 100\%$$
$$=19.04\%$$

（1）贷款五级分类的不良贷款拨备。完善的贷款风险分类制度是有效防控信用风险的前提。我国商业银行一般根据中国银监会发布的《贷款风险分类指引》衡量与管理信贷资产质量。《贷款风险分类指引》要求商业银行将信贷资产分为正常、关注、次级、可疑、损失五类，其中后三类被视为不良贷款。假设 A 银行期末的贷款五级分类情况见表 15－2。

表 15－2　A 银行贷款五级分类的分布情况

项目	期末贷款情况		
	金额（万元）	占比（%）	拨备要求（%）
正常贷款	15 284	92.44	1
关注贷款	17	0.10	3
不良贷款	1 233	7.46	
次级贷款	214	1.29	20
可疑贷款	262	1.58	50
损失贷款	757	4.58	100
合计	16 534	100.00	

注：表中数据因四舍五入，略有出入。

假设 A 银行计提的不良贷款拨备为 912 万元，根据期末贷款五级分类情况，A 银行应计提不良贷款拨备 1 084 万元，即

$$\begin{aligned}&不良贷款拨备\\=&正常贷款\times 1\%+关注贷款\times 3\%+次级贷款\times 20\%+可疑贷款\times 50\%\\&+损失贷款\times 100\%\\=&1\ 084（万元）\end{aligned}$$

A 银行需要增加不良贷款拨备 172 万元（=1 084－912）。在调整不良贷款拨备后，假设贷款的风险权重为 100%，A 银行的资本充足率为 17.46%，即

$$资本充足率=\frac{总资本}{风险加权资产}\times 100\%$$
$$=\frac{1\ 715-172}{9\ 008-172\times 100\%}\times 100\%$$
$$=\frac{1\ 543}{8\ 836}\times 100\%$$
$$=17.46\%$$

不良贷款拨备的调整使 A 银行的资本充足率下降 1.58 个百分点。

(2) 重点行业与重大风险事项的分类管理。在针对信用风险的压力测试中，商业银行一般需要对可能出现的风险变化进行模拟，并计算其对资本充足率的影响。商业银行通常对重点行业和重大风险事项的风险进行分类管理，并及时根据风险状况进行动态调整。假设 A 银行按贷款客户行业划分的贷款和不良贷款结构见表 15-3。

表 15-3 A 银行按贷款客户行业划分的贷款和不良贷款结构

行业	贷款（万元）	占比（%）	不良贷款（万元）	不良贷款率（%）
制造业	469	3.00	63	13.43
租赁和商务服务业	4 850	31.05	382	7.88
房地产业	1 565	10.02	209	13.35
批发和零售业	3 129	20.03	74	2.36
建筑业	1 405	8.99	157	11.17
住宿和餐饮业	1 677	10.73	3	0.18
其他	2 527	16.18	345	13.65
合计	15 622			

假设由于宏观经济形势的变化，A 银行所在特定行业的现有不良贷款的变化见表 15-4。

表 15-4 A 银行按行业划分的不良贷款变化

特定产业不良贷款增加	
制造业（%）	0
租赁和商务服务业（%）	0
房地产业（%）	0
批发和零售业（%）	0
建筑业（%）	10
住宿和餐饮业（%）	30
其他	0
新增不良贷款（万元）	17
拨备增加（假设拨备要求为 100%，万元）	17

假设根据 A 银行风险管理部门的测算，建筑业与住宿和餐饮业的现有不良贷款分别出现 10%和 30%的增加。假设新增不良贷款的拨备要求为 100%（即损失贷款），贷款的风险权重为 100%，则在行业不良贷款发生变化后，A 银行的资本充足率为：

$$资本充足率=\frac{总资本}{风险加权资产}\times 100\%=\frac{1\ 543-17}{8\ 836-17\times 100\%}\times 100\%=17.30\%$$

因此，特定行业不良贷款冲击使A银行的资本充足率下降0.16个百分点。

针对大额风险暴露与贷款客户的集中度管理，A银行贷款客户的集中度见表15-5。

表15-5 A银行贷款客户的集中度

借款人	金额（万元）	占比（%）
借款人A	145	0.93
借款人B	126	0.81
借款人C	97	0.62
借款人D	87	0.56
借款人E	82	0.53

假设大额风险暴露冲击为前三大借款人（即借款人A、借款人B、借款人C）发生违约，共产生损失贷款368万元（＝145＋126＋97）。假设贷款的风险权重为100%，则A银行的资本充足率下降为：

$$\text{资本充足率}=\frac{\text{总资本}}{\text{风险加权资产}}\times 100\%=\frac{1\ 543-368}{8\ 836-368\times 100\%}\times 100\%$$
$$=13.88\%$$

因此，大额风险暴露冲击使A银行的资本充足率下降3.58个百分点。

15.3 商业银行的市场风险管理

市场风险是指因市场价格（利率、汇率、商品价格和股票价格等）的不利变动而使商业银行表内和表外业务发生损失的风险。市场风险存在于商业银行的交易账簿和银行账簿业务中。交易账簿包括为交易目的或对冲交易账簿其他项目的风险而持有的可以自由交易的金融工具和商品头寸；银行账簿由所有未划入交易账簿的金融工具和商品头寸组成。市场风险可以分为利率风险、汇率风险（包括黄金）、股票价格风险和商品价格风险，分别是指由于利率、汇率、股票价格和商品价格的不利变动所带来的风险。

15.3.1 银行账簿利率风险

（1）银行账簿利率风险的识别。根据中国银行保险监督管理委员会于2018年发布的《商业银行银行账簿利率风险管理指引（修订）》（以下简称《账簿利率风险管理指引》）和巴塞尔银行监管委员会关于银行利率风险的相关标准中的界定，银行账簿利率风险是指因利率水平、期限结构等的不利变动导致银行账簿经济价值和整体收益遭受损失的风险，主要包括缺口风险（gap risk）、基准风险（basis risk）和期权风险（option risk）。利率变化可能引起银行账簿表内外业务的未来重定价现金流或其贴现值发生变化，导致经济价值下降，从而使商业银行遭受损失。与此同时，利率变化可能引起净利息收入减少，或其他利率敏感性收入减少、支出增加，从而使商业银行遭受损失。银行账簿记录的是商业银行未划入交易账簿的相关表内外业务。

其中，缺口风险是指在利率变动时，由于不同金融工具的重定价期限不同而引发的风险。基准风险是指定价基准利率不同的银行账簿表内外业务，尽管期限相同或相近，但由于基准利率的变化不一致而形成的风险。期权风险或期权性风险是指商业银行持有期权衍生工具，或其银行账簿表内外业务存在嵌入式期权条款或隐含期权，使商业银行或交易对手可以改变金融工具的未来现金流水平或期限，从而形成的风险。

在风险的识别和治理方面，根据《账簿利率风险管理指引》中的要求，商业银行应建立完善的银行账簿利率风险治理架构，制定包括风险策略、风险偏好、限额体系等在内的风险管理政策框架，并定期对银行账簿利率风险管理流程进行评估和完善。商业银行的董事会应承担银行账簿利率风险管理的最终责任，包括制定风险管理策略、设定风险偏好和限额、审批风险管理政策和流程等职责。与此同时，董事会应负责监督高级管理层建立并实施相关限额体系、风险管理政策和流程，确保其与董事会既定的风险管理策略和风险偏好一致，审议银行账簿利率风险报告并进行银行账簿利率风险相关信息的披露。商业银行的高级管理层应承担银行账簿利率风险管理的实施责任，包括建立风险管理架构、风险计量体系和相应的内控机制。

（2）银行账簿利率风险的计量和压力测试。商业银行在银行账簿利率风险的计量方面应采用合理的利率冲击情景和模型假设，基于利率变化对商业银行经济价值变动（净资产价值变化）和收益的影响（净利息收入变化）来测度银行账簿利率风险。最常见的两类计量模型包括利率敏感性缺口模型和持续期（久期）缺口模型。

利率敏感性缺口模型基于商业银行的利率敏感资产和利率敏感负债，将市场利率的变化与净利息收入的变化联系起来，用公式可表示为：

$$\Delta \mathrm{NII}=G\times\Delta r$$

其中，ΔNII 为商业银行净利息收入的变化；G 为给定期限（缺口期）的利率敏感性缺口，等于利率敏感资产和利率敏感负债之间的差异；Δr 为利率的变化。例如，当给定利率冲击为 100 个基点时，净利息收入的变化为 1%乘以缺口。商业银行可以规定缺口的限额，从而确定净利息收入变化的上限，比如净利息收入的变化不超过净利润的某个比例。同理，商业银行也可以利用这个模型来计量市场利率变化对商业银行净利息收入产生的影响。

持续期（久期）缺口模型基于商业银行所持资产和负债的持续期缺口，衡量利率变化对银行净值产生的影响，用公式可表示为：

$$\frac{\Delta \mathrm{NW}}{P_A}=-\frac{\Delta i}{1+i}\times D_{\mathrm{GAP}}=-\Delta i\times \mathrm{MD}_{\mathrm{GAP}}$$

其中，$\frac{\Delta \mathrm{NW}}{P_A}$为银行净值变化的百分比（$\Delta$NW 为净值变动额，$P_A$ 为总资产的初始现值）；Δi 为利率的变化；D_{GAP}为持续期缺口，等于 $D_A-\frac{P_L}{P_A}\times D_L$；$\mathrm{MD}_{\mathrm{GAP}}$为修正久期缺口。商业银行管理持续期缺口意味着调整资产和负债的价值以及它们的持续期，商业银行既可以通过调整资产负债表中的金融产品来进行，又可以使用金融衍生工具来进行。当持续期缺口等于零时，银行净值的变化就对利率变化免疫，而当资产与负债之间的持续期存在错配，银行净值对利率变化敏感。

下面通过A银行的例子来展示银行账簿利率风险的压力测试思路。表15-6是A银行的利率敏感性缺口数据，包括不同期限的边际缺口和累计缺口。

表15-6　A银行的利率敏感性缺口

单位：万元

边际缺口	3个月内	3～6个月	6～12个月
	−3 489	5 600	300
累计缺口	3个月内	6个月内	12个月内
	−3 489	2 111	2 411

假设央行在期初将基准利率上调100个基点，那么商业银行在12个月期末的净利息收入将增加24.11万元（=12个月累计利率敏感性缺口乘以1%）。与此同时，假设商业银行的修正久期缺口为1.12年，商业银行的总资产市场价值为1.71亿元，100个基点的利率上调将使银行净值减少191.52万元。如果同时考虑利率敏感性缺口模型和持续期（久期）缺口模型，100个基点的利率上调将使商业银行的资本减少167.41万元，风险加权资本充足率从冲击前的19.04%减少到冲击后的17.18%，利率变化冲击的影响幅度为1.86百分点。

15.3.2　银行账簿汇率风险

银行账簿汇率风险是指由于汇率的变动而使商业银行所持的资产和负债的实际价值发生变动带来的潜在损失。商业银行除经营人民币业务之外，还有部分交易涉及一些外汇币种，一般要对主要币种的外汇风险敞口进行汇率敏感性分析，计算当其他项目不变时，外币兑人民币汇率的合理变动对商业银行税前利润或净值的影响。除了直接的汇率风险影响，汇率风险分析也可以将不同货币汇率变动之间的联动、商业银行为降低汇率风险进行的外汇敞口调整、借款客户由于汇率变化带来的违约概率变化等间接影响纳入汇率风险管理框架。

下面用A银行的例子来展示银行账簿汇率风险的敏感性分析思路。表15-7是A银行的汇率风险敞口。

表15-7　A银行的汇率风险敞口

单位：万元

外汇资产净头寸	53
净美元头寸	40
净英镑头寸	−2
净欧元头寸	8
其他外汇头寸	7

现在，商业银行针对其持有的美元头寸进行汇率敏感性分析，假设汇率冲击为人民币兑美元汇率升值 5%，此时商业银行净美元头寸的价值将减少 2 万元（=40×5%），汇率变化将对商业银行的净值产生负面影响，同时汇率冲击后的净值水平为 1 713 万元，在其他项目不变时，商业银行的资本充足率为 19.01%，相较汇率变化前的水平下降 0.03 个百分点。同理，商业银行可以根据宏观经济的实际情况，针对不同的汇率敞口进行类似的敏感性分析，用以计算汇率变化对资本充足率产生的潜在影响。

15.3.3 交易账簿市场风险

市场风险存在于商业银行的交易账簿和银行账簿业务中。交易账簿包括为交易目的或对冲交易账簿其他项目的风险而持有的可以自由交易的金融工具和商品头寸；银行账簿由所有未划入交易账户的金融工具和商品头寸组成。商业银行一般采用风险价值（value-at-risk，VaR）对交易账簿潜在的市场风险敞口进行计量和监测。

风险价值分析是用于估算在特定时间范围和既定的置信区间内，由于利率、汇率及其他市场价格变动而引起的潜在持仓亏损的方法。风险价值被定义为投资组合市场价值分布的某个分位数。商业银行的风险管理部门负责对交易账簿的利率、汇率及商品价格的风险价值进行测算。根据市场利率、汇率和商品价格的历史变动以及不同投资组合中不同金融产品的交易或持有周期，计算交易账户在一定置信水平（如 99%）下和持有期（如 1 天）内的风险价值，并进行监控。商业银行一般采用历史模拟法进行风险价值分析，表 15 - 8 展示了某国有大型商业银行使用 250 天的历史市场数据按日计算的交易组合风险价值。

表 15 - 8　2021 年某国有大型商业银行按照风险类别分类的交易账户风险价值

单位：百万元

	2021 年			
	年末	平均	最高	最低
利率风险	72	88	153	46
汇率风险	95	172	288	71
商品风险	14	37	105	12
总体风险价值	144	198	347	80

15.4 商业银行的操作风险管理

操作风险是指由不完善或有问题的内部程序、人员、系统以及外部事件所造成损失的风险。根据巴塞尔银行监管委员会的定义，操作风险包括法律风险，但一般不包括声誉风险和战略风险。操作风险包括内部欺诈，外部欺诈，就业制度和工作场所安全，客户、产品和业务活动，实物资产的损坏，营业中断和信息技术系统瘫痪，执行、交割和流程管理等类型。

15.4.1 操作风险的识别

影响商业银行操作风险的事件一般可以分为四大类，即人员、信息系统故障、内部程序和控制、外部事件。

（1）与人员相关的操作风险是指由于员工的错误、欺诈、违反内部规则和程序（未经授权的交易、内幕交易）等事件造成的损失。更广泛地说，包括金融机构员工的不称职和疏忽问题带来的损失。

（2）与信息系统故障相关的操作风险是指与信息系统和技术有关的事件，包括计算机硬件或软件的故障、网络攻击或病毒、通信故障等。金融业对信息系统和信息通信技术的日益依赖，大大增加了这类风险的重要性。关于这类风险因素，通常包括由以下事件引起的损失，如未经授权访问信息和系统、由于软件故障导致的过度风险承担、由于信息系统故障导致的数据丢失以及日常业务中的通信中断。

（3）与内部程序和控制相关的操作风险是指由于内部程序和控制的不完善或失灵带来的损失。例如，由于内部控制不足而违反信息系统安全（又称安全风险），证券与外汇交易的执行和结算错误，交易记录保存不完整，由于内部模型和方法的问题而导致的定价错误与风险测量错误（又称模型风险），会计错误，违反授权规定。

（4）与外部事件相关的操作风险是指商业银行因各种外部事件而遭受的损失，而这些事件通常不在商业银行管理层的控制之下。这些事件包括政治、监管和法律环境的变化对商业银行的盈利能力产生的负面影响，供应商或外包业务的运营问题，抢劫或恐怖主义等行为，火灾、地震等自然灾害事件。这种类型的操作风险损失和与人员、系统及流程有关的损失不同，商业银行管理层一般通过针对外部事件的应急计划来努力减少损失。

15.4.2 操作风险的计量

根据巴塞尔银行监管委员会的要求，商业银行计算操作风险资本的方法包括基本指标法、标准法和高级计量法（AMA），这三种方法在复杂性和风险敏感度方面逐渐加强。《巴塞尔协议Ⅲ》允许商业银行使用自身操作风险的内外部损失数据、情景设定和定性指标，自主确定适合商业银行自身经营业务特点的操作风险计量方法。操作风险的计量流程应包括以下七步：①识别风险因素；②估计操作风险敞口（exposure indicator，EI）；③估计事件发生概率（probability of event，PE）；④估计事件带来损失的严重性，即事件损失（loss given event，LGE）；⑤估计预期损失（expected loss，EL）；⑥估计预期外损失（unexpected loss，UL）；⑦估计操作风险敞口需要持有的资本。

根据高级计量法，商业银行应对操作风险的资本需要量可通过以下程序确定。商业银行的经营活动被分为若干业务条线，监管部门会针对不同业务条线和损失类型的组合，指定一个暴露指标（EI），该指标代表各业务条线操作风险暴露的规模（或风险敞口）。巴塞尔银行监管委员会建议对各业务条线和损失类型的风险指标进行标准化，而商业银行也可以根据自身的历史损失提供风险指标数据。除了暴露指标，商业银行根据其内部损失数据，对于每个业务条线和损失类型的组合衡量代表损失事件概率的参数，以及代表该事件损失的参数。具体而言，事件发生概率表示损失事件发生的概率，而事件损失表示在损失事件发生的情况下，预期损失占风险暴露的比例。每个业务条线和损失类型组合的预期损失为暴露指标、事件发生概率、事件损失的乘积，即

$$\mathrm{EL}=\mathrm{EI}\times\mathrm{PE}\times\mathrm{LGE}$$

为了将预期损失转化为商业银行的操作风险资本，监管部门为每个业务条线和损失类型的组合指定了一个系数（γ）。商业银行为了应对可能发生的操作风险需要持有的资本量，被定义为在某一置信水平（如99%）下持有期的最大损失额。商业银行的操作风险资本为各业务条线和损失类型的风险资本之和，可以用以下公式表示：

$$\mathrm{RC}=\sum_i\sum_j[\gamma_{i,j}\times\mathrm{EI}_{i,j}\times\mathrm{PE}_{i,j}\times\mathrm{LGE}_{i,j}]=\gamma\times\mathrm{EL}$$

式中，i 为不同的业务条线；j 为风险类型。

与交易账簿市场风险管理中采用的风险价值方法类似，操作风险资本需要覆盖操作风险带来的预期外损失，即

$$\mathrm{RC}=\gamma\times\mathrm{EL}=\mathrm{UL}$$

15.5 商业银行的流动性风险管理

流动性风险是指商业银行无法以合理成本及时获得充足资金，用于偿付到期债务、履行其他支付义务和开展正常业务的资金需求风险。引起流动性风险的事件或因素包括：存款客户支取存款、贷款客户提款、债务人延期支付、资产负债结构不匹配、资产变现困难、经营损失、衍生品交易风险和附属机构相关风险等。

15.5.1 流动性风险的识别

商业银行应当根据业务的规模、性质、复杂程度及风险状况，运用适当方法进行流动性风险的识别，对于在正常和压力情景下未来不同时段的资产负债期限错配、融资来源多元化和稳定程度、优质流动性资产、重要币种流动性风险及市场流动性等进行分析和监测。

商业银行在运用上述方法和模型时应当使用合理的假设条件，定期对各项假设条件进行评估，在必要时进行修正。对于流动性的现金流测算和分析应当涵盖资产与负债的未来现金流以及或有资产和或有负债的潜在现金流，并充分考虑支付结算、代理和托管等业务对现金流的影响，同时要对重要币种的现金流单独进行测算和分析。在流动性风险的压力测试方面，商业银行应当根据业务的规模、性质、复杂程度及风险状况，监测可能引发流动性风险的特定情景或事件，并采用适当的预警指标，前瞻性地分析其对流动性风险的影响。商业银行通常面临的影响流动性风险的情景或事件包括资产快速增长、负债波动性显

著上升、资产或负债集中度上升、负债平均期限下降、长短期资金大量流失或融资成本上升、资产负债期限或货币错配程度加剧、资产质量和盈利水平的恶化、交易对手要求额外抵（质）押品、信用评级下调、股票价格下跌、出现声誉风险事件等。

15.5.2 流动性风险的计量与压力测试

（1）流动性指标分析。根据中国银行保险监督管理委员会于 2018 年公布施行的《商业银行流动性风险管理办法》（以下简称《管理办法》），商业银行的流动性风险监管指标包括流动性覆盖率、净稳定资金比例、流动性比例、流动性匹配率等。

1）流动性覆盖率（liquidity coverage ratio，LCR）＝合格优质流动性资产÷未来 30 天现金净流出量。流动性覆盖率的最低监管标准为不低于 100%，以确保商业银行在规定的流动性压力情景下，能够保持充足的、无变现障碍的优质流动性资产，并通过变现这些资产满足未来至少 30 天的流动性需求。

2）净稳定资金比例（net stable funding ratio，NSFR）＝可用的稳定资金÷所需的稳定资金。净稳定资金比例的最低监管标准为不低于 100%，旨在针对商业银行的中长期期限错配风险进行监测和控制。

3）流动性比例（liquidity ratio）＝流动性资产余额÷流动性负债余额。流动性比例的最低监管标准为不低于 25%。

4）流动性匹配率（liquidity matching ratio，LMR）＝加权资金来源÷加权资金运用。流动性匹配率的最低监管标准为不低于 100%，旨在避免商业银行过度依赖短期资金支持长期业务发展，引导商业银行合理配置长期稳定负债、高流动性或短期资产，提高商业银行的流动性风险抵御能力。

对于总资产规模小于 2 000 亿元人民币的商业银行应当持续达到优质流动性资产充足率（等于优质流动性资产除以短期现金净流出），该指标的最低监管标准为不低于 100%。

（2）流动性缺口分析。流动性缺口是指资金来源和资金使用的预期不均衡，是未来商业银行投资组合的资产与负债的预期余额之差。缺口报告提供了做出融资决策或投资决策的必要信息。针对资产与负债预期错配的管理又称缺口管理。常用的流动性缺口指标包括边际缺口和累积缺口，它们包含了不同的信息。流动性缺口是指在未来每个时点 t，商业银行资产与负债之间的差别，是一个随着时间变化而演变的度量指标，即

$$\text{流动性缺口}(t)=\text{资产}(t)-\text{负债}(t)$$

边际缺口是指流动性缺口在未来每两个相邻时点之间的变化，其计算公式为：

$$\text{边际缺口}(t)=\text{流动性缺口}(t)-\text{流动性缺口}(t-1)$$

对边际缺口的计算有助于让商业银行聚焦于每个时点 t 内自身资产与负债不均衡的情况；从时间上看，对边际缺口的度量可以让商业银行更直观地看到其资产与负债均衡度的演变状况。累积缺口可以基于同期的边际流动性缺口和流动性缺口来计算，也就是从现在到未来时期 $t-1$ 的流动性缺口与同一时期（t）的资产和负债余额的边际缺口之和，即

$$\text{累积缺口}(t)=\text{流动性缺口}(t-1)+\text{边际缺口}(t)$$

表15-9是流动性缺口的时间分布示例。

表15-9　流动性缺口的时间分布示例

日期	1	2	3	4	5	6
资产	1 500	1 600	1 800	1 400	1 200	1 400
负债	1 500	1 500	1 600	1 300	1 300	1 400
流动性缺口	0	100	200	100	−100	0
边际缺口	—	100	100	−100	−200	100
累积缺口	—	100	200	100	−100	0

(3) 流动性动态压力测试。当考虑到期资产或负债带来的新增流动性流入或流出时，流动性缺口将会呈现一个动态的变化趋势。商业银行需要按季向银行业监督管理机构报送流动性风险压力测试报告，主要包括压力测试的情景、方法、过程和结果。下面沿用A银行的例子来展示简单商业银行的流动性压力测试思路。A银行负债端的流动性冲击和可用流动性资产见表15-10。

表15-10　A银行的流动性压力测试

日期（天）	期初	1	2	3	4	5
负债（余额，万元）	15 406.0	14 635.7	13 903.9	13 208.7	12 548.3	11 920.9
每日流动性需求（%）	5					
高流动性资产（余额，万元）	1 230.0	123.0	12.3	1.2	0.1	0
每日可用流动性（%）	90					
低流动性资产（余额，万元）	15 891.2	15 573.4	15 261.9	14 956.7	14 657.5	14 364.4
每日可用流动性（%）	2					
流动性流出（当期，万元）		770.3	731.8	695.2	660.4	627.4
流动性流入（当期，万元）		1 424.8	422.2	316.3	300.2	293.3
累计流动性持有（万元）		654.5	344.9	−34.0	−394.2	−728.3
是否流动性充足		是	是	否	否	否

假设压力测试中A银行的流动性冲击为负债端每日产生5%的流动性需求（如存款余额中客户的取款需求），由此可以计算出每日的流动性支出，即

$$第1日的流动性流出=期初负债余额\times5\%=15\,406.0\times5\%=770.3（万元）$$

A银行的资产简单分为高流动性资产和低流动性资产，其中高流动性资产的每日可用流动性为其余额的90%，而低流动性资产的每日可用流动性为其余额的2%，由此可以计算出每日的流动性流入，即

第 1 日的流动性流入＝期初高流动性资产余额×90％＋期初低流动性资产余额×2％
＝1 230.0×90％＋15 891.2×2％
＝1 424.8（万元）

假设不考虑其他的融资渠道、资金来源和收入，A 银行可以在每日期末根据累计流动性持有的数据，判断在冲击下是否流动性充足，即

第 2 日的累计流动性持有
＝期初累计流动性持有余额＋当期流动性流入－当期流动性流出
＝654.5＋422.2－731.8
＝344.9（万元）

由此可以判断，若 A 银行的负债端每日持续产生 5％的流动性需求，在第 3 日 A 银行将产生 34.0 万元的流动性缺口。A 银行既可以根据自身资产与负债的特点和宏观经济形势变化，调整流动性需求和供给的参数，又可以将其他融资渠道产生的流动性需求和供给纳入压力测试模型中，使该模型更贴近 A 银行的真实经营情况。

复习思考题

1. 商业银行全面风险管理的定义是什么？具体包含哪些原则？
2. 商业银行信用风险的组成要素包括哪些？
3. 在商业银行信用风险管理中，如何区分违约风险与迁移风险？
4. 银行账簿利率风险管理的模型包括哪些？
5. 商业银行操作风险的种类包括哪些？商业银行操作风险的计量包含哪些主要步骤？
6. 商业银行流动性风险的监管指标具体包括哪些？分别如何计算？

第16章

政府对银行业的监管

【导言】

党的二十大报告指出，要加强和完善现代金融监管，强化金融稳定保障体系，依法将各类金融活动全部纳入监管。银行业与社会生活在方方面面都存在紧密的联系，商业银行要向社会公众提供贷款、接受存款，并提供其他金融服务。因此，各国商业银行的经营均受到政府的全面监管，但在监管主体和模式方面，我国与英国、美国和欧盟有所差异，有的国家单独设立监管机构，有的国家由财政部门负责对银行业的监管，有的国家由中央银行负责对银行业的监管。对银行业的监管主要分为银行业准入、退出和存款保险制度的监管，以及对银行业经营的监管。自改革开放以来，中国的银行业监管借鉴西方经验，根据世界各国对银行业的监管趋势，设计了独特的银行业监管框架。

【学习目标】

(1) 理解对银行业监管的原因。

(2) 了解各国对银行业监管的模式。

(3) 了解银行业监管的手段和措施。

(4) 了解中国和世界的银行业监管历程及发展趋势。

【核心概念】

市场准入　　存款保险制度　　监管模式　　骆驼法则　　监管手段

16.1 政府对银行业监管的原因和模式

16.1.1 监管的原因

政府对银行业实施监管的原因主要是因为银行业自身的特点。

首先，为了保护存款人的利益。商业银行广泛吸收公众的储蓄存款，特别是个人存款和家庭存款，这些存款大多期限相对较短、流动性较大。一旦商业银行倒闭，存款人的资金将受到损失，这将导致严重的经济和社会后果。然而，社会公众缺乏专业的金融知识和充分可靠的信息，无法做到对银行业的全面了解，也无法准确评估商业银行的经营状况，即存款人与商业银行之间存在严重的信息不对称。因此，为了保护公众利益和防范风险，政府必须承担起对银行业实施监管的责任，比如定期对商业银行进行检查和审计、收集商业银行的经营信息、评估商业银行的真实财务状况。当商业银行陷入财务危机时，政府还会提供必要的资金援助。

其次，银行是信用货币的创造者，因此应受到政府严密的监管。在信用经济的条件下，货币的数量对经济发展有着重要的作用，同时也影响着一个国家的经济增长率、失业率和通货膨胀率。虽然中央银行可以利用货币政策工具来调节货币供应量，但商业银行作为货币政策传导的中枢，中央银行必须对商业银行保持高度关注。

再次，商业银行向个人和企业等提供消费及投资所需的贷款等，而这些金融服务具有准公共产品的属性。公共产品在消费上具有两个基本属性（即非竞争性和非排他性），但在现实中，大多数公共产品兼具私人产品与公共产品的双重属性，我们称之为准公共产品。为了避免商业银行在对公众授信的过程中因年龄、地域、职业等因素存在歧视，政府应该对银行业进行监管，以保证普惠金融的实现。

最后，各国银行业都有综合化发展的趋势，证券业和保险业的业务不断被纳入商业银行的业务中，并且随着全球化的发展，商业银行也在不断走向国际化，这些都对政府针对银行业实施监管提出了挑战。2008 年国际金融危机的发生促使各国加强了政府对银行业的监管，也促使各国在银行业监管领域开展国际合作，银行业的监管标准正在不断完善更新，以便更有效地发挥作用。

16.1.2 英国和美国对银行业的监管模式

1. 英国对银行业的监管模式

20 世纪 40 年代英国最早期的金融监管形成，此时的金融监管以行业自律为主、以英格兰银行监管为辅。1979 年，英国的《银行法》在大量二级银行遭遇挤兑的情况下出台，它将监管范围扩展到二级银行，并于 1987 年修订。总体而言，在 1998 年 6 月 1 日之前，英国金融业实行分业监管体制，涉及英格兰银行、财政部、证券与投资管理局、贸易工业部等政府部门，是典型的“多头监管”体制。在 20 世纪 90 年代后，金融行业混业经营的趋势明显，加之英国发生了一系列金融风险事件，英国设立了金融服务局（Financial Services Authority, FSA），对证券业、保险业等进行监管，并且原属英格兰银行的对银行业的监管职能也转移至此，由其下属机构银行监管局（S&S）负责，由此建立了“统一”的金融监管机制。

但是，2008 年的国际金融危机使英国遭受重大损失，并揭示其监管体制存在审慎监管的严重漏洞。经反思和总结，英国认为：目前，英国的财政部、英格兰银行和金融服务局构成的“三元金融监管模式”是金融未能有效应对危机的重要原因。2012 年，英国的《金融服务法》出台，对原监管机制进行改革，形成了“超级央行＋双峰”的监管体制。在该监管体制下，英格兰银行的监管职能得到加强，宏观审慎监管权重回英格兰银行。此外，金融服务局拆分为审慎监管局和金融行为监管局，分别负责微观审慎监管和行为监管。2016年，《英格兰银行与金融服务法案》又做出了一些新的改革：一是将金融政策委员会升格到与货币政策委员会同等的法律地位；二是将内设的审慎监管局合并到英格兰银行，并升格为审慎监管委员会。至此，英国的金融监管格局基本形成。在此体制下，银行业将同时受到由英格兰银行下属的审慎监管局执行的审慎监管和由金融行为监管局执行的行为监管。

2. 美国对银行业的监管模式

在20世纪30年代经济大萧条后，美国金融业形成了分业经营、分业监管的体制，《格拉斯-斯蒂格尔法》规定监管机构对银行、证券和保险等各金融业实行分别监管，同时按照功能监管模式和机构监管模式进行交叉监管。1999年，美国推出《金融服务现代化法案》，取代了《格拉斯-斯蒂格尔法》，允许银行、证券公司、保险公司混业经营，它确立了美国"伞式+功能监管"的监管模式。

在《金融服务现代化法案》确立的监管格局下，银行业是由财政部货币监理署（OCC）、联邦储备银行（FRB）、储蓄机构监管署（OTS）、联邦存款保险公司（FDIC）以及各州的银行局（SBD）共同负责监管。由于美国是联邦制国家，所以采取联邦政府许可和州政府许可两级金融市场核准制度，经联邦政府批准的商业银行由联邦储备银行负责监管，经州政府批准的商业银行由州一级的金融监管部门负责监管。根据是否参加联邦储备体系进行划分，参加了联邦储备体系的商业银行由联邦储备银行理事会行使监管权，未参加联邦储备体系但参加了联邦存款保险制度的银行则由联邦存款保险公司负责监管，银行控股公司由联邦储备银行理事会负责监管。根据设立时依据法律的不同进行划分，按照联邦法设立的商业银行由储蓄机构监管署和联邦存款保险公司共同监管，按照州法律设立并且参加联邦存款保险的存款性金融机构受储蓄机构监管署、联邦存款保险公司、州银行局三方监管，按照州法律设立但未参加联邦存款保险的存款性金融机构只受储蓄机构监管署、州银行局监管。此外，商业银行内部均设有相对独立的稽核委员会，并且银行监事会也是专司监督职能的组织机构。

2008年的国际金融危机暴露了此前监管体制中存在的监管重叠、监管真空和投资者保护不足等问题，美国政府开始着手对金融监管体系进行一系列改革。2010年7月，《多德-弗兰克华尔街改革和消费者保护法案》出台，具体的改革措施包括：①强化美联储的监管职能；②扩大联邦保险存款公司对系统重要性金融机构的清算权；③新成立金融稳定监管委员会；④撤销储蓄机构监管署，将其职能分类转移至其他监管机构；⑤新设立消费者金融保护局。整个金融监管体制改革的核心是在此前"伞式+功能监管"的基础上，通过设立金融审慎监管局和商业行为监管局纳入"双峰式"监管体制的优点，最终形成了"伞式+双峰式"监管体制。在这种体制中，美联储充当"伞骨"，负责维护金融市场的整体秩序，防范系统性风险。对银行业的监管主要由金融审慎监管局及其下属的联邦存款保险公司和货币监理署负责。这一系列改革措施提高了对系统重要性金融机构的监管，强化了对银行业整体稳定的保护，同时权责划分更加清晰。

16.1.3 欧盟对银行业的监管模式

欧盟金融监管体制可以根据欧盟金融监管一体化进程分为三个阶段：莱姆法路西框架

前的基础阶段（1985—2001年）、莱姆法路西框架下的阶段（2001—2009年）和金融危机及金融监管体制改革后的阶段（2009年至今）。

在莱姆法路西框架的基础阶段中，欧盟金融一体化推动了欧盟金融监管一体化。1985年，《关于建立内部市场的白皮书》确立了“相互承认”和“最低限度协调”两项基础原则，这也是欧盟监管规则纲要的基础。1989年，欧共体通过了《第二银行指令》，在商业银行领域推行单一执照原则和母国控制原则，为欧洲金融监管一体化奠定了基础。1999年，欧盟委员会颁布的《欧盟委员会金融服务行动计划》对银行、证券、保险等方面进行了统一规定。

2001年3月，欧盟特别首脑会议通过了《莱姆法路西报告》。该报告主要包括三个方面：①推动欧盟证券市场决策程序简单化；②修改欧盟金融监管指令，用于形成统一的欧盟金融监管原则；③推动欧盟各成员的金融监管体系改革，确立统一的银行业、证券业、保险业的监管机制。此外，《莱姆法路西报告》还确立了四层级欧盟金融监管框架，并于2003年11月正式运作。这大大推动了欧盟金融监管一体化，但金融监管的权力和职能仍主要掌握在各成员的监管当局手中，欧盟的监管委员会只是发挥顾问和协调沟通的作用。

在国际金融危机后，欧盟开始反思金融监管系统中存在的问题，并进行了金融监管体制改革，以加强监管、推动欧盟金融监管一体化。2009年6月19日，欧盟理事会通过《欧盟金融监管体系改革》，并成立了欧洲系统风险委员会（ESRB）和欧洲金融监管系统（ESFS）。其中欧洲系统风险委员会负责对整个欧盟的宏观审慎监管，欧洲金融监管系统负责微观审慎监管。在微观审慎监管方面，原来的银行、证券和保险监管委员会整合升级为欧盟管理局（ESA），欧盟各成员的银行业将受到欧盟管理局的监管。此外，各国的金融监管当局依然履行金融监管职能。

在国际金融危机后，欧洲多国爆发主权债务危机。2010年5月，欧洲金融稳定工具（EFSF）和欧洲金融稳定机制（EFSM）被临时设立以应对危机，主要是向陷入危机的欧元区国家提供资金支持，并于2013年6月到期。2011年3月，欧盟领导人设立永久性救助安排，即欧洲稳定机制（ESM），并于2012年10月正式生效。欧洲稳定机制的资金来源是欧元区各成员按照国内生产总值的份额认缴。2012年6月，欧元区各成员同意欧洲稳定机制向陷入危机的成员提供援助，但要求建立欧洲银行业联盟以防政府债务向银行转嫁。2012年10月，欧盟27国领导人就建立统一银行监管机制达成共识，并且计划在2013年逐渐构建相关法律框架和配套措施。统一银行监管机制将由欧洲中央银行、欧洲银行监管局和欧元区各国银行监管当局共同构成。

16.1.4 中国对银行业的监管模式

在改革开放以前，我国实行高度集中的“大一统”金融监管体系，全国只有一家金融机构，即中国人民银行，并由其统一进行金融业的经营和管理。在1978年后，各专业银行从中央银行分立，一批股份制商业银行、证券公司、投资信托等金融机构相继成立，我国政府出台了一些行政规章予以管理。1992年，我国正式提出建立社会主义市场经济体制的目标，并对金融体制改革提出了要求。截至1998年，中国金融业确立了分业经营、分业监管的监管格局，形成了中国人民银行负责制定货币政策和对银行业、信托业的监管，中国证监会负责对证券期货业及投资基金的监管，以及中国保监会负责对保险业监管的体制。2003年，中国银监会挂牌成立，中国人民银行对银行类金融机构的监管职能转移至中国银监会。至此，中国“一行三会”的金融监管体制正式形成。

分业经营和分业监管的机制较好地适应了中国的经济发展阶段，对促进经济发展、防御危机起到了积极作用。但是，这种监管格局出现了“监管真空”、“重复监管”、监管低效率、高成本等问题。总的来看，以机构型监管为主的分业监管体制已经越来越难以满足新时期中国金融业稳定和创新发展的需要，所以监管改革势在必行。在国际金融危机后，结合其他国家金融监管的先进经验，我国进行了一系列的金融监管改革，主要包括以下三个方面：

(1) 引入逆周期调节机制，加强宏观审慎监管。2011年，中国人民银行引入社会融资规模统计作为货币政策的中间目标，并启用差别存款准备金动态调整机制。2016年，中国人民银行进一步将差别存款准备金动态调整机制和合意贷款管理机制升级为宏观审慎评估体系，将表外理财等纳入广义信贷范围，加强了对商业银行的考核。2018年4月，中国人民银行、中国银行保险监督管理委员会、中国证券监督管理委员会、国家外汇管理局联合发布《关于规范金融机构资产管理业务的指导意见》。

(2) 组建金融消费者权益保护部门。2011年底，中国保监会保险消费者权益保护局和中国证监会投资者保护局相继成立；2012年7月，中国人民银行成立金融消费权益保护局，保护金融消费者的权益；2012年11月，中国银监会消费者保护局成立。

(3) 推进监管体制改革。2013年，金融监管协调部国际联席会议制度经国务院批准后建立。2017年，国务院金融稳定发展委员会正式成立，旨在加强监管协调、补齐监管短板。2018年3月，国务院决定将中国银监会和中国保监会合并成新的中国银保监会。至此，中国“一委一行两会”的金融监管体制初步形成。

在“一委一行两会”的金融监管体制下，最顶层的国务院金融稳定发展委员会负责统筹协调金融政策的制定，加强各监管部门间的沟通。中间层“一行两会”为监管机构，中国人民银行负责在“双支柱”调控框架下制定货币政策，同时进行宏观审慎监管，中国银保监会和中国证监会分别负责对银行业及证券业的监管。

16.2 银行业市场准入和退出监管

2003年4月28日，中国银监会挂牌成立，中国人民银行对银行业的监管职能移交给中国银监会。2018年4月8日，中国银监会与中国保监会合并成立中国银保监会，确立了中国银保监会和中国证监会分工明确、互相协调的金融分业监管机制。2023年3月，根据《党和国家机构改革方案》，国家金融监督管理总局在中国银行保险监督管理委员会基础上组建，将中国人民银行对金融控股公司等金融集团的日常监管职责、有关金融消费者保护职责，中国证券监督管理委员会的投资者保护职责划入国家金融监督管理总局，不再保留中国银行保险监督管理委员会。下面主要介绍市场准入监管、市场退出监管和存款保险制度等内容。

16.2.1 市场准入监管

市场准入是银行业监管的首要环节。合理设置准入条件，可以有效过滤资质较差、经营不审慎的商业银行进入市场。这样做能使真正高质量的商业银行进入市场，既可以促使其审慎经营，又可以避免商业银行之间的过度竞争，以保证整个银行业的健康发展和金融体系的稳定。

在对待商业银行准入的问题上，曾有过四种不同的原则：一是自由主义，政府不设置市场准入标准，商业银行可以自由设立，不需注册登记。二是特许主义，商业银行必须经政府特别批准后才可设立。三是准则主义，法律规定商业银行的设立条件，符合相关条件即可完成注册。四是核准主义，又称审批制，它与准则主义不同，商业银行既要满足法律规定又要经过有关部门批准才能登记成立。

在实践中，世界各国通常采用审批制，并且只颁发有限数量的商业银行牌照。《中华人民共和国商业银行法》（以下简称《商业银行法》）第十一条规定："设立商业银行，应当经国务院银行业监督管理机构审查核准。未经国务院银行业监督管理机构批准，任何单位和个人不得从事吸收公众存款等商业银行业务，任何单位不得在名称中使用'银行'字样。"这表明我国在市场准入监管方面也实行审批制。

从广义上看，金融机构的市场准入主要包括机构准入、业务准入和高级管理人员准入三个方面。监督管理机构在颁发新的商业银行牌照时，需要参考《巴塞尔协议Ⅲ》的相关规定，着重考虑最低注册资本限额、公司治理结构和内控制度以及高级管理人员的素质等因素。

（1）最低注册资本限额。由于商业银行的重要经济地位和特殊的经营方式，为了存款人的利益及整个金融体系的稳定，需要确保新设立的商业银行持有最低注册资本限额。《巴塞尔协议Ⅲ》中规定的普通股充足率需要达到4.5%，一级资本充足率需要达到6%，总资本充足率需要达到8%。《商业银行法》要求，设立全国性商业银行的注册资本最低限额为10亿元人民币，设立城市商业银行的注册资本最低限额为1亿元人民币，设立农村商业银行的注册资本最低限额为5 000万元人民币。其中，注册资本应当是实缴资本。

（2）公司治理结构和内控制度。商业银行具有高风险的特征，因而要求其必须具有完善的公司治理结构和内控制度来管理及规避风险。其中，公司治理结构按照《公司法》的要求，依据其组织形式，建立对应的组织架构，明确各部门与职位的职责和权限，保证在董事会中具有一定比例的独立董事，同时建立科学、民主、高效的决策机制，相互制约和监督的内部约束机制。此外，还需要让干部管理、收入分配等机制与商业银行的风险和收益挂钩，以管理风险和提高利润。内控制度是商业银行为了实现其经营目标而制定和实施的一系列程序及制度，在事前、事中和事后对风险进行控制。

（3）高级管理人员的素质。在其他条件相同的情况下，高级管理人员的素质对商业银行的经营有时具有举足轻重的作用，所以需要监管当局对高级管理人员的经验、能力、信誉等方面进行审查。我国监管部门在对高级管理人员进行审查时，主要关注其是否遵守国家法律法规、是否贯彻执行相关政策方针以及专业能力、工作作风等方面。

在设立一家新的商业银行时，该商业银行首先要根据审批权限向国务院银行业监督管理机构提出申请，如果经审查符合《商业银行法》的规定，申请人将填写正式申请表，并提交相关文件和材料。经批准设立后，国务院银行业监督管理机构向其颁发经营许可证，该申请人可凭此许可证向工商行政管理部门办理登记，领取营业执照，而后该商业银行即告成立，并由国务院银行业监督管理机构予以公告。

在商业银行的经营范围方面，目前我国对金融业实施分业经营，商业银行的业务活动需要符合金融业分业经营的法律规定与政策。商业银行可以从事存贷款业务、结算业务、票据承兑与贴现业务、发行金融债券等，但商业银行不得从事信托投资和股票业务，不得投资于非自用不动产，不得向非银行金融机构和企业投资。

16.2.2 市场退出监管

1. 问题银行的处理

通常说来，处理问题银行的一般措施包括以下五种：

(1) 贷款挽救，主要包括中央银行直接贷款援助、设立特别机构和专项基金间接提供财务援助、临时组织大银行集资救援三种。

(2) 担保，是指由中央银行或政府出面担保，帮助陷入危机的商业银行渡过难关。具体方法包括中央银行或政府购买问题银行的资产、在问题银行中存入大量存款、直接收购问题商业银行并为其清偿全部债务。

(3) 并购，是指经营良好的商业银行兼并或收购问题银行，也就是收购其全部或部分资产，承担其全部或部分负债。通常说来，并购分为援助性并购和非援助性并购，前者中的并购者将对被并购商业银行的负债和损失承担全部责任，而后者中的监管当局会向并购者提供承诺或帮助，以弥补其损失。

(4) 设立过渡银行。由于问题银行在持续经营下的价值高于立即破产清算的价值，所以监管当局为了保证问题银行得到有效处理，会设立过渡银行来承接问题银行的业务。需要注意的是，过渡银行一般有时间限制。

(5) 设立专门的问题银行处理机构。比如美国在1989年设立了重组信托公司（Resolution Trust Corporation)，以处理20世纪80年代的全国性储贷机构危机。

根据《商业银行法》和《公司法》，我国对问题银行的处理方法包括以下几种：

(1) 接管。当商业银行已经或可能发生信用危机并危及存款人的利益时，国务院银行业监督管理机构可以对问题银行进行接管，但接管期限最多不超过两年。

(2) 兼并。被兼并的商业银行应向国务院银行业监督管理机构提出申请，并给出解散理由及债务清偿计划，经国务院银行业监督管理机构批准后方可解散，而且在清算过程中将由国务院银行业监督管理机构进行监督。

(3) 破产。商业银行不能支付到期债务，经国务院银行业监督管理机构同意，由人民法院依法宣告其破产。

2. 纠正性监管

对于经营正常或基本正常的金融机构，监督管理部门应当采取保护性措施。而对于关注机构，应该针对其风险种类和性质，采取对应的纠正性监管。纠正性监管分为两类，即建议性或参考性措施和强制性或监控性措施，具体采用哪种措施应视问题严重程度而定。当商业银行存在资本充足率较低、不良贷款比率超过监管当局规定水平及同业水平、资产流动性较低等问题时，监管机构应该责令出现问题的商业银行提出改正问题的方法及时间表，以确保商业银行的稳健经营以及整个金融系统的稳定。

3. 救助性监管

对于有问题的商业银行，监管机构要及时采取救助性监管。监管机构应该根据问题银行的不同情况，如资本充足率过低、不良贷款比率过高、流动性严重不足等，进行有针对性的救助，具体方式包括调整决策层和管理层、实施资产和债务重组、外部注资、出售资产、股东注资、冻结大额开支和股息红利分配、停止部分业务，以及兼并、合并等。

4. 市场退出

金融机构的市场退出是指停止办理金融业务、吊销金融营业许可证、取消其作为金融机构的资格。当商业银行发生严重危机时，并且救助措施无法帮助商业银行脱离危机，为了防止进一步的损失，也为了金融系统的稳定，问题银行应该及时采取市场退出的处置措施。金融机构的市场退出主要包括自愿退出和强制退出两种。自愿退出是指金融机构根据章程或股东大会决议，经中国银保监会批准，自行终止其金融业务，注销其法人资格的行为。强制退出是指金融监管当局发布强制命令撤销金融机构的牌照、关闭金融机构的行为，或者法院根据《中华人民共和国企业破产法》的规定，裁定金融机构破产的行为。一般来说，无论是自愿退出还是强制退出，在实务中，商业银行都需要履行下列基本程序：①决定进行市场退出并发布公告；②成立清算组，控制金融机构的所有活动；③确认债权，清收或变现资产；④支付个人储蓄存款本息，制定清算方案；⑤向债权人分配变现收入或财产；⑥结束退出工作。

16.2.3 存款保险制度

存款保险制度是为了保护存款人的利益以及维持整个金融系统的稳定，规定吸收存款的金融机构必须根据存款数额的大小及种类按照一定的费率向存款保险机构缴纳保费。当投保的存款机构陷入经营危机或破产时，存款保险机构可向其提供流动性支持或直接向存款人支付一部分或全部存款的一种制度。存款保险制度的主要作用在于维护存款人利益和金融系统稳定。一方面，存款保险制度保护了为数众多的小储户、小投资人等金融交易中的弱势群体；另一方面，它也降低了挤兑和金融机构连锁倒闭的可能性，保障了金融系统安全。然而，存款保险制度在实际运行中也产生了一定道德风险：①对存款人而言，存款保险制度对其利益的保护降低了他们对商业银行经营业务进行监督的积极性。②对投保机构而言，存款保险制度降低了挤兑风险，商业银行更倾向于从事高风险业务。③对监管当局而言，存款保险制度存在延缓金融风险暴露的作用，容易被掌权者利用，导致风险不断累积。

存款保险制度通常包括显性存款保险制度和隐性存款保险制度两种。在银行系统发生重大危机时，各国事实上都存在着隐性存款保险制度。显性存款保险制度不同于隐性存款保险制度，其特点为存在向存款人赔付的正式立法、存在额外工具（如风险调整保费制度等）和政府救助的信息不对称被削弱。

存款保险制度主要有以下三种组织形式：一是由官方建立的存款保险机构，如美国、英国、加拿大等；二是由官方和银行界共同建立的存款保险机构，如日本、比利时等；三是在官方支持下，由银行界建立的存款保险机构，如德国、法国、荷兰等。我国的存款保险机构是由官方设立的。

从功能上看，存款保险制度属于事后金融安全网的一部分。存款保险制度可以避免存款人因为部分金融机构倒闭而对整个金融系统失去信心，进而大幅降低了银行挤兑风险。此外，存款保险制度可以为存款人的存款提供保障，因而保护了存款人的利益。另外，存款保险制度还为陷入困境的商业银行提供了流动性。但是，存款保险制度也存在引发道德风险的可能性。从商业银行的角度看，由于存在存款保险制度和最后贷款人制度，商业银行即使陷入危机也能得到流动性支持，进而它就会进行高风险的经营活动。从存款人的角度看，存款保险制度使其利益得到了保障，因而其监督商业银行经营与评估商业银行发展前景的动力就会减弱。

2015年5月1日，中国开始正式施行《存款保险条例》（以下简称《条例》）。此前，中国一直实行的是事实上的隐性存款保险制度，由国家以其自身信用为商业银行提供背书，当陷入经济危机时，由政府出面买单，而不让存款人承受实际损失。然而，这种制度使政府背负了沉重的救助负担，同时容易诱发道德风险。《条例》的推出，使中国由隐性存款保险制度转变为显性存款保险制度，完善了中国的金融制度体系。

根据《条例》的相关规定，中国存款保险基金的资金来源为投保机构所缴纳的保费、投保机构清算中分配的财产、存款保险基金管理机构运用基金的资金获得的收益和其他合法收入。参保机构包括全体银行机构（国家开发银行、各政策性银行、国有商业银行、股份制商业银行、中国邮政储蓄银行和其他吸收存款的银行业金融机构），并且《条例》规定参保机构应6个月交一次保费。在保险对象方面，被保险存款包括投保机构吸收的所有人民币存款与外币存款，但不包括金融机构同业存款、投保机构的高管在本机构中的存款以及其他规定不予担保的存款。在赔偿额度方面，存款保险机构实行限额赔付，最高赔偿限额为人民币50万元。同一个存款人在同一家商业银行中的存款本息和在赔付限额以内的，进行全额赔付；超过限额的部分，则依法从投保机构的清偿资产中进行赔付。根据2013年的存款数据，50万元的赔付限额足以覆盖99.63%的存款人的全部存款。在保险费率的设计上，存款保险费率由基准费率和风险差别费率两种费率共同构成。

【二维码】

存款保险制度

16.3 银行业经营监管

除了对银行业的事前监管和事后监管，监管部门还需要对银行业的日常经营进行监管，以确保银行业的经营稳健，保证金融系统的稳定运行。本节将着重介绍骆驼法则、监管手段、监管法律法规体系和对系统重要性银行监管的内容。

16.3.1 骆驼法则

1. 骆驼法则的含义

美国的信用制度高度发达，在1978年后，美联储制定了《统一鉴别法》，用于统一对商业银行的评价标准。该评价标准从资本状况、资产质量、管理水平、收益状况和流动性五个方面的指标考察、评估商业银行的经营情况，形成了一套统一的、规范化的商业银行业务综合等级评价体系。因为这五个部分的英文单词首字母可以组成单词 CAMEL（骆驼），所以世界各国将美国的这种评级制度称为骆驼法则。

2. 骆驼法则的具体内容

C（capital）代表资本。骆驼法则将资本放在所有指标的首要位置。资本充足率是指资本总额和资产总额的比率，监管部门以此来衡量一家商业银行的资本是否充足。具有不同产权组织形式的商业银行具有不同形式的资本，股份制商业银行将股本作为主要资本。股本对于商业银行来说既是永久性的资金来源，又是商业银行损失的缓冲器。但是，股本要求回报，资本充足率会对商业银行的盈利率造成影响，这就要求建立国际共同标准，打造银行业平等竞争的环境。

A（asset）代表资产。资产质量是监管部门关注的一个重要方面。监管部门主要从 6 个方面对资产质量进行评价，分别为：风险资产的数量；逾期贷款的数量与发展趋势；呆账准备金是否充足；管理资产的人员素质；贷款的集中程度；贷款出现问题的可能性。其中，在贷款集中方面，各国开始对单个贷款进行法定限制，并且关注行业集中问题和地区集中问题。

M（management）代表管理。管理层的管理能力对商业银行的经营具有举足轻重的影响，所以监管人员需要对商业银行管理人员（包括董事会成员）的品质和业绩进行评价。监管人员需要考察管理人员的素质、经验、业务执行情况、董事会职责行使状况、对意外事件的应对能力和战略计划制订及执行情况等。

E（earning）代表收益。商业银行的盈利能力主要通过资产收益率和资本收益率两个指标来衡量。其中，资产收益率＝净利润/总资产，资本收益率＝净利润/总权益。需要注意的是，这两个指标只有在同业比较中才有意义。此外，监管人员还需要考虑近年的收益率走势、资产收益质量、盈利分配等情况。

L（liquidity）代表清偿能力。清偿能力是指商业银行在不出售其资产的条件下满足客户提款与借款需求的能力。监管人员对商业银行的存款变动情况、资产负债管理能力以及流动性比率等进行考察，以评价商业银行当前的清偿能力及其未来变化趋势。

监管人员完成了上述五个方面的评级后，会对商业银行进行综合评级。监管部门会对不同部分按重要性程度赋予不同的权重，或者直接进行简单的算术平均，或者在独立评级的基础上，加上自己对该商业银行的判断，最终得出的评级结果分五级。

16.3.2 监管手段

按照不同的内容划分，监管手段如下：

1. 资本充足率要求

中国银监会颁布的《商业银行资本管理办法（试行）》（下称《办法》）中规定了资本的分类方法及应满足的资本充足率。资本充足率的计算公式为：

$$资本充足率=\frac{总资本-对应资本扣减项}{风险加权资产}\times 100\%$$

资本充足率应不低于8%。

$$一级资本充足率=\frac{一级资本-对应资本扣减项}{风险加权资产}\times 100\%$$

一级资本充足率应不低于6%。

$$核心一级资本充足率=\frac{核心一级资本-对应资本扣减项}{风险加权资产}\times 100\%$$

核心一级资本充足率应不低于5%。

此外，《办法》中还要求：第一，储备资本要求不低于风险加权资本的2.5%，由核心一级资本满足；第二，系统重要性银行的附加资本要求为风险加权资本的1%，由核心一级资本满足；第三，逆周期资本要求达到风险加权资产的0～2.5%，由核心一级资本满足；第四，明确中国银保监会有权在第二支柱框架下提出更审慎的资本要求，确保资本充分覆盖风险。资本分类与资本充足率要求见表16-1。

表16-1　资本分类与资本充足率要求

资本	资本构成
核心一级资本	实收资本或普通股；资本公积；盈余公积；一般风险准备；未分配利润；少数股东资本可计入部分
其他一级资本	其他一级资本工具及其溢价；少数股东资本可计入部分
二级资本	二级资本工具及其溢价；超额贷款损失准备；少数股东资本可计入部分

注：商业银行之间通过协议互相持有的各级资本工具或中国银保监会认定为虚增资本的各级资本投资应从相应监管资本中对应扣除。

在监管措施方面，中国银保监会根据资本充足状况将商业银行分为四类，并分别制定了相应的监管措施。

2. 资产质量监管

为了降低贷款损失给商业银行带来的不利影响，商业银行应该计提贷款损失准备，预留应付损失的款项。贷款损失准备包括一般准备、专项准备和特种准备。一般准备是根据全部贷款余额的一定比例计提的、用于弥补尚未识别的可能损失的准备。专项准备是根据风险将贷款分类后，按每笔贷款损失的程度计提的用于弥补专项损失的准备。大多数国家和地区实行的贷款分类是五级分类，即正常贷款、关注贷款、次级贷款、可疑贷款和损失贷款。正常贷款是指借款人能够履行合同，没有足够理由怀疑贷款本息不能按时足额偿还；关注贷款是指尽管借款人目前有能力偿还本息，但存在一些可能对偿还产生不利影响的因素；次级贷款是指借款人的还款能力出现明显问题，完全依靠其正常营业收入无法足额偿还贷款本息，即使执行担保，也可能会造成一定损失；可疑贷款是指借款人无法足额偿还贷款本息，即使执行担保，也肯定要造成较大损失；损失贷款是指在采取所有可能的措施或一切必要的法律程序后，本息仍然无法收回，或只能收回极少部分。《巴塞尔协议Ⅲ》要求商业银行应分别参照0%、2%、25%、50%和100%对这五类贷款按季计提专项准备。特种准备是由商业银行根据不同类别贷款的特殊风险情况、风险损失概率和历史经验，自行确定按季计提比例。

《办法》规定：第一，贷款拨备率，即商业银行计提的贷款损失准备占贷款余额的比例，不低于2.5%；第二，商业银行计提的贷款损失准备占不良贷款的比例，即不良贷款拨备覆盖率，不得低于150%；第三，应建立动态贷款损失准备制度，监管部门应根据经济发展阶段、银行业金融机构的贷款质量和盈利情况对贷款损失准备进行动态化和差异化调整。

3. 流动性要求

《办法》对流动性覆盖率、存贷比和流动性比例进行了规定：

(1) 流动性覆盖率。流动性覆盖率指标要求商业银行具有足够的优质流动性资产，至少能够满足未来30天的流动性需求。其计算公式为：

$$\text{流动性覆盖率}=\frac{\text{合格优质流动性资产}}{\text{未来 30 天现金净流出量}}\times 100\%$$

商业银行的流动性覆盖率应不低于100%。

(2) 存贷比。其计算公式为：

$$\text{存贷比}=\frac{\text{贷款余额}}{\text{存款余额}}\times 100\%$$

商业银行的存贷比应不高于75%。

(3) 流动性比例。其计算公式为：

$$\text{流动性比例}=\frac{\text{流动性资产余额}}{\text{流动性负债余额}}\times 100\%$$

商业银行的流动性比例应不低于25%。

4. 杠杆率要求

杠杆率的计算公式如下：

$$\text{杠杆率}=\frac{\text{一级资本}-\text{一级资本扣减项}}{\text{调整后的表内外资产余额}}\times 100\%$$

$$\begin{matrix}\text{调整后的}\\\text{表内外资产余额}\end{matrix}=\begin{matrix}\text{调整后的}\\\text{表内资产余额}\end{matrix}+\begin{matrix}\text{衍生产品}\\\text{资产余额}\end{matrix}+\begin{matrix}\text{证券融资交易}\\\text{资产余额}\end{matrix}+\begin{matrix}\text{调整后的}\\\text{表外项目余额}\end{matrix}-\begin{matrix}\text{一级资本}\\\text{扣减项}\end{matrix}$$

《巴塞尔协议Ⅲ》要求商业银行的杠杆率不得低于3%，而《商业银行杠杆率管理办法（修订）》规定中国商业银行并表和未并表的杠杆率均不得低于4%。

16.3.3 监管法律法规体系

《中华人民共和国商业银行法》于1995年正式颁布实施，并于2003年和2015年进行了修订。《商业银行法》对商业银行的设立审批、业务范围、财务会计监管提供了明确标准，而且明确了商业银行应依法接受国务院银行业监督管理机构的监督管理，同时其相关业务也要接受其他监督管理部门或者机构监督管理者的管理。

2004年2月1日，《中华人民共和国银行业监督管理法》（以下简称《银行业监督管理法》）正式施行，并于2006年10月31日进行了修订。《银行业监督管理法》是我国第一部关于金融业监管的专门法律，它规范了金融监管制度、加强了监管力度。

在商业银行日常经营方面，也设有一系列法律法规。

在2008年后，《巴塞尔协议Ⅱ》的缺陷逐渐暴露出来，银行业亟须新的监管标准。2008年，巴塞尔银行监管委员会发布了《稳健的流动性风险管理和监管原则》。2010年12月16日，巴塞尔银行监管委员会发布了《第三版巴塞尔协议：流动性风险计量、标准和监测的国际框架》。该协议又称《巴塞尔协议Ⅲ》，弥补了《巴塞尔协议Ⅱ》在资本要求和风险计量等方面的不足。《巴塞尔协议Ⅲ》仍延续了传统的以风险为本的监管理念，但它不仅注重单家金融机构的合规性，而且进行宏观审慎监管，确立了宏微观审慎相结合的金融监管新模式。

在《巴塞尔协议Ⅲ》出台后，中国积极响应并迅速完成了相关法律法规的制定和修订工作。2011年4月27日，《银监会关于中国银行业实施新监管标准的指导意见》发布，监管部门参照该文件对商业银行的资本充足率、杠杆率、流动性、贷款损失准备等监管标准进行了调整，并且明确了要对系统重要性银行进行监管。由此，我们可以确定目前的监管指标要求为：

（1）资本充足率监管。2012年6月7日，中国银监会发布《商业银行资本管理办法（试行）》（以下简称《办法》）。《办法》综合了《巴塞尔协议Ⅱ》和《巴塞尔协议Ⅲ》的监管要求，同时充分考虑了中国银行业的实际情况，所以又被称为“中国版的《巴塞尔协议Ⅲ》”。此外，《办法》还明确了资本分类方法和对资本充足率的计算方式。对于2010年9月12日前发行的不合格的二级资本工具，《办法》给予了10年的过渡期。

（2）资产质量监管。《巴塞尔协议Ⅲ》要求商业银行在根据《贷款风险分类指导原则》将贷款分类后，计提足量的专项准备与特种准备。《办法》对贷款拨备率和拨备覆盖率以及动态贷款损失准备也进行了要求。

（3）流动性监管。《稳健的流动性风险管理与监管原则》与《巴塞尔协议Ⅲ》构建了商业银行流动性风险管理和监管的全面框架，首次提出了商业银行流动性风险的定量监管标准。2013年1月，巴塞尔委员会公布《第三版巴塞尔协议：流动性覆盖率和流动性风险监测标准》，进一步完善了2010年公布的覆盖率标准，将流动性覆盖率（LCR）引入并作为流动性监管的强制标准。中国银监会同样重视流动性风险监管工作，于2009年出台了《商业银行流动性风险管理指引》。近年来，中国银保监会借鉴《巴塞尔协议Ⅲ》的先进经验，同时完善原有监管制度，起草了《商业银行流动性风险管理办法》。

（4）杠杆率监管。《巴塞尔协议Ⅲ》对商业银行的杠杆率提出了明确要求，《商业银行杠杆率管理办法（修订）》进一步提高了《巴塞尔协议Ⅲ》中的标准，达到了4%。

16.3.4 系统重要性银行监管

系统重要性金融机构（systemically important financial institution，SIFI）是指对整个金融系统的稳定性具有重要影响的金融机构。这些金融机构一旦发生风险，会直接导致地区甚至全球的金融不稳定。系统重要性金融机构又可分为全球系统重要性金融机构和国内系统重要性金融机构。2009年10月，由IMF、BIS和FSB联合发布的评估报告中列明的系统重要性金融机构的三个关键指标为：规模、可替代性和关联度。其中，规模是指特定金融机构所提供的金融服务的数量；可替代性是指当该机构倒闭时其他金融机构能够在多大程度上提供相同的服务；关联度是指该机构与其他金融机构的联系。

2018 年 11 月 26 日，中国人民银行、中国银行保险监督管理委员会、中国证券监督管理委员会联合印发了《关于完善系统重要性金融机构监管的指导意见》，明确了系统重要性金融机构的定义、范围、评估流程和总体方法。

系统重要性银行是系统重要性金融机构的一种，它可能导致系统性风险的累积，这种集聚状态主要应关注三个方面：一是单个机构和单一部门的高风险业务敞口，如 2008 年国际金融危机中的雷曼兄弟等大型投资银行所持的巨额住房抵押贷款头寸；二是金融机构或金融部门的脆弱性；三是风险在空间维度上的传播机制。因此，监管部门应该加强对系统重要性金融机构的监管。

对系统重要性银行的监管工具包括：第一，在《巴塞尔协议Ⅲ》中，对系统重要性银行提出了额外的附加资本要求，按照重要性的不同，需要额外保有风险加权资产 1%～3.5%的资本。在《商业银行资本管理办法（试行）》中也明确规定，系统重要性银行需要额外持有风险加权资产 1%的核心一级资本，以减小其发生危机的概率。第二，在系统重要性银行实行附加杠杆率（即一级资本与总杠杆敞口的比值）要求，比如美国规定从 2018 年开始将系统重要性银行的补充杠杆率的最低要求提高 2%。第三，对系统重要性金融机构提出更高的流动性要求。

16.4 中国银行业的监管历程

16.4.1 中国银行业监管历程的发展演变

商业银行是我国金融体系的重要组成部分，其监管尤为重要。改革开放至今，我国金融业依次经历了综合经营、分业经营和综合经营新探索三个阶段，同时我国的银行监管体制也不断完善，从“一行”到“一行三会”，再到“一委一行两会”的金融监管新格局。从其发展历程来看，大致可以分为四个阶段：1949—1978 年为嵌入计划经济的“大一统”金融监管；1979—1991 年为中国人民银行统一监管时期；1992—2003 年为“一行三会”金融分业监管体制确立时期；2004 年至今为分业监管体制发展和完善时期。

1. 初始阶段：嵌入计划经济的“大一统”金融监管（1949—1978 年）

在改革开放以前，与计划经济体制相适应，我国实行高度集中的金融管理体制，因此没有必要实施金融监管，金融管理体制以行政隶属关系为准。当时，中国基本上只有一家金融机构，即中国人民银行，中国人民保险公司、中国银行以及两次关停的中国农业银行均为中国人民银行的下属部门，而中国建设银行是财政部的内部机构。

2. 过渡阶段：中国人民银行统一监管时期（1979—1991 年）

从改革开放到 1993 年，我国金融业主要按照综合经营模式发展。在经济快速发展的背景下，中国人民银行在承担中央银行责任的同时也开设了金融机构，其他国家专业银行同时积极开展各项业务，成立证券公司、信托投资公司和财务公司等金融机构。因此，当时我国的商业银行具有经营证券和信托业务的分支机构，形成了金融机构综合经营的局面。

从监管角度看，中国人民银行行使中央银行职能，履行对银行、证券、保险、信托的综合监管。1983 年 9 月，国务院决定中国人民银行专门履行中央银行职能，正式成为中国货币金融管理当局。1984 年中国工商银行成立，中国人民银行成为现代意义上的中央银行，负责货币政策的制定和金融监管。至此，银行、信托、证券等所有金融业务都归中国人民银行监管，我国金融体系形成了统一经营、统一监管的局面。

混业经营加速风险聚集，催化证券市场和房地产市场泡沫生成，主要是基于以下几个原因：首先，由于在改革开放之初我国相关制度并不完善，同时缺乏严格的防火墙制度，导致商业银行混业经营出现风险互相传染的问题。其次，我国金融体系尚未完全市场化，金融机构内部风险管理能力薄弱，有些分支机构未经授权私下进行投资经营活动，比如拆借资金、提供担保等业务，进一步扩大了银行机构的风险暴露。最后，金融体系在改革开放之初便实行综合经营，我国监管部门在监管制度尚未完善的情况下无法进行全面、有效的监督管理，无法识别银行业系统性风险的积累，同时缺乏资本充足率等方面的相关监管经验，导致我国商业银行体系长期处于高风险水平。此后，我国综合经营出现挫折，银行体系积累了大量的不良资产。因此，当时我国的混业经营虽然与欧洲银行业相似，但金融秩序并不规范。这种混业并不是真正的混业，而是内部缺乏风险控制、外部缺乏有效监管的状态。与此同时，在这个阶段，中国人民银行的统一监管逐步改进，许多重要的监管决策实际上是由国务院做出，所以当时的集中监管也不是成熟的集中监管。

3. 过渡阶段："一行三会"金融分业监管体制确立时期（1992—2003 年）

针对我国金融系统在综合经营下出现的"乱营"问题，中央政府开始大力整顿金融秩序。1993 年，党的第十四届三中全会做出了银行业、证券业、保险业和信托业分业经营及分业管理的决定。从 1995 年开始，我国陆续颁布了《中国人民银行法》、《商业银行法》、《中华人民共和国保险法》和《中华人民共和国证券法》，对分业经营的标准进行了明确，初步建立了金融系统分业监管的监管框架。

在金融监管方面，我国实施分业监管制度。1992 年我国成立国务院证券委员会（证券委）和中国证券监督管理委员会（证监会），与中国人民银行一同对证券行业进行监管，1997 年证券委和证监会合并为中国证监会，单独对证券机构进行监管，而中国人民银行不再负责对证券业的监管。1998 年，中国保险监督管理委员会（中国保监会）成立，随后保险行业的监督管理责任由中国人民银行转交给中国保监会，中国人民银行仅保留对银行体系的监管责任。2003 年，中国银行业监督管理委员会（中国银监会）成立，负责对银行体系进行监管，这标志着我国"一行三会"的监管制度正式成立。其中，中国银监会的职责包括中国人民银行对银行机构的监管职责以及中共中央原金融工作委员会的监管职责；主要目标为通过审慎监管保护存款者和消费者的利益、维护公众对银行体系的信心、努力减少金融犯罪；主要工作内容为根据法律制定银行业金融机构的监管标准并对银行业金融机构进行监管，对银行业金融机构的设立、变更、终止和业务等方面进行审查，建立银行业突发事件处理机制，负责统一编制全国范围内的银行业金融机构各种财务报表和统计数据等方面。

随着金融全球化、一体化和金融创新的不断发展，我国金融体系的业务经营范围不断丰富，而且不同金融机构的业务进一步交叉，已有的分业监管制度逐渐不适应我国金融监管制度状态，极易出现监管重叠或缺失，不利于银行和金融体系的稳定性。

4. 完善阶段：分业监管体制发展和完善时期（2004 年至今）

自 2004 年以来，我国金融分业监管体制进一步得以巩固和完善，监管协调与国际合作进一步发展。在这个阶段，“一行三会”分业监管制度在以下几个方面得到发展和完善：一是法律体系进一步完善，对《证券法》《公司法》等多部法律进行修订；二是加强监管执法和丰富监管内容，对现场检查、行政处罚、行政许可、行政复议等进行规范，并加强对金融创新和部分跨金融领域经营监管；三是金融监管机构之间相互协调配合的程度加强；四是金融监管改革开始聚焦审慎性监管和功能性监管。

随着金融业的不断发展，以机构型监管为主的传统分业监管体制已经越来越难以满足新时代中国金融业稳定和创新发展的需要，因而金融监管体制改革势在必行。在国际金融危机后，结合世界各国金融监管改革的最新动向，我国逐步推进金融监管改革举措，主要包括以下三个方面：

（1）引入逆周期调节机制，加强宏观审慎监管。2011 年，中国人民银行引入社会融资规模统计，拓展了中间目标对象。同年，中国人民银行引入差别存款准备金动态调整机制，开始尝试进行逆周期的金融调控。2016 年，中国人民银行进一步将差别准备金动态调整和合意贷款管理机制升级为宏观审慎评估（MPA）体系，将表外理财、同业存单等纳入广义信贷范围，加强对银行的全面考核。2018 年 4 月，中国人民银行、中国银行保险监督管理委员会、中国证券监督管理委员会、国家外汇管理局联合发布《关于规范金融机构资产管理业务的指导意见》，统一了资产管理业务的监管规则和标准，对资产管理行业存在的监管套利、规避监管等问题进行规范。

（2）组建金融消费者权益保护部门，加强行为监管。2011 年底，中国保监会保险消费者权益保护局和中国证监会投资者保护局相继成立。2012 年 7 月，中国人民银行成立金融消费权益保护局，履行保护金融消费者权益的职责；11 月，中国银监会成立消费者权益保护局。至此，分业监管体制下中央层面的金融消费权益保护框架全面形成，与各地工商行政管理部门、消费者协会、金融行业协会协调配合，共同构成了我国金融消费者保护的监管主体。

（3）推进监管体制改革，促进监管协调。2013 年，经国务院批准，金融监管协调部际联席会议制度建立。2017 年，国务院金融稳定发展委员会正式成立，旨在加强金融监管协调、补齐监管短板。2018 年 3 月，国务院改革方案对原有的“一行三会”监管体制进行调整，决定将原有的中国银监会和中国保监会合并为新的中国银行保险监督管理委员会，以增强金融监管的穿透性，减少监管盲区和监管套利，促进金融监管信息共享和监管协调。至此，中国“一委一行两会”的金融监管体制初步形成。

2023 年 5 月，国务院设立国家金融监督管理总局，从央行划入了对金融控股公司等金融集团的监管工作，以及汇总原“一行两会”的金融消费者保护职责，统一负责除证券业之外的金融业监管，强化机构监管、行为监管、功能监管、穿透式监管、持续监管，统筹负责金融消费者权益保护，加强风险管理和防范处置，依法查处违法违规行为。

16.4.2 中国银行业的监管模式

1. 中国银行业的监管主体：“一委一行两会”

目前，我国金融监管采用“一委一行两会”的金融监管框架，即国务院金融稳定发展委员会、中国人民银行、中国证监会、中国银保监会。在“一委一行两会”的金融监管体制下，最顶层的国务院金融稳定发展委员会负责统筹制定金融政策、协调监管职能、增强监管部门之间的信息沟通，为地方金融改革提供指导。中间层为“一行两会”的监管机构，在“双支柱”调控框架下的中国人民银行负责制定和执行货币政策，同时进行宏观审慎监管，而中国银保监会和中国证监会分别负责银行业、保险业以及证券业的监管。

目前，中国银保监会及其派出机构和中国人民银行是我国商业银行的主要监管机构。中国银保监会及其派出机构负责监管银行业金融机构，而中国人民银行作为中央银行负责制定和实施货币政策。除中国银保监会和中国人民银行外，中国的商业银行还接受其他监管机构的监督和管理，包括财政部、国资委、国家外汇管理局、国家税务总局、审计署、国家工商行政管理总局、中国证监会等。国内银行业适用的法律法规主要包括《中国人民银行法》《商业银行法》《银行业监督管理法》等。

随着我国银行业体系的不断发展，我国银行业的监管体系逐渐形成和完善。目前，我国银行业监管已经建立了“以风险为本、合规监管并重”的科学监管体系，确定了“准确分类—充足拨备—做实利润—资本充足率达标”的持续监管思路，并以此作为规范监管工作程序、实施审慎监管的重要依据。

2. 中国银行业的监管方式：事前金融安全网和事后金融安全网

中国的银行监管体系在事前金融安全网的设计上基本与国际接轨，在各版本的《巴塞尔协议》的基础上结合中国国情制定具体监管措施，目前已经初步形成了宏、微观审慎监管相结合的监管体系框架。在事后金融安全网的实践上，最后贷款人制度和存款保险制度基本与特定历史条件相适应，未来进一步完善的空间还很大。

（1）事前金融安全网。

1）市场准入制度。根据《商业银行法》第二章第十二条，设立商业银行需要具备以下条件：有符合《商业银行法》和《中华人民共和国公司法》规定的章程；有符合《商业银行法》规定的注册资本最低限额，有具备任职专业知识和业务工作经验的董事、高级管理人员；有健全的组织机构和管理制度；有符合要求的营业场所、安全防范措施和与业务相关的其他设施；监管部门规定的其他审慎性条件。

2）微观审慎监管。在《巴塞尔协议Ⅲ》出台后，中国积极响应并迅速完成了相关监管法规的制定和修订工作。2011年4月27日，中国银监会发布《关于中国银行业实施新监管标准的指导意见》，对中国银行的资本充足率、杠杆率、流动性、贷款损失准备等监管工具的监管标准进行了调整，并明确要求增强对系统重要性银行的监管。此后，中国银监会陆续对各项监管指标分别明确了计算方法和监管要求。

3）宏观审慎监管。中国银行业宏观审慎管理框架建设位居世界前列。

在监管体制设计方面，宏观上由国务院金融稳定发展委员会统筹，而具体的监管职能由中国人民银行行使。目前，中国已有的宏观审慎工具包括逆周期缓冲资本、差别存款准备金、系统重要性金融机构监管等，同时中国人民银行将差别准备金动态调整和合意贷款管理机制升级为宏观审慎评估体系，实现监管方式的综合化和集成化。

4）市场退出机制。从已有的法律体系来看，目前中国尚无针对商业银行破产程序和规则的专门法律，一般法律中也没有专门章节对此进行规定。已有的与商业银行破产相关的法律散见于《商业银行法》、《金融机构撤销条例》和《存款保险条例》等法律、条例或办法中，而且大多是对破产程序中申请主体和启动标准的规定，对破产预防程序、破产流程、破产清算流程和破产清算罚则的规定相对较少。

在具体实践方面，我国常用的危机处理机制包括救助、接管、并购、行政关闭和批准关闭等。在大多数情况下，紧急救助和资产重组为首选，较少出现商业银行直接破产清算的案例。但这两种均会产生巨额成本，最终由央行和财政“买单”。

5）银行内部监管。中国银行业内部监管体系正在不断完善和发展。从监管规定看，在《商业银行法》《商业银行资本管理办法》《商业银行流动性风险管理办法》《商业银行大额风险暴露管理办法》《商业银行市场风险管理指引》等一系列法律条例和管理办法中，都有加强银行业内部风险管理的要求和规定。

（2）事后金融安全网。中国事后金融安全网的建设起步较晚，但随着《中国人民银行法》《中国人民银行紧急贷款管理暂行办法》《存款保险条例》等相关法律陆续颁布，最后贷款人和存款保险制度逐渐建立，成为中国金融安全网的重要组成部分。

1）最后贷款人。早在 1993 年颁布的《中国人民银行对金融机构贷款管理暂行办法》和 1994 年颁布的《信贷资金管理暂行办法》中，就确定了中央银行向商业银行发放贷款的条件规定，其中涉及对问题金融机构的最后贷款，但直到 1999 年《中国人民银行紧急贷款管理暂行办法》的颁布，最后贷款人的相关制度条件才得以明确。

《中国人民银行紧急贷款管理暂行办法》的主要适用对象为：经中国人民银行批准成立、具有法人资格的城市银行、信用合作社和农村信用合作社。当上述金融机构发生支付危机时，中国人民银行可以向其发放人民币贷款，以缓解其支付压力和恢复信誉。该办法规定了问题金融机构申请紧急贷款的资格要求，包括：借款人已经实施了多项自救措施并能提供担保，明确紧急贷款的用途仅限于兑付自然人存款的本金和合法利息，并应当优先进行小额储蓄存款的兑付，商业银行所筹集的其他资金除了用于兑付储蓄存款外，应当优先用于归还贷款，不允许增加新的资产运用和向股东分红派息；紧急贷款的最长期限为 2 年，可视情况展期 1 次，利率由央行确定，如发生逾期，需要执行再贷款罚息利率。

2）存款保险制度。2015 年 5 月 1 日，中国开始正式施行《存款保险条例》。此前，中国实施隐性存款保险制度，即国家以自身信用为商业银行背书，当商业银行经营出现问题或者风险时，由政府出面买单，不让存款人承担实际损失。一方面，这种制度以强大的国家信用维持银行体系稳定；另一方面，它也给政府带来了巨大的救助负担，同时容易诱发道德风险，不利于银行业的持续健康发展。因此，《存款保险条例》的推出，实际上标志着中国存款保险制度由隐性转为显性，这是中国金融制度完善过程中的里程碑式事件。

《存款保险条例》在资金来源、参保机构、保险对象、赔偿额度、基金用途等方面做出规定，其运行平稳，在保障存款人权益、增强公众信心、强化风险约束、促进银行业健康发展等方面的作用逐步显现。《存款保险条例》的出台为中国存款保险制度的建立和规范奠定了基础性制度条件，但只依赖《存款保险条例》尚不足以应对存款保险体系运行中所遇到的各种问题，相关法律体系和运行机制有待在实践中进行丰富与完善。

16.4.3 中国银行业监管的法律体系

我国银行业的主要法律法规及政策分为基本法律法规与行业规章两大部分。

1. 基本法律法规

我国银行业的基本法律法规主要有《商业银行法》《银行业监督管理法》《中国人民银

行法》《中华人民共和国反洗钱法》等。2015年，中国银监会积极推动《商业银行法》的修改，将存贷比法定监管指标调整为流动性风险监测指标，并由全国人民代表大会常务委员会审议通过。在此基础上，中国银监会启动了《商业银行法》的全面修订工作。

2. 行业规章

中国银行业的行业规章主要涉及行业管理、企业治理、业务操作、风险防范和信息披露等方面。

在行业管理方面的规章主要有《农村商业银行管理暂行规定》、《中国银监会农村中小金融机构行政许可事项实施办法》、《中国银监会中资商业银行行政许可事项实施办法》（2017年6月修订）、《金融许可证管理办法》、《关于向金融机构投资入股的暂行规定》、《中国人民银行关于实行差别存款准备金率制度的通知》、《商业银行资本管理办法（试行）》、《中国银监会关于商业银行资本工具创新的指导意见》及《关于商业银行发行优先股补充一级资本的指导意见》等。

在企业治理方面的规章主要有《股份制商业银行独立董事和外部监事制度指引》、《股份制商业银行董事会尽职指引（试行）》、《商业银行监事会工作指引》、《商业银行与内部人和股东关联交易管理办法》、《商业银行内部控制指引》、《商业银行稳健薪酬监管指引》、《商业银行公司治理指引》及《商业银行股权管理暂行办法》等。

在业务操作方面的规章主要有《贷款通则》、《商业银行授信工作尽职指引》、《金融机构衍生产品交易业务管理暂行办法》、《商业银行金融创新指引》、《单位定期存单质押贷款管理规定》、《银团贷款业务指引》、《商业银行并购贷款风险管理指引》、《固定资产贷款管理暂行办法》、《个人贷款管理暂行办法》、《流动资金贷款管理暂行办法》、《商业银行信用卡业务监督管理办法》及《中国银监会关于规范商业银行理财业务投资运作有关问题的通知》等。

在风险防范方面的规章主要有《商业银行内部控制指引》、《商业银行集团客户授信业务风险管理指引》、《商业银行市场风险管理指引》、《金融机构反洗钱规定》、《商业银行不良资产监测和考核暂行办法》、《商业银行风险监管核心指标（试行）》、《商业银行信息科技风险管理指引》、《商业银行操作风险管理指引》、《商业银行压力测试指引》、《商业银行声誉风险管理指引》及《商业银行流动性风险管理办法》等。

在信息披露方面的规章主要有《商业银行信息披露办法》《公开发行证券的公司信息披露编报规则第26号——商业银行信息披露特别规定》（2014年修订）等。

16.5 全球银行业监管发展趋势

16.5.1 加强宏观审慎监管和系统性风险防范

自2008年国际金融危机以来，在全球金融监管改革中，针对系统重要性金融机构的监管是一个重要的内容。为缓解国际金融危机所暴露出来的“大而不倒”问题，降低大型商业银行的道德风险，包括巴塞尔银行监管委员会在内的国际组织和各国监管当局对系统重要性金融机构的政策框架进行了完善，主要围绕两个方面展开：一是完善系统重要性金融机构的处置框架，以确保在不破坏金融体系稳定性、使纳税人免受损失的前提下，安全、迅速地处置所有金融机构；二是对系统重要性金融机构进行更严格的审慎监管，要求其具备更高的损失吸收能力（即保持更高的资本充足率水平）。此外，还对其风险管理、治理架构、内部控制以及信息披露提出了更高要求。

巴塞尔银行监管委员会发布的《巴塞尔协议Ⅲ》不仅在微观审慎层面强化了资本和流动性监管标准，而且在宏观审慎层面从时间维度和跨业维度加强了对系统性风险的防范。从国际监管改革的情况看，宏观审慎监管框架主要包括三个要素：一是宏观审慎分析，即对系统性风险的识别和评估，其目标是及时识别金融体系的脆弱性，为有针对性地采取政策措施提供决策依据；二是宏观审慎监管工具的设计和运用，根据着眼点的不同，宏观审慎监管工具可以划分为时间维度和跨业维度两个方面；三是宏观审慎治理机制的安排，要实现防范系统性风险的目标，需要加强宏观审慎监管政策、微观审慎监管政策、货币政策、财政政策等各项政策的协调。

在国际金融危机后，宏观审慎监管应成为金融监管的核心，而在宏观审慎监管框架下，逆周期监管是实践维度下的重要监管工具。为缓解金融市场运行中的顺周期监管，银行监管通常采用各种机制及工具对以下四个方面进行逆周期监管，旨在一定程度上削弱经济周期的波动幅度，以维持市场的稳定、健康运行：第一个方面是对资本进行逆周期监管；第二个方面是对风险进行逆周期监管；第三个方面是对机制和政策进行逆周期监管；第四个方面是对杠杆类产品进行监督。

1. 美　国

在国际金融危机后，美国政府颁布了一系列法规以加强金融监管，包括《金融监管架构现代化蓝图》《金融监管改革——新基础：重建金融监管》等。经过多次讨论修改，美国参众两院最终达成一致，并在 2010 年 6 月通过《多德-弗兰克华尔街改革和消费者保护法案》（以下简称《多德-弗兰克法案》）。《多德-弗兰克法案》确立了今后美国金融监管体制改革的方向。

《多德-弗兰克法案》的立法宗旨是完善美国金融系统的问责制并提高其透明度，结束“大而不倒”的现象，避免消费者落入潜在的金融服务陷阱等。其主要内容包括机构改革、提高宏观审慎监管标准、改变“大而不倒”现象、加强金融衍生工具监管、加强信用评级机构监管、加强对对冲基金的监管。《多德-弗兰克法案》的各项改革措施使大型金融机构的抗风险能力大大增强，美国金融体系的运行更加稳健，但由于其赋予美联储过多权力、达成改革目标的时间较长以及配套规定众多，在美国国内仍然存在较大争议。

2. 英　国

在 2008 年后，随着新一届政府上台，英国的监管改革方案发生了根本性逆转。2011 年 6 月，英国政府发布了包括《2012 年金融服务法草案》在内的《金融监管新办法：改革蓝图》白皮书，全面阐述政府监管改革设想。该草案在 2012 年底获批，新的监管体制于 2013 年 4 月开始运作。新的体制取消了金融服务管理局、并将其职能交给英格兰银行下的三家机构，分别为金融政策委员会（FPS）、审慎监管局（PRA）和金融行为监管局（FCA）。

当前，英国的金融监管模式既不是单一监管模式，又不是基于机构监管和功能监管理念的多头监管模式，而是更加接近按照不同监管目标（如审慎目标和消费者保护目标）来相应设立监管机构和划分监管权限的“双峰”模式，但是，在审慎监管局和金融行为监管局之上，还有总体监管者——英格兰银行统领全局，并且英国财政部保留了最后时刻否定权。因此，目前英国的监管模式又称“准双峰”模式。

3. 欧　盟

欧盟金融监管体制改革的下一个目标是建立欧元区统一银行业监管机制。2012 年 10 月，欧盟 27 国领导人就建立统一银行业监管机制达成共识，并计划在 2013 年逐渐构建相关法律框架和配套措施，将欧元区的 6 000 多家银行纳入统一监管范围，欧洲区以外的其他欧盟成员可以自愿加入统一银行业监管机制。从组织框架上看，统一银行业监管机制将由欧洲中央银行、欧洲银行监管局、欧元区各国银行监管当局组成，欧洲中央银行将在统一银行业监管机制中扮演核心角色，因此欧洲中央银行同时具备货币政策制定和金融监管职能。总而言之，未来欧盟金融监管体制改革将更加强调欧盟监管当局的作用，宏观审慎监管趋势和监管一体化程度将不断加深。

16.5.2　国际反洗钱联合监管

经过国际社会多年努力，反洗钱法律机制不断完善，逐渐发展成包括国际法和国内法、刑法和金融法、实体法和程序法、反洗钱技术培训在内的综合法律体系，特别是在全球经济金融一体化的大背景下，各国金融市场彼此关联且相互影响，越来越多的国家参加了国际反洗钱联合监管，反洗钱的国际合作还将进一步加强。

近年来，中国的反洗钱国际合作也在不断深化。2019 年 7 月，中国正式担任反洗钱金融行动特别工作组主席国；此前，我国已先后担任亚太反洗钱组织联合主席、欧亚反洗钱和反恐怖融资组织主席。与此同时，我国还先后派员参与对俄罗斯、韩国、丹麦、巴基斯坦等 10 个国家的反洗钱国际评估工作，成为国际反洗钱组织的重要力量。在双边合作中，我国与阿根廷、俄罗斯、澳大利亚等多个国家和地区建立了反洗钱监管合作机制，并与 56 个国家和地区签署了金融情报交流合作备忘录，使我国的反洗钱国际合作范围不断扩大。

16.5.3　数字化监管

1. 央行数字货币

全球主要经济体都在研究央行数字货币，国际清算银行的报告显示：截至 2020 年末，全球已有 86%的央行正在研究央行数字货币。旁观数字货币莽撞“竞赛”后，数字货币必须从研发领域的混乱丛林走上央行监管的正道。2021 年 10 月，七国集团（G7）财长和央行行长针对央行数字货币确定了共同指导原则。该原则在肯定央行数字货币提供流动性等功能的同时，尤为关注在发行数字货币过程中的用户隐私保护等监管问题。G7 在“原则”上认为央行数字货币只是一种主权货币的补充，在用其流动性功能和加密保护的同时，也给其设定了使用规则和局限。欧盟监管机构公布的三年战略方针明确要将数字货币引入法律框架。

2. 明确监管框架

日本和新加坡政府明确了监管数字货币交易和服务的法律框架。日本包含虚拟货币相关规定的修订版《资金结算法》于 2020 年 5 月开始生效，加密保管服务提供商和加密衍生品业务现在分别受到《支付服务法案》、《金融工具和交易法》和《资金结算法》的监管。新加坡的《支付服务法案》于2020年1月生效，新的《支付服务法案》是首个针对企业从事代币交易等活动的综合性监管规定。

3. 鼓励区块链技术应用

纵观全球主要国家和地区对区块链行业的监管，从监管主体来看，越来越多元的机构开始参与监管，不仅有国内机构，而且有跨国机构；从监管工具来看，越来越多的国家明确了加密货币、虚拟货币、数字货币的法律地位，或将其纳入现有法律框架予以监管，或制定新的专门法律予以监管；从监管的对象来看，已经涵盖了广泛的市场参与者，包括企业和个人。越来越明晰的监管规则可以规范该行业朝着合法、合规的方向继续发展。

16.5.4 金融监管国际合作

金融监管国际合作是指不同国际金融监管部门之间通过沟通协调、统一标准（规则）和一致行动，避免监管竞争和监管套利，促进国际金融体系稳定、有序运行。金融监管国际合作是金融开放与全球一体化的客观要求和必然结果，其主要的内容包括金融管辖权的确定和协调，金融监管国际标准的确立和统一，金融监管信息的交流和共享，金融监管方法的支持和援助。随着经济全球化的纵深发展，各国对加强金融监管国际协调和合作的认识逐渐提高，同时金融监管国际协作和合作的机制逐渐健全，金融监管法制呈现出趋同化、国际化的发展趋势，金融监管向国际化方向发展，金融监管国际协调和合作的重点突出、范围扩大。

复习思考题

1. 政府对银行业进行监管的具体原因是什么？
2. 中国与英国、美国、欧盟的监管模式有什么差异？
3. 市场准入、市场退出监管的具体内容是什么？
4. 存款保险制度对于保持银行稳定性有什么作用？
5. 骆驼法则的主要内容是什么？
6. 银行业经营监管具体有哪些手段？
7. 什么是系统重要性银行？
8. 事前金融安全网和事后金融安全网的具体内容是什么？
9. 如何理解我国银行业监管历程与世界银行业监管发展趋势的关系？
10. 我国对银行业的监管主要有哪些法律法规？

主要参考文献

1. [美] 彼得·S. 罗斯，西尔维娅·C. 赫金斯. 商业银行管理. 9 版. 北京：机械工业出版社，2022.

2. [美] 大卫·H. 弗里德曼. 存款经营. 北京：中国计划出版社，2001.

3. [美] 乔治·E. 鲁斯. 贷款管理. 北京：中国计划出版社，2001.

4. [美] 约瑟夫·F. 辛基. 商业银行财务管理. 北京：中国金融出版社，2002.

5. [加] 约翰·赫尔. 风险管理与金融机构. 4 版. 北京：机械工业出版社，2019.

6. [加] 约翰·赫尔. 期权、期货及其他衍生品. 10 版. 北京：机械工业出版社，2018.

7. [美] 斯蒂芬·A. 罗斯. 公司理财. 11 版. 北京：机械工业出版社，2017.

8. [美] 弗雷德里克·S. 米什金. 货币金融学. 11 版. 北京：中国人民大学出版社，2016.

9. [美] 弗兰克·J. 法博齐. 金融市场与金融机构基础. 4 版. 北京：机械工业出版社，2011.

10. [美] 兹维·博迪. 金融学. 2 版. 北京：中国人民大学出版社，2018.

11. 黄达，张杰. 金融学. 5 版. 北京：中国人民大学出版社，2020.

12. 高绪阳，谭博仁. 中国商业银行内部资金转移定价的理论与实践. 北京：经济管理出版社，2019.

13. 于东智. 现代商业银行资产负债管理手册. 北京：中国金融出版社，2020.

14. 王祖继. 大型商业银行资产负债管理. 成都：西南财经大学出版社，2020.

15. Basel Committee on Banking Supervision (BCBS)，“The Basel Framework. Bank for International Settlements”，2022.

16. Ong M. L. L.，“A Guide to IMF Stress Testing：Methods and Models. International Monetary Fund”，2014.

图书在版编目（CIP）数据

商业银行业务与经营/庄毓敏主编 .--6 版. --北京：中国人民大学出版社，2022.10
经济管理类课程教材. 金融系列
ISBN 978-7-300-30991-0

Ⅰ. ①商…　Ⅱ. ①庄…　Ⅲ. ①商业银行-银行业务-高等学校-教材②商业银行-经营管理-高等学校-教材
Ⅳ. ①F830. 33

中国版本图书馆 CIP 数据核字（2022）第 168592 号

"十二五"普通高等教育本科国家级规划教材
经济管理类课程教材·金融系列
商业银行业务与经营（第六版）
庄毓敏　主编
Shangye Yinhang Yewu yu Jingying

出版发行	中国人民大学出版社		
社　　址	北京中关村大街 31 号	**邮政编码**	100080
电　　话	010－62511242（总编室）		010－62511770（质管部）
	010－82501766（邮购部）		010－62514148（门市部）
	010－62511173（发行公司）		010－62515275（盗版举报）
网　　址	http://www.crup.com.cn		
经　　销	新华书店		
印　　刷	北京溢漾印刷有限公司	**版　　次**	1999 年 11 月第 1 版
开　　本	787 mm×1092 mm　1/16		2022 年 10 月第 6 版
印　　张	25.75	**印　　次**	2025 年 8 月第 9 次印刷
字　　数	618 000	**定　　价**	56.00 元

教学支持说明

1. 教辅资源获取方式

为秉承中国人民大学出版社对教材类产品一贯的教学支持，我们将向采纳本书作为教材的教师免费提供丰富的教辅资源。您可直接到中国人民大学出版社官网的教师服务中心注册下载——http://www.crup.com.cn/Teacher。

如遇到注册、搜索等技术问题，可咨询网页右下角在线 QQ 客服，周一到周五工作时间有专人负责处理。

注册成为我社教师会员后，您可长期根据您所属的课程类别申请纸质样书、电子样书和教辅资源，自行完成免费下载。您也可登录我社官网的“教师服务中心”，我们经常举办赠送纸质样书、赠送电子样书、线上直播、资源下载、全国各专业培训及会议信息共享等网上教材进校园活动，期待您的积极参与！

2. 高校教师可加入下述学科教师 QQ 交流群，获取更多教学服务

经济类教师交流群：809471792

财政金融教师交流群：766895628

国际贸易教师交流群：162921240

税收教师交流群：119667851

3. 购书联系方式

网上书店咨询电话：010－82501766

邮购咨询电话：010－62515351

团购咨询电话：010－62513136

中国人民大学出版社经济分社

地址：北京市海淀区中关村大街甲 59 号文化大厦 1506 室　100872

电话：010－62515803　010－62516948

传真：010－62514775

E-mail：jjfs@crup.com.cn